Ingrid Artus

Krise des deutschen Tarifsystems

34,00

Ingrid Artus

Krise des deutschen Tarifsystems

Die Erosion des Flächentarifvertrags in Ost und West

Westdeutscher Verlag

Die Deutsche Bibliothek – CIP-Einheitsaufnahme
Ein Titeldatensatz für diese Publikation ist bei
Der Deutschen Bibliothek erhältlich

Gedruckt mit freundlicher Unterstützung der Hans-Böckler-Stiftung, Düsseldorf.

1. Auflage Oktober 2001

Alle Rechte vorbehalten
© Westdeutscher Verlag GmbH, Wiesbaden 2001

Lektorat: Dr. Tatjana Rollnik-Manke

Der Westdeutsche Verlag ist ein Unternehmen der Fachverlagsgruppe BertelsmannSpringer.
www.westdeutschervlg.de

Umschlaggestaltung: Horst Dieter Bürkle, Darmstadt
Druck und buchbinderische Verarbeitung: Rosch-Buch, Scheßlitz
Gedruckt auf säurefreiem und chlorfrei gebleichtem Papier
Printed in Germany

ISBN 3-531-13686-0

Inhaltsverzeichnis

Verzeichnis der Schaubilder und Tabellen

Abkürzungsverzeichnis

ADGB	Allgemeiner Deutscher Gewerkschaftsbund
AGL	Abteilungsgewerkschaftsleitung
AG TRAP	Arbeitsgruppe Transformationsprozesse in den neuen Bundesländern an der Humboldt-Universität (Max-Planck-Gesellschaft)
Anm. d. Verf.	Anmerkung der Verfasserin
AFG	Arbeitsförderungsgesetz
AGV	Arbeitgeberverband
ASU	Arbeitsgemeinschaft Selbständiger Unternehmer
AVC/DDR	Arbeitgeberverband Chemie der DDR
AVCO	Arbeitgeberverband Chemie und verwandte Industrien Ost
BAG	Bundesarbeitsgericht
BAVC	Bundesarbeitgeberverband Chemie
BDA	Bundesvereinigung der Deutschen Arbeitgeberverbände
BDI	Bundesverband der Deutschen Industrie
BetrVG	Betriebsverfassungsgesetz
BGB	Bürgerliches Gesetzbuch
BGL	Betriebsgewerkschaftsleitung
BISS	Berliner Institut für Sozialwissenschaftliche Studien
BR	(Mitglied des) Betriebsrat(s)
BRD	Bundesrepublik Deutschland
BRV	Betriebsratsvorsitzende(r)
CD	Computer Disc
CDU	Christlich-Demokratische Union
CGB	Christlicher Gewerkschaftsbund
CGM	Christliche Gewerkschaft der Metallindustrie
CNT	Confederacion Nacional del Trabajo
CV/DDR	Chemieverband der Deutschen Demokratischen Republik
DAF	Deutsche Arbeitsfront
DAG	Deutsche Angestelltengewerkschaft
DBB	Deutscher Beamtenbund
DDR	Deutsche Demokratische Republik
DGB	Deutscher Gewerkschaftsbund
DIW	Deutsches Institut für Wirtschaftsforschung
DM	Deutsche Mark
DPG	Deutsche Postgewerkschaft
ebd.	ebenda

FDP	Freie Demokratische Partei
FDGB	Freier Deutscher Gewerkschaftsbund
GdED	Gewerkschaft der Eisenbahner Deutschlands
GL	(Mitglied der) Geschäftsleitung
HBV	Gewerkschaft Handel, Banken, Versicherungen
Hg.	Herausgeber
NGG	Gewerkschaft Nahrung, Genuss, Gaststätten
IAB	Institut für Arbeitsmarkt- und Berufsforschung
i.d.R.	in der Regel
IG	Industriegewerkschaft
IGBCE	Industriegewerkschaft Bergbau, Chemie, Energie
IGBE	Industriegewerkschaft Bergbau und Energie
IGCGK	Industriegewerkschaft Chemie, Glas, Keramik
IGCPK	Industriegewerkschaft Chemie, Papier, Keramik
IGKKM	Industriegewerkschaft Kunst, Kultur und Medien
IGM	Industriegewerkschaft Metall
IUG	Initiative zur Gründung unabhängiger Gewerkschaften
IWH	Institut für Wirtschaftsforschung Halle
IWW	Industrial Workers of the World
Kap.	Kapitel
KPD	Kommunistische Partei Deutschlands
KSPW	Kommission für die Erforschung des sozialen und politischen Wandels in den neuen Bundesländern
KZfSS	Kölner Zeitschrift für Soziologie und Sozialpsychologie
MBO	Management-Buy-Out
OECD	Organization for Economic Cooperation and Development
ÖTV	Gewerkschaft Öffentliche Dienste, Transport und Verkehr
o.J.	ohne Jahr
OT	ohne Tarifbindung
PVS	Politische Vierteljahresschrift
SED	Sozialistische Einheitspartei Deutschlands
SPD	Sozialdemokratische Partei Deutschlands
USA	United States of America
USPD	Unabhängige Sozialdemokratische Partei Deutschlands
VCI	Verband der Chemischen Industrie
VDA	Vereinigung der deutschen Arbeitgeberverbände, (gegründet 1913)
VdB	Verband der Bauindustrie der DDR
VDMA	Verband deutscher Maschinen- und Anlagenbau
VEB	Volkseigener Betrieb
Verdi	Vereinigte Dienstleistungsgewerkschaft
VK	Vertrauensleutekörper
VSME	Verband der Sächsischen Metall- und Elektroindustrie

WSI	Wirtschafts- und Sozialwissenschaftliches Institut in der Hans-Böckler-Stiftung
WZB	Wissenschaftszentrum Berlin für Sozialwissenschaften
ZAG	Zentralarbeitsgemeinschaft

Einleitung und Aufbau der Studie

Der vorliegende Band beschäftigt sich mit einem Thema, das in den letzten Jahren erhebliche wissenschaftliche und publizistische Aufmerksamkeit genossen hat: Erklärungsgegenstand ist die abnehmende Funktionsfähigkeit des deutschen Modells industrieller Beziehungen und als deren prägnantester Ausdruck die Erosion des Systems flächendeckender Tarifverträge. Ob das „deutsche Modell auf dem Prüfstand" gesehen wird (Müller-Jentsch 1995a, Schroeder 2000b) oder ob sein Zustand bereits als „krisenhaft" einschätzt wird (wie das in der vorliegenden Studie geschieht), sicher ist, dass das ehemals als ‚Erfolgsmodell' industrieller Beziehungen gepriesene deutsche Tarif- und Betriebsverfassungssystem im Verlauf der 90er Jahre viel von seinem Renommée als stabiles und leistungsfähiges System der Interessenregulierung eingebüßt hat. Besonders deutlich spiegelt sich der Einschätzungswandel in den Bewertungen internationaler BeobachterInnen wider. Wenn etwa Anfang der 90er Jahre Kathleen A.Thelen (1991) noch zu dem Schluß kam, die Stabilität der deutschen Arbeitsbeziehungen sei kein 'Schönwetterphänomen', sondern vielmehr Folge institutionell verankerter Fähigkeit zum flexiblen 'negotiated adjustment' (ebd.:227), fragten Visser/Van Ruysseveldt (1996) bereits fünf Jahre später skeptisch, wie 'robust' das deutsche 'korporatistische Modell' denn noch sei. Und Giraud/Lallement (1998) waren gar der Ansicht, dass dieses vom Zustand der 'Erschöpfung' (‚épuisement') gekennzeichnet sei.

Bei der Analyse der Ursachen der aktuell wahrnehmbaren Krisentendenzen wird in der vorliegenden Studie ein doppelter Weg beschritten: Eine auf das Gesamtsystem industrieller Beziehungen bezogene historisch-genetische Herangehensweise an den Problemgegenstand (im Abschnitt II) wird verknüpft mit einer empirischen Analyse, die in erster Linie auf Ostdeutschland bezogen ist (Abschnitt III). Im Gegensatz zur üblichen Behandlung der ostdeutschen Situation als eher marginales Rand- und Sonderthema wissenschaftlicher Forschung unternimmt die vorliegende Studie den Versuch, die ostdeutsche Problematik zum Ausgangspunkt einer übergreifenden Analyse der Krise des deutschen Tarifsystems zu machen. Der ‚Blick von Ost nach West' rechtfertigt sich zunächst dadurch, dass in den neuen Bundesländern die vorab genannten Krisentendenzen besonders ausgeprägt vorhanden sind: Die Einhaltung flächentariflicher Regelungen kann in vielen Wirtschaftsbereichen eher als Ausnahme denn als die Regel gelten (vgl. Artus/Schmidt/Sterkel 2000). Ohne eine direkte Übertragbarkeit der ostdeutschen Bedingungen auf westdeutsche Verhältnisse behaupten zu wollen, stellt die ostdeutsche ‚Sondersituation' damit offenbar eine Bedingungskonstellation dar, in der Defizite des deutschen Institutionenmodells industrieller Beziehungen besonders deutlich zum Ausdruck kommen. Ähnlich dem Vorschlag Claus Offes (1991) werden die ostdeutschen Entwicklungen somit gleichsam als „natürliches Experiment" begriffen, - als Experiment, das verdeutlicht, wie massiv formale Institutionenregeln durch soziale und wirtschaftliche Kontextbedingungen beeinflusst werden. Das spezielle Beispiel Ostdeutschland wird somit genutzt um die zentrale These des vorliegenden Bandes zu belegen, die für Ost- und Westdeutschland, Gültigkeit beansprucht: Das Funktionieren des deutschen Systems industrieller Beziehungen verlangt ein koordiniertes Vorgehen von tariflichen und betrieblichen Akteuren, das als solches nicht im formalen Institutionensystem selbst verankert ist. Es handelt sich vielmehr um eine ‚freiwillige Akteurspraxis', die unter bestimmten sozialen, wirtschaftlichen sowie kulturellen Bedingungen jedoch erodiert bzw. sich kaum etablieren kann.

Der empirische Teil dieses Buches versteht sich ferner auch als eigenständiger Beitrag zu der inzwischen etwas in den Schatten wissenschaftlicher Forschung gerückten Transformationsforschung. Er stellt das Resümee aus fünf Jahren Forschungsarbeit dar, die im Rahmen mehrerer Forschungsprojekte am Institut für Soziologie der Universität Jena zum Thema ‚Industrielle Beziehungen in Ostdeutschland' geleistet wurde.[1] Ein Promotionsstipendium der Hans-Böckler-Stiftung erlaubte es der Verfasserin, das zwischen 1993 und 1997 gesammelte umfangreiche qualitative Datenmaterial einer Sekundärauswertung zu unterziehen. Somit wurde möglich, was unter den Bedingungen drittmittelfinanzierter Forschung heutzutage nur noch selten gelingt: Die (Nach-)Betrachtung eines breiten empirischen Materials aus einer Situation reflexiver Distanz und mit der vergleichsweise luxuriösen Möglichkeit zu ausgiebigen Literaturrecherchen – unter der Zielstellung, die vorhandene Empirie in ihrem Zusammenhang zu interpretieren und darzustellen sowie auf ihre Verallgemeinerbarkeit im Hinblick auf die aktuelle theoretische Diskussion hin zu überprüfen. Ein mehrmonatiger Forschungsaufenthalt am Institut de Recherches Economiques et Sociales in Paris im Frühsommer 1999 und die Konfrontation mit Debatten international vergleichender Forschung trugen dazu bei, die methodische Perspektive der Studie zu schärfen. Letztere rückten sowohl die Prägekraft institutioneller Strukturen als auch die Bedeutung kultureller Traditionen und historischer Entwicklungsverläufe für die Regulierungsformen industrieller Beziehungen ins Bewusstsein. Die Drucklegung des vorliegenden Bandes wurde von der Hans-Böckler-Stiftung finanziell unterstützt.

Die Studie gliedert sich wie folgt: Nach einer einleitenden Darstellung der theoretischen Grundlagen der Arbeit (Abschnitt I) werden die Funktionsprinzipien und Bestandsbedingungen des deutschen Tarifsystems als Teil des dualen Systems industrieller Beziehungen untersucht (Abschnitt II). Diese sind in ihren Besonderhei-

---

[1] An den Forschungsprojekten waren viele Personen beteiligt. Grossen Anteil an den Forschungsarbeiten sowie –ergebnissen hatte als Leiter der verschiedenen Forschungsprojekte sowie Betreuer der Dissertation Rudi Schmidt. Neben der Autorin arbeiteten in den verschiedenen Projekten Renate Liebold, Karin Lohr, Gabriele Sterkel und Evelyn Schmidt als wissenschaftliche Mitarbeiterinnen sowie Martina Dorsch, Andrea Eckardt, Robert Hinke, Jörg Klückmann, Stefan Lippold, Maik Schulz, Udo Strohwald, Andrea Velez und Gisela Voltz als studentische Hilfskräfte an den Untersuchungen mit. Daneben profitierte die Forschungsarbeit auch von Anregungen und Kritik von Michael Behr, Joachim Bergmann, Katharina Bluhm, Klaus Dörre, Hanjo Gergs, Christoph Köhler und Markus Pohlmann.

ten als Produkt eines historischen Prozesses zu begreifen, der in groben Linien nachgezeichnet wird. Zentrales Ergebnis der Analyse ist die bereits erwähnte These, dass die Stabilität des deutschen Tarifsystems nicht in erster Linie auf dessen formaler institutionelle Verfasstheit basiert, sondern auf einer spezifischen Akteurspraxis im Umgang mit dem Institutionensystem. Insbesondere der heikle Punkt einer institutionell mangelhaften gewerkschaftlichen Verankerung an der betrieblichen Basis konnte traditionell nur durch eine enge arbeitsteilige Verschränkung von Betriebsräten und Gewerkschaften jenseits formaler Institutionenregeln kompensiert werden. Veränderte strukturelle Rahmenbedingungen und die 'Verbetrieblichung' der Aushandlungsbeziehungen zum Zeitpunkt interessenpolitischer Defensive der Gewerkschaften und Betriebsräte haben jedoch seit Mitte der 70er Jahre und massiv seit Beginn der 90er Jahre zu Veränderungen und Verschiebungen im ehemals austarierten Kooperationsgefüge zwischen betrieblichen und tariflichen Akteuren geführt (Kap.II.3 und II.4), die in der erodierenden Normierungskraft des Systems einheitlicher Flächentarifverträge ihren prägnantesten Ausdruck finden (Kap.II.5).

Die These, wonach die Krise des Tarifsystems und die Erosionstendenzen des Flächentarifvertrags primär als Krise des tariflichen Interessenhandelns von Akteuren im Umgang mit dem dual konstituierten Institutionensystem industrieller Beziehungen aufzufassen ist, wird sodann anhand empirischer Daten über die ostdeutsche Tarifrealität untersucht (Abschnitt III). Nach einer zusammenfassenden Darstellung der tarifpolitischen Transformationsgeschichte (Kap.III.1) konzentriert sich die Analyse auf den 'neuralgischen Punkt' des Tarifsystems: die betriebliche Verankerung von Arbeitgeberverbänden (Kap.III.3) und Gewerkschaften (Kap.III.4). Auf der Basis von 147 qualitativen Interviews mit ExpertInnen aus Betrieben und Verbänden werden erstens die Bedingungen und Probleme interessenpolitischen Handelns in Ostdeutschland aus Sicht der Tarifverbände analysiert; zweitens wird die Sicht der Mitglieder, d.h. der Geschäftsleitungen und Betriebsräte auf ‚ihre' interessepolitischen Verbände rekonstruiert. Die Beziehungsmuster zwischen tariflichen und betrieblichen Akteuren werden im Rahmen zweier Typologien dargestellt, die zumindest in ihren zentralen Konstruktionselementen nicht nur für den Bereich der ostdeutschen industriellen Beziehungen Gültigkeit beanspruchen. Insgesamt zeigt die empirische Analyse deutlich, dass die normative Integration der Tarifverbände in Ostdeutschland ausgesprochen mangelhaft ist und die Distanz der betrieblichen Akteure zu den tariflichen Interessenverbänden erheblich. Pointiert könnte man in Ostdeutschland daher von einem System ‚stellvertretender Tarifautonomie' sprechen, bei dem die tarifliche und die betriebliche Ebene nur mehr lose verkoppelt sind.

I. Theoretische Grundlagen

Vor der Darstellung des deutschen Tarifvertragssystems in seiner historischen Entwicklung, seiner funktionalen Spezifik sowie aktuellen Krisensituation sollen zunächst die theoretischen Grundlagen expliziert werden, denen die Arbeit ihre zentralen Begriffe verdankt und die den Problemzugang sowie Interpretationsrahmen wesentlich prägen. Das theoretische Gerüst der vorliegenden Arbeit entstammt im wesentlichen drei Theoriesträngen, die zwar jeweils eigenständige Diskussionszusammenhänge darstellen, zugleich jedoch eine gewisse Nähe zueinander besitzen, weshalb sie in der Vergangenheit auch bereits wiederholt in der einen oder anderen Weise verknüpft wurden:

- Einen erheblichen Einfluss auf die vorliegende Studie hatte die marxistische Theorie. Eine Auseinandersetzung mit dieser Theorietradition ist im Rahmen einer Arbeit zum Thema Tarifpolitik kaum zu vermeiden. Zum einen bildet sie historisch wie aktuell einen zentralen Interpretationsrahmen wesentlicher 'Forschungssubjekte', nämlich der tarifpolitischen Akteure auf Gewerkschaftsseite. Zum anderen hatte die marxistische Theorie einen erheblichen Einfluss auf wissenschaftliche, v.a. soziologische Ansätze zur Analyse des Tarifgeschehens. Dies ist nicht (nur) Ausdruck einer gewissen Gewerkschaftsnähe vieler industriesoziologischer Ansätze, sondern auch davon, dass die aus den kapitalistischen Bewegungsgesetzen abgeleitete Interessenkonstellation von 'Kapital' und 'Arbeit' als heuristisches Modell für empirische Analysen des Tarifgeschehens nach wie vor einen hohen Erklärungswert besitzt. Im folgenden wird die marxistische Sichtweise vom 'Tarifvertrag als Kompromiss widersprüchlicher Interessen von Kapital und Arbeit' daher noch einmal kurz zusammenfassend expliziert (Kap.1.1).

- Eine Studie zum Thema Tarifpolitik muss jedoch nicht nur dem interessenpolitischen Gegensatz zwischen Gewerkschaften und Arbeitgeberverbänden analytisch gerecht werden, sie hat zugleich auch die Funktionsbedingungen und Handlungsmöglichkeiten der Tarifparteien als kollektive Interessenorganisationen adäquat zu berücksichtigen. Hierfür sind organisations-soziologische Ansätze sowie die Theorie kollektiven Handelns nützlich. Tarifverträge und Tarifpolitik werden im Rahmen dieser Ansätze als Ergebnisse des kollektiven Handelns von Interessenorganisationen aufgefasst. Spätestens seit dem bekannten Aufsatz von Offe/Wiesenthal (1980) existiert zudem eine kontroverse Theoriedebatte, welche die Theorie kollektiven Handelns mit einer (mehr oder weniger marxistisch geprägten) Interessentheorie verknüpft und eine klassenspezifische Logik kollektiven Handelns zu beschreiben sucht (Kap.1.2).

- Die marxistische Theorie sowie organisationssoziologische Ansätze haben ihre Stärke darin, dass sie eine plausible Analyse des Tarifgeschehens auf Meso- bis Makroebene ermöglichen. Dies gelingt u.a. durch die Unterstellung von überwiegend rational und bewusst agierenden Akteuren mit analytisch mehr oder weniger 'abgeleiteten' Interessenlagen. Im Rahmen einer mit qualitativem Datenmaterial arbeitenden empirischen Studie über das tarifpolitische Handeln (v.a. in ostdeutschen Betrieben) ist ein solcher Theorierahmen zwar als allgemeine Interpretationsfolie hilfreich, zur Rekonstruktion situationsabhängiger, individueller Interessenlagen sowie subjektiver Deutungsprozesse als Grundlage für das Handeln von Akteuren reicht er jedoch nicht aus. Zur Interpretation des empirischen Materials über die tarifpolitische Institutionenpraxis in Ostdeutschland wurde daher ein akteursorientierter interessenpolitischer Ansatz benutzt, der marxistische Elemente mit der Tradition des Symbolischen Interaktionismus verbindet (Kap.1.3).

1. Der Tarifvertrag als Kompromiss widersprüchlicher Interessen von Kapital und Arbeit

Eine erste theoretische Annäherung an den Begriff des Tarifvertrags besteht in seiner Bestimmung als Ausdruck und zugleich Vermittlungsform immanenter Widersprüche der kapitalistischen Produktionsweise. Die Entstehung von Tarifverträgen ist eng an die Durchsetzung der kapitalistischen Produktionsweise geknüpft, d.h. daran, dass ein relevanter Anteil der gesellschaftlichen Arbeit in der Form von Lohnarbeit verrichtet wird. Wesentliches Merkmal der Lohnarbeit ist die Behandlung der menschlichen Arbeitskraft als Ware. Die Möglichkeit des Kaufs bzw. Verkaufs der Arbeitskraft und damit die Existenz eines Arbeitsmarktes setzt die Existenz des 'doppelt freien Lohnarbeiters' voraus: „Zur Verwandlung von Geld in Kapital muss der Geldbesitzer also den freien Arbeiter auf dem Warenmarkt vorfinden, frei in dem Doppelsinn, dass er als freie Person über seine Arbeitskraft als seine Ware verfügt, dass er andrerseits andre Waren nicht zu verkaufen hat, los und ledig, frei ist von allen zur Verwirklichung seiner Arbeitskraft nötigen Sachen" (Marx 1984:183). Die Besitzenden der Ware Arbeitskraft müssen also erstens frei über ihre Ware verfügen können, was impliziert, dass keine personalen Abhängigkeitsverhältnisse existieren (Leibeigenschaft, Sklaverei). Zum zweiten müssen sie auch frei vom Besitz von Produktionsmitteln sein. Nur in diesem Fall unterliegen sie dem Zwang, ihre Arbeitskraft feilzubieten – an der Stelle von Waren, die in Eigenregie produziert wurden.

Der Kauf bzw. Verkauf der Ware Arbeitskraft erfolgt im Rahmen kapitalistischer Lohnarbeit vertragsförmig durch den Abschluss eines Arbeitsvertrags: „Er [der Lohnarbeiter] und der Geldbesitzer begegnen sich auf dem Markt und treten in Verhältnis zueinander als ebenbürtige Warenbesitzer (...), beide also juristisch gleiche Personen" (ebd.:182). Die formelle Gleichheit von Lohnarbeitenden und Kapitalbesitzenden beim Abschluss eines Arbeitsvertrages wird von Marx jedoch als „fictio juris" bezeichnet, als „Schein" (ebd.:599), der über eine reale Ungleichheit und ein bestehendes Abhängigkeitsverhältnis hinwegtäuscht. Dass der Arbeitsvertrag, formell abgeschlossen von juristisch gleichwertigen Personen, in der Praxis zu einem 'Herrschaftsvertrag' gerät, hat mehrere Ursachen: Eine Besonderheit der Ware Arbeitskraft ist die Tatsache, dass sie niemals von ihrem Träger, der Person des/der Arbeitenden, abgelöst werden kann. Im Arbeitsvertrag kauft der Kapitalbesitzende lediglich die Verfügungsgewalt über die Anwendung der Arbeitskraft, nicht jedoch das Resultat derselben. Aus dieser 'Unbestimmtheitslücke' im Arbeitsvertrag ergibt sich das 'Transformationsproblem' der Umsetzung von Arbeitskraft in die Produktion von Werten, welches sich aus Sicht des Kapitalbesitzers als permanentes Kontroll- und Herrschaftsproblem in der Sphäre industrieller Produktion darstellt.[2] Bei der Lösung dieses Herrschaftsproblems verfügt der Kapitalist jedoch über eine gegenüber den ArbeiterInnen privilegierte Machtposition. Während nämlich die Lohnarbeitenden zur Sicherung ihrer Existenz zum Verkauf ihrer Arbeitskraft gezwungen sind, sind Kapitalbesitzende nicht im selben Maße auf den Kauf der Ware Arbeitskraft angewiesen.[3] Aber nicht nur die existentielle Angewiesenheit auf den Verkauf ihrer Arbeitskraft schwächt die Marktposition der Lohnarbeitenden; auch das Verhältnis von Angebot und Nachfrage auf dem Arbeitsmarkt ist geeignet, die Machtverhältnisse für sie nachteilig zu beeinflussen: Ein Unternehmer verfügt gewöhnlich über eine Vielheit von Arbeitsplätzen und stellt somit gegenüber dem/der individuellen ArbeitskraftanbieterIn eine stärkere ökonomische Macht dar. Hinzukommt, dass die Existenz einer 'industriellen Reservearmee' von Arbeitssuchenden, die untereinander beim Verkauf ihrer Arbeitskraft konkurrieren, als Normalzustand kapitalistischer Ökonomien gelten kann. Der Herrschaftscharakter des Arbeitsvertrags entsteht also dadurch, dass die ökonomische Überlegenheit der Kapitalbesitzenden es ihnen (in der Regel) ermöglicht, die Unbestimmtheitslücke im Arbeitsvertrag primär im Sinne von Kapitalinteressen zu nutzen.

Es wurde bereits erwähnt, dass es sich bei der durch den Arbeitsvertrag ver- bzw. gekauften Ware um eine besondere Ware handelt. Zwei Spezifika der Ware Arbeitskraft sind zu nennen, die sie von anderen, 'normalen' Waren unterscheiden und ursächlich sind für die Konstituierung eines *Interessengegensatzes* zwischen Käufer und Verkäufer, zwischen Lohnarbeit und Kapital:

- Zum einen zeichnet sich die menschliche Arbeitskraft nach Marx durch ihre Fähigkeit zur Mehrwertproduktion aus, d.h. zur Produktion von mehr gesellschaftlichem Wert als zu ihrer Reproduktion notwendig ist. Diese spezielle Gebrauchswerteigenschaft lebendiger Arbeit konstituiere erst das Interesse der Unternehmer am Kauf der Ware Arbeitskraft, da die Aneignung des in der Produktion geschaffenen Mehrwerts Ziel und Wesensmerkmal kapitalistischer Anwendung lebendiger Arbeit überhaupt sei.[4] Dieser grundlegende Ausbeutungszusammenhang werde jedoch

---

[2] An diesem 'Transformations'problem der Verwandlung von Arbeitsvermögen in Arbeit setzte die in der Industriesoziologie v.a. in den 80er Jahren intensiv geführte 'Kontrolldebatte' an, die mit den Veröffentlichungen von Braverman (1977) und Edwards (1979) als 'labour process debate' in England ihren Ausgang nahm. Als weitere Literatur zum Thema vgl. Dohse (1987) sowie Lappe (1987).

[3] So können KapitalbesitzerInnen beispielsweise lebendige Arbeit bis zu einem gewissen Grad durch Maschinenarbeit ersetzen. Der einzelne Kapitalist kann zudem das zur Verfügung stehende Kapital, statt es direkt produktiv anzuwenden, in Handels- oder Zinskapital verwandeln.

[4] Über die Marxsche Arbeitswerttheorie existiert eine breite wissenschaftliche Debatte, die insbesondere um das 'Transformationsproblem' des Zusammenhangs von Wert und Preis sowie von Mehrwert und Profit kreist (vgl. als Überblick Heinrich 1988). Diese Debatte interessiert hier jedoch nur am Rande, da es nicht um eine quantitativ-ökonomische Analyse geht, sondern die Marxsche Werttheorie gleichsam 'qualitativ' zur

verdeckt durch die Lohnform des Werts der Ware Arbeitskraft. Indem der Kapitalist
die Ware Arbeitskraft tatsächlich zu ihrem Wert kauft (d.h. den zu ihrer Reproduktion notwendigen Kosten), erscheint alle Arbeit als bezahlte.[5] Dass trotz dieses
'Scheins der Lohngerechtigkeit' kontinuierlich Konflikte um die produzierten Werte
zwischen Lohnarbeitenden und Kapitalbesitzern entstehen, wird im Rahmen der
marxistischen Theorie darauf zurückgeführt, dass der Wert der Arbeitskraft nicht als
fixe Größe zu denken sei: „Der Wert der Arbeitskraft wird aus zwei Elementen
gebildet - einem rein physischen und einem historischen oder gesellschaftlichen.
Seine äußerste Grenze ist durch das physische Element bestimmt, d.h. um sich zu
erhalten und zu reproduzieren, um ihre physische Existenz auf die Dauer sicherzu-
stellen, muss die Arbeiterklasse die zum Leben und zur Fortpflanzung absolut unent-
behrlichen Lebensmittel erhalten. (...) Außer durch dies rein physische Element ist
der Wert der Arbeit in jedem Land bestimmt durch einen traditionellen Lebensstan-
dard" (Marx 1986:232f.). Ist bereits die rein physische Grenze der „täglichen Erschöpfung" der „Lebenskraft" der ArbeiterInnen „sehr elastisch" (ebd.:232), so
konkretisiere sich auch das historisch-gesellschaftliche oder „moralische" (Marx
1984:185) Element des Werts der Arbeitskraft erst im Prozess des permanenten
'Ringens zwischen Kapital und Arbeit'. In diesem Ringen treffen gegensätzliche
Interessen aufeinander: Der Lohn als Preisform des Werts der Arbeitskraft bestimmt
Umfang und Qualität der individuellen und kollektiven Reproduktion der Klasse der
Lohnarbeitenden. Für die Unternehmer zählt der Lohn hingegen v.a. als Bestandteil
der Produktionskosten. Bedeutet für den Unternehmer der Lohn eine Beschränkung
des Profits, so bedeutet umgekehrt für die Lohnarbeitenden der Profit eine Beschränkung des Lohns. Die Folge sind permanente *quantitative Verteilungskonflikte*
zwischen Lohnarbeit(enden) und Kapital(besitzenden).

- Zum anderen zeichnet sich die Ware Arbeitskraft, wie bereits erwähnt, dadurch
aus, dass sie notwendig immer an die Person des/der Arbeitenden gebunden ist. „Der
Arbeiter nun kann seine Arbeit niemals verkaufen: als Ware. Er kann sie immer nur
verleihen, d.h. für bestimmte Zeit einem industriellen Kapitalisten zur Nutzung überlassen" (Marxistische Gruppe 1973:11; vgl. Marx 1984:188). Das daraus resultierende
Kontrollproblem auf Unternehmerseite besteht darin, dass das Verhalten der Arbeitenden im Produktionsprozess eine - im Hinblick auf das quantitative Produktionsergebnis
- möglichst intensive und umfassende Nutzung der Arbeitskraft ermöglicht. Für die
ArbeiterInnen jedoch hat die Verausgabung ihrer Arbeitskraft eine unmittelbar physische und psychische, d.h. qualitative Komponente in der Form von Arbeitsbelastung
und Beanspruchung von Lebenszeit und -energie. Der Arbeitsprozess selbst ist damit
notwendig gekennzeichnet von einem permanenten Kampf um die Anwendungsbedin-

---

Bestimmung grundlegender Interessenlagen innerhalb der kapitalistischen Produktion benutzt wird.

[5] Diese Fiktion wird noch verstärkt durch die verschiedenen Lohnformen, die den Preis der Ware Arbeits-
kraft scheinbar nach der individuell verausgabten Arbeitsmenge bemessen: Beim Zeitlohn ist die gearbeitete
Stundenanzahl die Grundlage des individuellen Lohns. Eine noch ausgeprägtere Legitimationsfunktion im
Sinne der Schaffung einer scheinbaren Lohngerechtigkeit haben die verschiedenen Formen des Leistungs-
lohns - vorausgesetzt, dass deren Bemessungsgrundlagen als 'objektiv' und nachvollziehbar von Arbeit- und
Kapitalseite gleichermaßen anerkannt werden (vgl. Schmiede/Schudlich 1976, Siegel 1989).

gungen der Ware Arbeitskraft in der Produktion bzw. von *qualitativen Arbeitskonflikten.*

Resümiert man also die Stellung der Lohnarbeitenden innerhalb der kapitalistischen Produktionsweise, so ist sie gekennzeichnet durch einen *Interessengegensatz* gegenüber dem Unternehmer bei *gleichzeitiger machtpolitischer Unterlegenheit.*

Wenngleich der Interessengegensatz zwischen Kapital und Arbeit im Rahmen der marxistischen Theorie als struktureller, im Rahmen kapitalistischer Produktionsweise nicht aufhebbarer Interessenwiderspruch begriffen wird, so findet sich bei Marx zugleich der Hinweis, wonach der 'antagonistische Klassenwiderspruch' im gesellschaftlichen Bewusstsein weithin umgedeutet wird zu einem im wesentlichen konkurrenziellen Verhältnis zwischen Eigentümern unterschiedlicher Warengattungen. Dies geschehe insbesondere über die Lohnform des Werts der Arbeitskraft, die alle verausgabte Arbeit als bezahlte erscheinen lässt, und die Vertragsform, die den Verkauf der Ware Arbeitskraft in der Form eines freiwilligen Tauschakts vermeintlich gleicher Warenbesitzer organisiert. Wenn nämlich alle Arbeit als bezahlte erscheint, so erscheint der gesellschaftlich produzierte Mehrwert als Ergebnis des Einsatzes der drei Produktionsfaktoren Arbeit, Boden und Kapital. Der Profit wird sodann als legitime Revenue der Besitzer der 'Ware Kapital' betrachtet - ebenso wie den Lohnarbeitenden der Lohn als Revenue für den Einsatz ihrer Ware Arbeitskraft zukomme. Wenn die Produktion des gesellschaftlichen Mehrwerts als Folge des Zusammentretens dreier Warengattungen (Arbeit, Boden, Kapital) erscheint, so erscheint der Interessenkonflikt zwischen den Eigentümern der drei Warengattungen als Konkurrenz um möglichst hohe Verkaufspreise für ihren Besitz und um eine angemessene Berücksichtigung bei der Distribution des geschaffenen Neuwerts. Als kollektive Vertretungsorganisationen der Lohnarbeitenden in diesem als Interessenkonkurrenz gedeuteten Interessenkonflikt können die Gewerkschaften gelten.

Die *Gewerkschaften als kollektive Interessenorganisationen der Lohnarbeitenden* konzentrieren sich in ihrer Vertretungstätigkeit - mit wenigen historischen Ausnahmen - auf die Verbesserung der Konkurrenzsituation der Lohnarbeitenden beim Verkauf ihrer Ware und verfolgen das Ziel, deren strukturelle Unterlegenheit auf dem Arbeitsmarkt durch kollektive Organisierung auszugleichen. Gewerkschaften als Interessenkoalitionen der Lohnarbeitenden greifen in ihrer Vertretungstätigkeit also in der Regel nicht die kapitalistische Warenproduktion als solche an, sondern wirken als 'Verkaufsagenturen der Ware Arbeitskraft' - sowohl was die Preisfestlegung be-trifft als auch die Vernutzungsbedingungen. In der Distributionskonkurrenz um die Verteilung des gesellschaftlichen Mehrwerts vertreten sie die Interessen der ArbeitskraftbesitzerInnen, indem sie die Konkurrenz zwischen den BesitzerInnen der Ware Arbeitskraft einschränken. Der Interessengegensatz zwischen Arbeit und Ka-pital bezüglich der Verteilung des geschaffenen Mehrwerts sowie der Bedingungen seiner Erzeugung im Produktionsprozess ist in seiner Interpretation als Konkurrenzinteresse, das sich innerhalb der Warenform bewegt, nicht antagonistisch, d.h. nicht unversöhnlich. Sieht man von i.d.R. kleineren gewerkschaftlichen Zusammenschlüssen ab, die sich konsequent revolutionären Inhalten verpflichtet fühlten[6], so setzte sich (nicht nur in Deutschland, sondern international) zunehmend eine Auffassung gewerkschaftlicher Politik durch, die „gegen die Wirkungen [des Lohnsystems] kämpft, nicht aber gegen die Ursachen dieser Wirkungen" (Marx 1986:236). In dieser Form ist gewerkschaftlicher Kampf aber nicht nur nicht (lohnarbeits)systembedrohend, sondern systemerhaltend. Dies gilt in doppelter Hinsicht. Zum einen sorgen die Gewerkschaften durch ihre Kämpfe „gegen die Gewalttaten des Kapitals" (ebd.:237) für angemessene Reproduktionsbedingungen der Klasse der LohnarbeiterInnen[7], deren Fortexistenz als Quelle des Mehrwerts eine Voraussetzung kapitalistischer Akkumulation darstellt. Zum anderen bewirken die Gewerkschaften als Organisatoren kollektiven Handelns der LohnarbeiterInnen eine Standardisierung der Löhne, was sich aus Sicht der Unternehmer als Vereinheitlichung der Lohnkosten darstellt. Die partielle Aufhebung der Konkurrenz (zwischen den LohnarbeiterInnen) ist daher gleichbedeutend mit der Herstellung vereinheitlichter, „fairer" Konkurrenzbedingungen für die Unternehmer (vgl. auch Kap.I.3). Im Gegensatz zur neoliberalen Wirtschaftstheorie, welche in der gewerkschaftlichen Organisierung lediglich eine Behinderung der ‚freien Konkurrenz' sieht, ist also von einer partiellen Aufhebung der Konkurrenz zum Zweck der Herstellung allgemeiner, gleicher Konkurrenzbedingungen zu sprechen.

Wenn das Verhältnis von Lohnarbeitenden und Unternehmern sich im gesellschaftlichen Bewusstsein als vermittelbarer Gegensatz zwischen konkurrierenden Interessen darstellt und die Gewerkschaften in erster Linie als ‚Preisfechter' der Ware Arbeitskraft auftreten, so stellen sich Tarifauseinandersetzungen im gesellschaftlichen Bewusstsein dar als ein mehr oder weniger konflikthaftes Aushandeln von Tauschbedingungen zwischen zwei verschiedenen Gruppen von Privateigentümern. Tarifverträge sind insofern zu begreifen als eine kompromisshafte und über längere Zeitdauer hinweg stabile Vermittlung des strukturellen Interessenkonflikts

---

[6] Dabei handelte es sich häufig um anarcho-syndikalistisch geprägte Strömungen, etwa die IWW in den USA oder die CNT in Frankreich und Spanien. In der Frühphase gewerkschaftlicher Organisierung in Deutschland existierte noch ein Spannungsverhältnis zwischen revolutionärer Rhetorik, die u.a. durch die enge Bindung der Gewerkschaften an die Sozialdemokratische Partei zustande kam, und der alltäglichen gewerkschaftlichen Praxis des Kampfes um Reformen. In den beiden Jahrzehnten vor dem 1. Weltkrieg setzten sich reformistische Tendenzen zunehmend nicht nur praktisch, sondern auch programmatisch durch. Dies wurde auch durch die zunehmende organisatorische Selbständigkeit und politisch-ideologische Unabhängigkeit der Gewerkschaften von der Sozialdemokratischen Partei möglich (vgl. Ullmann 1977:139ff., Schmidt/Seichter 1989:101ff.).

[7] Um Missverständnisse bezüglich des viel benutzten und daher schillernden Klassenbegriffs zu vermeiden, sei angemerkt: Der Begriff der 'Klasse' wird hier und im folgenden für eine „Großgruppe von Menschen" verwendet, „die nicht primär durch bewussten Zusammenschluss, sondern durch ein kollektives Verhältnis des Eigentums bzw. Nichteigentums an den sachlichen Produktionsbedingungen" konstituiert ist (Mauke 1971:16). Nach marxistischer Terminologie bewegt sich der verwendete Klassenbegriff also auf der Ebene der 'Klasse an sich' und impliziert weder die aktuelle Existenz noch die zukünftig notwendige Entwicklung einer 'Klasse für sich'. Zudem wird die Benutzung des Klassenbegriffs auf die Makro-Analyseebene der kapitalistischen Produktionsweise als solcher beschränkt. Mit dieser Differenzierung des Klassenbegriffs zwischen der Ebene „der Grundstruktur einer Produktionsweise oder einer Gesellschaftsformation" und „den Auswirkungen der globalen Struktur auf den Bereich der gesellschaftlichen Verhältnisse" wird einem Vorschlag von Poulantzas (1974:66) gefolgt, der u.a. von Wright (1985) und Koch (1994) aufgenommen und weiter ausgearbeitet wurde.

zwischen zwei verschiedenen Gruppen von Privateigentümern. Tarifverträge sind insofern zu begreifen als eine kompromisshafte und über längere Zeitdauer hinweg stabile Vermittlung des strukturellen Interessenkonflikts zwischen Kapital und Arbeit, der als Interessenkonkurrenz gedeutet wird. Die gewerkschaftliche Organisation und das System kollektiv vereinbarter Tarifnormen erfüllt Schutz-, Verteilungs- und Partizipationsfunktionen für die Lohnarbeitenden; im Feilschen um 'gerechten Lohn' hat das Tarifvertragssystem aber zugleich auch eine wichtige Legitimationsfunktion für die Aufteilung des geschaffenen Mehrwerts in Lohn und Profit.

2. Der Tarifvertrag als Ergebnis kollektiven Handelns: Gewerkschaften und Arbeitgeberverbände als klassenspezifische Mitgliederorganisationen

Sowohl in der älteren marxistischen Theorie als auch in der 'klassischen' Pluralismus- und Gruppentheorie wurde stets als selbstverständlich angenommen, dass Individuen mit gleichgerichteten Interessen (also etwa die Klasse der Lohnarbeitenden) sich zwecks gemeinsamer Interessendurchsetzung zusammenschließen werden. Dieser Annahme widersprach erstmals Mitte der 60er Jahre Mancur Olson und leitete damit einen Paradigmenwechsel für die gesamte sozialwissenschaftliche Verbands- und Organisationsforschung ein. Seit seinen Ausführungen zur 'Logik des kollektiven Handelns' (1992, erste Auflage: 1968) gilt der Zusammenschluss von Individuen mit gleichen Interessen in kollektiven Vertretungsorganisationen nicht mehr als gleichsam naturwüchsig-logischer Prozess, sondern als höchst erklärungsbedürftiges Phänomen. Im Zentrum des theoretischen Interesses steht dabei die Frage, wie es bei der Erstellung von Kollektivgütern (also von Gütern, deren Nutzung nicht auf den Kreis ihrer ProduzentInnen beschränkt werden kann, sondern grundsätzlich der Allgemeinheit zugänglich ist, - wie z.B. die Tarifnormen) zu einer Überwindung des sogenannten 'Trittbrettfahrerproblems' kommt, d.h. dem individuell-zweckrationalen Versuch potentieller Mitglieder, den eigenen Nutzen zu maximieren, indem sie am verbandlich produzierten Kollektivgut partizipieren, ohne jedoch einen Beitrag zu dessen Erstellung zu leisten. Besonders ausgeprägt ist dieses Problem, das je nach theoretischem Background auch als Gefangenendilemma oder free rider-Problem bezeichnet wird, im Fall großer (latenter) Gruppen. Die Größe einer Gruppe ist nach Olson ein ausschlaggebender Faktor für ihre Organisationsfähigkeit, da von ihr die individuelle Wahrnehmbarkeit der Interdependenz zwischen individuellem Organisationsverhalten und Organisationsfähigkeit der Gruppe abhängt.

Olson interessierte sich in seiner Theorie kollektiven Handelns ausschließlich für die Entstehung kollektiver Interessenorganisationen und beschäftigte sich nicht mit der Frage, wie der Verbleib von Mitgliedern innerhalb eines Solidarverbandes sowie ihre Folgebereitschaft gegenüber den Verbandszielen auf Dauer gesichert werden könne. Seit der klassischen organisationssoziologischen Studie von March/Simon (1967) ist jedoch bekannt, dass die *Teilnahme- und Leistungsmotivation* von Individuen gegenüber Organisationen als distinkte Orientierungen gesehen werden müssen. Hirschman (1974) unterschied grundsätzlich zwischen zwei Handlungsalternativen, die Mitglieder ergreifen können, welche mit den Leistungen ihres Verbandes unzufrieden sind: die

Option der *Abwanderung ('exit')* und des *Widerspruchs ('voice')*. Diese analytischen Unterscheidungen sind in Rahmen der vorliegenden Arbeit z.B. wichtig, um zwischen einer 'äußeren' und einer 'inneren' Erosion des Flächentarifvertrags zu differenzieren. Während es im einen Fall um eine sinkende Bereitschaft zur Teilnahme am System kollektiver Tarifverhandlungen und einer Zunahme von 'exit'-Optionen v.a. im Bereich der Arbeitgeberverbände geht, handelt es sich im anderen Fall um eine sinkende Motivation zur betrieblichen Umsetzung der verbandlich ausgehandelten Tarifkonditionen (vgl. Kap.II.5 sowie III.3).[8]

Bereits Olson unterschied insgesamt drei Möglichkeiten, wie das 'Trittbrettfahrerproblem' überwunden werden und es zu kollektivem Handeln individuellnutzenkalkulierender Akteure kommen kann:
1. durch Prozesse normativer Integration der Individuen in den Kollektivverband;
2. durch selektive Anreize bzw. 'Nebenprodukte', welche ausschließlich den Verbandsmitgliedern zur Verfügung stehen und einen zusätzlichen Organisationsanreiz schaffen (remunerative Integrationsmedien);
3. durch Zwangsmaßnahmen (koerzive Integration), d.h. etwa den staatlichen Zwang zur Organisation in Unternehmerverbänden bzw. zur Tarifeinhaltung oder die gewerkschaftliche Praxis des 'closed shop'.

Aus Sicht der Interessenverbände, welche i.d.R. kaum über die Möglichkeit koerziver Maßnahmen zur Mitgliederbindung verfügen, kann eine dauerhafte Verbandsintegration der Mitglieder sowie deren Folgebereitschaft gegenüber den verbandlichen Organisationszielen entweder durch selektive Anreize oder auf normativem Wege erfolgen. Insbesondere die normative Mitgliederintegration muss „als eine notwendige, unverzichtbare Grundlage von handlungsfähigen Interessenverbänden" gesehen werden (Traxler 1986:21). Als wesentliche Basis für die normative Integration von Mitgliedern in Interessenverbänden kann die Organisierung effektiver sowie glaubwürdiger diskursiver Prozesse interner Interessenvermittlung gelten. Stellt die kontinuierliche Rückbindung der Verbandpolitik an den Mitgliederwillen damit eine wesentliche Voraussetzung für die verbandliche Integration dar, so steht diese Anforderung doch zugleich tendenziell im Widerspruch mit den Erfordernissen effektiver Verbandspolitik gegenüber 'Dritten'. Als Voraussetzung für ein erfolgreiches strategisches Verbandshandeln 'nach außen' kann nämlich die Fähigkeit zu einem geschlossenen Auftreten sowie einem flexiblen Reagieren auf Umweltveränderungen gelten, was tendenziell einen hierarchischen Verbandsaufbau mit klaren Entscheidungsbefugnissen und zentralisierten Organisationsstrukturen nahe legt. Das Dilemma, dass die Interessenpolitik und die Organisationsstrukturen von Mitgliederverbänden sowohl der Notwendigkeit permanenter Rückbindung der Vertretungsstrategien 'nach innen' an den Mitgliederwillen als auch den Erfordernissen effektiven strategischen Handelns 'nach außen' gerecht wer-

---

[8] In Fällen, in denen Arbeitgeberverbandsmitglieder von den verbandlich definierten Normen 'stillschweigend' abweichen, ohne diese Praxis innerverbandlich zum Thema zu machen bzw. ohne überhaupt an den verbandlichen Diskussionsprozessen zu partizipieren (wie dies gerade für ostdeutsche Geschäftsleitungen relativ typisch ist, vgl. Kap. III.3) handelt es sich zwar zweifellos um eine 'innere Erosion' des Flächentarifvertrags sowie um eine Krise der normativen Verbandsintegration, diese äußert sich jedoch strenggenommen weder in der Form von 'exit' oder 'voice', man könnte hier eher von einer Haltung der 'Ignoranz', der stummen Nicht-Achtung sprechen.

den müssen, wurde in der einschlägigen organisationssoziologischen Literatur wiederholt beschrieben, etwa als „Konflikt zwischen internen und externen Erfolgs-" bzw. „Stabilitätsbedingungen" (Wiesenthal 1987a:69), „administrativer und repräsentativer Rationalität" (Child u.a. 1973) oder auch „Einfluss- und Mitgliederlogik" (Schmitter/Streeck 1981). Es handelt sich um widersprüchliche Handlungsprämissen, die aus dem Problem aller Mitgliederorganisationen entstehen, gleichzeitig in ausreichendem Maße „Effektivität und Legitimität" (Weitbrecht 1969) bzw. „Funktionalität und Repräsentativität" (Ettl 1995) herstellen zu müssen und letztlich auf das grundlegende Dilemma von „Bürokratie und Demokratie" (vgl. Offe/Wiesenthal 1980) verweisen. Dieses Dilemma durchzieht auch die Geschichte der deutschen Tarifverbände und der gewerkschaftlichen Tarifpolitik, die als intermediäre Institution permanent im Spannungsfeld zwischen Mitgliederinteressen und Systemzwängen steht (Kap.II.2) und sich infolge des Zwangs zu einer verstärkt qualitativ orientierten Tarifpolitik gesteigerten Problemen innergewerkschaftlicher Willensbildung und Interessenvereinheitlichung gegenübersieht (Kap.II.3).

Während bei Olson und in einem Großteil der organisationssoziologischen Literatur grundsätzlich von einer einheitlichen Logik kollektiven Handelns ausgegangen wird, so existiert inzwischen auch eine breite Diskussion zu den spezifischen Organisationsbedingungen unterschiedlicher Interessengruppen - etwa den abhängig Beschäftigten oder den Unternehmern. Offe/Wiesenthal(1980) wiesen als erste nachdrücklich auf die Unterschiedlichkeit der kollektiven Handlungsmöglichkeiten von 'Arbeit und Kapital' hin. In der Folgezeit wurden mehrere empirische Studien durchgeführt, die die spezifischen Organisationsressourcen dieser beiden Interessengruppen untersuchten (vgl. Schmitter/Streeck 1981, Traxler 1986, Wiesenthal 1987a sowie als Überblick und Diskussionsbeiträge: Wiesenthal 1992, Traxler 1993b, 1995, Streeck 1999). Kristallisationspunkt der Diskussion ist die Frage, ob eine klassenspezifische Organisationslogik von Unternehmerverbänden und Gewerkschaften existiert und wenn ja, wodurch sie sich auszeichnet.

Offe/Wiesenthal (1980) leiten in ihrem Ansatz, der Elemente marxistischer Klassentheorie mit dem 'rational-choice'-Theorem verknüpft, die Organisationsbedingungen von Unternehmern und abhängig Beschäftigten im wesentlichen aus deren klassenspezifischer Interessentypik ab. Ihrer Ansicht nach genießen die Unternehmer erhebliche Organisationsvorteile, wofür sie im wesentlichen zwei Begründungen anführen: die einheitlichere Interessenlage der Unternehmer, die sich im wesentlichen auf quantitativ-monetäre Ziele der Profitmaximierung richtet sowie die machtpolitischen Vorteile, die die Unternehmer gegenüber dem/der einzelnen abhängig Beschäftigten besitzen. Die Lohnarbeitenden dagegen seien aufgrund der Machtasymmetrie zwischen Arbeit und Kapital zwar wesentlich existentieller auf eine kollektive Organisierung angewiesen, aufgrund ihrer komplexeren Interessenlage sei die Vereinheitlichung der Interessen jedoch ein komplizierterer Prozess. Aus diesen qualitativ unterschiedlichen Organisationsbedingungen von Kapital und Arbeit leiten Offe/Wiesenthal die Notwendigkeit bzw. Möglichkeit differenter Politikstile von Unternehmerverbänden und Gewerkschaften ab: Während die Unternehmerverbände einen monologischen, bürokratischen Politikstil pflegen könnten, seien die Gewerkschaften aufgrund der relativen Schwäche ihrer Mitglieder sowie zur Vereinheitlichung der stark differenten Mitgliederinteressen zu einer dialogischen Form kollektiven Handelns gezwungen, die in hohem Maße auf normative, nicht-utilitaristische Handlungsmotive setzt. Da die Stärke der Gewerkschaften v.a. allem von ihrer Fähigkeit abhänge, einheitliches kollektives Handeln der Mitglieder zu initiieren, sei - anders als für die Unternehmerverbände - die Strategie der Mitgliedermaximierung für Gewerkschaften nicht die optimale Strategie. Allerdings tendieren die Gewerkschaften nach Offe/Wiesenthal zu 'organisatorischem Opportunismus', d.h. dazu, sich dem monologischen Politikstil der Unternehmerverbände anzugleichen. Dies führe zu einer formal-organisatorischen Symmetrie der Interessenverbände, was für die Gewerkschaften jedoch suboptimal und in machtpolitischer Hinsicht prekär sei. Durch die Symmetrie der formalen Organisationsstrukturen werde daher die machtpolitische Asymmetrie zwischen Arbeit und Kapital letztlich reproduziert.

Die zugespitzte Kernaussage von Offe/Wiesenthal, wonach „Kapitalinteressen (...) gegenüber Arbeitskraftinteressen signifikante Organisationsvorteile" genießen (Wiesenthal 1992:45) wurde v.a. im Rahmen eines international sowie sektoral vergleichenden Projekts über Unternehmerverbände (Schmitter/Streeck 1981) in der Folgezeit empirisch überprüft und letztlich in Frage gestellt.[9] Streeck u.a. operationalisierten die Kernaussage von Offe/Wiesenthal in der Forschungshypothese, wonach im Bereich der Unternehmerverbände ein niedrigerer Grad organisatorischer Differenzierung zu erwarten sei als im Bereich der Gewerkschaften. Für die Kapitalseite sei also anzunehmen, dass ein insgesamt höherer Organisationsgrad durch eine geringere Zahl von Organisationen mit tendenziell umfassenderem Organisationsbereich erreicht werde. Für die Arbeiterklasse sei demgegenüber anzunehmen, dass ein hoher Organisationsgrad wahrscheinlicher durch eine große Zahl an kleineren Organisationen erreicht werde (Streeck 1999:261). Die empirischen Ergebnisse entsprechen diesen Annahmen nicht: Die Zahl der Unternehmerverbände übersteigt vielmehr die Zahl der Gewerkschaften bei weitem. Dieses Ergebnis kommt jedoch vor allem dadurch zustande, dass Streeck u.a. sowohl die Vertretungsorganisationen unternehmerischer Arbeitsmarktinteressen als auch unternehmerischer Produktmarktinteressen (also Unternehmerverbände und Arbeitgeberverbände) in ihrer Studie berücksichtigten. Ein besonders hoher Grad verbandlicher Differenzierung findet sich insbesondere bei den Unternehmerverbänden, welche die - in hohem Maße konkurrenziellen - Produktmarktinteressen der Unterneh-mer organisieren. Beschränkt man die Analyse dagegen ausschließlich auf Arbeitge-berverbände, welche die Arbeitsmarktinteressen der Kapitalseite gegenüber den Ge-werkschaften vertreten, so unterscheidet sich der Grad organisatorischer Fragmentie-rung von Arbeit und Kapital kaum. Streeck interpretiert diese Befunde, indem er - in diametralem Gegensatz zu Offe/Wiesenthal - schlussfolgert, dass die Unternehmerver-bände ein vergleichsweise breiteres und komplexeres Interessenspektrum organisieren müssten als die Gewerkschaften. Er betont explizit die Relevanz von Produktmarktinte-ressen, welche von Offe/Wiesenthal in ihrer Analyse vergessen worden seien. Indem

---

[9] In dem Forschungsprojekt wurden Daten über das unternehmerische Verbändesystem von sieben Sektoren (Chemieindustrie, Pharmaindustrie, Bauindustrie, Milchwirtschaft, Fleischindustrie, Obst- und Gemüseverpackung und Maschinenbau) in neun Ländern verwendet: Österreich, Kanada, Italien, West-deutschland, die Niederlande, Spanien, Schweden, die Schweiz und England.

die Gewerkschaften absatzmarktbezogene Beschäftigteninteressen aus ihrer Vertretungstätigkeit ausklammerten und de facto an die Unternehmerverbände delegierten, sei der Interesseninput im Bereich der Gewerkschaften vergleichsweise homogener, - und also leichter organisierbar.

Der Eindruck, wonach die Annahmen Offe/Wiesenthals von einer klassenspezifischen Logik kollektiven Handelns durch die Befunde von Schmitter/Streeck empirisch widerlegt seien, wurde allerdings von Traxler (1992; 1995; als Überblick auch: Wiesenthal 1992) in der Folgezeit bestritten. Zwar seien die Annahmen Offe/Wiesenthals in einigen zentralen Punkten zu ergänzen, er führt die Widersprüche in den Befunden von Offe/Wiesenthal und Streeck jedoch im wesentlichen auf unterschiedliche Analyseebenen zurück und plädiert für eine dimensional differenzierte Betrachtung des Problems. Zentral ist für ihn dabei der Begriff der - für Arbeit und Kapital jeweils spezifischen - *Machtressourcen*, welche „als vermittelnder Faktor zwischen Interessenlage und Interessenhandeln begriffen" werden sollten (Traxler 1992:154, vgl. auch Traxler 1995:30). Da zudem die Verteilung der Machtressourcen nicht nur Folgen für die Beziehungen *zwischen* den Klassen, sondern auch *innerhalb* derselben habe, müsse die Analyse kollektiven Handelns sowohl eine inter- wie eine intraklassenspezifische Perspektive einschließen.[10]

Im Rahmen seines (Macht-)Ressourcen-Ansatzes unterscheidet Traxler die beiden zentralen Ebenen der *Organisationsfähigkeit* und des *Organisationsbedarfs* individueller Interessen, welche beide von der Allokation der Machtressourcen abhängig sind und sich letztlich im Organisationsverhalten niederschlagen. Durch diese begriffliche Differenzierung wird es ihm z.B. möglich, das Organisationsverhalten der Unternehmer zu beschreiben, als eines, das zwar durch eine überlegene Ausstattung mit Machtressourcen beeinflusst sei; diese Tatsache habe jedoch ambivalente Folgen für das Organisationsverhalten: Zwar sei die Organisationsfähigkeit im Bereich der Unternehmerverbände prinzipiell höher als im Bereich der Gewerkschaften, der Organisationsbedarf sei jedoch vergleichsweise geringer, da die Unternehmer eher in der Lage seien, ihre Einzelinteressen auch im Alleingang zu vertreten. Den Begriff der Organisationsfähigkeit differenziert Traxler weiter, indem er zwischen den bereits oben erläuterten differenten Organisationsproblemen der Mitgliederrekrutierung einerseits und der Sicherung der Mitgliederloyalität andererseits unterscheidet. In diesem Zusammenhang trifft er die wichtige Feststellung, dass für die Unternehmer insbesondere die Loyalität gegenüber dem Verband gewöhnlich mit hohen Opportunitätskosten belastet sei, während die schiere Mitgliedschaft (Beitragskosten) kaum einen relevanten Stellenwert besitze, - was im Fall der abhängig Beschäftigten tendenziell umgekehrt sei. Dementsprechend sei „die Organisationsfähigkeit für Gewerkschaften (...) primär ein Problem der Mitgliederrekrutierung," während sich „für die Arbeitgeberverbände vor allem das Problem der Loyalitätssicherung" stelle (Traxler 1992:159; vgl. auch Traxler 1995:32).

---

[10] So habe etwa die Tatsache, dass das Intra-Klassenverhältnis auf Kapitalseite wesentlich stärker konkurrenziell geprägt ist als auf Seite der abhängig Beschäftigten wichtige Folgen für die Inter-Klassenbeziehungen. Auch der Konflikt zwischen mittelständischen Firmen und der Großindustrie in vielen Arbeitgeberverbänden kann als intraklassenspezifischer Interessenkonflikt gelten, der v.a. durch die stark differente Verteilung von Machtressourcen innerhalb der Klasse der Unternehmer zustande kommt und zuweilen erhebliche Konsequenzen für die Inter-Klassenbeziehungen haben kann.

Anstelle also global eine 'bessere' oder 'schlechtere' Organisationssituation von Arbeitgeberverbänden bzw. Gewerkschaften zu postulieren, versucht Traxler die Organisationsbedingungen von Kapital und Arbeit in ihrer qualitativen Beschaffenheit sowie ihren Folgen für klassenspezifisches kollektives Handeln zu beschreiben.[11] Statt einer generalisierten klassenspezifischen 'Logik kollektiven Handelns' plädiert er für eine mehrdimensionale Analyse, im Rahmen derer die Organisationsfähigkeit (organizability) von Arbeitgeberverbänden und Gewerkschaften auf drei Ebenen gegenübergestellt und verglichen werden sollte (Traxler 1995:27f.):

1. die Ebene der Generalisierbarkeit (generalizability) von Interessen: Diese Dimension betrifft v.a. die Größe und Inklusivität der Organisationsdomänen. Den Daten von Schmitter/Streeck (1981) zufolge existieren in dieser Hinsicht kaum nennenswerte Unterschiede zwischen Arbeit und Kapital, insofern ausschließlich die Vertretungsorganisationen von Arbeitsmarktinteressen betrachtet werden. Werden Verbände zur Vertretung von Produktmarktinteressen in die Analyse einbezogen, so ist die Organisationsfähigkeit der Unternehmer eindeutig geringer, - v.a. aufgrund der stark konkurrenziellen intraklassenspezifischen Interessenlagen, welche z.t. auch Ausdruck differenter Machtressourcen innerhalb des 'Arbeitgeberlagers' sind.

2. die Ebene der Assoziierungsfähigkeit (associability): Diese Dimension bezieht sich v.a. auf den Organisationsgrad und die Fähigkeit zur Mitgliederrekrutierung. Der Organisationsgrad der Unternehmerverbände ist insgesamt höher als der der Gewerkschaften, wobei der Faktor staatlicher Zwangsmitgliedschaft hier jedoch eine erhebliche Rolle spielt. Wenn Unternehmerverbände mit verpflichtender Mitgliedschaft nicht in die Analyse einbezogen werden, so ist der Organisationsgrad auf Kapitalseite nur unwesentlich höher als auf Seite der Gewerkschaften. Erklärungsansätze für den höheren Organisationsgrad der Unternehmer seien ferner die relativ niedrigeren Kosten von Unternehmern im Fall eines Verbandsbeitritts, - verglichen mit den abhängig Beschäftigten (s.o.). Zudem nutzten die Unternehmer nicht selten ihre Machtvorteile gegenüber den Beschäftigten, um diese an einer kollektiven Organisierung zu hindern. Der v.a. bezogen auf Beschäftigtenzahlen relativ hohe Organisationsgrad der Unternehmer werde zudem in erster Linie durch die Organisierung von Großunternehmen erreicht. Die von Traxler genannten Kriterien für die Assoziierungsfähigkeit insbesondere von Unternehmerverbänden wäre zudem noch um ein weiteres zu ergänzen: Historisch sowie empirisch lässt sich ein enger Zusammenhang zwischen dem 'Bedrohungspotential' der Gewerkschaften und der Organisationsneigung der Unternehmer feststellen (vgl. z.B. Kap.II.1)

3. die Ebene der Bindungs- und Steuerungsfähigkeit (governability): Diese Dimension betrifft die Fähigkeit der Mitgliederbindung an die Organisationsziele auf Basis gelungener Prozesse der Interessenvereinheitlichung. Als empirischer Indikator für diese Fähigkeit wird die Existenz einheitlicher, handlungsfähiger Dachorganisationen der Interessenverbände benutzt. In dieser Hinsicht sind die Unternehmerverbände

---

[11] "All theories treat organizability as a one-dimensional concept in the sense that all advantages in organizability are supposed to be concentrated exclusively on either labor's or capital's side. Yet in fact, employers and workers are each confronted with a coincidence of organization advantages and disadvantages" (Traxler 1995:29).

den Gewerkschaften eindeutig unterlegen und die individuelle Stärke der Unternehmer schlägt um in eine relative Schwäche ihrer Organisationen.

Wenn also Olson *eine* Logik kollektiven Handelns für alle Interessenverbände
unterstellte und Offe/Wiesenthal, - ausgehend von differenten Interessen von Kapital
und Arbeit - darauf beharrten, dass es *zwei* Logiken kollektiven Handelns auf dem
Arbeitsmarkt gebe, so plädiert Traxler für eine mehrdimensionale sowie empirische
Betrachtung der spezifischen Bedingungen kollektiven Handelns von 'Arbeit und
Kapital'. Die Ergebnisse einer solchen empirischen Analyse stärken jedoch seiner
Ansicht nach letztlich das klassenspezifische Argument von Offe/Wiesenthal: „One
may speak of two logics of workers' and employers' collective action, insofar as
classes indeed differ significantly in each of the three dimensions of organizability."
(Traxler 1995:29).

3. Der Tarifvertrag als historisch entstandene Institution und Ergebnis interessenpolitischer Aushandlung

Es ist sicher kein Zufall, dass im Ansatz von Offe/Wiesenthal gerade die marxistische Klassentheorie mit der Theorie kollektiven Handelns in der Tradition von
Olson verknüpft wurde. Beide Theoriestränge haben nämlich - als Theorien ökonomischer Provenienz - eine gewisse Nähe zueinander, d.h. sie bauen auf einigen
gemeinsamen Grundannahmen auf:

1.) Beide Theorierichtungen unterstellen weitgehend bis vollständig rational
handelnde Akteure. Das Ziel individueller Nutzenmaximierung wird gleichsam als
anthropologische Konstante menschlichen Handelns angenommen. Es handelt sich
also um Ansätze, die letztlich in der Tradition utilitaristischer Philosophie stehen.

2.) Beide Theorierichtungen unterstellen (zumindest in ihrer klassischen Variante), dass auf theoretischer Ebene entscheidbar sei, welches die jeweils rationalste und
damit wahrscheinlichste Handlungsstrategie von Akteuren sei. Das Handeln von
Individuen wird dadurch mehr oder weniger strukturtheoretisch ableitbar. Der zentrale theoretische Begriff, über den diese Ableitung gelingt, ist der Begriff des
'Interesses'.[12]

Gegen beide dieser Grundannahmen sind insbesondere in den letzten zwanzig
Jahren erhebliche Einwände vorgebracht worden: Dem Theorem rationaler Ent-
scheidungsfindung und der Vorstellung vom 'homo oeconomicus' wurde entgegen-
gehalten, dass Wahlhandlungen gewöhnlich kaum unter den Bedingungen globaler

---

[12] In seiner Studie „Leidenschaften und Interessen" geht A.O.Hirschman (1987) der historischen
Entwicklung des Interessenbegriffs nach. Demnach kam es im späten 16. und frühen 17. Jahrhundert,
parallel zur Herausbildung erster kapitalistischer Wirtschaftsstrukturen, zu einer moralischen Umwertung
bzw. Aufwertung des Gelderwerbs sowie der Verfolgung ökonomischer 'Interessen' im gesellschaftlichen
Bewusstsein. Die traditionelle moralphilosophische Dichotomie von 'Leidenschaft' versus 'Vernunft' wurde
abgelöst vom neuen Paradigma des 'Interesses' (im Sinne der Verfolgung ökonomischer Ziele), welches als
geeignet angesehen wurde, negative Leidenschaften zu bezähmen und zum Wohle der Gesellschaft zu
wirken. Die Verknüpfung des Interessenbegriffs mit der Vorstellung eines individuell-nutzenkalkulierenden,
nach ökonomischen Prämissen agierenden Individuums hat also eine lange Tradition.

Rationalität, sondern innerhalb eines beschränkten Informations- und Entscheidungs-
rahmens sowie spezifischen situativen Zwängen unterliegend stattfinden (vgl. z.B.
Elster 1987). Des weiteren sei zu fragen, inwiefern „die Apotheose" rationaler
Nutzenmaximierung als grundlegendes Movens individuellen Verhaltens tatsächlich
die empirische Realität zureichend abbilde (Miller 1994). Sowohl die Bedeutung
sozialer Anreize als auch die Effekte 'historischer Schwerkraft', d.h. etwa gewachsener Organisationskulturen, werde dadurch erheblich unterschätzt. „Warum sollen nur
materielle und nicht auch andere, immaterielle Anreize (Macht, Einfluss, Prestige,
Kontakt) zur Erklärung des Kollektivgutphänomens herangezogen werden?"- fragt
etwa Keller (1988:395). Und die neuere Organisationsforschung (vgl. z.B. Türk
1989) hat wiederholt auf die Relevanz organisations-*kultureller* Faktoren verwiesen,
die eine rationale Ressourcenallokation auch in vermeintlich ausschließlich profitori-
entierten Bereichen erheblich beeinträchtigen können.

Bereits diese Einwände gegen die allumfassende Präsenz des 'homo oeconomicus' ziehen auch die Vorstellung, wonach Interessen von Akteuren eindeutig theoretisch bestimmbar und damit Akteurshandeln gleichsam strukturtheoretisch ableitbar
sei(en), erheblich in Zweifel. Der wichtigste Einwand gegen einen solchen Struktur-
determinismus ist jedoch der Hinweis, dass die Situationswahrnehmung von Akteuren nie ungefiltert, gleichsam 'objektiv' erfolgt, sondern immer einen *individuellen
Deutungsprozess* darstellt. Dieser wird nicht nur von der konkreten Handlungskonstellation beeinflusst, sondern erfolgt auf Basis subjektiver Vorerfahrungen der Individuen und in permanenter Auseinandersetzung mit anderen relevanten Akteuren. Im
Hinblick auf die Analyse von Tarifverbänden betont dies etwa Traxler (1993:154):
„Fundierte Aussagen zum Verhältnis von Klassenlage und Organisationsfähigkeit
sind nur möglich, wenn der *Prozess* der Interessendeutung in die Analyse miteinbe-
zogen wird" (Hervorh. i. Orig.).

Ein weiteres zentrales Argument für die Unmöglichkeit einer theoretischen Ableitung konkreten Interessenhandelns ist zudem die *Widersprüchlichkeit sowie
Komplexität von Interessenlagen.* „Für eine Theorie industrieller Beziehungen ist
(...) entscheidend, dass sich das handlungsrelevante Interessengefüge nicht nur (...)
auf individueller Ebene als hochgradig komplex und in sich widersprüchlich erweist,
sondern dass es auf der kollektiven Handlungsebene durch eine strukturell konstitu-
tive Parallelität von gemeinsamen und konfligierenden Interessen sowohl im Binnenverhältnis der relevanten Akteure wie im Verhältnis zwischen ihnen geprägt ist"
(Schmidt/Trinczek 1999:191).

Die vorliegende Arbeit knüpft zwar an grundlegende Marxsche Argumente sowie Erkenntnisse der Theorie kollektiven Handelns an, die Verkürzungen einer
Apotheose nutzenmaximierenden Handelns sowie die Gefahr des Strukturdetermi-
nismus wurden jedoch umgangen, indem sie sich zugleich an neuere institutionalisti-
sche sowie interaktionistische Ansätze anlehnt, die teilweise in direkter Auseinandersetzung mit den oben genannten Kritikpunkten entwickelt wurden. Einen besonders
zentralen Stellenwert für die Studie besitzen zwei Begriffe, die im folgenden - im
Kontext mit den Theorieansätzen, aus denen sie übernommen wurden - in ihrem
interpretativen Gehalt expliziert werden sollen: Es handelt sich um den *Begriff der
Institution* sowie den *Begriff des Interesses.*

Gegenstand der vorliegenden Arbeit ist die Geschichte, die Funktionsweise und der aktuelle Zustand einer *Institution* bzw. eines Institutionensystems, nämlich des deutschen Tarifsystems als Teil des dualen Systems industrieller Beziehungen. Mit diesem Analysefocus reiht sich die Arbeit in gewisser Weise ein in den theoretischen 'Mainstream', der sich seit einiger Zeit verstärkt auf die Institutionenebene als Mesoebene von Gesellschaft konzentriert und der Frage institutioneller (insbesondere staatlicher) Regulierung erhebliche Aufmerksamkeit widmet (vgl. etwa die Arbeiten von North 1990, Streeck 1992, Mayntz/Scharpf 1995a): „The past quarter-century has been the age of institutions" (Dimaggio, P. 1998).[13] Allerdings sind die verschiedenen 'institutionalistischen Ansätze' ausgesprochen heterogen. Der Institutionenbegriff ist schillernd und oszilliert zwischen einer weiten Fassung, der bereits von Institutionalisierung spricht, wenn „habitualisierte Handlungen durch Typen von Handelnden reziprok typisiert werden" (Berger/Luckmann 1980:58) und einer engen Fassung, der den Institutionenbegriff auf abstrahierte und sanktionierbare Regeln einschränkt (North 1990). Im Rahmen dieser Arbeit wird tendenziell an den vom Max-Planck-Institut für Gesellschaftsforschung entwickelten Ansatz des „akteurs-zentrierten Institutionalismus" angeknüpft, der „mit einem engen Institutionenbegriff arbeitet". Institutionellen Faktoren wird „keine determinierende Wirkung" zugeschrieben (Mayntz/Scharpf 1995b:43); sie werden vielmehr als „Handlungskontext" begriffen, welcher Akteurshandeln zugleich „ermöglicht und restringiert, aber nicht determiniert" (ebd.:45). Wenn „Institutionen sowohl als abhängige wie als unabhängige Variablen betrachtet werden (ebd.:43), so wird dem Akteurshandeln ein erheblicher Einfluss auf die institutionelle Praxis sowie mittelfristig auf die Ausgestaltung der Institutionen selbst zuerkannt. Wichtig für die Analyse ist jedoch die explizite Trennung zwischen der Strukturebene der Institution bzw. den institutionellen Regeln und dem realen Handeln der Akteure (ebd.:46), der Institutionen*praxis*. Erst diese Trennung eröffnet z.B. im vorliegenden Fall den Blick auf die spezifische ostdeutsche Akteurspraxis im Umgang mit dem aus Westdeutschland übernommenen Institutionensystem.

Zur Interpretation des qualitativen Datenmaterials über empirisches Akteurshandeln im Umgang mit dem tariflichen Institutionensystem wurde schließlich im wesentlichen ein „interaktionistischer Ansatz" benutzt, der zugleich „betriebspolitische Fragen grundsätzlich im strukturellen Kontext des Kapital-Arbeit-Verhältnisses verankert sieht" (Bosch u.a. 1999:28f., vgl. auch Trinczek 1989). Es handelt sich um das 'Konzept der politischen Kultur der Austauschbeziehungen'. Während in den beiden Bänden Bosch u.a. 1999 sowie Artus u.a. 2001 mit diesem Ansatz die (inter-

---

[13] In dieser theoretischen Neuorientierung spiegelt sich zum einen eine Abkehr von (u.a. marxistisch orientierten) Makrotheorien wider, welche als inadäquat zur Beschreibung empirischer Entwicklungen empfunden wurden, zum anderen aber auch die Kritik an stark individualistisch-phänomenologischen Ansätzen, deren Schwäche in der mangelnden Verknüpfung der individuellen Akteursebene mit der Strukturebene der Gesellschaft gesehen wurde. Zugleich erwies sich der 'institutionelle Ansatz' auch als theoretisch erklärungskräftig sowie empirisch handhabbar für den internationalen Vergleich von Wirtschafts- und Gesellschaftssystemen, der im Zeitalter zunehmender Wirtschaftsverflechtungen auf dem europäischen sowie weltweiten Markt erheblich an Bedeutung gewann (vgl. z.B. Hall 1986, Sorge/Warner 1986, Lane 1989).

klassenspezifischen) Verhandlungsbeziehungen von Management und Betriebsrat analysiert wurden, so werden in der vorliegenden Studie Elemente dieses Ansatzes für die Analyse der (intra-klassenspezifischen) Kooperationsbeziehungen zwischen betrieblichen und tariflichen Akteuren benutzt (Management-Arbeitgeberverband; Betriebsrat-Gewerkschaft). Ein solches Element ist z.b. die Annahme, dass es „historisch in Interaktionsbeziehungen gewachsene, bewährte und damit zwar stabile, nichtsdestoweniger aber auch veränderbare Muster der Problemwahrnehmung und - verarbeitung" (Bosch u.a. 1999:29) gibt, die als etablierte Beziehungs'kulturen' eine gewisse Beharrungskraft besitzen und jenseits einer tagesaktuellen Kosten-Nutzen-Analyse die Situationsdeutung und damit die Handlungsstrategien der Akteure kontinuierlich prägen. Im ostdeutschen Fall wurden die Kooperationsmuster zwischen betrieblichen und tariflichen Akteuren teilweise noch unter DDR-Bedingungen, aber auch in hohem Maße unter den krisenhaften Bedingungen der Systemtransformation geprägt. Durch die Betonung der Subjektperspektive, der Bedeutung organisationskultureller sowie organisationshistorischer Faktoren und der Auffassung von Organisation als interaktiv ausgehandeltem Prozess entgeht der Ansatz jenen Kritikpunkten, wie sie oben für marxistische Ansätze utilitarisch-deterministischer Manier ausgeführt wurden.

Ein weiteres Element, bei dem die vorliegende Studie sich an den 'interessenpolitischen Ansatz' der Kultur innerbetrieblicher Austauschbeziehungen anlehnt, ist die spezifische Fassung des *Interessenbegriffs* als „Strukturkategorie, die sich auf die Grundstruktur der gesellschaftlichen Produktionsweise bezieht", die jedoch zugleich „auf die Notwendigkeit einer handlungstheoretischen Perspektive" verweist (Schmidt/Trinczek 1999:187). Dies gilt insbesondere deshalb, weil die Interessenlagen der Akteure sowohl auf Arbeits- als auch auf Kapitalseite des Produktionsprozesses nicht eindeutig, sondern in sich widersprüchlich und komplex sind. Es existieren gemeinsame und divergierende Interessen innerhalb der Gruppe der Unternehmer sowie innerhalb der Gruppe der abhängig Beschäftigten - und ebenso im Verhältnis zwischen diesen beiden Interessengruppen:

Grundlage kollektiven tarifpolitischen Handelns auf Unternehmerseite ist - in Marxschen Kategorien - das gemeinsame Interesse an der Erhöhung der Mehrwertrate durch Senkung des Werts der Arbeitskraft und Erhöhung ihres Gebrauchswerts in der Produktion sowie das gemeinsame Interesse an einheitlichen und berechenbaren Rahmenbedingungen der kapitalistischen Konkurrenz. Diese Interessenkonstellation bildet die Grundlage für das gemeinsame Interesse der Unternehmer an kollektiven Tarifverträgen, konkret an deren Befriedungsfunktion (gegenüber streikfähigen abhängig Beschäftigten), an deren Ordnungsfunktion (im Sinne der Schaffung mittelfristig stabiler und berechenbarer Verwertungsbedingungen) sowie an deren Standardisierungsfunktion (d.h. der Verhinderung lohnpolitischer 'Schmutzkonkurrenz') (vgl. z.B. Müller-Jentsch 1986, Arlt 1996, Traxler 1997). Da die Einzelkapitale sich auf dem Markt jedoch als Konkurrenten gegenüberstehen, sind ihre Interessen zugleich in hohem Maße divergent. Die Gleichzeitigkeit gemeinsamer (kollektiver) sowie divergenter (einzelbetrieblicher) Interessen von Unternehmern bildet die Basis unterschiedlicher, möglicher Handlungsstrategien von Unternehmern im Umgang mit der Institution Tarifvertrag. Dabei hängt es von vielen Faktoren ab, etwa der einzelbetrieblichen Konkurrenzsituation der Unternehmen, individuellen unternehmerischen Deutungs- und Interpretationsprozessen, betriebsinternen organisationskulturellen Faktoren oder auch den Einflusspotenzialen von Belegschaft und Betriebsrat, auf welche Weise kollektive und einzelbetriebliche Interessen austariert und zur Grundlage betrieblicher Tarifgestaltungspraxis gemacht werden. Damit ist der theoretische Bezugsrahmen abgesteckt für eine Typologie der Kooperationsbeziehungen zwischen ostdeutschen Arbeitgeberverbänden und Unternehmern (vgl. Kap.III.3).

Grundlage kollektiven tarifpolitischen Handelns auf Seite der abhängig Beschäftigten ist das gemeinsame Interesse an der Steigerung des Werts sowie der Verbesserung der Verausgabungsbedingungen ihrer Arbeitskraft. Des weiteren kann ihnen ein Interesse an der Reduktion der strukturellen Machtvorteile der Unternehmerseite unterstellt werden. Kompliziert wird die Interessensituation abhängig Beschäftigter bereits dadurch, dass ihrem (kurzfristigen) Interesse an einer Steigerung des Werts ihrer Arbeitskraft das Interesse an der langfristigen Sicherung ihrer Revenuequelle (d.h. der Sicherung des Arbeitsplatzes als Voraussetzung für den Verkauf ihrer Arbeitskraft) gegenübersteht. Angesichts der prekären Arbeitsmarktsituation und der akuten Existenzbedrohung vieler Betriebe besitzt diese Feststellung insbesondere in Ostdeutschland eine große Bedeutung. In Zeiten hoher Arbeitslosigkeit ist zudem die strukturell stets vorhandene Konkurrenz der Erwerbsabhängigen beim Verkauf ihrer 'Ware Arbeitskraft' stark ausgeprägt. Diese strukturelle Interessenkonkurrenz bei gleichzeitiger machtpolitischer Unterlegenheit gegenüber der Kapitalseite auf dem Arbeitsmarkt kann als Basis für segmentäre Strategien der Interessenvertretung gelten, welche an beruflichen, geschlechtlichen, alters- und branchenspezifischen oder betrieblichen Differenzierungslinien ansetzen und jeweils die Interessen einer Teilgruppe von Beschäftigten auf Kosten der Interessen einer anderen Teilgruppe durchsetzen. Parallel zu abnehmenden Macht- und Durchsetzungspotentialen der abhängig Beschäftigten nehmen segmentäre Strategien der Interessenvertretung gewöhnlich zu (vgl. Kap.II.3 und Kap.II.4).

Auf die divergierenden Interessen zwischen Unternehmern und abhängig Beschäftigten innerhalb des Kapitalverhältnisses wurde bereits ausführlich eingegangen. Die Interpretation der strukturellen Interessenwidersprüche kapitalistischer Mehrwertproduktion als im wesentlichen konkurrenzielles Verhältnis zwischen Eigentümern unterschiedlicher Warengattungen hat jedoch zur Konsequenz, dass den BesitzerInnen von 'Kapital' sowie 'Arbeitskraft' auch partiell gemeinsame Interessen unterstellt werden können, nämlich solche an einer „möglichst starken Stellung der jeweiligen 'Sphäre' [in der beide ihre jeweiligen Waren einsetzen, Anm. d.Verf.] in der Konkurrenz (...), also der Unternehmung in der Branchenkonkurrenz, der Branche in der Konkurrenz zwischen den Branchen und der Nationalökonomie im internationalen Standortwettbewerb" (Schmidt/Trinczek 1999:193). Für Ostdeutschland wäre diese Aufzählung noch zu ergänzen um das gemeinsame Interesse ostdeutscher Unternehmer wie Beschäftigter an einer Verbesserung der ostdeutschen Wettbewerbssituation in der innerdeutschen sowie internationalen Konkurrenz.

Die partiell gemeinsamen Interessen von Kapital und Arbeit bilden die ideologische Basis der 'Bündnisse' oder 'Pakte' zum Standorterhalt oder zur Verbesserung der Wettbewerbssituation (von Betrieben, Branchen oder gar nationaler Volkswirtschaften), welche in den letzten Jahren eine erhebliche Konjunktur erlebten. Die Dominanz des Interesses der Erwerbsabhängigen an der langfristigen Sicherung ihrer Revenuequelle ergänzt sich in diesen Fällen mit segmentären Strategien der Interessenvertretung und einer Betonung der gemeinsamen Interessen von Kapital und Arbeit. Im Zentrum der vorliegende Studie steht die Problematik segmentärer Interessenvertretung der abhängig Beschäftigten auf betrieblicher Ebene, - eine Tendenz, die aktuell eine erhebliche Sprengkraft entfaltet für das deutsche Tarifsystem als Teil des dualen Systems industrieller Beziehungen. Diese Problematik lässt sich gleichsam 'in nuce' an den Beziehungen zwischen den Betriebsräten (als Instanzen betrieblicher Interessenvertretung) und den Gewerkschaften (als Vertretungsorganisationen sektoraler Beschäftigteninteressen) beobachten. Auf der Basis einschlägiger Forschungsliteratur erfolgt dies im Kapitel II.4, auf der Basis eigener empirischer Erhebungen in Ostdeutschland im Kapitel III.4. Dabei dient die komplexe Interessensituation der Betriebsräte als theoretischer Rahmen für die Erarbeitung einer empirischen Typologie von Beziehungsmustern zwischen Betriebsräten und Gewerkschaften.

Zusammenfassend ließe sich der theoretische Bezugsrahmen der Arbeit wohl am treffendsten als ein 'interessenpolitischer Ansatz im Rahmen eines akteurszentrierten Institutionalismus' bezeichnen. Dabei ermöglicht die Konzentration auf die institutionelle Regulierung der Gesellschaft ebenso wie der spezifisch gefasste Interessenbegriff eine Verknüpfung der gesellschaftlichen Struktur- und Handlungsebene.

II. Das deutsche Tarifsystem in der Krise - Historische Skizze und Forschungsstand

Nach der Darstellung der theoretischen Grundlagen der Arbeit geht es im folgenden um eine Analyse der Funktions- und Bestandsbedingungen des deutschen Tarifvertragssystems. Das tarifliche Institutionensystem ist sowohl in seiner formalen institutionellen Gestalt als auch bezüglich der etablierten Umgangsweisen der tariflichen Akteuren mit den Institutionenregeln Produkt eines historischen Prozesses. Dieser wird im folgenden dargestellt, beginnend mit seiner Vorgeschichte (Kap.1.), die bereits im 19.Jahrhundert beginnt (Kap.1.1) und in der Weimarer Republik ihre Fortsetzung findet (Kap.1.2); nach dem 2. Weltkrieg etabliert sich das Tarifsystem in seiner noch heute gültigen Gestalt als intermediäre Institution (Kap.2.). Im Zuge eines tiefgreifenden Strukturwandels von Wirtschaft und Gesellschaft gerät es jedoch etwa ab Mitte der 70er Jahre zunächst unter Anpassungsdruck (Kap.3.) und spätestens seit Anfang der 90er Jahre sind explizite Krisentendenzen zu beobachten (Kap.4.). Dies äußert sich insbesondere in den massiven Erosionstendenzen flächentariflicher Normierungskraft (Kap.5.).

1. Die Vorgeschichte des bundesdeutschen Tarifsystems

1.1 Der Tarifvertrag als erkämpfte Institution und Ausdruck gesellschaftlicher Emanzipation der Lohnarbeitenden

Bereits im Mittelalter gab es Formen kollektiver Arbeitsvereinbarungen zwischen Handwerksgesellen und Zunftmeistern. „Es bleibt jedoch festzuhalten, dass die Durchsetzung dieser Idee auf breiter Basis und ihre praktische Umsetzung in Form des Tarifvertrags erst erfolgte unter den ökonomischen, sozialen und politischen Bedingungen der zweiten Hälfte des 19. Jahrhunderts" (Ullmann 1977:24). Für Deutschland, auf das sich die folgende Darstellung im wesentlichen beschränkt, wird der endgültige Durchbruch der industriell-kapitalistischen Produktionsweise oder die sogenannte 'industrielle Revolution' grob auf den Zeitraum zwischen den den 30/40er und den 70er Jahren des 19. Jahrhunderts datiert.[14] Die deutschen Staaten,

---

[14] Wesentliche Faktoren für die sich beschleunigende Industrialisierung waren neben rasanten Fortschritten in der Produktionstechnik auch die sogenannte 'Bauernbefreiung' (Abschaffung der Leibeigenschaft), die Einführung der Gewerbefreiheit (u.a. durch Abschaffung der Zunftbestimmungen), die Intensivierung der inneren Staatsbildung und damit der Abbau von Handels- und Transportschranken sowie ein starkes

später geeint im Norddeutschen Bund und ab 1871 im Deutschen Reich, hinkten damit England, Frankreich, Belgien und Holland um einige Jahrzehnte hinterher. Parallel zur Industrialisierung entstand auch eine immer größer werdende Zahl freier LohnarbeiterInnen. Trotz erheblicher Unterschiede in der individuellen Lebensgestaltung verschiedener ArbeiterInnengruppen - zu nennen wären etwa Gesinde, LandarbeiterInnen, HeimarbeiterInnen, Handwerksgesellen und FabrikarbeiterInnen[15] - waren sie doch alle ohne eigene Produktionsmittel zum Verkauf ihrer Arbeitskraft gezwungen und ihre Situation war sowohl in der Erwerbsarbeit als auch allgemein im gesellschaftlichen Leben gekennzeichnet durch weitgehende Marginalisierung und Rechtlosigkeit. Zudem existierten keine organisatorischen Anknüpfungspunkte mehr, über die eine kollektive Interessenvertretung des wachsenden 'vierten Stands' möglich gewesen wäre: Seit Beginn des Jahrhunderts waren die alten berufsständischen Korporationen, Gilden und Zünfte zunehmend in Auflösung begriffen.[16] Ein massives Erschwernis jeglicher Organisierung der Lohnarbeitenden waren zudem das bis 1869 existierende Koalitionsverbot[17] sowie generell die staatliche Repression.[18] Unter den Bedingungen gesellschaftlicher Marginalisierung und mangelnder kollektiver Organisierung können die Frühformen des Interessenhandelns der Lohnarbeitenden nicht im eigentlichen Sinn als Interessenaushandlung bezeichnet werden. Es handelte sich vielmehr meist um zeitlich und lokal begrenzte, mehr oder weniger unorganisierte und spontane Revolten gegen die herrschenden Verhältnisse, deren Erfolge begrenzt und meist von kurzer Dauer waren.[19] Eine erstaunliche Pioniergeschichte des kollektiven Handelns von Lohnabhängigen schrieb in Deutschland jedoch die Berufsgruppe der Buchdrucker. Da diese singuläre Entwicklung für die Entstehung des Tarifvertragssystems in Deutschland von exemplarischer Bedeutung

---

Bevölkerungswachstum (vgl. Henning 1993; Kocka 1983).

[15] Vgl. hierzu Kocka 1983:71ff.

[16] In Deutschland gab es zwar nicht wie in Frankreich (1791) und in England (1799) ein explizites Verbot jeglicher Vereinigung des Standes oder Berufes, die im Zuge der französischen Revolution begonnene Zerstörung der Korporationen griff jedoch auch auf Deutschland und andere westeuropäische Länder über (vgl. Schulz 1974:31). Die Auflösung korporatistischer Strukturen stand in direktem Zusammenhang mit dem Siegeszug des Liberalismus, der das Wohl der Gesamtgesellschaft nur durch die ungehinderte, freie Konkurrenz der Subjekte bei unbeschränkter Vertragsfreiheit garantiert sah.

[17] Eine legale Koalitionstätigkeit war nach Änderungen der Gewerbeordnung seit 1861 im Königreich Sachsen, seit 1869 im Norddeutschen Bund möglich.

[18] Auch nach der Einführung der Koalitionsfreiheit in der preußischen Gewerbeordnung von 1869 wurde ihr Gebrauch staatlicherseits noch lange Zeit behindert. „Nicht die Koalitionsfreiheit, vielmehr die Freiheit, nicht zu koalieren, wurde mit zornigem Eifer geschützt" (Hentschel 1983:31), z.B. beim Schutz gewerkschaftlich nicht organisierter StreikbrecherInnen durch starke Polizeikräfte und die strafrechtliche Verfolgung von Streikposten.

[19] Müller-Jentsch (1983:130f.) zählt mehrere „vor- und frühgewerkschaftliche Kampfmethoden" auf, so z.B. das „collective bargaining by riot" (ein Begriff, den er selbst von Eric J. Hobsbawm übernommen hat und der sich auf Aktionen bezieht, die im deutschen Kontext lange Zeit mit dem abwertenden Begriff der 'Maschinenstürmerei' belegt wurden), temporäre und illegale „Kampfkoalitionen" sowie „strikes in detail", d.h. das Verweigern unzumutbarer Arbeitsbedingungen.

ist, soll sie hier kurz geschildert werden[20]:

Nach ersten lokalen Versuchen zur kollektiven Regelung der Arbeitsbedingungen in den 30er Jahren des 19. Jahrhunderts kam es im Gefolge der Revolution von 1848 im Buchdruckgewerbe zu einer Welle gewerkschaftlicher Aktivitäten, aus denen in diversen Städten kollektive Vereinbarungen zwischen Buchdruckergesellen und Druckereibesitzern über Lohnhöhe und -auszahlungsform, Dauer der Arbeitszeit, Lehrlingswesen und Akkordsätze resultierten. Eine weitere zentrale Forderung war von Anfang an auch die Einrichtung paritätischer Schlichtungskommissionen zur Regelung von Arbeitskonflikten, d.h. die institutionalisierte Partizipation der Gesellen bei der Gestaltung der Arbeitsbedingungen. Diese ersten frühen Erfolge waren primär dem revolutionären Klima der Zeit geschuldet sowie der partiellen Interessenübereinstimmung, die Teile der Arbeiterschaft und des liberalen Bürgertums gegenüber den Repräsentanten einer autoritären Monarchie vereinte. Dass es den Buchdruckergesellen für eine langfristige Sicherung dieser Errungenschaften noch an organisatorischer Stärke fehlte, zeigte sich, als die Unternehmer ihre Konzessionen bald wieder zurücknahmen und ein von den Gesellen aufgestellter tarifpolitischer Forderungskatalog von den meisten Druckereien abgelehnt wurde. Der nachfolgende Streik zur Durchsetzung der Forderungen scheiterte an der regionalen Zersplitterung, mangelnder Koordination sowie fehlender Streikunterstützung. Dass die Tarifbewegung 1848 jedoch nur der Anfang einer in der Folgezeit höchst erfolgreichen Bewegung gewesen war, zeigte sich in den 60er Jahren, als im Kontext eines allgemeinen Aufschwungs gewerkschaftlicher Aktivitäten auch die Buchdruckergesellen wieder an ihre organisatorischen Traditionen anknüpften. Nach den ZigarrenarbeiterInnen gelang ihnen als zweiter Berufsgruppe 1866 die Gründung einer landesweiten gewerkschaftlichen Dachorganisation: dem deutschen Buchdruckerverband. Der Abschluss von Tarifen v.a. über Lohn- und Arbeitszeitbedingungen war auf lokaler und regionaler Ebene zu diesem Zeitpunkt bereits ein fester Bestandteil des gewerkschaftlichen Kampfes. Die Tarifnormen wurden allerdings nur teilweise in Absprache mit den Unternehmern, d.h. auf der Basis expliziter Bargaining-Prozesse definiert. In Ermangelung einer Organisation auf Unternehmerseite und teils auch wegen der Nicht-Akzeptanz der gewerkschaftlichen Repräsentanten als Verhandlungspartner wurden die erwünschten Tarifnormen in dieser Frühphase teilweise einseitig von den Gesellen definiert und anschließend versucht, diese über Streiks durchzusetzen. Der erste einheitliche Bezirkstarifvertrag 1865 für fünf süddeutsche Städte wurde schließlich erst dadurch ermöglicht, dass sich auch die regionalen Druckereibesitzer in einem zentralen Verband organisierten. 1869 entstand endgültig auch ein zentraler Arbeitgeberdachverband, der deutsche Buchdruckerverein. „Obwohl der Verein, wie später die meisten Arbeitgeberverbände, als ausgesprochene Gegengründung zur Organisation der Arbeiter entstanden war, bedeutete seine Präsenz doch die organisatorische Voraussetzung für den Abschluss großräumiger Tarifverträge" (Ullmann 1977:36). Nach einem landesweiten Arbeitskampf wurde im Jahr 1873 schließlich im Buchdruckergewerbe der erste Reichstarifvertrag abgeschlossen und damit zum

---

[20] Die Darstellung folgt im wesentlichen Ullmann 1977, Kapitel II und V.1.; vgl. außerdem Schönhoven 1987, S.22f.

ersten Mal in der deutschen Geschichte für eine Branche landesweit einheitliche
Normen bezüglich Mindestlohn, Arbeitszeit, Überstunden und Kündigungsfristen
vereinbart.

Warum gelang es ausgerechnet der Berufsgruppe der Buchdrucker so früh über
ein einheitliches, koordiniertes Vorgehen zu einer letztlich kompromisshaften Festlegung kollektiver Arbeitsnormen zu gelangen? Eine wichtige Ursache liegt zweifellos in den beruflichen Tätigkeitsmerkmalen der Buchdrucker. Es handelte sich um
eine hoch qualifizierte Tätigkeit, die nicht nur eine längere Lehrzeit und gute Kenntnisse im Lesen und Schreiben erforderte[21], sondern auch die Möglichkeit, sich im
täglichen Umgang mit Schriftstücken permanent fortzubilden. Zwar setzte mit der
zunehmenden Mechanisierung ein gewisser Dequalifizierungsprozess ein, dennoch
blieb den Buchdruckern sowohl in der Selbst- wie in der Fremdwahrnehmung das
Signum einer 'gebildeten und qualifizierten Arbeiteraristokratie' noch lange erhalten.
Dieser Statuszuschreibung entsprach auch ihre verglichen mit anderen LohnarbeiterInnen relativ gute Entlohnung. Zugleich war die berufliche und gesellschaftliche
Stellung der Buchdrucker in der zweiten Hälfte des 19. Jahrhunderts aber zunehmend bedroht, erstens durch die produktionstechnischen Veränderungen in den
Druckereien und die Zunahme der Maschinenarbeit, zweitens durch die hohe Ar-
beitslosigkeit gerade in dieser Berufsgruppe und den massenweisen Einsatz von
Lehrlingen als billige Arbeitskräfte. Das Arbeitsbewusstsein der Buchdrucker zum
Zeitpunkt ihrer erfolgreichen Kämpfe um tarifvertragliche Absicherung dürfte also
durch eine Mischung aus selbstbewusstem Facharbeiterstolz und Angst vor drohender Deprivilegierung gekennzeichnet gewesen sein. Des weiteren war die soziale
Distanz zwischen Buchdruckergesellen und Druckereibesitzern wesentlich weniger
ausgeprägt als in anderen Bereichen der Lohnarbeit. In vielen Betrieben herrschten
eher patriarchale als rigid-autoritäre Arbeitsbeziehungen. Die Gesellen verfügten
durchaus über gewisse Einflussmöglichkeiten im Betrieb, was u.a. auf die besondere
Tradition einer zünftischen Berufsverfassung dieser Branche zurückzuführen war,
die ehemals in mehreren Bereichen paritätische Mitspracherechte der Gehilfen
vorgesehen hatte. Die organisatorischen Kontinuitäten seit der Zunftzeit (Ullmann
1977:129) förderten zweifellos den frühen und erfolgreichen Aufbau einer zentralisierten, gut strukturierten und koordinierten Interessenvertretung, die für andere
Berufsgruppen später als Vorbild gewerkschaftlicher Organisation dienen sollte.
Zentral dafür, dass die gewerkschaftlichen Bemühungen der Buchdrucker sich
zudem sehr früh und entschieden auf den Abschluss tarifvertraglicher Vereinbarungen konzentrierten, war schließlich die ausgesprochen pragmatische und nicht- oder
sogar anti-revolutionäre Ausrichtung ihrer Interessenvertretungspolitik. Ihr Ziel war
explizit die Emanzipation innerhalb des Systems der Lohnarbeit; sie stellten die
Machtprärogative der Druckereibesitzer damit nicht grundsätzlich in Frage und
forderten 'lediglich' eine - auch an ehemaligen zünftischen Traditionen orientierte -
angemessene Partizipation bei der Festlegung der Arbeits- und Entlohnungsbedin-

---

[21] In früheren Zeiten mussten Buchdrucklehrlinge sogar Grundkenntnisse der lateinischen Sprache
nachweisen, da noch ein größerer Teil des Gedruckten in Latein abgefasst war.

gungen.[22] Nicht die grundlegende Veränderung der Gesellschaft, sondern die Errin-
gung von Gleichberechtigung innerhalb der bestehenden Gesellschaft war ihr Ziel.
Diese frühe und explizite Definition der eigenen Vertretungsinteressen als konkur-
renzielle und nicht-antagonistische Interessen steigerte zweifellos die Möglichkeiten
zur Kompromissfindung zwischen den Interessenparteien. Der erste Reichstarifvertrag 1873 kam aber schließlich auch nur deshalb zustande, weil der Arbeitgeberverband in der für ihn ungünstigen Situation von Vollbeschäftigung und Hochkonjunk-
tur zur Abwehr der gewerkschaftlichen Forderungen eine landesweite Aussperrung
beschlossen hatte - zweifellos ein taktischer Fehler, der die seit sechs Jahren gefes-
tigte Organisation der Buchdruckergesellen in die Lage versetzte, zu einem für sie
günstigen Zeitpunkt einen strategisch wichtigen Kampf durchzuführen, ohne als
eigentlicher Urheber desselben gelten zu müssen. Angesichts dieses 'Frontalangriffs'
auf die Organisation der Lohnarbeiter' traten 20 % der Mitglieder aus dem Arbeitgeberverband aus und dieser musste der Gewerkschaft schließlich Verhandlungen
anbieten. Zugleich verzichtete die Führung der Buchdruckergesellen aber in dieser
Situation auch darauf (trotz entsprechender Forderungen im eigenen Lager), den
Streik fortzuführen bis zur endgültigen Kapitulation der Unternehmer.

In dem vereinbarten Tarifvertrag konnte sich die Gewerkschaft mit zentralen Forderungen durchsetzen. Seine fünfjährige Laufzeit bedeutete jedoch zugleich einen
Verzicht auf Streiks während dieses Zeitraums. Der Reichstarifvertrag der Buchdrucker
1873 kann damit als Präzedenzfall für eine kompromisshafte Vermittlung konkurrierender Interessen von Kapital und Arbeit gelten. Erstmals konnte eine starke Interessenvertretungsorganisation von Lohnarbeitenden unter günstigen wirtschaftlichen
Rahmenbedingungen ihren temporären Machtvorteil nutzen, um längerfristige Vereinbarungen über
Mindestarbeits- und -entlohnungsbedingungen sowie institutionalisierte Mitspracherechte[23] durchzusetzen. Zum ersten Mal kam es auf landesweiter Ebene zu der
formellen Akzeptanz einer Organisation von Lohnarbeitenden als Verhandlungspartner der Unternehmer und zu einer Legitimierung der Mitsprache von Lohnarbeitenden über ihre Arbeits- und Entgeltbedingungen.

Was in der Branche der Buchdrucker aufgrund spezifischer Voraussetzungen relativ früh gelungen war, dauerte in anderen Branchen wesentlich länger. Unter dem
Sozialistengesetz waren die gewerkschaftlichen Handlungsmöglichkeiten stark
beschränkt, so dass sich in vielen Branchen erst nach 1885 allmählich stärkere
gewerkschaftliche Zusammenschlüsse herausbilden konnten. Auch nach der Aufhebung des Sozialistengesetzes wurden jedoch die tarifpolitischen Aktivitäten der

---

[22] Die Führer der Buchdruckergewerkschaft orientierten sich teilweise stark an sozialreformerischen
Ansätzen, z.B. von Lujo Brentano und dem Verein für Socialpolitik. Zugleich nahmen sie lange Zeit eine
ausgesprochen kritisch-distanzierte Haltung gegenüber der sozialistischen Gewerkschaftsbewegung und der
sozialdemokratischen Partei ein. Dies änderte sich erst allmählich, als die tarifpolitische Praxis zunehmend
auch unter den sozialistischen Gewerkschaften akzeptiert wurde und die Gewerkschaften sich verstärkt als
autonome Kraft unabhängig von der Partei verstanden (vgl. Ullmann 1977:123ff.).

[23] Der Reichstarifvertrag enthielt eine Vereinbarung über die Einrichtung tariflicher Schlichtungsverfahren.

Gewerkschaften massiv bekämpft sowohl staatlicherseits über die Illegalisierung der Streiks als auch von Seiten der Unternehmer.[24] Erfolg und Misserfolg im Kampf um tarifvertragliche Absicherung variierte dabei insbesondere mit den konjunkturellen Schwankungen und der Situation auf dem Arbeitsmarkt. Da dies beiden Interessen-parteien bewusst war, kam es vorläufig noch kaum zu längerfristigen, stabilen Inte-ressenkompromissen. Wechselte mit der ökonomischen Situation auch die interes-senpolitische Machtkonstellation, versuchte die jeweils neu begünstigte Seite ge-wöhnlich, dies unmittelbar konflikthaft in Verhandlungserfolge umzumünzen.

Ein besonders ausgeprägtes tarifpolitisches Engagement gab es bereits vor der Jahrhundertwende in der Bau- und Holzbranche, unter den Maurern, Malern, Holz-arbeitern und Zimmererleuten, insbesondere in größeren Städten und v.a. in Nord-deutschland. Dabei waren in der Baubranche die Auseinandersetzungen um eine Akzeptanz des Tarifvertragsgedankens sowohl zwischen den Bauunternehmern und der Gewerkschaft als auch innerhalb des Unternehmerlagers vergleichsweise schärfer als im Buchdruckgewerbe. Dass sich das Tarifvertragswesen schließlich Anfang des 20. Jahrhunderts allmählich durchsetzen konnte, lag zum einen am Erstarken der Gewerkschaften, zum anderen aber auch daran, dass mit der zunehmenden Verbrei-tung einheitlicher Tarifverträge auch die damit verbundenen Vorteile für die Unter-nehmer allmählich deutlicher wurden:

An erster Stelle muss hier sicherlich der mit dem Abschluss eines Tarifvertrags verbundene *Schutz vor Streiks* genannt werden. Schließlich stellten Arbeitskampf-maßnahmen das primäre Druckmittel der Gewerkschaften zur Durchsetzung ihrer Forderungen dar und nur durch solche Formen unmittelbarer Machtausübung waren die Unternehmer zunächst überhaupt bereit gewesen, mit den ArbeiterInnen über die Gestaltung der Entlohnungs- und Arbeitsbedingungen zu verhandeln. Durch die Definition kollektiver Normen, die mit einer repräsentativen Interessenvertretung ausgehandelt wurden, konnten die Unternehmer bis zu einem gewissen Grade sicher sein vor unkalkulierbaren 'wilden' Streikaktionen - zumindest insofern, als es einer zentralisierten und starken Gewerkschaften gelang, ihre Mitglieder auf die vereinbar-ten Normen zu verpflichten. Dieses Moment der 'Gewerkschaften als Ordnungsfak-tor' (Zoll 1976) zählte für die Unternehmer der Bauwirtschaft in besonderem Maße, da diese Branche wegen ihrer Saisonabhängigkeit und den bei Terminversäumnis zu zahlenden Konventionalstrafen besonders streikempfindlich war und ist.

Zum anderen lernten die Unternehmer zunehmend die *konkurrenzregulierende Funktion von Tarifverträgen* schätzen, d.h. in erster Linie die Sicherung einheitlicher Lohnkostenstandards. Während dieser Anreiz für den Abschluss von Tarifverträgen wegen der eher regional begrenzten Konkurrenzstrukturen in der Baubrache weniger wichtig war, wurde er im Buchdruckgewerbe zum zentralen Beweggrund der Unter-nehmer, die Praxis einheitlicher Tarifverträge beizubehalten: Als 1873 die erste schwere Wirtschaftskrise des kapitalistischen Zeitalters begann, schlug sich dies

---

[24]   Ein gebräuchliches Repressionsmittel der Unternehmer war z.B. die Einführung eines Arbeitsnachweissystems. Über rigide Arbeitsordnungen sollten aufrührerische Aktionen am Arbeitsplatz unterbunden werden. Gerichtlich bekannte Streikführer waren häufig von staatlicher Ausweisung betroffen (vgl. z.B. Werner 1974). Die folgende Darstellung folgt im wesentlichen Ullmann (1977:75ff.).

auch auf die Verhandlungsmacht der Gewerkschaften im Buchdruckgewerbe nieder. Eine zunehmende Zahl von Betrieben hielt sich bereits in den 70er Jahren nicht mehr an die vereinbarten Tarife und angesichts der gewerkschaftlichen Schwäche unter der Sozialistengesetzgebung konnte der Buchdruckerverband in den 80er Jahren keine tariflichen Normen mehr durchsetzen, die geeignet waren, seine Mitglieder zu befriedigen. Als es 1891 schließlich zum offenen Arbeitskampf kam, mussten die Buchdruckergehilfen nach zehnwöchigem Streik eine Niederlage hinnehmen. Dass es 1896 trotz der gewerkschaftlichen Niederlage schließlich erneut zum Abschluss eines einheitlichen Reichstarifvertrags kam, lag daran, dass Versuche des Arbeitge-berverbandes, einen einseitig festgelegten Tarif für die Druckereien verbindlich zu machen, in der Zwischenzeit gescheitert waren.

Bis 1914 nahm die Zahl der abgeschlossenen Tarifverträge kontinuierlich zu und breitete sich insbesondere seit der Jahrhundertwende allmählich auch auf andere Branchen aus, wie die folgende Tabelle zeigt:

Tabelle 1:   Historische Entwicklung des Tarifvertrags

Jahr	Anzahl abge-schlossener Tarifverträge	Anzahl d. von TV erfassten Beschäftigten	Anzahl d. von TV erfassten Betriebe	TV in Betrieben d. Branchen Holz/Bau/Steine/Erden absolut	in % aller TV
1890	51	k.A	k.A	41	80,4
1891	49	k.A	k.A	41	83,7
1892	57	k.A	k.A	45	78,9
1893	68	k.A	k.A	53	77,9
1894	74	k.A	k.A	59	79,7
1895	81	k.A	k.A	66	81,5
1896	90	k.A	k.A	74	82,2
1897	103	k.A	k.A	84	81,6
1898	141	k.A	k.A	113	80,1
1899	199	k.A	k.A	158	79,4
1900	330	k.A	k.A	239	72,4
1901	429	k.A	k.A	289	67,4
1902	537	k.A	k.A	354	65,9
1903	782	k.A	k.A	454	58,1
1904	1112	k.A	k.A	610	54,9
1905	1585	481.910	46.272	877	55,3
1906	3564	817.445	97.410	2342	65,7
1907	5324	974.564	111.050	3083	57,9
1908	5671	1.026.435	120.401	3061	54,0
1909	6578	1.107.478	137.214	3254	49,5
1910	8293	1.361.086	173.727	3885	46,8
1911	10.520	1.552.827	183.232	4558	43,3
1912	10.739	1.574.285	159.930	4340	40,4
1913	10.885	1.398.597	143.088	3822	35,1
1914	10.840	1.395.723	143.650	3885	36,8

Quellen: Ullmann 1977:218ff.; eigene Berechnungen

Insbesondere die Metallindustrie, die Nahrungs- und Genussmittelindustrie sowie das Bekleidungs- und Reinigungsgewerbe wurden zu neuen Zentren der Tarifvertragsbewegung. Dennoch sollte der tarifvertragliche Deckungsgrad vor dem 1. Weltkrieg nicht überschätzt werden: 1913 galt nach Ullmann (1977:98) erst für 13,2 % aller ArbeiterInnen ein Tarifvertrag. Die Tariflandschaft war zudem stark zersplittert. Firmentarife herrschten deutlich vor und rund zwei Drittel der Verträge bezogen sich auf Betriebe mit bis 20 Beschäftigten. Insbesondere der großindustrielle Bereich war noch in weiten Teilen eine tariffreie Zone. Im Bergbau und der Hüttenindustrie existierte kein einziger Tarifvertrag. Von einigen Werken sozialreformerisch orientierter Unternehmer wie Robert Bosch in Stuttgart, Adam Opel in Rüsselsheim oder Ernst Abbé in Jena abgesehen weigerten sich auch die Großbetriebe der Metallindustrie, tarifvertragliche Normen zu vereinbaren. Das - aus unserer heutigen Perspektive möglicherweise erstaunende - Phänomen, dass nicht die Großindustrie, sondern vielmehr die kleineren Handwerksbetriebe als Pioniere des Tarifvertragswesens gelten können, bestätigt einmal mehr, dass ein enger innerer Zusammenhang zwischen der prinzipiellen Akzeptanz der Lohnarbeitenden als Verhandlungspartner durch die Unternehmer und der Durchsetzung des Tarifvertrags als Institution besteht. Diese Akzeptanz war überall dort leichter zu erringen, wo die soziale Kluft zwischen Betriebseignern und ArbeiterInnen nicht so groß war, wie etwa im Fall von handwerklichen Kleinbetrieben oder der Orientierung von Unternehmern an sozialreformerischen Ideologien. Eine Anerkennung der Lohnarbeitenden als Verhandlungspartner konnte auch überall dort durchgesetzt werden, wo die Gewerkschaften gut organisiert waren und wo ihnen als kollektiver Organisation, die über einige Ressourcen zur Streikunterstützung verfügte, ein vergleichsweise schwächerer kleinerer Betrieb gegenüberstand. Die großindustriellen Kernbereiche konnten jedoch - nicht zuletzt auch durch die kollektive Organisierung der Unternehmer in Arbeitgeberverbänden[25] - die Emanzipationsforderungen der ArbeiterInnen vor dem 1. Weltkrieg noch weitgehend abwehren.

Die in Teilbereichen der Wirtschaft vermehrt abgeschlossenen Tarifverträge waren zudem noch mit erheblichen Rechtsunsicherheiten behaftet. Die Eingliederung des Tarifvertrags in die existierende Rechtssystematik gestaltete sich so kompliziert, dass die juristischen Experten verstärkt auf den Entwurf eines eigenständigen Tarifrechts drängten.[26] Ein wichtiger Erfolg der Gewerkschaften war (nach einer zunächst anders

---

[25] Seit der Reichsgründung 1871 und insbesondere in den Krisenjahren bis 1880 entstand eine große Zahl von Unternehmerverbänden, deren Hauptziel die Vertretung wirtschaftlicher Unternehmerinteressen gegenüber dem Staat war. 1879 entstand der Centralverband Deutscher Industrieller als erster Dachverband der Wirtschaftsverbände. In der Folgezeit kam es zu internen Konflikten zwischen den an Zollschranken interessierten großen Grund- und Rohstoffkonzernen und den kleineren Betrieben der freihandelsorientierten Exportindustrien. Letztere schlossen sich 1895 im Bund der Industriellen zusammen. Angesichts der Zunahme gewerkschaftlicher Aktivitäten nach der Aufhebung des Sozialistengesetzes entstanden seit Anfang der 90er Jahre vermehrt Arbeitgeberverbände als 'Ableger' der Wirtschaftsverbände, die auf die Bekämpfung sozialdemokratischer Agitation und gewerkschaftlicher Streikaktivitäten spezialisiert waren. Gründungs'booms' derselben waren insbesondere in konjunkturellen Aufschwungphasen zu beobachten, wenn die machtpolitischen Gegebenheiten sich zugunsten der ArbeiterInnen und ihrer Organisationen veränderten. Im April 1904 kam es auf Initiative des Centralverbandes Deutscher Industrieller zur Gründung der Hauptstelle der Deutschen Arbeitgeberverbände. Kurze Zeit darauf gründete auch der Bund der Industriellen einen Dachverband der Arbeitgeberverbände. Mit dem Zusammenschluss dieser beiden Dachverbände in der „Vereinigung der deutschen Arbeitgeberverbände" (VDA) existierte ab April 1913 ein zentralisierter Verband zur Vertretung unternehmerischer Arbeitsmarktinteressen (vgl. Simon 1976:17ff.).

[26] Seit Anfang des Jahrhunderts existierte eine lebhafte juristische Diskussion über die Rechtswirkungen aus Tarifverträgen. Einflussreiche Theorien waren die sogenannte Vertretungstheorie von Lotmar u.a., die den vertragsschließenden Verband als bevollmächtigten Stellvertreter seiner Mitglieder auffasste, die

lautenden Entscheidung 1903) die Einstufung des Tarifvertrags als rechtsverbindlicher Vertrag durch eine Reichsgerichtsentscheidung vom 20. Januar 1910. Fortan waren Tarifverträge wie alle privatrechtlichen Verträge nach dem BGB schuldrechtlich einklagbar. Trotz noch immer teilweise ungeklärter Rechtssituation und einem beschränkten Verbreitungsgrad von Tarifverträgen stellte diese Entscheidung des Reichsgerichts eine wichtige Weichenstellung für die Zukunft dar. Sie bedeutete „die prinzipielle Anerkennung des Tarifvertrages als Rechtsgut. Denn damit wurde doch auch das Recht der Gewerkschaften anerkannt, im Namen der Arbeiterschaft gleichberechtigt mit den Arbeitgebern zu verhandeln, und was dabei herauskam, unter den Schutz des Staats gestellt - auch wenn es vorerst ein schwacher, durchlässiger Schutz war" (Hentschel 1983:52).

Die Entstehungsgeschichte der Tarifverträge in Deutschland ist also eng verknüpft mit dem Kampf der ArbeiterInnen um Emanzipation innerhalb des sich durchsetzenden Systems kapitalistischer Lohnarbeit. Dies gelang einerseits durch die kollektive Organisierung in Gewerkschaften, die in ihrer Funktion als Streikkoalitionen der wirtschaftlichen Überlegenheit der Unternehmer eine Gegenmacht entgegensetzen konnten; andererseits durch die Definition der Interessen der Lohnarbeitenden als konkurrierende und damit grundsätzlich auch kompromissfähige Interessen, die auch in der Form eines nicht-antagonistischen Verteilungskampfes vertreten werden können. Nach längeren gewerkschaftsinternen Richtungskämpfen um die Legitimität eines 'temporären Friedensschlusses' und dem Abrücken vom 'reinen Klassenkampfprinzip', setzten sich die Befürworter des Tarifvertragsgedankens auf dem Gewerkschaftskongress 1899 in Frankfurt endgültig durch.[27] Im Unternehmerlager dagegen hatte sich trotz der zunehmenden Erkenntnis, dass Tarifverträge auch gewisse Vorteile mit sich bringen, diese Auffassung bis 1914 in Kernbereichen der Großindustrie noch nicht durchgesetzt. Tarifverträge waren zu diesem Zeitpunkt noch immer Kompromisse, die gewerkschaftlich erkämpft werden mussten.

1.2 Der Tarifvertrag als institutionalisierter Klassenkompromiss im Spannungsfeld der Beziehungen zwischen Kapital, Arbeit und Staat

Die Tarifgeschichte der Weimarer Republik ist nur im Zusammenhang mit der krisenhafte Entwicklung des kapitalistischen Wirtschaftssystems zu verstehen, die in allen europäischen Industrienationen in diesem Zeitraum zu beobachten war. Dabei wird die Weltwirtschaftskrise 1929/30 zumindest in der neueren Wirtschafts- und

---

sogenannte Verbandstheorie nach Sinzheimer, der allein die vertragsschließenden Verbände als berechtigte und verpflichtete Vertragsparteien ansah und schließlich die sogenannte Kombinationstheorie, der sowohl dem Verband als auch den Mitgliedern gewisse Rechte und Pflichten zuerkannte (vgl. genauer Ullmann 1977:109ff.; Prigge 1987:163ff.).

[27] Ullmann (1977:146) weist darauf hin, dass dieser Erfolg der Tarifvertragsbefürworter auch handfeste materielle Gründe hatte. In den 90er Jahren des 19. Jahrhunderts waren die Streikaktivitäten unverhältnismäßig stärker gewachsen als die Mitgliederzahlen und damit die Finanzmittel der Gewerkschaften. Ein temporärer Verzicht auf Streiks durch den Abschluss von Tarifverträgen schien dazu geeignet, die explodierenden Kosten der gewerkschaftlichen Streikunterstützung einzudämmen.

Sozialgeschichte lediglich als „Kulminationspunkt einer seit längerem andauernden Stockungsphase" (Lutz 1984:70) interpretiert, die eine ökonomische und politische Konsolidierung in der Zwischenkriegszeit insbesondere in Deutschland kaum ermöglichte.[28]

Parallel zur krisenhaften Wirtschaftsentwicklung erfolgte ein sozio-ökonomischer Wandlungsprozess, der häufig mit dem Schlagwort des 'organisierten Kapitalismus' belegt wird[29]. Dieses zielt in erster Linie auf den zunehmenden Konzentrationsprozess des Kapitals.[30] In Deutschland waren vor allem der Bergbau und die Stahlindustrie, aber auch die Chemie- und Elektroindustrie von einer Zusammenballung wirtschaftlicher Macht in einigen wenigen Konzernen oder Großbetrieben gekennzeichnet (zu nennen wären etwa die Vereinigten Stahlwerke, die IG Farbenindustrie, Siemens, AEG). Auch in der Papier-, Metall-, Leder- und Linoleumindustrie lassen sich deutliche Konzentrationstendenzen nachweisen. Wesentliche Teile der deutschen Industrie waren in der Zwischenkriegszeit sowohl kartell- wie konzerngebunden (vgl. Fischer 1976:811).[31]

Jenseits der krisenhaften Wirtschaftsentwicklung wird das Scheitern der Weima-

---

[28] Als Ursachen für die in allen europäischen kapitalistischen Staaten beobachtbare Krise des ökonomischen Wachstums nennt Lutz (1984:70ff.) erstens Disproportionalitäten in der Industriestruktur (d.h. ein Übergewicht der Produktionsmittelindustrie) und zweitens ein Ende des exportbasierten Wirtschaftswachstums durch die zunehmende Konkurrenz der neuen Industrienationen (v.a. USA und Japan), die Schrumpfung des Weltmarkts infolge der russischen Oktoberrevolution und eine relative Verarmung vieler traditioneller Absatzgebiete in den ehemaligen Kolonien. Die wirtschaftlichen Turbulenzen im Gefolge des Kriegslastenausgleichs waren in Deutschland lediglich ein zusätzlicher Faktor - allerdings mit einschneidenden Konsequenzen. Ein spezifisch deutsches Phänomen ist auch die Hyperinflation in den Jahren nach 1918 bis 1923. Lediglich in dem Jahrfünft nach der Stabilisierung der Währung bis zum Beginn der Weltwirtschaftskrise kann daher von annähernd 'normalen' wirtschaftlichen Rahmenbedingungen im Deutschland der Weimarer Republik gesprochen werden (vgl. Borchardt 1976:403 sowie Englberger 1995:160ff.).

[29] Diese Begriffsschöpfung geht auf Rudolf Hilferding zurück, ist aber auch in der neueren Geschichtswissenschaft noch teilweise gebräuchlich (vgl. Winkler 1974).

[30] Bereits seit der ersten größeren Wirtschaftskrise Mitte der 70er Jahre des 19. Jahrhunderts war eine Abkehr vom liberalen Konkurrenzkapitalismus zugunsten vermehrter Unternehmenszusammenschlüsse und nationalem Protektionismus zu beobachten (vgl. Hobsbawm 1995:51ff.). Diese Tendenz verstärkte sich jedoch angesichts der krisenhaften Ökonomie in der Zwischenkriegszeit erheblich.

[31] Fischer (1976:808ff.) nennt zwei Indikatoren für die zunehmende Konzentration des Kapitals: Zum einen erhöhte sich der Beschäftigtenanteil der größten Betriebe an allen Beschäftigten immens. Zwischen 1907 und 1939 verdoppelte sich z.B. im Bergbau der Anteil der 30 größten Betriebe an den Beschäftigten der Gesamtbranche; der Anteil der zehn größten Betriebe verdreifachte sich sogar, während die Gesamtzahl der Betriebe auf etwa ein Drittel schrumpfte. Ähnliche Verläufe sind auch in der Eisen- und Stahlindustrie, der Chemie-, Metall- und Papierindustrie nachweisbar. Zum anderen erhöhte sich der Grad der Kartellierung. Ohne die vermutlich erheblichen Dunkelziffern bei diesem Thema zu berücksichtigen, verzehnfachte sich die Zahl der bekannten Kartelle zwischen der Jahrhundertwende und 1930. Umfangreiches statistisches Material zu diesem Thema findet sich bei Fischer/Czada 1970:144ff.. Eine ausführliche Darstellung über Ursprünge und Verlauf der Kartellbewegung als Versuch der „Selbstregulierung des Kapitals" findet sich bei Jürgens 1980. Er weist zudem darauf hin, dass die Herausbildung von Monopolstellungen in der Kohle- und Eisenindustrie zu Nachfolgeeffekten in jenen Industriezweigen führten, die Abnehmer der Grundstoffindustrien waren (Verarbeitende Industrie, Großhandel).

rer Republik häufig auf ein Missverhältnis zwischen den staatlichen und parlamentarischen Instanzen einerseits und den wirtschaftlichen Interessengruppen andererseits
zurückgeführt (vgl. Feldman 1983:159f.). Die permanenten Konflikte zwischen
Kapital und Arbeit hätten die noch schwachen demokratischen Instanzen überfordert
- so das Argument. Ein politisch besonders umkämpfter Bereich war dabei die
Tarifvertragspolitik und insbesondere das Schlichtungswesen, bei dem „sich die
Probleme wie in einem Brennglas bündelten" (Potthoff 1987:87). Indem der Staat
zunehmend die Rolle eines Schlichters zwischen den Interessenparteien übernahm,
geriet er unfreiwillig in die Situation des 'Schuldigen' für die letztlich vereinbarten
Interessenkompromisse. Jedenfalls wurde ihm ein Teil der Verantwortung für vermeintlich unbefriedigende Konfliktlösungen aufgebürdet. Daher „stellt sich die
Frage, ob die spezifische Form der Beziehungen zwischen den Tarifparteien in
Weimar, die den staatlichen Apparat zur ständigen Schiedsinstanz werden ließ, nicht
zur Überforderung der parlamentarischen Institutionen führen musste" (Mommsen
1977:8). Jedenfalls kann kaum ein Zweifel existieren, dass der Kampf um die Ausgestaltung der Beziehungen zwischen Kapital und Arbeit das politischer Geschehen
dieser Zeit wesentlich prägte. Grob lassen sich dabei zwei Phasen benennen, in
denen sich die Arbeits- und Tarifbeziehungen deutlich unterschiedlich gestalteten:
        1.) die Zeit der aktiven Zusammenarbeit von Gewerkschaften und Unternehmern
gegen Kriegsgegner, Staat und Revolution (1914 bis zum Anfang der 20er Jahre): In
dieser Phase relativer gewerkschaftlicher Stärke und schwindender Unternehmer-
macht wurden die grundlegenden Maximen des Tarifvertragswesens und des kollektiven Arbeitsrechts etabliert (vgl. Kap.1.2.1).
        2.) die Zeit wachsender Konflikte zwischen Kapital und Arbeit spätestens ab
1923 bis zur nationalsozialistischen Machtübernahme: Angesichts steigender Arbeitslosigkeit, schwindender gewerkschaftlicher Organisationsmacht und dem Zwang
zu Produktivitätssteigerungen in der wirtschaftlichen Krise kündigten die Unternehmer das Bündnis mit den Gewerkschaften. Nur durch die Unterstützung des Staates,
insbesondere der parlamentarischen Sozialdemokratie, gelang es zunächst, ein
eklatantes Wegbrechen gewerkschaftlicher Errungenschaften zu verhindern. Der
zunehmende staatliche Zwang im Bereich der Tarifpolitik unterlief jedoch das für
die Tarifautonomie grundlegende Prinzip freier Vereinbarungen zwischen Unternehmerverbänden und Gewerkschaften (vgl. Kap.1.2.2).

1.2.1 Die Institutionalisierung des Tarifvertragswesens als ein Element des kollektiven Arbeitsrechts

Der erste Weltkrieg hatte in doppelter Hinsicht Katalysatorfunktion für die Entwicklung der Tarifbeziehungen zwischen Unternehmern und Gewerkschaften:
        Erstens bewirkte die staatliche Kriegswirtschaft eine eklatante Steigerung des
Organisationsgrads von Unternehmerinteressen. Da die staatlichen Instanzen die
vorhandenen korporativen Strukturen zur Basis verstärkter Wirtschaftsplanung
machten, steigerte sich die Mitgliedschaft und die Organisationsmacht der Unter-

nehmerverbände binnen kurzem enorm.[32] Feldman (1983:167f.) weist jedoch darauf hin, dass die Folgen dieser zunehmend inklusiven Organisation der Unternehmer durchaus zwiespältig waren: Wurden die Organisationen durch den Mitgliederzuwachs und die Aufwertung ihrer Rolle in der nationalen Wirtschaft einerseits gestärkt, so mussten sie andererseits zunehmend um ihre Unabhängigkeit von den staatlichen Instanzen sowie ihre Indienstnahme und Funktionalisierung durch dieselben fürchten. Die erweiterte Mitgliederbasis erhöhte zudem die Interessenheterogenität innerhalb der Organisationen, so dass die stark von der Schwerindustrie dominierte Verbandspolitik zum Ende des Krieges kaum als Ausdruck der realen Mitgliederinteressen gelten kann.

Zweitens konstituierte der Krieg den Zwang zur Vermittlung der Interessengegensätze zwischen Kapital und Arbeit, was nur um den Preis einer Anerkennung der Gewerkschaften zu erreichen war. Eine wesentliche politische Voraussetzung für die formelle Anerkennung der Gewerkschaften als legitime Vertretung der Lohnabhängigen war die für viele zeitgenössische BeobachterInnen erstaunliche Kollaboration der Sozialdemokratie und freien Gewerkschaften bei der staatlichen Kriegspolitik. Im August 1914 stimmte nicht nur die sozialdemokratische Fraktion im Reichstag den Kriegskrediten zu, parallel dazu beschlossen die Gewerkschaften die Einstellung aller laufenden Kampfhandlungen und die Verweigerung jeglicher Streikunterstützung. Dieser „Unterstützung der Regierung durch die politische Arbeiterbewegung [folgte] die Anerkennung der wirtschaftlichen Arbeiterbewegung durch die Regierung und durch einen nicht unbeträchtlichen Teil der Arbeitgeber" (Preller 1978:19). In Gewerbezweigen, in denen bereits vor 1914 Tarifverträge existiert hatten, wurden nun Arbeitsgemeinschaften zwischen Unternehmerverbänden und Gewerkschaften installiert, um einerseits eine kompromisshafte Lohngestaltung, andererseits die mit den Kriegsnotwendigkeiten verbundenen wirtschaftlichen Steuerungsleistungen zu garantieren.[33] 1915 wurde die Organisationstätigkeit der Gewerkschaften zudem dadurch erleichtert, dass sie juristisch nicht mehr als politische Vereine definiert wurden. Eine wichtige Rolle bei der Durchsetzung traditioneller gewerkschaftlicher Forderungen spielte in der Folgezeit auch die Militärbürokratie, die jenseits aller ideologischen Vorbehalte in den von ihr beeinflussten Wirtschaftsbereichen Tarif-

---

[32] Während das Prinzip der Arbeitsteilung zwischen Wirtschafts- und Arbeitgeberverbänden beibehalten wurde, kam es zu einer engen Zusammenarbeit der ehemals rivalisierenden wirtschaftspolitischen Spitzenverbände im Kriegsausschuss der Deutschen Industrie und ab 1916 im Deutschen Industrierat. Das Gesetz über die Kriegsrohstoffbewirtschaftung verfügte 1916 schließlich die Zwangsorganisierung aller deutschen Unternehmer in Unternehmerverbänden. Die Macht der Verbände wurde zudem noch durch das Gesetz über den vaterländischen Hilfsdienst gesteigert, das das Recht zum Abschluss von Tarifverträgen ab 1916 allein den Arbeitgeberverbänden übertrug und Einzelbetriebe davon ausschloss (Simon 1976:28f.).

[33] Die anfänglich hohe Kompromissbereitschaft der Unternehmer gegenüber den Gewerkschaften machte bereits ab 1915 vermehrten Widerständen gegenüber einer allzu gewerkschaftsfreundlichen Politik Platz. Das Lager der Unternehmer blieb jedoch in diesem Punkt permanent gespalten: Während v.a. der Bergbau und die Metallindustrie den Einfluss der Gewerkschaften weiterhin zu bekämpfen suchten, waren v.a. die Unternehmer kleiner und mittlerer Betriebe offen für Modelle des kompromisshaften Interessenausgleichs auf Basis der Anerkennung der Gewerkschaften. Es rekonstituierten sich also die Interessenwidersprüche im Unternehmerlager, wie sie tendenziell auch bereits in der Vorkriegszeit bestanden hatten.

verträge und tarifliche Schlichtung als zweckmäßige Instrumente zur Festsetzung befried(ig)ender Löhne zur Norm machte. Zwei Militärverordnungen aus dem Jahr 1915 verfügten zudem die Unabdingbarkeit von Tarifverträgen bei Strafandrohung im Fall der negativen Tarifabweichung - eine Verordnung, die bereits die spätere Entwicklung des Tarifrechts vorwegnahm (vgl. Preller 1978:38). Die zunehmende gesellschaftliche Macht der Gewerkschaften insbesondere ab 1916 mit Beginn des 'totalen Krieges' und wachsender Unzufriedenheit der Bevölkerung, dokumentierte sich schließlich auch in den Verhandlungen über das Hilfsdienstgesetz. Dieses verkoppelte eine Einschränkung der Freiheit bezüglich des Abschlusses von Arbeitsverträgen mit einer institutionalisierten Verankerung der Mitsprache der Beschäftigten in Arbeiter- und Schlichtungsausschüssen. Das Recht, die paritätisch verfassten Ausschüsse zu besetzen, stand den Gewerkschaften und den Unternehmerverbänden zu, wobei ein Offizier als neutraler Schlichter den Vorsitz und das letztentscheidende Stimmrecht hatte. Damit „waren die Gewerkschaften erstmals als legitime Interessenvertreter der Arbeiter und als gleichberechtigte Gestaltungskräfte des sozialen Lebens gesetzlich anerkannt worden. Das Gesetz über den Vaterländischen Hilfsdienst zog gleichsam einen rechtskräftigen Schlussstrich unter ein halbes Jahrhundert amtlicher Negation und Bekämpfung der Arbeiterbewegung" (Hentschel 1983: 60f.).[34]

Der gestiegene unternehmerische Organisationsgrad einerseits und der für die Erfordernisse der Kriegswirtschaft unabdingbare Interessenkompromiss zwischen Unternehmern und Beschäftigten andererseits führte bereits während des 1. Weltkriegs zu einer weiteren Durchsetzung des Tarifvertragsgedankens. Nicht nur die Befriedungsfunktion von Tarifverträgen, sondern insbesondere auch die mit ihnen verknüpften Ordnungsleistungen machten sie zum idealen Bestandteil einer verstärkt staatlich geplanten Wirtschaft. Endgültig konsolidiert wurde diese Institutionalisierung des Tarifvertrags als zentrales Instrument des Interessenausgleichs zwischen Kapital und Arbeit aber erst in der unmittelbaren Nachkriegszeit, während der die organisierte Unternehmerschaft und die organisierte Arbeit gegen revolutionäre Strömungen einerseits und gegen die Prädominanz staatlicher Wirtschaftsregulierung andererseits vorübergehend eng zusammenarbeiteten.

Die machtpolitische Konstellation der Nachkriegszeit war zum einen geprägt von einer vorübergehenden Schwäche der politischen Instanzen, die im Untergang der Monarchie kulminierte und auch von den neuen parlamentarischen Institutionen nicht sofort überwunden werden konnte. Zum anderen war sie gekennzeichnet durch eine deutliche Krise der Machtposition der Unternehmer in den Betrieben und der Gesellschaft. Die Kapitaleigner waren nicht nur mit einer neuen parlamentarischen Regierung konfrontiert, die den Interessen der Lohnarbeitenden wesentlich zugeneigter war als die ehemaligen Repräsentanten der Monarchie, sondern die Aufstände der ArbeiterInnen drohten sich vorübergehend sogar zu einem revolutionären Umsturz nach russischem Vorbild auszuwachsen. Im machtpolitischen Spannungsfeld zwi-

---

[34] Ergänzt wurde diese neue formale Anerkennung der Gewerkschaften noch durch die Abschaffung des §153 der Gewerbeordnung im Mai 1918, der bislang die Streikmöglichkeiten der Gewerkschaften stark eingeschränkt hatte.

schen staatlichen Instanzen, organisiertem Kapital und organisierter Arbeit stellte jedenfalls die Interessenvertretung der Lohnabhängigen vorübergehend den einflussreichsten Part dar. Dass die Gewerkschaften diese Situation für ein Bündnis mit den Unternehmern im Rahmen des Stinnes-Legien-Abkommens[35] nutzten, ist nicht zuletzt auch auf die im Krieg entstandene Spaltung der Arbeiterbewegung zurückzuführen.[36] Das Abkommen stellt nicht nur den Versuch der Unternehmer dar, über ein Bündnis mit den Gewerkschaften den Einfluss des Staates in der Wirtschaft zurückzudrängen und beiden Interessengruppen eine wesentliche Rolle bei der Demobilisierung und dem Neuaufbau der ökonomischen Strukturen zu sichern, sowohl die Unternehmer wie die Gewerkschaften betrieben durch dieses Bündnis auch Machtsicherung gegenüber den VerfechterInnen einer revolutionären Rätedemokratie. Die Unternehmer fürchteten um ihr Privateigentum an den Produktionsmitteln, die Gewerkschaften um ihre mühsam erkämpfte Monopolstellung bei der Interessenvertretung der ArbeiterInnenschaft. Insofern ist es sicher korrekt, das Stinnes-Legien-Abkommen als „management-labour revolution before the revolution" zu bezeichnen (Feldman 1970:333).

Das Abkommen zwischen den freien Gewerkschaften und den Unternehmerverbänden vom 15. November 1918 ist immer wieder auch als 'Magna Charta der Gewerkschaften' bezeichnet worden.[37] Diese Formulierung streicht vor allem die darin enthaltenen gewerkschaftlichen Errungenschaften heraus, z.B. die offizielle

---

[35] Die offizielle Benennung lautet 'Abkommen über die Bildung einer Zentralarbeitsgemeinschaft'. Das Bündnis wird jedoch häufig nach den Hauptverhandlungsführern der beiden Seiten, dem Vorsitzenden der Generalkommission der Freien Gewerkschaften, Carl Legien, und dem Vorsitzenden des Rheinisch-Westfälischen Zechenverbandes der Steinkohlenindustrie Hugo Stinnes bezeichnet.

[36] Die Spaltung betraf zunächst in erster Linie die sozialdemokratische Partei und entzündete sich an der Haltung zum Krieg. Bereits im Dezember 1914 hatte Karl Liebknecht im Reichstag gegen die Kriegskredite gestimmt. Die Gegensätze verschärften sich 1915, als eine oppositionelle Minderheit von 21 Abgeordneten demonstrativ nicht an der Abstimmung zum Reichshaushalt teilnahm, der erstmals von der (Mehrheit der) Sozialdemokratie offiziell bewilligt wurde. Auch die Diskussionen um eine weitere Bewilligung der Kriegskredite wurden schärfer und u.a. Eduard Bernstein, Hugo Haase und Karl Kautsky forderten öffentlich eine Abkehr von der „Politik des 4. August". Im März 1916 kam es zur Fraktionsspaltung, im April 1917 zur Gründung der Unabhängigen sozialdemokratischen Partei Deutschlands (USPD), die sich in der Folgezeit noch einmal spaltete, als zum Jahreswechsel der Spartakusbund die Kommunistische Partei Deutschlands (KPD) ins Leben rief. Die freien Gewerkschaften standen zu jedem Zeitpunkt der Mehrheitssozialdemokratie um Friedrich Ebert nahe, wurden jedoch in der Folgezeit in den Parteistreit hineingezogen. So standen beispielsweise die Metallarbeiter (v.a. in Berlin) dem radikaleren Flügel der Sozialdemokratie nahe und kritisierten heftig die kriegsbedingte Stillhaltepolitik der Gewerkschaftsspitze. Eine innergewerkschaftliche Zerreißprobe stellten die sich ab 1917 ausweitenden wilden Streiks in der Rüstungsindustrie dar, die einerseits gegen den Krieg gerichtet waren, andererseits die schlechte Ernährungslage der Bevölkerung angriffen - ein Anliegen, dessen Berechtigung die Gewerkschaften nicht völlig negieren konnten. Als die Gewerkschaften dennoch ziemlich eindeutig gegen die Streiks Stellung bezogen, bedrohte dies ihre Glaubwürdigkeit an der Basis und gab den radikalen ArbeiterInnen weitere Argumente an die Hand. „So standen die Führer der Arbeiterschaft zwischen Regierung, Militär und Arbeiterschaft. (...) Die Gewerkschaften [standen] in Gefahr, an ihrer Mittlerrolle zu verbluten" (Preller 1978:32,28).

[37] Vgl. Mommsen 1977:16, Potthoff 1987:86. Die Formulierung geht ursprünglich auf Hans von Raumer (1954:430) zurück.

Anerkennung der Gewerkschaften „als berufene Vertreter der Arbeiterschaft"[38] mit unbeschränkter Koalitionsfreiheit und die Vereinbarung des 8-Stunden-Tages mit vollem Lohnausgleich. Der im Rahmen dieser Arbeit wichtigere Aspekt ist jedoch, dass das Abkommen wesentliche Leitlinien für die zukünftige Gestaltung der Beziehungen zwischen Kapital und Arbeit skizzierte. Dabei wurde das Prinzip der tarifvertraglichen Vereinbarung als grundlegende Norm festgeschrieben: „Die Arbeitsbedingungen für alle Arbeiter und Arbeiterinnen sind entsprechend den Verhältnissen des betreffenden Gewerbes durch Kollektivvereinbarungen mit den Berufsvereinigungen der Arbeitnehmer festzusetzen" (ebd.). Daneben wurden das Prinzip der Mitbestimmung im Rahmen von Arbeiterausschüssen, die v.a. auf den Abschluss und die Einhaltung tariflicher Regelungen achten sollten, und das Verfahren der paritätischen Schlichtung festgeschrieben. Eingerahmt wurde diese neue Arbeitsverfassung durch die geplante Einrichtung eines „Zentralausschusses auf paritätischer Grundlage" „zur Durchführung dieser Vereinbarungen sowie zur Regelung der Demobilmachung, zur Aufrechterhaltung des Wirtschaftslebens und zur Sicherung der Existenzmöglichkeit der Arbeitnehmerschaft" (ebd.). Als das Abkommen drei Tage später sogar im amtlichen Reichsanzeiger abgedruckt wurde, schien das Tarifvertragsprinzip gleichsam zu einem Grundgesetz der neuen Republik zu werden.[39] Bekräftigt wurde dieser Eindruck durch die „Verordnung über Tarifverträge, Arbeiter- und Angestelltenausschüsse und Schlichtung von Arbeitsstreitigkeiten" des Rats der Volksbeauftragten am 23. Dezember 1918. Diese Verordnung, die zunächst nur als Übergangsregelung gedacht gewesen war, blieb während der gesamten Weimarer Republik in Kraft[40], da die Ausarbeitung eines neuen und umfassenden Arbeits- und Tarifvertragsgesetzes über Fragmente nicht hinauskam.[41] Sie erklärte den Tarifvertrag zum zentralen Ordnungsprinzip mit Rechtsqualität und schrieb v.a. seine Unabdingbarkeit fest. Zugleich sah es die Möglichkeit des Staates vor, Tarifverträge auf Antrag für allgemeinverbindlich zu erklären. „Damit kam die Tarifvertragsbewegung an ihr Ziel.(...) Tarifvertragsrecht, betriebliche Mitbestimmung und partnerschaftliches Schlichtungswesen - das waren die eng aufeinander bezogenen Bestandteile des kollektiven Arbeitsrechtes, das den Arbeitsbeziehungen im neuen Staat Form und Gehalt geben sollte" (Hentschel 1983:68f.).

---

[38] Das Stinnes-Legien-Abkommen findet sich im Wortlaut bei Feldman/Steinisch 1985:135ff. sowie Ruck 1990:154f..

[39] Der Ursprung der Tarifautonomie durch eine freiwillig geschlossene Vereinbarung zwischen Unternehmern und Gewerkschaften, die lediglich im Nachhinein von Regierungsinstanzen sanktioniert wurde, unterstützt die Auffassung, wonach „die Kollektivautonomie als genuine, von der Staatsgewalt nicht abgeleitete Rechtsquelle" zu sehen ist (Nörr 1986:403, zit. nach Englberger 1995:136).

[40] In der Weimarer Reichsverfassung wurde die zentrale Rolle der Tarifverbände für die Gestaltung der Arbeitsbeziehungen noch einmal bestätigt. Es wurden die Verbände selbst sowie die zwischen ihnen abgeschlossenen Vereinbarungen ausdrücklich anerkannt.

[41] Wichtige Fragmente waren das hart umkämpfte und stark umstrittene Betriebsrätegesetz vom 4. Februar 1920, die Schlichtungsverordnung vom 20. Oktober 1923, das Arbeitsgerichtsgesetz vom 23. Dezember 1926 sowie das Gesetz über Arbeitsvermittlung und Arbeitslosenversicherung vom 26. Juli 1927.

1.2.2 Erosion und Abschaffung der Tarifautonomie nach der Aufkündigung des Klassenkompromisses

Die Realisierung des Stinnes-Legien-Abkommens in den folgenden Jahren gelang in den einzelnen Bereichen unterschiedlich gut: Relativ rasch stellte sich heraus, dass die geplante intensive Kooperation von Unternehmerverbänden und Gewerkschaften im Rahmen der Zentralarbeitsgemeinschaft (ZAG) ein unrealistisches Vorhaben gewesen war, das die Folgebereitschaft der Mitglieder beider Organisationen überstrapazierte.[42] Das Prinzip der kollektivvertraglichen Regelung der Arbeits- und Entlohnungsbedingungen hingegen erfuhr in den ersten Nachkriegsjahren eine rasante Ausbreitung. Die Zahl der erfassten Betriebe verdreifachte sich von 270.000 Ende 1919 auf über 890.000 im Jahr 1922. Ende des Jahres 1919 galt bereits für knapp 6 Millionen, ein Jahr später für 9,5 Millionen Beschäftigte ein Tarifvertrag. Die maximale tarifliche Deckungsrate während der Weimarer Republik war 1922 erreicht, als 14,5 Millionen Beschäftigte tarifvertraglich abgesichert waren. Zudem war ein eindeutiger Trend zum Abschluss von Tarifverträgen für größere Einheiten feststellbar. Während vor dem 1. Weltkrieg noch etwa die Hälfte aller Verträge als Firmentarife oder Ortstarife abgeschlossen worden waren, galten 1925 für 13,7 % der tariflich erfassten Beschäftigten Reichstarife. Eindeutig dominant waren jedoch die Bezirkstarifverträge mit 77,5 % der tariflich erfassten Beschäftigten (Potthoff 1987:95f.). Der heute so umstrittene Flächentarifvertrag ist also letztlich ein Kind der Weimarer Republik, wo er sich „als tragbarer Kompromiss zwischen der erstrebten Gleichartigkeit der Bedingungen und der Berücksichtigung regionaler Unterschiede" herauskristallisierte (ebd.:96). Und noch ein weiteres Element der modernen Tarifpolitik wurde im Zuge der vermehrten Verbreitung von Kollektivverträgen in den 20er Jahren entwickelt: die Trennung zwischen Rahmen- oder Manteltarifen mit längerer Laufzeit und kurzfristigeren Tarifverträgen v.a. zur Festlegung der Einkommenshöhen. Diese vertragliche Differenzierung wurde v.a. während der Inflationszeit nötig, um die fortwährend notwendigen Lohnanpassungen in gesonderten Verträgen regeln zu können. Die Trennung zwischen allgemeinen Mantel- oder Rahmentarifen und speziellen Lohntarifen wurde als praktikables Instrumentarium auch nach der Währungsstabilisierung vielfach beibehalten und sogar teilweise auf andere Themen, z.B. Arbeitszeit, ausgedehnt (Potthoff 1987:96).[43]

Der Siegeszug des Tarifvertragswesens war jedoch bereits ab 1920 von einem Wiederaufbrechen der Auseinandersetzungen zwischen Kapital und Arbeit begleitet.

---

[42] vgl. Feldman 1983:170ff., der zusammenfassend feststellt:"The fundamental dilemma for both employers and trade union leaders was that the commitment to industry-labor collaboration in the ZAG overstrained the organizational and ideological cohesion of their respective organizations" (ebd.:176).

[43] Auch das duale Prinzip industrieller Beziehungen stammt, wie bereits erwähnt, im Grundsatz aus der Weimarer Republik. Allerdings waren die Betriebsräte auf Basis des Betriebsrätegesetzes 1920 noch mit vergleichsweise geringerer Macht ausgestattet als später in der BRD. Dies war teilweise auch auf eine bewusste Politik der (mehrheits)sozialdemokratisch orientierten Gewerkschaftsführungen zurückzuführen, die vorübergehend eine Infragestellung ihres Verhandlungsmonopols durch die nach der Novemberrevolution sehr radikale und vergleichsweise starke Rätebewegung befürchteten.

Nachdem in diesem Jahr der politische Generalstreik gegen den Kapp-Lüttwitz-Putsch für Unmut auf Unternehmerseite gesorgt hatte, kam es ab etwa 1922/23, als sich die machtpolitischen Bedingungen wieder zugunsten der Unternehmerseite verändert hatten, zum endgültigen Bruch zwischen Unternehmern und Gewerkschaften. 1924 fand auch die Zusammenarbeit in der Zentralarbeitsgemeinschaft ihr offizielles Ende.[44]

Die machtpolitischen Durchsetzungsmöglichkeiten der Gewerkschaften wurden insbesondere durch die steigende Arbeitslosigkeit beeinträchtigt, die sich zunehmend disziplinierend auf die Erwerbsabhängigen auswirkte. Aber auch die ambivalente Haltung des ADGB während der umfassenden Streikbewegungen von 1918/19 hatte ihren Tribut in der Form von schwindenden Mitgliederzahlen gefordert, da die Gewerkschaften „mitunter Gefahr liefen, als Büttel der Unternehmer zu erscheinen" (Mommsen 1977:18). Und schließlich hatte die Inflation auch die Gewerkschaftskassen stark in Mitleidenschaft gezogen, so dass nicht nur der hauptamtliche Funktionärsapparat abgebaut, sondern auch die Streikunterstützungen reduziert werden mussten (vgl. Potthoff 1987:91) - Maßnahmen, die die Popularität der Gewerkschaften empfindlich beeinträchtigten.

Diese Entwicklung ließ die in der Novemberrevolution 1918 stark erschütterte Machtstellung der Unternehmer wieder erstarken. Zugleich setzte sich im Unternehmerlager erneut eine Strömung von ‘hardlinern’ durch, die das Rad der Geschichte zurückdrehen und insbesondere die Mitbestimmungsmöglichkeiten der Beschäftigten sowie Lohnhöhe und Dauer der Arbeitszeit wieder auf Vorkriegsniveau zurückführen wollten.[45] Dass die eskalierenden Arbeitskonflikte der Weimarer Republik primär auf eine Offensive der Unternehmer zurückzuführen sind, mit dem Ziel, den Gewerkschaften ihre neuen Errungenschaften wieder abzujagen, spiegelt sich auch darin wider, dass nach Ende der Inflationszeit die aufgrund von Aussperrungen verlorengegangenen Arbeitstage stets diejenige der Streiktage übertraf - und zwar sogar in den Phasen des wirtschaftlichen Aufschwungs (vgl. Potthoff 1987:91). Die

---

[44] 1922 setzten die Unternehmer der süddeutschen Metallindustrie über Massenaussperrungen die Wieder-Abschaffung des symbolträchtigen 8-Stunden-Tages durch und signalisierten damit eine neue, härtere Gangart der Unternehmer. 1924 kam es dann auch in der rheinisch-westfälischen Schwerindustrie, im Bergbau und der Chemischen Industrie zu Massenaussperrungen und großen Arbeitskonflikten um die Abschaffung des 8-Stunden-Tages. Als diese durchweg mit Niederlagen der Gewerkschaften endeten, erklärte der ADGB seinen Austritt aus der ZAG. Ein wichtiger Hintergrund für die verschärften Verteilungskämpfe war auch das Ende der Hyperinflation sowie die wirtschaftliche Krise des Jahres 1923. Durch die Stabilisierung der Währung war es dem Staat nicht mehr möglich, sozialpolitische Maßnahmen über den Verfall der Währung zu finanzieren, so dass sich der Kampf um die gesellschaftliche Verteilung der Kriegslasten intensivierte.

[45] Vertreter dieser Richtung waren vor allem die Repräsentanten des Steinkohlebergbaus, der eisen- und stahlerzeugenden Industrie sowie Teile der Metallindustrie. Die ‘klassenkämpferische Linie’ dieser Unternehmer war nicht nur auf eine besonders ausgeprägte konservative Ideologie zurückzuführen, sondern teilweise auch auf die branchenspezifischen Verwertungsbedingungen. Der Steinkohlebergbau und die Stahlindustrie litten besonders unter einem Verfall der Weltmarktpreise und hatten zudem relativ hohe Lohnkostenanteile. Die Weimarer Debatte über angeblich ‘zu hohe politische Löhne’ kann daher auch als Versuch gewertet werden, die durch die Entwicklung auf dem Weltmarkt bedrohte Verwertungssituation in diesen Branchen durch Kürzungen bei den Lohnkosten zu restituieren.

Massenaussperrungen der Arbeitgeber schlagen sich statistisch auch darin nieder, dass 1924, 1927 und 1928 die Höchstzahl der im Zuge von Aussperrungen gleichzeitig ausgesperrten Beschäftigten höher lag als die Zahl der gleichzeitig streikenden ArbeiterInnen (vgl. Englberger 1995:293).

Den einschneidenden Wendepunkt für die Arbeitsverfassung der Weimarer Republik markiert die Schlichtungsverordnung vom 30. Oktober 1923, die dem Staat die Möglichkeit der Zwangsschlichtung einräumte, für den Fall, dass die Tarifparteien zu keinem Verhandlungsergebnis kommen.[46] Obwohl die Verordnung weiterhin der Tarifautonomie formal den prinzipiellen Vorrang einräumte, bedeutete sie faktisch eine erhebliche Einschränkung derselben. So konnte der Schiedsspruch des Vorsitzenden der Schlichtungskommission nämlich auch dann für verbindlich erklärt werden, wenn eine der beiden Parteien oder sogar beide diesen ablehnten. „Die Verbindlichkeitserklärung ersetzte die Annahme des Schiedsspruches und hatte mithin gleichfalls die rechtlichen Wirkungen eines frei ausgehandelten Tarifvertrages. Sie schuf die rechtliche Fiktion eines Tarifvertrages" (Hentschel 1983:75). Die Schlichtungsverordnung muss einerseits als staatlicher Versuch gewertet werden, die hohe Arbeitskampftätigkeit der frühen zwanziger Jahre zu reduzieren und Gestaltungskompetenzen für wesentliche ökonomische Parameter teilweise wieder zurückzugewinnen, die 1918/19 weitgehend an die Tarifparteien übergeben worden waren.. Zugleich kam die Reichsregierung mit der Verordnung jedoch den Gewerkschaften 'in Zeiten der Not' zu Hilfe, da diese „zu diesem Zeitpunkt ihren Tarifkontrahenten praktisch wehrlos ausgeliefert" (Schönhoven 1987:142) waren.

So war die Reaktion von Unternehmerverbänden und Gewerkschaften auf die Schlichtungsverordnung unterschiedlich. Angesichts ihrer zunehmend prekären machtpolitischen Situation war die Kritik der Gewerkschaften eher zurückhaltend. Gleichwohl befürchteten auch die Vertreter v.a. der größeren und mächtigeren ADGB-Gewerkschaften eine Beschränkung der gewerkschaftlichen Handlungsmöglichkeiten und vor allem der Streikfreiheit durch staatliche Zwangsschlichtungen. Deutlich heftiger jedoch waren die Reaktionen im Unternehmerlager, denen das in der Folgezeit immer häufiger eingesetzte Regelungsinstrument als Hindernis beim Abbau der Besitzstände der Beschäftigten ein ausgesprochener Dorn im Auge war.[47] Verlässliche Zahlen

---

[46] Die Schlichtungsverordnung sah vor, dass sich bei einem Scheitern der vertraglich vereinbarten Schlichtungsverfahren amtliche Schlichtungsausschüsse in die Tarifverhandlungen einschalten konnten. Diese waren zwar paritätisch mit Beschäftigten- und Unternehmervertretern besetzt, der Vorsitz wurde jedoch von einem staatlichen Beamten geführt. Vgl. zu den rechtlichen Bestimmungen im einzelnen Hentschel 1983:74f., Englberger 1995:153ff..

[47] Die Arbeitgeberverbände hatten zunächst im Herbst 1923 sogar ihre Mitarbeit in den staatlichen Schlichtungsausschüssen verweigert und angekündigt, deren Schlichtungssprüche nicht zu akzeptieren (vgl. Englberger 1995:185). In der Folgezeit schienen sie sich jedoch - wenn auch ungern - mit dem Instrument abgefunden zu haben und beantragten je nach strategischer Situation auch ihrerseits Verbindlichkeitserklärungen von Schlichtungssprüchen. Dennoch war die staatliche Lohnfestsetzung über das Vehikel des Schlichtungswesens permanenter Anlass für Angriffe der Unternehmerverbände auf den angeblich überhöhten 'politischen Lohn'. So behauptete die Vereinigung der Arbeitgeberverbände z.B., dass 1925 und 1926 rund 55 % bis 60 % des gesamten Lohnzuwachses durch staatlichen Zwang zustande gekommen seien (vgl. Hentschel 1983:76 sowie Ruck 1990:85).

über die quantitative Bedeutung der staatlichen Zwangsschlichtung existieren nicht. Die meisten Schätzungen gehen jedoch davon aus, dass in den zwanziger und frühen dreißiger Jahren die Arbeitsbedingungen etwa eines Drittels aller Beschäftigten durch staatliche Zwangsschlichtungen gestaltet wurden.[48]

Die Möglichkeit der staatlichen Zwangsschlichtung wirkte im Verlauf der 20er Jahre nicht etwa als 'Rute im Fenster', die die Tarifparteien zum Einlenken und zur Gestaltung der Arbeitsbedingungen in gegenseitiger Absprache bewegt hätte. Statt verstärkter Kompromissbereitschaft war eher die Tendenz zu beobachten, umso hartnäckiger auf seinen jeweiligen Positionen zu bestehen. Dies hatte den Vorteil, dass der letztlich gefällte staatliche Schiedsspruch dann auch gegenüber dem jeweiligen Mitgliederklientel glaubwürdig als von außen oktroyierter Zwang dargestellt werden konnte.

Besonders häufig intervenierten die staatlichen Schlichtungsbehörden in der Eisen- und Metallindustrie, im Kohlebergbau und in der Textilindustrie (vgl. Englberger 1995:188). Es wurde bereits erwähnt, dass die Unternehmer der Schwerindustrie und des Bergbaus sich durch eine besonders intransigente Haltung gegenüber den Gewerkschaften auszeichneten. Diese erreichte im sogenannten 'Ruhreisenstreit' 1928 ihren Höhepunkt, während dessen die Unternehmer sich über einen rechtlich verbindlichen Schiedsspruch hinwegsetzten und durch die Aussperrung von rund einer Viertelmillion ArbeiterInnen nicht nur den Gewerkschaften eine empfindliche Niederlage zufügten, sondern zugleich auch den staatlichen Instanzen. Das Reichsarbeitsgericht erklärte nämlich im Januar 1929 die bisherige Praxis des Schiedsspruchs durch einen verbeamteten Vorsitzenden für unrechtmäßig und „denunzierte dadurch fünf Jahre staatlicher Lohngestaltung als rechtswidrig" (Hentschel 1983:78). Damit begann ein Prozess der sukzessiven Beseitigung des mühsam erkämpften kollektiven Arbeitsrechts, nachdem „die kollektive Tarifautonomie zwischen lähmender Kompromisslosigkeit der Arbeitsmarktparteien und regem Gestaltungsdrang des Staats schon weithin aufgerieben worden war" (ebd.).

Die weitere Entwicklung der Tarifbeziehungen zwischen dem Ende der 20er Jahre und der nationalsozialistischen Machtübernahme erinnert in einigen Facetten an aktuelle Tendenzen der Deregulierung. Ohne hier die historischen Parallelen überzeichnen zu wollen, ähneln sich ja auch einige Rahmenbedingungen des tariflichen Handelns: Die hohe Arbeitslosigkeit und die machtpolitische Defensivposition der Gewerkschaften[49] sind eine günstige Ausgangssituation für die Unternehmerseite, um Modifikationen innerhalb des Systems tarifvertraglicher Vereinbarungen zu

---

[48] Zwar lag der Anteil der durch Zwangsschlichtung beendeten Schlichtungsverfahren an allen Schlichtungsverfahren in den 20er Jahren nur bei etwa 5 %, dies sagt jedoch nur wenig über dessen quantitative Bedeutung aus. Laut Englberger (1995:188) waren Verbindlichkeitserklärungen v.a. beim Abschluss von Tarifverträgen für große Einheiten (d.h. mit 20.000 Beschäftigten oder mehr) häufig anzutreffen. Vgl. auch Hentschel 1983:76.

[49] Die von der ADGB-Führung an Fritz Naphtali in Auftrag gegebene Studie zu einem wirtschaftsdemokratischen Programm zeugt von dem gewerkschaftlichen Versuch, der weiteren Entwicklung eine offensive Wendung zu geben. Obwohl das Konzept der 'Wirtschaftsdemokratie' wohl eines der fortschrittlichsten Gewerkschaftsprogramme der damaligen Zeit war, fehlte es aber völlig an den machtpolitischen Voraussetzungen für seine Umsetzung.

erreichen oder dieses System als gesamtes in Frage zu stellen. Eine Forderung der Unternehmer, die seit den Anfängen kollektivvertraglicher Regelungsformen stets vernehmbar gewesen ist, aber zum Ende der 20er Jahre gehäuft gestellt wurde, war etwa die nach einer Verbetrieblichung der Verhandlungskompetenzen. Nicht die Gewerkschaften, sondern betriebliche RepräsentantInnen der Belegschaften sollten die Kompetenz zum Abschluss tariflicher Regelungen erhalten und Betriebsvereinbarungen sollten Tarifverträge ersetzen können (vgl. Hentschel 1983:92; Mommsen 1977:25). Ebenso nachweisbar sind Forderungen nach einer Uminterpretation des sogenannten Günstigkeitsprinzips, was eine Aufweichung der Unabdingbarkeit von Tarifverträgen zur Folge gehabt hätte. Der Abbau gewerkschaftlicher Rechte und die Durchlöcherung des kollektivvertraglichen Regelungsprinzips hing damals wie heute auch nicht unwesentlich mit einer zunehmend unternehmerfreundlichen Regierungstätigkeit[50] sowie Gesetzgebung[51] zusammen, die letztlich auch als Ausdruck der zeitgenössischen 'Reaktion' auf die krisenhaften Wirtschaftsbedingungen zu werten sind. Auch die Kampfmittel der Unternehmer zur Durchsetzung ihrer tarifpolitischen Forderungen haben sich teilweise nicht sehr verändert. Zwar war die Aussperrungstätigkeit in der Weimarer Republik wesentlich massiver als in späteren Jahrzehnten, die Praxis der kompletten Verweigerung von Tarifverträgen sowie des Abschlusses von konkurrenziellen Tarifverträgen mit 'gelben' wirtschaftsfriedlichen Vereinen erinnert aber durchaus an aktuelle Beispiele (etwa die Tarifabschlüsse ostdeutscher Metallarbeitgeberverbände mit der CGM).

In der Weimarer Republik mündeten die Vorstöße der Unternehmer schließlich in eine komplette Demontage der Tarifautonomie, die letztlich in der Tradition staatlicher Einmischungspolitik durch die parlamentarischen Instanzen vollzogen wurde. Bereits die Brüning-Regierung begann durch Notverordnungen in laufende Tarifverträge des öffentlichen Sektors einzugreifen. Ende 1931 dekretierte sie zudem die Reduktion der Löhne und die Verlängerung der Laufzeiten aller Tarifverträge bis mindestens April 1932, wobei die Fassade der Tarifautonomie gewahrt blieb, indem den Tarifparteien die Vereinbarung dieser Regelungen zur Pflicht gemacht wurde. Die Regierung von Papen wurde schließlich endgültig zum Erfüllungsgehilfen unternehmerischer Forderungen: Sie „widerrief den Grundsatz der Unabdingbarkeit von Tarifverträgen und gestand den Unternehmern zu, gültig vereinbarte Tariflöhne zu unterschreiten, wenn sie dafür die Belegschaft vermehrten oder den Betrieb nicht anders fortführen zu können glaubten" (Hentschel 1983:94). Gegen diese Notverordnung zur Belebung der Wirtschaft, die in gewisser Weise als historischer Vorläufer aktueller 'Beschäftigungssicherungsklauseln' gelten kann, liefen die Gewerk-

---

[50] Ein wichtiger politischer Einschnitt in der Weimarer Republik war die Ablösung der großen Koalition unter Einschluss der Sozialdemokratie im Frühjahr 1930 durch die Kabinette Brünings. Wurden diese immerhin noch von der Sozialdemokratie geduldet, so war das Kabinett von Papens und die Regierung von Schleicher ohne jeden sozialdemokratischen Einfluss bzw. sogar explizit gegen diesen gerichtet.

[51] Neben dem bereits erwähnten Urteil über die Rechtswidrigkeit der Ein-Mann-Zwangsschlichtung, das dem Reichsarbeitsgericht im übrigen gar nicht explizit abverlangt worden war (vgl. Hentschel 1983:281), ist hier v.a. ein Urteil des Reichsarbeitsgerichts zu nennen, das auch den wirtschaftsfriedlichen Werkvereinen Tariffähigkeit zubilligte.

schaften in der Weimarer Republik noch Sturm. Ihr Widerstand wurde jedoch einen Monat später im Keim erstickt, als die Regierung das Streikrecht massiv einschränkte und Kampfmaßnahmen gegen die Notverordnung zu Verstößen gegen die tarifvertragliche Friedenspflicht erklärte. Von Schleicher setzte diese Bestimmungen zwar kurze Zeit später wieder außer Kraft, ab Frühjahr 1933 wurden jedoch alle Diskussionen um freie kollektivvertragliche Vereinbarungen ohnedies hinfällig, nachdem die Nationalsozialisten in einer strategischen Aktion am 2. Mai die gewerkschaftlichen Organisationen zerschlugen. „Das System des kollektiven Tarifvertragsrechts wurde also in Weimar von Teilen der Unternehmerschaft nicht wirklich antizipiert und zur Disposition gestellt, als es ihnen bei der Verfechtung eigener Interessen im Wege stand. Der 1918 vermeintlich erzielte Durchbruch zur umfassenden Tarifhoheit der Gewerkschaften galt für die Form, nicht aber für die Substanz. Mit der Änderung der politischen und sozialen Konjunktur wurde das Unvermögen der Gewerkschaften enthüllt, das System der Tarifverträge als gestaltenden Faktor zur Konfliktregelung zwischen Kapital und Arbeit auch gegenüber widerstrebenden Unternehmerkräften zu behaupten" (Potthoff 1987:97).

Die Tarifgeschichte der Weimarer Republik zeigt damit einmal mehr, dass Tarifverträge als längerfristige, zweiseitig ausgehandelte kollektive Festlegung von Arbeits- und Entlohnungsbedingungen historisch als Errungenschaften der Gewerkschaften zu sehen sind, die durch Arbeitkonflikte erkämpft und gegen die Unternehmer verteidigt werden mussten. Da die Etablierung des Tarifvertragswesens in der Weimarer Republik historisch noch relativ jung und alles andere als selbstverständlich war und zudem das wirtschaftliche Klima von harten interessenpolitischen Gegensätzen geprägten war, schlugen sich die jeweiligen konjunkturell bedingten Machtverhältnisse nicht nur direkt in den inhaltlichen Tarifregelungen nieder, sondern auch in der Akzeptanz des Tarifvertragsprinzips als solchem. Die Tarifgeschichte der Weimarer Republik lehrt ferner, dass der Zustand des Tarifsystems nicht allein vom Kräfteverhältnis zwischen Kapital und Arbeit und den politischen Strategien der Tarifparteien abhängt, sondern dass auch der Staat als potentiell intervenierender Akteur sowie Garant der Tarifautonomie eine wichtige Rolle spielt.

2. Das bundesdeutsche Tarifsystem: Tarifpolitik als intermediäre Institution

In dieser Arbeit geht es um die aktuell wahrnehmbare Krise[52] des bundesdeutschen Tarifsystems. Dabei handelt es sich um die Krise eines bestimmten Modells von Tarifpolitik, das sich nach dem 2. Weltkrieg als integraler Bestandteil des neu etablierten bundesdeutschen Wirtschafts- und Gesellschaftssystem entwickelt hat. Dieses

---

[52] Wenn hier sowie im folgenden der Begriff der 'Krise' gebraucht wird, so ist damit eine Situation gemeint, in der in zunehmendem Maße Probleme auftreten, die mit herkömmlichen Problemlösungsmethoden nicht mehr bewältigt werden können. Bei einer 'Krise des Tarifsystems' handelt es sich also um eine Situation, bei der die Interessenregulierung zwischen Kapital und Arbeit nicht mehr mit den herkömmlichen Institutionen und Routinen kollektiver Interessenvermittlung gelöst werden können und damit die Suche nach neuen Verfahren begonnen werden muss.

Modell baut zum einen auf den bisher erläuterten Vorkriegstraditionen der deutschen Gewerkschaftsbewegung auf, zum anderen wurde es stark von der spezifischen deutschen Nachkriegssituation geprägt. Im folgenden sollen die konstitutiven Faktoren des bundesdeutschen Modells von Tarifpolitik im Kontext seiner Entstehungsbedingungen dargestellt werden.

Der Überblick über die historische Entwicklung des Tarifvertragssystems in Deutschland überspringt damit die Periode der nationalsozialistischen Diktatur - mit gutem Grund. Zwar wurden unter nationalsozialistischer Herrschaft einige nicht unwesentliche neue Regelungselemente des Lohn-Leistungs-Verhältnisses entwickelt (v.a. im Zuge der sog. 'lohnordnenden Maßnahmen' im Jahr 1942, vgl. Siegel 1989), die damals geltenden 'Tarife' waren jedoch nicht Ausdruck eines realen Interessenkompromisses zwischen Kapital und Arbeit, sondern wurden nach der Zerschlagung der Gewerkschaften einseitig durch staatliche Instanzen, die sogenannten 'Treuhänder der Arbeit', festgelegt.[53] Zugleich hatten die staatlichen Regulierungsbemühungen faktisch nur eine beschränkte Relevanz und die Bestimmung der Lohn- und Arbeitsbedingungen blieb weitgehend den Geschäftsführungen überlassen, die nach Ausschaltung aller Instanzen einer Interessenvertretung der Beschäftigten wieder unumschränkte 'Herren im Hause' waren.[54] Von Tarifbeziehungen als Aushandlungsprozess längerfristig gültiger Interessenkompromisse konnte unter dem Naziregime also keine Rede sein. Es handelte sich vielmehr um eine einseitige Dekretierung der Lohn- und Arbeitsbedingungen.[55]

In der deutschen Nachkriegsentwicklung bis zum Zusammenbruch der DDR und

---

[53] Die Tarifnormen wurden zunächst weiterhin als Mindestnormen festgelegt, die betrieblich überschritten werden konnten. Als ab 1936 infolge der Rüstungskonjunktur ein gewaltiger Lohnauftrieb zu verzeichnen war, wurden mit der 'Verordnung über die Lohngestaltung' 1938 und der Kriegswirtschaftsverordnung 1939 Höchstlöhne festgesetzt. Mit Kriegsbeginn folgte ein allgemeiner Lohnstopp, der sich jedoch als undurchführbar erwies. Um die Loyalität und Arbeitswilligkeit der Belegschaften zu sichern, musste die Lohngestaltung weithin flexibel gehandhabt werden, d.h. es wurden dennoch nicht selten 'übertarifliche Löhne' gezahlt (vgl. Siegel 1989:125ff; Kranig 1993).

[54] Die anstelle der Betriebsräte installierten Vertrauensräte hatten lediglich beratende Funktionen und tagten unter Vorsitz der Geschäftsleitung. Die nach Zerschlagung der Gewerkschaften am 10. Mai 1933 gegründete 'Deutsche Arbeitsfront' die auch das gewerkschaftliche Vermögen übernommen hatte, war eine Massenorganisation, die nicht nur abhängig Beschäftigte, sondern auch Selbständige und Unternehmer umfasste - in der nationalsozialistischen Terminologie eine Organisation 'aller schaffenden Deutschen der Stirn und Faust'. Es handelte sich also explizit nicht um eine gegnerfreie Interessenvertretungsorganisation, wie sie eine funktionierendes Tarifvertragssystem voraussetzt. Vielmehr waren in allen Organen der DAF 'Betriebsführer' und 'Gefolgschaftsmitglieder' paritätisch vertreten. Während die DAF anfangs noch v.a. ehemals gewerkschaftliche Aufgaben übernahm (Rechtsberatung, Zahlung von Arbeitslosenunterstützung) verschob sich ihr Tätigkeitsspektrum später auf betriebliche Sozialpolitik und die Förderung der Berufsleistungen (vgl. Siegel 1989:62ff).

[55] Eine gewisse Einflussnahme der Beschäftigten ist allerdings in der flexiblen Handhabung der autoritär dekretierten Normen zu sehen, durch die zuweilen befürchtete oder auch reale Widerstandsaktionen der ArbeiterInnen befriedet werden sollten. Eine wohl etwas überzogene Darstellung der Angst vor sozialen Unruhen als Einflussfaktor auf die nationalsozialistische Lohnpolitik findet sich bei Mason (1975). Aber auch Siegel (1989:134) betont, dass „herrschaftstaktische Überlegungen" und „Angst vor Protestreaktionen aus der Arbeiterschaft" bei der Lohngestaltung eine wichtige Rolle spielten.

der Wirtschafts- und Währungsunion 1990 lassen sich im einzelnen drei Phasen unterscheiden, die v.a. bezüglich der strukturellen Rahmenbedingungen und der machtpolitischen Konditionen, aber auch hinsichtlich der ideologischen Konzepte der Tarifverbände und der daraus abgeleiteten tarifpolitischen Strategien deutlich differieren[56]:

1.) Die unmittelbare Nachkriegszeit, in der die Gewerkschaften eine relative Machtposition in den Betrieben innehatten, war gekennzeichnet von der Diskussion um die zukünftige Gestaltung des Wirtschaftssystems. Die Debatten um die Sozialisierung der Schlüsselindustrien und wirtschaftsdemokratische Mitbestimmung verweisen auf einen Anspruch der Gewerkschaften auf wirtschaftliche sowie gesellschaftliche Einflussnahme, der über ihre traditionelle Rolle als primär tarifpolitische Interessenvertretung der Abhängig Beschäftigten hinausging. Hoffnungen auf eine unmittelbare Beteiligung der Gewerkschaften und Belegschaften an der Betriebsleitung und Produktionsplanung sowie deren materiellen Ergebnissen wurden jedoch enttäuscht (Kap.2.1).

2.) Zugleich wurde jedoch das Prinzip der Tarifautonomie als Grundpfeiler der neuen Gesellschaftsverfassung prinzipiell anerkannt. Nach Verabschiedung des Betriebsverfassungsgesetzes 1952 richteten sich die Gewerkschaften in ihrer Rolle als zentralisierte, überbetrieblich agierende tarifpolitische Vertretungsinstanz der Beschäftigten ein. Sie entwickelten sich zu gesellschaftlich akzeptierten sowie die herrschenden Verhältnisse akzeptierenden Interessenorganisationen. Angesichts einer prosperierenden Wirtschaftsentwicklung gelang die Vermittlung von Mitgliederinteressen und wirtschaftspolitischen Systemimperativen längere Zeit relativ konfliktfrei und die Tarifverbände entwickelten sich zu einer tragenden Säule staatlicher Einkommenspolitik. Nachdem Tarifverträge zunächst als Kompromissinstrumente im Klassenkampf entwickelt, nach anfänglichen Erfolgen der Arbeiterbewegung in der Weimarer Republik als legitimes Instrument des Interessenausgleichs institutionalisiert und auch staatlicherseits unterstützt wurden, kam es in der BRD zu einer partiellen Indienstnahme der Tarifpolitik für gesamtwirtschaftliche Steuerungsleistungen. Dies stellte vor allem die Gewerkschaften vor neue Anforderungen: Die Vereinbarung der organisationsinternen Mitgliederinteressen mit den 'von außen' gesetzten Systemimperativen waren eine neue Aufgabe, die den Charakter der Gewerkschaften grundlegend wandelte von unmittelbaren Interessenvertretungsorganisationen zu intermediären Verbänden[57]. Das neu etablierte, stark arbeitsteilige und

---

[56] Die hier vorgenommene Einteilung in verschiedene 'Phasen' unterliegt freilich demselben grundsätzlichen Problem, das auch HistorikerInnen stets für die Einteilung der Geschichte in 'Epochen' geltend machen: Im historischen Kontinuum überlagern sich stets Elemente von Kontinuität und Bruch, so dass auch im vorliegenden Fall die Übergänge zwischen den 'drei Phasen' fließend sind.

[57] Der Begriff des „intermediären Verbandes" bezieht sich hier wie im folgenden auf die objektive Funktion der Gewerkschaften in der neugegründeten Bundesrepublik, die verglichen mit den Verhältnissen der Weimarer Republik durch eine neue regulative Qualität gekennzeichnet war. In dieser Fassung wurde der Begriff von Bergmann/Jacobi/Müller-Jentsch 1979 und 1981, Brandt/Jacobi/Müller-Jentsch 1982, Müller-Jentsch 1982 übernommen. Die Selbstdefinition der Gewerkschaften deckte sich zumindest in den Anfängen der BRD sicherlich nicht mit dieser Funktionsbeschreibung und oszilliert aus Gründen der verbandsinternen Mitgliederintegration bis zum heutigen Datum zwischen der einer intermediären Organisation und einer

kooperativ geprägte System tariflicher Aushandlung kann aufgrund seiner dezidierten ‚Intermediarität' als qualitativ neuartiges Beziehungsmodell zwischen Kapital, Arbeit und Staat gewertet werden (Kap.2.2).[58]

3.) Spätestens seit Mitte der 70er Jahre ist das bundesdeutsche Tarifvertragssystem und sind mit ihm auch die gewerkschaftlichen Organisationen von permanenten krisenhaften Anpassungsprozessen gekennzeichnet, - Anpassung an die zunehmende Arbeitslosigkeit sowie veränderte staatliche Machtverhältnisse, an neue Produktionsstrukturen und Beschäftigungsgruppen sowie an vielfältige Veränderungen auf gesellschaftlich-kultureller Ebene. Es wurden grundlegende tarifpolitische Neuorientierungen notwendig, die unter Bedingungen einer geschwächten Durchsetzungsmacht der Gewerkschaften umgesetzt werden mussten. Im Nachhinein können die während der 80er Jahre zu beobachtenden Tendenzen der 'Verbetrieblichung' und 'Deregulierung' bereits als erste Anzeichen krisenhafter Anpassungsprozesse gewertet werden (Kap.3).

2.1 Enttäuschte Hoffnungen auf wirtschaftsdemokratische Mitbestimmung

Die Situation im zerstörten und besetzten Deutschland der unmittelbaren Nachkriegszeit glich in mancher Hinsicht der nach dem ersten Weltkrieg: Durch die Kollaboration mit dem Nationalsozialismus war die Unternehmerschaft stark diskreditiert und das Prinzip des kapitalistischen Privateigentums an Produktionsmitteln wurde von breiten gesellschaftlichen Schichten grundlegend in Frage gestellt. Die ArbeiterInnen nahmen in den Betrieben vorübergehend eine dezidierte Machtposition ein, da ihre Hilfe und Kooperation beim Wiederaufbau der Produktion und Infrastruktur unabdingbar war. So waren die Vertretungsorganisationen der Beschäftigten auch die ersten von den Alliierten wieder offiziell zugelassenen politischen Organe: Im April 1946 durften Betriebsräte wieder tätig werden und ab Juni konstituierten

---

reinen Mitgliederinteressenvertretung.

[58] In manchen theoretischen Ansätzen wird das intermediäre bundesdeutsche System der Interessenaushandlung als 'Korporatismus' bezeichnet. Unter diesem Begriff ist - in seiner theoretisch stringenten Fassung - die sozialpartnerschaftliche Kooperation zwischen organisierter Arbeit und organisiertem Unternehmertum zu verstehen, die auf die Konfliktregulierung zwischen diesen beiden Interessengruppen zielt und in der Form einer tripartistischen Koordination zwischen Gewerkschaften, Arbeitgeberverbänden und der Regierung stattfindet (Lehmbruch 1984). In dieser Arbeit wird der Korporatismusbegriff jedoch aus zwei Gründen weitgehend vermieden. Zum einen ist er aufgrund der breiten einschlägigen Debatte sowie seiner inflationären Verwendung inzwischen ausgesprochen schillernd und vieldeutig geworden (vgl. Streeck 1994). Zum anderen ist die Kennzeichnung des bundesdeutschen Systems industrieller Beziehungen in seiner Gesamtheit als 'neokorporatistisches System' irreführend, da der offene Konflikt zwischen Kapital und Arbeit jederzeit ein potenzieller und immer wieder auch ein realer Bestandteil der Interessenregulation (gewesen) ist. Insofern ist das westdeutsche System industrieller Beziehungen wohl sinnvoller als ein vielschichtiges Mehr-Ebenen-System der Interessenverhandlung zu bezeichnen, das zwar partiell und temporär durch korporatistische Steuerungsverbünde ergänzt wurde und wird, für das jedoch trotz des Vorherrschens einvernehmlich getroffener Abkommen exemplarische Machtkämpfe zwischen Kapital und Arbeit ein integraler Bestandteil bleiben (vgl. Jacobi 1982).

sich die Gewerkschaften neu - wenn auch zunächst nur auf regionaler Ebene. Unter diesen Bedingungen schien es nur berechtigt, dass die Gewerkschaften sich Hoffnungen machten auf einen weiteren und längerfristigen Ausbau ihres gesellschaftlichen Einflusses. Nach dem 1. Weltkrieg hatte man die Akzeptanz von Tarifverträgen als Instrumente des Interessenkompromisses zwischen Kapital und Arbeit durchsetzen können. Von der neuen Arbeitsverfassung der Bundesrepublik erhoffte man sich die Umsetzung von Forderungen, die in der Weimarer Republik gescheitert waren: Das Konzept einer maßgeblichen Beteiligung der Gewerkschaften an mit umfassenden Kompetenzen ausgestatteten Wirtschaftsräten hätte nicht mehr nur ihre Gleichberechtigung und Akzeptanz als Gegenspieler der Unternehmer bedeutet; man wollte zukünftig zumindest Juniorpartner bei der Verfügung über die Produktionsmittel sein. Das kapitalistische Wirtschaftssystem sollte demokratisch umgestaltet werden, so dass eine direkte Mitbestimmung der Beschäftigten (respektive der Gewerkschaften) das angestammte Tarifvertragssystem ergänzen, wenn nicht gar ersetzen würde. Die gewerkschaftlichen Vorstellungen basierten mehr oder weniger explizit auf dem Konzept der Wirtschaftsdemokratie von Fritz Naphtali aus dem Jahr 1928, ergänzt um das kaum konkretisierte Schlagwort der 'Sozialisierung' der Schlüsselindustrien Kohle, Eisen und Stahl sowie der Großbanken.[59] Als am 1. März 1947 in der britischen Besatzungszone die paritätische Mitbestimmung in den ersten vier entflochtenen Werken der Eisen- und Stahlindustrie eingeführt wurde, schien dies den gewerkschaftlichen Hoffnungen Recht zu geben und lediglich „ein bescheidener Anfang" (Schmidt 1975:18) der künftigen grundsätzlichen Neuregelungen zu sein.

Obwohl die Lohnarbeitenden und ihre Organisationen in der unmittelbaren Nachkriegszeit in politisch-moralischer Hinsicht eindeutig gegenüber den Unternehmern im Vorteil waren, konnten sie diese Position nur in sehr beschränktem Umfang in konkrete Machtvorteile verwandeln. Ein wesentlicher Grund dafür war die Politik der alliierten Besatzungsmächte, welche zu diesem Zeitpunkt zweifellos die eigentlichen Machthaber im besetzten Deutschland waren. Bereits unmittelbar nach Kriegsende war die alliierte Besatzungspolitik in zunehmendem Maße von der sich zuspitzenden Konfrontation zwischen den westlichen Alliierten und der Sowjetunion bestimmt. Insbesondere die Entscheidungen der amerikanischen Militärregierung waren bald deutlich von der Absicht bestimmt, Westdeutschland zum Bollwerk des freien kapitalistischen Unternehmertums gegen die Bedrohung im Osten zu machen. Angesichts dieser strategischen Bedeutung der westdeutschen Nachkriegsordnung mussten die von den Gewerkschaften anvisierten wirtschaftsdemokratischen Konzepte den (v.a. US-amerikanischen) Machthabern als Gefahr eines verkappten Sozialismus erscheinen. Die relative Verbreitung kommunistischer FunktionärInnen

---

[59] Die Vagheit der gewerkschaftlichen Vorstellungen gab Hans Böckler, ab 1949 Vorsitzender des DGB, anlässlich des Gründungskongresses des DGB in der britischen Zone 1947 offen zu: „Es wäre mir gestern nicht gelungen, den Begriff der Sozialisierung zu erklären. (....) Wir werden an der Kniffligkeit der Sozialisierung noch manche Stunde, manchen Tag und manche Woche und manches Gehirnschmalz verwenden müssen. (...) Da haben hundert Köpfe sich versucht und es ist nicht gelungen" (Protokoll des Gründungskongresses des DGB (brit. Zone) vom 22.-25.4.1947 in Bielefeld, Düsseldorf o.J., S.44 ff., zit. n. Schmidt/Fichter 1971).

an der betrieblichen Basis machte die Gewerkschaften zudem als mögliches Operationsfeld des östlichen (Klassen)feinds verdächtig.[60] Dass die alliierte Politik[61] daher danach trachtete, den gewerkschaftlichen Einfluss wo möglich 'einzudämmen', zeigte sich schon früh daran, dass der Aufbau einheitlicher gewerkschaftlicher Dachorganisationen gehemmt und verzögert wurde (vgl. Schönhoven 1987:200ff.). Die Unternehmerverbände wurden dagegen bereits im ersten Nachkriegsjahr wieder zugelassen, wodurch nicht nur die unternehmerische Kooperation bei der Bewirtschaftungspraxis sichergestellt werden sollte, sondern auch die Persistenz des herkömmlichen wirtschaftlichen Macht(un)gleichgewichts.[62] Die Militärregierungen betrieben zudem eine „Politik der Präjudizierung" der künftigen Wirtschaftsordnung „durch Verbot aller Präjudizierungen" (Hartwich 1970:66, zit. n. Schmidt 1995a:20). Konkret lehnte die Militärregierung bereits beschlossene Gesetze über die Sozialisierung einzelner Industriezweige in Nordrhein-Westfalen und Hessen unter dem Vorwand ab, diese würden der Entscheidung einer späteren Bundesregierung vorgreifen.

Auch wenn die von der Blockkonfrontation bestimmte Politik der westlichen Alliierten sicher der treibende Faktor für die restaurative Politik der Nachkriegszeit war, so leisteten die Gewerkschaften gleichzeitig kaum Widerstand gegen das Wiedererstarken des traditionellen Unternehmertums. Im Gegenteil, - man vermied es explizit, den erheblichen gewerkschaftlichen Einfluss in den Betrieben als Machtressource im interessenpolitischen Spiel zu aktualisieren. Mobilisierungen der Basis[63] wurden eher unterbunden denn gefördert oder strategisch genutzt. Diese defensive gewerkschaftliche Strategie hing wesentlich mit der dominanten Orientierung der Gewerkschaftspolitik am Ziel wirtschaftsdemokratischer Mitbestimmung zusammen.

---

[60] Besonders viele KommunistInnen unter den 1946 gewählten Betriebsräten fanden sich im Bergbau sowie generell im Ruhrgebiet. Nach Schmidt (1995a:26, Anm. 16) lag der Anteil der KommunistInnen an den Betriebsräten im Bergbau bei etwa 39 % (vgl. auch Erd 1978:122, Anm. 1).

[61] Dies gilt in besonderem Maße für die Politik der US-amerikanischen Militärregierung. Während die britische Besatzungsmacht nach dem Sieg der Labour Party 1945 zunächst relativ gewerkschaftsfreundlich agierte, schränkte die wachsende wirtschaftliche Abhängigkeit der Briten von US-amerikanischen Krediten deren Möglichkeiten einer selbständigen Besatzungspolitik zunehmend ein.

[62] Tatsächlich kam es zu keiner Zeit zu einer völligen Zerschlagung der Unternehmerverbände, sondern es existiert diesbezüglich eine erhebliche organisatorische Kontinuität zum Nationalsozialismus - zumindest in den drei westdeutschen Besatzungszonen. Bereits kurz nach der Kapitulation wurden sowohl die Wirtschaftsverbände als auch die Industrie- und Handelskammern, kurz darauf auch die Arbeitgeberverbände wieder in ihre Funktionen eingesetzt. Die weitgehend von den Militärregierungen bestimmten Mitglieder der Wirtschaftsverbände waren zwar personell gegenüber früher modifiziert, gleichwohl hatten sie dieselben Aufgaben und repräsentierten dieselben Großbetriebe wie früher (vgl. Simon 1976:47ff.). Während die Gewerkschaften nach über zwölf Jahren des staatlichen Verbots, der Verfolgung und Ermordung ihrer FunktionärInnen einen grundlegenden organisatorischen Neuaufbau bewerkstelligen mussten, galt dies nicht für die Organisationen der Unternehmer.

[63] Streiks und Demonstrationen gab es 1947/48 v.a. im Ruhrgebiet wegen der schlechten Ernährungslage. Die gewerkschaftlichen SpitzenfunktionärInnen bemühten sich jedoch standhaft, die Unruhen immer wieder einzudämmen und auch die wiederkehrenden Forderungen nach einem Generalstreik abzuwiegeln (vgl. Schmidt 1975:24f.).

Da man vor allem die Beteiligung der Gewerkschaften an den zentralen staatlichen und korporativen Organen der Wirtschaftspolitik verwirklichen wollte, spielte „der Betrieb als Basis gewerkschaftlicher Politik eine untergeordnete Rolle" (vgl. Erd 1978:112ff.). Unter dieser Perspektive identifizierten sich die gewerkschaftlichen SpitzenfunktionärInnen zudem explizit mit dem Projekt des gesellschaftlichen Neuaufbaus und unterstellten - zumindest bis zu den Auseinandersetzungen um das Betriebsverfassungsgesetz 1952 - den alliierten Besatzungsmächten sowie den neuen parlamentarischen Instanzen einen grundlegenden demokratischen Reformwillen.[64] Um sich für die paritätische Einbeziehung als mächtige Interessenrepräsentanten der abhängig Beschäftigten im Rahmen einer zentralisierten gesellschaftlichen Wirtschaftsplanung zu empfehlen, erbrachten die Gewerkschaftsführungen quasi Vorleistungen in der Form politischen Wohlverhaltens. Durch tatkräftige Mithilfe im Aufbauprozess hoffte man, die Vertrauenswürdigkeit und die Leistungsfähigkeit der Gewerkschaften unter Beweis zu stellen und damit ihre Berechtigung zu unterstreichen, in der zukünftigen Gesellschaftsordnung eine einflussreiche Position zu bekleiden.[65]

Dieses Kalkül ging nicht auf. Bereits mit der Akzeptanz des Marshallplanes, der von Seiten der USA an eindeutige Bedingungen bezüglich der zukünftigen Wirtschaftsordnung geknüpft war, wurde deutlich, dass eine grundlegende Umgestaltung der bisherigen Wirtschafts- und Besitzverhältnisse nicht auf der Tagesordnung einer zukünftigen westdeutschen Regierung stehen würde. Die Währungsreform des Wirtschaftsrates im Juni 1948 stellte „eine gigantische Enteignung der Mehrheit der Bevölkerung" und eine Schädigung der Lohn- und Gehaltsempfänger „zugunsten einer kleinen Minderheit der Sachwert- und Produktionsmittelbesitzer" dar (Schmidt 1975:23), gegen die die Gewerkschaften keinerlei Widerstand leisteten. So war es schließlich keine Überraschung, sondern lediglich eine Verlängerung der Situation unter der Besatzungsherrschaft, als die Gewerkschaften auch bei der Gründung der Bundesrepublik und in den folgenden ersten Jahren der Regierungstätigkeit ihre Vorstellungen von einer wirtschaftlichen und gesellschaftlichen Neuordnung kaum umsetzen konnten. Einen „halben Sieg" (Schönhoven 1987:215) konnten die Gewerkschaften lediglich bei der Verteidigung des noch von der britischen Besatzungsmacht eingeführten Mitbestimmungsmodells in der Montanindustrie erringen. Die ursprünglich von den Gewerkschaften lediglich als unzureichender Anfang

---

[64] So schreibt etwa der ehemalige Leiter des Wirtschaftswissenschaftlichen Instituts des DGB Victor Agartz im Rückblick: „Für die Mehrheit der Spitzenfunktionäre der Gewerkschaften war dieser demokratische Staat ihr Staat, und die einzelnen großen Parteien waren ihre Verbündeten.(...) Trotz dieses schlechten Starts [gemeint ist die Währungsreform] vertrauten die Gewerkschaften bis in das Jahr 1951, ja bis zum Jahre 1953 dem demokratischen Reformwillen der Bundesregierung" (Agartz 1973:46).

[65] Schmidt (1975) erklärt die defensive gewerkschaftliche Politik auch damit, dass das Potential an politikerfahrenen FunktionärInnen durch die Vernichtungspolitik der Nationalsozialisten stark ausgedünnt war. Bei den Übriggebliebenen handelte es sich mehrheitlich um „fünfzig- bis siebzigjährige Funktionäre (...), die in der Weimarer Republik zumeist dem rechten Flügel der Sozialdemokratischen Partei angehört hatten" (ebd.:15). Er unterstellt den GewerkschaftsfunktionärInnen daher Konzeptionslosigkeit und auch eine gewisse Angst vor der eigenen Basis, in der man kommunistische Unruhestifter witterte.

umfassenderer Mitbestimmungsrechte interpretierte Regelung mußte 1950 durch massive Kampfandrohungen verteidigt werden, bevor es 1951 endgültig gesetzlich verankert wurde. Die Montanmitbestimmung sollte jedoch das einzige größere Reformprojekt bleiben. Zwar wurden die Gewerkschaften als legitime Vertretung der abhängig Beschäftigten in der neu verfaßten Bundesrepublik wieder in ihre alten Rechte nach dem Weimarer Vorbild eingesetzt, die neue Arbeitsverfassung war jedoch - wie auch die Politik in vielen anderen Bereichen - im wesentlichen restaurativ.

In der bundesdeutschen Verfassung und in den ab 1949 verabschiedeten Gesetzen wurde die den Gewerkschaften bereits in der Weimarer Republik zuerkannte Stellung als Tarifvertragspartei im wesentlichen bestätigt. In einigen nicht unwesentlichen Punkten zog der Gesetzgeber auch 'Lehren aus der Geschichte'. Man versuchte die Stellung der Tarifparteien zu stärken und ihnen eine autonomere Position bei der Gestaltung der Lohn- und Arbeitsbedingungen einzuräumen: So wurde das Koalitionsrecht nicht nur - wie in Weimar - in der Verfassung verankert, sondern zu einem Teil der unmittelbar geltenden Grundrechte erklärt, die auch der verfassungsändernde Gesetzgeber nicht antasten darf.[66] Das 1949 verabschiedete Tarifvertragsgesetz basiert zwar im wesentlichen auf der Tarifordnung von 1918, wichtige Modifikationen bestehen jedoch in einer besseren Absicherung der Unabdingbarkeit von Tarifverträgen[67] und der engeren Definition von „tariffähigen Koalitionen".[68] Der Wille, die Autonomie der Tarifverbände und ihre Unabhängigkeit vom Staat zu stärken, äußerte sich auch in langen Diskussionen um eine staatliche Schlichtertätigkeit sowie die Möglichkeit, Tarifverträge staatlicherseits für allgemeinverbindlich zu erklären. In beiden Fragen wurde die Rolle des Staates schließlich wesentlich stärker beschränkt, als dies noch in der Weimarer Republik der Fall gewesen war.[69]

---

[66] Dass im Artikel 9, Absatz 3 des Grundgesetzes zudem nicht nur die Existenz, sondern auch die Tätigkeit der Wirtschaftskoalitionen, nämlich „die Wahrung und Förderung der Arbeits- und Wirtschaftsbedingungen" geschützt wurde, implizierte zugleich auch eine verfassungsrechtliche Festschreibung des Tarifvertragsystems. „Deshalb war das Recht, Tarifverträge abzuschließen, dem Koalitionsrecht immanent und die Tarifautonomie gleich ihm unabdingbar von der Verfassung geschützt. Der Gesetzgeber verletzte die Verfassung, wenn er gesetzlich zu regeln beanspruchte, was den Tarifpartnern durch Vertrag zu regeln vorbehalten war. Die Tarifpartner traten in diesem Bereich an seine Stelle. Sie schufen für ihn unmittelbar zwingendes Recht vom gleichen Rang und mit der gleichen Wirkungsmächtigkeit, die Gesetzen zukommt" (Hentschel 1983:235).

[67] Unternehmer können sich nunmehr auch durch Verbandsaustritt der Geltung eines abgeschlossenen Vertrages nicht mehr entziehen. Die vereinbarten Tarifbestimmungen gelten vielmehr auch nach Austritt des Unternehmens weiter bis zum Ablauf des Vertrages und sogar danach noch - allerdings abdingbar - bis zum Abschluss eines neuen Vertrages.

[68] Fortan galten nur noch „Gewerkschaften" als tariffähige Koalitionen und nicht mehr wie ehedem alle „Vereinigungen von Arbeitnehmern", d.h. auch wirtschaftsfriedliche Werkvereine. Juristische Auseinandersetzungen gab es in der Folgezeit allerdings über die Frage, wie der Begriff der (tariffähigen) Gewerkschaft juristisch zu definieren sei. Als zentrales Merkmal wurde dabei die Fähigkeit definiert, auf den Gegenspieler Druck auszuüben, also letztlich die Streikfähigkeit von Organisationen.

[69] Ein Kontrollratsgesetz vom August 1946 sah die Möglichkeit einer staatlichen Schlichtung vor - allerdings nur auf Antrag beider Tarifparteien. Beide Seiten mussten zudem den Schiedsspruch akzeptieren,

Fixiert auf das Ziel wirtschaftsdemokratischer Mitbestimmung, waren die 1949 verabschiedeten Gesetze zur Tarifautonomie ohnehin nicht das Feld gewesen, auf dem sich die Gewerkschaften größere Reformen erhofft hatten. „Das Koalitionsrecht, um das im Kaiserreich so erbittert gerungen worden war, war zur verfassungsrechtlich neu verstrebten Selbstverständlichkeit abgesunken. (...) Mitbestimmung aber galt es in der Bundesrepublik erst noch zu gewinnen - oder zu verhindern" (Hentschel 1983: 233). Die gewerkschaftlichen Vorstellungen einer bundesrepublikanischen Betriebsverfassung beinhalteten erstens eine verglichen mit Weimar wesentliche Stärkung der Stellung der Betriebsräte. Sie zielten auf eine gleichberechtigte Mitbestimmung der Betriebsräte nicht nur in personellen und sozialen, sondern auch in wirtschaftlichen Fragen. Zweitens intendierte man eine wesentlich engere Anbindung der betriebsrätlichen Mitbestimmungstätigkeit an die Gewerkschaften. So sollten z.B. Betriebsvereinbarungen von der Zustimmung der Gewerkschaft abhängen, Betriebsratswahlen von den Gewerkschaften organisiert werden und die Gewerkschaften freien Zugang zu allen Betriebsräte- und Belegschaftsversammlungen haben (vgl. Schmidt 1975:45f.).

Mit Verabschiedung des Betriebsverfassungsgesetzes im Jahr 1952 wurde jedoch klar, dass soviel Einfluss der Gewerkschaften in den Betrieben auch vom neuen Gesetzgeber nicht gewollt und die gewerkschaftliche Stillhaltepolitik der falsche Weg zur Durchsetzung von mehr Mitbestimmung gewesen war. Das neue Betriebsverfassungsgesetz war in wesentlichen Punkten eine Neuauflage des Betriebsrätegesetzes von 1920. Ohne dem Betriebsrat mehr Mitspracherechte v.a. in wirtschaftlichen Fragen einzuräumen blieb er in seiner Aufgabenstellung sowohl auf die Vertretung des Belegschaftsinteresses als auch des Betriebswohls verpflichtet. Durch die exakt definierten Rechte und Zuständigkeitsbereiche des Betriebsrats wurden zum damaligen Zeitpunkt seine Verantwortlichkeiten eher eingeschränkt denn erweitert. [70]

---

damit er wirksam wurde. Es existierte also weder ein Schlichtungszwang, noch die Möglichkeit einer staatlichen Zwangsschlichtung - was den Einigungsdruck für die Tarifparteien in der Folgezeit wesentlich erhöhte. Eine staatliche Schlichtungstätigkeit war in der BRD auch deshalb kaum von Bedeutung, weil im Laufe der 60er Jahre die Tarifparteien in fast allen wichtigen Tarifbereichen eigene Schlichtungsabkommen vereinbarten (vgl. Hentschel 1983:241ff. sowie Külp 1972). Die Möglichkeit der staatlichen Allgemeinverbindlichkeitserklärung wurde an relativ restriktive Voraussetzungen geknüpft: Sie ist nur zulässig, wenn sie im öffentlichen Interesse geboten erscheint. Bedingung ist zudem, dass die tarifgebundenen Unternehmer mindestens 50 % der unter den Geltungsbereich fallenden Erwerbstätigen beschäftigen, dass mindestens eine Tarifvertragspartei einen Antrag auf Allgemeinverbindlichkeitserklärung gestellt hat und dass der aus Vertretern der Spitzenorganisationen paritätisch besetzte Tarifausschuss der Allgemeinverbindlicherklärung zustimmt (vgl. Meier-Krenz 1989:93ff.).

[70] Die unter Besatzungsbedingungen erlassene zuvor gültige Regelung war kürzer und weniger detailliert gewesen, wodurch mehr Raum für extensive Interpretationen vorhanden gewesen war. Zudem fiel das Betriebsverfassungsgesetz hinter teilweise progressivere Ländergesetzgebungen zurück (Thelen 1991:75). Erd (1978: 118ff.) erklärt die zögerliche Interessenpolitik des DGB im Fall des BetrVG auch dadurch, dass diesem eingeschränkte Betriebsratsrechte auch entgegenkommen, indem sie eine innergewerkschaftliche Opposition in den Betrieben unterbinden. Gewerkschaftsinterne Geschichtsdeutungen interpretieren das damalige Geschehen hingegen als eine Art 'Betrug Adenauers an den Arbeitern'. Fakt ist, dass der DGB reichlich spät, im April 1952 zu ersten Aktionen gegen den Entwurf des neuen Betriebsverfassungsgesetzes in den Betrieben aufrief. Trotz des beträchtlichen Erfolges der Mobilisierung stellte der DGB Anfang Juni

Und auch die strikt duale Struktur der Interessenvertretung blieb erhalten. Die zumindest in formaler Hinsicht starke Unabhängigkeit des Betriebsrats von der Gewerkschaft und die strikte Trennung von betrieblicher und überbetrieblicher Interessenvertretung der Beschäftigten führte in der Folgezeit zu einer Ausdifferenzierung und Spezialisierung der Interessenvertretungstätigkeit auf diesen beiden Regulierungsebenen. Auch wenn die Akteure beider Seiten aufgrund spezifischer gegenseitiger Servicefunktionen aufeinander verwiesen blieben und im Regelfall in einem wechselseitigen Ergänzungsverhältnis zueinander stehen (vgl. Kap.II.2.2.2), wurde mit der Autonomie der Betriebsräte der gewerkschaftliche Einfluss auf 'die Basis' doch deutlich beschränkt. Die Verankerung der tariflichen Normsetzungstätigkeit in den Betrieben ist insofern eine Problematik, welche seit Beginn der Bundesrepublik die gewerkschaftliche Tarifpolitik durchgängig begleitet hat.

Weit entfernt davon, ein bedeutsamer Faktor der betrieblichen Mitbestimmung zu werden, fanden sich die Gewerkschaften also nach der Neuordnung der bundesrepublikanischen Verhältnisse in der gewohnten Rolle als überbetriebliche, tarifvertragliche Interessenvertretung der abhängig Beschäftigten wieder. Zwar schien ihre Verhandlungsmacht in diesem Bereich durch die Konzentration und Zentralisation der gewerkschaftlichen Strukturen und einen bislang nie da gewesenen hohen Organisationsgrad größer denn je, durch ihren faktischen Ausschluss aus den Betrieben, fehlende institutionelle Einflussmöglichkeiten auf die Betriebsräte und den langjährigen Verzicht auf eine Mobilisierung ihrer Mitglieder, waren sie jedoch „ein Koloss auf tönernen Füßen, der keinen Gebrauch von seinen Kräften machten konnte, weil er jede Machtprobe gescheut und die Politisierung der Mitglieder unterlassen hatte" (Schmidt 1975:27).

2.2 Gewerkschaftliche Tarifpolitik zwischen Mitgliederinteressen und Systemzwängen

Es existieren verschiedene theoretische Ansätze, die versuchen, die gesellschaftliche und wirtschaftliche Verfasstheit des westlichen Nachkriegskapitalismus kohärent zu beschreiben.[71] Für alle Analysen zentral ist der Wandel zum sozialstaatlichen Kapita-

---

1952 die Aktionen ein, um in Verhandlungen mit dem Bundeskanzler einzutreten. Als die Gespräche ergebnislos blieben, war es jedoch zu spät, um noch einen erneuten Widerstand in den Betrieben zu mobilisieren. Diese Politik und ihr Scheitern kostete den amtierenden DGB-Vorsitzenden Fette zwar sein Amt, das Betriebsverfassungsgesetz konnte damit jedoch nicht rückgängig gemacht werden.

[71] Die zwei wohl einflussreichsten Versuche, den Strukturwandel analytisch zu fassen, ist erstens die französische Regulationstheorie mit ihrem Konzept des 'Fordismus' und sind zweitens die v.a. in der Tradition der kritischen Theorie stehenden Konzepte des 'Spätkapitalismus'. Typischerweise wurden die Versuche zur Beschreibung der Stabilitätsperiode des westlichen Nachkriegskapitalismus zu einem Zeitpunkt unternommen, als dieser die ersten ernsthaften Krisenerscheinungen zeigte, d.h. seit Beginn der 70er Jahre. So wurde der 'Fordismus' erst in Absetzung zum 'Postfordismus' genauer konturiert (z.B. Jessop 1986, Hirsch/Roth 1986), der 'Spätkapitalismus' wurde v.a. auf seine immanenten Krisentendenzen hin untersucht und als 'organisierter Kapitalismus' in Absetzung zum darauffolgenden 'desorganisierten Kapitalismus' (Offe 1972, Lash/Urry 1987) beschrieben.

lismus, der auf standardisierter Massenproduktion sowie Massenkonsumption beruht und in dem der Staat als wirtschaftspolitische und wohlfahrtsstaatliche Regulationsinstanz eine zentrale Stellung einnimmt. Die gegenüber früheren liberaleren Perioden wesentlich 'organisiertere' Form des Kapitalismus zeichnet sich erstens aus durch stärkere staatliche Eingriffe in die Wirtschaft im Rahmen einer antizyklischen keynesianischen Wirtschaftspolitik sowie durch eine Erhöhung der Staatsquote am Bruttosozialprodukt, zweitens durch einen erneuten Konzentrations- und Zentralisationsprozess der Kapitalstrukturen sowie drittens durch die wesentlich intensivierten Steuerungsleistungen und die erhöhte Politikfähigkeit von Interessenverbänden, d.h. in erster Linie der Tarifparteien. Diese Entwicklungstendenzen fanden vor dem Hintergrund eines geradezu stürmischen Produktivitätsfortschrittes statt. Zur Schaffung von internen Märkten, aber nicht zuletzt auch vor dem Hintergrund der Systemkonkurrenz zum sozialistischen Modell wurde dieser zumindest teilweise in Form von Reallohnerhöhungen an die Bevölkerung weitergegeben. Auch im Kontext der seit den 60er Jahren erreichten Vollbeschäftigung führte dies zu einer Periode bislang nicht gekannten Massenwohlstands.[72] Ein integraler Bestandteil dieses neu etablierten Akkumulations- und Regulationsmodells war die Interessenvermittlung zwischen Kapital und Arbeit über intermediäre Verbände. Dies implizierte die Entwicklung der Gewerkschaften von Klassenorganisationen, die die unmittelbaren Interessen ihrer Mitglieder durchzusetzen suchten, zu repräsentativen Institutionen aller abhängig Beschäftigten, die überbetrieblich zwischen volkswirtschaftlichen Systemzwängen und Mitgliederinteressen vermitteln.[73] Dies gelang ihnen insbeson-

---

[72] Der Beginn der Bundesrepublik etwa bis 1954 war wirtschaftspolitisch durch Maßnahmen der Förderung der Kapitalbildung gekennzeichnet, wodurch die durch die Kriegsschäden und zuströmenden Flüchtlinge existierenden Engpässe in einzelnen Wirtschaftszweigen sowie im Transport- und Wohnungssektor behoben werden sollten. Die Maßnahmen zur Kapitalbildung (Steuererleichterungen, Subventionen und selektive Wirtschaftsförderung) waren auch durchaus erfolgreich - allerdings um den Preis einer zunehmenden Kapitalmonopolisierung (Altvater u.a. 1979:283ff., Abelshauser 1975). Das Jahrzehnt zwischen 1954 und 1964 ist von wirtschaftlicher Prosperität und hohen Wachstumsraten gekennzeichnet, was mit einem kontinuierlichen Abbau der Arbeitslosigkeit, allerdings auch hohen Preissteigerungsraten und inflationären Tendenzen einherging. Verfestigte sich einerseits „in diesem Zeitraum die Illusion von einem krisenfreien Kapitalismus" (Altvater u.a. 1979:303), so wurden andererseits zunehmend keynesianische Vorschläge zur Wirtschafpolitik als Mittel gegen die Preissteigerungen in Erwägung gezogen. Innerhalb der Gewerkschaften und der SPD kam es zudem zu verstärkten Diskussionen über die Frage der (staatlichen) Planung im Kapitalismus. Diese wirtschaftspolitische Entwicklung gipfelte 1967 im „Gesetz zur Förderung der Stabilität und des Wachstums der Wirtschaft", das eine Nachfragesteuerung durch staatliche Fiskalpolitik vorsieht (ebd.:309ff.).

[73] Wie jeder Versuch, typische Entwicklungsverläufe nachzuzeichnen, unterliegt auch der vorliegende dem Zwang zur Reduktion von Komplexität sowie zur pointierten Nachzeichnung von Prozessen, die häufig graduell differenzierter verlaufen als dies darstellbar ist. So befand sich beispielsweise die Gewerkschaftspolitik auch in der Weimarer Republik bereits zweifellos in einem Spannungsfeld zwischen unmittelbarer Interessenvertretung der Mitglieder und intermediärer Interessenvertretung, - und diese Spannung blieb auch in der Bundesrepublik bis heute permanent enthalten. Die Kennzeichnung der gewerkschaftlichen Interessenpolitik in der BRD – im Unterschied zu früheren Phasen der Gewerkschaftspolitik - als primär ‚intermediäre' Politik reflektiert also eher eine graduelle Schwerpunktverlagerung, allerdings in einem Maße, das es rechtfertigt, von einer neuen Qualität der Interessenpolitik zu sprechen.

dere durch eine stark zentralisierte Tarifpolitik und ein regionen-, branchen- und professionsübergreifend angelegtes System von Flächentarifverträgen, das gesellschaftlichen Differenzierungen und Spaltungstendenzen entgegenwirkte. Zentral für die Entwicklung der bundes-deutschen Nachkriegsgewerkschaften zu intermediären Organisationen und für die jahrzehnte-lange erstaunliche Stabilität des bundesdeutschen Modells industrieller Beziehungen waren insbesondere drei Entwicklungen, die im folgenden näher ausgeführt werden sollen:

1.) Die Gewerkschaften konstituierten sich als einheitliche Industriegewerkschaften mit stark zentralisierten internen Organisationsstrukturen.

2.) Die organisatorische Stabilität der Gewerkschaften als zentralisierte, kooperativ agierende Tarifpartei konnte insbesondere durch die enge personale wie funktionale Verschränkung mit den stark 'verrechtlichten' betrieblichen Interessenvertretungen gesichert werden.

3.) Die gewachsene gewerkschaftliche Organisationsmacht wurde zunehmend staatlicherseits als wirtschaftspolitischer Ordnungsfaktor genutzt, was die Tendenz zu primär kooperativer Interessenvermittlung sowohl voraussetzte wie verstärkte.

2.2.1 Gewerkschaftliche Konzentration und Zentralisierung[74]

Die gewerkschaftliche Konzentration, die 'Einheit aller Werktätigen' in möglichst einer Organisation war ein altes Ziel der Arbeiterbewegung. Dieses Ideal orientierte sich an der Auffassung der Gewerkschaft als Vertretungsorgan eines einheitlichen Klasseninteresses. Durch eine solidarische Politik sollte Spaltungen und Differenzierungen innerhalb der abhängig Beschäftigten entgegengewirkt und die Konkurrenz untereinander minimiert werden, so dass die Klasse der ArbeiterInnen organisatorisch wie inhaltlich durch die Einheitsgewerkschaft umfassend repräsentiert wäre. Diese wäre damit auch ausreichend repräsentativ, um Ziele und Inhalte vertreten zu können, die auf eine grundlegende Veränderung der Gesellschaft als Ganzes zielten - so zumindest die traditionellen marxistischen Vorstellungen.

Das historische Ziel der Einheitsgewerkschaft wurde in Westdeutschland im Oktober 1949 nahezu erreicht, als im neugegründeten Deutschen Gewerkschaftsbund erstmals die abhängig Beschäftigten aller Wirtschaftszweige und Dienstleistungsbereiche in 16 Branchengewerkschaften vereinigt waren.[75] Neu war nicht nur

---

[74] Mit Konzentration ist die Vereinheitlichung der Verbändelandschaft und die Tendenz zur Zusammenfassung aller ArbeiterInnen und Angestellten in übergreifenden Großorganisationen gemeint. Zentralisierung bezeichnet hingegen die innerverbandliche Verlagerung von Entscheidungskompetenzen von unten nach oben.

[75] Dem Prinzip der Einheitsgewerkschaft widersetzten sich lediglich die Deutsche Angestelltengewerkschaft, der deutsche Beamtenbund sowie der Christliche Gewerkschaftsbund. Letzterer wurde 1954 gegründet, nachdem der DGB im Sommer 1953 einen Aufruf an die Wähler „Für einen besseren Bundestag" erlassen hatte. Die aufgrund der damit vermeintlich verletzten parteipolitischen Neutralität ins Leben gerufene christliche Gewerkschaftsbewegung hatte jedoch jederzeit nur einen sehr beschränkten Einfluss in den Betrieben (Anfang der 70er Jahre hatte der CGB etwa 190.000 Mitglieder, vgl. Schuster 1973:106; Deppe u.a.1989:473). Die Sonderrolle der DAG in der deutschen Gewerkschaftslandschaft demnächst

die Vereinheitlichung der Gewerkschaftsbewegung über parteipolitische und konfessionelle Spaltungen hinweg, sondern auch ein bislang nie erreichter hoher Organisationsgrad.[76] So wurden die Gewerkschaften in historisch neuem Ausmaß tatsächlich zu 'repräsentativen Organisationen DER Abhängig Beschäftigten' und die Organisationsmacht des DGBs, bzw. der in ihm zusammengeschlossenen und weitgehend autonom agierenden Einzelgewerkschaften, war beträchtlich. Um diese auch effektiv und strategisch nutzen zu können, kam es zu einer wachsenden Zentralisierung von Entscheidungskompetenzen an den Verbandsspitzen sowie zu einer intensivierten Koordination zwischen den regionalen Gewerkschaftsgliederungen. Die Tarifpolitik, die zu Beginn der 50er Jahre teilweise noch stark dezentral bestimmt war, wurde zunehmend über Tarifleitlinien und Pilotabkommen zentralisiert und vereinheitlicht.

Der gewerkschaftliche Konzentrations- und Zentralisierungsprozess bewirkte zunächst eine immense Steigerung gewerkschaftlicher Organisationsmacht und Strategiefähigkeit *,nach außen'*.[77] Die Kehrseite dieser Entwicklung waren jedoch neue *innerorganisatorische* Bestandsprobleme der zentralisierten Einheitsgewerkschaften. Als freiwillige Mitgliederorganisationen sind Gewerkschaften nicht nur auf die Rekrutierung, sondern auch permanent auf die interne Folgebereitschaft ihrer Mitglieder angewiesen, insbesondere was die Mobilisierung für sowie die Beendigung von Tarifkämpfen angeht. „Die Notwendigkeit, Folgebereitschaft und Mobilisierbarkeit der Mitglieder als wichtigste Ressourcen gewerkschaftlichen Handelns aufrechtzuerhalten, setzt der Verselbständigung des Apparats von der Basis Schranken. Gewerkschaften können, solange sie keine Staatsgewerkschaften mit Zwangsmitgliedschaft sind, wohl gegen das sozialökonomische System, nicht aber gegen die Mitgliedschaft sich stellen" (Müller-Jentsch 1973:226). Voraussetzung für eine ausreichende innerverbandliche Bindungs- und Verpflichtungsfähigkeit ist die normative Integration der Mitglieder in den gewerkschaftlichen Solidarverband, was wiederum wesentlich auf einer gelungenen innerorganisatorischen Interessenaggregation und -vermittlung basiert (vgl. Kap.I.2.2). Durch die immens vergrößerte Organisationsbasis verschärfte sich jedoch notwendig das Problem der Interessenaggregation und -vereinheitlichung, d.h. der Definition von gewerkschaftlichen Zielstellungen, die den Interessen möglichst aller Mitglieder gerecht werden sollten. Gelöst werden konnte dieses Problem nur dadurch, dass die Gewerkschaften sich zunehmend auf eine stark überbetrieblich definierte Tarifpolitik konzentrierten, die

---

endgültig beendet sein, wenn sie sich gemeinsam mit ÖTV, HBV, IG Medien und Postgewerkschaft zur Dienstleistungsgewerkschaft Verdi zusammenschließen wird.

[76] Im Jahr 1951 wurde mit 38% Organisationsgrad der absolute Spitzenwert in der Nachkriegsgeschichte erreicht.

[77] Die gewachsene gewerkschaftliche Organisationsmacht und Strategiefähigkeit weckte zunächst erhebliche Ängste auf Seiten der Unternehmer und auch des Staates, die Gewerkschaften könnten ihren Einfluss für 'unmäßige' Lohnforderungen oder gar systemverändernde Ziele missbrauchen. Die Furcht vor dem erstarkten Tarifpartner spiegelte sich u.a. in Forderungen nach einer Verbändegesetzgebung wider. Diese v.a. von der FDP ausgehenden Gesetzesinitiativen zielten darauf, die zentralisierten Einheitsgewerkschaften durch die Verordnung von 'Pluralismus und Konkurrenz im Verbändewesen' sowie durch ein gesetzliches 'Mehr' an interner Basisdemokratie zu schwächen (vgl. Scharpf o.J.:17).

in ihren Forderungen allgemein genug war, um den Interessen aller Abhängig Beschäftigten zu entsprechen: Höhere Entlohnung, kürzere Arbeitszeiten und eine Monetarisierung der Belastungen sowie Risiken von Erwerbsarbeit. Eine stärker qualitativ bestimmte Tarifpolitik im Sinne der Abmilderung von Belastungen und sozialverträglichen Arbeitsgestaltung sowie die Vertretung spezifischer (z.B. besonders benachteiligter) Beschäftigtengruppen musste dabei ebenso vernachlässigt werden wie eine Vertretungspolitik, die die Interessen einzelner Betriebe oder Regionen besonders berücksichtigte.

Um die interne wie externe Steuerungsfähigkeit der Gewerkschaften als Massenorganisationen zu sichern, war zudem eine Stärkung der Kompetenzen 'an der Spitze' unabdingbar, was jedoch notwendig auf Kosten der innergewerkschaflichen Demokratie gehen musste (vgl. Bergmann 1979). Das Organisationsprinzip der Einheitsgewerkschaft, durch das die Individualinteressen der Beschäftigten nur mehr in stark vermittelter und verallgemeinerter Form vertreten werden können, bewirkte also einen erhöhten innerorganisatorischen Kommunikations- und Informationsaufwand zur verbandlichen Interessenvermittlung sowie eine gewisse organisatorische Schwäche an der gewerkschaftlichen Basis. Die Probleme bei der Kommunikation und Interessenvermittlung zwischen Organisation und Mitgliedern wurden noch verstärkt durch Professionalisierungs- sowie Bürokratisierungstendenzen im Zuge der gewerkschaftlichen Zentralisierung und dem Ausbau der internen Verwaltungs- und Stabsabteilungen. Mit dem Zuwachs an hauptamtlichen Personal verschärfte sich auch das Problem der Dualität unmittelbarer Mitgliederinteressen einerseits und auf den schieren Organisationsbestand gerichteter sowie teilweise auch eigennütziger Status- und Machtinteressen hauptamtlicher FunktionärInnen andererseits. Der gewachsene Einfluss spezialisierter hauptamtlicher FunktionärInnen ging jedenfalls eindeutig zu Lasten der innergewerkschaftlichen Demokratie (ebd.). In der Folge „lockerte sich der innere solidarische Zusammenhalt" und es „zerfiel die Übereinstimmung von Verbandszielen und Mitgliederbedürfnissen" (Müller-Jentsch 1982:411).

Insgesamt kann also festgehalten werden, dass die Gewerkschaften zwar erheblich an 'Effektivität' und nach außen gerichteter Organisationsmacht hinzugewannen, - allerdings auf Kosten ihrer internen 'Legitimität' und erschwerter Bedingungen normativer Integration an der Basis. Oder anders: Was die Gewerkschaften an externer Strategiefähigkeit hinzugewannen, drohte ihnen durch eine Verringerung an interner Verpflichtungsfähigkeit wieder verloren zu gehen.

2.2.2 Gewerkschaft und Betriebsräte: Eine widersprüchliche Einheit

Das bundesdeutsche System industrieller Beziehungen zeichnet sich durch die institutionelle Trennung der überbetrieblichen, 'freiwilligen' gewerkschaftlichen Interessenvertretung einerseits und der rechtlich garantierten, formal gewerkschafsunabhängigen betrieblichen Interessenvertretung andererseits aus. Formal sind Gewerkschaft und Betriebsrat, sind überbetrieblich-tarifliche und innerbetriebliche Interessenvertretung der abhängig Beschäftigten weitgehend voneinander unabhängige und getrennte Bereiche oder 'Arenen'. Der Betriebsrat verfügt aufgrund seiner basisdemokratischen Wahl durch die Belegschaft, aber auch aufgrund seiner exakt definierten Rechtsgrundlagen im Betriebsverfassungsgesetz über eine gewerkschaftsunabhängige Legitimations- und Machtgrundlage im Betrieb. Bis in die 70er Jahre hinein wurde die 'verrechtlichte' (Erd 1978) Gestalt des deutschen Systems industrieller Beziehungen vor allem von linker Seite stark kritisiert. Im Zentrum der Kritik stand die wirtschaftsfriedliche Verfasstheit der Betriebsräte mit ihren befriedenden und disziplinierenden Auswirkungen auf die Belegschaft. Diese Einschätzung hat sich seit Mitte der 70er und v.a. im Laufe der 80er Jahre deutlich gewandelt - zum einem im Gefolge einer generellen Krise der marxistisch ausgerichteten Industrial-Relations-Forschung, die objektive Klasseninteressen und empirisches Klassenhandeln oft unmittelbar in eins gesetzt hatte; zum anderen erwies sich das stark 'verrechtlichte' bundesdeutsche System industrieller Beziehungen aber auch als erstaunlich anpassungsfähig und geeignet, auch in Zeiten von Wirtschaftskrise und Massenarbeitslosigkeit eine gewisse Vertretungsmacht der Beschäftigten zu aufrechtzuerhalten (so z.B. auch Thelen 1991). Die gesetzlich geregelten Informations-, Mitwirkungs- und Mitbestimmungsrechte des Betriebsrats beschränken nämlich nicht nur seinen Aktionsradius, sondern stabilisieren seine Position auch in wirtschaftlichen Krisenzeiten, indem sie eine 'sekundäre Machtressource' (Jürgens 1984) darstellen. Das Betriebsverfassungsgesetz monopolisiert das innerbetriebliche Verhandlungsgeschehen zugleich beim Betriebsrat. Die Gewerkschaften besitzen nur wenig Möglichkeiten korrigierend oder kritisierend einzugreifen, da die Vertrauensleutekörper als gewerkschaftliche Basisgliederungen kaum rechtlich abgesichert sind und die Gewerkschaften kein offizielles Zugangsrecht zum Betrieb besitzen. Komplettiert wird die institutionelle Trennung von Betriebsrat und Gewerkschaft dadurch, dass auch die Betriebsratsmitglieder umgekehrt in ihrer Funktion als betriebliche InteressenvertreterInnen nicht in den gewerkschaftlichen Organisationsstrukturen vorgesehen sind und daher formal nicht mehr Einflußchancen besitzen als jedes andere Gewerkschaftsmitglied auch.

Dieses duale Konstruktionsprinzip (Teschner 1977) industrieller Beziehungen hat zweifellos eine disziplinierende und konfliktbegrenzende Funktion. Auf Kapitalseite wurden und werden duale Konzepte der Mitbestimmung, - wenn diese sich denn als unumgänglich erweisen – daher historisch wie aktuell stets gegenüber einheitlichen Konzepten mit betrieblichen Gewerkschaftsgliederungen bevorzugt. Insbesondere der „faktische 'Ausschluss' der Gewerkschaften aus dem Betrieb" (Schmidt/Trinczek 1998:7) im deutschen System industrieller Beziehungen beschränkt deren Zugang zu ihren potentiellen und realen Mitgliedern erheblich. Zudem erschwert die Friedenspflicht des Betriebsrats eine Politisierung unmittelbar betriebsbezogener Konflikte und damit die Aktivierung der 'betrieblichen Arena' für überbetriebliche Zielstellungen. Die Disziplinierungseffekte des dualen Systems industrieller Beziehungen haben sich jedoch historisch nicht nur für die Unternehmer als vorteilhaft erwiesen, sondern zugleich auch für die organisatorische Stabilität der Gewerkschaften - zumindest insofern als diese sich zu zentralisierten Einheitsgewerkschaften mit einem 'intermediären Programm' der Interessenvermittlung zwischen ArbeiterInnen, Kapital und Staat entwickelten. Das duale System industrieller

Beziehungen in Deutschland wirkte für die DGB-Industriegewerkschaften insbesondere in zweierlei Hinsicht organisatorisch stabilisierend:

Erstens bedeutete die gesetzliche Friedenspflicht der Betriebsräte zugleich für die Gewerkschaften das unumschränkte Streikmonopol und damit (zumindest in legaler Hinsicht) die alleinige Verfügungsgewalt über das wichtigste Kampfmittel im Interessenkonflikt zwischen Kapital und Arbeit. Dass die mit der wirtschaftsfriedlichen Konzeption der Betriebsräte verbundene Befriedung der eigenen Basis von den Gewerkschaften historisch durchaus intendiert und gewünscht war, läßt sich auch daran festmachen, dass sie dem Betriebsrätegesetz 1920 (dessen Grundstruktur bis heute erhalten geblieben ist) kaum ernstzunehmenden Widerstand entgegensetzten. Von diesem versprachen sie sich berechtigterweise eine Disziplinierungswirkung auf die revolutionäre Rätebewegung und eine Ausschaltung 'linker Konkurrenz' in den Betrieben.[78] Obwohl die Gewerkschaften sich dann 1952 eindeutig gegen eine strikt duale Struktur aussprachen und eine bessere rechtliche Verankerung der Gewerkschaften in den Betrieben forderten, hatte die im Betriebsverfassungsgesetz implizierte machtpolitische Schwächung der gewerkschaftlichen Basis in der Folgezeit nicht nur negative Effekte für die Gewerkschaften. Sie bedeutete auch eine effektive *innerorganisatorische Disziplinierung*, die insbesondere für eine sektoral einheitliche Interessenvertretung unabdingbar ist.

Zweitens ist die Trennung zwischen betrieblicher und gewerkschaftlicher Interessenvertretung auch als *funktionale Differenzierung* zu begreifen, die wechselseitige Entlastungseffekte mit sich bringt. So übernehmen die Betriebsräte die Abarbeitung betriebsspezifischer und individueller Partikularinteressen der Beschäftigten, was den Gewerkschaften eine Spezialisierung und Konzentration auf übergreifende sektorale Beschäftigteninteressen ermöglicht. Durch die tariflich definierten Normen steht den Betriebsräten wiederum ein allgemeines Regelwerk für zentrale Felder der Interessenvertretung (v.a. Lohn, Arbeitszeit) zur Verfügung, das sie 'nur noch' innerbetrieblich umsetzen und gegebenenfalls anpassen müssen. Die Betriebsräte leisten damit faktisch bereits einen ersten wichtigen Schritt der Interessenaggregation und übernehmen wesentliche 'Übersetzungsleistungen' zwischen Organisation und Mitgliedern - ohne jedoch zumindest in formaler Hinsicht allzu viele Einflussmöglichkeiten innerhalb der Gewerkschaften zu besitzen. Der „institutionell gezähmte Betriebsrat" hat sich also für die Gewerkschaften bewährt, „weil er das Bindeglied zwischen Apparat und Mitgliedern im Betrieb darstellt, ohne für eine eigenständige Politik machtvoll ausgestattet zu sein" (Erd 1978:125).

Die formale Trennung zwischen (einem 'verrechtlicht' sowie ausschließlich innerbetrieblich agierenden) Betriebsrat und (einer auf die sektorale Interessenvertretung spezialisierten) Gewerkschaft hat also erhebliche stabilisierende Effekte für das deutsche System industrieller Beziehungen. Diese Feststellung gilt allerdings nur

---

[78] Erd (1978:119ff.) führt aus, dass „die Festlegung der Tätigkeit des Betriebsrats auf die Profitabilität des Betriebs nicht etwa aus der Amtsstube eines bürgerlichen Ministers" stammte, „sondern aus dem ADGB-Entwurf für ein Betriebsrätegesetz. Und auch die anderen kooperativen Strukturelemente der Betriebsverfassung gingen auf Vorschläge der Gewerkschaften und der SPD zurück: die Friedenspflicht des Betriebsrats, die Schweigepflicht und das Repräsentationsprinzip".

deshalb und solange die formale Trennung durch eine *faktische Verschränkung* von betrieblicher und gewerkschaftlicher Interessenvertretung ergänzt wird. Dass nämlich deren „formale Zweiteilung" in der Realität als „widersprüchliche Einheit" und „komplexe Wechselbeziehung" zu beschreiben sei, haben verschiedene Autoren immer wieder betont (vgl. Kotthoff 1979, Streeck 1979, Schmidt/Trinczek 1991; 1998). Nur in Ausnahmefällen besitzen die Vertrauensleutekörper als gewerkschaftliche Basisgremien in den Betrieben tatsächlich ein 'Eigenleben' in dem Sinne, dass sie gegenüber dem Betriebsrat als wirksame gewerkschaftliche Kontrollgremien fungieren. Es existieren vielmehr in der Regel starke personelle Überschneidungen von Betriebsräten und gewerkschaftlichen Vertrauensleuten, die wiederum gemeinsam die Basis des überbetrieblichen gewerkschaftlichen Funktionärskörpers bilden. Dies liegt v.a. daran, dass Betriebsräte und Gewerkschaften trotz formaler Trennung als Instanzen der Beschäftigteninteressenvertretung funktional aufeinander verwiesen bleiben: Während die Gewerkschaften v.a. Beratungs- und Informationsdienste für die Betriebsräte zur Verfügung stellen, ist die funktionale Abhängigkeit der Gewerkschaften von den Betriebsräten umfassender. Letztere erfüllen nicht nur die bereits angesprochenen Interessenselektions- und Adaptionsfunktionen (Anpassung der Tarifabschlüsse an die betrieblichen Bedingungen), sondern sorgen durch Mitgliederwerbung und die Vermittlung zwischen Gewerkschaft und Beschäftigten auch unmittelbar für die organisatorische Bestandssicherung.[79] „Die geringe Fragmentierung der gewerkschaftlichen Interessenvertretung in der Bundesrepublik und die hohe Stabilität der westdeutschen Industriegewerkschaften hat entscheidend mit der Existenz eines verfassten Systems betrieblicher Interessenvertretung" zu tun, „das formal von den Gewerkschaften unabhängig ist, tatsächlich aber wichtige gewerkschaftsinterne Funktionen erfüllt" (Streeck 1979:247).

2.2.3 Gewerkschaft und Staat: Konsolidierung durch Kooperation

Die Entwicklung der Gewerkschaften zu zentralisierten, überbetrieblich agierenden Industriegewerkschaften implizierte nicht nur spezifische organisatorische Stabilitätsprobleme, sie hatte auch erhebliche Folgen für die gewerkschaftliche Strategiewahl und politische Ausrichtung. „Organisationsstrukturen sind wichtige konditionale Faktoren bei der Formulierung von Interessen und Politiken", betont z.B. Streeck (1979:242) und spricht sogar von einem „in der Organisationsform der Einheitsgewerkschaft enthaltenen sedimentierten Programm". So existiert empirisch wie lo-

---

[79] Die Gewerkschaften sind sich sehr wohl bewusst, dass die Betriebsräte trotz formaler Nicht-Berücksichtigung in den gewerkschaftlichen Organisationsstrukturen real das wesentliche 'Scharnier' zwischen Organisation und Mitglied darstellen. Insofern verzichteten sie z.B. in der Vergangenheit darauf, den Aufbau 'gewerkschaftlicher Konkurrenzorgane' in Form des Vertrauensleutekörpers allzu sehr zu forcieren. Das Schattendasein gewerkschaftlicher Vertrauensleutekörper im deutschen System industrieller Beziehungen (vgl. Koopmann 1981) ist auch die Folge davon, dass die Gewerkschaften sich kaum ernsthaft für deren stärkere rechtliche Absicherung engagierten, weil damit eine Schwächung der zentralen Machtstellung der Betriebsräte verbunden gewesen wäre und dies sicher zu Unstimmigkeiten zwischen Betriebsräten und Gewerkschaft geführt hätte.

gisch ein Zusammenhang zwischen der organisatorischen Verfasstheit der Gewerkschaften als zentralisierte Einheitsgewerkschaften und ihrer Integration als intermediäre Instanzen in das wirtschaftspolitische Regulierungssystem Nachkriegs(west)deutschlands. Die explizite Kennzeichnung der bundesdeutschen Gewerkschaften als „intermediäre Organisationen" mit weitgehend „kooperativer Politik" geht vor allem auf Studien zurück, die seit Ende der 60er Jahre am Frankfurter Institut für Sozialforschung durchgeführt wurden (vgl. Bergmann u.a. 1979, Brandt u.a. 1982). Die Autoren kamen zu dem Ergebnis, dass zwar „die volle Integration der Gewerkschaften in das kapitalistische System wegen des fortbestehenden Interessenantagonismus nicht zu erwarten sei" (Müller-Jentsch 1982:409); ehemals virulente Tendenzen in den Gewerkschaften, die in Richtung Aufhebung statt Beschränkung des Lohnsystems wiesen, seien inzwischen jedoch überholt. Diese Entwicklung hin zu einer „Mediatisierung der Mitgliederinteressen und Kooperation mit Staat und Kapital", die „die Gewerkschaften in die vermittelnde Rolle zwischen Kapital- und Arbeiterinteressen hineinrutschen lässt" (ebd.:417) wird als in gewisser Weise zwangsläufiger, wenn auch nicht strukturell determinierter Prozess begriffen. Die Tendenz zentralisierter Einheitsgewerkschaften zur kooperativen Interessenvermittlung hat seine Ursache insbesondere in zwei logischen Zusammenhängen:

1.) Der gewerkschaftliche Konzentrationsprozess, insbesondere der hohe gewerkschaftliche Organisationsgrad, machte *die Gewerkschaften tendenziell von ehemals abhängigen zu unabhängigen Faktoren der Wirtschaft.* War die gewerkschaftliche Interessenpolitik ehemals stark abhängig vom wirtschaftlichen Konjunkturverlauf, so gestaltete sich das Verhältnis zwischen Tarif- und Wirtschaftspolitik sowie Konjunkturentwicklung in der BRD zunehmend als eine wechselseitige, interdependente Beziehung. Die tarifliche Entgeltpolitik wurde zu einer wesentlichen Einflussgröße für die Aufteilung des geschaffenen Mehrprodukts in Löhne einerseits und unternehmerischen Gewinn andererseits, was wiederum Folgen für die volkswirtschaftliche Investitionstätigkeit, Binnennachfrage, Geldwertstabilität sowie Arbeitsmarktsituation hat. Da die zukünftigen Verteilungsspielräume damit auch von der aktuellen gewerkschaftlichen Vertretungsstrategie definiert wurden, konnten die Gewerkschaften nicht mehr umhin, die volkswirtschaftlichen Zusammenhänge als relevante Bestimmungsgröße des eigenen Handelns ernst zu nehmen. Die strategische Bezugnahme auf grundlegende makroökonomische Variablen kristallisierte sich in der gewerkschaftlichen Tarifpolitik der 50er und 60er Jahre immer deutlicher heraus und gipfelte Ende der 60er Jahre in der Integration der Gewerkschaften in die vom Wirtschaftsminister Schiller konzipierte staatliche Einkommenspolitik.[80] Eine

---

[80] Nachdem die Gewerkschaften bis zum Beginn der 50er Jahre eine sehr zurückhaltende Lohnpolitik betrieben hatten, um die 'Eigenfinanzierung' des unternehmerischen Neuaufbaus zu ermöglichen, formulierte 1954 Viktor Agartz, der Leiter des wirtschaftswissenschaftlichen Instituts der DGB-Gewerkschaften, das Konzept der expansiven Lohnpolitik, das den Beschäftigten einen größeren Anteil am Sozialprodukt sichern sollte. Während das Konzept der expansiven Lohnpolitik wegen seines Umverteilungsanspruchs noch bis zu einem gewissen Grad systemverändernde oder zumindest nur schwer in das System integrierbare Ziele impliziert, so nimmt endgültig ab 1955 die Kooperationstendenz der Gewerkschaften mit dem Staat zu. Wenn Agartz noch durch lohnpolitisches Störverhalten grundlegende ökonomische und politische Reformen erzwingen wollte, so definiert das 1955 verabschiedete Konzept der 'aktiven Lohnpolitik' die Ansprüche der

solche enge Kooperation zwischen Tarifverbänden und Staat zum Zweck national-ökonomischer Globalsteuerung, wie verwirklicht im Fall der 'konzertierten Aktion' oder auch aktuell immer wieder angedacht im Rahmen diverser 'Bündnisse für Arbeit', ist aufgrund der zu überwindenden Interessenwidersprüche äußerst voraus-setzungsvoll und bleibt notwendig ein prekäres Arrangement. Historisch hatten solche Bündnisse daher auch stets nur eine sehr begrenzte Halbwertszeit[81]. Die Berücksichtigung und Bezugnahme auf kapitalistische Systemimperative und Ver-wertungszwänge ist jedoch inzwischen ein gängiges und geradezu selbstverständli-ches Element gewerkschaftlicher Vertretungspolitik geworden. Insofern stimmt die strategische Perspektive von Industriegewerkschaften „zumindest in den grundle-genden technischen Prämissen mit einer an Wachstum und Inflationsbekämpfung orientierten staatlichen Einkommenspolitik überein" (Streeck 1979:243).

2.) Es wurde bereits erläutert (vgl. Kap. II.2.2.1), dass die Entwicklung der Ge-werkschaften zu einheitlichen, sektoral tätigen Interessenvertretungsorganisationen notwendig einhergehen mußte mit der *Ausbildung effektiver Mechanismen zur Interessenaggregation*. Die inner-organisatorische Fähigkeit zur Bündelung der Interessen der Abhängig Beschäftigten und damit zur Erbringung effizienter Ord-nungs- und Befriedungsleistungen wird bereits durch die schiere Abwesenheit von Konkurrenzorganisationen gestärkt. Durch das faktische Organisationsmonopol der DGB-Gewerkschaften wurde ein zwischengewerkschaftlicher 'Überbietungswettbe-werb' ausgeschlossen und die Verpflichtungsfähigkeit gegenüber den Mitgliedern erhöht, die in ihren Vertretungsinteressen nahezu alternativlos auf die Einheitsge-werkschaften verwiesen, die in ihren Vertretungsinteressen nahezu alternativlos auf die zunehmend zentralisierten und an stark generalisierten Beschäftigteninteressen orientierten Einheitsgewerkschaften verwiesen bleiben.

Erwerbstätigen nicht mehr als Umverteilung, sondern vager als 'gerechten Anteil' am Bruttosozialpolitik. Faktisch kam es in der Folgezeit zur Anerkennung der Richtlinie der 'Doppelanpassung der Löhne', d.h. die Lohnerhöhungen orientierten sich an den Produktivitätssteigerungen plus Inflationsausgleich. Die gewerk-schaftliche Akzeptanz wirtschaftlicher Rahmendaten als Bestimmungsgrößen für die Tarifpolitik gipfelte schließlich 1967 in der freiwilligen Beteiligung der Gewerkschaften an der staatlichen Einkommenspolitik, als es 1967 zum ersten Mal in der Bundesrepublik zu einer Stagnation des Bruttosozialprodukts und rezessi-onsbedingt zu einer Arbeitslosigkeit von 3,3 % kam. Die Gewerkschaften akzeptierten die im Rahmen keynesianisch geprägter, antizyklischer Konjunkturpolitik und staatlicher Globalsteuerung der Wirtschaft vom SPD-Wirtschaftsminister Karl Schiller ausgegebenen Lohnorientierungsdaten sogar dann noch, als bereits wieder eine Konjunkturbelebung absehbar war (vgl. Bergmann u.a. 1979:195ff., Schmidt 1975:47ff., Schmidt 1995:49ff.).

[81] Die konzertierte Aktion unter der Ägide von Karl Schiller zerbrach an der mangelhaften Verpflichtungs-fähigkeit der Gewerkschaften gegenüber ihrer Basis, die die lohnpolitische Zurückhaltung angesichts verbesserter Konjunkturlage nicht länger mittragen wollte. Die wilden 'Septemberstreiks' von 1969 (vgl. Schmidt 1975) sowie die erneute Streikwelle 1973 sind als Aufbegehren der Gewerkschaftsmitglieder gegen die Vernachlässigung ihrer unmittelbaren Vertretungsinteressen zu interpretieren. Die 'Revolte der Basis' führte zwischen 1969 und 1974 zu einer tarifpolitischen „Schaukelpolitik" der Gewerkschaften, „die zwischen den Stabilitätsbedingungen des Systems und den Lohninteressen der Mitglieder pendelte" (Berg-mann u.a. 1979:249). Als sich ab Mitte der 70er Jahre die konjunkturelle Situation verschlechterte und die Arbeitslosigkeit wuchs, waren es die Unternehmer, die fortan kaum mehr Interesse an korporatistischen Arrangements zeigten.

Die Bezugnahme auf makroökonomische Systemimperative einerseits sowie die Fähigkeit zur effektiven organisationsinternen Disziplinierung andererseits waren wesentliche Grundlagen für die Entwicklung der bundesdeutschen Gewerkschaften zu intermediären Organisationen. Die 'Gruppe Gewerkschaftsforschung' des Frankfurter Instituts für Sozialforschung konnte daher bereits Mitte der 70er Jahre in einer eher 'kooperativen' oder 'konfliktorischen' Gewerkschaftspolitik nur noch Varianten einer grundsätzlich einheitlichen, *auf Interessenvermittlung zielenden Politik* erblicken. Die mit deutlich höheren Friktionen und Kosten belastete konfliktorische Politik sei dabei wesentlich instabiler als ein kooperativer Politikstil und insofern als transitorisches Phänomen zu betrachten. Kooperative Verhandlungsformen tendierten hingegen dazu, eine gewisse selbststabilisierende Eigendynamik zu entwickeln, da „die dauerhafte Zusammenarbeit und die turnusmäßigen Verhandlungen (...) das Konsensklima zwischen den 'Tarifvertragspartnern'" fördern und „die sozialreformerischen auf Kosten der klassenkämpferischen Tendenzen" stärken (Müller-Jentsch 1982:414).

Die intermediär agierenden, zentralisierten Einheitsgewerkschaften erwiesen sich in der Bundesrepublik als ausgesprochen effektive Institutionen zur Bereitstellung gesamtgesellschaftlicher Ordnungs- und Befriedungsleistungen. Insofern wurde ihnen in zunehmendem Maße staatliche Anerkennung zuteil und es wurden ihnen als Vertretung der abhängig Beschäftigten quasi-öffentliche Aufgaben sowie eine sozialpolitische Ordnungsfunktion zugewiesen (vgl. Müller-Jentsch 1982:415, Müller-Jentsch 1983:127). Als 'Systemträger' kamen sie in den Genuss staatlicher Organisationshilfen, der den gewerkschaftlichen Bestand von der unmittelbaren Mitgliederunterstützung zumindest ein Stück weit unabhängig machte und damit die Integrations- und Kooperationsfähigkeit der Gewerkschaften stabilisierte. [82] Obwohl die gewerkschaftlichen Organisationsgarantien durch die strikte Wahrung des Prinzips der negativen Koalitionsfreiheit in der BRD vergleichsweise gering sind, existiert doch ein „komplexes Netz institutioneller Außenstützung" (Feldmann 1988:103). Neben der grundgesetzlich garantierten Koalitionsfreiheit und der Einbeziehung in öffentlich-rechtliche Institutionen (z.B. Kammern, Berufsbildungsgremien, staatliche Versicherungsinstanzen, Arbeitsgerichte, Arbeitsämter etc.) wäre hier auch die informelle Nutzung der Rechte des Betriebsrats zur gewerkschaftlichen Organisationssicherung zu nennen.

2.3 Die gewerkschaftliche Schwäche an der betrieblichen Basis als neuralgischer Punkt des Tarifsystems – ein Zwischenresümee

Die Entwicklung der bundesdeutschen Gewerkschaften zu einheitlich strukturierten, sektoral agierenden Tarifverbänden mit intermediär angelegter, kooperativer Vertre-

---

[82] Streeck (1979:249) weist darauf hin, dass „sich wichtige gesetzliche Rechte der Betriebsräte in der Praxis in Gewerkschaftsrechte verwandelt haben", z.B. wenn die Betriebsräte unter Ausnutzung ihrer relativen Machtposition Gewerkschaftsmitglieder werben oder die Gewerkschaften zu betriebsinternen Veranstaltungen einladen.

tungspraxis war also einerseits mit einer Steigerung ihrer gesellschaftlichen Macht, andererseits aber auch mit spezifischen neuen Bestandsproblemen verknüpft. Als Mitgliederorganisationen waren die Gewerkschaften gezwungen, effektive Mechanismen der Interessenaggregation, der innerverbandlichen Interessenvermittlung sowie der innerorganisatorischen Kontrolle und Disziplinierung auszubilden. Die Balance zwischen effektiver Außensteuerung und interner Solidarisierungsfähigkeit gelingt im deutschen System industrieller Beziehungen insbesondere durch die funktionale Differenzierung und wechselseitige Entlastung zwischen betrieblicher und überbetrieblicher Verhandlungsebene. Die Gewerkschaften konzentrieren sich dabei insbesondere auf eine stark an einheitlichen Beschäftigteninteressen orientierte Tarifpolitik und nutzen faktisch sowohl staatliche sowie betrieb(srät)liche Ressourcen zur gewerkschaftlichen Organisationssicherung. Obwohl auf diese Weise die gewerkschaftliche Politik zumindest in begrenztem Umfang unabhängig wird von unmittelbarer Mitgliederunterstützung, bleibt sie doch prinzipiell stets an diese rückgebunden. Sowohl die staatlichen Organisationshilfen als auch die Kooperationsneigung zwischen Betriebsräten und Gewerkschaft sind lediglich partiell wirksame und grundsätzlich aufkündbare Kompensationen für eine strukturell vorhandene Schwäche der bundesdeutschen Einheitsgewerkschaften an der betrieblichen Basis. Ein neuralgischer Punkt des deutschen dualen Systems industrieller Beziehungen sowie des Tarifsystems als Teil desselben ist damit die normative Einbindung der Betriebsräte in den gewerkschaftlichen Solidarverband. Nur solange diese Kooperation gelingt, wirken sich auch die mit der 'Verrechtlichung' betriebsrätlichen Handelns verknüpften Disziplinierungswirkungen an der gewerkschaftlichen Basis positiv für den Erhalt der Gesamtorganisation aus. In dem Moment jedoch, in dem die Betriebsräte ihre formale Unabhängigkeit für eine ausschließlich betriebspartikularistische Interessenvertretung nutzen, kann der formale Ausschluss der Gewerkschaften aus dem Betrieb zu einem tatsächlichen Ausschluss werden, was eine Lähmung der Gesamtorganisation zur Folge hätte.

3. Das bundesdeutsche Tarifsystem unter Anpassungsdruck: Dezentralisierung und Verbetrieblichung

Im Nachhinein erscheinen die ersten dreißig Jahre nach dem zweiten Weltkrieg mit ihrer Kohärenz von Massenproduktion, Masseneinkommen und Massenkonsum als 'trente glorieuses' (Fourastié), als Periode bemerkenswerter ökonomischer und institutioneller Stabilität der westeuropäischen Industrienationen. Dass der 'kurze Traum immerwährender Prosperität' (Lutz 1984) ausgeträumt sei und der Kapitalismus seinem Ruf als krisenanfällige Produktionsweise erneut gerecht werden könnte, deutete sich erstmals zu Beginn der 70er Jahre im Zusammenbruch des Weltwährungssystems und 1973 in der 'Ölkrise' an, die wie ein Schock auf die wachstumsgewohnten westlichen Industrien und Bevölkerungen wirkte. Etwa ab Mitte der 70er Jahre kam es dann zu einem ökonomischen, technologischen, sozialpolitischen sowie gesellschaftlichen Veränderungsprozess, der so grundlegend war, dass er als kapitalistische „Formkrise" (Altvater 1983), „Krise des Regulationsmodells" oder auch als

„große Krise" (Lutz 1984) beschrieben wurde.[83] Zwanzig Jahre später ist die Debatte über die „große Krise" nahezu verebbt - obwohl die Veränderungsdynamik in ihren grundlegenden Aspekten nach wie vor anhält. Da auch die aktuelle Krise des bundesdeutschen Tarifvertragssystems in vielen Aspekte als direkte Folgewirkung des Mitte der 70er Jahre beginnenden Umbruchprozesses gedeutet werden kann, soll dieser im folgenden unter dem Begriff des 'Strukturwandels'(im Anschluss an z.B. IGM 1988, Dabrowski u.a. 1989, Stützel 1994a) näher beschrieben werden (Kap.3.1). Der Strukturwandel von Wirtschaft und Gesellschaft implizierte neue Anforderungen an die Tarifparteien, auf die diese anfänglich eher defensiv, spätestens im Verlauf der 80er Jahre jedoch auch partiell offensiv mit einer grundlegenden Neubestimmung ihrer politischen Strategien reagierten. Es kam zu einer verstärkten Tarifierung qualitativer Themen (Kap.3.2) sowie einer Verlagerung von Verhandlungsmacht auf die betriebliche Ebene, vor allem im Bereich der Arbeitszeit (Kap.3.3). Neben dieser tarifpolitischen Neuorientierung wirkte auch die staatliche Deregulierungspolitik sowie eine veränderte arbeitsrechtliche Praxis im Sinne einer Dezentralisierung kollektivrechtlicher Normsetzung. Die daraus resultierenden Veränderungen und Verschiebungen im komplexen Beziehungsgeflecht industrieller Beziehungen (Kap.3.4) können im Nachhinein gleichsam als erste Anzeichen sowie Anfänge der aktuellen Krise des Tarifsystems interpretiert werden.

3.1 Strukturwandel von Wirtschaft und Gesellschaft

Wenn die wirtschaftliche Situation sowohl der westlichen Industrienationen als auch der Weltwirtschaft spätestens seit Mitte der 70er Jahre als 'krisenhaft' zu beschreiben ist, so ist damit eine tiefgreifende, langandauernde und strukturell verankerte

---

[83] Sowohl die krisentheoretischen Ansätze im Umfeld der 'Prokla' (vgl. Altvater 1983, Lipietz 1985, Mahnkopf 1988a und b, Hübner 1988,1990) als auch der Entwurf von Lutz (1984) sind Versuche, die französische Regulationstheorie zur Beschreibung empirischer (Krisen-)Phänomene im deutschen Kontext fruchtbar zu machen. In der Tradition der marxistischen Theorie versteht der Regulationsansatz Krisen als Ausdruck grundlegender Widersprüche des Produktions- und Verwertungsprozesses und daher als integrale Bestandteile desselben. Anders als bei deterministischen marxistischen Theorieansätzen wird jedoch nicht davon ausgegangen, dass die aus den kapitalistischen Widersprüchen resultierenden Krisen letztlich zum Zusammenbruch dieser Produktionsweise führen (müssen). Im Rahmen des Regulationsansatzes werden gewöhnlich zwei grundlegende Krisenformen unterschieden: Kleine Krisen oder Krisen innerhalb der Regulation, sind solche, die durch Verhaltensweisen von Akteuren oder durch Ereignisse zustande kommen, welche der grundlegenden Dynamik der Regulationsweise widersprechen. Diese können im Regelfall durch die Intervention der mit Zwangsgewalten ausgestatteten Institutionen behoben werden (vgl. Lipietz 1985:113). Große Krisen oder Krisen der Regulation sind solche Krisen, die durch ein Missverhältnis zwischen den grundlegenden Funktionsprinzipien der Regulationsweise bzw. verfestigten gesellschaftlich-politischen Institutionen, Klassenrelationen und 'Werten' einerseits und den (sich verändernden) Erfordernissen der Kapitalverwertung sowie zur Reproduktion sozialer Verhältnisse in der bisherigen sozialökonomischen Formation andererseits entstehen. Im Anschluss an Boyer (1990:51) können große Krisen, zu denen auch jene zu zählen wäre, die Mitte der 70er Jahre begann, auch als strukturelle Krisen oder Strukturkrisen bezeichnet werden, da sie gleichermaßen den Regulationsmodus wie das Akkumulationsregime betreffen.

Infragestellung von rentabler Kapitalverwertung gemeint, die qualitativ verschieden ist von einem vorübergehenden Einbruch der ökonomischen Wirtschaftstätigkeit, etwa im Fall konjunktureller Rezessionen. Die Krise des investiven Kapitals einerseits, die sich u.a. in einer sinkenden Kapitalproduktivität (vgl. Altvater/Mahnkopf 1996:454) und einem dadurch verursachten tendenziellen Fall der Profitraten ausdrückte, sowie die Instabilität der Weltwirtschaft andererseits führten zu einem verschärften Marktwettbewerb. Mit 'Krise' ist also letztlich eine Phase akzelerierter Konkurrenz gemeint, die i.d.r. mit verschärften Verwertungsstrategien gegenüber den Lohnabhängigen sowie verringerten Verteilungsspielräumen einhergeht.[84] Die Krise des investiven Kapitals ist auch dafür verantwortlich, dass (nicht nur) in der Bundesrepublik Investitionen vor allem in Rationalisierungsmaßnahmen und arbeitssparende Prozessinnovationen flossen. Insbesondere die beiden tiefen zyklischen Krisen 1975 und 1980-82 als Phasen der Kapitalvernichtung und -entwertung setzten grundlegende Umstrukturierungsprozesse in der Kapitalakkumulation in Gang, die sich in neuen Techniklinien, veränderter Branchenstrukturierung, Kapitalkonzentrationsprozessen sowie neuen Arbeitspolitiken und Managementstrategien ausdrückten. Letztere zielten nunmehr noch deutlicher als zuvor auf die Steigerung des relativen Mehrwerts und die Intensivierung der Arbeit, weniger auf Produktionsausweitungen. Dabei wurde die Mikroelektronik verstärkt als Flexibilisierungs- und Organisationstechnologie eingesetzt, unterstützt durch neue Managementkonzepte, die die menschliche Arbeitskraft als 'human ressource' umfassender und flexibler nutzen sollten.

Der Einzug der Mikroelektronik in die Betriebe wird zurecht oft als 'dritte industrielle Revolution' bezeichnet, denn durch sie standen nunmehr gänzlich neuartige Möglichkeiten zur *Flexibilisierung der Produktion* zur Verfügung. So wurde erstmals die Einführung kapitalintensiver und arbeitssparender Technologien auch bei kleinen Stückzahlen möglich und rentabel. Die Automatisierung zog in neue Industrien und Produktionsbereiche ein, die sich bislang aufgrund komplexer und stark variierender Arbeitsvollzüge als weitgehend rationalisierungsresistent erwiesen hatten. Die neuen Informations- und Kommunikationstechnologien ermöglichten nunmehr auch die Rationalisierung der privaten und öffentlichen Verwaltungstätigkeiten und erfasste damit die Angestellten- und Dienstleistungsbereiche (vgl. Baethge/Oberbeck 1986). Durch die raschere Umstellung von Fertigungsabläufen und den Wegfall maschinenbedingter Wartezeiten konnten die Maschinenlaufzeiten verlängert und für die Kapitalverwertung unproduktive 'Poren des Arbeitsalltags' geschlossen werden. Das Produktprofil vieler Unternehmen konnte wesentlich diversifiziert und selbst Bereiche traditioneller Massenfertigung konnten erheblich flexibilisiert werden. Neben herkömmlichen Konkurrenzstrategien, die vor allem auf ein Ausnutzen der Skaleneffekte bei stark arbeitsteilig organisierter Massenprodukti-

---

[84] Angesichts einer zunehmenden weltwirtschaftlichen Vernetzung der Ökonomien und Konkurrenzbeziehungen waren die Sieger und Verlierer im verschärften Konkurrenzkampf geographisch stark ungleichgewichtig verteilt. Insbesondere die weniger profitablen Nationalökonomien in Afrika, Westasien und Lateinamerika konnten sich im weltweiten Wettbewerb kaum behaupten, was zu einer zunehmenden Verschuldung und wachsender Einflussnahme ausländischer Kapitalinteressen in diesen Ländern führte.

on zielten, fanden sich nun verstärkt Konzepte einer besonders kundenorientierten und marktnahen Strategie der flexiblen Spezialisierung (Priore/Sabel 1985).

Zum zweiten waren die neuen Technologien auch als umfassende *Organisationstechnologie* zur Optimierung des einzelfunktions-, prozess- und sogar betriebsübergreifenden Produktionsprozesses einsetzbar. Eine wesentlich verbesserte Produktionsplanung und Fertigungssteuerung, eine durch effektivierte Betriebsdatenerfassungssysteme ermöglichte wesentlich verkleinerte Lagerhaltung und die computervermittelte Integration diverser betrieblicher Bereiche und Einzelprozesse (z.B. Konstruktion, Produktion und Qualitätssicherung) ließen in den 80er Jahren Visionen der vollautomatisierten Produktion und stark technikzentrierte 'CIM' (Computer Integrated Manufacturing)-Konzepte entstehen. Wenngleich die menschenleere Fabrik aufgrund zu hoher Störungsanfälligkeit als realistische Zukunftsaussicht relativ schnell wieder ad acta gelegt werden musste und stärker 'anthropozentrisch' ausgerichtete Rationalisierungskonzepte wieder an Boden gewannen, ermöglichte der Einsatz mikroelektronischer Technik als Organisationstechnologie dennoch Rationalisierungsprozesse einer neuen Qualität. Der als „systemische Rationalisierung" bezeichnete „neue Rationalisierungstyp" (vgl. Baethge/Oberbeck 1986; Altmann u.a. 1986, als Überblick über die ausufernde Literatur zum Thema: Bergstermann/Brandherm-Böhmker 1990, Wittke 1990, Bechtle 1994) zeichnet sich v.a. dadurch aus, dass er auf eine den gesamten Betrieb und sogar die gesamte Produktionskette (einschließlich Zulieferer) umfassende Optimierung und Kontinuisierung des Gesamtproduktionsprozesses zielt.

Die Veränderungen der produktionstechnischen Basis gingen einher mit einem *Wandel der Arbeitspolitik*, d.h. neuen Qualifiktionsmustern, Arbeitseinsatzkonzepten sowie personal-politischen Führungsstilen.[85] Dieser Wandel lässt sich sicherlich nicht als eindeutig gerichteter, einheitlicher Prozess in Richtung 'neuer Produktionskonzepte' zu beschreiben, wie dies anfänglich etwa noch Kern/Schumann (1984) in ihrer vieldiskutierten Studie über das 'Ende der Arbeitsteilung' versuchten (vgl. zur Diskussion Malsch/Seltz 1987). Fest steht jedoch, dass das jahrzehntelang als Orientierungsmuster wirksame Ideal des tayloristisch-fordistischen Produktionsparadigmas seinen Anspruch auf Alleinherrschaft aufgeben und einer Pluralität von Produktionskonzepten Platz machen musste, deren Implementation sowie spezifische Effektivität i.d.R. von kontingenten Bedingungen abhängt. Das Aufweichen des traditionellen Produktionsmodells mit seinen stark arbeitsteiligen Prozessen, klar umrissenen Verantwortungs- und Aufgabenbereichen sowie stark hierarchischen Anordnungsstrukturen wurde zum Teil überschießend als 'arbeitspolitische Wende' hin zu Aufgabenintegration, umfassenderen Verantwortungsprofilen, 'Re'-Qualifiktaion, Teamarbeit sowie kommunikationsintensiven, partizipativen Führungsstilen interpretiert (vgl. Kern/Schumann 1984, Schumann u.a. 1994 sowie als differenzierten Überblick über die unterschiedlichen Entwicklungstendenzen Pries u.a. 1989).

---

[85] Es lässt sich sicherlich darüber streiten, inwiefern diese eine 'objektiv notwendige Folge' der neuen Technologien oder Folgen von Bewusstseinsprozessen beim Management sowie auch Ausdruck veränderter Bedürfnisse sowie Qualifikationen der Beschäftigten sind. Wie so viele Prozesse dürfte auch dieser multikausal und partiell durch kontingente Bedingungen bestimmt sein.

Tatsächlich ist allerdings eher ein Nebeneinander traditioneller oder leicht moderni-
sierter tayloristischer und 'neuer' Produktionskonzepte zu beobachten (vgl. bereits
Bergmann 1986 sowie Pries u.a. 1990). Auch Michael Schumann hat sich inzwischen der Auffassung angeschlossen, dass „die Rationalisierungssituation durch eine
neue Widersprüchlichkeit gekennzeichnet" (Schumann 1997) sei. Wenn also einerseits die quantitative Verbreitung 'neuer Produktionskonzepte' inzwischen differenzierter eingeschätzt werden, so sind auch deren Implikationen für die Beschäftigten
ambivalenter zu bewerten als anfangs angenommen. Die ganzheitlichere und damit
vordergründig 'humanere' Arbeitsgestaltung, stärkere Eigenverantwortlichkeit und
erweiterten Mitsprachemöglichkeiten der Beschäftigten werden kontrastiert durch
erhöhte Anforderungen an Qualifikation und Leistung, eine umfassendere und inten-
sivere (Ver-)Nutzung und Belastung der Arbeitskräfte, neue Möglichkeiten der
Leistungskontrolle, konkurrenzstimulierende Gruppenstrukturen sowie informeller
angelegte Abhängigkeiten von der betrieblichen Hierarchie (vgl. z.B. Altmann/Düll
1987, Meine/Ohl 1990, Schudlich 1990, eine kritische Analyse, die auch neueste
Tendenzen der Arbeitskraftnutzung einbezieht, liefern Döhl u.a. 2000). So kennzeichnen neuere Studien auch die ehemals pauschal als Humanisierung und Demokratisierung der Arbeit begrüßten Gruppenarbeitskonzepte als in der Praxis ausgesprochen divergente Entwürfe. In der Mehrheit der Betriebe handele es sich letztlich
um „Taylorisierung in Eigenregie" (Bahnmüller 1996) bzw. „fremdbestimmte
Selbstorganisation" (Moldaschl 1996).

Häufig wurden die Auswirkungen des ökonomischen, technischen sowie arbeitspolitischen Strukturwandels auf die Beschäftigten durch das Szenario der „Rationali-
sierungsgewinner", „-dulder" und „-verlierer" beschrieben, was auf differente und
sich ausdifferenzierende Interessenlagen der abhängig Beschäftigten in dieser Situation verweist. Während sich danach für eine eher kleine Gruppe qualifizierter sowie
qualifizierungsfähiger Beschäftigter in den industriellen Kernsegmenten die Arbeitssituation in arbeitsinhaltlicher sowie materieller Hinsicht positiv entwickelte, waren
und sind die Hauptverlierer des Strukturwandels die wachsende Gruppe der
Erwerbslosen. Die krisenhafte Verwertungssituation vieler Einzelkapitale,
umfangreiche Rationalisierungsinvestitionen sowie eine steigende Gesamtzahl von
abhängig Beschäftigten sind die Gründe für eine seit Mitte der 70er Jahre
existierende *strukturelle Massenarbeitslosigkeit*. Opfer der verstärkten Konkurrenz
auf dem Arbeitsmarkt waren zunächst v.a. Un- und Angelernte, weibliche sowie
ausländische Arbeitskräfte. Mit zunehmender Dauer des Rationalisierungsprozesses
blieben jedoch Angestellte und in Teilbereichen sogar qualifizierte
FacharbeiterInnen nicht mehr völlig von Status- sowie Arbeitsplatzgefährdungen
verschont. Der Versuch, die negativen Wirkungen der hohen Arbeitslosigkeit auf die
Noch-Beschäftigten zu vermindern, führte im Verlauf der 80er Jahre verstärkt zu
Segmentationstendenzen auf den Arbeitsmärkten und zu Prozessen 'sozialer
Schließung' in den Betrieben (vgl. Hohn 1988). So waren und sind es in erster Linie
die von der 'Kern'-Belegschaft abgespaltenen 'Rand'-Belegschaften, die von einer
Prekarisierung ihrer Arbeitssituation betroffen sind.

Wesentliche Folgen für die Lebens- und Arbeitssituation der Lohnabhängigen
hatte auch ein *Strategiewandel der staatlichen Sozial- und Wirtschaftspolitik*. Ob-

gleich eine grundlegende Abkehr von einer keynesianisch geprägten Sozialstaatspolitik in Deutschland – verglichen mit anderen europäischen Ländern – bis zum heutigen Zeitpunkt nicht stattgefunden hat, orientierte sich doch bereits die sozial-demokratisch-liberale Regierung und ab 1982 die konservativ-liberale Regierungsmehrheit verstärkt an einem Kurs neomonetaristischer Angebots-steuerung. Gemäß der neuen marktliberalen Konzepte sollte die Beschäftigungskrise durch eine verbesserte Verwertungssituation der Unternehmen einerseits sowie durch eine erhöhte Flexibilität der Ressource Arbeitskraft andererseits gelöst werden. Dieses Vorhaben implizierte sowohl den Abbau gesetzlicher Arbeitsschutzbestimmungen (z.b. beim Kündigungsschutz, durch die Erleichterung befristeter Beschäftigungsverhältnisse im sogenannten Beschäftigungsförderungsgesetz 1985, durch das novellierte Jugendarbeitsschutzgesetz 1984 sowie ein neues Arbeitszeitgesetz), die Beschränkung gewerkschaftlicher Interessenvertretung (z.B. durch die Veränderung d. §116 AFG) sowie generell den 'Umbau' des Sozialstaates durch einen Abbau staatlicher Regelungen (Schlechtwettergeld, Lohnfortzahlung im Krankheitsfall, Diskussion um Lohnabstandsgebot, veränderte Sozialhilfegesetzgebung). So kam Dabrowski (1989:171) Ende der 80er Jahre zu der Einschätzung: „Das keynesianisch-sozial-demokratische Modell des Sozialstaates und des dreiseitigen (Staat, Wirtschaft, Gewerkschaften) Interessenausgleichs ist insofern nachhaltig gefährdet, als neoliberale und wirtschaftskonservative Kräfte an Interpretations- und vor allem politischer Durchsetzungsmacht gewonnen haben und den traditionellen sozialen Konsens zugunsten einer neokonservativen Modernisierungs-strategie aufzulösen versuchen."

Gelingen konnte die neoliberale Wende jedoch nur deshalb, weil ihre impliziten Ideologeme (zumindest vorübergehend) durchaus mehrheitsfähig in der Bevölkerung waren. Im Kern basiert die neoklassische liberale Wirtschaftstheorie auf der Annahme, dass nur durch die ungehinderte 'freie' Nutzenmaximierung der Einzelkapitale ein gesamtökonomisches Gleichgewicht und damit letztlich das Wohl aller erreicht werden könne, was den Abbau jeglicher 'marktfremder' politischer Steuerungsinstanzen impliziert. Diese Philosophie der 'Nutzenmaximierung für alle durch individualistische Nutzenmaximierung des einzelnen' erwies sich als anschlussfähig an gesamtgesellschaftliche *kulturelle Veränderungen*, die gemeinhin als 'Wertewandel' beschrieben werden. Die in vielen gesellschaftlichen Bereichen zu beobachtenden 'Individualisierungs'tendenzen (Beck 1986; Beck/Beck-Gernsheim 1994), die Ablösung v.a. jüngerer Menschen von traditionellen Milieus (Mooser 1984) und vorgegebenen Biographiepfaden hin zu 'selbstgebastelten' Mustern des Lebenswegs (Beck/Beck-Gernsheim 1993) wiesen eine gewisse Affinität auf gegenüber konservativ-liberalistischen Ideologien.

Die häufig diagnostizierte Differenzierung und Pluralisierung von Lebensstilen (Berger/Hradil 1990, Schulze 1992) sowie die „Erosion kollektiver Lebensformen" (Kohli/Robert 1984:36) drohte als verallgemeinerte Tendenz letztlich auch die Grundlagen gewerkschaftlicher Solidarisierungsfähigkeit zu unterhöhlen. Während die Gewerkschaften ehemals ihre Mitgliederbasis ohne größere Anstrengungen reproduzieren konnten, da die Organisation im gewerkschaftlichen Solidarverband zu den nahezu unhinterfragten Normen einer bestimmten Arbeiterklientel zählte, war die kollektive Organisation zwecks Interessendurchsetzung für den 'neuen Arbeitnehmertyp' eine immer weniger selbstverständliche Angelegenheit. Durch zahlreiche empirische Studien wurde erstens „ein subjektiver Bedeutungsverlust der Lohnarbeit als Gravitationszentrum politischer Ziele und politisch relevanter Interessenartikulation" bestätigt (Wiesenthal 1987:25), zum anderen auch ein Wandel in den Ansprüchen an Lohnarbeit. Statt eines instrumentellen Bezugs zu der als entfremdend erfahrenen Erwerbsarbeit formulierten viele, v.a. jüngere Beschäftigte das Bedürfnis, sich mit einer als sinnvoll erfahrenen Tätigkeit zu identifizieren und es fand eine „zunehmende normative Subjektivierung der Arbeit" statt (Baethge 1991).

Hinzukamen nicht nur eine generelle Ausdifferenzierung der Beschäftigungsverhältnisse, sondern auch eine *Verschiebung der Beschäftigungsstrukturen*. Die gewerkschaftliche Mitgliederbasis mit ihrer starken Repräsentanz männlicher, in Großbetrieben beschäftigter Facharbeiter entsprach infolgedessen immer weniger der realen Beschäftigtenstruktur, die durch eine Zunahme des Angestellten- sowie Frauenanteils an den Erwerbstätigen (Artus 1993) sowie die Entstehung neuer Branchen und Unternehmensstrukturen (Ellguth u.a. 1995) gekennzeichnet war. Die stark durch die Tradition der Arbeiterbewegung geprägten formalen wie informellen Organisationsstrukturen der Gewerkschaften waren angesichts der neuen Beschäftigungslandschaft zunehmend überholt und rückständig.

All diese Wandlungsprozesse bedrohten sowohl die Rekrutierung einer repräsentativen und umfangreichen Mitgliedschaft als auch die interne gewerkschaftliche Solidarisierungsfähigkeit und damit letztlich die gewerkschaftliche Kampfkraft als zentrale organisatorische Machtressource. Die Existenz einer 'industriellen Reservearmee' und die erhöhte Konkurrenz unter den abhängig Beschäftigten restringierte die gewerkschaftliche Mobilisierungs- und Vertretungsmacht, bei zugleich verminderten Verteilungsspielräumen und einem verstärkten Druck der Unternehmer zur Senkung der Löhne zwecks Stabilisierung der Profitrate. Nicht mehr nur das Interesse an angemessenen Lohnzuwächsen, sondern vor allem Arbeitsplatzsicherung und Rationalisierungsschutz wurden nunmehr zu vordringlichen Beschäftigteninteressen.

3.2 Die gestiegene Bedeutung qualitativer Tarifpolitik und der Zwang zur Dezentralisierung

Die veränderten wirtschaftlichen und gesellschaftlichen Rahmenbedingungen machten sich in der tarifpolitischen Verhandlungsarena sehr schnell bemerkbar als Verschiebung der Machtbalance zuungunsten der Gewerkschaften. Im internationalen Maßstab waren die 80er Jahre gekennzeichnet vom Niedergang vieler nationaler Gewerkschaftsbewegungen, etwa in Italien, England oder auch in Frankreich[86], - eine

---

[86] In England kam es in den 80er Jahren unter der Thatcher-Regierung weitgehend zu einer weitgehenden Entmachtung der ehemals starken und durchsetzungsfähigen Gewerkschaftsbewegung. Auch die ausgesprochen radikalen und basisnahen italienischen Fabrikräte verschwanden in die Bedeutungslosigkeit und in Frankreich verloren die Gewerkschaften zwischen 1974 und 1991 etwa die Hälfte ihrer Mitglieder und nahmen zu Beginn der 90er Jahre mit einem Organisationsgrad von etwa 6 % in der Privatwirtschaft europaweit den letzten Platz ein (vgl. Stützel 1994b).

Entwicklung, die von der zeitgenössischen Wissenschaft teils übertrieben als unwiderruflicher Trend des Verlusts regulativer Fähigkeit der Gewerkschaften gedeutet wurde. (so z.b. der kritische Rückblick von Ferner/Hyman 1998b:XI). Richtig ist, dass der gewerkschaftliche Organisationsgrad in nahezu allen westeuropäischen Ländern (teils dramatisch) zurückging (vgl. Ebbinghaus/Visser 1996). Und auch die in fast ganz Westeuropa feststellbare Abnahme der Streikaktivitäten verweist nicht nur auf veränderte Vertretungsstrategien, sondern auch auf eine zunehmend defensive Position der Gewerkschaften (vgl. Edwards/Hyman 1994, Stützel 1994a).

Auch in Deutschland gingen die Gewerkschaften in der zweiten Hälfte der 70er Jahre eher zurückhaltend mit dem Instrument des Arbeitskampfes um. Zugleich war ein Wechsel der arbeitskampfpolitischen Initiative ins Arbeitgeberlager festzustellen.[87] Beide Tarifparteien reagierten auf die neue Situation und die veränderten Probleme im Gefolge des Strukturwandels zunächst kaum mit einer inhaltlichen Neubestimmung ihrer Politik. Die Arbeitgeberverbände verschärften lediglich ihre traditionell auf Abwehr der gewerkschaftlichen Forderungen und 'Schadensbegrenzung' gerichtete Politik. Dabei ging es ihnen auch darum, die in der wirtschaftlichen Krise verstärkt aufbrechenden innerverbandlichen Konflikte zwischen Betrieben und Branchen mit unterschiedlicher Verwertungssituation durch quantitative verteilungspolitische Erfolge zu befrieden.[88] Die Gewerkschaften reagierten auf die neue Situation zunächst mit einer Politik der Besitzstandssicherung als „übergreifend globale Anpassungsstrategie (...), die sich gleichermaßen im Außen- wie im Innenverhältnis als kompromissfähig erwies" (Brandt u.a. 1982:231, vgl. auch Esser 1982).

Angesichts verschlechterter Durchsetzungsbedingungen legten die Gewerkschaften in lohnpolitischer Hinsicht eine neue Bescheidenheit an den Tag. Die ehemals etablierte Kompromisslinie einer 'Doppelanpassung der Löhne' (entsprechend der Produktivitäts- sowie Inflationskennziffern) wurde aufgegeben zugunsten einer rein produktivitätsorientierten Lohnpolitik. Indem man den Bedürfnissen der Unternehmen nach einer Ausweitung ihrer finanziellen Spielräume zur Finanzierung umfassender Rationalisierungsinvestitionen entsprach, wurde der Konflikt mit der Unternehmerseite entschärft. Zugleich erwies sich diese Lohnpolitik aber auch gegenüber den Gewerkschaftsmitgliedern als kompromissfähig, da zumindest das Reallohnni-

---

[87] Die wenigen durchgeführten Streiks (z.B. 1978 in der Druckindustrie, Stahlindustrie sowie Elektroindustrie) hatten im wesentlichen den Charakter von Abwehrkämpfen und waren selbst als solche nur bedingt erfolgreich. Während die Gewerkschaften eher defensiv agierten und nicht ihre gesamte Kampfkraft einsetzten, trieben die Arbeitgeberverbände die Konflikteskalation teilweise über massive Aussperrungsmaßnahmen voran (vgl. Brandt u.a.1982:165ff.).

[88] Beispielsweise in der Tarifrunde 1976/77 kam es zu erheblichen Spannungen zwischen dem VDMA und Gesamtmetall, da die Krisenbranche Maschinenbau die getätigten Lohnabschlüsse wesentlich schwerer verkraften konnte als die boomende Automobilindustrie. Die Probleme der Mitgliederintegration im Arbeitgeberlager waren jedoch auch die Folge der von den Gewerkschaften im Laufe der 50er und 60er Jahre vorangetriebenen tarifpolitischen Zentralisierung und Kooperation, welche die Arbeitgeberverbände zunehmend vor Probleme stellte. In den siebziger und achtziger Jahren wurde daher v.a. in der Metallindustrie verstärkt über Strategien diskutiert, wie das defizitäre tarifpolitische Koordinierungs- und Steuerungspotential von Gesamtmetall verbessert werden könnte (vgl. Weber 1989:19ff.).

veau der Beschäftigten im großen und ganzen aufrecht erhalten wurde.[89] Allerdings traf die lohnpolitische Zurückhaltung die BezieherInnen niedrigerer Einkommen empfindlicher als die besser verdienenden Beschäftigtengruppen. Insofern handelte es sich bei der defensiven gewerkschaftlichen Anpassungsstrategie letztlich um eine „segmentäre Interessenpolitik" (Brandt u.a. 1982:239). Deutlich zeigte sich dies auch am Beispiel der Rationalisierungsschutzabkommen, um deren Abschluss sich die Gewerkschaften zunehmend bemühten. Mit Nachdruck setzten sie sich vor allem dort für beschäftigungs- und leistungspolitische Absicherungen ein, wo die gewerkschaftliche Stammklientel betroffen war, z.B. die männlichen Facharbeiter in der Stahl- und Elektroindustrie, die Setzer in der Druckindustrie oder generell ältere Beschäftigte. Insgesamt war diese Politik der segmentären Besitzstandssicherung aus organisationspolitischer Sicht durchaus geeignet, die Gewerkschaften unter prekären Rahmenbedingungen zunächst zu stabilisieren, da sie „mit den Interessenlagen relativ privilegierter Mitgliedergruppen übereinstimmte" (Brandt u.a. 1982:33). Sie hatte „in der Achse betriebliche Stammbelegschaft - gewerkschaftliche Kernmitgliederschaft ihre entscheidende Stütze" (ebd.:237). Ausgegrenzt und vernachlässigt wurden hingegen sowohl die Interessen der vom Rationalisierungsprozess besonders betroffenen 'Rand'-Belegschaften, wie etwa Frauen, ausländische Arbeitskräfte, Un- und Angelernte, als auch die neuerdings verstärkt von Rationalisierung betroffenen Angestellten und schließlich die Arbeitslosen als nicht mehr in den Betrieben präsente Interessengruppe. Eine solche Vernachlässigung bestimmter Interessenlagen bei der Definition gewerkschaftlicher Tarifziele impliziert jedoch immer eine Bedrohung des Anspruchs auf gewerkschaftliche Repräsentativität. Insofern birgt die Segmentierung gewerkschaftlicher Tarifpolitik mittelfristig stets die Gefahr der Entsolidarisierung und damit negativer Rückkopplungseffekte auf die gewerkschaftlichen Organisationsbedingungen.

Spätestens zu Beginn der 80er Jahre wurde immer deutlicher, dass die mit der Krise des 'tayloristisch-fordistischen Nachkriegskapitalismus' verknüpften Strukturveränderungen nur durch eine grundlegende Neubestimmung der Tarifpolitik zu bewältigen sein würden, die verstärkt auf die Tarifierung der qualitativen Bedingungen des Arbeitsverhältnisses zielen müsste, - und notwendig zu Lasten quantitativer Verteilungspolitik gehen würde. In Reaktion auf erhöhte Flexibilisierungsanforderungen sowie -möglichkeiten richtete sich das Interesse der Unternehmer auf eine Flexibilisierung der Arbeitseinsatzmuster der Beschäftigten und eine Aufweichung der etablierten Normen des Normalarbeitsverhältnisses.[90] Die Gewerkschaften waren

---

[89] Diese tarifpolitische Linie machte die verteilungspolitischen Erfolge der Gewerkschaften aus den späten 60er und frühen 70er Jahren wieder rückgängig. Zu Beginn der 80er Jahre kam es in mehreren aufeinanderfolgenden Tarifverhandlungsrunden sogar zu Reallohnverlusten. Zahlen des Deutschen Instituts für Wirtschaftsforschung belegen, dass die realen Nettoeinkommen nach Abzug von Steuern und Sozialabgaben in den 80er Jahren in Deutschland nahezu stagnierten (Arbeitsgruppe Alternative Wirtschaftspolitik 1998). Anfang der 90er Jahre war die Lohnquote wieder auf das Niveau der frühen 60er Jahre gefallen (vgl. Keller 1991).

[90] Der Begriff des 'Normalarbeitsverhältnisses' (vgl. Mückenberger 1985, 1986, 1989, Bosch 1986) fand v.a. im Laufe der 80er Jahre Verbreitung, also typischerweise zu dem Zeitpunkt seiner Erosion. Gemeint ist damit ein dauerhaftes, kontinuierliches, qualifiziertes Vollzeitarbeitsverhältnis mit weitgehend regelmäßigen,

angesichts wachsender Arbeitslosigkeit sogar im Bereich qualifizierter Facharbeit zunehmend gezwungen, nicht nur lohn-, sondern auch beschäftigungspolitische Interessen ihrer Mitgliederklientel zu vertreten. Der Rationalisierungsprozess in den Unternehmen machte zudem tarifliche Konzepte zur sozialverträglichen Gestaltung sowie leistungspolitischen Absicherung der Anwendung neuer Technologien notwendig. Gängige leistungspolitische Kontrollinstrumente, wie sie in der Vergangenheit etwa für Akkord- oder Prämienarbeit entwickelt worden waren, versagten angesichts der neuen Arbeitseinsatzkonzepte sowie Anforderungsprofile. Und schließlich mussten die Gewerkschaften auf veränderte subjektive Prioritätensetzungen der Beschäftigten reagieren, auf verstärkte arbeitsinhaltliche Interessen sowie neue Bedürfnissen der Vereinbarkeit von Beruf und Familie.[91] Mit der *verstärkten Hinwendung zur Tarifierung der qualitativen Bedingungen des Arbeitsverhältnisses* verstetigte sich daher seit Beginn der 80er Jahre eine Entwicklung, die bereits 1973 mit dem Lohnrahmentarifvertrag II der IG Metall begonnen hatte.[92]

Die „neue Offensivität" der unternehmerischen Tarifpolitik (Weber 1989) einerseits sowie die verstärkte Hinwendung zu qualitativen Regelungen andererseits implizierte für die Gewerkschaften eine Radikalisierung ihrer ohnehin bereits vorhandenen organisationsinternen Solidarisierungsprobleme sowie generell eine Infragestellung der bisherigen Praxis von zentralisierten und damit einheitlich normierend wirkenden Tarifregelungen. Qualitative Tarifpolitik ist stets nur in groben Umrissen einer einheitlichen sowie vereinheitlichenden Regelung auf übergreifender kollektivvertraglicher Ebene zugänglich. Ihr Erfolg hängt stark von einer 'passfähigen' Konkretisierung für spezielle Interessenlagen vor Ort ab - und ist dennoch im Regelfall nicht geeignet, für alle Beschäftigtengruppen in gleichem Maße Vorteile zu bieten. Insofern ist für die Gewerkschaften das 'Handling' qualitativer Themen mit erheblich größeren Schwierigkeiten behaftet als z.B. quantitative Lohnforderungen. Dies gilt für alle Stadien gewerkschaftlicher Tarifpolitik, - für die Interessenperzeption ebenso wie für deren Aggregation zu tarifpolitischen Forderungspakten, für die

---

festgelegten Arbeitszeiten. Das Ausmaß der Erosion des ‚Normalarbeitsverhältnisses' wurde häufig überschätzt. Dieses war nämlich zu keiner Zeit empirische Realität als ausschließliche Form der gesellschaftlichen Verrichtung von Arbeit. Als idealtypisches Konstrukt wirkte es jedoch als allgemeines Leitbild, nicht nur bei der Konstruktion individueller Biographiemuster, sondern auch als Vorbild für tarifliche Regelungen.

[91] Als erster Versuch einer umfassenden tarifpolitischen Antwort auf die neuen Anforderungen ist das Konzept der IG Metall zu einer 'Tarifreform 2000' zu werten. Es implizierte insbesondere Regelungen zur Qualifizierung von Beschäftigten, Ansätze eines neuen Entgeltsystems sowie einer neuen Leistungspolitik, für einen verbesserten Umwelt- und Gesundheitsschutz sowie mehr Partizipation der Beschäftigten bei der Gestaltung ihres Arbeitsalltags (vgl. genauer Lang/Meine 1991; Huber/Lang 1993). Von einigen Pilotabschlüssen sowie Ausnahmefällen abgesehen (vgl. Brumlop 1986, Sterkel 1997) leiden diese neuen Tarifkonzepte jedoch bis zum heutigen Tag unter einem eklatanten Umsetzungsdefizit - vor allem deshalb, weil sich die Arbeitgeberverbände in den zentralen Fragen von Lohn und Leistung sowie der Regelungskompetenz bei der Arbeitsgestaltung kaum kompromissbereit zeigten.

[92] Im Lohnrahmentarifvertrag II für den Tarifbereich Nordwürttemberg/Nordbaden wurden erstmals Regelungen verabschiedet, die über einen arbeitsinhaltlichen Gestaltungsansatz Belastungen reduzieren sollten, anstatt diese monetär zu entschädigen. Es handelte sich insbesondere um die Vereinbarung von Mindesttaktzeiten und Pausen für AkkordarbeiterInnen (vgl. Schauer u.a. 1984).

verhandlungspolitische Kompromissfindung sowie die anschließende praktischen Umsetzung. Für die Arbeitgeberseite warf eine 'qualitative Wendung' der Tarifpolitik hingegen weniger schwerwiegende Organisationsprobleme auf, da die innerorganisatorische Interessenaggregation ohnehin nie das gewerkschaftliche Maß erreicht hatte und die Einzelbetriebe traditionell über mehr eigene Machtpotentiale und unabhängige Entscheidungsbefugnisse verfügten. Zwar wurden auch auf Arbeitgeberseite die traditionellen Defizite bezüglich Einheitlichkeit und Koordination des Organisationshandelns damit noch vertieft, grundsätzlich entsprach die Organisationsstruktur mit ihrer relativ starken Entscheidungsmacht der Einzelunternehmen den neuen Problemlagen jedoch besser. Angesichts der Tatsache, dass die Gewerkschaften aufgrund ihrer größeren Fähigkeit zu strategischer Zentralisierung in den vergangenen Jahren zunehmend machtpolitische Vorteile errungen hatten, war den Arbeitgeberverbänden der neue Zwang zu einer dezentraler angelegten Tarifpolitik mit verstärkt qualitativen Themenkomplexen sicherlich nicht unwillkommen, war damit doch in gewisser Weise notwendig eine 'Entwaffnung' der Gewerkschaften verbunden.

3.3 Der Konflikt um die Arbeitszeitverkürzung: Risiken und Chancen verbetrieblicher Tarifpolitik

Die machtpolitische Situation stellte sich Anfang der 80er Jahre für die Gewerkschaften reichlich ungünstig dar. Nach Jahren einer eher defensiven Politik und angesichts steigender Arbeitslosenzahlen schien die gewerkschaftliche Mobilisierungsfähigkeit geschwächt. Die Unternehmerseite verdeutlichte ihre neue Souveränität u.a. durch die Aufstellung eines ‚Tabukatalogs', zu dessen tabuisierten tariflichen Gegenständen auch eine – gewerkschaftlicherseits verstärkt diskutierte und geforderte – allgemeine Arbeitszeitverkürzung gehörte. Als die IG Metall in der Tarifrunde 1983 schließlich die Forderung nach einer Arbeitszeitverkürzung auf 35 Stunden pro Woche aufstellte, war der Konflikt vorprogrammiert. Der im Juli 1984 nach langem Ringen vereinbarte Arbeitszeitkompromiss[93] markierte einen einschneidenden Wendepunkt in den bundesdeutschen Tarifbeziehungen. Während die Unternehmerseite den Einstieg in eine allgemeine Arbeitszeitverkürzung konzedieren musste, wurde der IG Metall im Gegenzug das bittere Zugeständnis einer betriebsspezifisch zu vereinbarende Arbeitszeitflexibilisierung abgerungen, - ein ‚Tausch', der in mehrfacher Hinsicht paradigmatisch für die weitere Entwicklung war:

Für die Gewerkschaften bzw. die IG Metall war die erfolgreiche[94] Mobilisierung

---

[93] Darstellungen des tarifpolitischen Arbeitszeitkonflikts finden sich u.a. bei Bahnmüller, R. 1985, Schmidt/Trinczek 1986a, Wiesenthal 1987a, Pumberger 1989.

[94] Die Wertung des Tarifkonflikts als 'Erfolg' für die Gewerkschaften rechtfertigt sich primär über das Kriterium, dass er insgesamt stabilisierende Wirkungen für den gewerkschaftlichen Organisationsbestand hatte. Obwohl der letztlich erzielte Interessenkompromiss 'Arbeitszeitverkürzung gegen Arbeitszeitflexibilisierung' sowohl zentrale Interessenpositionen von Gewerkschaften *und* Arbeitgeberverbänden berücksichtigte als auch zugleich für beide Seiten einen schmerzhaften Kompromiss darstellte, dürften aus Gewerk-

für eine allgemeine Arbeitszeitverkürzung gleichbedeutend mit einer *Wiedergewinnung offensiver tarifpolitischer Gestaltungsmacht* - und zwar in zweierlei Hinsicht: Zum einen erhielt die Tarifrunde 1983/84 ihre besondere Qualität dadurch, dass sie unmittelbar auf den Regierungswechsel 1983 folgte. Angesichts der teilweise klar gewerkschaftsfeindlichen Programmpunkte der neuen Regierung und der offenen Zusammenarbeit von 'Kabinett und Kapital' im Vorfeld der Tarifrunde[95] war der Tarifkonflikt eine Art 'Probe aufs Exempel', inwieweit die Gewerkschaften nach über einem Jahrzehnt relativer Ruhe an der Tariffront sowie disziplinierend wirkender Massenarbeitslosigkeit noch zur Mobilisierung ihrer Basis fähig wären. Nicht zuletzt auch aufgrund dieser letztlich bestandenen Bewährungsprobe zu einem strategisch wichtigen Zeitpunkt dürfte den bundesdeutschen Gewerkschaften ein ähnliches Schicksal wie anderen europäischen Gewerkschaften - nämlich der Weg in die Bedeutungslosigkeit - in den 80er Jahren erspart geblieben sein.

Zum anderen war der Tarifkonflikt um die 35-Stunden-Woche aus gewerkschaftlicher Sicht auch deshalb bemerkenswert, weil die Arbeitszeitverkürzung, anders als noch in den 50er und 60er Jahren, nicht in erster Linie mit dem individuellen Nutzen für die Beschäftigten begründet wurde (mehr Freizeit, Selbstverwirklichung und Humanisierung des Arbeitslebens); neben humanisierungspolitischen Argumenten stand primär eine beschäftigungspolitische Argumentation für eine gesamtgesellschaftlich gerechtere Verteilung von Arbeit im Vordergrund. Nach Jahren einer vor allem segmentären Interessenpolitik ergriffen die Gewerkschaften damit wieder die gesellschaftspolitische Initiative und erweiterten ihre Vertretungspolitik auf die allgemeinen Interessen aller abhängig Beschäftigten. Dass dieser Strategiewechsel von einer segmentären zu einer stärker repräsentativen Interessenpolitik keineswegs unproblematisch war, betont z.B. Wiesenthal (1987a:155), wenn er hervorhebt, dass es sich „bei den Trägern der durchsetzungsbedingten Nachteile und den im Erfolgsfall Begünstigten (...) um zwei verschiedene Personengruppen" handelte. Wenngleich Wiesenthal das Argument der unterschiedlichen Interessenlagen von Beschäftigten und Arbeitslosen hier etwas überzeichnet,[96] verweist er doch auf die durchaus existierende Anreizproblematik bei der gewerkschaftlichen Mobilisierung für eine allgemeine Arbeitszeitverkürzung. Die spezifische Qualität der Forderung nach

---

schaftssicht die 'Kosten' des Konflikts (sowohl symbolischer Art, was den erneuerten Ruf als 'Unruhestifter' anlangt als auch materieller Art in der Form erheblicher Streikunterstützungszahlungen) durch dessen 'Nutzen' (innerverbandliche sowie überverbandliche Solidarisierung, Gewinnung neuer Mitglieder, Rückgewinnung der tarifpolitischen Initiative) mehr als aufgewogen worden sein. Inwiefern die gewerkschaftlich errungene Arbeitszeitverkürzung hingegen 'erfolgreich' im Sinne direkter Beschäftigungseffekte war, an dieser Frage scheiden sich die Geister (vgl. hierzu Seifert 1989).

[95] Vor Beginn der Tarifrunde hatte die neue konservativ-liberale Regierung z.B. das „Gesetz zur Förderung von Vorruhestandsleistungen" verabschiedet, wodurch der innergewerkschaftliche Konflikt um die Form der Arbeitszeitverkürzung zugunsten des - auf Unternehmerseite sowie von einzelnen DGB-Gewerkschaften favorisierten - Konzepts einer Lebensarbeitszeitverkürzung beeinflusst werden sollte.

[96] Die Gewerkschaftsmitglieder als „Träger der durchsetzungsbedingten Nachteile" waren durchaus auch zugleich Nutznießer der tarifpolitischen Erfolge, - in der Form von mehr Freizeit sowie reduzierter Konkurrenz auf dem Arbeitsmarkt.

Arbeitszeitverkürzung lag jedoch gerade darin, dass es sich hierbei *gleichzeitig* sowohl um die Vertretung spezifischer Mitgliederinteressen (an mehr Freizeit und Lebensqualität) als auch um die Vertretung des allgemeinen Interesses aller abhängig Beschäftigten nach mehr Arbeitsplatzsicherheit handelte. Moralisch stark aufgeladen als gesamtgesellschaftliches Reformvorhaben und beschäftigungspolitische Offensive der Gewerkschaften, wendete der Konflikt um die Arbeitszeitverkürzung den mit der Beschäftigungsmisere verknüpften Problemdruck nach außen und erfüllte in hohem Maße innerverbandliche Solidarisierungsleistungen. Er stärkte den Anspruch der Gewerkschaften, eine repräsentative Organisationen aller Beschäftigten zu sein und setzte die (von der Bundesregierung unterstützten) Arbeitgeberverbände angesichts ihrer kompromisslosen Verweigerungshaltung moralisch ins Unrecht.

Für die Arbeitgeberverbände muss der zunächst widerwillig akzeptierte Tarifkompromiss jedoch im Nachhinein ebenfalls als erfolgreiche Weichenstellung für die Zukunft gelten, nicht nur wegen der zugestandenen erhöhten unternehmerischen Flexibilitätsspielräume bezüglich der Arbeitszeitgestaltung, sondern vor allem deshalb, weil die konkrete Umsetzung der Arbeitszeitverkürzung über Betriebsvereinbarungen erfolgte. Damit wurde zum ersten Mal relevante tarifliche Normsetzungsmacht an die Betriebsparteien delegiert. Während der damit eingeleitete *Prozess der 'Verbetrieblichung'*[97] den Bedürfnissen der Einzelbetriebe - und damit den Forderungen der Arbeitgeberverbandsmitglieder - nach mehr autonomen Normsetzungsbefugnissen entsprach, waren für Beschäftigte wie Gewerkschaften damit mehr Risiken als Chancen verknüpft (Schmidt/Trinczek 1988a).

Wenn ehemals tariflich einheitlich festgelegte Arbeits- und Entlohnungsbedingungen verstärkt im Betrieb ausgehandelt werden, so bedeutet dies zunächst eine Aufwertung und einen Kompetenzgewinn für die innerbetrieblichen Verhandlungsakteure: Geschäftsleitung und Betriebsrat. Während die Geschäftsleitungen dies aufgrund ihrer ohnehin vorhandenen Machtprärogative sowie (zumindest in größeren Betrieben) ausreichender Ressourcenausstattung vor allem als Autonomiegewinn begreifen konnten, sind die Betriebsräte für diese Aufgabe eher unzureichend ausgestattet bzw. verfasst. Dies gilt erstens in machtpolitischer Hinsicht, zweitens bezüglich der ihnen zur Verfügung stehenden Ressourcen und drittens im Hinblick auf ihre spezifische Interessensituation im Spannungsfeld zwischen betrieblichen und Beschäftigteninteressen.

Der zentrale Einwand aus Beschäftigtensicht gegen eine Verbetrieblichung des Aushandlungsgeschehens ist sicher die Friedenspflicht und das rechtliche Gebot vertrauensvoller Zusammenarbeit zwischen Betriebsrat und Geschäftsleitung, das den Betriebsrat - verglichen mit der Gewerkschaft - zum wesentlich weniger durch-

---

[97] Mit dem Begriff der 'Verbetrieblichung' ist hier sowie im folgenden ausschließlich die Verlagerung tarifpolitischer Regelungsmacht in die Betriebe gemeint, wie sie erstmals in relevantem Ausmaß 1984 im Kontext des Tarifkompromisses zur Arbeitszeitverkürzung in der Metallindustrie erfolgte (vgl. Schmidt/Trinczek 1986a, 1986 b,1988a, 1988b). Die Einengung des Begriffs auf den Bereich intentionaler Gestaltung der Tarifparteien erscheint sinnvoll, um eben diesen Aspekt von den Auswirkungen staatlicher Deregulierung und den damit verknüpften Folgewirkungen auf die Handlungsbedingungen der Tarifparteien zu unterscheiden.

setzungsfähigen Interessenvertreter macht. Obwohl interessenbewusste BelegschaftsvertreterInnen in kampfstarken Betrieben arbeitskampfähnliche Aktivitäten durchaus zum Repertoire ihrer Machtmittel zählen (vgl. Bosch u.a. 1999), sind die Möglichkeiten des Betriebsrats in dieser Hinsicht aufgrund der Rechtslage beschränkt. Besonders schwierig ist die Situation in Konzernbetrieben, wo es die Betriebsräte der Einzelbetriebe mit der koordinierten Strategie des Gesamtkonzerns zu tun haben und leicht gegen die Betriebsräte anderer Standorte ausgespielt werden können. In jedem Fall ermöglicht der Rollenwechsel des Betriebsrats von einem Kontrolleur der Tarifeinhaltung zu einer tarifgestaltenden Instanz eine verstärkte innerbetriebliche Einflussnahme der Unternehmer auf die Tarifnormen, da sie gegenüber Betriebsrat und Belegschaft leichter Pressionen ausüben können als dies gegenüber einer überbetrieblichen gewerkschaftlichen Interessenvertretung möglich ist.

Des weiteren war und ist fraglich, inwiefern die Betriebsräte den neuen zusätzlichen Arbeitsaufgaben sowohl quantitativ wie qualitativ gewachsen sind. Die Verlagerung von Regelungsaufgaben bedeutet in jedem Fall einen zusätzlichen Zeit- und Arbeitsaufwand, der insbesondere Betriebsräte in kleineren Unternehmen vor Probleme stellt, - vor allem dann, wenn kein freigestellter Betriebsrat existiert. Zudem ist fraglich, inwiefern die zumindest in Westdeutschland 'betriebsratstypische' Vorbildung als qualifizierter Facharbeiter für eine argumentativ durchsetzungsfähige Interessenpolitik noch ausreicht, wenn neue Aufgabenbereiche die Betriebsratsarbeit nicht nur quantitativ umfangreicher, sondern auch qualitativ anspruchsvoller und komplexer machen (z.B. beim Einsatz neuer Technologien).

Drittens kompliziert eine Verbetrieblichung des Verhandlungsgeschehens für die Betriebsräte auch den Prozess der Interessenaggregation und der Definition ihrer Vertretungsziele. Wenn die BelegschaftsvertreterInnen nämlich nicht mehr 'nur' auf die Einhaltung vorgegebener Regeln achten müssen, sondern zunehmend aus einem Set vorgegebener Wahlmöglichkeiten oder zur Diskussion stehender 'Bandbreiten' die aus ihrer Sicht betrieblich angemessene Lösung erst auswählen müssen, so erfordert dieser Prozess nicht nur erheblich mehr Diskussionsaufwand, er konfrontiert die Betriebsräte auch in neuem Maße mit dem alten Dilemma, verschiedensten Interessen und Anforderungen gerecht werden zu müssen. So müssen sie in ihrer Vertretungspraxis sowohl die Interessen verschiedener Belegschaftsgruppen vermitteln als auch einen adäquaten Kompromiss zwischen den spezifischen Beschäftigteninteressen einerseits und den 'gemeinsamen' Interessen von Kapital und Arbeit andererseits finden (vgl. Kap.I.3). Sie werden zum potenziellen Adressaten für Managementforderungen und -pressionen, die darauf zielen, die 'gemeinsamen' betrieblichen Interessen auch auf Kosten gewerkschaftlicher Solidaranforderungen zu wahren. Dies birgt erheblichen innerbetrieblichen Konfliktstoff und nicht zuletzt auch die Gefahr, dass sich Interessenwidersprüche in der Belegschaft in den Betriebrat hinein verlängern.[98]

---

[98] Dementsprechend war die Einschätzung der Verbetrieblichung im Gefolge des Tarifabschlusses vom Juli 1984 durch die Betriebsräte in ihrem Tenor deutlich negativ. Sie bewerteten ihre Umsetzungsaufgabe kaum positiv als neu zuerkannten Kompetenzzuwachs, sondern waren im Gegenteil der Meinung, „man habe

Der heikelste Punkt an einer Verbetrieblichung der Verhandlungsbeziehungen ist aber wohl nicht die innerbetriebliche Kompromissfindung selbst, sondern die Frage, ob eine verstärkt einzelbetrieblich stattfindende Interessenvermittlung auf Dauer ausreicht für eine system-adäquate Regelung der Lohn- und Arbeitsbedingungen auf gesamtwirtschaftlicher sowie –gesellschaftlicher Ebene. Die mit einer dezentralisierten Umsetzung von Tarifnormen verknüpfte Differenzierung und Heterogenisierung der betrieblichen Bedingungen ist eine schwierige Ausgangsbasis für jede allgemeinverbindliche Neuverhandlung von Tarifkonditionen, - selbst wenn es sich nur noch um die tarifliche Festlegung von Rahmenbedingungen handeln sollte. Es entstehen wesentlich erhöhte Informations- sowie Koordinationsnotwendigkeiten zwischen Organisation und Mitgliedern. Dies droht insbesondere die Organisationsstrukturen der Gewerkschaften auf Dauer zu überlasten. Die erheblich steigenden Beratungs- und Betreuungsanforderungen stellen dabei nicht nur ein quantitatives Ressourcenproblem für die Gewerkschaften dar. Die Frage, ob es den Gewerkschaften gelingt, die Betriebsräte auf übergreifende gewerkschaftliche Zielstellungen zu verpflichten, erscheint angesichts erweiterter betrieblicher Handlungs- und Entscheidungsspielräume vielmehr wichtiger denn je für ein Funktionieren des bundesdeutschen dualen Systems industrieller Beziehungen und des Tarifsystems als Teil desselben, - und es erscheint ebenso ungewisser denn je.

Als Ausweg aus diesem Dilemma wurde in der Vergangenheit immer wieder eine „Verbetrieblichung der Gewerkschaftsarbeit" (Schmidt/Trinczek 1993:198) gefordert, im Sinne einer Intensivierung gewerkschaftlicher Basisarbeit, welche den tarifpolitischen Dezentralisierungsprozess gleichsam 'von unten' absichern und koordinieren sollte. So wurde beispielsweise die Einrichtung betrieblicher Tarifkommissionen angedacht (vgl. u.a. Kurz-Scherf 1987, Hildebrandt 1989, Schmidt 1989), um das betriebliche Verhandlungsgeschehen enger an die Mitglieder anzubinden, den Alleinvertretungsanspruch der Betriebsräte durch eine basisdemokratische Institution zu kontrollieren und damit auch die Gewerkschaften wieder stärker im Betrieb zu verankern. Diese in der Gewerkschaftsgeschichte keineswegs neuen Vorstellungen[99] scheiterten jedoch bislang nicht nur stets am Widerstand der Unternehmer sowie dem Unwillen des Gesetzgebers, sondern auch an den strategischen

---

ihnen den Schwarzen Peter zugeschoben"; sie hätten „die Suppe der Tarifparteien auslöffeln" müssen (Schmidt/Trinczek 1986b:648). Auch ihre gestärkte Position gegenüber der Gewerkschaft wurde kaum gesehen oder positiv bewertet. Angesichts der weit verbreiteten Zufriedenheit der Belegschaften mit der letztlich erfolgten Umsetzung der Arbeitszeitverkürzung konnten die meisten Betriebsräte zwar aus den betrieblichen Verhandlungen auch neues Selbstbewusstsein schöpfen, „diese positive Erfahrung [wurde] jedoch durch den überaus hohen Zeit- und Arbeitsaufwand" geschmälert. Viele fühlten sich überfordert. Die Hälfte der von Schmidt/Trinczek befragten Betriebsräte plädierte daher für eine 'Re-Tariflichung', die übrigen zumindest für verbindlichere, enger gefasste Vorgaben (ebd.).

[99] Das Konzept einer 'betriebsnahen Tarifpolitik' wurde erstmals 1958 auf dem 5. ordentlichen Gewerkschaftstag der IG Metall von dem Vorstandsmitglied Fritz Salm vorgetragen und in den Jahren 1958-1961 in verschiedenen Artikeln der Zeitung 'Der Gewerkschafter' von ihm weiter konkretisiert. Hintergrund der Debatte war die ausgeprägte Lohndrift Ende der 50er Jahre, d.h. die Tatsache, dass die Reallöhne erheblich über den Tariflöhnen lagen, wodurch „das Interesse der Kollegen am Tarifvertrag und auch an der Tarifpolitik der Gewerkschaft geringer wird" (Salm 1958:134, zit. n. Bergmann u.a. 1979:214).

Organisationsnotwendigkeiten der Gewerkschaften. Dass eine intensivierte gewerkschaftliche Betriebspolitik kaum realisiert wurde, hat im wesentlichen dieselben Gründe, warum auch die Vertrauensleutekörperarbeit stets ein 'Stiefkind' gewerkschaftlicher Politik blieb: An erster Stelle ist hier das Misstrauen und die Blockadehaltung vieler Betriebsräte gegenüber dem Aufbau einer von ihnen unabhängigen und potentiell mit ihnen rivalisierenden innerbetrieblichen Institution der Interessenvertretung zu nennen, - sowie die existentielle Angewiesenheit der Gewerkschaften auf eine gute Kooperation mit den Betriebsräten angesichts fehlender eigenständiger Verankerung in den Betrieben. Zugleich war und ist aber auch der hauptamtliche gewerkschaftliche Funktionärskader i.d.R. nicht ganz frei von einer gewissen Scheu gegenüber einer zu starken und womöglich unkontrollierbaren Machtverlagerung 'an die betriebliche Basis'. So blieben die (aus gewerkschaftlicher Sicht) ohnehin beschränkten Chancen einer Verbetrieblichung von Tarifpolitik - nämlich die Restrukturierung und Erweiterung gewerkschaftlicher Betriebsarbeit über eine Aktivierung und verstärkte Einbeziehung der Gewerkschaftsmitglieder in den Prozess der Tarifgestaltung - bislang weitgehend ungenutzt.

3.4 Erste Brüche im bundesdeutschen System industrieller Beziehungen

Das bundesdeutsche Modell industrieller Beziehungen hatte sich in den prosperierenden Nachkriegsjahrzehnten als arbeitsteiliges, duales System etabliert. Faktisch existierte die 'widersprüchliche Einheit' einer stark verrechtlichten, wirtschaftsfriedlichen Betriebsverfassung und eines Systems der Tarifvertragspolitik, das von zentralisierten, weitgehend kooperativ verhandelnden Tarifparteien gestaltet wurde, welche das Monopol der - zumindest legalen - Arbeitskampftätigkeit innehatten. Insbesondere die Gewerkschaften agierten als Tarifpartei zunehmend koordiniert, was die branchen-, betriebs- und regionenübergreifend einheitliche Festlegung von Lohn- und Arbeitszeitstandards ermöglichte, die im wesentlichen unter Berücksichtigung volkswirtschaftlicher Stabilitätsimperative erfolgten. Stabilisiert wurde dieses - stark auf Interessenvermittlung statt -durchsetzung - angelegte Arrangement zudem durch staatliche Organisationshilfen und korporatistische Arrangements.

Bereits im Laufe der 80er Jahre deutete sich jedoch an, dass die Funktionsfähigkeit dieses institutionellen Modells in wesentlichen Punkten kontextabhängig ist und seine Voraussetzungen im historischen Prozess möglicherweise eine spezifische Halbwertszeit besitzen, die demnächst endgültig erreicht sein könnte. Im Gefolge des wirtschaftlichen, politischen und gesellschaftlichen Strukturwandels zeichneten sich insbesondere drei Entwicklungen ab, die allesamt in Richtung auf eine Dezentralisierung der Aushandlung von Lohn- und Arbeitsbedingungen wirkten:

Erstens wirkten veränderte gesetzliche Rahmenbedingungen im Sinne einer allgemeinen 'Denormierung' oder 'Deregulierung' der Arbeitsverhältnisse und evozierten die Notwendigkeit einer Re-Regulierung auf anderen Verhandlungsebenen - seien diese nun tariflicher, betrieblicher oder individueller Art. Zweitens erzwang der wirtschaftliche sowie gesellschaftliche Strukturwandel eine Abkehr von der bislang üblichen, v.a. an quantitativen Parametern sowie stark vereinheitlichenden Normen orientierten Tarifpolitik und machte eine 'qualitative Wendung' nötig, - eine Aufgabe, die nur schwer auf einer allgemeinverbindlichen, überbetrieblichen Ebene gelöst werden kann. So etablierte sich drittens in dieser Situation - quasi bereits als Anpassungsreaktion auf die neuen Problemlagen - mit dem Arbeitszeitkompromiss in der Metallindustrie ab 1984 eine neue Kompromissformel zwischen Gewerkschaften und Arbeitsgeberverbänden: die partielle Verbetrieblichung tariflicher Regelungsbereiche. Die ersten Tarifverträge über eine betrieblich auszuhandelnde Arbeitszeitflexibilisierung waren in ihren Regelungen noch vergleichsweise restriktiv. Zudem wurden die unternehmerischen Flexibilitäts- und letztlich auch Autonomiegewinne den Gewerkschaften und Beschäftigten (zunächst noch) mit materiellen Zugeständnissen entgolten - ein Tausch, der für die Gewerkschaften durchaus auch Vorteile versprach: Angesichts erschwerter Durchsetzungsbedingungen drohte der Kampf um materielle Verbesserungen für *alle* abhängig Beschäftigten die gewerkschaftliche Kampfkraft zunehmend zu überfordern. Aus heutiger Sicht lässt sich zudem die Feststellung treffen, dass die Gewerkschaften mit dem Zugeständnis größerer betrieblicher Spielräume in den 80er Jahren lediglich einer Entwicklung nachgaben, die sich inzwischen auch in den meisten anderen europäischen Ländern durchgesetzt hat und die letztlich wohl kaum völlig zu verhindern gewesen wäre. Die trotz massiver wirtschaftlicher und gesellschaftlicher Veränderungsprozesse vergleichsweise hohe institutionelle Stabilität des bundesdeutschen Systems industrieller Beziehungen in den 80er Jahren wurde von internationalen Beobachtern daher häufig auf die spezifische duale Kombination von betrieblichem und gewerkschaftlichem Interessenhandeln zurückgeführt. Die Verschränkung von Betriebsratshandeln und Tarifpolitik ermögliche ein flexibles „negotiated adjustment" (Thelen 1991) an die veränderten Rahmenbedingungen. Die Verlagerung von Regelungsmacht 'nach unten' wurde somit als flexible und erfolgreiche Reaktion auf den Trend zur Dezentralisierung interpretiert. Die Wertung, wonach „anders als viele andere europäische Ökonomien das deutsche System zentralisierter Lohnverhandlungen in den 80er Jahren nicht unter dem Trend zur Dezentralisierung litt" (Hassel 1999:484), verkennt jedoch die Bedeutung des Umbruchprozesses im Bereich industrieller Beziehungen, der bereits in den 80er Jahren begann. Dass die in den 80er Jahren erfolgten Anpassungsleistungen die sich aus dem Dezentralisierungszwang ergebenden Probleme eher verschoben als gelöst haben, zeigt sich bei genauerer Betrachtung ihrer Auswirkungen auf das komplexe Regelungsgeflecht industrieller Beziehungen. Bereits in den 80er Jahren sind nämlich jene Problemlagen zu erkennen, die unter dem Druck wirtschaftlicher Internationalisierung sowie der neuen Handlungskonstellation nach der Wirtschafts-, Währungs- und Sozialunion inzwischen zu erheblichen Regelungsdefiziten geführt haben:

Die Arbeitsteilung zwischen betrieblicher und gewerkschaftlicher Interessenvertretung beruhte auf einer *Aufteilung von Zuständigkeiten, denen die jeweiligen Möglichkeiten der Interessendurchsetzung entsprachen*. Dabei waren die Betriebsräte primär für die Vertretung betriebsspezifischer sowie individueller Interessen zuständig, für die ihre im Betriebsverfassungsgesetz vorgesehenen Rechte im Großen und Ganzen ausreichten - angesichts der Tatsache, dass die wesentlichen Parameter im Austauschverhältnis von Lohn und Leistung auf tariflicher Ebene bestimmt wurden. Die Gewerkschaften waren für die verteilungspolitische Aushandlung durch ihre Verfügungsgewalt über die 'scharfe Waffe' des Arbeitskampfes machtpolitisch ebenfalls zufriedenstellend ausgestattet - wobei die Kontrolle über die ausgehandelten Bedingungen wiederum den basisnäheren Betriebsräten zufiel. Eine gewisse Crux der gewerkschaftlichen Organisationssituation lag gleichwohl permanent darin, dass sie als 'kooperative Einheitsgewerkschaften' auf ausgesprochen effektive Mechanismen der Interessenaggregation angewiesen waren. Das für ihre Vertretungspraxis adäquate Niveau an Allgemeinheit und Solidarisierungsfähigkeit bei der Definition ihrer Tarifziele wurde lange Zeit durch eine Tarifpolitik gewährleistet, die v.a. auf quantitative Aspekte des Lohn-Leistungsverhältnisses zielte. Der wirtschaftliche und gesellschaftliche Strukturwandel (Rationalisierungsprozess, neue arbeitsinhaltliche sowie beschäftigungs-politische Problemlagen und Anforderungen, neue Interessenlagen und –schwerpunkte der Beschäftigten) erforderte jedoch zunehmend die Vertretung von Interessen, welche nur schwer auf einer allgemeinverbindlichen, überbetrieblichen Ebene aggregierbar waren und in starkem Maße betriebsspezifisch formuliert werden mussten (Rationalisierungsschutz, differenzierte sowie flexible Arbeitszeitmuster, Anwendungsbedingungen neuer Technologien etc.). Eine solche betriebsspezifische, stärker ‚qualitativ' ausgerichtete Tarifpolitik droht jedoch beide Säulen des dualen Systems industrieller Beziehungen zu überfordern - die Betriebsräte in machtpolitischer Hinsicht, die Gewerkschaften in organisationspolitischer Hinsicht.

Die funktionierende kooperative Interessenvermittlung von Kapital und Arbeit beruhte zudem auf *ausreichenden Verteilungsspielräumen* sowie auf einem gewissen, auch staatlicherseits gestützten bzw. zumindest tolerierten *machtpolitischen Gleichgewicht*, das weder die Machtprärogative des Kapitals noch einen grundlegenden Einfluss der organisierten Beschäftigtenvertretungen in Frage stellte. Angesichts des verschärften Marktwettbewerbs, veränderter staatlicher Regulierungskonzepte sowie struktureller Massenarbeitslosigkeit gerieten beide Voraussetzungen ins Wanken. Eine verschärfte interessenpolitische Linie der Arbeitgeberverbände und die Aufkündigung korporatistischer Arrangements verwies Gewerkschaften sowie Betriebsräte wieder verstärkt auf ihre 'primären Machtquellen' - die jedoch zugleich angesichts der prekären Verwertungssituation vieler Betriebe, und der disziplinierend sowie entsolidarisierend wirkenden Massenarbeitslosigkeit geschwächt waren. Zentrale Reaktionsweisen auf diese neue Situation waren *Prozesse der 'sozialen Schließung'*. Auf gewerkschaftlicher Ebene fanden diese ihren Ausdruck in der segmentären Besitzstandssicherung für die organisatorische Kernklientel, welcher jedoch zu Beginn der 80er Jahre immerhin noch das solidarische Konzept einer allgemeinen Arbeitszeitverkürzung gegenüberstand. Noch deutlicher zu erkennen ist die 'segmentäre Wendung' der Vertretungspolitik dagegen auf betrieblicher Ebene. Während die Gewerkschaften nämlich aus organisationspolitischen Motiven geradezu gezwungen sind, den expliziten Anspruch auf eine Interessenvertretung *aller* abhängig Beschäftigten zu formulieren, sind die Betriebsräte schon per definitionem ausschließlich die Interessenvertretung 'ihrer' Belegschaft. Diese im deutschen dualen System angelegte Beschränkung des Vertretungsanspruchs fördert betriebspartikularistische Tendenzen, - ein Mechanismus, der vom Gesetzgeber explizit gewollt und historisch bewusst als Mechanismus der 'Bezähmung' der betrieblichen Gewerkschaftsbasis gedacht war. Wenn geringe Aushandlungsspielräume und die Bedrohung der Arbeitsplätze den Verhandlungsspielraum der Betriebsräte in wirtschaftlichen Krisenzeiten jedoch weiter reduzieren, so liegt es für diese nahe, ihre Interessenvertretung auf Maßnahmen der Besitzstandswahrung und zu zentrieren und zu diesem Zweck auch verstärkt 'betriebliche Produktivitätsbündnisse' einzugehen (Hohn 1988:14ff.). Besonders folgenreich wird diese Tendenz dadurch, dass die Betriebsräte im Rahmen einer zunehmend verbetrieblichten Tarifpolitik neue Aushandlungsbefugnisse übertragen bekommen haben. Ihre im wesentlichen einer betrieblichen Logik folgenden Verhandlungs- und Konsensmuster dürften jedoch weder umstandslos mit den Erfordernissen übergreifender gewerkschaftlicher Tarifstrategien kompatibel seien, noch mit der gesamtgesellschaftlichen Zielstellung einer Egalisierung der Lebens- und Arbeitsbedingungen.

Die durch den formalen Ausschluss der Gewerkschaften aus den Betrieben im dualen System angelegte 'institutionelle Schwäche der Gewerkschaften' an ihrer Mitgliederbasis kam lange Zeit faktisch kaum zum Tragen, da eine enge personelle wie funktionale Verschränkung von Betriebsräten und Gewerkschaften existierte. Aufgrund der Persistenz einer über Jahrzehnte gewachsenen Organisationskultur ist diese enge Kooperation auch für die 80er Jahre und bis heute (zumindest in Westdeutschland) empirisch vorfindbar (vgl. Schmidt/Trinczek 1998:25). Dennoch mehren sich die Anzeichen für eine *Aushöhlung dieser Kooperationsbeziehung zwischen Betriebsräten und Gewerkschaften*. Dies geht erstens auf die Verbetrieblichung der (zunehmend qualitativ bestimmten) Tarifpolitik zurück, welche die Regelungskompetenzen der Betriebsräte auf Kosten der Gewerkschaften stärkt, ohne dass diese Entwicklung durch eine intensivierte gewerkschaftliche Betriebspolitik begleitet und 'abgesichert' worden wäre; zweitens sind die verstärkten betriebspartikularistischen Vertretungsstrategien der Betriebsräte notwendig begleitet von Distanzierungsprozessen gegenüber der Gewerkschaft, denn die Erfordernisse betriebsspezifischer und betriebsübergreifender, kollektiver Interessenvertretung tendieren gerade in Krisenzeiten dazu, sich gegenseitig auszuschließen oder sind jedenfalls nicht umstandslos vermittelbar. Wenn jedoch die Scharnierfunktion der Betriebsräte zwischen Gewerkschaftsorganisation und Mitgliedern, zwischen kollektiver Interessendurchsetzung und betrieblicher Interessenformulierung sowie -umsetzung nicht mehr gegeben ist, so stellt dies eine grundlegende Bestandsbedrohung für das bundesdeutsche System industrieller Beziehungen dar. Die seit Beginn der 90er Jahre auch in der Öffentlichkeit verstärkt diskutierte 'Krise des Tarifsystems' ist in dieser Perspektive nicht unwesentlich als Kristallisationspunkt eines Veränderungsprozesses zu begreifen, der bereits in den 80er Jahren begann und inzwischen zu grundlegenden Verschiebungen im Gesamtsystem industrieller Beziehungen führte (vgl. die folgenden Kapitel II.4 und II.5).

4. Das bundesdeutsche Tarifsystem in der Krise: Der Flächentarifvertrag unter dem Druck der Lohnkostenreduktion

In den beiden vorangegangenen Abschnitten wurde dargestellt, wie sich das spezifisch 'deutsche Modell' der Tarifbeziehungen vor dem Hintergrund fordistisch geprägter Produktions- und Regulationsstrukturen in den ersten Nachkriegsjahrzehnten herausbildete und welche Veränderungsprozesse v.a. seit Beginn der 80er Jahre aufgrund des einschneidenden Strukturwandels von Wirtschaft und Gesellschaft zu beobachten waren. Während die tarifpolitischen Dezentralisierungstendenzen in den 80er Jahren noch primär als Versuche einer qualitativen Anpassung an veränderte strukturelle Bedingungen zu verstehen waren, so gingen die tarifpolitischen 'Reform'bestrebungen in den 90er Jahren v.a. von den Unternehmern aus; sie zielten in erster Linie auf eine Reduktion der Lohnkosten und quantitative Abstriche an den gültigen Tarifstandards. Dies wurde insbesondere mit der beschleunigten Internationalisierung von Produktions-, Markt- und Konkurrenzstrukturen begründet, - eine Tendenz, die oft unscharf unter den Begriff der 'Globalisierung' gefasst wird (Kap.4.1).[100] Angesichts der tiefsten Rezession der Nachkriegszeit 1992/93 sowie explodierender Arbeitslosenzahlen in beiden Teilen Deutschlands, gelang es den Arbeitgeberverbänden (unterstützt durch die konservative Bundesregierung) ab 1993 eine Wende der Tarifpolitik durchzusetzen. In der Folgezeit 'bezahlten' die Gewerkschaften die Aufrechterhaltung des kooperativen Modells intermediärer Tarifpolitik damit, dass Tarifpolitik zunehmend als Standortpolitik definiert wurde (Kap.4.2). Auch die betrieblichen Interessenvertretungen sahen sich verstärkt in die Defensive gedrängt und in einer Situation 'zwischen Kooperation und Erpressung' (Kap.4.3). Die Konsequenz dieser Entwicklung ist eine Radikalisierung der bereits in den 80er Jahren beobachtbaren tariflichen Dezentralisierungstendenzen, - in einem Maße, dass fortan begrifflich exakter von 'Erosions- und Deregulierungstendenzen' des deutschen Tarifsystems die Rede sein wird. Diese vollzogen sich in einer Doppelbewegung einer Flexibilisierung der Tarifbestimmungen 'von oben' durch die Tarifparteien selbst und zugleich einer Uminterpretation oder Nicht-Einhaltung der Tarifbestimmungen 'unten' in den Betrieben (vgl. Kap.5). Infolgedessen wird gegenwärtig der 'Fall Deutschland' auch international nicht mehr als Paradebeispiel institutioneller Stabilität gehandelt, sondern zunehmend als prekäres Modell mit ungewisser Zukunft (vgl. z.B. Crouch/Streeck 1995, Visser/Van Ruysseveldt 1996, Hassel

---

[100] Im Rahmen dieser Arbeit können die komplexen Ursachen und Folgen des wirtschaftlichen Internationalisierungsprozesses für national verfasste Tarifsysteme nur angedeutet werden. Vgl. hierzu genauer die bereits etwas ältere Studie von Altvater/Mahnkopf 1993 sowie ihre grundlegende Arbeit zur Dynamik der Globalisierung Altvater/Mahnkopf 1996a. In der Folgezeit konzentrierte sich - angesichts eines besonders dynamischen wirtschaftlichen und währungspolitischen Integrationsprozesses in Europa - das wissenschaftliche Interesse v.a. auf die Konsequenzen der europäischen Währungsunion für die nationalen Tarif- und Lohnpolitiken (vgl. etwa Busch 1994, Jacoby/Pochet 1996, Schulten/Bispinck 1999). Ein aktueller länderspezifischer Überblick über die Situation der Tarifpolitik angesichts der europäischen Währungsunion in verschiedenen (v.a. den größeren) Mitgliedsstaaten der EU findet sich bei Pochet 1999.

1999). Die Funktionsfähigkeit des deutschen dualen Systems schien zum Ende der 90er Jahre in einem Maße bedroht, dass berechtigterweise von einer 'Krise des deutschen Systems industrieller Beziehungen' gesprochen werden konnte (Kap. 4.4).

4.1 Realität und Ideologie des Internationalisierungsprozesses

Den Prozess wirtschaftlicher Internationalisierung zum Charakteristikum der 90er Jahre zu erklären, ist strenggenommen fragwürdig. Nicht nur Altvater/Mahnkopf (1996a:25) haben berechtigterweise darauf hingewiesen, dass „den Weltmarkt zu schaffen, im Begriff des Kapitals angelegt" sei. Schon immer hat die kapitalistische Produktionsweise die Tendenz zu schrankenloser Produktion und Ausdehnung der Kapitalverwertung auf immer erweiterter Stufenleiter impliziert. Und doch erscheint die Kennzeichnung der 90er Jahre als Jahrzehnt verstärkter wirtschaftlicher Internationalisierung gerechtfertigt - in zweierlei Hinsicht: In der einschlägigen Literatur ist man sich weitgehend einig, dass v.a. aufgrund völlig neuartiger technischer Möglichkeiten der internationalen Kommunikation und Zirkulation der Prozess wirtschaftlicher Internationalisierung in den letzten zehn bis zwanzig Jahren in ein qualitativ neues Stadium eingetreten sei.[101] Jenseits dieser realen neuartigen Entwicklungen existierte zudem eine ausgesprochen intensive gesellschaftliche Debatte zum Thema 'Globalisierung', innerhalb derer die Radikalität sowie Unausweichlichkeit dieses Prozesses häufig überzeichnet erschien. Indem der oft idealtypisch vorgestellte Prozess einer weltweiten 'Globalisierung' zur vorherrschenden Interpretationsfolie für wirtschaftliche Entwicklungen wurde, wurden teils fiktive Handlungszwänge imaginiert, die jedoch eine sehr reale Wirksamkeit in den Unternehmen entfalteten. Um die strukturell-reale Ebene verstärkter Internationalisierung von der politisch-ideologischen Ebene zu unterscheiden, hat Ulrich Beck (1997a) die begriffliche Unterscheidung von „Globalität" versus „Globalismus" eingeführt.

Es sind insbesondere drei reale Entwicklungen verstärkter 'Globalität' zu nennen, die es rechtfertigen, von qualitativ neuartigen Kapitalverwertungsstrategien zu sprechen:

Erstens wurden seit den 70er Jahren die internationalen Kapital- und Finanzmärkte weitgehend liberalisiert und dereguliert. Devisen- und Kapitalverkehrskontrollen wurden fast völlig abgeschafft. In der Folge kam es zu einer massiven Internationalisierung des Geldverkehrs und zu einer immer stärkeren Abkopplung der Finanzsphäre von der realen Produktionsentwicklung. So zielt das neue Schlagwort vom 'shareholder value'-Kapitalismus (z.B. Bischoff 1994, Schauer 1998, Hirsch-Kreinsen 1999) auf das Phänomen, dass die Kapitalverwertung im produktiven

---

[101] In vielen Publikationen (z.B. Dörre 1997, Bispinck/Schulten 1998) werden im wesentlichen zwei Lager der wissenschaftlichen Debatte unterschieden, das der 'globalisation sceptics' oder 'Anti-Globalisten' und das der 'hyper globalists'. In beiden Lagern ist man sich jedoch mit nur sehr wenigen Ausnahmen (etwa Hirst/Thomson 1996) bezüglich der Existenz eines realen qualitativ neuartigen Internationalisierungsschubs einig.

Bereich sich zunehmend an der auf den Aktienmärkten möglichen Kapitalrendite und damit an Maßstäben messen lassen muss, die nicht mehr durch die gegebenen Produktions- und Verwertungsmöglichkeiten gesetzt werden, sondern durch die Gewinnmargen der Aktienmärkte. „Kritiker sehen in diesem Konzept vor allem einen Versuch, durch eine kurzfristige Ausrichtung von Managemententscheidungen an den Interessen der Kapitaleigner die Aktienwerte und Dividenden auf Kosten langfristig ausgerichteter Unternehmensstrategien nach oben zu treiben" (Hirsch-Kreinsen 1999:322).

Zweitens wird ein erheblicher „Machtzuwachs international organisierter Konzerne und Kapitalgesellschaften" diagnostiziert, die als „global players strategische Akteure der Globalisierung darstellen" (Hirsch-Kreinsen 1997:487). Der Vorstellung, es handele sich dabei um völlig „bindungslose Unternehmen" (Dörre 1997) ohne jegliche nationale Verankerung wurde in der einschlägigen Literatur mittlerweile in vielfacher Hinsicht widersprochen. Da sich die Produktionsnetzwerke sowie Handelsbeziehungen der 'global players' vor allem auf die entwickelten Industrieländer und innerhalb dieser wiederum auf bestimmte Industrieregionen konzentrieren, sei eher von transnationalen denn globalen Unternehmen zu sprechen (vgl. z.B. Hirsch-Kreinsen 1997:488f., Trinczek 1996:70f.)[102]. Auch Standortentscheidungen würden häufig nicht durch eine wirklich globale Auswahl auf Basis internationaler Kostenvergleiche getätigt, sondern es sei in der Regel eher das Ziel der Präsenz in einem bestimmten Markt maßgeblich (z.B. Traxler 1998). Einer weltweiten 'idealen' Verteilung von Unternehmensaktivitäten entlang einer strikten Kapitalverwertungslogik ständen zudem vielfache organisatorische, kulturelle, produktionsstrukturelle, qualifikatorische und auch durchsetzungspolitische Hindernisse entgegen (vgl. hierzu z.B. Dörre 1997, Hirsch-Kreinsen 1997, Krätke 1997, Kädtler 1998). Für das erfolgreiche Agieren auf dem Weltmarkt seien vielmehr in der Regel stabile politische Netzwerke an einer „heimischen Operationsbasis" vonnöten (Dörre 1997:274), was die privilegierte Zusammenarbeit mit den politischen Akteuren in einem bestimmten Nationalstaat zu einer Notwendigkeit mache.

Trotz dieser vielfachen Differenzierungsbemühungen am Bild des 'global players' in der wissenschaftlichen Literatur ist jedoch im politischen Geschehen nach wie vor die Existenz einiger beispielhafter Schlüsselunternehmen, in denen näherungsweise eine transnationale Optimierung der Wertschöpfungskette realisiert wurde, diskussionsprägend sowie handlungsleitend. Als Beweise und Vorbilder für die Machbarkeit von Internationalisierungsoptionen setzen sie neue Maßstäbe für die innerbetrieblichen Verwertungsstrategien. Die durch sie symbolisierte 'Option der Globalisierung' lässt nicht nur die Möglichkeit, sondern auch die Notwendigkeit einer an der Weltmarktkonkurrenz orientierten, radikalen Produktivitätssteigerung als von außen gesetzten Sachzwang erscheinen.

Drittens impliziert der Prozess der finanztechnischen sowie produktionsstrukturellen Internationalisierung eine Verschiebung der Machtverhältnisse zwischen

---

[102] Da die neue Operationsbasis der Unternehmen in der Regel eben nicht 'global', sondern transnational strukturiert ist, ist der Begriff der 'Internationalisierung' dem der 'Globalisierung' vorzuziehen (vgl. auch Traxler 1998).

transnationalen Akteuren einerseits und national begrenzten Regulationsinstanzen sowie territorial gebundenen Akteuren andererseits. Das sicher am stärksten diskutierte Phänomen in diesem Kontext ist der Machtverlust des Nationalstaates gegenüber den internationalen Konzernen des Finanz- und Produktionskapitals. Kritische Schlagwörter, wie das „Absterben des Staates ohne Emanzipation der Gesellschaft" (Negt 1997) oder der Wandel vom keynesianischen Wohlfahrtsstaat zum „neoliberalen Wettbewerbsstaat" (Hirsch 1995, 1998) zielen auf das Phänomen, dass die internationalen Konzerne angesichts ihrer erhöhten Mobilitätsressourcen in die Lage versetzt wurden, die Nationalstaaten untereinander auszuspielen und faktisch in Konkurrenz zueinander zu setzen. Beck (1997b) spricht gar von einem „globalen Kuhhandel", in dem die multinationalen Konzerne versuchen, „die billigsten Steuer- und günstigsten Infrastrukturleistungen zu organisieren". Aber nicht nur Subventionen und Steuervergünstigungen, auch arbeitsrechtliche Vorschriften, Tarifverträge, kurz die Gesamtheit nationaler Institutionensysteme werden angesichts der neuen Wählbarkeit von Investitionsstandorten verstärkt zu Wettbewerbsfaktoren erklärt.

Während die transnationale Beweglichkeit der Unternehmen und damit die Konkurrenz der Nationalstaaten durch die oben bereits erwähnten Faktoren in der Praxis erheblich eingeschränkt wird, macht Traxler (1998) darauf aufmerksam, dass viele dieser mobilitäts-hemmenden Faktoren innerhalb der zunehmend ökonomisch integrierten Volkswirtschaften der EU nicht (mehr) existieren. Insofern stehen „die Volkswirtschaften der EU untereinander mehr in Substitutionskonkurrenz als mit den meisten außereuropäischen Regionen" (ebd.:250) - ein Zustand, der sich mit der Währungsunion und der damit erhöhten Kostentransparenz im Standortvergleich noch verschärfen wird. „Dies führt zu dem Schluss, dass qualitative Veränderungen in der wirtschaftlichen Internationalisierung, die sozialpolitische Gefährdungen im Sinne von 'Sozialdumping' und 'Regime Shopping' (...) auslösen können, weniger auf globaler als auf europäischer Ebene zu verorten sind. Das Problem wirtschaftlicher Internationalisierung ist insofern nicht als Globalisierung, sondern eher als Europäisierung zu begreifen" (ebd.).

Insgesamt ist die arbeits- und tarifpolitische Situation der 90er Jahre also zweifellos von einem Machtzugewinn transnational agierender Unternehmen und Konzerne gegenüber national sowie lokal verankerten politischen Akteuren gekennzeichnet - sowohl aufgrund einer sich real verdichtenden internationalen Wirtschaftsverflechtung, als auch aufgrund einer diskursiven Überzeichnung der 'Globalisierungsprozesse. Vor dem Hintergrund eines konjunkturellen Abschwungs Ende der 80er Jahre in der Bundesrepublik und - nach Ende der sog. 'Vereinigungskonjunktur' - einer der einschneidendsten Rezessionen der Nachkriegszeit 1992/93 war die Diskussion um eine angeblich mangelhafte Konkurrenzfähigkeit des 'Standorts Deutschland' auf dem Weltmarkt in der Bundesrepublik besonders ausgeprägt.[103]

---

[103] Die Intensität der sogenannten 'Standortdiskussion' in der Bundesrepublik Deutschland wurde von internationalen BeobachterInnen als deutsches Spezifikum der 90er Jahre gewertet (vgl. Hege 1999).

4.2 Tarifpolitik als Standortpolitik

Bereits in den 80er Jahren kann die wirtschaftliche Problemkonstellation in allen westlichen Industrienationen relativ ähnlich charakterisiert werden: Zunehmende Kapitalverwertungsschwierigkeiten und stark wachsende Arbeitslosenzahlen gingen einher mit einem verschärften internationalen Konkurrenzdruck und einer sinkenden nationalstaatlichen Fähigkeit zur Regulierung wirtschaftlicher Prozesse. Angesichts des gewachsenen Problemdrucks sowie der Renaissance angebotsorientierter Wirtschaftskonzepte gerieten die tarifpolitischen Akteure verstärkt unter Druck, in nationalem Rahmen die Rentabilitätsbedingungen der Unternehmen durch Lohnzurückhaltung zu verbessern. Dies entsprach auch den Forderungen einer konservativen staatlichen Wirtschaftspolitik, die entsprechend der neoklassischen Lohn- und Beschäftigungstheorie niedrige Löhne zur Voraussetzung für mehr Beschäftigung erklärte.[104] Während die bundesdeutschen Gewerkschaften in den 80er Jahren auf die Beschäftigungsmisere zunächst noch mit einer offensiven Arbeitszeitverkürzungspolitik reagiert hatten, war es in anderen Ländern (etwa in den Niederlanden, Dänemark, Irland) bereits zum Abschluss nationaler Sozialpakte oder Regelungsabsprachen gekommen, mit dem Ziel, durch Lohnmäßigung die nationale Konkurrenzfähigkeit und damit die Arbeitsmarktsituation zu verbessern. Spätestens in den 90er Jahren verallgemeinerte sich jedoch die Tendenz in Europa, Tarifpolitik als nationale Wettbewerbspolitik zu behandeln (Schulten 1999), was einen deutlichen Rückgang der Lohnquote in der EU, eine europaweite Verlangsamung der Arbeitszeitverkürzung sowie eine Renaissance korporatistischer Politikkonzepte - allerdings unter angebotspolitischen Vorzeichen - zur Folge hatte (vgl. Traxler 1993a, Ferner/Hyman 1998b, Hassel 1999). In Deutschland markiert vor allem die sogenannte 'Standortdebatte' eine verschärfte Forderungshaltung von Unternehmern sowie konservativer Regierung gegenüber den Gewerkschaften.

1992 hatte in der BRD die tiefste Rezession der Nachkriegszeit eingesetzt und die Arbeitslosenzahlen in Ost- und Westdeutschland erreichten neue Rekordwerte. In der daraufhin einsetzenden Diskussion um die internationale Wettbewerbsfähigkeit des Wirtschaftsstandortes Deutschland standen vor allem angeblich zu hohe Lohnstückkosten in der BRD im Zentrum der Kritik. Der Wirtschaftskrise unmittelbar vorausgegangen war die Einführung des europäischen Binnenmarkts zu Beginn des Jahres 1992. Dieser Kontext erhöhte noch die Glaubwürdigkeit von Argumenten, wonach die Wirtschafts- und Beschäftigungsmisere aus einer unzureichenden Wettbewerbsfähigkeit des 'Standorts Deutschland' im globalen Konkurrenzkampf resul-

---

[104] Zur Kritik der Konstruktion eines Kausalzusammenhangs zwischen Lohnhöhe und Beschäftigungsgrad vgl. Heise 1996, Wendl 1997. Wendl (1997:100, 104) kritisiert diese als „Ineinssetzung von mikroökonomisch fundier-ten Handlungen von Individuen einerseits und darauf basierenden makroökonomischen Konstruktionen". Es handele sich um eine „Versimpelung komplizierter makroökonomischer Zusammenhänge auf einfache mikroökonomische Sichtweisen", die eine „vorwissenschaftliche Besessenheit" demonstriere. Die Lohnhöhe spiele „für die Frage des Umfangs der Arbeitslosigkeit eine neben anderen Faktoren wie z.B. dem Konjunkturzyklus, der Investitionsquote, der Fiskalpolitik, der Geld- und Währungspolitik eher untergeordnete oder auch davon abhängige Rolle".

tiere. Während die sogenannte 'Globalisierung' als zwangsläufiger ökonomischer Prozess interpretiert wurde, dessen Herausforderungen die deutschen Unternehmen sich zu stellen hätten, gerieten die angeblich 'zu hohen' Tariflöhne sowie das vermeintlich 'zu starre' System der Flächentarifverträge immer stärker in die Kritik.

Gegen diese Argumentation lassen sich vielfache Einwände vorbringen, etwa dass die im internationalen Vergleich relativ hohen Lohnstückkosten in Deutschland in erster Linie durch eine starke DM-Aufwertung sowie das unter allen Industrieländern höchste Niveau an Personalzusatzkosten zu erklären war (vgl. Schnabel 1996), - nicht aber durch eine unverhältnismäßige Steigerung der Tariflöhne oder gar der Nettolöhne der abhängig Beschäftigten[105]; etwa, dass das makroökonomische Problem internationaler Wettbewerbsfähigkeit wesentlich komplexer ist, als dass es auf einen Faktorenkomplex oder gar einen einzigen Faktor - nämlich Lohnstückkosten - reduziert werden könnte (vgl. Hübner/Bley 1996); oder etwa, dass das System flächendeckender Tarifverträge schon deshalb kaum als 'spezifisch deutscher Standortnachteil' aufgefasst werden kann, da der Flächentarif ein „gemeinsames Grundcharakteristikum der europäischen Tarifsysteme im Vergleich zu den meisten übrigen OECD-Ländern" (Traxler 1998:251) darstellt[106] und darüber hinaus in vielfacher Hinsicht eher als Standortvorteil, denn -nachteil gelten kann (z.B. Arlt 1996).

Obwohl also die sogenannte 'Standortdiskussion' im wesentlichen als eine ideologische Diskussion von interessierter Seite gelten kann, hätte sie vermutlich nie eine derartig hegemoniale Stellung in der gesellschaftlichen Diskussion erringen können, wenn nicht parallel auch reale Prozesse gewachsener unternehmerischer 'Globalität'

---

[105] Die Lohn- und Gehaltstarifpolitik der 80er Jahre in der BRD war im Gegenteil - gemessen an Produktivitäts-kennziffern und Inflationsrate - von ausgesprochen moderaten Entgeltsteigerungen und teilweise sogar Reallohneinbussen geprägt. Die Gewerkschaften blieben in den 80er und in der ersten Hälfte der 90er Jahre in ihren Tarifergebnissen deutlich unter dem selbst von der neoklassischen Theorie zugestandenen Lohnerhöhungsspielraum von Preissteigerungsrate plus Produktivitätswachstum (der allerdings nach der Neoklassik auch nie voll ausgeschöpft werden sollte) (Wendl 1997). Lediglich im Zuge der kurzfristigen 'Vereinigungskonjunktur' 1990 und 1991 konnten die Gewerkschaften vorübergehend Tarifsteigerungen durchsetzen, die deutlich über dem Anstieg der Lebenshaltungsko-sten lagen (vgl. Bispinck 1995b:13f.). Insofern weist Schnabel (1996:102) darauf hin, dass zwischen 1980 und 1994 die Steigerung der nominalen Arbeitskosten je Stunde im westdeutschen Verarbeitenden Gewerbe eher unterhalb der Steigerung in den meisten anderen europäischen Ländern lag. Ein ähnliches Bild ergebe sich unter Berücksichtigung der Produktivitätsentwicklung, d.h. in Bezug auf die Entwicklung der nominalen Lohnstückkosten. Zwar verlor Westdeutschland in dieser Hinsicht Boden bezüglich den Hauptkonkurrenten USA und Japan, verglichen mit den meisten europäischen Ländern schnitt Westdeutschland jedoch besser ab. Erst wenn Wechselkursentwicklungen mitberücksichtigt würden, sei „die Lage wesentlich ernster".

[106] Laut Traxler (1998:252) belegen makroökonomische Analysen, dass von der tariflichen Deckungrate „keinerlei statistisch nachweisbarer Einfluss auf Wachstum, Inflation, Arbeitslosenrate und Erwerbsquote" ausgeht. „Insofern ist der Flächentarif makroökonomisch neutral. Es gehen von ihm keine funktionalen, aber auch keine dysfunktionalen Effekte aus". Die Unmöglichkeit, auf Basis hochaggregierter volkswirtschaftlicher Daten Korrelationen zwischen dem tarifvertraglichen Deckungsgrad und gesamtwirtschaftlichen Entwicklungen zu 'errechnen', verweist jedoch nicht nur darauf, dass die Annahme entsprechender 'einfacher' Kausalzusammenhänge irrig ist, sondern zugleich auch darauf, dass mit einer quantitativen Analyse volkswirtschaftlicher Statistiken die komplexen Wechselwirkungen zwischen institutionellen Vorgaben und wirtschaftlichen Prozessen kaum adäquat analysiert werden können. Dazu bedarf es eines komplexeren und stärker qualitativ vorgehenden Ansatzes.

für viele Beschäftigte in bundesdeutschen Unternehmen real erfahrbar gewesen wären. Erst das Zusammenwirken der politisch-ideologischen und strukturell-realen Ebene wirtschaftlicher Internationalisierung konnte dazu führen, dass die Gewerkschaften in eine ausgesprochene Defensivposition gerieten und die Arbeitgeberverbände ab 1993 ihr Ansinnen einer 'Tarifwende' weitgehend verwirklichen konnten. Diese zielte nicht nur auf eine Beschränkung der Lohnerhöhungen im Rahmen eines reinen Inflationsausgleichs, sondern auch auf eine Flexibilisierung wenn nicht gar Abschaffung des Systems flächendeckend einheitlicher Tarifverträge.

Eine zunehmend erfolgreiche Interessenpolitik der Arbeitgeberverbände in den 90er Jahren zeigte sich u.a. daran, dass die Zuwachsraten des Nominallohns zwischen 1993 und 1997 kontinuierlich unter dem Anstieg der Arbeitsproduktivität lagen (Wendl 1997). Als Meilenstein in der Tarifgeschichte konnte zudem der Vorstoß des Vorsitzenden der IG Metall im Herbst 1995 für eine 'Bündnis für Arbeit' gelten, - nicht deshalb, weil dieses irgendwelche konkreten Konsequenzen gehabt hätte[107], sondern weil die IG Metall erstmals „öffentlich eingestand, dass zwischen hohen Lohnkosten und niedriger Beschäftigung ein kausaler Zusammenhang besteht" (Arbeitgeberverband Gesamtmetall 1997:38). Selbst wenn das gewerkschaftliche Bündnisangebot in erster Linie als publicityträchtiges, taktisches Manöver in schwierigen Zeiten gewertet werden kann, so zeugt die implizite (zumindest teilweise) Anerkennung neoklassischer Wirtschaftstheorie doch von einer weitgehend alternativlosen gewerkschaftlichen Annäherung an die von Unternehmern und konservativer Regierung vorgegebene angebotspolitische Wettbewerbspolitik.

Seit 1998 sind die durchsetzungspolitischen Spielräume der Gewerkschaften im Zuge der konjunkturellen Erholung sowie des Regierungswechsels wieder etwas größer geworden und die IG Metall läutete nach Jahren der Reallohneinbußen 'das Ende der Bescheidenheit' ein. Trotz in der Folgezeit durchgesetzter, deutlicher Tariflohnsteigerungen ist die Situation des Tarifsystems als Institution gesellschaftlicher Regulierung jedoch unverändert krisenhaft. Dies liegt u.a. daran, dass in den Jahren zuvor eine intensive Diskussion über eine 'Reform' des Flächentarifvertrags geführt wurde, in deren Verlauf es zu einer weiteren Verlagerung von Regelungskompetenzen von den Tarifebene auf die betriebliche Verhandlungsebene kam (vgl. Kap.5.3). Die Aufwertung der betrieblichen Reglungsebene erweist sich jedoch als besonders kritisch in Zeiten, in denen „durch Globalisierungsoptionen verschobene

---

[107] Der Vorsitzende der IG Metall Klaus Zwickel präsentierte am 1. November 1995 überraschend ein Konzept für ein 'Bündnis für Arbeit', das sich an die Bundesregierung und die Arbeitgeberverbände richtete. Die IG Metall bot darin Einstiegstarife für Langzeitarbeitslose sowie Entgelterhöhungen im Rahmen der Inflationsrate für die anstehende Lohn- und Gehaltsrunde 1997 an. Im Gegenzug sollten sich die Unternehmer verpflichten, für drei Jahre auf betriebsbedingte Kündigungen zu verzichten, jährlich 100.000 neue Arbeitsplätze zu schaffen, 10.000 Langzeitarbeitslose einzustellen und die Zahl der Ausbildungsplätze um fünf Prozent zu erhöhen. Von der Bundesregierung wurde u.a. gefordert, auf eine Kürzung der Arbeitslosenunterstützung sowie auf die geplante Verschärfung der Sozialhilfekriterien zu verzichten. Nach mehreren Spitzengesprächen sowie regionalen Gesprächen in den verschiedenen Tarifgebieten ohne konkrete Ergebnissen scheiterte das Unternehmen schließlich endgültig im Zuge des im Mai 1996 ausbrechenden Streits um die Lohnfortzahlung im Krankheitsfall.

betriebliche Machtverhältnisse" (Bispinck/Schulten 1998:244) zu konstatieren sind. Den wettbewerbsorientierten Sozialpakten auf nationaler Ebene entspricht nämlich „eine rasante Zunahme sogenannter betrieblicher 'Bündnisse für Arbeit' (...), in denen die Betriebsräte - mit dem Ziel, Globalisierungsoptionen zu verhindern - sozialen und arbeitspolitischen Konzessionen zustimmen, die oft am Rande oder sogar jenseits der tarifpolitischen Realität liegen" (ebd.).

4.3 Betriebsratshandeln zwischen Kooperation und Erpressung

Die Situation der betrieblichen InteressenvertreterInnen in den 90er Jahren war von einer Vielzahl neuer und teils widersprüchlicher Entwicklungen geprägt, die hier nur stichpunktartig noch einmal erinnert werden sollen: Mit dem Ende fordistischer Produktionsstrukturen wurden oft neuartige Arbeitseinsatzkonzepte erprobt, die intensivierte Leistungsanforderungen mit neuen Partizipationsmöglichkeiten der Beschäftigten verknüpften. Neue Beschäftigungsstrukturen[108] und Unternehmens-formen (transnationale Unternehmen, Ausgliederungsstrategien, Dezentralisierung von Großunternehmen) stellten traditionelle Vertretungsgewissheiten massiv in Frage - und das vor dem Hintergrund von Massenarbeitslosigkeit, erhöhten Anforde-rungen durch die sukzessive 'Verbetrieblichung' der Tarifpolitik sowie einer härte-ren Gangart der Unternehmer am 'Standort Deutschland'. Angesichts dieser schwie-rigen Rahmenbedingungen überrascht es, dass ein Teil der wissenschaftlichen Litera-tur dennoch summa summarum eine verbesserte Situation im Bereich der Mitbe-stimmung in den 90er Jahren konstatiert. Diese Einschätzung basiert in vielen Fällen auf einer vergleichsweise langfristigen historischen Vergleichsperspektive, in deren Rahmen man wohl berechtigterweise feststellen kann, dass heutzutage „die Position der Betriebsräte wesentlich stärker ist als in den 1950er und 1960er Jahren" (Müller-Jentsch 1995b, Übersetzung d. Autorin) und die betriebliche Mitbestimmung „mitt-lerweile zum sozialen und politischen Selbstverständnis" zählt (Kotthoff 1998:97, vgl. auch Kotthoff 1994). Verschiedene AutorInnen (v.a. Müller-Jentsch 1995b, Müller-Jentsch/Seitz 1998, aber auch Bosch 1997) konstatieren jedoch darüber hinaus auch konkret eine aktuelle Positiventwicklung der betriebsrätlichen Mitbe-stimmungspraxis. So sei etwa eine zunehmende Versachlichung, Rationalität und Professionalisierung des Betriebsratshandeln zu beobachten, wodurch Betriebräte „zunehmend in die Rolle von Comanagern hineinwachsen" (Müller-Jentsch 1995b, Übersetzung d. Autorin). In der Mehrzahl der Betriebe sei die Kooperation zwischen Betriebsleitung und Betriebsräten als gut zu bezeichnen (Müller-Jentsch/Seitz 1998:369). Gewachsene betriebsrätliche Einflusspotentiale hätten sich insbesondere durch die neuen Formen der Arbeitsorganisation ergeben, an deren Einführung und Umsetzung die Mehrheit der Betriebsräte über die formellen Mitwirkungsmöglich-

---

[108] Zu nennen wäre etwa der gewachsene Frauen- und Angestelltenanteil, ein erhöhter Anteil von Dienst-leistungstätigkeiten, die Erosion des Normalarbeitsverhältnisses und die Zunahme von Teilzeitarbeit, Leiharbeit, befristeter Beschäftigung sowie verschärfte Spaltungstendenzen zwischen 'Kern'- und 'Rand'belegschaften.

keiten hinaus beteiligt sei (ebd.:368,375). Insofern werden auch die Perspektiven des dualen Systems industrieller Beziehungen summa summarum positiv beurteilt: Neue Arbeitsformen sowie die Verbreitung von Human Ressource Management-Techniken führten zu einer Zunahme direkter Partizipationsformen der Beschäftigten, welche nicht in Konkurrenz ständen zu herkömmlichen Formen repräsentativer Interessenvertretung, sondern sich eher positiv mit diesen ergänzten (so z.B. Müller-Jentsch/Seitz 1998:375 unter Verweis auf die Forschungsarbeiten von Fischer/Weitbrecht 1995). Da aufgrund der gewachsenen Aufgabenbereiche die Betriebsräte zudem verstärkt auf Beratungsleistungen der Gewerkschaft angewiesen seien, werde die traditionelle Verschränkung von Gewerkschafts- und Betriebsratshandeln eher gestärkt. Alles in allem ergibt sich somit die zukunftsfrohe Perspektive eines stabilen „triplen" (Müller-Jentsch 1995b:75) an Stelle des bisherigen 'dualen' Systems industrieller Beziehungen: Das angestammte, fest verankerte sowie zunehmend professionell und kooperativ funktionierende duale System von Betriebsverfassung und Tarifautonomie werde zukünftig durch eine dritte Ebene direkter Partizipation von Arbeitsgruppen sowie Gruppensprechern ergänzt und untermauert.

Es ist sicher nicht zufällig, dass die insgesamt positive oder zumindest unbedenkliche Einschätzung bezüglich der Realität der Betriebsverfassung in den 90er Jahren überwiegend auf der Basis von empirischem Material erfolgte, das entweder Ende der 80er Jahre noch vor Beginn der bundesdeutschen 'Standortdiskussion' gewonnen wurde (etwa Bosch 1997, Kotthoff 1994) oder im Rahmen von Studien, die sich v.a. mit dem Zusammenhang von neuen Arbeitsformen und Betriebsratshandeln beschäftigen (z.B. Müller-Jentsch/Seitz 1998). In deutlichem Gegensatz zu den oben zitierten Publikationen steht nämlich inzwischen eine ganze Reihe neuerer Untersuchungen, wonach *manifeste Krisentendenzen der Betriebsverfassung* zu beobachten sind. Zwar wird der z.B. von Müller-Jentsch und Bosch ausgemachte Trend zu verstärkter Kooperation und Partizipation der Betriebsräte nicht grundlegend bestritten, parallel dazu sei jedoch ein quantitativer Rückgang mitbestimmter Betriebe, ein massiver Verlust betriebsrätlicher bargaining-Macht und ein zunehmend prekäres Verhältnis zwischen betrieblichen und tariflichen Akteuren zu beobachten.

Hassel/Kluge (1999) belegen anhand statistischer Daten, dass es im privaten Sektor seit Mitte der 80er Jahre zu einer deutlichen Zunahme von „mitbestimmungsfreien Zonen ohne Interessenvertretung durch einen Betriebsrat oder durch einen Aufsichtsrat" (ebd.:168) kam. Insbesondere durch den Strukturwandel zugunsten dienstleistungsorientierter Branchen sowie durch die Reduktion der durchschnittlichen Betriebsgrößen nahm die Zahl der nicht durch ein Organ institutionalisierter Mitbestimmung vertretenen Beschäftigten im privaten Sektor von 8,3 Millionen Mitte der 80er Jahre auf 13,8 Millionen Mitte der 90er Jahre zu. Der Anteil der Beschäftigten in Betrieben ohne Betriebsrat an der Gesamtbeschäftigung stieg von 36,8% (1981) auf 44,9% (1994) (ebd.).

Parallel zum quantitativen Rückgang mitbestimmter Bereiche konstatieren verschiedene Studien deutlich abnehmende qualitative Möglichkeiten der Mitbestimmung. Die Betriebsräte führten in vielen Betrieben nur noch Abwehrkämpfe, sie ständen mit dem Rücken zur Wand. „'Die Betriebsräte sind erpressbar und werden erpresst' - diese lapidare Feststellung (...) bezeichnet gegenwärtig das Dilemma der betrieblichen Interessenvertretung." „Fraglos sehen sich die Betriebsräte in der Defensive und das auf Dauer. Denn in den meisten Betrieben stehen sie unter dem permanenten Druck, an Kosten und Personal zu sparen. (...) Über eine nennenswerte bargaining power verfügen die Betriebsräte gegenwärtig nicht" - resümieren etwa Bergmann 1998 u.a. 62, 66f.). Eine Schlüsselrolle für die Defensivposition der Betriebsräte spielt der massive Personalabbau, von dem aufgrund massiver technisch-organisatorischer Rationalisierungsprozesse in den 90er Jahren kaum ein Betrieb des produzierenden Sektors verschont blieb. „Personalabbau ohne Ende" wurde - vor dem Hintergrund permanent steigender Arbeitslosenzahlen - zur „primären Krisenerfahrung im Betrieb" (Bergmann u.a. 1998:10)[109].

In dem Versuch, das vordringliche Interesse der Beschäftigten am Arbeitserhalt zu vertreten, griffen die meisten Betriebsräte auf Strategien segmentärer Interessenpolitik zurück, wie sie auch in früheren Zeiten des Beschäftigtenabbaus bereits zu beobachten waren (vgl. Kap.3.2 und 3.4). Um die Weiterbeschäftigung einer sich beständig verkleinernden Kernbelegschaft zu sichern, kooperierten die meisten Betriebsräte bei der Ausarbeitung und Umsetzung von Sozialplänen. Sie stimmten im Rahmen von 'Beschäftigungspakten' auch der Verschlechterung von Arbeits- und Entlohnungsbedingungen zu, wenn dadurch für einen bestimmten Zeitraum die Weiterbeschäftigung der Kernbelegschaft, oder eines Teils derselben, gesichert werden konnte. Die Crux dieses Vorgehens liegt jedoch darin, dass ein Betriebsrat kaum einschätzen kann, ob und in welchem Maße die Arbeitsplätze im Unternehmen tatsächlich bedroht sind. Dies ermöglicht dem Management ein bewusstes machtpolitisches Taktieren mit der Ungewissheit und das Einfordern immer neuer Konzessionen für stets aufs neue bedrohte Arbeitsplätze. Dass diese Managementtaktik in vielen Betrieben immer aufs neue Erfolg hat, führen Bergmann u.a. (1998:65) auch auf die Wirksamkeit der gesellschaftlichen 'Globalisierungsdiskussion' zurück: „Dass die strategischen 'Spiele', Ungewissheit als Machtressource einzusetzen - nach den Interviewaussagen zu urteilen - oft ihr Ziel erreichen, hat seinen Grund wohl darin, dass die Betriebsräte nur selten eine 'Probe aufs Exempel' riskieren. Die Rede von den 'globalisierten Märkten' hat offensichtlich auch bei ihnen tiefe Spuren hinterlassen. Sie übersehen freilich, dass es sich um 'fiktive' Märkte handelt, die vom Management arrangiert werden: ein geeignetes Angebot [von günstigeren Konkurrenzfirmen] findet sich immer."

Kompliziert wird die Situation vieler Betriebsräte zudem durch die Dezentralisierung und Aufspaltung vieler Unternehmen sowie die Neukonstituierung transnati-

---

[109] Die Studie von Bergmann u.a. (1998) basiert auf insgesamt 30 Interviews mit LehrgangsteilnehmerInnen des IG Metall Bildungszentrums Sprockhövel, die aus 28 Betrieben kamen. Da der gewerkschaftliche Organisationsgrad in diesen Betrieben durchgängig recht hoch war (vgl. ebd.:7), muss die Zusammensetzung der InterviewpartnerInnen dieser Studie als stark spezifisch betrachtet werden. Dass es sich bei den InterviepartnerInnen um FunktionärInnen aus gut organisierten Betrieben mit einer sehr gewerkschaftsnahen und in politischer Hinsicht überdurchschnittlich kritischen Einstellung handelte, ändert jedoch wenig an der Aussagekraft der Ergebnisse. Die Situation in weniger gut organisierten Betrieben mit gewerkschaftsferneren FunktionärInnen oder ohne Betriebsrat dürfte sich im Schnitt wohl eher noch prekärer darstellen.

onaler Unternehmensstrukturen durch Verlagerungen, Fusionen und Firmenaufkäufe. Während dadurch die Betriebsratsgremien an den einzelnen Standorten häufig kleiner werden und ihre Ressourcenausstattung abnimmt, sind sie zugleich mit äußerst unübersichtlichen Unternehmensstrukturen konfrontiert, was die wirksame Einflussnahme auf (häufig nicht mehr am Standort ansässige) relevante Entscheidungsinstanzen massiv erschwert und die Koordination zwischen den Beschäftigtenvertretungen verschiedener Standorte zu einem kaum lösbaren Problem werden lässt.[110] „In Großbetrieben spiegelt sich diese Konstellation wider in der Zunahme der Konkurrenz zwischen den lokalen Betriebsratsgremien der dezentralisierten Einheiten und dem schwieriger gewordenen Verhältnis zwischen diesen und dem Gesamtbetriebsrat" (Kotthoff 1998:89).

Insgesamt scheint die Prognose eines zukünftig gestärkten, 'triplen' Systems industrieller Beziehungen also mehr als unwahrscheinlich. Vielmehr entsteht „das Paradox, dass die Zunahme an Mitwirkungsmöglichkeiten und Bedeutung des Betriebsrats korreliert mit einer Abnahme seiner interessenpolitischen Wirksamkeit als Vertreter und Beschützer der Arbeitnehmer" (Kotthoff 1998:78) - oder anders: Die Betriebsräte werden zwar als Mitbestimmungsinstanz in den Betrieben nach wie vor, oder sogar mehr denn je ernst genommen, - insofern sie sich den neuen Strategien der Kostensenkung nicht ernsthaft widersetzen, sondern auch dann noch kooperieren, wenn es um das Absenken arbeits- und sozialpolitischer Standards sowie die sozialverträgliche Entlassung kompletter Belegschaftsteile geht.

4.4 Das duale System industrieller Beziehungen in der Krise

Mit der Erosion fordistischer Produktions- und Gesellschaftsstrukturen zeigten sich in den 80er Jahren zwar bereits erste (Um-)Brüche im deutschen System industrieller Beziehungen, dieses erschien aber noch nicht grundlegend in seinem Bestand bedroht. Obwohl die Gewerkschaften angesichts erhöhter Flexibilitätsbedürfnisse der Unternehmer sowie veränderter Interessenlagen der Beschäftigten nicht umhin kamen, einer 'Verbetrieblichung' der Aushandlungsformen zuzustimmen, waren deren Auswirkungen auf das Gesamtsystem industrieller Beziehungen aus zwei Gründen zunächst begrenzt:

Erstens gewannen die deutschen Gewerkschaften in den 80er Jahren mit der Mobilisierung für eine allgemeine Arbeitszeitverkürzung - im Gegensatz zu ihren Pendants in vielen anderen europäischen Ländern - offensive Gestaltungsmacht zurück. Der insgesamt erfolgreiche Tarifkonflikt stärkte die Durchsetzungsmacht der Gewerkschaften in Zeiten disziplinierend wirkender Massenarbeitslosigkeit im Sinne einer bestandenen Bewährungsprobe zu einem strategisch wichtigen Zeitpunkt.

---

[110] Bergmann u.a. (1998:65) beschreiben die Spezifik managerialer Machtspiele in Grossunternehmen mit mehreren Werken wie folgt: „Konzessionen, die in einem Betrieb dem Betriebsrat abgenötigt wurden, werden zum Hebel für Forderungen des Managements nach vergleichbaren Zugeständnissen in anderen Betrieben. Wie in einem rollierenden System lassen sich auf diese Weise Runden des concession bargaining durchsetzen."

Zugleich wirkte das gesellschaftspolitische Alternativkonzept einer allgemeinen Arbeitszeitverkürzung organisationsintern solidarisierend und bildete ein Gegengewicht zu Tendenzen einer segmentären Interessenpolitik.

Zweitens war die Verlagerung von Regelungskompetenzen auf die betriebliche Ebene in ihrem Ausmaß - aus heutiger Sicht - recht beschränkt. Es handelte sich im wesentlichen um eine Ausweitung der Anpassungsbefugnisse der Betriebsräte in qualitativer Hinsicht und nicht um eine Festlegung quantitativer, materieller Tarifstandards durch die betrieblichen Akteure. Dennoch wurde bereits in den 80er Jahren deutlich, dass mit einer 'Verbetrieblichung' der Austauschbeziehungen von Kapital und Arbeit mehr Risiken als Chancen für die Interessenpartei der abhängig Beschäftigten verbunden waren.

In den 90er Jahren radikalisierte sich der Trend zur tarifpolitischen Dezentralisierung deutlich und nahm Züge einer krisenhaften Erosion des Tarifsystems an. Dies war zentral darauf zurückzuführen, dass Gewerkschaften und betriebliche Interessenvertretungen nach der tiefen konjunkturellen Krise 1992/93 zunehmend in die Defensive gerieten. Geschwächt wurde ihre Position zum einen durch die in beiden Teilen Deutschlands explodierenden Arbeitslosenzahlen, zum anderen durch die teils realen, teils ideologisch-diskursiv übersteigerten Prozesse der Internationalisierung von Konkurrenz- und Unternehmensstrukturen. Der Umbau des Tarifsystems in den 90er Jahren erfolgte nurmehr teilweise durch explizite Gestaltungsentscheidungen der Tarifparteien, sondern häufig mehr oder weniger unkontrolliert auf betrieblicher Ebene im Rahmen sogenannter Standorterhaltungs- oder Beschäftigungssicherungspakte. Obwohl die Betriebsräte als professionelle und sachadäquat arbeitende Regelungsinstanzen weithin innerbetrieblich anerkannt sind, hat sich ihre Durchsetzungsmacht in den 90er Jahren eher verringert. Angesichts der beschäftigungspolitischen Zwangslage, immer unübersichtlicher werdender betrieblicher Strukturen und der unternehmerischen Kontrolle über die 'Ungewissheitszone Globalisierung' griffen viele Betriebsräte zu segmentären, betriebspartikularistisch geprägten Vertretungsstrategien. In die Defensive gedrängt, 'rettete man, was zu retten war', nämlich den 'eigenen' Standort (auch auf Kosten anderer Standorte oder Unternehmen) und die angestammte Klientel gewerkschaftlich gut organisierter, männlicher Facharbeiter (auch auf Kosten anderer Belegschaftsteile). Diese Entwicklung birgt jedoch mittelfristig erhebliche Gefahren für die Funktionsfähigkeit des bundesdeutschen Systems industrieller Beziehungen, da das arbeitsteilig strukturierte, abgestufte und wechselseitig verschränkte System der Interessenrepräsentanz und -vertretung aus dem Gleichgewicht zu geraten droht:

Die Distanz zwischen Betriebsräten und Gewerkschaften wächst. Diese Einschätzung macht sich zunächst am kontinuierlich sinkenden gewerkschaftlichen Organisationsgrad der Betriebsratsmitglieder fest, - obgleich diese Entwicklung zumindest in Westdeutschland bislang nicht so dramatisch erscheint, dass sie die betriebliche Verankerung der Gewerkschaften grundlegend gefährden würde.[111]

---

[111] In den Betriebsrätewahlen 1994 zeigte sich erstmals ein relativ deutlicher Trend zum Rückgang des gewerkschaftlichen Organisationsgrads, aber nach wie vor gehören etwa 75 Prozent der in der BRD gewählten Betriebsratsmitglieder einer DGB-Gewerkschaft an. Das gewerkschaftliche Organisationsniveau der

Obwohl „die Bindefähigkeit der Gewerkschaften auf der Ebene der Betriebsräte - und insbesondere im Kreis der Vorsitzenden - noch nicht verlorengegangen ist" (Rudolph/Wassermann 1996:191), sorgt die beschäftigungspolitische Zwangslage in den Betrieben für erheblichen Sprengstoff im Verhältnis zwischen Tariforganisation und betrieblichen FunktionärInnen. Im Sinne einer wechselseitigen Verantwortungszuschreibung klagen die Betriebsräte über mangelhafte Unterstützung durch 'die Organisation'. „Der Tatbestand, dass die Betriebsräte sich zu Konzessionen gezwungen sehen, wird von der Tarifpolitik nicht abgetrennt, sondern ihr angelastet" (Bergmann u.a. 1998:62).[112] Und umgekehrt hört man in Gewerkschaftskreisen häufig die Klage über die stark betriebszentriert agierenden FunktionärInnen 'vor Ort', die Standortinteressen über den Erhalt tariflicher Errungenschaften stellen. Radikalisiert wurden und werden die Abstimmungsprobleme zwischen den primär einzelbetriebsbezogenen Vertretungsstrategien der Betriebsräte und den Erfordernissen einer branchenweiten Vertretung von Beschäftigteninteressen noch durch deren im Zuge der 'Verbetrieblichung' erweiterten Aufgabenbereiche. Die Verlagerung von Regelungskompetenzen auf die betriebliche Ebene machte die Betriebsräte zunehmend auch zu Adressaten von Managementforderungen bezüglich traditionell tariflich eindeutig geregelter Gegenstände (v.a. Lohn und Arbeitszeit). Die Betrauung mit erhöhten Regelungsbefugnissen erwies sich insofern für viele Betriebsräte als Danaergeschenk. Ihre Rolle wandelte sich von einer reinen Kontrollinstanz bezüglich der Tarifeinhaltung zu einem Organ, dem die Geschäftsleitung fortan Verhandlungen zur Abdingung von Tarifbestimmungen im Rahmen sogenannter 'Beschäftigungs-' oder 'Standorterhaltungspakte' aufzwingen konnte. „Faktisch hat eine Verbetrieblichung der Interessenvertretung sich durchgesetzt - weit über den Bereich der Arbeitszeitregelungen hinaus: eine Anpassung an die Zielsetzungen der Betriebe, wie sie vom Management definiert werden" (Bergmann u.a.1998:62f.). Die aktuelle Situation kann jedenfalls als augenfälliges Beispiel dafür dienen, dass sich in Zeiten fehlender gewerkschaftlicher und betriebsrätlicher bargaining-Macht die Verlagerung von Regelungskompetenzen 'nach unten' nachteilig für die abhängig Beschäftigten auswirkt. In der Vergangenheit erkämpfte kollektive Standards können den Betriebsräten vergleichsweise leichter 'abgehandelt' werden als einer branchenweiten Interessenvertretung - und letztere gerät damit unter den Druck, bereits existierende Fakten nur noch passiv zur Kenntnis nehmen zu können. Diese sowohl für die Betriebsräte als auch für die Gewerkschaften prekäre Situation hat zwar

---

Betriebsratsvorsitzenden liegt im allgemeinen um 90%. In einigen Branchen zeigen sich jedoch massivere Aufweichungstendenzen, etwa in der Textilindustrie oder im Bereich der IG Medien (Rudolph/Wassermann 1996:190f.).

[112] Dieser Kritik geben Bergmann u.a. (1998:73) in ihrer Studie zumindest teilweise Recht, wenn sie schreiben: „Trotz aller Kritik praktizieren die Funktionäre der IG Metall eine Politik der passiven Tolerierung; sie nehmen die Verletzung von Tarifnormen und die Grauzonen-Arrangements in den Betrieben hin." Sie weisen jedoch zugleich auf die Zwangslage der Gewerkschaften hin, für die die Kooperation mit den Betriebsräten eine essentielle Voraussetzung der Organisationssicherung darstellt: „Gegen die gebeutelten Betriebsräte und Belegschaften wollen die Verwaltungsstellen und Bezirksleitungen sich nicht stellen; denn Mitgliederverluste wollen sie so wenig riskieren wie eine Schlacht ohne Truppen" (ebd.).

bislang (in Westdeutschland) noch nicht zu ernsthaften Distanzierungsprozessen zwischen Betriebsräten und Gewerkschaften geführt, da beide Seiten sich ihrer alternativlosen Abhängigkeit voneinander in hohem Maße bewusst sind. Allerdings scheint es so, als ob die Gewerkschaften die Aufrechterhaltung der für ihre betriebliche Verankerung wesentlichen Kooperationsbeziehung mit den Betriebsräten zunehmend mit der Abgabe von Normsetzungskompetenzen an diese und mit der Aufgabe strategischer Führungsinitiative bezahlen, - eine Strategie die letztlich die Durchsetzungsfähigkeit beider Säulen der Interessenvertretung unterminieren muss.

Zugleich *zeigen sich auch im Verhältnis von Betriebsrat und Belegschaft neuartige Distanzierungsprozesse.* Zwar existieren kaum aktuelle, aussagekräftige wissenschaftliche Untersuchungen zu diesem Thema, aber Rudolph/Wassermann (1996) interpretieren etwa „eine seit langem sinkende Wahlbeteiligung" an den Betriebsratswahlen als Indiz dafür, dass „die Bindungen zwischen Betriebsräten und Belegschaften offenbar allmählich schwächer werden." Und sowohl Bergmann u.a. (1998) als auch Kotthoff (1998) diagnostizieren eine Zunahme oppositioneller und kritischer Stimmen gegenüber den Betriebsräten, bzw. den Betriebsratsvorsitzenden innerhalb der Betriebsratsgremien. Dies wird einerseits auf die schwierige Vermittelbarkeit des Kooperationskurses angesichts interessenpolitischer Rückschritte zurückgeführt, andererseits auf die gewachsene Heterogenität der Belegschaft. Das Nebeneinander einer arbeits- sowie tarifvertraglich noch immer relativ abgesicherten sowie gut entlohnten Kernbelegschaft und prekär Beschäftigten, die zu wesentlich schlechteren Bedingungen arbeiten, im selben Betrieb, ist keine Seltenheit mehr. Insgesamt lässt sich der Zustand des deutschen dualen Systems industrieller Beziehungen also dadurch kennzeichnen, dass angesichts neu verteilter Regelungsbefugnisse und in Zeiten der interessenpolitischen Defensive der Sprengstoff im Verhältnis zwischen Gewerkschaften und Betriebsräten sowie Betriebsräten und Belegschaft zunimmt. „Die Verzahnung Gewerkschaften - Betriebsräte - Belegschaften wird schwächer" (Rudolph/Wassermann 1996:195). Die Folge defizitärer Kooperation und einer 'Isolation' der Akteure auf den verschiedenen Regulierungs-ebenen industrieller Beziehungen sind jedoch notwendig verschlechterte Durchsetzungsbedingungen *auf allen* Vertretungsebenen. Die Fähigkeit zur strategischen Arbeitsteilung und zum Zugriff auf kompensatorische Leistungen wird geringer. Das Risiko wächst, dass die verschiedenen Akteure sich gegeneinander ausspielen lassen. Realistischer als das zukunftsfrohe Szenario eines sich wechselseitig ergänzenden 'triplen Systems' (Müller-Jentsch 1995b) scheint daher ein Negativszenario, in dem die beiden traditionell verschränkten Säulen 'Tarifautonomie und Betriebsverfassung' zunehmend voneinander isoliert werden und eine Abwärtsspirale im Sinne der Erosion sowohl tariflicher als auch betrieblicher Regelungsmacht eingeleitet wird. Bedenkt man zudem die Ausbreitung 'mitbestimmungsfreier Zonen', so ist es nicht unwahrscheinlich, dass das System tariflicher und betrieblicher Mitbestimmung sich zunehmend auf wenige, traditionell gewerkschaftlich gut organisierte Bereiche (qualifizierter Facharbeit in Großbetrieben des produzierenden Gewerbes) beschränkt und in den übrigen Bereichen Formen einer durchsetzungsfähigen kollektiven Beschäftigteninteressenvertretung kaum noch existieren.

5. Die Erosion des Flächentarifvertrages

Das am meisten diskutierte und augenfälligste Merkmal der Krise des deutschen Systems industrieller Beziehungen sind sicherlich die Auflösungserscheinungen flächentariflicher Normierungskraft (vgl. zusammenfassend Bispinck 1995a, 1998b, Blanke/Schmidt 1995, König/Stamm/Wendl 1998, Streeck 1996, 1998). Nachdem in den vorherigen Kapiteln die Ursachen für diese Entwicklung ausführlich dargestellt wurden, geht es im folgenden um die Sichtung und teilweise kritische Diskussion der in der Literatur dokumentierten Kenntnisse über den aktuellen Zustand des deutschen Tarifsystems. Das folgende Kapitel dient jedoch auch der Vorbereitung auf die empirische Analyse im Abschnitt III dieser Arbeit. Es werden erstens einige gängige Interpretationsansätze bezüglich ihrer Erklärungskraft hinterfragt; zweitens scheint aufgrund der recht heterogenen Begrifflichkeiten in der einschlägigen Literatur auch eine (v.a. systematisierende) Begriffsarbeit notwendig als Voraussetzung für eine stringente Analyse sowie Interpretation der empirischen Daten.

Zentral bei der Analyse (flächen)tariflicher Erosionstendenzen ist insbesondere die Unterscheidung zwischen der 'äußeren' und der 'inneren Erosion' des (Flächen)-Tarifvertragssystems (vgl. Bispinck/Schulten 1998):

Der Begriff der *,äußeren Erosion'* des Flächentarifvertrags (Kap.5.1) zielt auf die Tatsache, dass dessen formaler Geltungsbereich abnimmt. Firmentarifverträge nehmen zu, vor allem aber vermehren sich die tariffreien Zonen auf der tarifpolitischen Landkarte (Kap.5.1.1). Verursacht wird diese Entwicklung sowohl durch explizite Strategien der Tarifvermeidung als auch durch einen schleichenden Wandel hin zu nicht tarifvertraglich erfassten Branchen und Unternehmensformen (Kap.5.1.2). Ein in der Literatur vergleichsweise intensiv diskutierter Teilaspekt der ,äußeren Erosion' des Tarifsystems ist die abnehmende Zahl von Mitgliedsbetrieben der Arbeitgeberverbände. Während an dieser Stelle zunächst allgemein die Ursachen dieser Entwicklung diskutiert (Kap.5.1.3) sowie kurz auf die verbandspolitischen Reaktionen der Arbeitgeberverbände eingegangen wird (5.1.4), wird die in Ostdeutschland besonders einschneidende Krise der Arbeitgeberverbände im Kapitel III.3 auf der Basis eigenen empirischen Datenmaterials noch ausführlich diskutiert werden.

Der Begriff der *,inneren Erosion'* des (Flächen-)Tarifvertragssystems (Kap.5.2) zielt dagegen auf die abnehmende Gestaltungskraft und Normierungsfähigkeit flächentariflicher Standards auch in solchen Fällen, in denen formal noch ein Tarifvertrag betriebliche Gültigkeit besitzt. Dabei werden zwei sowohl hinsichtlich ihrer formalen Legalität als auch hinsichtlich ihrer tarif- sowie betriebspolitischen Konsequenzen deutlich unterschiedliche Varianten der inneren Erosion des Flächentarifvertrags unterschieden, die mit den Begriffen der 'Negation der Tarifbindung' bzw. der 'regulierten Flexibilisierung' belegt werden (Kap.5.2.1). Formen sowie Gegenstandsbereiche der inneren Erosion des Flächentarifvertrags differieren signifikant zwischen West- und Ostdeutschland (Kap.5.2.2). Auch das Aufweichen tarifimmanenter Gestaltungsprinzipien ist als Erscheinungsform einer inneren Erosion des Flächentarifvertrags aufzufassen (Kap.5.2.3).

Lediglich kurz angerissen werden soll schließlich die in den 90er Jahren ausgesprochen heftige Debatte um eine Reform des Flächentarifvertrags. Obwohl diese
sicherlich ein lohnender Gegenstand für eine ausführliche ideologiekritische Analyse
wäre, geht es an dieser Stelle lediglich um die pointierte Nachzeichnung des Diskus-
sionsverlaufs sowie dessen reale Konsequenzen, nämlich die Einführung zahlreicher
neuer tariflicher Flexibilisierungsinstrumente (Kap.5.3).

5.1 Die 'äußere Erosion' des Flächentarifvertrages

5.1.1 Der tarifvertragliche Deckungsgrad

Deutschland zeichnet sich im internationalen Vergleich nach wie vor durch eine
starke Dominanz der auf sektoraler Ebene abgeschlossenen Flächentarifverträge und
eine hohe tarifliche Deckungsrate aus. Mitte der 90er Jahre wurde der Anteil der
Beschäftigten in tarifgebundenen Betrieben gewöhnlich noch mit über 80 % angegeben (vgl. Streeck 1996, Traxler 1997, 1998). Laut dem IAB-Betriebspanel[113] waren
1995 zwar 'nur' 53,4 % aller (westdeutschen) Betriebe, aber etwa 83 % aller Beschäftigten (und sogar rund 86 % aller sozialversicherungspflichtig Beschäftigten) in
tarifvertraglich gebundenen Betrieben tätig (Kohaut/Bellmann 1997:325)[114], - davon
72,2 % der Beschäftigten in flächentariflich gebundenen Unternehmen, 10,9 % in
haustariflich gebundenen Unternehmen. Trotz eines im internationalen Vergleich
weiterhin hohen tariflichen Deckungsgrads ist seit Mitte der 90er Jahre jedoch eine
kontinuierliche sowie deutliche Abnahme des Deckungsgrads von Flächentarifverträgen in der Bundesrepublik zu verzeichnen. Parallel dazu nimmt sowohl der Anteil
von Haustarifen als auch von nicht tariflich gebundenen Unternehmen zu:

---

[113] Angesichts der politisch aufgeladenen Debatte um die Krise des Flächentarifvertrags wurde lange Zeit
die schlechte Datenlage zu diesem Thema beklagt, ein Umstand, dem in neuerer Zeit v.a. durch die IAB-
Betriebspanelbefragung abgeholfen wurde. In diese jährlich wiederholten repräsentativen Befragung der
Bundesanstalt für Arbeit sind Betriebe aller Wirtschaftszweige und Größenklassen mit mindestens einem
sozialversicherungspflichtig Beschäftigten einbezogen. Die Befragung wird seit 1993 in den alten und seit
1996 in den neuen Bundesländern durchgeführt (eine detaillierte Beschreibung findet sich bei Bellmann
1997).

[114] Auf einen ähnlich hohen Grad der Tarifbindung weisen auch die Ergebnisse der WSI-Betriebs- und
Personalräte-Befragung hin (WSI-Projektgruppe 1998). Es handelt sich hierbei um eine schriftliche Befragung von Betriebs- und Personalräten in insgesamt 1931 west- und ostdeutschen Betrieben aller Beschäftig-
tengrößenklassen sowie verschiedener Wirtschaftssektoren. Im Rahmen dieser Studie gaben sogar 85 % der
Betriebe an, tarifgebunden zu sein, davon 74 % über einen Verbands- bzw. Branchentarifvertrag und 11 %
über einen Firmen- bzw. Haustarifvertrag. Darüber hinaus sei „zu berücksichtigen", dass sich auch viele
formal nicht tarifgebundene Betriebe faktisch an den entsprechenden Branchentarifverträgen orientieren;
„dies tun 23 % der Betriebe im Westen und 12% im Osten" (ebd:662). Der verglichen mit der IAB-
Panelstudie sogar noch deutlich höhere Prozentsatz tarifgebundener Betriebe dürfte jedoch vermutlich die
Folge davon sein, dass ausschließlich Betriebe mit Betriebs- bzw. Personalrat in die WSI-Befragung einbezogen waren.

- Nach den Daten des IAB-Betriebspanels sank der Anteil der an einen *Flächentarifvertrag* gebundenen Betriebe in Westdeutschland von 53,4 % im Jahr 1995 auf knapp 47,7 % im Jahr 1998 (vgl. Tabelle 2 sowie Kohaut/Schnabel 1999, IWD 1999). Der Anteil der von einem Flächentarifvertrag erfassten Beschäftigten sank im gleichen Zeitraum (in Westdeutschland) von 72,2 % auf 67,8 % (vgl. Tabelle 3 sowie Kohaut/Schnabel 1999).

- Die Zahl der (beim Bundesarbeitsministerium registrierten) *Haustarifverträge* hat sich in der Bundesrepublik zwischen 1990 und 1998 mehr als verdoppelt. Sie stieg von 2.550 auf rund 5.400 registrierte Firmentarifverträge (Kohaut/Schnabel 1999:65, IWD 1999). Bezogen auf die dadurch gebundenen Betriebe und Beschäftigten ist die Bedeutung von Haustarifen aber nach wie vor relativ gering. 1998 galt für knapp 5 Prozent der Betriebe und 8 Prozent der Beschäftigten in Westdeutschland ein Firmentarifvertrag, im Osten waren es rund 8 Prozent der Betriebe und knapp 13 Prozent der Beschäftigten (Kohaut/Schnabel 1999:66f., IWD 1999). Sieht man von einzelnen Branchen, wie etwa dem Verkehrs- und Nachrichtenwesen sowie dem westdeutschen Bergbau einmal ab, spielen Haustarifverträge also - trotz eines relativen Bedeutungszuwachses - nach wie vor eine Nebenrolle im bundesdeutschen Tarifvertragssystem.

- Besonders deutlich kommt die 'äußere Erosion' des Tarifvertragssystems dadurch zum Ausdruck, dass der Anteil der Betriebe ohne jede tarifliche Bindung von 38,4 % im Jahr 1995 auf 47,5 % im Jahr 1998 (in Westdeutschland) anwuchs. In Ostdeutschland gaben 1998 sogar 66,6 % der Betriebe an, dass kein Tarifvertrag für sie gelte. In diesen Betrieben waren 1995 16,9% der Beschäftigten tätig, 1998 waren es in Westdeutschland bereits 24,2 %, in Ostdeutschland 36,8% (vgl. Tabelle 3 sowie Kohaut/Bellmann 1997, Kohaut/Schnabel 1999).

Deutlich unterschiedlich ist die tarifliche Bindung sowohl *nach Branchenzugehörigkeit* der Betriebe als auch nach ihrer *Größe*. In Dienstleistungsbranchen sind flächentarifliche Reglungen erheblich seltener als in Branchen des produzierenden Gewerbes sowie der Bauwirtschaft (vgl. Tabellen 2 und 3). Die Tarifbindung nimmt mit der Belegschaftsgröße tendenziell ab (vgl. Tabelle 4). Durch multivariate Analysen auf Basis des IAB-Betriebspanels wurde zudem festgestellt, dass auch die *Konzerngebundenheit* sowie das *betriebliche Alter* Einfluss auf die Tarifbindung haben. So gelten „für Filialbetriebe bzw. Niederlassungen größerer Unternehmen häufiger Flächentarifverträge (...) als für unabhängige Betriebe gleicher Größe" (Kohaut/Schnabel 1998:5). Und „junge, nach 1992 gegründete Betriebe [sind] seltener durch Flächentarifverträge gebunden als andere Betriebe mit ansonsten gleichen Merkmalen." (ebd., vgl. ähnlich: Kohaut/Schnabel 1999).

Tabelle 2:   Flächentarifliche Bindung von Betrieben nach Branchen in Ost- und Westdeutschland (1995 bzw. 1996 und 1998 in %)

Branche	Anteil der flächentariflich gebundenen Betriebe in Westdeutschland in %		Anteil der flächentariflich gebundenen Betriebe in Ostdeutschland in %	
	1995	1998	1996	1998
Landwirtschaft	44,6	48,6	13,7	24,9
Bergbau/Energie	89,3	62,6	63,6	58,1
Grundstoffverarbeitung	61,4	51,0	21,7	24,4
Investitionsgüter	58,8	60,3	34,7	27,8
Verbrauchsgüter	68,7	60,4	37,4	32,2
Baugewerbe	79,3	70,6	38,9	39,5
Handel	52,7	48,5	23,0	19,0
Verkehr/Nachrichten	54,9	32,6	26,2	28,2
Kredit/ Versicherungen	68,8	62,2	49,2	66,0
Sonstige Dienste	40,5	37,2	17,4	15,5
Organisationen ohne Erwerbszweck	50,3	39,6	44,0	36,2
Gebietskörpersch./ Sozialversicherung	88,1	76,4	94,7	90,9
Insgesamt	53,4	47,7	27,6	25,8

Quelle: IAB-Betriebspanel, 3.Welle West 1995, 1.Welle Ost 1996, 6.Welle West/3.Welle Ost 1998, zit. nach Kohaut/Schnabel 1999:71

Tabelle 3: Flächentarifliche Bindung von Beschäftigten nach Branchen in Ost- und Westdeutschland (1995 bzw. 1996 und 1998 in %)

Branche	Anteil der flächentariflich gebundenen Beschäftigten in Westdeutschland in %		Anteil der flächentariflich gebundenen Beschäftigten in Ostdeutschland in %	
	1995	1998	1996	1998
Landwirtschaft	65,0	71,6	29,3	24,3
Bergbau/Energie	81,5	76,4	90,2	87,3
Grundstoffverarbeitung	80,2	75,2	50,6	48,8
Investitionsgüter	81,0	74,0	49,5	40,0
Verbrauchsgüter	79,1	75,9	50,1	38,2
Baugewerbe	91,0	83,0	52,1	50,3
Handel	70,8	64,6	45,8	40,7
Verkehr/Nachrichten	54,3	52,5	47,0	39,3
Kredit/ Versicherungen	91,2	85,5	90,6	90,0
Sonstige Dienste	57,8	55,2	51,2	45,6
Organisationen ohne Erwerbszweck	63,7	57,1	45,8	39,8
Gebietskörpersch./ Sozialversicherung	88,6	88,7	92,1	90,0
Insgesamt	72,2	67,8	56,2	50,5

Quelle: IAB-Betriebspanel, 3.Welle West 1995, 1.Welle Ost 1996, 6.Welle West/3.Welle Ost 1998, zit. nach Kohaut/Schnabel 1999:72

Tabelle 4:   Tarifbindung nach Betriebsgrößenklassen in West- und Ost-
                 deutschland im Jahr 1998

Beschäftigte pro Betrieb	Anteil der durch einen Branchentarif-vertrag erfassten Betriebe in %		Anteil der durch einen Haustarifver-trag erfassten Be-triebe in %		Anteil der Betriebe ohne Tarifvertrag in %	
	West	Ost	West	Ost	West	Ost
1 bis 4	34,5	17,4	4,1	5,0	61,4	77,6
5 bis 9	49,0	24,5	5,1	8,4	46,0	67,0
10 bis 19	61,5	34,0	3,6	10,3	34,9	55,6
20 bis 49	65,8	44,7	7,1	10,9	27,2	44,4
50 bis 99	67,6	56,7	6,8	13,4	25,6	29,9
100 bis 199	76,4	60,9	8,1	18,0	15,6	21,1
200 bis 499	72,9	65,9	12,2	17,9	14,9	16,2
500 bis 999	83,9	80,7	10,1	13,9	6,0	5,4
1000 und mehr	79,1	81,5	14,4	14,0	6,5	4,5
Insgesamt	47,4	25,8	4,8	7,6	47,5	66,6

Quelle: IAB-Betriebspanel, 3.Welle West 1995, 1.Welle Ost 1996, 6.Welle West/3.Welle Ost 1998, zit. nach
Kohaut/Schnabel 1999:68

5.1.2 Ursachen abnehmender Tarifbindung: Explizite Tarifvermeidung und schlei-chende Tariferosion

Analytisch als Ursachen für die wachsenden tariffreien Zonen zu unterscheiden sind
zwei Entwicklungen: Erstens treten immer mehr Unternehmer aus den Arbeitgeberverbänden aus bzw. erst gar nicht in diese ein und versuchen auch den Abschluss von
Haustarifverträgen zu vermeiden. Neben solchen *intentionalen unternehmerischen
Strategien der Tarifvermeidung* existiert zweitens eine - quantitativ womöglich
bedeutendere - Tendenz zur *schleichenden ‚äußeren Erosion'* des Flächentarifvertrags durch einen *Wandel von Unternehmens- und Branchenstrukturen*, in dessen
Kontext tariflich gut geregelte Bereiche schrumpfen und es zu einem Wachstum von
Branchen und Unternehmensformen kommt, in denen es kaum institutionalisierte
Verhandlungsbeziehungen zwischen Kapital und Arbeit gibt. Während diese Unter-
scheidung auf analytischer Ebene unverzichtbar ist, sind die beiden Ursachenkom-
plexe in der Praxis eng verzahnt: Der wirtschaftliche Wandel wirkt im Sinne einer
Gelegenheitsstruktur, auf deren Basis intentionale Wahlhandlungen strategischer
Tarifvermeidung oder -reduktion oft erst möglich werden.

Ein Beispiel für die enge Verknüpfung beider Entwicklungen sind die fließender werdenden Branchengrenzen sowie veränderten Branchenschneidungen, wodurch sich die Tarifkonkurrenz unter den DGB-Einzelgewerkschaften verschärft (vgl. Ellguth u.a. 1995). So sind etwa in der Wachstumsbranche der Telekommunikation gegenwärtig nicht weniger als sechs DGB-Gewerkschaften tarifpolitisch aktiv (DPG, GdED, IGM, ÖTV, IG BDE, HBV) (vgl. Wagner/Schild 1999:93), was einer tariflichen Unterbietungskonkurrenz Tür und Tor öffnet. Auch in anderen Branchen versuchen Unternehmer, in einen tariflichen Organisationsbereich zu wechseln, der möglichst niedrige Tarifstandards vorsieht, etwa von der Metallindustrie in die Bereiche Chemie, Textil oder Holz/Kunststoff (vgl. Schroeder 1995:49).

Ein weiteres Beispiel für die enge Verknüpfung von Gelegenheitsstrukturen und intentionalem Wahlhandeln ist der oft unmittelbare Zusammenhang zwischen betrieblichen Umstrukturierungen, die auf die Neugliederung des Gesamtbetriebs sowie eine veränderte Produktions- und Arbeitsorganisation zielen, und Versuchen, im Zuge dessen die Tarifbindung zu verlassen. Ein oft explizit intendierter Nebeneffekt moderner, stark auf Dezentralisierung, Verkleinerung von Unternehmenseinheiten sowie die Konkurrenz verschiedener Unternehmensteile angelegter Managementstrategien ist die Verschlechterung der Mitbestimmungsmöglichkeiten und der rechtlichen Absicherung der Belegschaft, z.B. durch das Unterlaufen der Freistellungsgrenze für Betriebsräte sowie die Aufkündigung betrieblicher Tarifbindungstraditionen. Das klassische Beispiel einer solchen *'Tarifflucht per outsourcing'* ist IBM. Dort wurden 1992 die Betriebsstrukturen in viele kleine, neu gegründete, selbständige Einheiten aufgespalten und nur noch der unmittelbare Produktionsbereich verblieb im Tarifgebiet der IG Metall. Auch Verlagerungsentscheidungen von Unternehmen, die Produktionsteile oder ganze Standorte ins tariflich 'günstigere' Ausland verlegen, können als intentionale Tarifvermeidung angesehen werden.

Während solche mehr oder weniger gut kaschierten exit-Optionen von Unternehmen oft einen erheblichen publizistischen Wirbel verursachen, sind in den letzten Jahren aber gleichzeitig 'im Stillen' tariflich kaum geregelte Bereiche in erheblichem Umfang neu entstanden. Im Kontext des wirtschaftlichen Strukturwandels ist eine Verschiebung des Branchenspektrums zu beobachten - weg von traditionell gut organisierten und tariflich abgesicherten Bereichen klassischer Industriezweige hin zu neuen Dienstleistungssektoren, in denen die gewerkschaftliche Organisation niedrig ist, für die weder eine branchenspezifische Arbeitgeberorganisation noch adäquate Tarifstrukturen existieren und deren organisationspolitische Zuordnung daher häufig umstritten ist (vgl. Ellguth u.a. 1995:178ff.).[115]

---

[115] Beispielsweise bemüht sich die IG Metall in den letzten Jahren intensiv um die tarifliche Organisierung des schnell wachsenden Informations- und Kommunikationssektor; der 1998 abgeschlossene Tarifvertrag mit der Tarifgemeinschaft 'debis' wurden in diesem Zusammenhang in Gewerkschaftskreisen auch als erster richtungsweisender Erfolg gewertet; der Weg zu einer flächendeckenden tariflichen Regulierung mit adäquaten Tarifnormen ist jedoch (nicht nur) in dieser dynamischen Wachstumsbrache noch weit (vgl. Bispinck/Trautwein-Kalms 1997 sowie Wagner/Schild 1999).

5.1.3 Die Krise der Arbeitgeberverbände als organisationssoziologisches Phänomen

Ausdruck sowohl expliziter Strategien der Tarifvermeidung als auch der schleichenden Tariferosion sind sinkende Mitgliederzahlen der Arbeitgeberverbände. Zwar ist
der in den Medien teilweise vermittelte Eindruck einer regelrechten 'Verbandsflucht'
überzeichnet, aber Verbandsaustritte nehmen zu und immer mehr neu- oder ausge-
gründete Betriebe treten keinem Arbeitgeberverband mehr bei. Der arbeitgeberver-
bandliche Organisationsgrad sinkt - insbesondere in Ostdeutschland. Da diese Entwicklung mittelfristig die Bestandsbedingungen des deutschen Tarifvertragssystems
gefährdet, hat sie in den 90er Jahren eine erhebliche wissenschaftliche Aufmerksamkeit auf sich gezogen. In verschiedenen empirischen Studien (Langer 1994,
Ettl/Heikenroth 1995, 1996, Schnabel/Wagner 1996, Schroeder/Ruppert 1996a,
1996b, Völkl 1997, 1998) wurden nicht nur das Ausmaß, sondern auch Bestimmungsgründe und Einflussfaktoren auf Verbandsmitgliedschaft sowie Austrittsentscheidungen untersucht. Statistische Analysen zum Organisationsverhalten der
Unternehmen verwiesen zunächst auf ähnliche Einflussfaktoren, wie sie auch in der
IAB-Panelstudie für die Tarifbindung von Unternehmen ermittelt wurden[116]: Vor
allem die Betriebsgröße sowie die Branchenzugehörigkeit haben einen statistisch
signifikanten Einfluss auf die Mitgliedschaft in einem Arbeitgeberverband. Daneben
spielt auch die Unternehmensform eine wichtige Rolle für die Verbandsintegration.
So sind konzernabhängige Betriebe mit über 100 Beschäftigten in industriellen
Kernbereichen insbesondere in Westdeutschland nach wie vor fast ausnahmslos in
Arbeitgeberverbänden organisiert. Dies erklärt sich plausibel dadurch, dass für
größere Betriebe die Anbindung an den Flächentarif vergleichsweise 'lohnender' ist,
da dadurch der innerbetriebliche Verhandlungsaufwand maßgeblich verringert wird.
Zudem stellen größere, konzerngebunden Betriebe auch ein zentrales Betreuungs-
und Organisationsgebiet der Gewerkschaften dar. Die Mitgliedschaft im Arbeitgeberverband sowie die Bindung an den Flächentarif vermindert daher nicht nur das
Risiko innerbetrieblicher Konflikte erheblich, sondern sichert dem Einzelbetrieb
auch die kollektive Unterstützung der organisierten Unternehmerschaft im Streikfall.
Die Abnahme des Organisationsgrads der Arbeitgeberverbände wird hingegen
primär von mittelständischen Eigentümerunternehmen verursacht[117], die insbeson-

---

[116] Die weitgehende Identität der Einflussfaktoren auf die Tarifbindung sowie auf die Arbeitgeberverbandsmitgliedschaft von Unternehmen kann nicht überraschen, da zumindest in der Bundesrepublik arbeitgeberverbandlich gebundene Betriebe weitgehend identisch sind mit tariflich gebundenen Unternehmen. Bei
der Analyse der Einflussfaktoren auf eine Arbeitgeberverbandsmitgliedschaft bleiben jedoch Unternehmen
mit Haustarifvertrag ebenso ausgespart wie Betriebe, die Mitglied in einem allgemeinen Arbeitgeberverband
oder ein sogenanntes 'OT-Mitglied', d.h. ein Verbandsmitglied ohne Tarifbindung sind (vgl. hierzu genauer
Kap.5.3).

[117] Schroeder/Ruppert (1996b:41) stellen für die Metallindustrie fest, dass „deutlich mehr Eigentümerun-
ternehmer den Arbeitgeberverband [verlassen] (61 %) als Managerunternehmer (39 %)." Ebenso verweisen
Ettl/Heikenroth (1996:137) darauf, dass „die markantesten Unterscheidungslinien zwischen den Unterneh-
men (...) entlang von Eigentumsform und Betriebsgröße" verlaufen, wobei in Ostdeutschland der Stand der
Privatisierung lange Zeit als zusätzliche Differenzierungsvariable wirkte (vgl. auch Ettl 1995).
Ettl/Heikenroth (1995:22) kommen bezogen auf Ostdeutschland zu dem Schluss, dass „das Problem" primär

re in den neuen Bundesländern den Arbeitgeberverbänden gar nicht erst beitreten oder günstige Gelegenheiten zum Austritt nutzen. Die zunehmende Verbandsabstinenz des Mittelstands lässt sich offenbar kaum mit einer im Schnitt schwierigeren wirtschaftlichen Situation der Betriebe erklären, denn die einschlägigen Studien kommen durchgängig zu dem Schluss, dass es „keine einfache monokausale Beziehung zwischen schlechter Geschäftslage und Austrittsentscheidung gibt" (Schroeder/Ruppert 1996b:41)[118]. Stattdessen wird die geringere sowie abnehmende Organisationsbereitschaft der kleineren und mittelgroßen Betriebe primär als Ausdruck gescheiterter innerverbandlicher Interessenvermittlung interpretiert. In einer organisationssoziologischen, dem Paradigma 'rationalen Wahlhandelns' verpflichteten Perspektive werden die Austrittsentscheidungen v.a. darauf zurückgeführt, dass die im Schnitt kleineren, mittelständischen Betriebe ihre Interessen in der verbandlichen Tarifpolitik nur noch unzureichend vertreten sähen.[119] Unzufriedenheit mit der Tarifpolitik wird immer wieder als wichtigster Austritts- bzw. Nichteintrittsgrund genannt[120] (vgl. Vieregge 1993, Langer 1994:137, Schroeder 1996b:41, Völkl 1998:182). „Unterschiedliche Interessen bestehen dabei v.a. zwischen Groß- und Kleinindustrie hinsichtlich der Modifizierung bzw. des Stellenwerts der Tarifpolitik, Anwendung und Reichweite der Tarifnormen und dem Ausbau der Dienstleistungen

---

„in der 'Verbandsabstinenz' v.a. klein- und mittelständischer Unternehmen" bestehe.

[118] Auch die IAB-Panel-Daten geben Anlass, vor einem ökonomischen Reduktionismus zu warnen, der Tendenzen zur Tarifunterschreitung vor allem auf eine krisenhafte Verwertungssituation der Betriebe zurückführt. Im Rahmen der multivariaten Analyse konnte „kein signifikanter Einfluss" von „günstiger Geschäftsentwicklung und guter Ertragslage" auf die Tarifbindung von Unternehmen festgestellt werden (Kohaut/Bellmann 1997:331). Artus/Schmidt/Sterkel (2000:191) kommen ebenfalls zu dem Schluss, dass „die Bereitschaft zur Tariftreue in den Betrieben nur teilweise mit der wirtschaftlichen Situation der Betriebe (...) korreliert. (...) Ganz offenkundig hängt die Bereitschaft zur Tariftreue quer durch die Branchen von einer ganzen Reihe von Faktoren ab, von denen die ökonomische Situation nur eine neben anderen und häufig nicht einmal die wichtigste ist."

[119] Die unterschiedlichen tarifpolitischen Interessen von Mittelstand und Großindustrie sind kein neues Phänomen, sondern durchziehen die gesamte Geschichte arbeitgeberverbandlicher Organisation. Konflikte ergeben sich i.d.R. vor allem daraus, dass die stärker streikbedrohten Grossbetriebe angesichts ihrer höheren Produktivität eher willens sowie in der Lage sind, Lohnsteigerungen zu akzeptieren als mittelständische Unternehmen. Dem Vorwurf einer mittelstandsinadäquaten Politik der Arbeitgeberverbände wurde zudem häufig dadurch Vorschub geleistet, dass die größeren Unternehmen es sich personell eher leisten können, intensiv am Verbandsleben zu partizipieren als die kleineren Betriebe. Die relative Dominanz der Grossbetriebe in den Arbeitgeberverbänden führte daher partiell zu einer Ausdifferenzierung der Verbändelandschaft (Gründung von BMU, ASU sowie getrennte Interessenvertretungen von Industrie und Handwerk). Neu ist also nicht die Interessendivergenz von Mittelstand und Großindustrie, sondern die abnehmende verbandliche Fähigkeit, diese kompromisshaft zu vermitteln.

[120] Daneben spielt auch Unzufriedenheit mit den Serviceleistungen der Verbände eine Rolle für die Entscheidung zur Verbandsabstinenz. Alle Studien stimmen jedoch darin überein, dass dieser Aspekt gegenüber der Unzufriedenheit mit den tarifpolitischen Ergebnissen von minderer Bedeutung sei. In Befragungen von Verbandsmitgliedern wurde vielmehr deutlich, dass die Dienstleistungen der Verbände (Vertretung der betrieblichen Einzelinteressen gegenüber Gerichten, Politik, Gewerkschaften) die höchste Bindungswirkung an den Verband erzielen (von Vieregge 1993). Diese Einschätzung deckt sich auch mit den Ergebnissen der im Kapitel III.3 vorgenommenen Auswertung der eigenen empirischen Daten zum Thema.

zu Lasten des Tarifgeschäfts bzw. der Einführung gespaltener Mitgliedschaften. Der Eindruck vieler Kleinunternehmer, im Alleingang zu sinnvolleren Regelungen zu kommen und das ausgeprägte Konkurrenzdenken tun ein Übriges" (Völkl 1998:182). Nach derselben Logik wird der besonders dramatische Mitgliederschwund in Ostdeutschland häufig mit der besonders defizitären Vertretungspraxis der ostdeutschen Verbände erklärt: Insbesondere in den ersten Jahren nach der Wende habe eine 'Repräsentationslücke' ostdeutscher Unternehmer in den neugegründeten Arbeitgeberverbänden existiert, was zu einer situativ unangemessenen 'Hochlohnpolitik' geführt habe (vgl. Henneberger 1993, Ettl/Wiesenthal 1994 sowie das Kapitel III.1.2.1). Zudem konstituiere die ausgesprochen heterogene Betriebslandschaft im Osten ein schwieriges Vertretungsterrain, in dem die Vereinheitlichung stark divergierender Mitgliederinteressen besonders schwer falle (vgl. Ettl 1995 sowie Kapitel III.3.2). Die ostdeutsche Verbandskrise wird also vor allem als Folge unzureichender tarifpolitischer Vertretungstätigkeit der Verbände sowie objektiv besonders heikler Organisationsbedingungen interpretiert (vgl. Henneberger 1993, 1995, Ettl/Wiesenthal 1994, Ettl 1995, Ettl/Heikenroth 1996). Obwohl die Austrittsentscheidungen also in erster Linie als Folge intentionaler Wahlhandlungen nach erfolgter rationaler Kosten-Nutzen-Abwägung interpretiert werden, wird in der Literatur sporadisch auch auf die Wichtigkeit von 'Austrittsgelegenheiten' hingewiesen. Austrittsentscheidungen gehe i.d.R. eine längere Phase der Unzufriedenheit voraus (Langer 1994), sie erfolgten jedoch typischerweise erst im Kontext einer nachhaltigen betrieblichen Situationsänderung. So kann sowohl eine aus unternehmerischer Interessensicht besonders negative Tarifrunde zum Verbandsaustritt führen als auch - nach dem Motto „Gelegenheit macht Diebe" - eine interne betriebliche Strukturveränderung, z.B. die Veränderung in der Rechtsform, eine Unternehmensaufspaltung, die Ausgründung eines Betriebsteils, ein Wechsel in der Geschäftsführung oder in Ostdeutschland der Privatisierungsprozess (Schroeder/Ruppert 1996a:324).

Diese organisationssoziologische und dem Paradigma 'rationaler Wahl' verpflichtete Analyse der Krise der Arbeitgeberverbände erscheint in mehrfacher Hinsicht ergänzungsbedürftig: Die Analyse wird zuweilen in unzulässiger Weise verkürzt, indem von gleichsam objektiven 'Kosten-Nutzen-Erwägungen' der Verbandsmitglieder ausgegangen wird. Dabei bleiben sowohl die als Gelegenheitsstrukturen wirkenden situativen Kontexte dieser Entscheidungen oft unberücksichtigt als auch die spezifischen Deutungs- und Interpretationsprozesse, die dazu führen, dass das Verlassen der Tarifbindung aktuell häufiger als vorteilhaft angesehen wird als in früheren Jahrzehnten. Nimmt man diesen Einwand ernst, so ist es unabdingbar, die betrieblichen Rahmenbedingungen für den Umgang mit den Tarifnormen genauer zu untersuchen und die organisationssoziologische Analyse auf Verbandsebene um eine interessenpolitische Analyse auf Betriebsebene zu ergänzen. Da eine der wichtigsten Funktionen des Tarifvertrags für die Unternehmer historisch wie aktuell die Sicherstellung des Betriebsfriedens darstellt, ist insbesondere zu untersuchen, warum diese Funktion für viele Unternehmer gegenwärtig zunehmend verzichtbar scheint. Bei einer so modifizierten Fragestellung werden zwangsläufig die innerbetrieblichen Austauschbeziehungen zwischen Geschäftsleitungen und Betriebsrat (bzw. der

Belegschaft) als prägender Einflussfaktor auf die betriebliche Tarifgestaltungs- und -bindungspraxis ins Blickfeld geraten.[121] Die Organisationsprobleme der Arbeitgeberverbände könnten sich dann zumindest teilweise als bloße Erscheinungsform einer Entwicklung entpuppen, die ihren Kern in veränderten - bzw. bezogen auf Ostdeutschland 'andersartigen' - Austauschbeziehungen und betrieblichen Machtverhältnissen zwischen Kapital und Arbeit hat.

5.1.4 Organisationspolitische Reaktionen der Arbeitgeberverbände

Es lassen sich zwei Strategien unterscheiden, mit denen die Arbeitgeberverbände auf die wachsende Unzufriedenheit ihrer Mitglieder mit der tarifpolitischen Vertretung zu reagieren und eine Stabilisierung des Organisationsgrads zu erreichen. Die 'interessenpolitische Option' versucht der Mitgliederkritik durch eine zunehmend offensive tarifpolitische Interessenpolitik gerecht zu werden. Die 'organisationspolitische Option' versucht hingegen die negativen Wirkungen der verbandlichen Tarifpolitik auf den Organisationsgrad (sowie die Finanzsituation der Verbände) durch eine Trennung von Mitgliedschaft und Tarifbindung zu minimieren. Während die interessenpolitische Option also am Verhältnis zwischen den Arbeitgeberverbänden und Gewerkschaften oder - systemtheoretisch gesprochen - am Verhältnis von Verband und Umwelt ansetzt, zielt die organisationspolitische Option auf ein verändertes verbandsinternes Verhältnis von Organisation und Mitglied.

Eine Konkretion der interessenpolitischen Option ist in dem etwa seit 1992/93 feststellbaren und zunehmend erfolgreichen Versuch der Arbeitgeberverbände zu sehen, eine tarifpolitische Wende herbeizuführen (vgl. Kap.II.4.2). Dies äußerte sich in verstärkt offensiven Forderungskatalogen der Arbeitgeberverbände und in zunehmend schwieriger werdenden Tarifrunden. Die Offensive der Arbeitgeberverbände erreichte 1993 einen ersten Höhepunkt mit der in der bundesdeutschen Tarifgeschichte bislang vorbildlosen außerordentlichen Kündigung eines bereits abgeschlossenen Tarifvertrags in der ostdeutschen Metallindustrie (vgl. Kap.III.1.3.2). Trotz diesbezüglich erheblicher Meinungs- und Interessensdifferenzen auf Seiten der Unternehmer richtete sich die neue Tarifpolitik teilweise auch gegen das etablierte System der Flächentarifverträge als solches und trug damit zur Ausweitung tariflich

---

[121] Dieser Aspekt musste in den vorliegenden empirischen Untersuchungen, die primär mit quantitativen Daten bzw. mit Experteninterviews auf Verbandsebene arbeiteten, schon aufgrund ihrer methodischen Anlage systematisch vernachlässigt werden. In der IAB-Panelstudie wurde immerhin nach der Existenz eines Betriebsrates gefragt - einem eher groben Indikator für den Zustand der innerbetrieblichen Austauschbeziehungen. Der statistisch hoch signifikante Zusammenhang zwischen der Existenz eines Betriebsrates und der Tarifbindung von Unternehmen war für die AutorInnen (Kohaut/Bellmann 1997:331) jedoch nicht Anlass, den Ursachen für diesen Zusammenhang nachzuspüren; sie schlossen vielmehr auf eine methodische Verzerrung bei der Schätzung des Regressionskoeffizienten. Schnabel/Wagner (1996:13f.) haben als Indikatoren für den Zustand der innerbetrieblichen Verhandlungsbeziehungen den gewerkschaftlichen Organisationsgrad sowie die Streikwahrscheinlichkeit der Branche berücksichtigt. Sie kommen zu dem wenig überraschenden Ergebnis, dass die Organisationswahrscheinlichkeit steigt, wenn die Belegschaft hoch organisiert ist oder das Unternehmen einer Branche mit hoher Streikwahrscheinlichkeit angehört.

nicht geregelter Bereiche bei. So wurde z.B. in Teilbereichen die Tarifpartnerschaft mit den DGB-Gewerkschaften aufgekündigt. Die Weigerung, überhaupt noch Tarifverträge abzuschließen, blieb zwar die Ausnahme, Strategien sowie Drohungen bezüglich einer Negation jeglicher Tarifbindung nahmen jedoch nicht nur unter den Einzelunternehmen zu, sondern auch im Bereich der Unternehmerverbände. Vor allem im Handwerksbereich haben die DGB-Gewerkschaften zunehmend Probleme, die Innungen überhaupt noch zum Abschluss von Tarifverträgen zu bewegen. In Ostdeutschland haben zudem verschiedene regionale Organisationsgliederungen ihren bundesweiten Branchenverband verlassen, um gegen dessen Tarifpolitik zu protestieren und nicht mehr an die von diesem abgeschlossenen Tarifverträge gebunden zu sein[122]. In einzelnen Bereichen hatten die Arbeitgeber zudem in ihrem Bemühen Erfolg, die gewerkschaftliche Tarifkonkurrenz in ihrem Organisationsbereich zu verschärfen, indem sie 'billigere' Tarifverträge mit Nicht-DGB-Gewerkschaften abschlossen. Prominentestes Beispiel hierfür sind sicherlich die umstrittenen Tarifverträge zwischen dem Sächsischen Metallarbeitgeberverband und der Christlichen Gewerkschaft Metall,[123] aber auch die DAG ist in manchen Bereichen als tarifliche Unterbietungskonkurrenz wirksam (vgl. den Fall IBM).

Die zweite Option der Arbeitgeberverbände zur Stabilisierung ihres Organisationsgrades, die nicht auf interessenpolitischer Ebene, sondern organisationspolitisch am internen Verhältnis von Verband und Mitglied ansetzt, besteht darin, *Mitgliedschaft und Tarifbindung institutionell zu trennen*. Dabei lassen sich regelungstechnisch zwei Modelle unterscheiden, die als 'Auslagerungsmodell' und 'Spaltungsmodell' bezeichnet werden können (Bluhm 1996:144):

Insbesondere in den neuen Bundesländern wurden neben den etablierten Tarifverbänden zusätzlich nicht-tariffähige Arbeitgeberverbände[124] als Alternativoption

---

[122] Besonders medienträchtig war der Austritt des Thüringer Landesverbandes der Zeitungsverleger im Oktober 1995, der damit die Angleichung der Tariflöhne auf 100% des Westniveaus verhindern wollte. Damit setzte der ostdeutsche Landesverband eine Drohung in die Realität um, die zuvor bereits vom norddeutschen Landesverband der Druckarbeitgeber ausgesprochen worden war (vgl. Schroeder 1993:714). Auch in der ostdeutschen Bauwirtschaft haben seit Beginn der Baukrise 1995/96 mehrere Landesinnungsverbände den Hauptverband des deutschen Baugewerbes verlassen, so dass zwischenzeitlich die Tarifeinheit von Bauindustrie und Bauhandwerk in Ostdeutschland in Frage stand.

[123] Das sächsische Vorbild wurde in jüngster Zeit vom nordwestdeutschen Fachverband Holz und Kunststoff nachgeahmt. Unter Hinweis auf die geplante Fusion zwischen GHK und IGM im Jahr 2000 weigerte sich dieser, weiterhin Tarifverträge mit der GHK abzuschliessen und vereinbarte statt dessen mit der Christlichen Gewerkschaft Deutschlands tarifliche Regelungen (Bispinck/WSI Tarifarchiv 1999:82).

[124] In den neuen Bundesländern existiert für den Bereich der Metall- und Elektroindustrie (und teilweise darüber hinaus) flächendeckend die Möglichkeit, verbandliche Serviceleistungen in Anspruch zu nehmen ohne tarifgebunden zu sein. Zu diesem Zweck wurden sogenannte 'allgemeine Arbeitgeberverbände' gegründet. Deren Mitgliederzahlen nehmen entgegen dem allgemeinen Trend deutlich zu. Die allgemeinen Arbeitgeberverbände sind durchweg personell an die traditionellen Arbeitgeberverbände angegliedert und werden vom Geschäftsführer des Arbeitgeberverbandes der Metall- und Elektroindustrie in Personalunion geleitet. Nachdem sie zunächst als 'Auffangbecken' für kleinere Unternehmen ohne klar definierte Branchenzugehörigkeit galten, ist die Mitgliederdomäne inzwischen wesentlich unspezifischer. Betriebe mit über 500 Beschäftigten sind ebenso Mitglied wie klassische Metallbetriebe. Hintergrund dieser ausgeweiteten Mitgliederdomäne ist in Ostdeutschland auch die schwierige Finanzsituation der Arbeitgeberverbände und der Ver-

für die Betriebe gegründet (,Auslagerung'). Zwar existierten solche Verbände auch bereits in den 80er Jahren in Westdeutschland, diesen kam jedoch kaum eine größere tarifpolitische Bedeutung zu. Dies änderte sich erst im Zuge der offensiven Wendung arbeitgeberverbandlicher Tarifpolitik Anfang der 90er Jahre (vgl. Schroeder 2000:252).

Die zweite Option besteht darin, innerhalb der etablierten Verbände einen differenzierten 'gespaltenen' Mitgliederstatus für Betriebe zu schaffen, die die Verbandsdienstleistungen nutzen wollen, ohne sich in die Tarifbindung zu begeben (z.B. Gast-, Schnupper- oder Fördermitgliedschaften).[125] Die Legalität beider Optionen ist juristisch umstritten.[126]

Die Trennung von Mitgliedschaft und Tarifbindung ist jedoch auch aus Sicht der Arbeitgeberverbände selbst ambivalent zu bewerten. Mittel- bis langfristig scheint ein solches Vorgehen nämlich geeignet, das Organisationsdilemma der Arbeitgeberverbände eher noch zu verschärfen, statt es zu beheben. Die Verpflichtungsfähigkeit sowie Repräsentativität der Arbeitgeberverbände als Tarifpartei nimmt dadurch weiter ab. Durch die Differenzierung zwischen Mitgliedern mit unterschiedlichen Rechten sowie Pflichten wird zudem die innerorganisatorische Solidarität gefährdet und das 'Trittbrettfahrerproblem' kollektiven Handelns noch verschärft, indem eine Konkurrenz um Kostenvorteile bei der Erlangung verbandlicher Dienstleistungen ermöglicht wird.[127] Bezeichnenderweise sprechen sich die Bundesverbände der Branchenarbeitgebervereinigungen daher gewöhnlich gegen die verstärkte Trennung von Mitgliedschaft und Tarifbindung aus. So hat etwa Gesamtmetall bereits 1992 in umfangreichen internen Gutachten die Regionalverbände mit juristischen Argumen-

---

such, auf diesem Weg einen ausreichenden Personalstamm zur Beratung und Betreuung der Betriebe aufrechtzuerhalten (Informationen aus eigenen Interviews mit Verbandsexperten AGV-M 1, AGV-M 2, AGV-M 3, AGV-M 4).

[125] Vorreiter bei der Einführung einer Mitgliedschaft ohne Tarifbindung war der Verband der holz- und kunststoffverarbeitenden Industrie Rheinland-Pfalz. Inzwischen sind solche differenzierten Mitgliedschaften mehr oder weniger offiziell und publikumswirksam in vielen Regionalverbänden zu finden (vgl. Barthel 1994, Bluhm 1996).

[126] Der Vorsitzende Richter am Bundesarbeitsgericht Kassel Schaub (1995:2004f.) führt hierzu aus: „Ob es Koalitionen ohne Tariffähigkeit geben kann, ist zumindest zweifelhaft (...) Zu den Voraussetzungen der Tariffähigkeit gehört die Tarifwilligkeit. (...) Gegen das System der abgestuften Mitgliedschaft in Arbeitgeberverbänden bestehen zwei Rechtsbedenken. (1) Es besteht eine Ungleichbehandlung zwischen den einzelnen Verbandsmitgliedern. (2) Die Verhandlungsparität zwischen Gewerkschaft und Arbeitgeberverband wird gestört, wenn die Mitglieder ohne Tarifbindung den Verband finanziell unterstützen." Vgl. hierzu außerdem Däubler 1994:453f. sowie Buchner 1994, 1995.

[127] Etwas anders stellt sich die Situation in Ostdeutschland dar. Da in den neuen Bundesländern (zumindest in Betrieben mit ostdeutschem Management) keine gewachsene verbandliche Verankerung existiert, könnten hier die allgemeinen Arbeitgeberverbände als eine Art 'verbandliche Sonderangebote' möglicherweise die Funktion einer langsamen Heranführung an den Verband, einer Art 'verbandlichen Vorschule' haben. Da jedoch auch hier grundsätzlich das Problem einer Spaltung der Mitgliedschaft besteht, scheint es aus Verbandssicht wichtig, die Möglichkeit der OT-Mitgliedschaft zeitlich zu befristen und keinen direkten Wechsel vom Tarifverband in den nicht tarifgebundenen allgemeinen Arbeitgeberverband zuzulassen.

ten vor solchen Konstruktionen gewarnt (vgl. Handelsblatt vom 2.3.99a).[128] Die regionalen Arbeitgebervereinigungen, die - verglichen mit gewerkschaftlichen Verhältnissen - relativ autonom von den bundesweiten Gesamtorganisationen agieren können, handeln den diesbezüglichen Direktiven ihrer Bundesvereinigung jedoch häufig zuwider. In jüngster Zeit hat beispielsweise der Verband der Metall- und Elektroindustrie Rheinland-Rheinhessen Schlagzeilen gemacht, der angesichts der Ergebnisse der Tarifrunde '99 die Gründung eines Arbeitgeberverbandes ohne Tarifbindung ankündigte und mit diesem Schritt massive Kritik im eigenen Lager auslöste (Handelsblatt v. 2.3.1999b). Auch in der Chemischen Industrie widerspricht die 1999 erfolgte Gründung eines 'allgemeinen Arbeitgeberverbandes Nordost' diametral der sogenannten 'Rheingauer Erklärung', in der die Einführung einer Verbandsbindung ohne Tarifbindung als Mittel der Tarifpolitik explizit negiert wird (Information im Interview GEW-C 6). Auch Bluhm (1996:143) weist darauf hin, dass Initiativen zur Trennung von Mitgliedschaft und Tarifbindung insbesondere von den Regionalverbänden ausgehen, „die am nächsten mit den Mitgliederproblemen konfrontiert sind" und versuchen, „diese 'grassroots'-Ansätze im Gesamtverband als legitime Lösungen durchzusetzen." Während die Regionalverbände damit unmittelbar auf die Forderungen der Mitglieder und v.a. im Osten auch auf ihre zunehmend prekäre Finanzsituation reagieren, agieren die Bundesarbeitgebervereinigungen primär unter der Perspektive einer möglichst einheitlichen und solidarischen Organisierung des kollektiven Unternehmerinteresses.

Insgesamt zeigt sich in der Frage der Trennung von Verbandsmitgliedschaft und Tarifbindung einmal mehr die Tatsache, dass allgemeine kollektive Unternehmerinteressen nicht identisch sind mit der Summe einzelbetrieblicher unternehmerischer Interessenlagen. Angesichts der Tatsache, dass die regionalen Arbeitgeberverbände sich unter dem Druck der Mitglieder verstärkt zum Sachwalter einzelbetrieblicher Interessen - auch gegen ein anderslautendes Votum der Bundesverbände - erklären, kann man zugleich davon sprechen, dass die 'äußere Erosion' des Flächentarifvertrags zentrifugale Tendenzen im Bereich der Arbeitgeberverbände verursacht, indem verstärkt Widersprüche zwischen dem Interessenhandeln der bundesweiten und der regionalen Arbeitgeberverbände auftreten. Sowohl die interessenpolitische als auch die organisationspolitische Reaktion der Arbeitgeberverbände auf die verbandliche Organisationskrise muss daher eher als eine Art reaktive Vorwärtsverteidigung der Verbände gewertet werden, denn als strategischer Lösungsansatz. Sowohl eine interessenpolitisch angeleitete Infragestellung der Tarifpartnerschaft mit den DGB-Gewerkschaften als auch die organisationspolitisch motivierte Abkehr vom verbandlichen Hauptzweck der Tarifgestaltung könnte letztlich die Berechtigung der Arbeitgeberverbände selbst in Frage stellen und also die für die Verbände prekäre Erosion des Tarifvertragssystems noch verstärken.

---

[128] In den von uns selbst durchgeführten Verbandsinterviews mit tariflichen ExpertInnen wurden ähnliche Stellungnahmen der bundesweiten Arbeitgebervereinigungen im Bereich der Bauindustrie sowie der Chemieindustrie zitiert (Interviews AGV-B 4, AGV-C 2).

5.2 Die 'innere Erosion' des Flächentarifvertrages

Während die Abnahme des formalen Geltungsbereichs von Tarifverträgen und die angebliche Mitglieder-‚Flucht' aus den Arbeitgeberverbänden in den letzten Jahren eine erhebliche Diskussion in Medien sowie in der Wissenschaft auslöste, fand die im folgenden als ‚innere Erosion' des Flächentarifvertrags bezeichnete Entwicklung abnehmender Verbindlichkeit geltender Tarifnormen vergleichsweise weniger Aufmerksamkeit. Angesichts des - im internationalen Maßstab gesehen – nach wie vor ausgesprochen hohen tariflichen Deckungsgrads scheint jedoch die These berechtigt, dass die Bedrohung des bundesdeutschen Tarifvertragssystems gegenwärtig weniger von dessen reduziertem Geltungsbereich ausgeht, sondern stärker von der Infragestellung seiner Gestaltungskraft in formal tariflich erfassten Bereichen. Es sind in erster Linie „die stillen Formen des Unterlaufens" (Schroeder/Ruppert 1996b:40), die Anlass zur Sorge geben müssen. Die normative Geltung 'des Tarifs' als flächendeckendem, durch gegenseitige Vereinbarung legitimiertem und als gerecht anerkanntem Orientierungsmaßstab ist immer weniger selbstverständlich.

Die 'innere Erosion' der flächentariflichen Normen ist freilich empirisch nur schwer messbar. Im Rahmen der WSI-Betriebsräte-Befragung (WSI-Projektgruppe 1998) wurde unlängst der Versuch gemacht, den Verbreitungsgrad von Tarifabweichungen quantitativ näher zu bestimmen. Dabei gaben 15 % der Betriebsräte an, in ihrem Betrieb werde „gelegentlich" von den bestehenden Tarifvorschriften nach unten abgewichen, bei 3 % der Befragten ist dies „öfter" der Fall. In Ostdeutschland liegen die entsprechenden Prozentsätze mit 23 % und 7 % deutlich höher (ebd.:663). Wenn diese Zahlen „gemessen an der Heftigkeit der jüngeren Diskus-sion um die Krise des Flächentarifvertrags und die Zukunft des Tarifsystems (...) verhältnismäßig niedrig" ausfallen (ebd.), so mag dieser Umstand jedoch auch der Anlage der Untersuchung geschuldet sein: In die Betriebsräte-Befragung waren notgedrungen nur Betriebe mit Betriebsrat einbezogen, die zudem im Rahmen einer von der Gewerkschaft durchgeführten Untersuchung eher dazu neigen dürften, den Grad der Tarifabweichung in 'ihren' Unternehmen zu untertreiben. Sowohl aufgrund der Komplexität des Themas als auch aufgrund der meist informellen Abweichungspraxis von den Tarifverträgen ist eine adäquate Bestandsaufnahme der Tarifwirklichkeit letztlich kaum im Rahmen quantitativ-statistischer Methoden leistbar, sondern nur durch qualitative, betriebsnahe Verfahren.

5.2.1 Varianten betrieblicher Tarifabweichung: Negation der Tarifbindung und regulierte Flexibilisierung

Inzwischen existieren immerhin drei Studien, die einen Einblick in die betriebliche Wirklichkeit der Tarifvertragsnormen, sowie in die Bedingungen und Prozesse ihrer Aushöhlung geben. Während die Untersuchungen von Bergmann u.a. (1998) sowie Höland u.a. (2000a, 2000b) primär auf Westdeutschland bezogen sind, wurden in der Studie von Artus/Schmidt/Sterkel (Artus/Sterkel 1998, Artus u.a. 2000) ausschließlich ostdeutsche Betriebe erforscht. In allen drei Studien wurden Metallbetriebe untersucht, von Höland u.a. wurden zudem einige Werke der Chemieindustrie einbezogen, die Studie von Artus/Schmidt/Sterkel beinhaltet einen Branchenvergleich von Metall-, Bau- und Chemiebetrieben. Alle drei Studien schildern zwar eine breite Palette betrieblicher Tarifabweichung, sie sind in ihrer Begrifflichkeit sowie Systematik jedoch nicht einheitlich, was den Vergleich untereinander erschwert. Für einen systematischeren Zugriff auf das Phänomen der inneren Erosion des Flächentarifvertrags erscheint es daher zunächst sinnvoll, verschiedene Formen der Tarifabweichung zu differenzieren, die in allen drei Studien genannt werden und die sich sowohl in ihren juristischen wie auch in ihren betriebs- sowie tarifpolitischen Konsequenzen deutlich unterscheiden:

1.) Als Varianten einer *Negation der Tarifbindung* zu unterscheiden sind erstens Strategien der *Tarifvermeidung* und zweitens Strategien des *Tarifbruchs*.

2.) Als Varianten einer *regulierten Flexibilisierung* tariflicher Normen zu unterscheiden sind erstens Fälle formaler Tarifbindung bei *informeller Abweichung durch betriebliche Vereinbarungen* zwischen Geschäftsleitung und Betriebsrat sowie zweitens Fälle formaler Tarifbindung bei *offiziell durch die Tarifparteien regulierter und legitimierter Abweichung*.

ad 1.) Während der Begriff der *Tarifvermeidung* meint, dass in juristischer Hinsicht keine Geltung flächentariflicher Normen existiert, die Tarifabweichung insofern legal und die Orientierung am Tarif für die Beschäftigten auch nicht einklagbar ist, sind *Tarifbrüche* dadurch gekennzeichnet, dass zwar offiziell eine Tarifbindung existiert, aber betrieblich dennoch von den Tarifnormen abgewichen wird. Während im ersten Fall der Tarif keine offizielle Norm darstellt, handelt es sich im zweiten Fall um eine klare Normverletzung. Während Strategien der Tarifvermeidung den Prozess der ‚äußeren Erosion' des Flächentarifvertrags auf betrieblicher Ebene reflektieren, handelt es sich bei Strategien des Tarifbruchs um originäre Ausdrucksformen der inneren Erosion des Flächentarifvertrags.

Strategien der Tarifvermeidung finden sich häufig bei erst unlängst neu gegründeten oder privatisierten Betrieben. Sie sind besonders zahlreich in Ostdeutschland sowie in modernen, neu entstandenen Wachstumsbrachen. Da die Betriebsgeschichte von einer völligen Abstinenz tariflicher Bindung gekennzeichnet ist, ist die betriebspolitische Praxis häufig als Situation 'jenseits des Tarifs' zu beschreiben. Die betrieblichen Bedingungen weichen oft sehr grundlegend (z.B. auch in Belangen der Rahmentarifverträge) von den tariflichen Normen ab und auch die informelle Orientierung am Tarif ist sowohl bei der Geschäftsleitung als auch bei den Beschäftigten eher schwach ausgeprägt. Im Extremfall werden Flächentarifverträge als irrelevant für die betriebliche Praxis eingestuft.

Ein Tarifbruch liegt hingegen vor, wenn der Betrieb zwar in juristischer Hinsicht der tariflichen Bindung bzw. der Nachwirkung eines Tarifvertrags unterliegt, die tariflichen Normen jedoch nicht (oder nicht mehr) eingehalten werden. Da die betriebliche Tarifgestaltungspraxis in solchen Fällen nicht nur illegal ist, sondern häufig auch von den Beschäftigten als illegitim empfunden wird, ergreifen die Geschäftsleitungen nicht selten Maßnahmen, um deren Legitimität zu steigern. Das Abschließen von Einzelarbeitsverträgen mit den Beschäftigten bzw. von Betriebsvereinbarungen mit dem Betriebsrat über tarifliche Regelungsbereiche hat zwar in rechtlicher Hinsicht keine Gültigkeit, dennoch sind solche Maßnahmen in betriebspolitischer Hinsicht meist wirksam zur Absicherung des prekären Status Quo.[129]

Wenn die begriffliche Unterscheidung zwischen Tarifvermeidung und Tarifbruch sich zentral am legalen Status tariflicher Negation festmacht, so ist dies dem Umstand geschuldet, dass das Gesetz als 'sekundäre Machtquelle' des Betriebsrats einen wichtigen Einfluss auf die innerbetrieblichen Austauschbeziehungen hat und zudem die Legalität eines Zustands oft mit seiner Legitimität einhergeht. Letzteres muss jedoch nicht zwangsläufig der Fall sein. So existieren auch Fälle, in denen die Negation der Tarifbindung zwar auf legalem Wege erfolgt, dieser Zustand von den Beschäftigten aber als explizite Normverletzung empfunden wird (etwa im Fall einer Kündigung der Arbeitgeberverbandsmitgliedschaft bei Respektierung der Fortwirkung der Tarifgeltung, jedoch unter Abkopplung von der weiteren Tarifentwicklung). Und umgekehrt existiert auch der Fall, dass ein Unternehmen permanenten Tarifbruch begeht, ohne dass die Beschäftigten diese Praxis als 'illegitime' Normverletzung empfinden. So sind z.B. viele kleinere ostdeutsche Bauunternehmen zwar wegen der verbandlichen Dienstleistungen Arbeitgeberverbandsmitglied, sie leiten jedoch daraus keineswegs die Verpflichtung zur Tarifeinhaltung ab. Ebenso wenig tun dies häufig die Beschäftigten und der Betriebsrat, die nicht zuletzt zwecks Beschäftigungssicherung eine untertarifliche Bezahlung akzeptieren und im übrigen seit Jahren an diesen Zustand gewöhnt sind (vgl. Artus u.a. 2000:102f.).

ad 2.) Von einer *regulierten Flexibilisierung* ist dann zu sprechen, wenn die betriebliche Abweichung von den formal gültigen Tarifnormen nicht einseitig durch die Geschäftsleitung verfügt wird, sondern Gegenstand betriebspolitischer Aushandlungsprozesse ist. Indem die ehemals fixen tarifvertraglichen Normen als verhandelbare Orientierungsgrößen begriffen werden, ist zwar auch eine regulierte Flexibilisierung zweifellos als Aufweichung des Flächentarifvertrags zu werten, durch die Einbeziehung der Beschäftigtenvertretung besteht jedoch zugleich die Möglichkeit einer Re-Regulierung tariflicher Normen (im Sinne v.a. einer Standardisierung der Tarifabweichungen) sowie einer Politisierung der betrieblichen Tarifgestaltungspraxis.

Von einer *betrieblich regulierten Flexibilisierung* ist dann zu sprechen, wenn Betriebsrat und Geschäftsleitung ohne Einbeziehung der Tarifparteien in gegenseitiger Abstimmung von tariflich gültigen Normen abweichen. Eine solche 'verbetrieblichte' Tarifgestaltungspraxis kann die formelle Form von Betriebsvereinbarungen annehmen (obwohl deren rechtliche Gültigkeit fraglich ist) oder auf mündlichen Absprachen bzw. Regelungsabreden basieren. Eine solche in legaler Hinsicht

---

[129] Empirisch sind Fälle des Tarifbruchs bei parallelem Abschluss rechtlich nichtiger Betriebsvereinbarungen zuweilen nur schwer zu trennen von bestimmten Fällen regulierter Flexibilisierung, in denen formal eine Tarifbindung existiert, von der jedoch informell durch betriebliche Vereinbarungen zwischen Geschäftsleitung und Betriebsrat abgewichen wird. Als eher graduelles denn prinzipielles Abgrenzungskriterium wäre das Ausmaß realer Mitwirkung des Betriebsrats in solchen Fällen heranzuziehen, d.h. die Frage, ob es sich lediglich um vom Betriebsrat abgesegnete Geschäftsleitungsstrategien handelt oder um Fälle regulierter Flexibilisierung des Tarifvertrags, denen ein realer Aushandlungsprozess zwischen Betriebsrat und Geschäftsleitung vorausging.

durchaus zweifelhafte betriebliche Normsetzung für tarifliche Regelungsbereiche ist von der bloßen Nutzung tariflich eröffneter Gestaltungsspielräume grundlegend zu unterscheiden. Während die Praxis einer betrieblich regulierten Flexibilisierung den Prinzipien des dualen Systems industrieller Beziehungen widerspricht, da über den betrieblichen Konsens quasi 'Recht geschaffen' werden soll und damit das Normsetzungsrecht der Tarifparteien untergraben wird, ist dies bei der betrieblichen Umsetzung tariflicher Bestimmungen nicht der Fall. Insofern sind Arrangements zwischen den Betriebsparteien unter Umgehung der Tarifverbände eindeutig Ausdruck einer inneren Erosion des Flächentarifvertrags. Die Zunahme betrieblicher Gestaltungsoptionen stellt hingegen den Versuch dar, den neuen Anforderungen an das Tarifvertragssystem gerecht zu werden, ohne dessen grundlegende Mechanismen aufzugeben.

Auch die Zunahme *tariflich regulierter Flexibilisierung* ist jedoch als Aspekt der inneren Erosion des Tarifvertragssystems zu werden, obwohl die Tarifparteien (bzw. im Fall von Haustarifverträgen die Gewerkschaften) in diesen Fällen noch einen erheblichen re-regulierenden Einfluss auf die betriebliche Tarifgestaltungspraxis besitzen. Verschiedene Formen tariflich regulierter Flexibilisierung sind die Inanspruchnahme tariflicher Härtefall- oder Öffnungsklauseln oder der Abschluss eines Haustarifvertrags.

In der Praxis ist die Flexibilisierung der Tarifnormen durch betriebliche und tarifliche Akteure häufig eng verknüpft. So setzen sich die betrieblichen Akteure in solchen Fällen häufig mit den Tarifparteien in Verbindung, um sich nicht zuletzt auch rechtlich abzusichern, und tariflich regulierte Flexibilisierungsformen beinhalten i.d.R. notwendig die Einbeziehung der Betriebsparteien.

5.2.2 Varianten betrieblicher Tarifabweichung in West- und Ostdeutschland

Vergleicht man nun auf Basis der vorgenommenen systematisierten Begriffsbildung die oben genannten Studien, so fällt vor allem auf, dass sich die betriebliche Tarifgestaltungspraxis in West- und Ostdeutschland stark unterscheidet, und zwar sowohl was das Ausmaß und den Gegenstandsbereich als auch die Verfahrensweisen der Tarifabweichung betrifft.

Zumindest als Indikator für die betrieblichen Bedingungen kann hier zunächst erneut auf die WSI-Betriebsräte-Befragung zurückgegriffen werden, die nicht nur einen für West- und Ostdeutschland signifikant unterschiedlichen Grad von Tarifunterschreitungen festgestellt hat (s.o.), sondern auch, „dass die Abweichungen sich im Westen überwiegend auf die Arbeitszeitregelungen beziehen, mit deutlichem Abstand gefolgt von den Lohn- und Gehaltsbestimmungen, den Zulagen und Zuschlägen und den Jahressonderzahlungen. Im Osten stehen dagegen Verstöße gegen Lohn- und Gehaltsbestimmungen an der Spitze, gefolgt von den Bereichen Arbeitszeit, Jahressonderzahlung, Zulagen/Zuschläge." (WSI-Projektgruppe 1998:663)

Bezüglich der Verfahrensweisen der Tarifabweichung herrschen *in Westdeutschland* zumindest in zentralen industriellen Segmenten Formen regulierter Flexibilisierung vor, d.h. Tarifunterschreitungen erfolgen weitgehend im Rahmen eines koordinierten Vorgehens von betrieblichen und tariflichen Akteuren. Im Regelfall handelt es sich dabei um 'Tauschgeschäfte' - selbst wenn die Gegenleistung für den Verzicht auf tarifliche Leistungen zuweilen nur in der expliziten Festschreibung des Status Quo besteht. Die insbesondere beim Thema Arbeitszeitflexibilisierung häufigen Abweichungen von den tariflichen Vorgaben werden zwar primär zwischen den Betriebsparteien über informelle oder sogar formalisierte Absprachen geregelt (Bergmann u.a. 1998:27ff.), von diesen sind die Gewerkschaften aber im Regelfall zumindest informiert. Maßgebliches Kriterium dafür, ob die Betriebsräte die Gewerkschaft in die betrieblichen Rechtsetzungsprozesse einbezieht ist „die Wichtigkeit der Regelung für den Betrieb" (Höland u.a. 2000a:234), wobei sich „unter der Voraussetzung ihrer Einbeziehung ein beachtliches Maß an Hinnahmebereitschaft der Gewerkschaft in bezug auf tarifvertragsbezogene Betriebsvereinbarungen erkennen lässt" (ebd.:180f.). Wie bereits im vorangehenden Kapitel II.4 ausgeführt, kam es in den 90er Jahren gehäuft zum offiziellen Abschluss sogenannter 'Beschäftigungs'- oder 'Standortsicherungsvereinbarungen'. Dabei handelt es sich in der Regel um den Tausch von Reduktionen der (teilweise übertariflichen) Besitzstände der Belegschaften gegen den Verzicht der Geschäftsleitung auf Entlassungen. An deren Gestaltung sind meist neben den Betriebsparteien auch die Gewerkschaften beteiligt, weshalb sie als tariflich regulierte Flexibilisierungsformen zu werten sind. Eine betriebliche Tarifabweichung erfolgt im Westen also zumindest in Kernbereichen kaum von der Gewerkschaft abgekoppelt, sondern häufig in der Form eines „Interpretationsbündnisses zwischen Betriebsparteien und Gewerkschaft" (Höland u.a. 2000b:641). Die obligatorische Mitwirkung der Gewerkschaft bei betrieblichen Tarifabweichungen ermöglicht ein gewisses Maß an Kontrolle, wobei die Gratwanderung zwischen einer defensiven Absegnung von Deregulierungstendenzen und einer aktiv-gestalterischen 'Re-Regulierung' sicherlich prekär ist. Insbesondere in der Studie von Bergmann u.a. (1998:58) wird darauf hingewiesen, dass die hohe Toleranzschwelle der Gewerkschaft beim Thema Tarifabweichungen auch zu gewerkschaftsinternen Spannungen führen kann. So werfen manche FunktionärInnen 'ihrer Organisation' mangelndes Rückgrat und eine „zu große Kompromiss- und Konzessionsbereitschaft" (ebd.) vor, auch deshalb, weil die Aufgabe der Betriebsräte, für die Einhaltung der Tarife im Unternehmen zu sorgen, nicht erleichtert wird, wenn die Gewerkschaft in anderen Unternehmen negative Vorbildvereinbarungen akzeptiert.

Verglichen mit der westdeutschen Tarifsituation vermittelt die Studie von Artus u.a. (2000) von der *ostdeutschen Tarifrealität* ein wesentlich dramatischeres Bild: Insbesondere in kleineren, nicht konzerngebundenen Betrieben der Metall- und Bauindustrie besitzt der Flächentarifvertrag nur noch eingeschränkte oder geringe Gestaltungsmacht und die Tarifnormen sind faktisch bereits zu Höchstnormen geworden. Negative Abweichungen vom Tarif setzen häufiger in Kernbereichen der Beschäftigteninteressen an und erfolgen häufig nicht unter Einbeziehung des Betriebsrats und/oder der Gewerkschaft, sondern im Rahmen von Strategien der Tarifvermeidung oder des Tarifbruchs. Von den Tarifabweichungen betroffen sind insbesondere materielle Leistungen verschiedener Art (z.B. Weihnachtsgeld, Urlaubsgeld, Leistungszuschläge) sowie der Urlaubsanspruch und vor allem in der Bauindustrie auch die Grundlöhne. Die Einhaltung der tariflichen Bestimmungen zur Lage und Verteilung der wöchentlichen Arbeitszeit muss bereits eher als die Ausnahme denn die Regel gelten (Artus/Sterkel 1998:434). In vielen Fällen ist der Verzicht auf tarifliche Bestandteile für die Beschäftigten zudem nicht mit expliziten Gegenleistungen verknüpft, sondern er geschieht in der vagen Hoffnung, damit zur Stärkung der Konkurrenzfähigkeit und Sicherung der Arbeitsplätze beizutragen. Lohnkostenreduktionen gelten im Osten Deutschlands oft schon als „eine Art 'Regelopfer' (...), das die Geschäftsleitung bei wirtschaftlichen Schwierigkeiten legitimerweise von der Belegschaft verlangen kann" (Artus/Sterkel 1998:433).

Gravierende Folgen für das Funktionieren des Gesamtsystems industrieller Beziehungen in Ostdeutschland ergeben sich insbesondere daraus, dass Tarifabweichungen häufiger ohne Absprache mit den Tarifverbänden erfolgen. Zugleich sind die ostdeutschen Betriebsräte scheinbar auch eher dazu bereit, betriebliche Absprachen unter Aussparung der Gewerkschaft zu treffen. Lediglich in den größeren, konzerngebundenen Unternehmen der Metall- und Chemieindustrie haben die Gewerkschaften durch den Abschluss von Härtefalltarifverträgen bzw. Haustarifverträgen noch einen relevanten re-regulierenden Einfluss auf die Tarifabweichungen. Insbesondere in den die ostdeutsche Betriebslandschaft prägenden Kleinbetrieben kommt es jedoch häufig zu einer Abkopplung der betrieblichen Gestaltungs-ebene von den tariflichen Vorgaben sowie Akteuren (vgl. auch Liebold 1996, Mense-Petermann 1996). Während die teilweise stark paternalistisch agierenden Geschäftsleitungen (vgl. Meinerz 1997) den Tarifverbänden eine vergleichsweise geringe Gestaltungslegitimität auf betrieblicher Ebene zuerkennen (vgl. dazu ausführlich Kap.III.3), lässt sich die Rolle der Betriebsräte in vielen Fällen kaum mehr als die handlungsfähiger Mitbestimmungsakteure beschreiben. Sie agieren oft ausgesprochen betriebsbezogen, in Distanz zur Gewerkschaft, „als eine Art Vollzugsorgan von Sachzwängen oder als Opfer von Erpressung" (Schmidt 1998:41) und somit nolens-volens eher als Absegnungsinstanz von Tarifbrüchen denn als wirksame 'Tarifpolizei' (vgl. hierzu ausführlich Kap.III.4).

5.2.3 Das Aufweichen tarifimmanenter Gestaltungsprinzipien

Ein bislang noch nicht ausreichend erwähnter Aspekt der inneren Erosion des Flächentarifvertrags ist schließlich die Tatsache, dass es in vielen betrieblichen Bereichen gar keiner expliziten Abweichung von den tariflichen Bestimmungen mehr bedarf, um ehemals tariflich geregelte Schutzbestimmungen zu unterlaufen. Oder anders: In vielen Unternehmen erfolgt ein extensiver Verwertungszugriff auf die Arbeitskräfte gegenwärtig nicht im Widerspruch zu den Buchstaben der Tarifbestimmungen, wohl aber unter Verstoß gegen deren normative Grundlagen. Das beste Beispiel hierfür ist vermutlich die in vielen Bereichen stark novellierte Leistungspolitik der Unternehmen, an denen die primär auf tayloristische Akkordarbeit ausgerichteten Tarifbestimmungen inzwischen teilweise völlig vorbeigehen (vgl. Meine/Ohl 1990).[130] Aber auch die Tendenz zur Abschaffung festgelegter Arbeitszeiten sowie die Neustrukturierung der Betriebe, die zu einer Auflösung kohärenter Belegschaften mit einheitlichen sowie einheitlich geregelten Arbeits- und Leistungsbedingungen führt, kann mit den herkömmlichen tariflichen Instrumenten immer weniger adäquat erfasst werden. Insofern sprechen Bergmann u.a. (1998:88) davon, dass „die Schutzfunktionen" der Tarifverträge „erodieren", selbst wenn diese noch formale Gültigkeit besitzen und es nicht zu manifesten Formen des Tarifbruchs kommt. Vielmehr sei eine „schleichende Suspendierung von Prinzipien, die den Tarifnormen immanent sind" festzustellen sowie eine Erosion des „sozialen Gehalts der Tarifverträge" (ebd.:87). „Die Beschränkung der Arbeitskraftnutzung, die sie einmal intendierten, wird relativiert oder unterlaufen. Gegenüber den unter dem Druck der Konkurrenz durchgesetzten neuen Formen der 'Kommerzialisierung der Arbeitskraft' und ihren veränderten Nutzungsbedingungen reicht die politische und soziale Orientierungs- und Gestaltungskraft der Tarifverträge nicht mehr aus" (ebd.:88).

Es ist wohl nicht zufällig, dass die auf Westdeutschland zentrierte Studie von Bergmann u.a. (1998) besonders nachdrücklich auf diese 'schleichende Tariferosion' hinweist. Angesichts der vergleichsweise regulierteren Formen der Tarifabweichung im Westen, kommt der 'schleichenden Tariferosion' hier zumindest in relativer Hinsicht größere Bedeutung für den Erhalt des Tarifvertragssystems zu als in Ostdeutschland, wo manifeste Formen des Tarifbruchs stärker im Vordergrund stehen. Dennoch sollte die Relevanz der mangelnden Passfähigkeit tariflicher Bestimmungen und die daraus folgende Erosion ihres normativen Gehalts auch oder sogar gerade für Ostdeutschland nicht unterschätzt werden. Die primär am Modell fordistischer Produktionsstrukturen entwickelten bundesdeutschen Tarifstrukturen erwiesen sich in einem Terrain mit einer spezifisch anderen 'Tarifgeschichte' sowie angesichts der transformationsbedingten Sondersituation vielfach als defizient. Dies hat die Wahrnehmung der Tarifnormen als geeignete Richtschnur für die innerbetriebliche Arbeits- und Entlohnungspraxis nicht erleichtert und muss als eine von mehreren Ursachen dafür angesehen werden, dass sich bis zum gegenwärtigen Zeitpunkt keine mit Westdeutschland vergleichbare Tariflandschaft im Osten Deutschlands entwickeln konnte (vgl. Kap.III.1).

---

[130] Bergmann u.a. (1998:39f.) sprechen von einer „Verselbständigung oder 'Autonomisierung' der betrieblichen Leistungspolitik (...) in der fortschreitenden Tendenz zur Entkoppelung von Lohn und Leistung". Eine allgemeinverbindliche tarifliche Regelung des Austauschverhältnisses von Lohn und Leistung werde daher immer schwieriger und es komme zunehmend zu einer „chaotischen Leistungspraxis" (ebd.:45) im Sinne der Auflösung allgemeiner Normen und der Individualisierung bei der Vereinbarung der Leistungsumfänge. Ähnliche Befunde finden sich auch bei Artus u.a. (2000), die von einer „Aufkündigung des traditionellen tariflichen Leistungskompromisses" (ebd.:58) sprechen. Vor allem in der ostdeutschen Metall- und in der Bauindustrie stellten sie neue, nicht tarifvertraglich geregelte Formen des Leistungslohns fest, im Rahmen derer es z.B. auch zu einer verstärkten Verlagerung des unternehmerischen Risikos auf die Beschäftigten kommt (ebd.:61, 128ff.). Infolge einer „Umdeutung" oder eines „Bruches lohnrahmentariflicher Normen" komme es zu „neuen Mustern des Leistungskompromisses, die in manchen Fällen wohl eher als Leistungsdiktat zu bezeichnen sind" (ebd.:132).

5.3 Die Diskussion um die Reform des Flächentarifvertrags

Die Erosion des Flächentarifvertrags stellt in dreifacher Hinsicht Handlungsanforderungen an die Tarifverbände: Angesichts der ‚äußeren Erosion' des Tarifvertragssystems müssen Maßnahmen zur Stabilisierung des tarifvertraglichen Deckungsgrads getroffen werden; die zunehmenden Tarifabweichungen und -brüche auf betrieblicher Ebene indizieren zweitens die Notwendigkeit zur Stärkung der Verpflichtungsfähigkeit der Verbände gegenüber ihren Mitgliedern und zur engeren Zusammenarbeit zwischen tariflichen und betrieblichen Akteuren; drittens weist die 'schleichende Suspendierung' tariflich immanenter Prinzipien auf die Notwendigkeit einer inhaltlichen Neufassung der Tarifvertragsbestimmungen hin. In der von allen Seiten immer wieder zitierten Formel einer notwendigen Reform des Flächentarifvertrags verdichten sich daher verschiedene Anforderungen, die es wert sind, sorgfältig auseinandergehalten zu werden:

Dass die existierenden Tarifverträge in mancherlei Hinsicht nicht mehr passfähig sind für die aktuellen betrieblichen Regelungsprobleme und insofern ein *inhaltlicher Reformbedarf* und die Notwendigkeit zu einer aktiven Neugestaltung sowie zur Straffung und Vereinheitlichung des oft überkomplexen und schwer zu handhabenden Tarifwerkes besteht, ist seit langem bekannt. Unter dem Stichwort zunehmend notwendiger 'qualitativer Tarifpolitik' wurde dieses Phänomen bereits an anderer Stelle diskutiert (vgl. Kap.II.3.2).[131] Obwohl seit beinahe zwei Jahr-zehnten diesbezügliche Diskussionen stattfinden und teilweise bereits relativ ausgearbeitete Reformvorschläge existieren, konnten sich die Tarifparteien bislang nur in wenigen Bereichen auf ein gemeinsames Vorgehen einigen. Mit dem Abschluss eines einheitlichen Entgelttarifvertrags für ArbeiterInnen und Angestellte gelang lediglich den „unter dem Primat der Industriepolitik" (Hertle/Kädtler 1990) agierenden Tarifparteien in der Chemieindustrie bisher die Umsetzung grundlegender tarifpolitischer Innovationen. Wesentlich weitreichendere und offensivere Neuge-staltungskonzepte, wie etwa der von der IG Metall entwickelte Ansatz einer 'Tarifreform 2000' (Lang/Meine 1991, Huber/Lang 1993), erlangten hingegen kaum Praxisrelevanz.[132] Die mit der deutsch-deutschen Vereinigung verknüpften organisationspolitischen Anforderungen an die Tarifparteien haben grundlegende tarifpolitische Reforminitiativen zudem für längere Zeit in den Hintergrund treten lassen. Beim Aufbau der ostdeutschen Tariflandschaft beschränkte man sich weitgehend auf die Übertragung

---

[131] Konkret erscheint angesichts veränderter Produktionsstrukturen die Unterscheidung zwischen ArbeiterInnen und Angestellten überholt. Die traditionellen, an tayloristischen Arbeitsvollzügen orientierten Leistungslohnformen müssten stärker qualifikationsbezogenen Bemessungskriterien Platz machen. Der wachsenden Bedeutung von Aus- und Weiterbildung der Beschäftigten müsste tariflich entsprochen werden und neue Arbeitsformen, wie z.B. Gruppenarbeit, Qualitätszirkel etc. sind wohl nur über eine Stärkung der Mitbestimmung der Beschäftigten in ihrem Arbeitsalltag adäquat regelbar.

[132] Eine Pilotvereinbarung, die wesentliche Bestandteile des Konzeptes erstmals verwirklichte, wurde bei einem norddeutschen CD-Hersteller abgeschlossen. Eine begleitende sozialwissenschaftliche Umsetzungsstudie hatte allerdings zum Ergebnis, dass insbesondere die intendierte Partizipation der Belegschaft bei der Arbeits- und Tarifge-staltung nur sehr bedingten Erfolg hatte (vgl. Sterkel 1997).

des Altbewährten. So scheint es insgesamt fast so, als müsse gegenwärtig gleichsam 'der Anschluss wiedergefunden werden' an die inhaltliche Reformdebatte der 80er Jahre.

Von einer Neugestaltung inhaltlicher, materialer Regelungen des Flächentarifvertrags zu unterscheiden sind Initiativen, die auf eine *Reform des technischen Regelwerks* des Flächentarifvertrags zielen und insbesondere eine *Neubestimmung des Verhältnisses zwischen betrieblicher und tariflicher Regulierung* intendieren. Auf diesen Aspekt konzentrierte sich in den letzten Jahren die Debatte.[133] Diese Schwerpunktverlagerung ist sicher in erster Linie auf die manifesten Tendenzen der Tariferosion zurückzuführen. Zugleich ist sie jedoch auch Ausdruck gewerkschaftspolitischer Defensive in den 90er Jahren. Während der Wunsch einer 'Verbetrieblichung' der Tarifgestaltung auf Unternehmerseite keineswegs eine Neuheit darstellt (vgl. Kap.II.1.2.2), hat sich in den letzten Jahren vor allem die Einstellung der Gewerkschaften zu diesem Thema gewandelt. „Unter dem Druck der (schlechten) Verhältnisse hat sich die Bereitschaft der Gewerkschaften erhöht, das Flexibilitätspotential des tariflichen Regelwerkes zu vergrößern" (Bispinck 1998a:70). Als eine betriebliche Flexibilisierung der Tarifstandards erstmals im Zuge der Arbeitszeitverkürzung 1984 in größerem Umfang verwirklicht wurde, handelte es sich noch um ein den Gewerkschaften von den Unternehmern hart abgerungenes Zugeständnis. Und auch die 1993 für die ostdeutsche Metallindustrie vereinbarte Härtefallklausel war noch eine ungeliebte 'Kröte', die die Gewerkschaft schlucken musste. Inzwischen mehren sich jedoch selbst innerhalb der Gewerkschaften die Stimmen, die sich von einer 'kontrollierten Dezentralisierung' des Tarifvertragssystems eine Stabilisierung des Flächentarifvertrags erhoffen. Die Diskussion dreht sich immer stärker um das 'wie' denn um das 'ob' tarifpolitischer Flexibilisierung.

Die Flexibilisierung flächentariflicher Bestimmungen und ihre Öffnung für betriebliche ‚Anpassungs'optionen ist im Laufe der 90er Jahre bereits in vielen Tarifbereichen Wirklichkeit geworden. Laut Bispinck (1997a, 1997b, 1998a, 1998b) kommen insbesondere drei Grundmuster tarifpolitischer Flexibilisierung flächendeckend zur Anwendung:

1.) Die Vereinbarungen von Öffnungsklauseln bezüglich materieller Tarifleistungen zum Beschäftigungserhalt bei wirtschaftlichen Schwierigkeiten; diese können entweder nach einer Genehmigung durch die Tarifparteien oder nach Absprache zwischen Betriebsrat und Geschäftsleitung in Anspruch genommen werden. Während die Möglichkeit zum Aussetzen der Tariferhöhungen bislang eher selten vereinbart wurde, existiert in vielen Branchen die tarifliche Option zur Aussetzung oder Reduktion der Jahressonderzahlungen und des Urlaubsgelds.

2.) Die Differenzierung bzw. partielle Absenkung von Tarifstandards für bestimmte Beschäftigtengruppen oder Betriebe. Insbesondere für kleinere und mittelständische Betriebe wurde in diversen Branchen die Möglichkeit verspäteter Tarifer-

---

[133] Bergmann u.a. (1998:88) bezeichnen die innergewerkschaftliche Debatte, die sich angesichts zunehmender Tarifbrüche v.a. auf regelungstechnische Innovationen konzentriert, als „verkürzt" und weisen darauf hin, dass auch viele betriebliche FunktionärInnen diese Entwicklung als „Übergang von 'Tarifpolitik' zur 'Tarifschlosserei'" kritisieren.

höhungen und/oder sonstige Optionen auf Lohnreduktion vereinbart (Brauereien, Druckindustrie Ost, Einzelhandel Ost, Groß- und Außenhandel Ost, Buchhandel Berlin-Ost, privates Verkehrsgewerbe Sachsen, Sägeindustrie Ost; vgl. Bispinck 1997a:14). Verminderte Tarifleistungen wurden v.a. für Auszubildende, BerufsanfängerInnen, bei der Einstellung von Langzeitarbeitslosen oder auch generell für neueingestellte Beschäftigte vereinbart.

3.) Die ohnehin bereits sehr großen betrieblichen Spielräume beim Thema Arbeitszeit wurden zwecks Beschäftigungssicherung in vielen Tarifbereichen noch vergrößert. Dies geschah entweder durch die Einführung von Arbeitszeitkorridoren (z.B. in der Chemieindustrie) oder durch die Vereinbarung der Möglichkeit einer (befristeten) Arbeitszeitverkürzung ohne Lohnausgleich (z.B. in der Metallindustrie). In einigen wenigen Fällen existiert zudem auch die tarifliche Möglichkeit zur Arbeitszeitverlängerung.

Der Überblick über die drei Grundmuster tarifpolitischer Flexibilisierung verdeutlicht bereits die inhaltliche Stossrichtung eines Großteils der betrieblichen Öffnungsmöglichkeiten: Im Regelfall werden materielle Tarifleistungen eingetauscht gegen eine mehr oder weniger gesicherte Stabilisierung von Beschäftigung. Die gestiegene Bereitschaft der Gewerkschaften zu einer Flexibilisierung der Tarifbestimmungen kann also zentral als Reaktion auf die Beschäftigungsmisere und auf das zunehmende Interesse der gewerkschaftlichen Klientel an einer Sicherung der Arbeitsplätze interpretiert werden. Sie kann insofern zumindest teilweise als tarifpolitisches Komplement der beschäftigungspolitischen Zwangslage in den Betrieben gelten (vgl. Kap.II.4.3). Teile der Gewerkschaften versuchen inzwischen allerdings, die kontinuierlich erfolgende Dezentralisierung und Flexibilisierung des Tarifvertragssystems nicht nur als Ausdruck manifester Krisentendenzen betrieblicher sowie gewerkschaftlicher Mitbestimmung und als defensive Aufgabe ehemaliger gewerkschaftlicher Positionen zu interpretieren; sie machen sich vielmehr die Zielsetzung einer 'kontrollierten Dezentralisierung' des Tarifvertragssystems selbst zu eigen. Eine solche Strategie ist beispielsweise prägend im Bereich der IG Chemie, aber auch innerhalb der IG Metall kommt es verstärkt zu Auseinandersetzungen zwischen sogenannten 'Modernisierern', die offensiv eine 'Reform des Flächentarifvertrags' und eine Flexibilisierung der Tarifbestimmungen als gangbaren und notwendigen Weg zur Stabilisierung des Tarifvertragssystems vertreten, und sogenannten 'Traditionalisten', die einer von den Gewerkschaften mitgetragenen Aufweichung allgemeinverbindlicher tariflicher Normen generell skeptisch gegenüberstehen. Diese Skepsis scheint insofern berechtigt, als die im deutschen dualen System industrieller Beziehungen äußerst beschränkten Einflussmöglichkeiten der Gewerkschaften innerhalb der Betriebe jede (weitere) Verlagerung tariflicher Regelungskompetenzen auf die betriebliche Ebene aus Sicht der Beschäftigten risikoreich erscheinen lässt (vgl. Kap.II.3.4), - jedenfalls dann, wenn diese Verlagerung nicht durch gestärkte Mitbestimmungsrechte der Betriebsräte bzw. der Beschäftigten begleitet wird und ganz besonders in einer Zeit, in der sich das betriebliche Macht(un)gleichgewicht zuungunsten der betrieblichen InteressenvertreterInnen verschoben hat. Nicht zufällig weisen daher inzwischen verschiedene Autoren (vgl. etwa Bergmann u.a. 1998:89; Bispinck 1998a:76) darauf hin, dass bezüglich des Begriffs der 'Reform des Flächentarifvertrags' inzwischen Vorsicht geboten sei. Vielerorts habe sich gezeigt, „dass sich unter dem Deckmantel 'Tarifreform' vielfach schlichter Tarifabbau verbirgt" (Bispinck 1998a:76). Jedenfalls dann, wenn mit dem Begriff der 'Reform des Flächentarifvertrags' nicht eine qualitative Anpassung tarifpolitischer Inhalte an die in den letzten 25 Jahren deutlich veränderten Verwertungsbedingungen gemeint ist, sondern lediglich der regelungstechnische Nachvollzug einer bereits erfolgten Dezentralisierung und Verbetrieblichung des Tarifsystems, scheint die Position der sogenannten 'Modernisierer' wenig mit Modernität und viel mit der in den 90er Jahren ausgeprägten ideologischen Hegemonie der Arbeitgeberseite zu tun zu haben, der es gelang, den in der Geschichte der sozialen Bewegungen traditionell im Sinne 'sozialer Verbesserung' verwendeten Begriff der 'Reform' umzuwerten im Sinne der Anpassung an durch die kapitalistische Konkurrenz vorgegebene oder ideologisch konstruierte Sachzwänge. Die Position der sogenannten 'Traditionalisten' kann hingegen immerhin insofern als 'modern' gelten kann, als sie den veränderten Bedeutungsgehalt des Begriffs zur Kenntnis genommen hat. So weit auseinanderliegend die theoretischen Grundpositionen sowie die politischen Schlussfolgerungen beider gewerkschaftlicher Lager jedoch sein mögen, in einem Punkt dürften sie sich einig sein: Eine gewerkschaftliche Kontrolle tariflicher Dezentralisierungstendenzen im Rahmen regulierter Flexibilisierungsformen ist sicherlich einer unkontrollierten Dezentralisierung ohne Mitbestimmungsmöglichkeiten der Beschäftigtenseite vorzuziehen. Ob die gewerkschaftliche Forderung einer 'kontrollierten Dezentralisierung' jedoch mehr sein kann als eine Vorwärtsverteidigung im Rückwärtsgehen, scheint fraglich.

6. Zwischenresümee und forschungsleitende Perspektive

Eine zentrale These dieser Studie besteht darin, dass die Erosionstendenzen flächentariflicher Normierungskraft im wesentlichen die Konsequenz einer zunehmenden Entkopplung von betrieblicher und tariflicher Regelungsebene sind sowie der Zunahme 'mitbestimmungsfreier' Bereiche und defizienter Mitbestimmungsformen. Oder anders: Der gewerkschaftlichen Tarifpolitik bricht aktuell die betriebliche Basis weg, die zwar formal nicht im Institutionensystem vorgesehen war, real jedoch traditionell durch die Akteure der Betriebsverfassung gebildet wurde, welche für die Einhaltung und Umsetzung der tariflichen Regelungen im Betrieb sorgten.

Das bundesdeutsche Modell industrieller Beziehungen etablierte sich in den prosperierenden Nachkriegsjahrzehnten als arbeitsteiliges duales System. Es war von der 'widersprüchlichen Einheit' einer stark verrechtlichten, wirtschaftsfriedlichen Betriebsverfassung und einem System der Tarifvertragspolitik charakterisiert, das von zentralisierten, weitgehend kooperativ verhandelnden Tarifparteien gestaltet wurde. Während die Gewerkschaften als Tarifpartei zunehmend branchen-, betriebs- und regionenübergreifend koordiniert agierten, was die Festlegung relativ einheitlicher Lohn- und Arbeitszeitstandards ermöglichte, übernahmen die Betriebsräte die Abarbeitung betriebsspezifischer und individueller Partikularinteressen der Beschäftigten. Sie sorgten zudem für die Einhaltung der Tarifnormen in den Betrieben und übernahmen generell eine Scharnierfunktion zwischen Gewerkschaften und ihren Mitgliedern in den Betrieben.

Obwohl sich die arbeitsteilige Kooperation und Koordination zwischen Betriebsräten und Gewerkschaften jahrzehntelang für beide Seiten als effektiv und insofern als stabil erwies, war und ist dieses Arrangement grundsätzlich ein informelles, nicht rechtlich abgesichertes. Institutionell gesehen haben die Gewerkschaften kaum eine effektive Handhabe zur innerorganisatorischen Disziplinierung der Betriebsräte, z.B. um diese auf erzielte Tarifergebnisse zu verpflichten. Ihnen bleibt zwar im Extremfall das Mittel eines Gewerkschaftsausschlusses, angesichts ihrer strukturell schwachen Verankerung in den Betrieben (in Form rechtlich kaum abgesicherter Vertrauensleutekörper) verlieren sie in einem solchen Fall jedoch faktisch ihre zentrale Instanz betrieblicher Verankerung. Die institutionell vorgegebene Schwäche der bundesdeutschen Gewerkschaften an der betrieblichen Basis macht sie in ihrer Existenz sowie Verpflichtungsfähigkeit als Tarifpartei abhängig von der normativen Einbindung der Betriebsräte in den gewerkschaftlichen Solidarverband.

In Westdeutschland geriet dieses arbeitsteilige Verhandlungsmodell seit den 80er Jahren zunehmend unter Druck. Infolge veränderter wirtschaftlicher, politischer und gesellschaftlicher Rahmenbedingungen war es einem Trend zur Dezentralisierung und Verbetrieblichung ausgesetzt. Obwohl die Gewerkschaften teilweise versuchten, diese Entwicklung offensiv zu gestalten, hatte insbesondere die Verlagerung von Aushandlungskompetenzen auf die betriebliche Ebene Folgen, die geeignet waren, das austarierte Verhandlungssystem aus dem Gleichgewicht zu bringen. Während die zunehmenden Interessendifferenzen zwischen den Beschäftigten, die Artikulierung neuer Interessenlagen sowie der Zwang zur Aushandlung flexiblerer Normen die Gewerkschaften in organisationspolitischer Hinsicht zu überfordern drohten, waren die Betriebräte mit der betrieblichen Verhandlung ehemals tariflich geregelter Gegenstände häufig in interessenpolitischer Hinsicht überfordert. Die Abnahme der gewerkschaftlichen Organisationsmacht und generell der Durchsetzungsmacht der abhängig Beschäftigten in Betrieb und Gesellschaft war begleitet von Prozessen sozialer Schließung. Diese Entwicklungen erwiesen sich als ausgesprochen folgenreich für den 'neuralgischen Punkt' des deutschen Systems industrieller Beziehungen: die Kooperationspraxis zwischen Betriebsräten und Gewerkschaften.

Während die Gewerkschaften zunehmend nur noch eine Besitzstandswahrung für ihre organisatorische Kernklientel sichern konnten und sich in den 90er Jahren eine Konzeption von Tarifpolitik als Standortpolitik durchsetzte, gerieten die Betriebsräte in eine Situation zwischen 'Mitbestimmung und Erpressung'. Der Trend bzw. der Zwang zum Abschluss von 'Wettbewerbs'- und 'Beschäftigungssicherungspakten' nahm zu, in deren Rahmen die Betriebsräte ihre Interessenvertretung auf die Wahrung der gemeinsamen Interessen von Kapital und Arbeit zentrierten. War einerseits die Gewerkschaftspolitik immer weniger gekennzeichnet von solidarisierenden und damit normativ integrierenden Elementen, so schlossen andererseits die vor allem an betrieblichen Imperativen orientierten Vertretungsstrategien der Betriebsräte tendenziell eine Abkopplung von übergreifenden gewerkschaftlichen Zielstellungen ein. Sowohl die interessenpolitische Durchsetzung als auch die innerbetriebliche Umsetzung und Wahrung allgemeiner tariflicher Normen ist unter diesen Bedingungen stark erschwert.

Anders als noch vor zehn Jahren wird der 'Fall Deutschland' daher inzwischen nicht mehr als Paradebeispiel institutioneller Stabilität gehandelt, sondern zunehmend als prekäres Modell mit ungewisser Zukunft. Dabei ist die vieldiskutierte Erosion des Flächentarifvertrags lediglich als Ausdruck einer Krise des Gesamtsystems industrieller Beziehungen zu begreifen, das in seiner Verzahnung zwischen betrieblicher und tariflicher Ebene aus dem Gleichgewicht geraten ist: Die Verkopplung zwischen gewerkschaftlicher Politik und Betriebsratshandeln, aber auch zwischen Betriebräten und Belegschaft wird schwächer. Eine zunehmende Distanz der Akteure auf betrieblicher und tariflicher Ebene verschärft aber zugleich die Krisendynamik im Sinne einer Abwärtsspirale, da sie die Durchsetzungsbedingungen von Gewerkschaften und Betriebsräten erneut verschlechtert: Die Fähigkeit zur strategischen Arbeitsteilung und zum Zugriff auf kompensatorische Leistungen wird geringer und das Risiko wächst, dass die verschiedenen Akteure sich 'gegeneinander ausspielen lassen'.

Wenn im folgenden eine *empirische Untersuchung des Tarifsystems in Ostdeutschland* vorgenommen wird, so handelt es sich um die Analyse eines 'Spezialfalls' institutioneller Praxis. Das bundesdeutsche Tarifvertragssystem wurde als Teil des Systems industrieller Beziehungen quasi als institutionelles 'Skelett' nach Ostdeutschland übertragen, wo es unter den Ausnahmebedingungen der Transformation eines gesamten Wirtschafts- und Gesellschaftssystems funktionieren sollte. Das 'Fallbeispiel Ostdeutschland' ist für die Analyse der Krise des deutschen Tarifsystems damit in doppelter Hinsicht relevant – nämlich als besonderer sowie als allgemeiner Fall:

Die ostdeutsche Tarifpolitik ist insofern 'besonders', als es sich um den speziellen Fall der Transformation eines Institutionensystems 'von außen' (also von Westdeutschland aus) und um die 1:1-Transplantation eines historisch gewachsenen Institutionenmodells in eine grundlegend fremde Umwelt handelt. Dies kann man, - wie es etwa Claus Offe (1991) für den gesamten Prozess der Institutionenübertragung formulierte -, gleichsam als ein 'natürliches Experiment' betrachten, an dem auch die zentrale These dieser Arbeit empirisch überprüft werden kann. Wenn die Kooperationspraxis zwischen betrieblichen und tariflichen Akteuren einen zentralen Stellenwert für das Funktionieren des deutschen Tarifsystems besitzt, so muss sich dies insbesondere am ostdeutschen Fallbeispiel deutlich zeigen, von dem anzunehmen ist, dass traditionell gewachsene Beziehungsnetze zwischen (v.a. ostdeutschen) betrieblichen und (v.a. westdeutschen) tariflichen Akteuren weitgehend fehlen..

Zugleich gibt das ostdeutsche Beispiel durch seinen Charakter 'extrem abweichender Bedingungen' auch Gelegenheit, generell die Prägekraft institutioneller Vorgaben für die Handlungsstrategien von Akteuren zu studieren, - welche im ostdeutschen Fall ja im Rahmen einer deutlich verschiedenen Institutionenpraxis sozialisiert wurden. Insofern ist die ostdeutsche Tarifsituation letztlich nicht nur als 'Spezialfall', sondern auch als 'allgemeiner Fall' gültiger Institutionenpraxis des deutschen Modells industrieller Beziehungen aufzufassen, anhand dessen sich einiges lernen lässt über die grundlegenden Funktionsbedingungen des deutschen Tarifsystems sowie die Kontextabhängigkeit sozialer Institutionen im allgemeinen.

Wesentlich für eine adäquate Analyse der ostdeutschen Tarifsituation und die Nutzbarmachung derselben für generalisierende Aussagen über das deutsche Tarifsystem ist insbesondere eine exakte Beschreibung der 'ostdeutschen Spezifik'. Die Kenntnis realsozialistischer Orientierungsmuster als zumindest ehemals wirksame und kaum umstandslos ersetzbare Deutungs- und Handlungsroutinen sind ebenso eine Voraussetzung für die adäquate Interpretation aktueller Prozesse wie die Berücksichtigung des stark krisenhaften Transformationsprozesses in den ersten Jahren nach der Wende. Ein einleitendes Kapitel gibt daher einen Überblick über diese 'historisch spezifischen' ostdeutschen Bedingungen von Tarifpolitik (Kap.III.1).

Die empirische Analyse tariflichen Handelns konzentriert sich sodann auf jene Dimension, welche in den vorhergehenden Kapiteln als 'neuralgischer Punkt' für die Normierungsfähigkeit des deutschen Tarifsystems bestimmt wurde: die Kooperationspraxis zwischen betrieblichen und tariflichen Akteuren, - oder anders: die betriebliche Verankerung von Gewerkschaften und Arbeitgeberverbänden (III.3 und III.4). Dies geschieht systematisch durch eine doppelte Perspektive auf den Gegenstand: Zunächst wird ein Überblick über die strukturellen Organisationsbedingungen (III.3.1 und III.4.1) sowie zentralen Problembereiche und Krisensymptome kollektiver Organisierung der Tarifverbände gegeben (III.3.2 und III.4.2). Diese primär organisationspolitische sowie überbetriebliche Perspektive wird anschließend durch eine interessenpolitische Perspektive ergänzt, welche das tarifpolitische Handeln und das Verhältnis der betrieblichen Akteure zu 'ihrer' tarifpolitischen Interessenvertretung in ihrem jeweiligen situativen Kontext zu begreifen und zu typisieren versucht.

Systematischer als im vorangehenden theoretischen Teil wird damit bei der empirischen Analyse des ostdeutschen Tarifsystems nicht nur die Organisationssituation der Gewerkschaften und ihre Kooperationspraxis mit den Betriebsräten untersucht, sondern auch die Organisationsprobleme der Arbeitgeberverbände und ihr Verhältnis zu ostdeutschen Geschäftsleitungen. Diese formale 'Gleichrangigkeit' der empirischen Analyse kollektiven Handelns 'von Arbeit und Kapital' in Ostdeutschland ist im wesentlichen dem Versuch geschuldet, eine möglichst umfassende Darstellung der Problematik ostdeutscher Tarifpolitik zu geben. Zudem reflektiert sie den Umstand, dass in der einschlägigen Literatur die äußere Erosion des Flächentarifvertrags oft zentral als Ausdruck organisationspolitischer Probleme der Arbeitgeberverbände interpretiert wird. Diese Auffassung wurde im Kap.II.5 als unzulässige Verkürzung der Problematik kritisiert. Es wurde darauf hingewiesen, dass für eine adäquate Analyse der 'Krise des Tarifsystems' auch die veränderten interessenpolitischen Bedingungen in den betrieblichen Austauschbeziehungen von Kapital und Arbeit berücksichtigt werden müssen. Dies geschieht im folgenden anhand des empirischen Materials aus ostdeutschen Betrieben. Die empirische Untersuchung der Beziehungsmuster zwischen (nicht nur ostdeutschen) Unternehmern und Arbeitgeberverbänden trägt weiterhin dazu bei, eine explizite Lücke in der soziologischen sowie wirtschaftswissenschaftlichen Forschung zu schließen, die bezüglich des tarifpolitischen Handelns von Unternehmern bislang überwiegend mit generalisierenden Unterstellungen im Sinne 'rationaler Kosten-Nutzen-Kalküle' arbeitet. Empirische

Untersuchungen über die Motive unternehmerischen kollektiven Handelns sind selten. Untersuchungen, die sowohl die situativen Kontexte als auch die spezifischen Deutungs- und Interpretationsprozesse berücksichtigen, welche das tarifpolitische Handeln von Unternehmern beeinflussen, fehlen - soweit der Autorin bekannt - völlig. Die empirische Typologie der Beziehungen zwischen ostdeutschen Arbeitgeberverbänden und Geschäftsleitungen (Kap.III.3.3) hat den Anspruch, Handlungsstrategien der betrieblichen Akteure empirisch zu rekonstruieren, - statt diese in ökonom(ist)ischer Manier strukturtheoretisch abzuleiten.

Die formale 'Gleichrangigkeit' bei der empirischen Analyse kollektiven Handelns 'von Arbeit und Kapital' in Ostdeutschland ist allerdings nicht als Ausdruck davon aufzufassen, dass eine identische oder auch nur parallele Logik kollektiven Handelns von 'Arbeit und Kapital' unterstellt wird. Zwar trifft für beide Seiten die Feststellung zu, wonach die Kooperationspraxis von tariflichen und betrieblichen Akteuren wichtig ist für das Funktionieren des Tarifsystems, eine defizitäre Kooperationspraxis hat jedoch wesentlich verschiedene Folgen für 'beide Seiten des Kapitalverhältnisses'. Insofern scheint die folgende Analyse tarifpolitischen kollektiven Handelns von 'Arbeit und Kapital' in Ostdeutschland auch anschlussfähig an die Diskussion über 'klassenspezifische Logiken kollektiven Handelns'.

III. Die Krise des ostdeutschen Tarifsystems: eine empirische Bestandsaufnahme

Im vorangegangenen Abschnitt II ging es um die historische Entwicklung, die Funktions- und Bestandsbedingungen des deutschen Tarifvertragsystems sowie die Ursachen seiner bundesweit wahrnehmbaren Krise in Form erodierender betrieblicher Tarifbindung. Besonders ausgeprägt ist diese Krise in Ostdeutschland, einem Terrain, das zweifellos einen 'Spezialfall' des bundesdeutschen Institutionensystems darstellt. Das Ziel der schnellen gesellschaftlichen Angleichung vor Augen wurde das duale System industrieller Beziehungen im Zuge der deutsch-deutschen Vereinigung 1:1 nach Ostdeutschland übertragen. Doch, „so wie alles bleiben sollte, wie wir es kannten, so veränderte sich alles bis zur Unkenntlichkeit" schrieb Claus Offe 1998 in Bezug auf das Schicksal des deutschen Wohlfahrtsstaats in Ostdeutschland - eine Feststellung, die ebenso im Bereich industrieller Beziehungen Geltung beanspruchen kann. Die im Zuge der Wirtschafts-, Währungs- und Sozialunion gewählte konservative Variante des Institutionentransfers setzte ironischerweise einen radikalen institutionellen Wandlungsprozess in Gang. Die implementierten Institutionen entwickelten sich auf ostdeutschem Terrain angesichts spezifisch anderer Rahmenbedingungen in ungeplanter und oft defizitärer Weise. Die folgende Analyse hat zum einen das Ziel, das ostdeutschen Tarifsystems in seiner Besonderheit als 'Transformationsergebnis' zu analysieren. Zum anderen erlaubt der ostdeutsche Fall als 'gültiger Fall der Institutionenpraxis' auch verallgemeinerungsfähige Schlussfolgerungen bezüglich des deutschen dualen Systems industrieller Beziehungen und der Kontextabhängigkeit institutioneller Strukturen.

Der empirischen Untersuchung vorangestellt ist ein Kapitel, das noch einmal die Rahmenbedingungen und Ereignisse der ostdeutschen Tarifpolitik rekapituliert. Obwohl freilich eigene empirische Kenntnisse in dieses Kapitel einflossen, basiert es zentral auf der einschlägigen Literatur zum Thema. Es kann auch als Bilanz von zehn Jahren ostdeutscher Tarifgeschichte gelesen werden (Kap.III.1). Anschließend wird die Datenbasis der folgenden empirischen Analyse beschrieben. Es handelt sich dabei um Datenmaterial, das im Rahmen mehrerer Forschungsprojekte zwischen 1993 und 2000, v.a. jedoch im Rahmen eines Projekts über die Tarifrealität in ostdeutschen Betrieben der Metall-, Bau- und Chemieindustrie in den Jahren 1996 und 1997 gesammelt wurde[134] (Kap.III.2). Die folgende empirische Analyse konzentriert sich in ihrer Gesamtheit auf die potentielle 'Bruchstelle' des deutschen dualen Systems industrieller Beziehungen und damit auch des deutschen Tarifsystems: die

---

[134] Der Abschlussbericht des Forschungsprojekts wurde in dem Band Artus/Schmidt/Sterkel 2000 veröffentlicht.

arbeitsteilige Zusammenarbeit und Kooperation von betrieblichen und tariflichen Akteuren. Im vorangegangenen Teil der Arbeit wurde ausführlich historisch sowie theoretisch die These belegt, wonach eine Abkopplung der betrieblichen Akteure von den Tarifparteien und zunehmend betriebspartikularistische Politikstrategien das herkömmliche Gleichgewicht zwischen den beiden 'Säulen' des dualen Systems industrieller Beziehungen zu zerstören droht. Die ostdeutschen Bedingungen können als Paradebeispiel für den Zustand eines solcherart 'gestörten', - oder besser eines unzureichend etablierten Gleichgewichts gelten. Dieser Nachweis wird durch die Analyse des Verhältnisses zwischen Betriebsleitungen und Arbeitgeberverbänden (Kap.III.3) sowie zwischen Betriebsräten und Gewerkschaften (Kap.III.4) in ostdeutschen Industriebetrieben erbracht. Welche Rückschlüsse diese empirische Analyse für die ostdeutsche Tarifsituation, für das bundesweite System industrieller Beziehungen und schließlich für einige übergreifende Aspekte der Logik kollektiven Handelns besitzt, wird in einem abschließenden Kapitel dargestellt (Kap.IV).

1. Das bundesdeutsche Tarifsystem in Ostdeutschland - ein Überblick

Studien über den ostdeutschen Transformationsprozess haben immer wieder betont, dass die deutsche Einheit zwar institutionell zügig und effektiv vollzogen wurde; der ostdeutsche Umgang mit den neuen Institutionen sei jedoch vielfach ein anderer als im Westen. Verantwortlich dafür seien sowohl die spezifische Transformationssituation als auch das Nachwirken realsozialistischer Verhaltensweisen und Interpretationsmuster. Um die teilweise auch historisch verankerten Besonderheiten Ostdeutschlands als tarifpolitischem Terrain zu verstehen, scheint es daher unumgänglich, zunächst auf die Spezifika realsozialistischer Interessenregulierung in der Arbeitssphäre einzugehen (Kap.1.1). Ein weiteres Kapitel beschäftigt sich mit dem Prozess des institutionellen Umbaus im Bereich tariflicher Regulierung, d.h. in erster Linie des Aufbaus autonom agierender, handlungsfähiger Tarifverbände. Dieser entspricht dem generell beobachtbaren Muster eines weitgehend 'exogen' aus Westdeutschland gesteuerten Transformationsprozesses, der in seiner Spezifik bis heute für bestimmte Problemlagen im Verhältnis zwischen Organisation und Mitgliedern verantwortlich ist (Kap.1.2). Schließlich wird auf die wechselvolle Geschichte der Organisationspraxis der neu etablierten Tarifparteien im Osten Deutschlands eingegangen. Insbesondere die anfangs noch nicht vorausgesehene, ausgesprochen prekäre wirtschaftliche Entwicklung sorgte für diverse Krisensituationen im Verhältnis zwischen den Tarifparteien, angesichts derer es teils zu einer Neubestimmung des tariflichen Handelns, teils jedoch auch zu einem Legitimitätsverlust der Tarifverbände als kollektiver Interessenvertretung kam. Nur vor diesem historischen Hintergrund lassen sich schließlich die aktuellen Spezifika industrieller Beziehungen und der ostdeutschen Mitbestimmungskultur verstehen (Kap.1.4).

1.1 Das realsozialistische Erbe

In den vorangegangenen Kapiteln wurde der Begriff des Tarifvertrags als institutionalisierter Klassenkompromiss entwickelt, wobei das deutsche Modell der Tarifpolitik primär auf autonomen Verhandlungen zwischen den Interessenverbänden von Kapital und Arbeit basiert, für die der Staat die Rahmenbedingungen setzt. Es ist evident, dass in einem Gesellschaftssystem, in dem die Produktionsmittel weitgehend verstaatlicht waren und in dem der Klassenkonflikt daher als abgeschafft galt, der Begriff des Tarifvertrags ein grundlegend anderer sein muß und sich auch die Konfliktlinien sowie die Formen arbeitspolitischer Interessenaushandlung prinzipiell unterscheiden. Im folgenden soll ein summarischer Überblick über diese Differenzen gegeben werden, und zwar insbesondere im Hinblick auf
- den spezifischen Gesellschafts- und Wirtschaftsaufbau der DDR als Rahmenbedingung für die arbeitspolitische Interessenregulierung (Kap.1.1.1);
- den Charakter von Gewerkschaften im Staatssozialismus (Kap.1.1.2);
- das Verhältnis von überbetrieblicher und innerbetrieblicher sowie von formaler und informeller Interessenregulierung (Kap. 1.1.3).

1.1.1 Das Primat eines harmonistischen Kollektivinteresses als gesellschaftliches und wirtschaftliches Gestaltungsprinzip

Das Wirtschaftssystem der DDR war ordnungspolitisch charakterisiert durch das Vorherrschen des Staatseigentums an den Produktionsmitteln und die zentrale Planung der Wirtschaftsprozesse. Das wirtschaftliche Prinzip des Staatssozialismus wurde durch das Ordnungsprinzip des demokratischen Zentralismus ergänzt, das für den gesamten gesellschaftlichen und politischen Aufbau der DDR prägend war.[135] Dem Staat kam somit als Produktionsmitteleigentümer sowie zentraler wirtschaftlicher Leitungs- und Planungsinstanz eine hervorragende Rolle im Wirtschaftsgeschehen zu.

Das Planungsgeschehen beruhte auf komplexen Informations- und Diskussions-

---

[135] Das Prinzip des demokratischen Zentralismus geht im wesentlich auf Lenin zurück, der dieses als Prinzip für den Parteiaufbau in diversen Schriften zwischen 1902 und 1917 theoretisch entwickelt und vertreten hat. Nach dem Motto 'Freiheit der Diskussion und Einheit der Aktion' sollten nach Lenin die unteren Organe die organisatorischen Grundzellen der Partei und alle höheren Institutionen von diesen wählbar und absetzbar sein. Freiheit der Kritik müsse stets insoweit bestehen, als dadurch die Einheit der Aktion nicht gestört werde. Diese ursprünglich für den Parteiaufbau entwickelten Prinzipien wurden nach der Oktoberrevolution 1917 zum Organisationsprinzip der sozialistischen Gesellschaft schlechthin erklärt - und auch zum Prinzip der Betriebsorganisation. Die Notwendigkeit zentraler Leitung und Steuerung wurde zudem auf die industrielle Arbeitsteilung zurückgeführt, eine Argumentationslogik, wie sie sich z.T. auch bei Marx und Engels (z.B. in Engels Schrift 'Über die Autorität') findet. Angesichts der spezifischen historischen Bedingungen Sowjetrusslands (v.a. geringe Qualifikation der Beschäftigten) modifizierte Lenin die im Prinzip des demokratischen Zentralismus grundsätzlich angelegte Dialektik von zentraler Leitung und Partizipation 'von unten' einseitig zugunsten der zentralen Herrschaft der Partei. Dieses von den spezifischen sowjetrussischen Voraussetzungen geformte Organisationsmodell wurde schließlich auf die DDR übertragen (vgl. Belwe 1979:39ff.).

prozessen zwischen verschiedenen vertikalen (zentrale Leitungsinstanzen, Kombinate, Betriebe) sowie horizontalen Ebenen (Ministerialbürokratie, Partei, Gewerkschaften). Insofern gingen in diesen Prozess durchaus differente und teilweise widersprüchliche Interessenlagen ein. Vor allem war er durch ein permanentes Abwägen zwischen aktuellen Konsuminteressen und längerfristigen volkswirtschaftlichen Interessen gekennzeichnet. Allerdings erfolgte die gesamte wirtschaftliche Planung sowie Interessenabwägung unter dem Führungsanspruch der SED, deren gesellschaftliches Leitbild als harmonistisch gelten kann: Grundlegende Interessenwidersprüche galten als abgeschafft infolge der Aufhebung des Gegensatzes von Kapital und Arbeit und der Verwirklichung des 'sozialistischen Volkseigentums'. Es wurde eine „programmatische Identität von Individuum und Gesellschaft" behauptet, die „als sozialistische Grundüberzeugung (...) nicht in Zweifel gezogen oder gar aufgegeben werden" durfte (Schmidt 1995b:456). Insofern zielte die Gestaltungslogik nicht auf einen intermediären Interessenausgleich, sondern auf eine Vereinheitlichung aller ökonomischen, politischen und kulturellen Bereiche und letztlich auf die Abschaffung bzw. Negation von antagonistischen Interessenwidersprüchen. Diesem Versuch einer Homogenisierung der Gesellschaft bescheinigten verschiedene sozialwissenschaftliche Analysen durchaus Erfolg: Sie sahen die DDR-Gesellschaft gekennzeichnet durch einen „Zustand der sozialen Entdifferenzierung" (Meuschel 1991:558), in dem sich unterschiedliche Interessen und subsystemischer Eigensinn kaum entfalten konnten (vgl. auch Meuschel 1992, Heidenreich 1992). Zwar war die Aufrechterhaltung des politischen Leitbilds einer egalitär-gemeinschaftlichen sozialistischen Gesellschaft durch die Existenz abweichender individueller Interessenlagen permanent latent bedroht, es existierten jedoch diverse Integrations- und Verarbeitungsmodi, um deren systembedrohende Sprengkraft zu reduzieren: So kam es häufig auf dem Wege expliziter oder informeller Arrangements zur temporären Befriedung der artikulierten Bedürfnisse; teilweise wurden diese auch durch Bedürfnisverschiebungen entschärft (etwa von materiellen in soziale Interessen, von kurzfristigen in langfristige Interessen). Wo die Negation oder Entschärfung abweichender Interessenlagen nicht möglich war, tendierte der bürokratisch-parteipolitische Apparat zur Zwangsintegration, indem die Formulierung der einschlägigen Interessen als illegitim stigmatisiert und ihr Einklagen politisch sanktioniert wurde (vgl. Schmidt 1995b:456f.).

Dem politischen Primat eines harmonistischen Kollektivinteresses war auch das tarifpolitische Geschehen unterworfen. Die grundlegenden tarifpolitischen Rahmendaten wurden in der DDR vom Ministerrat gemeinsam mit dem Bundesvorstand des FDGB auf der Grundlage der Volkswirtschaftspläne festgelegt. Auf dieser Basis vereinbarten die Einzelgewerkschaften mit den zuständigen Ministerien für alle volkseigenen Betriebe Rahmenkollektivverträge, die dann auf Betriebsebene durch Betriebskollektivverträge zwischen Betriebsdirektor und Betriebsgewerkschaftsleitung konkretisiert und teilweise ergänzt wurden (vgl. Barthel u.a. 1990). Obwohl also formal auf allen Ebenen Vertretungsinstanzen der Beschäftigten in die Definition von Arbeits- und Entlohnungsbedingungen einbezogen wurden, waren reale Interessenaushandlungsprozesse die Ausnahme. Insbesondere auf betrieblicher Ebene war der Handlungs- und Entscheidungsspielraum stark beschränkt. Angesichts kaum vorhandener autonomer Gestaltungsmöglichkeiten ging es in den betrieblichen Plandiskussionen um wenig mehr als eine realitätsgerechte Konkretisierung und Umsetzung der zentralen Vorgaben und vor allem um die „positiv sanktionierte Selbstverpflichtung" (Schmidt 1995b:457) der Werktätigen auf die zu erreichenden Sollvorgaben.

1.1.2 Das Vertretungsmonopol des FDGB als staatstragender Massenorganisation

Vor dem Hintergrund des bisher Gesagten wird bereits deutlich, dass Gewerkschaften im Staatssozialismus einen grundlegend anderen Charakter haben müssen als solche in kapitalistischen Marktwirtschaften. Wenn letztere - bezogen auf die BRD - als intermediär agierende Interessenvertretungsorganisationen der Beschäftigten beschrieben wurden, deren Tarifpolitik von einem prekären Vermittlungsprozess zwischen Mitgliederinteressen und volkswirtschaftlichen Systemzwängen gekennzeichnet ist (vgl. Kap.II.2), so waren Gewerkschaften in der DDR im Unterschied dazu staatstragende Massenorganisationen. Dieser Begriff verweist auf zwei entscheidende Funktionsmerkmale der DDR-Gewerkschaften:

a.) Als Massenorganisationen wirkten die Gewerkschaften in der DDR nicht in erster Linie als unmittelbare Interessenvertretung der Mitglieder, sondern als Instanzen, die einen Großteil der Bevölkerung entsprechend übergeordneter Prämissen in das Wirtschafts- und Gesellschaftssystem integrieren sollten. Insgesamt kann von einer dreifachen Aufgabenstellung der DDR-Gewerkschaften gesprochen werden[136]: Neben der Interessenvertretungsfunktion übernahmen sie insbesondere auch wirtschaftsleitende Aufgaben sowie erzieherische Funktionen als 'Schulen des Sozialismus'.[137] Für die faktische Dominanz der beiden letzten Aufgabenstellungen in der Tätigkeit des FDGB war nicht zuletzt auch das Fehlen einer unabhängigen interessenpolitischen Verhandlungs- und Sanktionsmacht des FDGB verantwortlich. Da nach herrschender Ideologie „in einem Arbeiter- und Bauernstaat, der in seiner gesamten politischen und wirtschaftlichen Arbeit von der bewussten Vorhut der Arbeiterklasse, der revolutionären Partei, geleitet wird" (FDGB 1982:341), die Interessen der ArbeiterInnen mit denen des Staates identifiziert wurden, wurde das Streikrecht 1968 als überflüssig aus der Verfassung gestrichen. Auch die laut Geset-

---

[136] Das Selbstverständnis der FDGB-Gewerkschaften geht damit ebenfalls auf Lenins Konzept 'sozialistischer Gewerkschaften' zurück (vgl. Belwe 1979:107ff.).

[137] Bereits in den sog. 'Bitterfelder Beschlüssen' 1948 hatte der FDGB als seine vordringliche Aufgabe die Förderung des wirtschaftlichen Wiederaufbaus und der Produktionsorganisation definiert (vgl. hierzu Brunner 1996). „Die Gewerkschaft hatte eine Doppelrolle übernommen, insofern sie seitdem aktiv für die gesamtwirtschaftlichen Ziele der Produktions- und Produktivitätssteigerung wie ebenso für die unmittelbaren Interessen ihrer Mitglieder einzutreten hat" (Rytlewski 1983:389). Es ist allerdings darauf hinzuweisen, dass eine solche Verschiebung der gewerkschaftlichen Aufgabendefinition hin zu wirtschaftsleitenden Funktionen durchaus als konsequente Weiterentwicklung der in der Weimarer Republik vorherrschenden, stark etatistisch ausgerichteten Gewerkschaftstradition gelten kann. So wurde zunächst von vielen GewerkschaftsfunktionärInnen die Mitwirkung des FDGB bei der Wirtschaftsplanung als Realisierung wirtschaftsdemokratischer Vorstellungen interpretiert.

zestext sehr weitreichenden Rechte der Gewerkschaften waren praktisch nur bedingt von Bedeutung.[138] Einklagbar waren in der DDR lediglich individuelle Arbeitsrechte, nicht aber gewerkschaftliche Mitsprache- und Mitbestimmungsrechte im Betrieb. Die Interessenvertretung des FDGB konzentrierte sich damit im wesentlichen auf die Mitwirkung in den staatlich vorgesehenen Institutionen. Ferner übernahm der FDGB zahlreiche soziale Funktionen, etwa die Vergabe von Ferienplätzen, die Leitung der Sozialversicherung und die Organisation betriebskultureller Veranstaltungen. Diese Dienstleistungsfunktionen hatten eine hohe Anreizwirkung und garantierten die 'massen'hafte Organisation der Werktätigen. Angesichts eines Organisationsgrads von über 90% stellte die Gewerkschaftsmitgliedschaft eine gesellschaftliche Norm dar.

b.) Zu einer explizit 'staatstragenden' Gewerkschaft hatte sich der FDGB spätestens auf seinem dritten Bundeskongress 1950 entwickelt, auf dem er die Führungsrolle der SED explizit anerkannt und zugleich alle seine Organisationsgliederungen auf das Prinzip des demokratischen Zentralismus festgelegt hatte. Die damit formal installierte Dominanz der Parteigremien fand sich auf allen Ebenen der Zusammenarbeit von gewerkschaftlichen, administrativ-staatlichen sowie Parteigremien wieder (Kombinat, Gesamtbetrieb, Abteilung, Arbeitsgruppe). Die Kompetenzen innerhalb dieser 'Dreieinigkeit' waren gewöhnlich deutlich ungleichgewichtig verteilt. Während die Parteiinstanzen den entscheidenden Einfluss besaßen, waren die staatlichen Instanzen primär für die technische Umsetzung und die Gewerkschaften für die normative Absicherung der getroffenen Entscheidungen gegenüber den Beschäftigten zuständig. Die enge Zusammenarbeit von Gewerkschaft und Staatspartei wurde zudem durch vielfältige personalpolitische Verflechtungen abgesichert. So dienten die Gewerkschaften auch als SED-Kaderreserven; GewerkschaftsfunktionärInnen in höheren Positionen mussten i.d.R. Parteimitglieder sein und in bestimmten Bereichen existierten systematische Personalunionen zwischen Gewerkschaftskadern und Parteiinstanzen. Insgesamt ist daher die Einschätzung von Deppe (1968:1060) sicher zutreffend, der die Stellung der realsozialistischen Gewerkschaften systemvergleichend folgendermaßen resümiert: „Auf der Grundlage nationalisierter Produktionsmittel sind die Gewerkschaften in den kommunistisch geführten Staaten Medien der Herrschaftsausübung und nicht - wie die Gewerkschaften in den bürgerlichen Gesellschaften - autonome Medien der Herrschaftskontrolle."

Die Stellung des FDGB als beherrschende Integrationsinstanz im staatssozialistischen Wirtschafts- und Gesellschaftssystem wurde abgesichert durch sein absolutes Vertretungsmonopol. Verglichen mit der Gewerkschaftsstruktur in Westdeutschland war die Dominanz des FDGB institutionell wesentlich stärker 'befestigt'[139] als die

---

[138] Der Betriebsgewerkschaftsleitung (BGL) standen formal laut dem Arbeitsgesetzbuch der DDR sehr viel weiter reichende Rechte zu als dem Betriebsrat laut Betriebsverfassungsgesetz. Während die westdeutschen Betriebsräte jedoch über einige 'harte', juristisch einklagbare Mitbestimmungsrechte verfügen, die ihnen eine gewisse unabhängige Verhandlungsposition sowie reale innerbetriebliche bargaining-Macht gewährleisten, bestand ein Großteil der Rechte der BGL aus 'weichen' Mitspracherechten, die überdies arbeitsrechtlich nicht einklagbar waren.

[139] Der Begriff der „befestigten Gewerkschaft" stammt von Goetz Briefs und zielt auf drei Merkmale der 'modernen' Gewerkschaften im Unterschied zur „klassischen" Gewerkschaft des 19. sowie des beginnenden

der 'Einheitsgewerkschaft DGB': Erstens waren von Beginn der DDR an keine legalen Konkurrenzorganisationen zugelassen. Und zweitens war das Interessenvertretungssystem der DDR im Zuge der sog. 'Bitterfelder Beschlüsse' 1948 als einheitliches und nicht als duales System industrieller Beziehungen konzipiert worden, d.h. dem FDGB kam sowohl die alleinige überbetriebliche als auch die alleinige innerbetriebliche Vertretung der Beschäftigten zu.

Ähnlich wie auch in Westdeutschland (vgl. Kap.II.2.1) konnte die Gründung des FDGB als Einheitsgewerkschaft zunächst durchaus als Ausdruck des originären Willens der GewerkschafterInnen verschiedenster Couleur gelten, als Lehre aus der nahezu kampflosen Kapitulation der organisierten Arbeiterbewegung vor dem Faschismus und als Folge der gemeinsam erlebten Zeit politischer Verfolgung und des Widerstands gegen den Nationalsozialismus. Diese politische Ausrichtung entsprach zugleich den Wünschen der sowjetischen Militäradministration.[140] Wenngleich damit dem FDGB von Anfang an das gewerkschaftliche Vertretungsmonopol sicher war, so erwuchs ihm doch aus der weit verbreiteten Existenz von Betriebsräten nach Kriegsende eine ernstzunehmende Konkurrenz in puncto betrieblicher Interessenvertretung. Ohne auf den Aufbau einer übergreifenden gewerkschaftlichen Organisation zu warten, hatten in vielen Unternehmen die Beschäftigten Betriebsräte gewählt. Diese organisierten in den 'herrenlos' gewordenen Unternehmen häufig den Wiederaufbau sowie den gesamten Betriebsablauf und konkurrierten insofern nicht nur mit den neu entstehenden Gewerkschaftsgremien, sondern teilweise auch mit den neuen Instanzen betrieblicher Autorität, die von der Verwaltung installiert wurden (vgl. Sarel 1975:12f.). Die koordinierte Politik der sowjetischen Besatzungsmacht und der zentralisierten Gewerkschaftsinstanzen zielte zunächst auf eine Integration dieser 'von unten' entstandenen Vertretungsinitiativen.[141] Aufgrund zunehmender Distanz zwischen den oft unmittelbar belegschaftsbezogen agierenden Betriebsräten und

---

20. Jahrhunderts: „die volle Anerkennung durch Gesetzgebung, Arbeitgeber und öffentliche Meinung"; „die Stabilität und Sicherheit der Institution Gewerkschaft" und „die Zuweisung öffentlicher Funktionen und Verantwortungen an die Gewerkschaften" (Briefs 1952, zit. n. Müller-Jentsch 1986:61).

[140] Die Sowjetische Militäradministration hatte sehr schnell, nämlich am 10.6.1945, mit dem Befehl Nr. 2 die Bildung von Gewerkschaften in die Wege geleitet. Auf dieser Basis beschloss der vom sowjetischen Stadtkommandanten eingesetzte, mehrheitlich aus KPD-Mitgliedern bestehende Magistrat der Stadt Berlin, nur eine einzige einheitliche Gewerkschaftsorganisation zur Registrierung anzunehmen. Bereits zwei Tage nach dem Befehl Nr.2 trafen sich acht ehemalige leitende Funktionäre der kommunistischen, sozialdemokratischen sowie christlichen Gewerkschaften. Dieser 'vorbereitende Gewerkschaftsausschuss für Groß-Berlin' einigte sich auf einen Aufruf zur Gründung einer zentralistischen Einheitsgewerkschaft. Die Gründung des FDGB erfolgte schließlich zonenweit eindeutig 'von oben', wobei man „dennoch ein Mindestmaß an Zustimmung von unten, von den betrieblichen und örtlichen Ausschüssen erwarten durfte" (Rytlewski 1983:385). Bei der Gründung der Einheitsgewerkschaft Anfang 1946 achtete man noch explizit auf die Berücksichtigung der verschiedenen politischen Lager. So setzte sich der erste Bundesvorstand aus 19 Kommunisten, 18 Sozialdemokraten, vier Christdemokraten und vier Parteilosen zusammen. Als Vorsitzende wurden dementsprechend je ein Mitglied der KPD, der SPD und der CDU ernannt (ebd.).

[141] Im Frühherbst 1945 gründete jede Industriegewerkschaft eine Betriebsrätezentrale, wobei die zentrale Gewerkschaftsleitung dieser faktisch das Recht zugestand, Betriebsräte abzusetzen und zu ernennen. Am 10.4.1946 legalisierte der Alliierte Kontrollrat per Dekret die Betriebsräte, woraufhin im Juli die ersten offiziellen Betriebsratswahlen stattfanden (Sarel 1975:29ff.).

staatlichen sowie gewerkschaftlichen Instanzen (vgl. Sarel 1975:34) bemühten letztere sich jedoch etwa ab Mitte 1947 die Stellung der Betriebsräte zugunsten der Gewerkschaftsorganisationen zu schwächen.[142] Angesichts der mangelhaften Integration der Betriebsräte in den auf einheitliche Willensbildung ausgelegten Staats- und Wirtschaftsapparat fiel vermutlich im Frühjahr 1948[143] die Entscheidung für deren Abschaffung und die Sicherung des unumschränkten Vertretungsmonopols des FDGB als staatstragender Massenorganisation. Die für September 1948 geplanten Betriebsratswahlen wurden zunächst verschoben und fanden schließlich nicht mehr statt. Am 25.November wurde in Bitterfeld entschieden, die Betriebsräte in die gewerkschaftlichen Organisationsstrukturen einzugliedern und damit die betrieblichen Gewerkschaftsgliederungen zum alleinigen Organ betrieblicher Mitbestimmung zu machen.[144]

Die Konzeption der FDGB-Gewerkschaften als staatstragende Massenorganisationen mit Vertretungsmonopol hatte notwendig erhebliche Folgen für das innerorganisatorische Verhältnis von Verband und Mitgliedern. Anders als im Fall der westdeutschen Gewerkschaften, deren Macht in letzter Konsequenz immer auf der Mobilisierungsfähigkeit ihrer Mitglieder beruht und die in ihrer Tätigkeit daher grundsätzlich auf den innerorganisatorischen Willensbildungsprozess verwiesen bleiben, war die Existenz des FDGB zentral durch staatliche Organisationshilfen abgesichert. Seine Organisationsmacht war im wesentlichen staatlich verliehen. Da die gewerkschaftliche Organisation in ihrem Funktionieren nicht wesentlich von der aktiven normativen Integration der Mitglieder abhängig war, blieben der Bestand und die Handlungsmacht der Gewerkschaft auch dann gesichert, wenn die innergewerkschaftliche Willensbildung zumindest partiell oder sogar gänzlich abgekoppelt

---

[142] So wurde etwa auf dem zweiten FDGB-Kongress im April 1947 beschlossen, dass die gewerkschaftlichen Betriebsgruppen über die KandidatInnen für die Betriebsratswahlen entscheiden sollten. Die Konflikte zwischen Betriebsräten und Parteiinstanzen eskalierten schließlich vor allem in Folge des Befehls Nr.234 im Oktober 1947. Um die Arbeitsintensität in den Fabriken zu steigern, sollten Warenbezugsscheine und markenfreie Mahlzeiten für gute Produktionsleistungen ausgegeben, sowie individuelle Prämien eingeführt werden. Pointiert (wenngleich zuweilen ein wenig euphorisch bezüglich des 'proletarischen Widerstandes in der DDR'), schildert Sarel (1975:38) die Situation nach Erlass des Befehls Nr. 234: „So kam es vor, dass sich die Arbeiter des gleichen Betriebs beim Gang in die Kantine in drei Gruppen aufspalteten, eine schwer erträgliche Situation, zumal die verschiedenen Kategorien oft willkürlich eingeteilt waren. Es scheint, dass die heftigsten Konflikte zwischen Betriebsräten und Behörden im Laufe der sechs Monate nach der Veröffentlichung des Befehls Nr.234 stattgefunden haben. Tatsächlich verhinderten die Betriebsräte, sowie es ihnen irgend möglich war, die Anwendung dieser Verordnung. Man organisierte nicht drei verschiedene Mahlzeiten, sondern 'alles wurde in einen Topf geworfen'."

[143] Auf der Konferenz von Hettstedt am 8. Mai 1948 wurden die Kompetenzen der Betriebsräte bereits stark beschränkt (Brunner 1996:22).

[144] Diese Regelung sollte zunächst nur für Fabriken gelten, in denen mehr als 80 % der Belegschaft gewerkschaftlich organisiert waren, was jedoch in allen großen Betrieben der Fall war. Dennoch konnten sich Betriebsräte in einigen Fällen bis zum Sommer 1951 halten, insbesondere in Unternehmen, die den Kirchen gehörten, sowie in kleineren Privatunternehmen. Sarel (1975:38f.) trifft die Einschätzung, dass die ArbeiterInnen „auf die Kaltstellung der Betriebsräte mit dumpfer Opposition" reagierten, „die zwar über ein elementares Niveau nicht hinauskommt, aber ziemlich weit verbreitet ist." So seien z.B. bei den Gewerkschaftswahlen, die anstelle der Betriebsratswahlen durchgeführt wurden, in den Leunawerken 25% der Stimmen ungültig gewesen (ebd.).

von den Mitgliedern erfolgte. Typischerweise existierte primär ein Dienstleistungs-verhältnis zwischen dem FDGB und seinen Mitgliedern: Der Gewerkschaftsbeitrag wurde gegen die Partizipation an den gewerkschaftlich bereitgestellten Sozialleis-tungen eingetauscht. Die Tatsache, dass ein Großteil der DDR-Beschäftigten formal durch Mitgliedschaft ihre Folgebereitschaft gegenüber dem FDGB bekundeten, ging einher mit der weit verbreiteten Auffassung, wonach die Staatsgewerkschaft im wesentlichen ein 'Transmissionsriemen der Partei' sei. So war die Mitgliedschaft im FDGB im Großen und Ganzen einfach Teil der - individuell mehr oder weniger kritisch gesehenen - gesellschaftlichen Normalität und implizierte keineswegs not-wendig eine affektive Bindung an die Organisation.

1.1.3 Formale Struktur und 'kollektives Unterleben': Der Planerfüllungspakt

Die Interessenvertretung der Werktätigen durch den FDGB war zumindest auf formaler Ebene tendenziell von einem Fehlen realer Interessenauseinandersetzungen gekennzeichnet. Dies bedeutet jedoch nicht, dass es in der arbeitspolitischen Realität der DDR-Betriebe nicht auch Interessenkonflikte und -verhandlungen gegeben hätte, sondern nur, dass diese nicht in erster Linie im Rahmen institutionalisierter Beteili-gung stattfanden. Wenn Voßkamp/Wittke (1990:23) für den Bereich der Produkti-onsorganisation die „schroffe Abweichung der Realstrukturen von den formalen" konstatieren, so gilt diese Feststellung auch im Hinblick auf die innerbetriebliche Interessenaushandlung. Als „doppelte Regulation von Arbeit" oder auch „kollektives Unterleben" der Formalstrukturen wurde in der Literatur (Alt u.a. 1994, Schmidt, W. 1995, 1996) das Phänomen bezeichnet, dass neben den offiziellen Anweisungsbe-fugnissen in den volkseigenen Betrieben häufig bargaining-Prozesse in der Form nicht institutionalisierter, direkter Aushandlung zwischen betrieblichen Gruppen und ihren Leitern stattfanden. Diese waren von einer erheblichen mikropolitischen bar-gaining-Macht, einer „passiven Stärke" (Voskamp/Wittke 1990:24) der Belegschaf-ten gekennzeichnet, die mehrere strukturelle Ursachen hatte: Angesichts des staatlich garantierten Rechts auf Arbeit, permanenter Arbeitskräfteknappheit sowie weitrei-chender Kündigungsschutzbestimmungen war das Drohpotential der betrieblichen Hierarchien gegenüber den ArbeiterInnen beschränkt. Die diskontinuierliche Produktion sowie vielfältigen Chaosfaktoren im sozialistischen Planungssystem machten die Vorgesetzten zudem permanent abhängig von der Kooperation, Einsatzbereitschaft und Flexibilität der Beschäftigten. Hinzu kam ein enger kommunikativer Zusammenhang der Beschäftigten durch ihre Organisation in Kollektiven, in die auch der formale Vorgesetzte einbezogen war. Letzterer nahm eine Zwitterstellung in der betrieblichen Hierarchie ein. Als Autoritätsinstanz war er für die Erfüllung der betrieblichen Vorgaben verantwortlich. Zugleich war es jedoch seine Pflicht als 'Beauftragter der Arbeiterklasse', alle Entscheidungen kollektiv zu beraten und möglichst einvernehmlich zu beschließen. Die widersprüchlichen Rollenanforderungen in dieser - oft unbeliebten, weil undankbaren - Position, lösten die Meister vielfach durch die Gewährung großer Freiräume für die Beschäftigten unter der Voraussetzung der Planerfüllung. Bei der „DDR-typischen Kompromissstruktur" des Planerfüllungspaktes handelte es sich also um „informelle

Planerfüllungspaktes handelte es sich also um „informelle Kompromisse, die kollektive, einklagbare Regelungen nicht ergänzten, sondern substituierten. Entsprechend war das Eingehen dieser Kompromisse allgemein übliche, fast schon gewohnheitsrechtliche, jedenfalls aber gewohnheitsmäßig in den Handlungsstrukturen fest verankerte Praxis" (Voskamp/Wittke 1990:25).

Angesichts der 'passiven Stärke' der Belegschaften war der disziplinarische Zugriff der Betriebe auf die Beschäftigten also grundlegend beschränkt. Zugleich hatten auch Lohnanreizsysteme und generell finanzielle Stimuli angesichts des Warenmangels in der DDR nur eine beschränkte Wirksamkeit. Geld hatte seine Funktion als generalisiertes Steuerungsmedium verloren (Heidenreich 1991:418). Das Lohngefüge der DDR war insgesamt vergleichsweise nivelliert, die Lohnspreizung geringer als in der BRD.[145] Als Ersatz für eine wirksame materielle Lohn- und Leistungspolitik wurden einerseits die autoritären Anweisungsbefugnisse der Leitungskader gestärkt, andererseits die nicht-materiellen Leistungsstimuli verstärkt.[146] Statt des kapitalistisch-instrumentellen Tauschverhältnisses von Leistungsverausgabung gegen Geld als allgemeinem Warenäquivalent sollten die Werktätigen dazu erzogen werden, aus politischen und moralischen Gründen für den Staat und den Betrieb zu arbeiten. Die „janusköpfige" Verfasstheit realsozialistischer Betriebe zwischen autoritärer Kommandowirtschaft und integrativer Gemeinschaft (Edeling 1992) kann insofern als Reaktion auf das grundlegende Leistungsdilemma in der DDR interpretiert werden: „Sowohl Bürokratie als auch Gemeinschaft waren staatlich gelenkte Versuche zur Organisation der Produktion und zur Sicherung der politischen Herrschaft" (Schmidt 1995b:308).

Über die Besonderheiten des DDR-Betriebs als Produktionsort sowie sozialer Lebenswelt existiert inzwischen eine umfangreiche und durchaus kontroverse Diskussion, was sich u.a. in divergenten Begrifflichkeiten für die soziale Verfasstheit der volkseigenen Betriebe ausdrückt. Diese wird als „Betriebsgemeinschaft" (Gensior 1992), „Notgemeinschaft" (Senghaas-Knobloch 1992), betriebliche „Komplizenschaft" (Rottenburg 1991), „bürokratischer Paternalismus" (Deppe/Hoß 1989) oder auch als „paternalistische Misstrauensgemeinschaft" (Schmidt, W. 1995) gekennzeichnet. In diesen Begriffen spiegeln sich nicht nur Differenzen der empirischen Beschreibung, sondern ebenso unterschiedliche Wertungen des realsozialistischen Gesellschaftssystems. Im Kern verweisen jedoch alle Begriffe darauf, dass in den realsozialistischen Betrieben ein spezifisches Interessenarrangement existierte, das

---

[145] Während die Spanne der Effektivverdienste der ArbeiterInnen in der DDR zum Zeitpunkt der 'Wende' mit 141 % nicht wesentlich unter der der ArbeiterInnen in der BRD lag, war die Einkommensdifferenzierung im Angestelltenbereich mit 248 % in der Bundesrepublik erheblich größer als sie es zuletzt in der DDR war (164 %). Waren die tariflichen Angestelltengehälter in der DDR also bereits vergleichsweise nivelliert, so unterschieden sich die Nettoentgelte von ArbeiterInnen und Angestellten letztlich oft nur geringfügig. Dies lag erstens daran, dass in erster Linie die ArbeiterInnen vom umfangreichen Zuschlagswesen der DDR profitierten und zweitens daran, dass sie nur 5 % Lohnsteuer entrichten mussten, während technisch-ökonomische Fachkräfte 16 %, Meister 17 % und AkademikerInnen 18 % Lohnsteuer zahlten (vgl. Barthel u.a. 1990:16,26).

[146] Prägnante Beispiele hierfür sind etwa die Förderung der Aktivistenbewegung (Stachanowismus) und die Installierung des sozialistischen Wettbewerbs.

trotz autoritärer Strukturelemente insgesamt von einer vergleichsweise starken Kohäsion aller betrieblichen Akteure geprägt war. Durch die interne Kooperation, im Rahmen derer die Belegschaften erhebliche informelle Einflussmöglichkeiten besaßen, sollte das Erreichen der von außen bzw. 'von oben' vorgegebenen Plankennziffern sichergestellt werden und es entwickelte sich eine Konstellation, in der die betrieblichen Einheiten sich als eine Art eigenständige Interessengemeinschaft gegenüber überbetrieblichen Instanzen etablierten sowie autonomisierten. Dies gilt auch für den Bereich der betrieblichen Aushandlung von Tarifverträgen, wo die zentral vorgegebenen Richtlinien für das Verhältnis von Lohn und Leistung in erheblichem Maße über mikropolitische Aushandlungsprozesse auf Abteilungsebene (um)gestaltet wurden.

Insgesamt war die Arbeitspolitik im DDR-Realsozialismus also dadurch gekennzeichnet, dass der informelle betriebliche Planerfüllungspakt bis zu einem gewissen Grad die formalisierte und institutionalisierte Interessenaushandlung ersetzt hat. Der FDGB kann angesichts seiner stark produktivistischen sowie etatistischen Ausrichtung und seiner Orientierung an einem harmonistischen Kollektivinteresse eher als Instrument der Herrschaftssicherung denn der Interessenvertretung der Werktätigen begriffen werden, was sich auch in dem weitverbreiteten Dienstleistungsverhältnis zwischen Organisation und Mitgliedern reflektierte. Relevante Interessenaushandlungsprozesse fanden daher kaum auf einer überbetrieblichen, formalisierten Ebene (wie z.B. den zentralen Tarifverhandlungen) statt, sondern primär halbformell oder sogar informell auf betrieblicher Ebene. Zwar war mit der Verstaatlichung der Produktionsmittel der innerbetriebliche Interessenkonflikt zwischen Leitenden und Werktätigen nicht abgeschafft (vgl. Bahro 1977), die innerbetriebliche Machtasymmetrie war aufgrund der Spezifika realsozialistischer Produktion jedoch erheblich geringer als in kapitalistischen Industriebetrieben und die Beschäftigten verfügten individuell sowie auf Brigadeebene über mehr Spielräume der Interessenaushandlung und -durchsetzung. Auch die relativ egalisierten Arbeits- und Entlohnungsbedingungen bildeten eine materielle Grundlage für den vergleichsweise engen kollektiven Zusammenhang der Belegschaften, der einer partiellen Abkopplung der 'Handlungseinheit Betrieb' von übergeordneten Instanzen zweifellos förderlich war. So wurden im Rahmen der betrieblichen Handlungsarena zentrale Vorgaben oft neu verhandelt und neudefiniert, um letztlich deren Rahmendaten erfüllen zu können. Auf der Ebene mikropolitischer Aushandlungsprozesse wurden die vorgegebenen institutionellen Regeln unterlaufen, ohne jedoch formal gegen diese zu verstoßen

1.2 Die Etablierung der Tarifverbände in Ostdeutschland: Transformation eines Institutionensystems 'von außen'

Die politische Wende in der DDR erfolgte 1989 bekanntlich nicht primär in den Betrieben. Die teilweise etwas polemisch als 'Konsumentenrevolution' betitelte politische Bewegung fand primär als Bürgerprotest nach Feierabend statt (vgl. Joas/Kohli 1993), - sei es, weil die SED nach dem Arbeiteraufstand 1953 der ideologischen Kontrolle der Betriebe stets besondere Aufmerksamkeit gewidmet hatte, sei es, weil die Betriebe für die DDR-Bevölkerung nicht den zentralen Ort der Unzufriedenheit darstellten und in den Belegschaften zudem die Einsicht vorherrschte, dass Streiks die ohnehin bereits prekäre Versorgungslage noch weiter destabilisieren würden. Dennoch erreichte 'die Wende' im Herbst 1989 schließlich auch die Betriebe. Vielerorts entstanden Initiativen mit dem Ziel, (wieder) unabhängige und demokratisch legitimierte Belegschaftsvertretungen zu installieren.[147] Diese konkurrierten in vielen Fällen mit den etablierten FDGB-Vertretungsstrukturen, deren Delegitimation sich umso drastischer gestaltete, je länger der FDGB offiziell als Stütze des politischen Systems wirkte. Der durch den sukzessiven Systemzusammenbruch eröffnete Handlungsraum für neue, alternative Regulierungsmodelle dauerte jedoch nur kurze Zeit an. Die vergleichsweise offene Situation, innerhalb der eine partielle Reform des realsozialistischen Systems ebenso möglich schien wie die Suche nach einem grundlegenden 'dritten Weg', wich bereits zu Beginn des Jahres 1990 einer zunehmenden Orientierung am westdeutschen Wirtschafts- und Gesellschaftsmodell. Angesichts des Fehlens durchsetzungsfähiger gesellschaftlicher Alternativmodelle wurden die westdeutschen Verhältnisse zunehmend zur Handlungsnorm, sei es als explizite Zielvorgabe, sei es implizit als stets präsenter Vergleichsmaßstab. Spätestens mit der Volkskammerwahl vom 18.3.1990 prägte sich die „exogene Transformationsdynamik" (Lehmbruch 1993) immer deutlicher aus. Das Wahlergebnis wurde von den prägenden Akteuren verschiedenster gesellschaftlicher Bereiche berechtigterweise als „Plebiszit für die baldige Herstellung der staatlichen Einheit" (Ettl/Wiesenthal 1994:2) interpretiert. In einer rasanten zeitlichen Entwicklung kam es bereits zum 1.Juli 1990 zur Wirtschafts-, Währungs- und Sozialunion zwischen der BRD und der DDR. Damit waren die Würfel gefallen für die Reetablierung der kapitalistischen Marktwirtschaft, für die Wiedereinführung des Privateigentums an Produktionsmitteln (realisiert im Rahmen der Privatisierungstätigkeit der Treuhand) und auch für die Übernahme des westdeutschen Modells von Tarifautonomie und Betriebsverfassung in den nunmehr sogenannten 'neuen Bundesländern'. In kürzester Zeit musste eine grundlegende Transformation des Institutionensystems im Bereich industrieller Beziehungen erfolgen und insbesondere handlungsfähige Tarifverbände geschaffen werden. Im Zuge des einzigartigen Falls einer „Transformation von außen" (Offe 1993) übernahmen vor allem Akteure aus der BRD die Aufgabe, die westdeutschen Institutionen industrieller Beziehungen auf die Arbeitswelt der DDR zu übertragen. Diese wurden zudem, kaum installiert, im Zuge der einschneidenden wirtschaftlichen Transformationskrise einer im Westen bislang nicht da gewesenen Belastungsprobe ausgesetzt. Es wird sich zeigen, dass einige typische Probleme des ostdeutschen Tarifsystems als Konsequenzen dieser 'institutionellen Transformationsgeschichte' begriffen werden können.

Im folgenden wird der Prozess der Etablierung der Arbeitgeberverbände (Kap.III.1.2.1) sowie der Gewerkschaften (Kap.III.1.2.2) referiert. Die Darstellung basiert zum einen auf der einschlägigen wissenschaftlichen Literatur, zum anderen auch auf eigenen empirischen Erhebungen. Vor allem im Jahr 1996, aber auch in den

---

[147] Vgl. die bereits in der unmittelbaren Wendezeit entstandenen Falldarstellungen bei Kädtler/Kottwitz 1990 sowie als rückblickende Zusammenfassungen Bergmann 1996, Röbenack 1996, Kädtler u.a. 1997.

folgenden Jahren bis 2000 wurden insgesamt 35 Interviews mit VertreterInnen ostdeutscher Arbeitgeberverbände sowie Gewerkschaften im Bereich der Metall-, Bau- und Chemieindustrie geführt, in denen nicht nur die aktuelle Tarifsituation, sondern auch ihr historischer Entstehungshintergrund thematisiert wurde.[148]

1.2.1 Die Etablierung der ostdeutschen Arbeitgeberverbände

Als im ersten Halbjahr 1990 die Wirtschafts-, Währungs- und Sozialunion rasant näherrückte, musste der Aufbau von Arbeitgeberverbänden als tarifpolitische Verhandlungspartner sowie Interessenpartei „bei Null ansetzen" (Ettl 1995:43). Eher zweifelhafte organisatorische Anknüpfungspunkte fanden sich allenfalls im für die DDR-Wirtschaft randständigen Bereich selbständiger Kleinbetriebe[149] sowie in den höheren Leitungsebenen der Kombinate. Zwar hatten sich bereits in der frühen Wendezeit einige eigenständige ostdeutsche Verbandsinitiativen gegründet (z.B. der Unternehmerverband der DDR, das Unternehmensforum der DDR, der Bund der Selbständigen der DDR); diese „Verbände der Wende" (Wiesenthal u.a. 1992) konnten sich mittelfristig jedoch kaum gegen die übermächtige Organisationskonkurrenz aus dem Westen behaupten. Insofern sie nicht in das weitgehend nach westdeutschem Muster neu aufgebaute Verbändesystem integriert wurden, spielten sie bereits wenige Jahre nach der Wende kaum mehr eine entscheidende Rolle.[150]

---

[148] Eine genauere Übersicht über die geführten Interviews findet sich im Kap.III.2 sowie im Anhang.

[149] In mehreren Privatisierungswellen war der Privatbesitz an Produktionsmitteln in der DDR weitgehend abgeschafft worden. Vor der erneuten Verschärfung der SED-Politik in den 70er Jahren, die die Verstaatlichung und Eingliederung auch von Klein- und Mittelbetrieben in die staatlichen Kombinate vorantrieb, existierte noch eine nicht unerhebliche Zahl privater oder halbstaatlicher Betriebe (vgl. Brussig u.a. 1996). Die Familien der ehemaligen Unternehmenseigner bilden bis heute ein wichtiges Rekrutierungsreservoir beim Entstehung einer neuen, selbständig unternehmerisch tätigen Mittelschicht in Ostdeutschland.

[150] Dennoch zogen die 'originär ostdeutschen Verbandsinitiativen' vorübergehend ein erhebliches wissenschaftliches Interesse auf sich. Insbesondere über das 'Unternehmensforum der DDR' und den 'Unternehmerverband der DDR' existieren eher Berichte in der einschlägigen Literatur (vgl. Neifer-Dichmann 1991, Henneberger 1993, Ettl 1995). Beide Organisationen hatten sich primär mit dem Ziel gegründet, eine wirtschaftspolitische Interessenvertretung und Koordination zu gewährleisten. Insofern stellten sie eher eine Organisationskonkurrenz zu den westdeutschen Wirtschafts-, denn zu den Arbeitgeberverbänden dar. In den westdeutschen Unternehmerverbänden gab es vielfach Vorbehalte gegen eine Kooperation mit den ostdeutschen Verbandsinitiativen, da man dem wirtschaftspolitischen Gedankengut dieser Organisationen misstraute. So löste sich der im Februar 1990 gegründete Unternehmerverband der DDR bereits im September 1990 wieder auf, mit Ausnahme der sächsischen Regionalgliederung, die unter dem Namen 'Unternehmerverband Sachsen e.V.' bis heute fortexistiert. Nach Informationen des Vorsitzenden des sächsischen Unternehmerverbandes in einem Interview am 13.2.1996 hatte der Verband zu diesem Zeitpunkt immerhin noch 2000 Mitglieder, mehrheitlich kleinere Unternehmen mit 30 bis 40 Beschäftigten. Ein nicht unbeträchtlicher Teil der Mitglieder schienen zudem Unternehmensberatungsfirmen oder kleinere Dienstleistungsfirmen zu sein, die sich von ihrer Mitgliedschaft Betriebskontakte erhofften. Die Mitgliederentwicklung war stagnierend. Der Verband verfügte über einen Apparat von fünf hauptamtlichen Beschäftigten und gab einen monatlichen Mitgliederrundbrief heraus. Schwerpunkte der Organisation befanden sich in Dresden, Leipzig und Chemnitz. Man sah sich als „wirtschaftspolitischer Sprecher des Mittelstandes in Ostdeutschland", deren Interessen weder von einer politischen Partei, noch von den anderen, weitgehend westdeutsch bzw. großindustriell geprägten Wirtschaftsverbänden adäquat vertreten würden. In der Vergangenheit habe es einige

Bereits im Februar 1990 hatte die Bundesvereinigung der Deutschen Arbeitgeberverbände (BDA) gemeinsam mit dem Bundesverband der Deutschen Industrie
(BDI) eine erste „Verbindungsstelle DDR" in Westberlin eingerichtet. Unterstützt
durch die zunehmend verfügbaren Westkontakte begannen etwa zu diesem Zeitpunkt
auch viele ostdeutsche Betriebs- und Kombinatsleiter mit dem Aufbau regionaler
Unternehmerverbände. Man kann geradezu von einer Gründungswelle von Verbandsinitiativen sprechen, die in der Regel eine integrierte Vertretung von Arbeits-
markt- und Gütermarktinteressen intendierten. Bis Mai 1990 waren bereits etwa 100
fachlich-regionale Verbandsgliederungen entstanden, die schnell einen beträchtlichen Zustrom von neuen Mitgliedern erfuhren, wie dies etwa auch ein Funktionär
eines ostdeutschen Metall-Arbeitgeberverbandes im Rückblick beschreibt:

> „Wir haben in wenigen Wochen aus 7 Mitgliedsfirmen 120 Firmen gemacht." (AGV-M 1)

Dass der ausgesprochen schnelle Verbandsaufbau auf das koordinierte Vorgehen von westdeutschen BeraterInnen und ostdeutschen Betriebsleitungen zurückzuführen ist, kommt in den folgenden retrospektiven Erzählungen westdeutscher
Arbeitgeberverbandsfunktionäre deutlich zum Ausdruck:

> „Ich habe in sehr guter Erinnerung den 5. April 1990, wo wir uns verabredet hatten, um mit einem
> kleinen Häuflein von Unternehmern, vielleicht in Anführungszeichen noch zu sagen, uns zusam-
> mengesetzt haben und haben darüber nachgedacht, wie am nächsten Tag vielleicht das angepackt
> werden könnte, was da hieß Satzung eines Verbandes."(AGV-M 1)

> „Das [die Verbandsgründung] ist nicht vom Westen her hineingetragen worden, sondern dort [im
> Osten] selbst bewerkstelligt worden. Wir waren dort mit Beratung, aber es ist nicht unsere Aktion
> gewesen." (AGV-B 2)

Es lässt sich im nachhinein nur schwer entscheiden, welchen Anteil die ostdeutschen
Gründungsinitiativen und welchen die westdeutschen BeraterInnen am Verbandsaufbau hatten. Dies war von Fall zu Fall zudem sehr verschieden.[151] Rekonstruieren
lässt sich allerdings die Tatsache, dass die insgesamt ausgesprochen rasche und
effektive Aufbauarbeit im Bereich der Arbeitgeberverbände einer kongruenten Interessenlage von westdeutschen VerbandsfunktionärInnen und ostdeutschen Betriebsleitungen geschuldet war:

Versuche der Zusammenarbeit z.B. mit der 'Arbeitsgemeinschaft selbständiger Unternehmer' (ASU) sowie
dem Landesverband der sächsischen Industrie gegeben. Das Ansinnen, sich „als eigenständiger Verband
unter dem Dach des BDI" zu konstituieren, hatte man wieder aufgegeben, da dieser nach Einschätzung des
Vorsitzenden lediglich an einer Übernahme der Mitglieder interessiert gewesen sei (AGV-UVS).

[151] In der Literatur wird häufig etwas verkürzt ein rein „exogener" Verbandsaufbau im Bereich der
Arbeitgeberverbände (z.B. Wiesenthal/Ettl 1994) angenommen. Diese These ist zwar insofern richtig, als
westdeutsche FunktionärInnen eine wichtige Rolle spielten und es zu einem ausgesprochen schnellen
Angleichungsprozess des ostdeutschen Verbändesystems an das westdeutsche Vorbild kam; sie unterschlägt
jedoch die anfänglich vielfach autochthonen Organisationsansätze. Das Vergessen des Anteils ostdeutscher
Akteure könnte möglicherweise auch darauf zurückzuführen sein, dass viele Studien in der Metall- und
Elektroindustrie durchgeführt wurden, wo originär ostdeutsche Verbandsinitiativen eine geringere Rolle
spielten als in anderen Branchen, etwa der Textilindustrie (Bluhm 1999:237ff.) oder der Chemieindustrie
(Artus 1996a:31ff., Bluhm 1999:231ff.).

Die *westdeutschen Arbeitgeberverbände* standen unter extremem Zeitdruck, möglichst schnell handlungsfähige Tarifakteure in Ostdeutschland zu schaffen, um dort ein mit Westdeutschland kompatibles Tarifsystem zu etablieren. Angesichts des zeitgleichen, massiven gewerkschaftlichen Engagements in Ostdeutschland ging es darum, mit der organisatorischen Etablierung der Gewerkschaften gleichzuziehen, um diesen keine machtpolitischen Vorteile zu gewähren. Ein schneller und möglichst 'von unten' getragener Aufbau von Verbandsgliederungen lag also eindeutig im Interesse der westdeutschen Arbeitgeberverbände, - vorausgesetzt, dass diese zukünftig in das westdeutsche Verbändesystem integrierbar wären. „Das Entstehen von eigenständigen Spitzenorganisationen in der DDR" galt es hingegen „zu verhindern" (BDA 1990:3). Insbesondere solche Initiativen, die sich explizit als temporäre Einrichtungen des institutionellen Übergangs verstanden und das explizite Ziel formulierten, letztlich in den Organisationsgliederungen der Westverbände aufzugehen (wie etwa der Verband der Bauindustrie der DDR, vgl. VdB 1990:7, Artus 1996a:20), fügten sich daher ideal in die organisationspolitischen Strategien der Westverbände ein und wurden insofern intensiv mit Rat, Personal und finanziellen Mitteln unterstützt. Mit Hilfe „massiver Informations- und Hilfsangebote" (AVCO 1992:8) versuchten die westdeutschen Verbände (mit weitgehendem Erfolg) darauf hinzuwirken, die neu zu schaffenden Organisationsstrukturen kompatibel mit denen im Westen zu gestalten, z.B. bezüglich der gesonderten verbandlichen Vertretung von Arbeitsmarkt- und Gütermarktinteressen[152], der Branchenabgrenzungen, der territorialen und fachlichen Gliederung der Organisationen sowie der Installation von Kooperationsstrukturen zwischen Wirtschafts- und Arbeitgeberverbänden (vgl. Henneberger 1993).

Bei der *ostdeutschen Mitgliederklientel* wiederum existierte ein starkes Bedürfnis nach der Bereitstellung von Orientierungs- und Beratungsleistungen. Anfang 1990 waren die staatlichen Planungs- und Steuerungsorgane in vielen Wirtschaftsbereichen der DDR ersatzlos weggefallen. Von den neuen Verbänden und deren engen Kontakten zu westdeutschen Partnerverbänden erhoffte man sich Information und Beratung bezüglich der zu erwartenden Veränderungen einer marktwirtschaftlichen Umgestaltung. Dieses Bedürfnis und die zeitgleich erfolgenden massiven Hilfsangebote aus dem Westen zeitigten nach Darstellung eines ostdeutschen Interviewpart-

---

[152] Im Bereich der Chemieindustrie war auf Initiative ostdeutscher Kombinats- und Betriebsleiter der Großchemie ein zentraler ostdeutscher Verband (der CV/DDR) entstanden. Dieser kooperierte anfangs in erster Linie mit dem westdeutschen VCI, da der primäre Gründungsimpuls die Vertretung wirtschaftspolitischer Interessen gewesen war. Zugleich begriff man sich aber auch als sozialpolitische Interessenvertretung. Dass dann im Juni vom CV/DDR quasi als 'Ableger' ein gesonderter Arbeitgeberverband gegründet wurde (der AVC/DDR), geht zum einen auf diesbezügliche Initiativen der westdeutschen Chemie-Tarifparteien zurück, zum anderen darauf, dass die Unterschiedlichkeit der Organisationsstrukturen in Ost- und Westdeutschland sich in den Augen der ostdeutschen Verbandsvertreter als Kooperationshindernis erwies. Dies schilderte ein Interviewpartner des ostdeutschen Chemie-Arbeitgeberverbandes im Rückblick: „Und dann haben die [Funktionäre des CV/DDR] gemerkt, das sind doch nicht so die richtigen Leute da, die in den Gremien sind. Damals hat man ja viel auch mit den Kontakten im Westen gemacht und dann war das auch der falsche Verband in Frankfurt, der VCI meine ich, und so kam das dann, dass im Juni 1990 auch hier [in Ostdeutschland] der Arbeitgeberverband gegründet worden ist." (AGV-C 1) (vgl. Gilles/Hertle 1993:228ff., Artus 1996a:31ff.).

ners aus der Bauindustrie in verschiedenen Regionen weitgehend unkoordiniert ähnliche Ergebnisse:

> „Nach der Wende, orientierungslos, wurde unter anderem die Frage Verbände aufgeworfen von den umherirrenden Bauunternehmen. Die wussten nicht, wo geht es hin. Die Kombinatsleitungen lösten sich auf, Bezirksbauamt war plötzlich leer und die Betriebe haben dann gefragt, was machen die denn im Westen. Und da kam vom Bayerischen Bauindustrieverband einer angefahren, hat uns ein bisschen was erzählt und da haben wir gesagt, dann machen wir auch einen Bauindustrieverband Südthüringen. Parallel dazu, unabgestimmt dazu, haben die das hier in Nordthüringen Erfurt auch so gemacht und die in Ostthüringen offenbar auch und am Ende hatten wir März, April 1990 drei Bauindustrieverbände gegründet." (AGV-B 3)

In dieser Schilderung kommt sehr klar zum Ausdruck, dass die erhebliche Attraktivität der neuen Verbände v.a. auf dem Wegfall zentraler realsozialistischer Steuerungsinstanzen und der notwendigen Umorientierung 'nach Westen' basierte. Ein anderer Interviewpartner äußerte die Einschätzung, dass anfangs gar die unrealistische Hoffnung bestand, die neuen Verbände könnten die weggefallenen staatlichen Koordinierungsleistungen in gewisser Weise ersetzen:

> „Das war das Missverständnis. (...) Ich äußere immer wieder den Verdacht, den ich nicht belegen kann, dass man möglicherweise glaubte, die Verbände würden mehr Funktionen der staatlichen Wirtschaftslenkung, -leitung übernehmen können. Ich glaube, einige der größeren Unternehmungen haben auch geglaubt, dass mit diesen Verbänden mehr anzufangen ist. (...) Inzwischen sind, glaub' ich, die ersten Gründer ernüchtert worden, die haben, glaub' ich, aber auch ein bisschen n' anderes Verständnis von den Verbänden gehabt in dem Sinne, dass die Verbände sozusagen Obrigkeit ersetzen würden." (AGV-B 2)

Solche Erwartungen erklären sich daraus, dass das Wissen über die Funktionsweise intermediärer Verbände zunächst nicht zum selbstverständlichen Handlungsrepertoire ostdeutscher Akteure gehörte.[153] So wurde die historisch geprägte Erwartungshaltung bezüglich einer gesamtgesellschaftlich angelegten, in erster Linie staatlich vermittelten 'Globalsteuerung' nach dem Zusammenbruch des SED-Regimes teilweise auf das neu entstehende Verbändesystem übertragen. Das Wissen um die Stärken sowie Beschränkungen des interessenpolitischen Handelns von Verbänden als Mitgliederorganisationen und - genereller - ihr Funktionieren in einer Gesellschaft mit ausgeprägter sozialer sowie funktionaler Differenzierung wurde erst durch einen jahrelangen und häufig von diversen Ent-Täuschungen begleiteten Prozess des täglichen Umgangs mit den neu etablierten Institutionen erlernt.

Insgesamt kann die ausgeprägte Organisationsneigung bei den ostdeutschen Betrieben also als Folge ihrer speziellen Situation zwischen hoher Orientierungsunsicherheit einerseits und dem ausgesprochen 'kostengünstigen' Angebot einer Organisierung in den als professionell und durchsetzungsfähig eingeschätzten Westverbänden andererseits interpretiert werden. Mit dem begrifflichen Instrumentarium des Ressourcenansatzes von Traxler (1993b) (vgl. Kap.I.2) kann dies als organisati-

---

[153] Wiesenthal u.a. (1992:2) stellen fest: „In keinem der ehemals realsozialistischen Staaten existierte ein Verbändesystem, das als Vermittler von gesellschaftlichen Interessen an den Staat oder auch nur als Korrektiv der von Partei und Regierung verfolgten Politikziele hätte wirken können. Vielmehr war das Politikmonopol der alleinregierenden Staatsparteien eine Ursache der ungewöhnlichen Inflexibilität und Ineffizienz des sozialistischen Institutionensystems."

onspolitisch geradezu ideale Ausnahmesituation begriffen werden. Während unter normalen Umständen ein hoher Organisationsbedarf i.d.R. mit einer geringen eigenen Ressourcenausstattung und insofern einer geringen Organisationsfähigkeit einhergeht, war das ostdeutsche Wendeszenario ein Sonderfall, da ein hoher Organisationsbedarf mit der Verfügbarkeit externer, nämlich westdeutscher Ressourcen einherging. Zudem wurde die Herausbildung des neuen Verbändesystems in der Folgezeit dadurch stabilisiert, dass die Treuhand alle Betriebe unter ihrer Verwaltung zur Organisierung in einem Arbeitgeberverband anhielt, - ein Akt, der eine Art 'staatlichen Organisationszwang' generierte. Unter diesen Bedingungen wuchs der Organisationsgrad der ostdeutschen Industrie in kürzester Zeit bis auf beinahe westdeutsches Niveau an.

> „Es ist erstaunlich schnell gelaufen und erstaunlich gut geglückt, weil man tatsächlich nach etwas suchte..." (AGV-B 2)

Ab September 1990 kam es zu einer sukzessiven Integration der neu gegründeten ostdeutschen Verbandsgliederungen in die westdeutschen Spitzenverbände. Bis Ende 1990 war damit der Aufbau bundesweit einheitlicher Arbeitgeberverbände weitgehend abgeschlossen. Die Art und Weise des Einigungsprozesses war branchenspezifisch unterschiedlich, - je nachdem, welche Organisationsstrukturen in Ostdeutschland bislang entstanden waren und welche Organisationsprinzipien in den Westverbänden favorisiert wurden:

> - Im Bereich der *Metall- und Elektroindustrie* bestanden von Anfang an fünf regionale Arbeitgeberverbände ohne ostdeutsche Spitzenorganisation. Die Regionalverbände traten im September 1990 Gesamtmetall bei. Nachdem die Regionalgliederungen Berlin und Brandenburg sowie Mecklenburg-Vorpommern und Schleswig-Holstein fusioniert haben, gibt es inzwischen nur noch drei 'rein ostdeutsche' Landesverbände bei Gesamtmetall, die eigenständig regionale Tarifverhandlungen führen: Thüringen, Sachsen-Anhalt und Sachsen.

> - Die fünf Landesverbände des „Verbandes der *Bauindustrie* der DDR" (VdB) traten Anfang Oktober 1990 dem Hauptverband der deutschen Bauindustrie bei. Der ostdeutsche Spitzenverband VdB löste sich zeitgleich auf. Die Hauptgeschäftsstelle des VdB in Berlin wurde in ein Vertretungsbüro des Hauptverbandes der deutschen Bauindustrie umgewandelt. Mit dem Beitritt der ostdeutschen Landesverbände zum Hauptverband erkannten diese die Satzung an, wonach der Hauptverband der zentrale Tarifpartner in der Bauindustrie ist. Somit ging im Herbst 1991 die tarifpolitische Verhandlungskompetenz für die ostdeutsche Bauindustrie weitgehend in westdeutsche Hände über.

> - Im Bereich der *Chemieindustrie* existierten zu keinem Zeitpunkt eigenständige Regionalgliederungen, sondern von Anfang an ein zentralisierter ostdeutscher Spitzenverband: der AVC/DDR. Erst relativ spät mit Wirkung zum 31.Mai 1991 wurde der AVC als 13. Mitgliedsverband in den Bundesarbeitgeberverband Chemie eingegliedert. Der „Arbeitgeberverband Chemie und verwandte Industrien Ost" hat sich über längere Zeit hinweg eine gewisse (auch finanzielle) Unabhängigkeit im Bundesverband erhalten und blieb zumindest formal eigenständige Tarifpartei für die neuen Bundesländer (vgl. Artus 1996a:31ff.). 1998 wurde der AVCO umstrukturiert. Es kam zu seiner Zusammenführung mit dem Berliner Arbeitgeberverband der Chemieindustrie.[154] Der teilweise erfolg-

---

[154] Der Umstrukturierung des Arbeitgeberverbandes gingen erhebliche Unstimmigkeiten zwischen dem AVCO und dem Berliner Arbeitgeberverband voraus, die darin gipfelten, dass der Berliner Verband dem AVCO das Verhandlungsmandat für Berlin entzog. Streitpunkt war u.a. das Vorhaben des AVCO, Ost- und Westdeutschland tariflich zu integrieren und komplett dem westdeutschen Manteltarif zu unterstellen (Interview GEW-C 6).

te organisatorische Neubeginn spiegelt sich auch darin wider, dass der Verband einen neuen Geschäftsführer sowie einen neuen Namen erhielt: Arbeitgeberverband Nordostchemie e.V (Nordostchemie 1998).

Generell konnte im Gefolge der Aufnahme der ostdeutschen Verbandsinitiativen in die Westverbände eine Zunahme, zumindest aber eine Verfestigung 'westdeutscher Dominanz' bei der Vertretung ostdeutscher Arbeitgeberinteressen beobachtet werden.[155] Obwohl es den westdeutschen FunktionärInnen an Kenntnissen über die betriebliche Realität in den ostdeutschen Betrieben mangelte, erschien dies doch zweitrangig angesichts der Tatsache, dass es den ostdeutschen FunktionärInnen an „Erfahrung sowohl in der eigenständigen Gestaltung von Tarifverträgen als auch im kontroversen Umgang" mit den Gewerkschaften mangelte (Arbeitgeberverband Gesamtmetall 1991:114).

Das erste Argument für die verbreitete Westdominanz in der Verbänden betraf also die tarifpolitische Sachkompetenz: Die Übernahme der tarifpolitischen Federführung durch westdeutsche ExpertInnen schien zunächst angebracht, da diese über einen wesentlich größeren Erfahrungsschatz im Umgang mit den institutionellen Regeln verfügten und insofern eine professionellere Verbandspolitik zu gewährleisten schienen.

Das zweite Argument hingegen zielt eher auf eingeübte realsozialistische Verhaltensmuster: Die westdeutschen VerbandsfunktionärInnen misstrauten anfangs vielfach der Fähigkeit und auch dem Willen der neuen ostdeutschen KollegInnen, eine klare Arbeitgeberposition bei der tarif- sowie wirtschaftspolitischen Interessenvertretung einzunehmen. Diese waren schließlich häufig lange Jahre an exponierten Stellen in einem realsozialistisch-planwirtschaftlichen System tätig gewesen und hatten alltäglich nicht nur mit SED-Parteiinstanzen, sondern auch mit gewerkschaftlichen VertreterInnen eng kooperiert. Ein Interviewpartner der Gewerkschaft IG Chemie erinnert sich diesbezüglich leicht amüsiert:

> „Zum Teil haben dann 1990 Leute mit uns [der IG Chemie] verhandelt auf der Arbeitgeberseite, die ich 1989 noch auf der Gewerkschaftsseite geschult habe (lacht). (...) Und da muss man natürlich auch sehen, in der DDR haben sich ja so ziemlich alle Funktionäre, alle Funktionsträger sehr sehr gut gekannt und geduzt und das spiegelte sich natürlich auch in den Tarifverhandlungen dann wider, dass sich alle, auch auf unserer Seite, die Betriebsräte, die aus den BGLs herauskamen, natürlich dann mit den Leuten auf der anderen Seite, zum Teil ja ebenfalls ehemalige BGLer, ja allesamt duzten und das war natürlich für westdeutsche Arbeitgeberverbandsvertreter schon etwas schwer." (GEW-C 1)

> „Einige ostdeutsche Manager haben anfangs noch die Meinung vertreten, dass wenn die Löhne steigen, auch ihr Gehalt steigt (lacht)." (GEW-C-1)

Angesichts des partiellen Fortwirkens realsozialistischer Handlungs- und Kooperationsmuster[156] schien also die Übernahme der tarifpolitischen Initiative durch west-

---

[155] Bis zum heutigen Datum finden sich häufig noch immer westdeutsche Geschäftsführer in den ostdeutschen Verbandsgliederungen und das hauptamtliche Personal besteht in der Regel aus einer Mischung von 'Ossis' und 'Wessis'.

[156] Die Schwierigkeit, mit der Ausdifferenzierung der Interessenlagen von Kapital und Arbeit umzugehen, fand sich nicht nur auf Seiten der Betriebsleiter, sondern ebenso bei den Belegschaftsvertretungen. So berichtete z.B. ein Funktionär des Arbeitgeberverbandes der Bauindustrie davon, dass sich auch Beleg-

deutsche Verbandsexperten nicht nur die Professionalität sowie die Passfähigkeit der Ergebnisse in Bezug auf das gesamt-deutsche Tarifsystem abzusichern, sondern auch die Wahrung von klaren Interessenpositionen. Dies änderte sich auch in der Folgezeit nur langsam, da insbesondere in den noch nicht privatisierten Betrieben die alten Kooperationsbeziehungen im Rahmen von 'Notgemeinschaftspakten' (Senghaas-Knobloch 1992) teilweise eine erhebliche Beharrungskraft besaßen.[157]

Wenn also zumindest in den Anfangsjahren die ostdeutsche Arbeitgeberverbandspolitik als 'von oben' sowie 'vom Westen' gesteuertes Stellvertreterhandeln gelten kann, so hat dies auch damit zu tun, dass zunächst kaum eine ostdeutsche verbandliche Basis aus selbständig agierenden Privatunternehmern existierte, die authentische ostdeutsche Arbeitgeberinteressen zum Ausdruck hätten bringen und insofern einen echten verbandsinternen Willensbildungsprozess hätten in Gang setzen können (vgl. hierzu auch Ettl/Wiesenthal 1994, Ettl 1995, Ettl/Heikenroth 1995). Im Zuge der weiteren Entwicklung wurde der Anteil von Treuhandbetrieben an den Verbandsmitgliedern zwar sukzessive geringer und mit dem Fortschreiten der Privatisierung war auch die Existenz 'echter' Kapitalinteressen in Ostdeutschland zunehmend gewährleistet, angesichts des zeitlichen Nebeneinanders unterschiedlichster Privatisierungsverläufe stellte sich jedoch nunmehr das Problem höchst divergenter betrieblicher Bedingungen und damit einer großen Interessenheterogenität an der verbandlichen Basis. Während insbesondere die 'Filetstücke' der ostdeutschen Wirtschaft früh privatisiert und von finanzstarken Westkonzernen strategisch reorganisiert worden waren, durchliefen viele andere Betriebe eine sehr wechselvolle Geschichte mit verschiedensten Sanierungs- und Privatisierungskonzepten. Bis heute bildet der Privatisierungsverlauf sowie die letztlich installierte Eigentümerstruktur ein wesentliches Kriterium für die Varianz betrieblicher Bedingungen. Diese unterscheiden sich wesentlich danach, ob ein Unternehmen von einem finanzstarken westdeutschen Eigentümer übernommen wurde, ob es zu einer 'ostdeutschen' MBO-Privatisierungsvariante mit oft knapper Kapitalausstattung kam, oder ob es sich gar um eine Neugründung 'auf der grünen Wiese' handelt[158]. Auch die kontinuierliche

---

schaftsvertreter anfänglich noch vertrauensvoll an seinen Verband wandten: „Zunächst 'mal war es in der Anfangsphase, da hatten beide Seiten es schwer, zunächst 'mal das Rollenspiel zu verstehen. Da riefen also Betriebsräte bei uns an und sagten, wir sollten ihrer Betriebsleitung mal ordentlich was überbraten und mal Bescheid sagen, das ginge doch so nicht, was da gemacht würde.(...) In der Anfangsphase waren weder die Verbände noch die Unternehmen rigoros, sondern da hatte man sich noch nicht so sehr getrennt. Das war noch ein bisschen mehr Gemengelage, Arbeitgeber und Arbeitnehmer." (AGV-B 2)

[157] In den Treuhandbetrieben war der Zwang zur Ausdifferenzierung widersprüchlicher Interessenlagen von Unternehmern und Belegschaft zunächst noch vermindert, da die Lohnkosten in vielen Fällen noch durch staatliche Transferzahlungen bezuschusst oder beglichen wurden. Zudem war die innerbetriebliche Konstellation oft durch eine Dominanz gemeinsamer Interessen von Belegschaft und Unternehmensleitung gekennzeichnet: Der Kampf um den Erhalt des Standortes überlagerte zuweilen alle anderen innerbetrieblichen Konfliktfelder und die Wahrnehmung der Treuhand als 'äußerer Feind' führte zu einer Hintanstellung interner Streitigkeiten (vgl. Artus u.a. 2000, Förster/Röbenack 1996, Röbenack 1996).

[158] Ettl (1995:45f) identifizierte entsprechend der Unternehmensform vor allem drei verschiedene „situativ bedingte Interessenlagen", die sich auch auf das Organisationsverhalten der Betriebe auswirke:

1. ehemalige Treuhandbetriebe, die einen potenten westdeutschen Investor gefunden haben oder als „Vorzeigemuster der Sanierungspolitik" noch immer vergleichsweise stark subventioniert werden; solche (meist

Abnahme der Betriebsgrößen und regelrechte 'Verkleinbetrieblichung' der ostdeutschen Wirtschaftsstruktur (vgl. z.B. Schmidt 1996, DIW 1997) führte dazu, dass die Unternehmenslandschaft insgesamt heterogener ist als in Westdeutschland. Dies erschwert die Vereinheitlichung der tarifpolitischen Interessenlagen ostdeutscher Unternehmen massiv (vgl. hierzu ausführlicher Kap.III.3.1).

Die Entstehungsgeschichte der ostdeutschen Arbeitgeberverbände ist also einerseits von einer ausgesprochen erfolgreichen ersten Phase des 'institutionellen settings' gekennzeichnet; andererseits traten schon bald in der stark von westdeutschen Politikkonzepten geprägten Verbandspraxis strukturelle Probleme im Verhältnis von Mitgliedern und Organisation auf. Die Übernahme wesentlicher tarifpolitischer Kompetenzen durch westdeutsche FunktionärInnen in der Anfangsphase war zwar zumeist auch von den Mitgliedern explizit gewollt, da deren Expertenwissen eine professionelle Verbandspolitik zu gewährleisten schien; angesichts einer zunächst mangelhaft interessenbewussten und später zunehmend heterogenen Mitgliederbasis war die verbandsinterne Interessenvermittlung jedoch von Anfang an ein prekärer Prozess, der insofern in vielen Fällen durch eine westdeutsch geprägtes Stellvertreterhandeln ersetzt wurde. Die mangelhafte Legitimierung der Verbandspolitik durch einen demokratischen Prozess der internen Willensbildung wurde den Arbeitgeberverbänden jedoch in dem Moment zum Verhängnis, als im Zuge der einsetzenden Transformationskrise spätestens ab 1992 die in der Nachwendezeit - unter westdeutscher Ägide - erfolgten tarifpolitischen Weichenstellungen zunehmend in die Kritik gerieten. Angesichts der dramatischen Krisensituation wurde die v.a. gesellschaftspolitisch motivierte Angleichungspolitik der Nachwendezeit (vgl. Kap.III.1.3.1) im Nachhinein als „Hochlohnpolitik" (Wiesenthal/Ettl 1994) kritisiert und als inadäquate Vertretungspolitik stigmatisiert. In dieser Situation leistete die westdeutsche Dominanz in den Verbänden teilweise sogar Argumentationen Vorschub, die im Stellvertreterhandeln der westdeutschen Verbandsfunktionäre eine besonders perfide Variante der Durchsetzung westdeutscher Kapitalinteressen erblickten. Zwar reagierten die Arbeitgeberverbände in der Folgezeit auf die massiven 'voice'- sowie manifesten 'exit'-Strategien ihrer Basis und es kam zu einer 'Tarifwende' in Ostdeutschland (vgl. Kap.III.1.3.2). Dies verhinderte jedoch nicht mehr, dass die Arbeitgeberverbände in der Folgezeit für viele, v.a. kleinere ostdeutsche Unternehmer mit dem Odium der Interessenvertretung für das 'westdeutsche Großkapital' behaftet blieben. Dieser Eindruck wurde auch dadurch gestärkt, dass der Einfluss spezifisch ostdeutscher Interessen auf die gesamtdeutsch angelegten Vertretungsstrategien der Spit-

---

größeren) Betriebe waren im Regelfall von Anfang an und sind noch immer Mitglied in einem Arbeitgeberverband.

2. mittelständische Unternehmen, die im Rahmen von Management-Buy-Out-Projekten entstanden, von westdeutschen Kleinunternehmern übernommen oder gegründet bzw. reprivatisiert wurden; solche kleinen und mittelgroßen Unternehmen sind nur in unterdurchschnittlichem Maße verbandlich organisiert.

3. neugegründete Betriebe, die durch Einsatz moderner Produktionstechnologie und avancierter Unternehmenskonzepte eine hohe Produktivität erreichen und eine gute Wettbewerbssituation haben; solche Betriebe sind ziemlich selten und in ihrem Organisationsverhalten ambivalent - sie scheinen „zwischen dem Status als Verbandsmitglied und Außenseiter opportunistisch zu wechseln" (Ettl 1995:46).

zenverbände angesichts der geringen ökonomischen Bedeutung der ostdeutschen Wirtschaft von Anfang an sehr begrenzt war und mit abnehmenden Mitgliederzahlen in Ostdeutschland weiter an Bedeutung verlor. Die spezifische Transformationsgeschichte ostdeutscher Arbeitgeberverbände gab insofern für manche ostdeutschen Unternehmer (v.a. in kleineren Betrieben mit prekären Verwertungsbedingungen) ausreichend Anlass, die Problematik konkurrenzieller Interessen im Organisationsbereich der Arbeitgeberverbände im Rahmen des populären Schemas eines 'ost-/westdeutschen' Interessengegensatzes zu reformulieren, - mit der Folge, dass auch den von den Arbeitgeberverbänden vereinbarten Tarifverträgen als 'westdeutsch geprägtem Regelwerk' nur eine verminderte Legitimität zuerkannt wird (vgl. hierzu genauer die empirischen Belege im Kap.III.3.3). Jedenfalls aber ist das Verhältnis zwischen Verband und betrieblicher Mitgliederklientel bis zum heutigen Datum ein heikleres als in Westdeutschland.

1.2.2 Die Etablierung der Gewerkschaften

Anders als im Bereich der Arbeitgeberverbände musste (oder konnte) der gewerkschaftliche Organisationsaufbau nicht 'bei Null' beginnen. Ein grundlegendes Problem der Gewerkschaften bestand vielmehr darin, wie mit dem 'realsozialistischen Erbe' des FDGB umzugehen sei.

In der unmittelbaren Wendezeit (Herbst/Winter 1989/1990) schien vorübergehend noch die Möglichkeit einer eigenständigen Reform der ostdeutschen Gewerkschaftsstrukturen zu existieren. Zwar fanden innerhalb des FDGBs erst vergleichsweise spät und nur auf massiven Druck der Basis hin Reformdiskussionen statt[159], im Zuge des außerordentlichen FDGB-Kongresses am 31.1./1.2.1990 wurde jedoch noch einmal der Versuch unternommen, durch autochthone Reformen einen Weg aus der Legitimationskrise zu finden. Hauptschwerpunkte des Kongresses waren erstens die föderalistische Neugliederung des Gewerkschaftsapparates und zweitens der Entwurf eines Gewerkschaftsgesetzes, das wesentliche Veränderungen im System

---

[159] Ein wesentlicher Faktor für den Beginn von Reformdiskussionen innerhalb des FDGBs war (neben dem immer offensichtlicher werdenden Zusammenbruch realsozialistischer Machtstrukturen) die Tatsache, dass immer mehr Mitglieder ihre Beiträge nicht mehr zahlten. Bis Ende 1989 hatten ca. 10% der FDGB-Mitglieder ihren Austritt erklärt. Etwa ein weiteres Drittel der Mitglieder zahlte die Mitgliedsbeiträge nicht mehr oder nur noch teilweise (vgl. Wilke/Müller 1991:58). Immer häufiger wurde zudem den gewerkschaftlichen FunktionärInnen auf Betriebsebene das Misstrauen der Belegschaften ausgesprochen.   Parallel entstanden verschiedene oppositionelle Gewerkschaftsgruppierungen: Bereits im Oktober 1989 gründeten Beschäftigte des VEB Geräte- und Reglerwerkes „Wilhelm Pieck" in Teltow die unabhängige Betriebsgewerkschaft „Reform" (vgl. Jander/Lutz 1993). Im November veröffentlichten MitarbeiterInnen und StudentInnen der Gewerkschaftshochschule „Fritz Heckert" ein Diskussionspapier, in dem sie der Frage nachgingen, wie eine Wende in der Gewerkschaftsarbeit aussehen könnte. Auf einer Protestdemonstration am 4. November 1989 forderte der Schriftsteller Heiner Müller ebenfalls zur Gründung unabhängiger Gewerkschaften auf und am 20. Dezember führte die „Initiative zur Gründung unabhängiger Gewerkschaften" (IUG) mit VertreterInnen aus 40 Betrieben eine Tagung durch, die dazu aufrief, nunmehr in möglichst vielen Betrieben Basisgruppen zu gründen, um so einige Monate später den Aufbau einer FDGB-unabhängigen Gewerkschaft zu ermöglichen. All diese Initiativen entfalteten aber kaum Breitenwirkung und verliefen letztlich im Sand.

industrieller Beziehungen der DDR vorsah. Die Dezentralisierung des FDGB und die Verlagerung zentraler Aufgabenbereiche sowie der Finanzhoheit auf die Einzelgewerkschaften bedeutete eine Angleichung der ostdeutschen Gewerkschaftslandschaft an die westdeutschen Verhältnisse[160]. Der Entwurf des Gewerkschaftsgesetzes war hingegen eher als Versuch zu werten, traditionelle Organisationsstrukturen der DDR zu bewahren und zugleich die Stellung der Gewerkschaften im realsozialistischen Institutionensystem zukünftig zu stärken. So sollten gewerkschaftliche Instanzen z.b. bei der staatlichen Gesetzgebung eine erweiterte Rolle spielen und es war die Einführung autonomer Tarifverhandlungen vorgesehen, im Rahmen derer die Gewerkschaften ein Streikrecht besitzen sollten (vgl. Pirker u.a. 1990, Wilke/Müller 1991). Obwohl in vielen Betrieben zu diesem Zeitpunkt über die Wiedereinführung der 1948 abgeschafften Betriebsräte diskutiert wurde, beharrte das Gewerkschaftsgesetz auf dem alleinigen Vertretungsrecht des FDGB in den Betrieben und implizierte insofern eine klare Absage an das westdeutsche duale Modell von Tarifautonomie und Betriebsverfassung (vgl. Gesetz über die Rechte der Gewerkschaften in der Deutschen Demokratischen Republik, in: Pirker u.a. 1990:157ff).[161] Die Absage an das vielerorts von der betrieblichen Basis favorisierte und teilweise bereits praktisch existierende Betriebsrätemodell war ein wesentlicher Grund, warum die Reformansätze des außerordentlichen FDGB-Kongresses von vielen Mitglieder als halbherzig, oder sogar als Verlängerung der alten Machtallianz zwischen Regierungspartei und Gewerkschaft gewertet wurden. Die Beschlüsse des Kongresses, die insgesamt eine Mischung aus reformorientierter Vergangenheitsbewältigung, pragmatischer Westorientierung und konservativer Machtabsicherung darstellten, reichten jedenfalls nicht aus, der massiven Diskreditierung des FDGB und seiner Einzelgewerkschaften an der Mitgliederbasis wirksam entgegenzutreten.

Mit der Volkskammerwahl vom 18.3.1990 reduzierte sich dann schlagartig der Möglichkeitshorizont für eigenständige ostdeutsche Reforminitiativen, - und damit auch die Haltung der westdeutschen Gewerkschaften zum ostdeutschen Reformgeschehen. Letztere hatten sich in der unmittelbaren Wendezeit v.a. durch „hilfloses Staunen" und „Irritation" ausgezeichnet (Westermann 1991). Etwa seit der Jahreswende 1989/90 begannen sie zumeist noch vorsichtig, mit den FDGB-Einzelgewerkschaften zu kooperieren. Bereits im März 1990, noch vor den Volkskammerwahlen verabschiedeten der DGB und die Bundesvereinigung der Deutschen Arbeitgeberverbände eine Erklärung, in der sie eine Übernahme des westdeutschen Systems der Tarifautonomie in den ostdeutschen Ländern favorisierten. Nach den

---

[160] Die Föderalisierung der Gewerkschaftsstruktur ist auch auf den Umstand zurückzuführen, dass die Delegierten mit der FDGB-Vergangenheit als zentralisiertem Kaderapparat abrechnen wollten. Durch die innerorganisatorische Machtdezentralisierung sollte die Gewerkschaftsspitze geschwächt und der Basis mehr Macht verliehen werden. Im Zuge der Abrechnung mit der Vergangenheit beschloss der Kongress auch die Entlassung von rund einem Drittel des hauptamtlichen FDGB-Personals (ca. 5500 Personen).

[161] Das Gewerkschaftsgesetz wurde am 6.3.1990, kurz vor den Volkskammerwahlen tatsächlich noch von der Volkskammer verabschiedet, nachdem der Kongress für den Fall einer Nicht-Verabschiedung des Gesetzes sogar mit einem Generalstreik gedroht hatte. Die politische Entwicklung nach den Volkskammerwahlen ließ das Gewerkschaftsgesetz jedoch innerhalb weniger Monate zu einem nur noch historisch interessanten Dokument werden

Volkskammerwahlen zeichnete sich dann jedoch immer deutlicher die komplette Übernahme des westdeutschen Arbeitsrechts sowie des dualen Systems von Tarifautonomie und Betriebsverfassung in Ostdeutschland ab. Angesichts der zeitlich rasanten Entwicklung in Richtung deutsch-deutsche Vereinigung ersetzten die DGB-Gewerkschaften daher ihre Politik der vorsichtigen sowie gleichberechtigten Kooperation durch eine klare 'Übernahmepolitik nach westdeutschen Bedingungen'. Mit einer „Doppelstrategie aus Überredungskunst und präventivem Druck" (Wilke/Müller 1991) intensivierten sie einerseits den Aufbau eigener Organisationsstrukturen auf ostdeutschem Gebiet (v.a. in der Form gewerkschaftlicher Beratungsbüros); andererseits verstärkten die meisten DGB-Einzelgewerkschaften[162] den Kontakt zu den jeweiligen FDGB-Parallelorganisationen mit dem Ziel, diese von der Notwendigkeit ihrer Selbstauflösung zu überzeugen, um den Weg zu einer reibungslosen Übernahme bzw. Neugestaltung der Gewerkschaftslandschaft in Ostdeutschland freizumachen.[163] Gleichsam als Gegenleistung wurde (zumindest Teilen der) ostdeutschen FunktionärInnen gewöhnlich die Möglichkeit einer Übernahme in die Dienste der Westgewerkschaften in Aussicht gestellt. Den westdeutschen Vorstellungen hatten die ostdeutschen Einzelgewerkschaften zu diesem Zeitpunkt bereits nur mehr wenig entgegenzusetzen - zu groß war die interne Verunsicherung, zu unausweichlich schien die politische Entwicklung, zu irreal wirkte der Versuch eigenständiger alternativer Reformbemühungen.[164] Der entscheidende Anpassungsdruck ging jedoch

---

[162] Ausnahmen waren insbesondere die ÖTV und die Gewerkschaft der Polizei, da sie in der DDR über kein bzw. über ein erst im Zuge der Wende neu entstandenes Pendant verfügten. Beide Gewerkschaften waren daher zu einem grundlegenden organisatorischen Neuaufbau gezwungen. Daneben bildet auch die GEW insofern eine Ausnahme als sie stärker mit Reformgruppierungen innerhalb der ostdeutschen Gewerkschaft Unterricht und Erziehung kooperierte als mit der offiziellen Gewerkschaftsspitze. Die IG Metall schließlich unterscheidet sich von den übrigen Gewerkschaften dadurch, dass sie vergleichsweise länger und enger als andere Gewerkschaften mit ihrem ostdeutschen Pendant kooperierte, - um sich in der Folgezeit dann umso entschiedener von der IG Metall-Ost zu distanzieren. Zum Einigungsprozess der Einzelgewerkschaften vgl. die differenzierten Darstellungen von Wilke/Müller 1991, Fichter/Kurbjuhn 1993 sowie als Überblick Schmitz/Tiemann 1992, Artus 1996b.

[163] Mehrere Gründe sprachen aus Sicht der Westgewerkschaften im Frühjahr 1990 dafür, die 'Gewerkschaftseinheit' nicht durch einen Zusammenschluss mit den jeweiligen FDGB-Parallelorganisationen, sondern durch den formellen Neuaufbau gewerkschaftlicher Strukturen in Ostdeutschland herbeizuführen. Angesichts der anhaltenden Legitimationskrise der Ostgewerkschaften, die in ihrem Ausmaß von den DGB-Organisationen anfangs unterschätzt worden war, schien ein radikaler Schnitt mit der Vergangenheit nötig, um den Eindruck zu vermeiden, man strebe die Nachfolge des FDGB an. Nur eine klare Abgrenzung versprach den Mitgliederschwund der Gewerkschaften in Ostdeutschland zu bremsen und das Entstehen eines längerfristigen 'Lecks' im Interessenvertretungssystem zu verhindern. Ein weiteres wichtiges Motiv waren auch finanzielle Erwägungen. Die höchst personalintensive Ausstattung der Ostgewerkschaften schien massive Einschnitte in den ostdeutschen Bezirken notwendig zu machen. Nicht nur die schiere Personalreduktion, sondern auch die Personalselektion nach qualifikatorischen sowie politischen Kriterien waren im Zuge eines Neuaufbaus der Organisationsstrukturen leichter durchzuführen als im Falle einer - gleichberechtigten Fusion mit den ostdeutschen Einzelgewerkschaften.

[164] Etwas selbstbewusster agierten lediglich solche Gewerkschaften, die bereits früh entschiedene Reformanstrengungen unternommen hatten und insofern über eine höhere Glaubwürdigkeit gegenüber den eigenen Mitgliedern verfügten. So war beispielsweise der Einigungsprozess zwischen der IG Medien und der ostdeutschen Gewerkschaft für Kunst, Kultur und Medien von einigen Spannungen und Auseinandersetzungen begleitet. Die IG KKM war auf ihre seit der Wende „geleistete Reformarbeit stolz und viele ihrer Mitglieder sahen zunächst keinen Grund dafür, die vollzogene Wende in der Organisation preiszugeben und sich dem

letztlich von den ostdeutschen Gewerkschaftsmitgliedern aus, die 'mit den Füßen' über die Zukunft der Gewerkschaften in Ostdeutschland 'abstimmten'. So wurden die neu etablierten Beratungsbüros der Westgewerkschaften von den ostdeutschen Beschäftigten in geradezu begeisterter Weise angenommen; die DGB-Gewerkschaften genossen einen erheblichen Vertrauensvorschuss und verfügten schnell über ein wesentlich höheres Ansehen in den Betrieben als die FDGB-Organisationen. Insofern blieb den ostdeutschen Gewerkschaften kaum eine andere Möglichkeit, als mit den westdeutschen Pendants zu kooperieren und die Weichen organisationsintern auf Anschluss an den DGB zu stellen.

Formal verlief die organisatorische Umstrukturierung im Zuge der Gewerkschaftsvereinigung nach einem relativ einheitlichen Muster: Nachdem sie in vielen Fällen zunächst noch ihre Organisationsstrukturen 'passfähig' für die westdeutsche Gewerkschaftslandschaft gestaltet hatten[165], lösten die Ostgewerkschaften etwa ab September/Oktober 1990 ihre Organisationen auf. Gleichzeitig legten sie ihren Mitgliedern in der Regel nachdrücklich ans Herz, nunmehr den DGB-Gewerkschaften beizutreten. Meist im Folgemonat beschlossen die entsprechenden Westgewerkschaften eine Satzungsänderung, wonach sie ihren Organisationsbereich offiziell auf das Gebiet der ehemaligen DDR ausweiteten. Das Jahr 1991 war vom flächendeckenden Neuaufbau der regionalen und bezirklichen Organisationsstrukturen geprägt. Die Bezirkseinteilung, die Festlegung von Zahl und Standorten der Verwaltungsstellen, die Wahl bzw. Ernennung der GewerkschaftssekretärInnen sowie das Schaffen funktionsfähiger Arbeits- und Interessenvertretungsstrukturen in den Bezirken, Verwaltungsstellen und Betrieben waren Aufgaben, die die gewerkschaftlichen Kapazitäten vorübergehend massiv beanspruchten.

Auch im gewerkschaftlichen Bereich schlug sich der vom Westen dominierte Einigungsprozess dahingehend nieder, dass die ostdeutschen Mitglieder im gewerkschaftlichen Funktionärskörper unterrepräsentiert sind.[166] Voraussetzung für eine

---

westdeutschen Partner unterzuordnen" (Fichter/Kurbjuhn 1993:14). Konflikte zwischen der IG KKM und der IG Medien gab es angesichts der Tatsache, dass alle neu eingestellten FunktionärInnen eine Ehrenerklärung unterschreiben sollten, wonach sie zu keinem Zeitpunkt wissentlich für das Ministerium für Staatssicherheit tätig gewesen seien. Die nach der Wende neu gewählte Vorsitzende der IG KKM Ruth Martin plädierte zudem für eine Nicht-Auflösung der Gewerkschaft bis die genauen Modi der Gewerkschafts(neu)gründung bzw. der Fusion bekannt seien. Letztlich musste sich jedoch auch die IG KKM den Vorstellungen des westdeutschen Pendants weitgehend fügen.

[165] So spaltete sich die Gewerkschaft Handel, Nahrung, Genuss ab dem 1.7.90 in die HBV/DDR und die NGG/DDR auf. Die Gewerkschaft Transport und Nachrichtenwesen wandelte sich in die IG Transport, die Gewerkschaft der Eisenbahner und die deutsche Postgewerkschaft.

[166] Nach den Zahlenangaben von Fichter/Kurbjuhn (1993:55ff.) lag der Anteil von Ostdeutschen in den Hauptvorständen bzw. Vorständen der Einzelgewerkschaften sowie in den Gewerkschaftsausschüssen bzw. Beiräten auf Bundesebene i.d.R. unter dem Anteil der ostdeutschen Mitglieder an der Gesamtmitgliedschaft. Bei der Besetzung von Leitungspositionen in den ostdeutschen Bezirken und Verwaltungsstellen waren unterschiedliche Personalstrategien der Einzelgewerkschaften zu beobachten: Während z.B. die IG Bau und die IG Chemie im Rahmen ihrer weitgehend kooperativen Übernahmestrategie viele Posten auf regionaler Ebene mit ehemaligen FDGB-FunktionärInnen besetzten, war der 'Schnitt mit der Vergangenheit' bei der IG Metall vergleichsweise ausgeprägter. Mit nur einer Ausnahme standen westdeutsche FunktionärInnen an der Spitze der neu gebildeten Verwaltungsstellen. Unter den 2.Bevollmächtigten und den übrigen politischen administrativen Kräften dominierten zwar Personen ostdeutscher Herkunft, - allerdings waren ehemalige

Weiterbeschäftigung ehemaliger FDGB-Kader war in jedem Fall die Abgabe einer 'Ehrenerklärung', wonach der Betreffende zu keiner Zeit in Diensten der Stasi stand und meist die Bestätigung der KandidatInnen durch die Delegierten, d.h. ehemalige FDGB-FunktionärInnen konnten sich häufig nur auf Wahlämter bewerben. In leitenden Funktionen wurden jedoch gerade zu Beginn häufig westdeutsche FunktionärInnen eingesetzt, die teilweise zeitlich befristet, teilweise auch kontinuierlich als Hauptamtliche einen professionellen und mit Westdeutschland vergleichbaren Organisationsaufbau garantieren sollten.

Die - sowohl westdeutschen wie ostdeutschen - FunktionärInnen 'der ersten Stunde' leisteten in der Folgezeit eine wichtige, und in vielen Fällen ausgesprochen erfolgreiche Pionierarbeit, denn die ersten Jahre der gewerkschaftlichen Aktivität in den neuen Bundesländern besaßen in vielerlei Hinsicht Ausnahmecharakter. Durch die Übertragung der Arbeitsrechtsordnung der Bundesrepublik auf die neuen Länder fielen den Gewerkschaften zunächst umfassende Schulungs- und Rechtsberatungsaufgaben zu. Zum einen wurde der gewerkschaftliche Rechtsschutz durch die bald einsetzenden Massenentlassungen massiv beansprucht; zum anderen galt es über eine formale Installation gewerkschaftlicher und betriebsrätlicher Strukturen hinaus, weitgehend unerfahrene und mit den rechtlichen Grundlagen unvertraute Akteure in der alltäglichen Praxis anzuleiten. Auch wenn bis heute noch immer Defizite in der Anwendung des Arbeits- und Betriebsverfassungsgesetzes in den neuen Bundesländern existieren, so haben die Gewerkschaften bei der Angleichung der institutionellen und rechtlichen Normen in Ostdeutschland jedenfalls einen beträchtlichen Beitrag geleistet. Zudem gelang es ihnen teilweise auch, eine den besonderen ostdeutschen Bedingungen angemessene Vertretungspolitik zu entwickeln, indem sie sich für den Aufbau der kommunalen Infrastruktur engagierten, bei der Entwicklung regionaler Strukturförderungsprogramme mitwirkten, Konzepte für arbeitsmarktpolitische 'Auffangmaßnahmen' (v.a. Beschäftigungs- und Qualifizierungsgesellschaften) entwickelten und sich in einzelnen Branchen intensiv für eine ostdeutsche Industriepolitik engagierten (vgl. Behrens 1995). Inzwischen haben manche der in Ostdeutschland entwickelten gewerkschaftlichen Ansätze im Bereich regionaler Struktur- und Arbeitsmarktpolitik Vorbildcharakter für das gewerkschaftliche Engagement in westdeutschen Krisenregionen erhalten.

Bezogen auf die Mitgliederzahlen und den Organisationsgrad der Beschäftigten war die Herstellung der Gewerkschaftseinheit zweifellos ein erheblicher Gewinn für die DGB-Gewerkschaften. Während die Zahl der DGB-Mitglieder von Ende 1989 bis Ende 1991 um fast 3 Millionen zunahm, profitierten andere Gewerkschaften, wie z.B. die DAG und der DBB, mit zusammen ca. 250.000 neuen Mitgliedern deutlich weniger vom Vereinigungsprozess. Allein der IG Metall - schon vor der Wende größte Einzelgewerkschaft der Welt - traten nach dem 1.1.91 noch einmal über 1 Million Erwerbsabhängige aus den neuen Bundesländern bei. Zumindest in den ersten Jahren nach der Vereinigung lag der gewerkschaftliche Organisationsgrad mit 49,9 % (1991) bzw. 43,5 % (1993) deutlich über dem in Westdeutschland von 30,8 % bzw. 30,3 % (vgl. Dorsch 1996). Positiv wurde zudem immer wieder vermerkt,

---

FDGB-Kader unter diesen in der Minderheit (Schroeder 1996a:27, Anm.8).

dass sich unter den hinzugewonnenen ostdeutschen Mitgliedern zunächst nahezu gleich viele Männer und Frauen[167], gleich viele ArbeiterInnen und Angestellte befanden, was die auf qualifizierte männliche Facharbeiter zentrierte Mitgliederstruktur der DGB-Gewerkschaften sowohl zu feminisieren als auch zu modernisieren versprach.

Während also der Prozess der Mitgliedergewinnung oder besser der Mitgliederübernahme sowie des institutionellen Neuaufbaus für die DGB-Gewerkschaften ausgesprochen erfolgreich verlief, stellte sich die längerfristige Mitgliederbindung und die Herstellung einer nicht nur formalen 'Gewerkschaftseinheit' schnell als wesentlich problematischer heraus. Dies hatte letztendlich ähnliche Gründe wie auch im Bereich der Arbeitgeberverbände, - nämlich erstens Ent-Täuschungsprozesse auf Seiten der Mitglieder bezüglich der Leistungsfähigkeit intermediärer Verbände und zweitens das Aufbrechen innerorganisatorischer Interessenwidersprüche unter dem Problemdruck zunehmender Deindustrialisierung und Massenarbeitslosigkeit:

Die DGB-Gewerkschaften sahen sich anfänglich in Ostdeutschland einem grossen Vertrauensvorschuss, aber auch hohen Erwartungen ihrer neuen Mitglieder gegenüber. Erstens übertrugen viele Beschäftigte ihre gewohnten Erwartungen bezüglich umfangreicher gewerkschaftlicher Dienstleistungen und einer Art sozialer Rundumabsicherung, wie man das beim FDGB gewohnt war, zunächst auf das neue Gewerkschaftssystem, - und machten schnell die Erfahrung, dass diesen Erwartungen nicht entsprochen wurde. Zum anderen gingen die Erwartungen der neuen Mitglieder jedoch auch weit über die gewohnten FDGB-Standards hinaus: Man sah die westdeutschen Gewerkschaften als „große deutsche Lohnmaschine" (Lutz 1993:28) und hatte daher teils illusionäre Hoffnungen auf eine machtvolle und durchsetzungsstarke Vertretung ostdeutscher Beschäftigteninteressen, nicht nur bezüglich einer schnellen Angleichung der Lohn- und Arbeitsbedingungen an das Westniveau, sondern auch in Bezug auf den Schutz vor Rationalisierung und Arbeitsplatzabbau. Während die gewerkschaftlichen Durchsetzungsmöglichkeiten beim Thema Beschäftigungssicherung ohnehin vergleichsweise restringiert sind, schien jedoch gerade in Ostdeutschland auch die tarifpolitische Vertretungsmacht der Gewerkschaften eher beschränkt - angesichts der schnell steigenden Arbeitslosenzahlen, der geringen Wirksamkeit von Streikaktivitäten in nicht rentabel arbeitenden Betrieben, aber auch des Fehlens kollektiver Arbeitskampftraditionen. Zwar hatten sich viele Belegschaften im Zuge der Wendeunruhen als mobilisierbare und aktiv handelnde Kollektive erwiesen (vgl. als Überblick Röbenack 1996), zugleich wurde den neuen Mitgliedern jedoch auch ein Defizit an (west-)gewerkschaftlicher Organisationskultur attestiert (vgl. z.B. Mahnkopf 1992). Die Gewerkschaften konnten sich ihrer Mobilisierungs- und Verpflichtungsfähigkeit im Rahmen von Tarifauseinandersetzungen jedenfalls kaum sicher sein.

So wurden die Erwartungen der neuen ostdeutschen Mitglieder an die westdeutschen Gewerkschaften in den ersten Jahren nach der Einheit oft grundlegend ent-

---

[167] Die erste gesamtdeutsche Mitgliederstatistik Ende Dezember 1991 wies infolgedessen einen von ca. 24 % auf 33% angestiegenen Frauenanteil aus. 1994 lag der Anteil von weiblichen Mitgliedern in westdeutschen Landesbezirken bei 25,2 %in den ostdeutschen Bezirken bei 47,4 % (vgl. Löhrlein 1995).

täuscht und viele ostdeutsche Beschäftigte entschieden sich, die Gewerkschaften wieder zu verlassen, - insbesondere dann, wenn sie angesichts des Verlusts ihres Arbeitsplatzes knapper mit ihren materiellen Ressourcen haushalten mussten. Inzwischen hat sich der Organisationsgrad in West- und Ostdeutschland weitgehend angeglichen.[168] Nicht angeglichen hat sich jedoch die gewerkschaftliche Organisationskultur in Ost- und Westdeutschland. Die magere Beteiligung an gewerkschaftlichen Demonstrationen und Großveranstaltungen, das geringe Interesse an Bildungsangeboten und die massiven Schwierigkeiten bei der Rekrutierung ehrenamtlicher FunktionärInnen sind einige Anhaltspunkte dafür, dass das gewerkschafliche 'Organisationsleben' im Osten Deutschlands noch immer weitgehend defizitär ist und relativ 'fern der Basis' stattfindet. Gründe dafür sind neben der Persistenz eines realsozialistischen Gewerkschaftsverständnisses wohl auch die weitverbreitete Desillusionierung sowie die Furcht, durch gewerkschaftliches Engagement den Arbeitsplatz zu gefährden. Teilweise werden die Gewerkschaften jedoch - zumindest als bundesweite Organisationen - aber auch noch immer als primär westdeutsch geprägte Verbände empfunden, in denen sich die ostdeutschen Mitglieder nur bedingt 'zu Hause' und von denen sie sich nur bedingt vertreten fühlen. Bestärkt wurde dieses Gefühl zweifellos durch diverse, öffentlich stark diskutierte Vorfälle, in denen der Prozess der Vereinheitlichung teils deutlich differenter bzw. widersprüchlicher Interessenlagen von ost- und westdeutschen Mitgliedern für viele Ostdeutsche nicht in glaubwürdig 'fairer' Weise erfolgte. Weder die mangelnde gewerkschaftliche Unterstützung der ostdeutschen Basis im Konflikt um die ostdeutschen Braunkohlestandorte sowie die Kaligrube Bischofferode (vgl. Müller 1995), noch die kompromisslose Haltung der westdeutschen Gewerkschaften gegenüber der ostdeutschen Betriebsrätebewegung oder der sogenannte 'Steinkühler-Skandal' - um nur einige Beispiele zu nennen - dürften dazu angetan gewesen sein, das Vertrauen der ostdeutschen Beschäftigten in die überwiegend westdeutschen Gewerkschaftsführungen zu stärken. Vor allem aber die in vielen Branchen erfolgte Vertagung der vollen Angleichung von Ost- und Westentgelten auf einen ungewissen Zeitpunkt in der Zukunft (vgl. Kap.III.1.3.2.1) bestärkte viele Beschäftigte in dem Gefühl, nicht nur 'Bürger', sondern auch 'Gewerkschaftsmitglieder zweiter Klasse' zu sein (zu den Spezifika des ostdeutschen Gewerkschaftsbewusstseins vgl. ausführlich die empirische Analyse im Kap.III.3.4)

Trotz Desillusionierung, mangelhafter kultureller Verankerung und dem verbreteten Argwohn, dass ostdeutsche Interessen in den DGB-Gewerkschaften noch

---

[168] Überproportional starke Mitgliederverluste mussten die Gewerkschaften bei den weiblichen Beschäftigten in den ersten Jahren nach der 'Gewerkschaftseinheit' hinnehmen (vgl. Löhrlein 1995). Altvater/Mahnkopf (1993:206) bewerten diese Mitgliederverluste als „Quittung dafür, dass die Vernichtung von sogenannten 'Frauenarbeitsplätzen' (in der Textil- und Bekleidungsindustrie z.B.) im Gegensatz zum Abbau von 'Männerarbeitsplätzen' (etwa in der Stahl- und Schiffsbauindustrie) ohne größere gewerkschaftliche Proteste verlaufen ist; dass es keine gewerkschaftliche Initiativen für den Erhalt von sozialen Einrichtungen (v.a. der betriebsnahen Kinderbetreuung) gab; dass ostdeutsche Frauen nicht zuletzt auf Druck betrieblicher Interessenvertreter in dequalifizierende Umschulungsmaßnahmen und in instabile Beschäftigungsverhältnisse abgedrängt wurden; und dass ein „real-patriarchalisches Krisenmanagement" von ostdeutschen Unternehmensleitungen und Betriebsräten dafür gesorgt hat, noch-beschäftigte Frauen sowohl im Arbeiter- wie im Angestelltenbereich in die unteren Tarifgruppen zu verschieben".

immer unterrepräsentiert seien, setzte in den neuen Bundesländern bislang keine großflächige Austrittsbewegung aus den Gewerkschaften ein. Grund dafür dürfte wohl die Tatsache sein, dass angesichts der fortbestehenden Zukunftsunsicherheit vieler ostdeutscher Beschäftigter die Schutzfunktion der Gewerkschaften nach wie vor eine zentrale Bedeutung besitzt, zu der es kaum Alternativen gibt. Dieser Zustand sollte jedoch nicht als 'stabile Situation' Gewerkschaften in Ostdeutschland missinterpretiert werden: Die fortschreitende Deindustrialisierung hat sich inzwischen spürbar auf das Budget der ostdeutschen Gewerkschaftsgliederungen ausgewirkt. Da ein weitaus höherer Prozentsatz der Mitglieder als im Westen arbeitslos oder (oft früh-)verrentet ist und insofern nur reduzierte Beitragszahlungen leistet, gerieten viele regionale Gewerkschaftsgliederungen in Finanzierungsschwierigkeiten. Diese waren ein wesentlicher Grund für diverse Organisationsreformen, im Zuge derer u.a. regionale Organisationsgliederungen zusammengelegt und hauptamtliches Personal abgebaut wurde (vgl. Kap.III.4.1). Auch wenn versucht wurde, dies durch eine verbesserte Arbeitsorganisation zu kompensieren, muss dennoch von einer abnehmenden Präsenz gewerkschaftlicher Organisationsstrukturen 'in der ostdeutschen Fläche' ausgegangen werden. Diese Verminderung gewerkschaftlicher Betreuungskapazitäten erscheint jedoch ausgesprochen bedenklich angesichts der Tatsache, dass die kulturelle Verankerung der Gewerkschaften bei den ostdeutschen Beschäftigten nach wie vor geringer ist als im Westen, der Problemdruck zugleich nach wie vor ausgesprochen hoch und die Betriebsbetreuung angesichts des Fehlens ehrenamtlicher Funktionäre sowie kleinerer Betriebsgrößen erheblich komplizierter und zeitaufwendiger.

1.3 Die Entwicklung der Tarifpolitik in Ostdeutschland: Von der Tarifangleichung zur Persistenz der Besonderheit

Betrachtet man die inzwischen zehnjährige Tarifgeschichte in Ostdeutschland, so lassen sich grob folgende Phasen unterscheiden: Die anfänglich stark konsensuale Tarifpolitik 'im Zeichen der Einheit' mit der von allen Akteuren geteilten Zielstellung einer schnellen Angleichung west- und ostdeutscher Lebens- und Arbeitsbedingungen (Kap.1.3.1), wich relativ schnell einem stärker konfliktgeprägten Szenario. Angesichts der sich zuspitzenden wirtschaftlichen Transformationskrise konnten die Arbeitgeberverbände ab 1992/93 eine sukzessive Abkehr vom Kurs der Tarifangleichung durchsetzen, - ein Prozess, der von erheblichen Auseinandersetzungen und Distanzierungsprozessen zwischen den Tarifparteien begleitet war (Kap.1.3.2). In der Folgezeit kam es zu einer partiellen Neubestimmung der ostdeutschen Tarifpolitik. Der tarifliche Angleichungsprozess verlangsamte sich deutlich (Kap.1.3.2.1) und es wurden neue Tarifinstrumente geschaffen, die verstärkt betriebliche Abweichungen vom flächentariflichen Niveau ermöglichten (Kap.1.3.2.2). Die folgende Darstellung hat den Anspruch, allgemeine Entwicklungstendenzen zu skizzieren. Ein Schwerpunkt liegt jedoch auf der Darstellung der Tarifentwicklung in der Metall-, Bau- und Chemieindustrie, die das empirische Forschungsfeld der vorliegenden Untersuchung darstellen.

1.3.1 Tarifpolitik im Zeichen der Einheit

Nachdem am 1.Juli 1990 im Zuge der Wirtschafts-, Währungs- und Sozialunion das westdeutsche Modell der Tarifautonomie offiziell auf das Gebiet der ehemaligen DDR übertragen worden war[169], waren die ersten Tarifverhandlungen in starkem Maße von Konsensstimmung und einer gewissen Vereinigungseuphorie geprägt, oder (wie es die BDA im Jahresrückblick formulierte) von „der Suche nach dem gemeinsamen Grundkonsens in der deutschlandpolitischen Entwicklung" (BDA 1991). Die zunächst fast ausschließlich westdeutschen ExpertInnen, die im Auftrag der ostdeutschen Verbände verhandelten, einigten sich meist ohne große Diskussionen auf zunächst sehr kurzfristige Abkommen mit einer Laufzeit von nur wenigen Monaten. Die wirtschaftliche Entwicklung schien höchst unberechenbar, beide Seiten waren zudem noch mit dem Aufbau der Verbände beschäftigt. Regelungen zum Rationalisierungsschutz, erste deutliche Lohnerhöhungen zur Kompensation der neuen finanziellen Belastungen sowie in vielen Bereichen erste Maßnahmen der Arbeitszeitverkürzung bildeten eine Art 'tarifpolitisches Sofortprogramm' (Bispinck/WSI-Tarifarchiv 1991). Die grundlegende tarifpolitische Zielstellung war jedoch unumstritten die schnelle und komplette Angleichung der ostdeutschen Lebens-, Arbeits- und damit der Tarifbedingungen an das westdeutsche Vorbild. Dieses Ziel entsprach gleichermaßen der diesbezüglich ausgeprägten Erwartungshaltung der ostdeutschen Bevölkerung wie den Interessen der westdeutschen Mitglieder von Gewerkschaften und Arbeitgeberverbänden an bundesweit einheitlichen Verhältnissen (vgl. zum folgenden Bialas 1994, Ettl/Wiesenthal 1994, Artus 1996c). Mit der Angleichung der Tarifbedingungen sollte einer befürchteten massenhaften innerdeutsche Wanderungsbewegung von Arbeitskräften entgegengewirkt und ein Druck auf die westdeutschen Tarifstandards durch 'billigere' ostdeutsche Regelungen sowie eine ostdeutsche 'Niedriglohnkonkurrenz' für die westdeutschen Unternehmen verhindert werden. Der Verzicht auf ostdeutsche Sonderregelungen und die Übernahme westdeutscher Standards versprach zudem Orientierungssicherheit in ohnehin bereits turbulenten Verhältnissen. Die schnelle Angleichung der Lebens- und Arbeitsbedingungen war nicht zuletzt auch eine klare Vorgabe der Bundesregierung an die Tarifparteien, die diesbezüglich gegenüber der ostdeutschen Bevölkerung im Wort stand. Dieses Versprechen war ein wichtiger Katalysator für die deutsche Vereinigung sowie zentrales Wahlmotiv vieler Ostdeutscher für die konservative Bundesregierung Kohl gewesen (vgl. Korger 1996, Roth 1996). Die Tarifparteien

---

[169] Vor der Übertragung des westdeutschen Institutionensystems nach Ostdeutschland existierte für einen ausgesprochen kurzen Zeitraum eine unabhängige ostdeutsche Tarifpolitik. Seit der Jahreswende 1989/90 bis etwa Mai 1990 hatten diverse ostdeutsche Einzelgewerkschaften erstmals in der Geschichte der DDR autonome Tarifverhandlungen mit den zuständigen Ministerien oder auch schon mit Vertretern der neu gegründeten Arbeitgeberverbände geführt. Die meisten der ausgehandelten Tarifvereinbarungen erhielten jedoch nie rechtliche Gültigkeit, da die rasante zeitliche Entwicklung der dafür notwendigen Registrierung beim Arbeitsministerium der DDR zuvorkam. Als ab Juni/Juli 1990 dann die westdeutschen Tariffunktionärinnen das Geschehen in die Hand nahmen, distanzierten sich i.d.R. beide Tarifparteien umgehend von den einschlägigen Abkommen. Diese beinhalteten meist umfassende Rationalisierungsschutzmaßnahmen, welche der anstehenden Wirtschaftstransformation als nicht angemessen bewertet wurden.

waren daher in dieser Frage keineswegs autonom, sondern mit einer massiven gesellschaftlichen sowie politischen Erwartungshaltung konfrontiert. Angesichts der
Mobilisierung weiter Teile der ostdeutschen Bevölkerung im Zuge der 'Wende' hätte
eine Enttäuschung dieser Erwartungshaltung ein erhebliches soziales Konfliktpoten-
tial beinhaltet. Und schließlich erschien die schnelle Angleichung zunächst auch
wirtschaftlich noch vielen machbar (vgl. Berger 1995:102ff., Schmidt, R.
1996:230f., Wiesenthal 1995). Optimistische Zukunftsprognosen von einem 'zweiten
deutschen Wirtschaftswunder' waren - trotz früher Warnungen von Wirtschaftsex-
pertInnen - in der ersten Zeit nach der deutschen Vereinigung noch weit verbreitet.
Der Zusammenbruch des ostdeutschen Marktes war noch kaum absehbar und die
Auftragsbücher der ostdeutschen Betriebe noch voll. Die Produktivitätsrückstände
der ostdeutschen Industrie wurden vielfach unterschätzt und selbst diesbezüglich
kritischere BeobachterInnen vertrauten darauf, dass die Bundesregierung sowie das
westdeutsche Kapital den Willen und die Fähigkeit besitzen würden, gemeinsam in
relativ kurzer Zeit den neuen Standort Ostdeutschland durch eine Anschubfinanzie-
rung 'fit zu machen für den Markt.'

Ohne größere Diskussionen kam es daher in den Tarifverhandlungen ab Herbst
1990 zu Vereinbarungen, die eine vollständige Angleichung der ostdeutschen Tariflandschaft an die westdeutsche intendierten. Die bewährten westdeutschen Tarifinstrumente wurden weitgehend unverändert auf Ostdeutschland übertragen, d.h.
sowohl das System brancheneinheitlicher Flächentarife als solches als auch die
grundlegenden rahmentariflichen Bestimmungen bezüglich der Lohn- und Gehalts-
systeme und die Strukturen der manteltariflichen Bestimmungen bezüglich Arbeitszeit, Urlaub etc..[170]

Kontrovers diskutiert wurde zwischen den Tarifparteien nicht die Frage, *ob* das
ostdeutsche Entgeltniveau innerhalb weniger Jahre angeglichen werden sollte, sondern lediglich, *wie* dieses Ansinnen technisch am besten zu bewerkstelligen sei.
Jährliche Tarifverhandlungen schienen den Vorteil größerer Flexibilität angesichts
instabiler wirtschaftlicher Bedingungen zu bieten, während mehrjährige Stufentarif-
verträge 'Ruhe an der Tariffront' für den wirtschaftlichen Umstrukturierungsprozess
zu sichern versprachen. In der Mehrzahl der Fälle einigten sich die Tarifparteien
letztlich auf jahresbezogene Neuabschlüsse (vgl. Bispinck/WSI-Tarifarchiv 1992).
Sowohl in der Bauindustrie als auch in der Chemischen Industrie hatten die Gewerkschaften zunächst den Abschluss von Stufenplänen favorisiert, in denen die volle
Tarifangleichung bis zum Jahr 1994 vorgesehen sein sollte; sie konnten sich mit

---

[170] Die Chance, im Zuge des tariflichen Neuaufbaus in Ostdeutschland überholte westdeutsche Tarifstrukturen zu reformieren, blieb weitgehend ungenutzt. Insbesondere die seit langem diskutierte Vereinheitlichung
der Entgeltstrukturen von ArbeiterInnen und Angestellten hätte in Ostdeutschland ideale Realisierungsbedin-
gungen gehabt, da keine Rücksicht auf angestammte Besitzstände hätte genommen werden müssen. Ein
einheitliches Entgeltsystem hätte zudem den historisch geprägten Erwartungsmustern der ostdeutschen
Beschäftigten entsprochen, die an insgesamt egalitärere Lohn- und Arbeitsbedingungen sowie eine vergleichsweise höhere soziale Bewertung qualifizierter Facharbeit gewohnt waren (vgl. Kap.III.1.1.3). Die
Umsetzung einer solchen vergleichsweise komplexen tariflichen Neuerung unter Transformationsbedingungen erschien den TarifexpertInnen jedoch vermutlich zu risikoreich, - nicht zuletzt auch angesichts der Angst
beider Tarifparteien, damit kaum vollständig kalkulierbare Fakten zu schaffen, die auch für die weitere
Tarifentwicklung in Westdeutschland Konsequenzen gehabt hätten (vgl. hierzu auch Bergmann 1996:271).

diesem Ansinnen jedoch nicht durchsetzen und es kam letztlich zu Tarifverträgen mit Laufzeiten zwischen einem und eineinhalb Jahren.[171]

In der *Bauindustrie* waren die Tariflöhne bis Ende September 1991 auf 65% des Westlohns erhöht worden. Im Herbst 1991 wurde ein neuer Tarifvertrag abgeschlossen, der eine stufenweise Anhebung der Löhne und Gehälter auf 77% des Westniveaus bis zum 31.März 1993 vorsah. Auch wenn es in der Bauindustrie nicht zum Abschluß eines Stufenplans kam, so akzeptierte der Arbeitgeberverband doch implizit die Bezugnahme auf die Westlöhne als Vergleichs(bzw. Angleichungsmaßstab für die Ostlöhne. Die Osttarife wurden nämlich explizit an die Westlöhne angekoppelt und in Prozentsätzen derselben vereinbart - genau wie in der Metallindustrie, aber im Gegensatz zu vielen anderen Branchen, darunter die Chemieindustrie. Mit einer Tariferhöhung im Westen stiegen also fortan automatisch auch die Ostentgelte in der Bauindustrie. Angesichts der guten Baukonjunktur und der in der Baubranche besonders wichtigen konkurrenzregulierenden Funk-tion einheitlicher Tarifstrukturen übernahm die Bauindustrie in den folgenden Jahren bis etwa 1995 eine gewisse 'Lokomotivfunktion' bei der Angleichung und war fast allen übrigen Branchen ein kleines oder grösseres Stück voraus (vgl. Übersichten bei Bispinck/WSI Tarifarchiv 1992:126 und Bispinck/WSI-Tarifarchiv 1993b:143).

In der *Chemischen Industrie* war - auch angesichts der industriepolitisch besonders gravierenden Problemlage - die sozialpartnerschaftliche Zusammenarbeit bei der tariflichen sowie industriellen Transformation besonders ausgeprägt. Dabei konnte man auf enge Kooperationsnetzwerke aus Westdeutschland aufbauen. Im Rahmen von vier 'Chemie-Sozialpartner-Gesprächsrunden' zwischen der westdeutschen IG CPK, der IG CGK (Ost), dem BAVC und dem - nur bis März 1991 bestehenden - AVC/DDR wurden die Tarifstrukturen schrittweise an die westdeutschen Bedingungen angepasst und die Tarifentgelte bis zum Januar 1991 auf etwa 55% des westdeutschen Niveaus erhöht (vgl. Gilles/Hertle 1993:246ff.). Nach „schwierigen Verhandlungen" (AGV-C 1) einigten sich die Tarifparteien zudem Ende 1991 auf eine zweistufige Anhebung der Entgelte im Laufe des Jahres 1992, so dass das ostdeutsche Tarifniveau Ende 1992 bei 60,8% des westdeutschen lag. Im Branchenvergleich muss die Chemische Industrie von Beginn an als 'Nachzügler' gelten, auch deshalb, weil die IG Chemie im Rahmen eines „industriepolitischen Weges (...) auf die besonderen Umstrukturierungs- und Anpassungsprobleme der Chemischen Industrie Rücksicht nahm und Vorleistungen im Hinblick auf eine erfolgreiche Sanierung der Betriebe" erbrachte (Gilles/Hertle 1993:248). Der Weg prozentual vergleichsweise moderater Tariflohnsteigerungen war in der Chemischen Industrie jedoch auch deshalb 'gangbar', da die westdeutschen Tarif-Vergleichslöhne industrieweit zu den Spitzenverdiensten zählen. Trotz permanent deutlich niedrigerem Angleichungsniveau lagen die Verdienste in der ostdeutschen Chemieindustrie daher absolut kaum unter den Entgelten der Metall- und Elektroindustrie (vgl. hierzu u.a. Bispinck/WSI-Tarifarchiv 1993a:474).

In der Branche der Metall- und Elektroindustrie kam es hingegen Anfang März 1991 zum Abschluss eines mehrjährigen Stufentarifvertrags, der eine 100%ige Angleichung der Ost-Löhne und -Gehälter bis 1994 an das Westniveau vorsah.

---

[171] Die Forderung nach Stufentarifverträgen fand sich zwar tendenziell eher bei den Gewerkschaften als bei den Arbeitgeberverbänden, die Meinungen zu diesem Thema waren jedoch sowohl unter Gewerkschafts- als auch unter Arbeitgeberverbandsmitgliedern durchaus heterogen. So gab es beispielsweise im ostdeutschen Arbeitgeberverband der Chemieindustrie eine „intensive und kontroverse Diskussion" über den zu favorisierenden Angleichungsweg, bevor man die gewerkschaftliche Forderung nach einem Stufentarifvertrag ablehnte (AGV-C 1). Umgekehrt wurde der 1991 in der Metallindustrie abgeschlossene Stufentarifvertrag anfangs auch vom Metall-Arbeitgeberverband „rundum positiv kommentiert" (Bispinck/WSI-Tarifarchiv 1993a:470).

1.3.2 Die tarifpolitische Wende

Spätestens ab Sommer 1991 setzte in Ostdeutschland eine wirtschaftliche Krise ein, die immer bedrohlichere Ausmaße annahm. In den Jahren 1990 und 1991 nahm das reale Bruttoinlandsprodukt um fast 40% ab, die industrielle Produktion sank sogar um 60%. Zugleich reduzierte sich die Erwerbstätigenzahl um ein Drittel, im Verarbeitenden Gewerbe sogar um die Hälfte und die Arbeitslosen- und KurzarbeiterInnenzahlen schnellten in die Höhe (Wegner 1996:15). Während die Bauwirtschaft noch bis Ende 1994 vom vereinigungsbedingten Bauboom profitierte und die Zahl der Beschäftigten im Baugewerbe bezogen auf die Bevölkerungszahl vorübergehend auf das doppelte Niveau von Westdeutschland anstieg (DIW 1995:465), war die Situation in der Metallindustrie sowie der Chemieindustrie bereits kurze Zeit nach der deutsch-deutschen Vereinigung ausgesprochen kritisch. Insbesondere in den Jahren 1993 und 1994 kam es zu umfangreichen Betriebsschließungen sowie Massenentlassungen. Mit dem Verlust von 28% aller Arbeitsplätze allein im Jahr 1993 war die Chemische Industrie diesbezüglich absoluter 'Spitzenreiter' im Branchenvergleich (DIW 1995:475). Im Bereich der Großchemie kam angesichts der technischen Rückständigkeit sowie umweltpolitischen Gefährlichkeit vieler DDR-Anlagen nur mehr deren Stillegung in Betracht, was jedoch angesichts der ausgeprägten Verbundstruktur sowie regionaler Konzentration der Unternehmen den großflächigen Zusammenbruch ganzer Industrieregionen bedeutete (z.B. im Raum Halle/Merseburg/Bitterfeld/Leipzig) (vgl. Fischer/Weißbach 1995). Unter den sieben Branchen mit dem prozentual stärksten Arbeitsplatzabbau befanden im Jahr 1993 jedoch auch vier Branchen aus dem Bereich der Metall- und Elektroindustrie (Eisen- und Stahlerzeugung, EDV-Anlagen/Büromaschinen, Gießerei, Maschinenbau) (vgl. DIW 1995:475). In der Metallindustrie fielen zwischen 1992 und 1994 insgesamt neun Zehntel der Arbeitsplätze dem Strukturwandel zum Opfer. Während beispielsweise 1989 noch rund ein Fünftel des Gesamtumsatzes des Verarbeitenden Gewerbes auf den Maschinenbau als bedeutendste Branche entfallen war, war dieser Anteil 1994 auf unter 10% gesunken (vgl. Schmidt 1996:231, Zahlen z. industriellen Entwicklung in den neuen Bundesländern 1996).

Als Gründe für diesen „historisch einmaligen Absturz" nennen Wirtschaftswissenschaftler die „plötzliche Marktöffnung gegenüber Westdeutschland und dem westlichen Ausland, die schlagartige Verschlechterung der Wettbewerbsfähigkeit ostdeutscher Produkte durch einen Konversionskurs von 1:1 bei der Übernahme der DM-Währung, die Präferenzen der ostdeutschen Verbraucher für westliche Güter sowie das unerwartete Wegbrechen der osteuropäischen Absatzmärkte" (Wegner 1996:15). Wenngleich also die Ursachen für die ostdeutsche Wirtschaftskrise primär in den wirtschafts- und währungspolitischen Grundentscheidungen des Vereinigungsprozesses zu suchen sind, wurden in der Folgezeit zunehmend die Tarifparteien und insbesondere die Gewerkschaften zu „Sündenböcken" (Bispinck/WSI-Tarifarchiv 1993b) für die desolate wirtschaftliche Situation und die steigenden Arbeitslosenzahlen erklärt. Die Bundesregierung vollzog angesichts der dramatischen Entwicklung in kurzer Zeit geradezu eine Kehrtwendung ihrer Politik gegenüber den Tarifparteien, was von vielen BeobachterInnen wohl nicht zu Unrecht als

Versuch der Ablenkung von den eigenen wirtschaftpolitischen Fehlern interpretiert wurde. Nicht mehr schnelle Angleichung der Lebens- und Arbeitsbedingungen waren nunmehr die Devise, sondern eine Abkehr von der bisherigen, nun neuerdings so genannten 'Hochlohnpolitik' und 'moderate Tarifabschlüsse'. Bei Nichtbeachtung dieser Forderung drohte die Bundesregierung sogar mit gesetzlichen Eingriffen in die Tarifautonomie.[172]

Die Arbeitgeberverbände standen zudem spätestens seit Sommer 1992 zunehmend unter dem Druck ihrer ostdeutschen Mitglieder, die angesichts wegbrechender Märkte, schwieriger betrieblicher Umstrukturierungsprozesse und deutlich niedrigerer Arbeitsproduktivität als im Westen ein Aussetzen oder wenigstens eine Verlangsamung der Tariferhöhungen forderten. Konfrontiert mit wachsenden Legitimationsproblemen gegenüber der eigenen Basis drängten die Arbeitgeberverbände daher immer stärker auf eine Abkehr von der bisherigen Angleichungspolitik und erhielten dabei nicht nur von der Bundesregierung massive Rückendeckung, sondern auch durch die öffentlichen Medien und sogar die Wissenschaft. Unter diesen Bedingungen konnten die Gewerkschaften im Jahr 1992 zum letzten Mal deutliche Entgelterhöhungen durchsetzen. Zu diesem Zeitpunkt bewegte sich das Tarifniveau Ost - bezogen auf die monatlichen Grundverdienste - in den meisten Tarifbereichen etwa zwischen 65 und 75% der entsprechenden Westentgelte. Das DIW schätzte das durchschnittliche Effektiveinkommen in Ostdeutschland für Januar 1992 auf rund 64% des westdeutschen (vgl. Bispinck/WSI-Tarifarchiv 1993b).

Zur Jahreswende 1992/93 zeichnete sich dann in der ostdeutschen Metallindustrie ein Konflikt ab, der für die weitere Entwicklung von exemplarischer Bedeutung war. Nachdem Gesamtmetall sich seit Anfang 1992 in immer schärfer werdendem Ton von dem vereinbarten Stufenplan distanziert hatte, beschloss der Verband im November 1992 von der im Vertrag enthaltenen Revisionsklausel Gebrauch zu machen. Diese sah die Möglichkeit der Neuverhandlung beim Eintritt unvorhergesehener wirtschaftlicher Umstände vor. Die IG Metall weigerte sich jedoch, vom bereits vermeintlich erreichten Ziel der tariflichen Angleichung wieder abzurücken, was angesichts der hohen moralischen Besetzung des Themas 'Gleicher Lohn in Ost und West' wohl auch kaum ohne erhebliche innergewerkschaftliche Friktionen möglich gewesen wäre. Insofern scheiterten alle Verhandlungs- und Schlichtungstermine. Anfang 1993 sprachen die Metallarbeiter in allen ostdeutschen Tarifbezirken eine außerordentliche Kündigung des Stufenabkommens aus. Die Legalität dieses Vorgehens war jedoch zumindest zweifelhaft, da im gekündigten Vertrag zwar ein Neuverhandlungszwang, jedoch kein Revisionszwang enthalten war. Die IG Metall wertete den Vorgang der außerordentlichen Kündigung denn auch prompt als „rechtswidrig und nichtig" und sah darin einen in der Geschichte der Bundesrepublik bislang vorbildlosen „Bruch der Vertragstreue" (IG Metall Vorstand 1993, vgl. auch Düvel 1993, zur rechtlichen Beurteilung aus gewerkschaftlicher Sicht Zachert 1993a

---

[172] Die Planungen der Bundesregierung betrafen die Einführung einer gesetzlichen Öffnungsklausel, wonach in den neuen Bundesländern generell in „eng eingegrenzten Notfällen" Tarifverträge abbedungen und durch eine Betriebsvereinbarung ersetzt werden könnten. Den Tarifparteien sollte bei der Feststellung des Notfalls ein Vetorecht eingeräumt werden (Mundorf 1992).

und b). Insofern handelte es sich in dem sich anbahnenden Konflikt nicht nur um einen 'gewöhnlichen' Konfliktfall tariflicher Interessenauseinandersetzung. Es standen vielmehr die Verlässlichkeit tariflicher Regelungen als solcher sowie letztlich auch die Glaubwürdigkeit der tariflichen Durchsetzungsmacht der IG Metall auf dem Spiel, der als kampfstärkster Einzelgewerkschaft zudem eine besondere Bedeutung für die bundesweite Gewerkschaftslandschaft zugeschrieben werden kann. So stellt etwa Ulrich Zachert (1993c) den Konflikt um die Tarifkündigung in eine Reihe mit dem Konflikt um die 35-Stunden-Woche und die Auseinandersetzung um den Paragraphen 116 AFG in den 80er Jahren als „das dritte Mal, dass Anzeichen dafür erkennbar sind, das zwischenzeitlich beinahe europaweit verbreitete Phänomen einer signifikanten Schwächung gewerkschaftlicher Kräfte, würde auch auf Deutschland übergreifen" (ebd:483). Dass diese 'Probe aufs Exempel' gewerkschaftlicher Durchsetzungsmacht ausgerechnet im Osten Deutschlands erfolgte, schien aus Sicht der IG Metall umso risikoreicher, als dort die eingespielten Regeln und Routinen des 'Tarifgeschäftes' noch kaum institutionalisiert waren. Die ostdeutschen FunktionärInnen in den Verwaltungsstellen hatten noch nie einen Tarifkonflikt organisiert, den westdeutschen FunktionärInnen fehlte wiederum die langjährige Verankerung in den Betrieben; die wenigsten ostdeutschen Mitglieder hatten schon einmal einen Streik miterlebt und angesichts allerorten bedrohter Arbeitsplätze zweifelten viele BeobachterInnen erheblich an der gewerkschaftlichen Mobilisierungsfähigkeit. Als Anfang April die Friedenspflicht endete und zum ersten Mal in der deutschen Nachkriegsgeschichte in einem Tarifgebiet der Metallindustrie faktisch ein tarifloser Zustand eintrat, schienen Arbeitskampfmaßnahmen dennoch unausweichlich. Angesichts der nahezu geschlossenen Front von Bundesregierung, Treuhand, Arbeitgeberverbänden und öffentlichen Medien gegen den 'Wahnsinn' eines Streiks unter den aktuell chaotischen wirtschaftlichen Bedingungen musste es überraschen, dass die Urabstimmungsergebnisse in allen betroffenen Tarifbereichen mit über 80% klar für einen Arbeitskampf ausfielen. Grund dafür war sicher nicht nur der außerordentliche Stellenwert des Konflikts für die Zukunft des gesamtdeutschen Tarifsystems; vielmehr sahen viele Beschäftigte hier wohl auch eine Möglichkeit, sich für das Egalisierungsversprechen der deutsch-deutschen Einigung und gegen die aktuelle Katastrophe des ostdeutschen wirtschaftlichen und beschäftigungspolitischen Zusammenbruchs zu engagieren (vgl. Schauer 1993). An den vom DGB und der IG Metall organisierten öffentlichen Solidaritäts- und Protestaktionen beteiligten sich jedenfalls Hunderttausende und bei den ersten Warnstreikaktionen, den Streiks in der ostdeutschen Stahlindustrie sowie in der Metallindustrie in Sachsen und Mecklenburg-Vorpommern war die Kampfbereitschaft der Beschäftigten durchaus überzeugend (vgl. zum Konflikthergang Bispinck/WSI-Tarifarchiv 1993a). Ob ein flächendeckender Streik in der ostdeutschen Metallindustrie zu diesem Zeitpunkt tatsächlich möglich gewesen wäre, muss jedoch ungewiss bleiben[173], denn am Vor-

---

[173] Unsere eigenen empirischen Erhebungen, die in dem fraglichen Zeitraum in Thüringen sowie Berlin-Brandenburger Metallbetrieben durchgeführt wurden (vgl. Artus u.a. 2001), legen die These nahe, dass die Streikbereitschaft in verschiedenen ostdeutschen Regionen unterschiedlich hoch war. Während in Thüringen die meisten InterviewpartnerInnen sehr froh waren, dass ihnen ein Beweis ihrer Konfliktfähigkeit sowie die damit verbundenen negativen Auswirkungen auf die Betriebe erspart blieben, wurden in Berlin-Brandenburg

abend desselben einigten sich die Tarifparteien auf einen Kompromiss, der ein echtes Kräftemessen letztlich vermied und beiden Seiten eine Wahrung des Gesichts ermöglichte[174].

Der revidierte Tarifvertrag sollte in der Folgezeit in zwei Punkten wegweisend für die weitere ostdeutsche Tarifpolitik werden: Erstens kam es zu einer deutlichen Verlangsamung des Angleichungstempos (Kap.1.3.2.1) und zweitens zur Vereinbarung von Tarifinstrumenten, die eine regulierte Flexibilisierung der Tarifstandards ermöglichten, d.h. im wesentlichen eine Abweichung 'nach unten' (Kap.1.3.2.2).

1.3.2.1 Die Verlangsamung des Angleichungstempos

Während die volle Angleichung der tariflichen Grundentgelte in der Metallindustrie 'nur' um zwei Jahre auf Ende 1996 verschoben wurde, vereinbarte man in der Folgezeit in anderen Branchen eine wesentlich deutlichere zeitliche Streckung bzw. vertagte sie auf einen ungewissen Zeitpunkt in der Zukunft.

In der *Bauindustrie* hielt die Angleichungsdynamik angesichts relativ positiver wirtschaftlicher Bedingungen noch etwas länger an. Im März 1995 wurde jedoch auch hier zum letzten Mal ein Tarifvertrag abgeschlossen, der eine stufenweise deutliche Erhöhung der Entgelte bis zum 1.10.97 auf Westniveau vorsah. Die außerordentliche Kündigung dieses Stufenplans durch die Arbeitgeberverbände im Herbst 1996 wirkt wie eine Neuauflage des Konflikts in der Metallindustrie. Begründet mit dem Eintreten einer 'außerordentlichen wirtschaftlichen Situation' nach dem Zusammenbruch der Baukonjunktur in Ostdeutschland gab es in diesem Fall kaum Zweifel an der Rechtswidrigkeit der Tarifkündigung, mit der sowohl die prinzipielle Glaubwürdigkeit der Tarifregelungen als verbindliche Norm als auch die in der Bauindustrie ausgeprägte sozialpartnerschaftliche Verhandlungstradition in Frage gestellt wurden.[175] Anders als die IG Metall mobilisierte die IG Bau jedoch nicht für

teilweise ausgesprochen kritische Töne laut. Dort war in vielen Betrieben intensiv für den Streik mobilisiert worden und man war enttäuscht bis wütend, so kurz vor dem Start doch noch 'zurückgepfiffen' zu werden. Eine typische Meinung war, dass man mit einigen wenigen Tagen oder Wochen Streik letztlich ein besseres Tarifergebnis hätte erringen können. In den Betrieben der Stahlindustrie, wo es im Regelfall kurzzeitig zu Arbeitskampfmaßnahmen gekommen war, waren die InteressenvertreterInnen mit diesem Ablauf i.d.R. recht zufrieden und zehrten noch längere Zeit innerbetrieblich von dieser Machtdemonstration. Die unterschiedlich ausgeprägte Streikbereitschaft zeigt sich auch an den regionalen Differenzen bei der Urabstimmung über den Tarifkompromiss: Während die Zustimmung in Sachsen mit 77,66% durchaus überzeugend war, lehnten in Thüringen, Sachsen-Anhalt und Mecklenburg-Vorpommern immerhin zwei Fünftel das Ergebnis ab und in Berlin-Brandenburg ist die Zustimmung von nur 46,18% der Mitglieder als erhebliche Kritik der Basis an der Gewerkschaftsführung zu begreifen (Prozentangaben vgl. Bispinck/WSI-Tarifarchiv 1993a).

[174] Die IG Metall wertete vor allem die Erklärung der Metallarbeitgeber, wonach „die außerordentliche Kündigung von Tarifverträgen grundsätzlich kein geeignetes Mittel zur Lösung von Tarifkonflikten" sein könne, als erfolgreiche Verteidigung des bestehenden Tarifsystems, - angesichts der der „Wermutstropfen" eines verlängerten Angleichungszeitraums akzeptabel sei (Düvel 1993). Unzufriedener zeigten sich dagegen von Anfang die Arbeitgeberverbände, deren FunktionärInnen sowie Mitgliedern die errungenen Abstriche am ehemals vereinbarten Tarif nicht weit genug gingen.

[175] Vorausgegangen war der außerordentlichen Kündigung zudem bereits die Auseinandersetzung um die Höhe der Mindestlöhne zur Umsetzung des europäischen Entsendegesetzes, wodurch das Verhältnis zwi-

einen Arbeitskampf, sondern leitete lediglich juristische Schritte ein. Trotz eines Urteils des Wiesbadener Arbeitsgerichts, wonach die Kündigung rechtswidrig und der Tarifvertrag demnach als gültig eingestuft wurde, kam es im Juli 1997 zu folgendem Kompromiss zwischen den Tarifparteien: Der eigentlich bereits zum Oktober 1996 vorgesehene Angleichungsschritt (auf 95 % der zu diesem Zeitpunkt gültigen Westentgelte) sollte rückwirkend in Kraft treten, alle weiteren Angleichungsschritte des Stufentarifvertrags wurden jedoch auf ungewisse Zeit verschoben. Durch die Abkehr vom ehemals vereinbarten Mechanismus der direkten prozentualen Kopplung von West- und Ostentgelten sowie der Trennung der Tarifverhandlungen in West- und Ostdeutschland ging das Angleichungsniveau in den folgenden Jahren sogar eher wieder zurück. Zum 30.6.1998 wurde im ostdeutschen Bauhauptgewerbe offiziell nur mehr 92,4 % des Westniveaus gezahlt und insbesondere bezogen auf die tatsächlich bezahlten Entgelte „driftet Ost und West immer weiter auseinander" (GEW-B 9).

In der *Chemischen Industrie* war die ebenfalls etwa 1993 einsetzende Abkehr vom Ziel der vollen Tarifangleichung angesichts einer früh eingeleiteten 'moderaten' Lohnpolitik weniger konfliktträchtig als in anderen Branchen, so dass auch die auf Ostdeutschland übertragene sozialpartnerschaftliche Verhandlungstradition zu keinem Zeitpunkt massiv gefährdet war. Seit etwa 1996/97 konnten aber auch von der IG Chemie trotz kontinuierlicher Erhöhung der Produktivität im Osten kaum mehr Fortschritte bezüglich des Angleichungsstands von Ost- und Westentgelten mehr erzielt werden. „Quer gerechnet" (d.h. unter Berücksichtigung der nicht völlig identischen Entgeltgitter in Ost- und Westdeutschland) liegt der Osten seit Januar 2000 bei etwa 83% der westdeutschen Monatsentgelte (GEW-C6).

Zum Beginn des Jahres 1999 lag das ostdeutsche Tarifniveau bei durchschnittlich 90,8% des westdeutschen (Bispinck/WSI- Tarifarchiv 1999), - wobei die Effektivverdienste pro Stunde angesichts längerer Arbeitszeiten, niedriger Leistungsprämien und Jahressonderzahlungen, schlechterer Eingruppierungen sowie häufigerer Verstöße gegen die tariflichen Bestimmungen noch wesentlich darunter liegen. Zehn Jahre nach der deutschen Einheit stellt die vollständige tarifliche Angleichung der Ostentgelte an das Westniveau nach wie vor ein uneingelöstes Versprechen dar.

1.3.2.2 Möglichkeiten und Praxis einer regulierten Flexibilisierung

Der Begriff der regulierten Flexibilisierung wurde im Kapitel II.5.2.1. eingeführt, um Formen der zweiseitig vereinbarten Tarifabweichung bei bestehender Tarifbindung zu unterscheiden von einseitigen Strategien der Tarifvermeidung oder des Tarifbruchs durch das Management. In vielen ostdeutschen (und auch westdeutschen) Branchen wurden inzwischen offizielle Tarifregelungen eingeführt, die eine regulierte Flexibilisierung ermöglichen, etwa in der Form tariflich kontrollierter Öffnungsklauseln oder der tariflich eröffneten Möglichkeit auf betrieblicher Ebene abweichende Vereinbarungen zu treffen. In den drei ostdeutschen Untersuchungsbranchen

---

schen den Tarifparteien bereits massiv belastet worden war.

haben die Tarifparteien drei deutlich verschiedene Wege regulierter Flexibilisierung gewählt:

Die 1993 für die *Metall- und Elektroindustrie* vereinbarte Härtefallklausel bedeutete für die IG Metall tarifpolitisches Neuland und war innergewerkschaftlich als Einfallstor für tariflich abgesegnete Niedriglöhne zunächst stark umstritten (vgl. zum folgenden Hickel/Kurtzke 1997). Die Anwendung der Härtefallklausel in der Metallindustrie unterliegt der Kontrolle der Tarifparteien, denen gegenüber antragstellende Betriebe durch Offenlegung ihrer Bilanzen den Nachweis eines 'Härtefalls' sowie bestehender Sanierungschancen führen mussten.[176] Diese 'Offenbarungspflicht' sowie die anfänglich relativ restriktive Handhabung der Härtefallklausel durch die IG Metall veranlasste manchen Beobachter zunächst zu der Aussage, wonach „das Konzept der Härtefallklausel als eleganter Kompromiss und den Einfluss der überbetrieblichen Ebene sichernde Lösung auch für die Zukunft gescheitert" sei (Henneberger 1995:562). Diese Einschätzung erwies sich jedoch als vorschnell, denn seit 1995 war eine deutliche Steigerung von Anträgen sowie von vereinbarten Härtefalltarifverträgen festzustellen. Dies war sowohl auf eine pragmatischere Politik der IG Metall als auch auf Lerneffekte der Antrag stellenden Unternehmen zurückzuführen. So wird die Härtefallklausel inzwischen von betrieblichen sowie tariflichen Akteuren weitgehend positiv bewertet, da sie v.a. den tarifpolitischen Umgang mit betrieblich extrem auseinanderklaffenden Verwertungssituationen erleichtere. Härtefallregelungen „gehören inzwischen zur tariflichen Normalität" in Ostdeutschland (Artus u.a. 2000:68) und so wurde die ursprünglich nur bis 1996 gültige Regelung inzwischen wiederholt bis zum Jahr 2000 verlängert. Dieser Normalisierungsprozess implizierte jedoch nicht nur das Entstehen 'chronischer Härtefallkandidaten' mit mehrfach verlängerten Regelungen, sondern auch das Problem, dass die Inflation einschlägiger Regelungen den Ausnahmecharakter derselben sprengt und teilweise schlicht „als Managementtechnik zur Kosteneinsparung" verwendet wird (ebd.:74).

In der *Bauindustrie* existierte bis 1997 kein Instrument regulierter Flexibilisierung. Bereits 1995 und 1996 kam es infolge der Baukrise jedoch zu massiven Erosionstendenzen flächentariflicher Normierungskraft in den ostdeutschen Betrieben. Viele verbandsgebundene Betriebe begingen - mit oder ohne Einverständnis ihrer Betriebsräte - offenen Tarifbruch, so dass insgesamt von einer fortschreitenden 'wilden Flexibilisierung' ohne Einbeziehung der Tarifverbände gesprochen werden konnte (vgl. Artus/Sterkel 1998, Artus u.a. 2000). Im Tarifkompromiss vom Juli 1997 wurde dann auch für die ostdeutsche Bauindustrie die Einführung einer sogenannten 'Beschäftigungssicherungsklausel' vereinbart. Anders als in der Metallindustrie wurde hier jedoch das Letztentscheidungsrecht über die Gewährung von Abstrichen am Tarifvertrag auf die betriebliche Ebene verlagert. Der zuständige Bezirksverband der IG Bau hat zwar das Recht, Einspruch einzulegen, letztlich kann er jedoch von den betrieblichen InteressenvertreterInnen überstimmt werden, - was

---

[176] Die Härtefallklausel sieht folgende Begründungen für ein Abweichen vom Tarifvertrag vor: Abwendung drohender Insolvenzgefahr, Sicherung von Arbeitsplätzen, insbesondere Vermeidung drohender Entlassungen, sowie Verbesserung der Sanierungschancen, was auf Basis eines vorgelegten Sanierungsplans bewiesen werden sollte.

in der Folgezeit auch durchaus geschah (nach Auskünften von Gewerkschaftsvertretern der IG Bau in den Interviews GEW-B 8, GEW-B 9). Auch der Einführung dieser Öffnungsklausel waren 1997 kontroverse inner-gewerkschaftliche Diskussionsprozesse vorausgegangen, insbesondere was das Letztentscheidungsrecht der Betriebsräte betraf. Am Ende hatte sich jedoch eine Mehrheit ostdeutscher Tarifkommissionsmitglieder gegen eine Minderheit derselben sowie gegen die Bedenken von Seiten der bundesweiten Organisation durchgesetzt (GEW-B 8). Der Zusammenbruch der Baukonjunktur und die massiven Arbeitsplatzverluste bildeten in der Folgezeit jedoch Rahmenbedingungen, die es erleichterten, mit der Öffnungsklausel „Schindluder zu treiben" (GEW-B 9). So überschreiten manche Betriebe den vorgegebenen Abweichungsspielraum von 10%, da sie die Entgelte seit Sommer 1996 überhaupt nicht mehr erhöht haben; andere stehen wirtschaftlich eigentlich ganz gut da, nutzen aber dennoch im Rahmen betrieblicher Pakte die Öffnungsklausel offensiv als Wettbewerbsstrategie. Als daher die Berliner Bauarbeitgeber in der Folgezeit die Beschäftigungssicherungsklausel auch für Berlin einführen wollten, lehnte die IG Bau dies ab und bemühte sich stattdessen um eine Umwandlung der Beschäftigungssicherungsklausel in eine tariflich kontrollierte Öffnungsklausel nach Metall-Vorbild. Orientierungsfunktion hat zudem auch das sogenannte 'Berliner Modell', bei dem im Anschluss an den Streik im Berliner Baugewerbe 1997 erstärkt Haustarifverträge mit einzelnen Bauunternehmen abgeschlossen wurden, die z.T. auch unter dem flächentariflichen Niveau lagen (GEW-B 9). Diese Praxis wurde 1998 in einer Vereinbarung formalisiert, die die Möglichkeit zum Abschluss von Härtefalltarifverträgen vorsah, in denen bis zu 6% Lohnreduktion vereinbart werden können, wenn im Gegenzug Regelungen zum Thema Ausbildung und Beschäftigungssicherung getroffen werden.[177] Bisher gelang es der IG Bau jedoch nicht, die einmal bewilligte Regulierung der Tarifabweichung auf betrieblicher Ebene für ganz Ostdeutschland wieder in den Entscheidungsbereich der Tarifparteien zurückzuverlagern.

In der *Chemieindustrie* schließlich findet sich ein drittes Muster regulierter Flexibilisierung. Dass hier kaum spezielle Öffnungsklauseln für den ostdeutschen Extremfall wirtschaftlicher Prekarisierung sowie Differenzierung vereinbart wurden, hat damit zu tun, dass in der Chemischen Industrie die Differenzierung bzw. partielle Absenkung von Tarifstandards für bestimmte Beschäftigtengruppen oder Betriebe bereits eine längere Tradition hat als im Metall- oder Baubereich. Dies resultiert zum einen daraus, dass die IG Chemie verschiedene Branchen organisiert, die sich hinsichtlich der betrieblichen Verwertungsbedingungen sowie Profitmargen eklatant unterscheiden und insofern auch eine differenzierte Tarifpolitik notwendig machen. Zum anderen ist dies auch Ausdruck des stark pragmatischen, sozialpartnerschaftlich orientierten Vertretungsstils der IG Chemie, im Rahmen dessen betriebliche Erfordernisse zuweilen höher bewertet werden als gesamtgesellschaftliche Egalisierungsbestrebungen oder soziale Gesichtspunkte. So wurde bereits 1994 für Westdeutschland die Möglichkeit niedrigerer Einstiegslöhne vereinbart und zum Thema Jahressonderzahlung existiert in vielen ost- wie westdeutschen Branchen inzwischen die

---

[177] Die Angaben zum 'Berliner Modell' entstammen der teilnehmenden Beobachtung einer tarifpolitischen Konferenz der IG Bau Berlin im Dezember 1998.

Regelung, dass Geschäftsleitung und Betriebsrat bezüglich Höhe und Zeitpunkt der Auszahlung vom Tarif abweichende Vereinbarungen treffen können. In Ostdeutschland griff die IG Chemie schon früh zum Instrument des Haustarifvertrags, um nichttarifgebundene oder tarifbrüchige Betriebe (wieder) in das Tarifvertragssystem einzugliedern, auch wenn dabei manchmal die branchenweiten Tarifstandards unterschritten werden mußten (vgl. Artus u.a. 2000:157ff.).

Insgesamt sind also zwar unterschiedliche Anpassungsstrategien der Gewerkschaften bzw. der Tarifverbände an die ostdeutschen Bedingungen zu beobachten, alle mussten jedoch den ehemaligen Kurs der schnellen Angleichung aufgeben zugunsten einer Politik, die mittelfristig sowohl die Persistenz unterschiedlicher Tarifentgelte in Ost und West akzeptiert als auch eine stärkere Differenzierung der Tarifstandards zwischen den Betrieben. Dies ist auch als eine Konsequenz des nach wie vor nicht gelungenen wirtschaftlichen Aufholprozesses zu betrachten, der nach Einschätzungen von Wirtschaftsexperten „noch 15 oder 20 Jahre dauern" dürfte (Wegner 1996:22), sowie als Folge der im Osten extrem heterogenen Betriebslandschaft. Machten also die rigiden äußeren Rahmenbedingungen die Entwicklung für die Tarifverbände nur in beschränktem Maße gestaltbar, so blieb die Vermittlung dieser Handlungsrestriktionen gegenüber den Mitgliedern ein prekärer Prozess.

1.4 Spuren ostdeutscher Tarifgeschichte oder das Problem 'stellvertretender Tarifautonomie'- eine Zusammenfassung

Im Zuge des Beitritts der DDR zur Bundesrepublik Deutschland kam es zu einer kompletten Übertragung des westdeutschen Institutionensystems im Bereich industrieller Beziehungen. Dieses implizierte sowohl die flächendeckende überbetriebliche Standardisierung der Lohn- und Arbeitsbedingungen durch weitgehend autonom verhandelnde, zentralisiert agierende Tarifparteien, als auch die Einführung einer formal von den Gewerkschaften unabhängigen betrieblichen Interessenvertretung der Beschäftigten im Rahmen eines dualen Vertretungssystems. Auf formaler Ebene funktionierte der Prozess der Institutionenübertragung ausgesprochen effektiv und erfolgreich. Die organisatorische Etablierung der Tarifverbände auf ostdeutschem Terrain, die Implementation ähnlicher Tarifstrukturen wie in Westdeutschland und die flächendeckende Installation betrieblicher Interessenvertretungen (vgl. hierzu Röbenack 1996, Kädtler u.a. 1997, Schmidt 1998) erfolgte in ausgesprochen kurzer Zeit und weitgehend reibungslos. Auch die Anbindung der neu gewählten Betriebsräte an die Gewerkschaften schien durch einen hohen Prozentsatz gewerkschaftlich organisierter Betriebsräte gesichert (vgl. Kädtler/Kottwitz 1994:30). Bereits nach relativ kurzer Zeit zeichnete sich jedoch ab, dass die 'von außen' implementierten institutionellen Strukturen in Ostdeutschland andere Ergebnisse und Praxismuster zeitigten, als man dies vom deutschen 'Erfolgsmodell' industrieller Beziehungen gewohnt war. Zusammenfassend lassen sich drei Einflussfaktoren auf die spezifisch ostdeutsche Praxis im Umgang mit dem neuen Institutionensystem nennen: Erstens sitzen die aktuellen Verhaltensweisen der Akteure auf historisch geprägten Orientierungs- und Erwartungsmustern auf, die biographisch unter realsozialistischen Bedingungen erworben wurden. Zweitens

gungen erworben wurden. Zweitens wirkt die Geschichte des radikalen und stark exogen gesteuerten Transformationsprozesses sowohl bezüglich der etablierten wirtschaftlichen Strukturen als auch als gemeinsamer Erfahrungshintergrund aller ostdeutscher Akteure bis zum heutigen Datum nach. Und drittens bilden zehn Jahre ostdeutscher Wirtschafts- sowie Tarifgeschichte inzwischen einen ausreichend langen Zeitraum der Reorientierung und der Strategie(neu)bestimmung unter veränderten institutionellen sowie weitgehend prekären wirtschaftlichen Rahmenbedingungen.

Rekapitulieren wir noch einmal die 'Spuren ostdeutscher Tarifgeschichte', so ist zunächst noch einmal auf die realsozialistischen Ausgangsbedingungen zu verweisen: Tarife waren in der DDR ehemals primär Vorgaben 'von oben' an die Betriebe. Sie wurden auf oberster staatlicher Leitungsebene zwischen den Ministerien und den Gewerkschaften abgestimmt und anschließend als äußerer Rahmen an die betrieblichen Akteure weitergegeben, die diesen in der Form von Betriebskollektivverträgen umsetzten bzw. nachvollzogen. Reale Prozesse der Verhandlung widersprüchlicher Interessen gab es dabei auf formaler Ebene kaum, - wohl aber anschließend im Zuge der innerbetrieblichen Realisierung der Tarifverträge. Die formal gültigen Tarife bildeten faktisch lediglich eine Art offiziellen Rahmen, der nach außen sowie oben hin unangetastet bleiben musste. Innerhalb dessen fanden jedoch vielfältige mikropolitische Aushandlungsprozesse statt, deren gemeinsamer intentionaler Fluchtpunkt die Erfüllung des staatlich vorgegebenen Plansolls bildete. Angesichts einer erheblichen 'passiven Stärke' der Belegschaften fanden diese Verhandlungsprozesse i.d.R. auf Abteilungs- oder Brigadeebene statt und gewerkschaftliche Vertretungsinstanzen spielten dabei eine eher untergeordnete Rolle. Generell war die Rolle der Gewerkschaften eher die staatstragender Massenorganisationen sowie sozial-administrativer Dienstleister denn kollektiver Interessenvertretungen. Typisch für das ostdeutsche Tarifsystem im Rahmen realsozialistischer Planwirtschaft war insofern das Auseinanderklaffen von formaler und informeller Ebene, das Fehlen realer Interessenverhandlungen auf formaler Ebene bei relativ starker Durchsetzungsmacht der Werktätigen bezüglich der Umsetzung der tariflichen Regelungen auf betrieblicher Ebene. Aus Sicht der Werktätigen war daher der Betrieb die wesentliche Handlungseinheit, innerhalb dessen die überbetrieblichen Vorgaben partiell neu verhandelt werden konnten. Typischerweise kooperierten Vertreter der betrieblichen Hierarchie und der Werktätigen bei diesem Prozess relativ eng, da nur im Rahmen solcher 'Planerfüllungspakte' die vorgegebenen Regeln eingehalten werden konnten, - nämlich indem man sie innerbetrieblich auf effiziente Weise sowie gemäß der eigenen Interessen umgestaltete bzw. unterlief.

Im Zuge des Zusammenbruchs der DDR und der deutsch-deutschen Vereinigung wurde das institutionelle System realsozialistischer Interessenregulierungen komplett ersetzt durch das westdeutsche System von Tarifautonomie und Betriebsverfassung. Die Akzeptanz dieser im wesentlich vom Westen gesteuerten, 'exogenen' Transformationsdynamik schien anfänglich kaum problematisch, sondern von ostdeutscher Seite zunächst mehrheitlich explizit gewollt und angesichts der kompletten Übertragung des westdeutschen Wirtschafts- und Gesellschaftssystems nach Ostdeutschland ohnehin kaum vermeidbar. Allerdings wurden die neuen Institutionen in eine Umwelt implementiert, die nicht nur durch die wirtschaftlichen und gesellschaftlichen Sonderbedingungen einer krisenhaften Systemtransformation gekennzeichnet war, sondern auch von Akteuren, die ihre Handlungsmuster mehrheitlich unter wesentlich anderen institutionellen Voraussetzungen historisch erlernt hatten. Eine implizite Voraussetzung für das Funktionieren des westdeutschen Institutionensystems war und ist beispielsweise ganz allgemein die Ausdifferenzierung der Interessen zwischen Kapital und Arbeit und die glaubwürdige kollektive Vertretung derselben durch Gewerkschaften und Arbeitgeberverbände. Eine weitere wesentliche Voraussetzung besteht (wie im Abschnitt II ausführlich begründet) in der engen, arbeitsteiligen Verschränkung von Betriebsratshandeln und Gewerkschaften. Bezogen auf die 'realsozialistischen' Voraussetzungen erforderte das neue Institutionensystem also einen *Differenzierungsprozess des Interessenhandelns*, und zwar in doppelter Weise: erstens musste das Prinzip des am Kollektivwohl orientierten Gemeinschaftshandelns ersetzt werden durch das Prinzip 'autonomer' Interessenverhandlungen zwischen VertreterInnen von Arbeit und Kapital. Und zweitens wurde das monistische realsozialistische Interessenvertretungssystem mit Alleinvertretungsanspruch der Gewerkschaften abgeschafft zugunsten des bundesdeutschen dualen Systems industrieller Beziehungen. Das 'Erlernen' der damit verknüpften Aufgabenteilung von betrieblicher und gewerkschaftlicher Interessenvertretung erschien ein umso heiklerer Prozess, als zugleich auch deren reale Verknüpfung als 'widersprüchliche Einheit' gesichert werden musste.

Sowohl was die Interessendifferenzierung von Kapital und Arbeit als auch die Funktionsdifferenzierung zwischen betrieblicher und gewerkschaftlicher Interessenvertretung angeht, gibt es vielerlei Indizien dafür, dass die ostdeutsche Akteurspraxis sich westdeutschen Standards bislang nicht angeglichen hat:

Dass die Interessendifferenz zwischen Produktionsmittelbesitzern und abhängig Erwerbstätigen von den ostdeutschen Akteuren erst nach und nach erfahrbar wurde und auch ein Handeln als Interessenpartei daher erst erlernt werden musste, zeigte sich anfänglich etwa an den Problemen sowohl der Beschäftigten als auch der Betriebsleiter mit den gesonderten Interessenvertretungsorganisationen von Kapital und Arbeit (vgl. Kap.III.1.2.1). Während jedoch die widersprüchlichen Interessenpositionen auf tariflicher Ebene inzwischen als weitgehend 'geklärt' gelten dürfen, existieren vielfältige Belege dafür, dass auf betrieblicher Ebene der Trend zu ausgesprochen kooperativen Mitbestimmungsformen und einer vergleichsweise engen Zusammenarbeit von Betriebsräten und Geschäftsführungen anhält (vgl. Kädtler/Kottwitz 1994, Kädtler u.a. 1997, Schmidt 1998, Artus u.a. 2001). Diese Tendenz zur 'ostdeutschen Einheit' von Betriebsräten und Management (Liebold 1996) muss sicherlich auch als funktionale Überlebensstrategie unter nach wie vor teilweise turbulenten und vielfach prekären wirtschaftlichen Rahmenbedingungen interpretiert werden. Zugleich ist sie jedoch auch ein Indiz dafür, dass die Haltung der 'gemeinsamen Orientierung am kollektiven Wohl' bislang noch nicht im selben Maße wie im Westen der Wahrnehmung und Vertretung gegensätzlicher Interessen gewichen ist.

Die Differenzierung zwischen einer übergreifenden gewerkschaftlichen Interessenvertretung und einer formal nur auf den Betrieb bezogenen Interessenvertretung der Beschäftigten knüpfte hingegen durchaus an Vorstellungen an, die bereits vor der

Institutionenübertragung aus dem Westen in Ostdeutschland wirksam waren. Eine solche 'Gewaltenteilung' entsprach nämlich den Forderungen der zahlreichen betrieblichen Reformbewegungen, die mit der Einführung von Betriebsräten vor allem den Gedanken einer stärkeren Basisdemokratie und einer Kontrolle der zentralisierten Gewerkschaften 'von unten' verknüpften. Dass diese Vorstellungen von einem dualen Modell jedoch nicht unmittelbar anschlussfähig an die in Westdeutschland etablierten Modi enger, arbeitsteilig-kooperativen Zusammenarbeit von Gewerkschaften und Betriebsräten waren, zeigte sich beispielsweise im Zuge der sog. 'Betriebsrätebewegung', mit deren ausgeprägt eigenständiger Politikkonzeption die DGB-Gewerkschaften erhebliche Umgangsprobleme hatten (vgl. Jander u.a. 1992). Die DGB-Gewerkschaften stehen jedenfalls bis zum heutigen Datum einem in doppelter Weise problematischen Erbe der FDGB-Gewerkschaften gegenüber: Sie haben es sowohl mit der expliziten Absetzung ostdeutscher Akteure von ehemaligen FDGB-Vertretungskonzepten zu tun, die als solche jedoch nicht unbedingt mit der Bejahung westdeutscher gewerkschaftlicher Politikstrategien identisch sind. Zugleich haben sie es auch häufig noch immer mit einer impliziten Anknüpfung an realsozialistische Gewerkschaftsvorstellungen zu tun, etwa was den häufig stark instrumentellen, dienstleistungsorientierten Gewerkschaftsbezug ostdeutscher Beschäftigter betrifft (vgl. hierzu ausführlich Kap.III.4.2). Weiterhin scheinen ostdeutsche Betriebsräte in besonderem Maße auf den Vorrang betrieblicher Belange vor überbetrieblichen gewerkschaftlichen Zielstellungen zu pochen (vgl. hierzu ausführlich Kap.III.4.3 sowie Strohwald 1994, Kädtler/Kottwitz 1994, Kädtler u.a. 1997). Die mehr oder weniger einvernehmliche, partielle Abkopplung der betrieblichen Akteure von überbetrieblichen Instanzen und die Konzentration auf den Betrieb als zentralem Regulierungsfeld kann durchaus auch als Kontinuisierung herkömmlicher realsozialistischer Verhaltensweisen aufgefasst werden, welche sich angesichts der turbulenten Transformationssituation sowie der anhaltenden Wirtschaftskrise weiterhin als funktional erwiesen.

Insgesamt konnte der handlungsleitende Einfluss westdeutscher TarifexpertInnen also zwar die weitgehende Angleichung des Institutionenhandelns auf tariflicher Ebene sicherstellen, nicht jedoch des Handelns der 'Mitgliederbasis' auf betrieblicher Ebene, die partiell anderen Logiken folgt als für das reibungslose Funktionieren des westdeutschen Institutionenmodells erforderlich. Ausdruck davon ist eine tendenzielle Abkopplung der betrieblichen Handlungslogiken von übergreifenden tariflichen Zielstellungen sowie ein *Prekarisierungsprozess im Verhältnis zwischen Tarifverbänden und Mitgliederbasis*:

Die Arbeitgeberverbände waren zu Beginn ihrer Tätigkeit in Ostdeutschland mit dem Problem konfrontiert, dass sie angesichts der Dominanz von Treuhandunternehmen noch kaum über eine authentische Basis an ostdeutschen Unternehmern verfügten, über deren Interessenvertretung sie sich hätten legitimieren können. Das Stellvertreterhandeln westdeutscher FunktionärInnen und deren anfängliche Kooperation bei der schnellen Tarifangleichung von West- und Ostdeutschland war angesichts radikal veränderter wirtschaftlicher sowie gesellschaftlicher Bedingungen ab 1992/93 massiver Kritik von Seiten der sich allmählich etablierenden ostdeutschen Unternehmerschaft ausgesetzt. Angesichts ihrer Diskreditierung an der Mitgliederbasis bemühten sich die Arbeitgeberverbände in der Folgezeit massiv, ihre Legitimation als authentische Vertretung der ostdeutschen Unternehmer zu stärken, indem sie stärker eigene 'ostdeutsche Wege' der Tarifpolitik zu gehen versuchten. In diesem Zusammenhang sind nicht nur die außerordentlichen Kündigungen von abgeschlossenen Tarifverträgen zu sehen, sondern z.B. auch der Abschluss von Tarifverträgen mit Nicht-DGB-Gewerkschaften (z.B. in der Sächsischen Metallindustrie), die flächendeckende Installation sogenannter 'allgemeiner Arbeitgeberverbände' ohne Tarifbindung, die Tatsache, dass regionale ostdeutsche Verbände den zentralen ostdeutschen oder gar bundesweiten Verhandlungsführern das Verhandlungsmandat entzogen (z.B. in der Chemischen Industrie sowie dem Baugewerbe) oder die schlichte Weigerung von Unternehmerverbänden, überhaupt noch Tarifverträge abzuschließen (z.B. im Bereich des Baugewerbes, aber auch in Teilen des Metallhandwerks). Pointiert stellt sich die 'authentisch ostdeutsche' Arbeitgeberverbandspolitik also v.a. als eine verschärfte Interessenvertretungsstrategie dar, im Zuge derer teilweise mit sozialpartnerschaftlichen Traditionen gebrochen und etablierte tarifpolitische Normen radikal in Frage gestellt werden. Vor diesem Hintergrund erscheint auch das Verhältnis zwischen westdeutschen und ostdeutschen Arbeitgeberverbandsgliederungen nicht unproblematisch: Werden einerseits Strategien der forcierten Interessenvertretung (etwa des Sächsischen Metallarbeitgeberverbandes) vermutlich vom Westen auch deshalb toleriert, da sie als 'Pionierprojekte' ausloten, wieviel gewerkschaftliche Gegenwehr in solchen Fällen zu erwarten sei, so bedrohen die abgekoppelten ostdeutschen Strategien doch zuweilen auch eine einheitliche, bundesweit abgestimmte Verbandspolitik.

Die *Gewerkschaften* waren anfänglich mit einer massiven und teils überzogenen Erwartungshaltung ihrer neuen Mitglieder konfrontiert, die sich vor allem auf die schnelle Angleichung der Lohn- und Arbeitsbedingungen an den Westen sowie auf Rationalisierungsschutz und die Erhaltung der Arbeitsplätze konzentrierte. Auch für die Gewerkschaften bildete die Transformationskrise ab 1992 den wesentlichen Einschnitt in der Organisationsentwicklung, in deren Konsequenz es zu einer radikalen Enttäuschung der Mitgliedererwartungen kam, d.h. zu massiven Arbeitsplatzverlusten, einer deutlichen Verlangsamung der Tarifangleichung und einer Verstetigung der Differenz zwischen west- und ostdeutschen Verkaufsbedingungen der Ware Arbeitskraft. Während im Bereich der Arbeitgeberverbände die Definition der verbandlichen Zielstellungen als Hauptursache der Probleme zwischen Verband und Mitgliedern gelten kann, waren es im Bereich der Gewerkschaften insbesondere die mangelnden Durchsetzungsmöglichkeiten, welche Distanzierungsprozesse auslösten. Auch wenn die Gewerkschaften durch die Entwicklung ihrer regional- und strukturpolitischen Kompetenzen versuchten, sich gegenüber ihrer Mitgliederbasis zu profilieren und insbesondere deren Interesse an der Sicherung von Arbeitsplätzen gerecht zu werden, so konnten sie doch der verschärften Interessenvertretungsstrategie der Arbeitgeberverbände auf tariflicher Ebene letztlich nur wenig entgegensetzen. Ein zentrales Problem der DGB-Gewerkschaften war und ist es dabei, ihre spezifischen Handlungsvoraussetzungen als kollektive Interessenvertretungsorga-nisation gegenüber den eigenen Mitgliedern ausreichend transparent zu machen: An die Existenz massiver staatlicher Organisationshilfen für die Gewerkschaften gewöhnt, galt es den ostdeutschen Beschäftigten zu vermitteln, dass die Gewerkschaften innerhalb des neuen Wirtschafts- und Gesellschaftssystems sowohl in ihrer puren Existenz als auch in ihren Durchsetzungsmöglichkeiten wesentlich grundlegender von Mitgliederunterstützung abhängig sind, als dies in der DDR der Fall war. Insofern hatte der Tarifkonflikt 1993 in der Metallindustrie exemplarischen Charakter nicht nur für die weitere Tarifentwicklung, sondern auch als Lehrbeispiel gewerkschaftlicher Durchsetzungsstrategien. Selbst wenn manche ostdeutschen Beschäftigten den Tarifkompromiss ohne vorherige flächendeckende Streiks eher als Ausdruck der (auch aus DDR-Zeiten gewohnten) Rolle der Gewerkschaft als 'Ordnungsmacht' interpretiert haben mögen, so ermöglichte der Tarifkonflikt doch auch das Erleben gewerkschaftlicher 'Gegenmacht', die in ihrer kollektiven Dimension identitätsstiftend wirkt. Die in diesem Fall erfolgte direkte Einbeziehung der Beschäftigten und Betriebsräte in das tarifpolitische Geschehen war zumindest vorübergehend geeignet, die Isolation der betrieblichen Arena zu durchbrechen, - was sowohl integrierende als auch distanzierende Prozesse zwischen betrieblichen und tariflichen Akteuren zur Folge hatte (vgl. Kap. III.4.3), aber in jedem Fall die grundlegende Verknüpfung beider Handlungsebenen verdeutlichte. Ein solches kollektives Erlernen der Institutionenpraxis blieb allerdings in Ostdeutschland bislang der Ausnahmefall, - was auch auf die diesbezüglich starke Zurückhaltung der Gewerkschaften als Organisatoren kollektiver Mobilisierung zurückzuführen ist. Dass die Tarifauseinandersetzung 1993 bislang der einzige relevante Fall blieb, in dem die Gewerkschaften den Rückgriff auf ihre 'Primärmacht' wagten, hat seine Begründung freilich einerseits in der Rücksichtnahme auf die chronisch schwierige wirtschaftliche Situation, andererseits spiegelt sich darin aber auch eine erhebliche Unsicherheit der Gewerkschaften, inwiefern die ostdeutschen Belegschaften für gewerkschaftliche Zielstellungen überhaupt mobilisierbar seien.[178] Die reale Verankerung der gewerkschaftlichen Politik an der Basis scheint aktuell in Ostdeutschland jedenfalls als eine Art 'black box', die die Gewerkschaften (und wohl auch die Arbeitgeberverbände[179]) ohne eine akute Notsituation lieber nicht erhellen möchten.

Beide Tarifparteien, Arbeitgeberverbände wie Gewerkschaften, gerieten also in Ostdeutschland in das Dilemma, dass ihr professionelles Stellvertreterhandeln in den ersten Jahren nach der Wende angesichts sich massiv verschlechternder wirtschaftlicher Bedingungen von der eigenen Basis als inadäquat (und im Extremfall sogar als bewusst eigennützige Strategie der 'Wessis') interpretiert wurde. Es existierte die akute Gefahr, dass den Tarifverbänden auch von der eigenen Basis als Ergebnis ihrer

---

[178] Im Bereich der Bauindustrie beispielsweise trifft man bei vielen GewerkschaftsfunktionärInnen auf die Einschätzung, dass man im Osten nicht streikfähig sei. Um dies zu ändern, wurden in den Jahren 1998/99 intensive Schulungsmaßnahmen für den gesamten hauptamtlichen sowie Teile des ehrenamtlichen Funktionärskörpers durchgeführt. Ziel war es, die spezifischen Kompetenzen zur Organisierung eines Streiks zu vermitteln.

[179] Grundsätzlich kann sowohl den Gewerkschaften als auch den Arbeitgeberverbänden das Interesse unterstellt werden, dass auch die jeweilige tarifliche Gegenpartei ihren Anspruch als legitime sowie repräsentative Vertretungsinstanz aufrechterhalten kann. Insofern scheint die aktuelle Entwicklung einer stärkeren Profilierung der Arbeitgeberverbände bei Vermeidung einer 'Probe aufs Exempel' bezüglich der gewerkschaftlichen Streikfähigkeit zumindest kurzfristig durchaus 'organisationssichernd' für beide Tarifparteien.

Politik angerechnet würde, was tatsächlich vor allem als Konsequenz staatlicher Wirtschaftspolitik zu gelten hatte: die einschneidende Transformationskrise und die daraus resultierenden negativen Folgewirkungen für ostdeutsche Unternehmen sowie abhängig Beschäftigte. Die Beziehungen zwischen den (zunächst noch stark westdeutsch geprägten) Organisationen und ihrer ostdeutschen Mitgliederklientel wurden damit einer ersten schwierigen Belastungsprobe unterworfen, zu einem Zeitpunkt, als sie noch kaum etabliert waren. So diagnostizierte etwa Hyman im Jahr 1996, „the idea of 'free collective bargaining' was problematic from the start in eastern Germany and has become increasingly so in the five years since unification" (Hyman 1996:11). Summa summarum scheint jedenfalls die These berechtigt, wonach die Tarifautonomie im Osten Deutschlands zwar formal etabliert ist, dass jedoch ihr demokratischer 'Unterbau' durchaus zweifelhaft ist, der die Tarifverbände erst zu legitimen Interessenvertretern und die Tarifpolitik somit zu einem repräsentativen Ausdruck kollektiven Interessenhandelns macht. Die Möglichkeit der schnellen Übernahme eines erprobten Institutionensystems sowie des 'kostengünstigen', exogen gesteuerten Aufbaus professioneller Verbändestrukturen, erscheint im Nachhinein als Crux des Transformationsprozesses, da die ostdeutschen Beschäftigten damit - in den Worten von Claus Offe (1993:814) - „der Herausforderung enthoben [waren], zur Gestaltung der eigenen Zukunft einen eigenen, auch moralisch anspruchsvollen Beitrag zu leisten. Sie [wurden] zugleich politisch entmündigt und moralisch unterfordert". Dies hat bis zum heutigen Tag die Folge, dass der Tätigkeit der Tarifverbände im Osten Deutschlands ein gewisses Stigma des 'externen Prozesses' anhaftet, der zwar von ExpertInnen vergleichsweise professionell durchgeführt wird, jedoch nur bedingt auf dem authentischen Handeln ostdeutscher Akteure beruht. Angesichts der eigenen Nicht-Involviertheit in das tarifpolitische Geschehen liegt es für viele ostdeutsche Akteure relativ nahe, die eigene Unzufriedenheit mit den konkreten Verhältnissen auf die Tarifpolitik zurückzuführen, die als praxis- und betriebsferner Prozess interpretiert wird, der 'ostdeutsche' Interessenpositionen nur unzureichend berücksichtige.

2. Zur Datenbasis und dem empirischen Vorgehen

Im vorangegangenen Kapitel wurde bereits gelegentlich auf eigenes empirisches Datenmaterial verwiesen. Dieses wurde jedoch bisher eher kursorisch und weitgehend zu illustrativen Zwecken benutzt. Im folgenden wird hingegen eine systematische empirische Analyse über das Verhältnis zwischen tariflichen und betrieblichen Akteuren in Ostdeutschland vorgenommen (Kap.III.3 und III.4). Diese Analyse basiert wesentlich auf einer Sekundärauswertung von umfangreichem Datenmaterial aus ostdeutschen Betrieben und Verbänden. Im folgenden sollen kurz der Erhebungskontext, die Auswahl der InterviewpartnerInnen (Kap.2.1) sowie die Zusammensetzung des Betriebssamples (Kap.2.2) dargestellt werden.

2.1 Erhebungskontext der Daten und Auswahl der InterviewpartnerInnen

Die Datenbasis der folgenden empirischen Analyse besteht aus insgesamt 147 Interviews (vgl. Tabelle 5), die im Rahmen von drei Forschungsprojekten am Institut für Soziologie der Universität Jena[180] durchgeführt wurden. Alle drei Forschungsprojekte befassten sich mit der Entwicklung industrieller Beziehungen in Ostdeutschland, wobei der Schwerpunkt teilweise stärker auf der betrieblichen, teilweise stärker auf der tariflichen Regelungsebene lag, oder aber beide Ebenen systematisch untersucht und miteinander verknüpft wurden. Der gesamte Zeitraum der Erhebungen umfasste die Jahre 1993 bis 2000, ein Großteil der Gespräche wurde jedoch in den Jahren 1996 und 1997 geführt.

Im einzelnen hatten die Forschungsprojekte die folgenden Fragestellungen:

1.) *Die Herausbildung neuer Formen der innerbetrieblichen Austauschbeziehungen im Reorganisationsprozess der ostdeutschen Industriebetriebe* (gefördert von der Deutschen Forschungsgemeinschaft; Laufzeit: 1992-1995; vgl. Artus u.a. 2001);

2.) *Die Herausbildung der Unternehmerverbände in den neuen Bundesländern und eine Analyse ihrer Verbandspraxis* (gefördert von der Kommission für sozialen und politischen Wandel in den neuen Bundesländern e.V.; Laufzeit: Ende 1995-Mitte 1996; vgl. Artus 1996a);

3.) *Die Tarifgestaltung in ostdeutschen Unternehmen* (gefördert von der Hans-Böckler-Stiftung; Laufzeit: Mitte 1996-Ende 1997; vgl. Artus/Sterkel 1998, Artus u.a. 2000).

InterviewpartnerInnen waren auf betrieblicher Ebene in erster Linie Mitglieder der Geschäftsleitung, Personalleitung sowie des Betriebsrats (häufig der/die Betriebsratsvorsitzende), auf tariflicher Ebene i.d.R. die für Tariffragen zuständigen FunktionärInnen der Verbände. Aus den unterschiedlichen Fragestellungen der drei Projekte ergab sich, dass die Strategien bei der Auswahl der InterviewpartnerInnen verschiedene waren, wodurch sich jedoch in der nachträglichen Gesamtschau ein positiver Effekt der Komplementarität ergibt:

Das erste Forschungsprojekt war stark auf die frühen Entwicklungsprozesse betrieblicher Interessenvertretungen zentriert. Es wurde zu einem Zeitpunkt durchgeführt, als der Privatisierungsprozess in Ostdeutschland noch nicht abgeschlossen war. Das Erhebungsdesign ging eher 'in die Tiefe', denn 'in die Breite', d.h. es wurden jeweils mehrere Interviews in vergleichsweise wenigen (insgesamt elf) Betrieben (in Thüringen/Sachsen) durchgeführt, um eine exakte Rekonstruktion der innerbetrieblichen Interaktionskulturen zu ermöglichen.[181] In die Untersuchung

---

[180] Bei dem zeitlich ersten Forschungsprojekt handelte es sich um ein Kooperationsprojekt zwischen der Friedrich-Schiller-Universität Jena, der Friedrich-Alexander-Universität Erlangen sowie der Humboldt-Universität Berlin.

[181] In das Forschungsprojekt zum Thema innerbetriebliche Austauschbeziehungen in Ostdeutschland waren Betriebe aus Thüringen (bzw. ein sächsischer Betriebsfall) sowie Unternehmen aus Berlin/Brandenburg einbezogen. Die Berliner und Brandenburger Betriebsfälle wurden jedoch nicht als Datenquelle für die vorliegende Studie herangezogen, da die Verfasserin an deren empirischer Erforschung nicht beteiligt war.

einbezogen waren ausschließlich Betriebe im Organisationsbereich der IG Metall mit über 300 Beschäftigten. Die empirischen Daten aus diesem Projekt sind besonders geeignet, den Stellenwert der ersten 'Nach-Wende-Jahre', v.a. der unterschiedlichen Privatisierungs'geschichten', auf die Entwicklung der innerbetrieblichen Austauschbeziehungen einschätzen zu können. Es beinhaltet zudem ausschließlich Daten über die Wahrnehmung des Transformationsprozesses industrieller Beziehungen aus der Sicht betrieblicher Akteure.

Im zweiten Projekt über die Entwicklung der Arbeitgeberverbände in Ostdeutschland ging es ebenfalls um eine Aufarbeitung der Transformationsgeschichte, - allerdings im Bereich der Tarifverbände. Es handelte sich um ein eher explorativ angelegtes Projekt, das nur wenige Monate dauerte. Es wurden v.a. mit solchen FunktionärInnen Interviews geführt, die die Etablierung der ostdeutschen Arbeitgeberverbände (in der Metall-, Bau- und Chemieindustrie) selbst miterlebt und - gestaltet hatten. Ein weiteres Ziel der Studie war es, einen Überblick über die Tarifsituation und die verbandliche Problemwahrnehmung Mitte der 90er Jahre zu erhalten. Dies gelang durch das Gespräch mit den für Ostdeutschland zuständigen Spitzenfunktionären sowohl der Arbeitgeberverbände (6 Gespräche) als auch der Gewerkschaften (4 Gespräche). Auf diese Weise wurde in erster Linie die Sicht der 'Verbandsspitzen' der Tarifverbände auf die ostdeutsche Problemlage erforscht.

Das dritte Projekt schließlich lieferte für die Fragestellung der vorliegenden Untersuchung die umfangreichsten und einschlägigsten Informationen und bildet daher eine Art 'primäre Datenquelle' der Studie. Im Rahmen dieses Projekts wurden sowohl tarifliche als auch betriebliche ExpertInnen über die ostdeutsche Tarifsituation allgemein und die defizitäre Geltung der Flächentarifverträge im besonderen befragt. Um einen Überblick über die konkreten Bedingungen in den Betrieben zu erhalten, wurden in erster Linie VerbandsexpertInnen befragt, die relativ 'nah an der Basis' arbeiten, d.h. auf regionaler oder Bezirksebene, - und zwar sowohl VertreterInnen der Gewerkschaften als auch der Arbeitgeberverbände. Damit konnten die Aussagen der verbandlicher Spitzenfunktionäre auf Bundesebene durch die Einschätzungen vergleichsweise betriebsnäherer VerbandsfunktionärInnen in Ostdeutschland ergänzt werden. Die Informationen dieser FunktionärInnen bildeten zugleich eine wesentliche Grundlage für die Betriebsauswahl. Um einen umfassenden Überblick über die Erosionstendenzen des Flächentarifvertrags in der ostdeutschen Metall-, Bau- und Chemieindustrie zu bekommen, wurde versucht, bei der Betriebsauswahl erstens möglichst die gesamte 'Palette' des möglichen betrieblichen Umgangs mit den Tarifnormen zu berücksichtigen (also z.B. Tarifeinhaltung, Tarifanbindung über Haustarifvertrag/Anerkennungstarifvertrag, Inanspruchnahme tariflicher Sonderkonditionen, einvernehmlicher, einseitig dekretierter oder auch konflikthaft durchgesetzter Tarifbruch etc.); zum zweiten wurde darauf geachtet, eine gewisse Streubreite bezüglich solcher betrieblicher Strukturmerkmale zu gewährleisten, von denen anzunehmen war, dass sie Einflussfaktoren auf den betrieblichen Umgang mit tariflichen Normen darstellten (z.B. Belegschaftsgröße, Eigentümerstruktur, wirtschaftliche Situation, gewerkschaftlicher Organisationsgrad). Die Betriebsinterviews, die im Rahmen dieses Projekts geführt wurden, bilden die wesentliche Basis für die beiden Typologien der Verbandsbindung im folgenden empirischen Teil der Arbeit (Kap.III.3.3 und Kap.III.4.3). Es handelt sich dabei um etwa die Hälfte aller verwendeten Interviews, nämlich insgesamt 71 Gespräche mit ExpertInnen aus 38 Betrieben (14 Metallbetriebe, 14 Baubetriebe, 10 Betriebe der Chemieindustrie sowie angrenzender Branchen). Da es sich bei den 1997 untersuchten Metallbetrieben teilweise (in sechs Fällen) um Unternehmen handelte, die bereits zwischen 1993 und 1995 in der Studie über die Herausbildung der Formen innerbetrieblicher Austauschbeziehungen untersucht worden waren, konnte für diese Betriebe zudem auf umfangreiches älteres Datenmaterial zurückgegriffen werden.

Durch je ein ergänzendes Interview mit gewerkschaftlichen VertreterInnen aller drei Untersuchungsbranchen Ende 1999/Anfang 2000 konnten auch neuere Entwicklungen in der ostdeutschen Tariflandschaft wenigstens rudimentär berücksichtigt werden (eine genaue Übersicht über alle geführten Interviews findet sich im Anhang der Arbeit[182]).

Die Erhebungen hatten ihren Schwerpunkt mit etwa der Hälfte der Interviews in der Metall- und Elektroindustrie. Das 'Übergewicht' der Daten aus der Metallindustrie erklärt sich dadurch, dass das Projekt über die 'Herausbildung neuer Formen der innerbetrieblichen Austauschbeziehungen im Reorganisationsprozess der ostdeutschen Industriebetriebe' ausschließlich im Bereich der Metallindustrie durchgeführt wurde, während sich die beiden folgenden Projekte auf die Metall-, Bau und Chemieindustrie bezogen. Im einzelnen verteilen sich die Interviews wie folgt auf die Untersuchungsbranchen sowie nach Funktion der InterviewpartnerInnen:

---

[182] Eine grobe Auskunft über den/die jeweilige InterviewpartnerIn kann zudem dem Code entnommen werden, mit dem die Interviews verschlüsselt wurden. Die Interviews mit den VerbandsfunktionärInnen beginnen entweder mit dem Code AGV (= Arbeitgeberverband) oder GEW (= Gewerkschaft). Es folgt die Angabe der Untersuchungsbranche: M (= Metallindustrie), B (= Bauindustrie) sowie C (= Chemieindustrie). Da fast alle verwendeten Verbandsinterviews in den Jahren 1996/97 durchgeführt wurden, wurde auf eine Angabe des Interviewzeitpunkts im Code verzichtet; die Gespräche wurden vielmehr einfach nach dem Zeitpunkt des Interviews chronologisch durchnumeriert. Die Codierung der Betriebsinterviews folgt einer ähnlichen Logik: Zu Beginn steht der Code 'der Organisationszugehörigkeit', d.h. in diesem Fall des Untersuchungsbetriebs, wobei erneut zwischen Betrieben der Metall- (M), Bau- (B) sowie Chemieindustrie (C) unterschieden wird. Zusätzlich wurde noch das Kürzel (GK = Glas/Keramik/Kunststoffindustrie) eingeführt, um die in diesen Branchen doch erheblich von der Chemischen Industrie abweichenden Bedingungen auf den ersten Blick kenntlich zu machen. Es folgt ein Code für die jeweilige Funktion des/der Interviewpartners/in im Betrieb, also 'GL' für Mitglied der Geschäftsleitung/Personalleitung, 'BR' für Mitglied des Betriebsrats sowie in einem Fall 'BL' für Belegschaftsmitglied. Da die Erhebungszeitpunkte der Betriebsinterviews jedoch zeitlich wesentlich stärker gestreut sind als im Fall der Verbandsinterviews, gibt der dritte Teil des Codes das Erhebungsjahr (93,94 oder 97) an.

Tabelle 5: Interviews nach Untersuchungsbranchen und Funktion der InterviewpartnerInnen

Interviews in der mit	Metall- und Elektroindustrie	Bauindustrie	Chemieindustrie und verwandten Branchen
VertreterInnen der Arbeitgeberverbände	4	4	3
VertreterInnen der Gewerkschaft	9	9	6
Geschäfts- und PersonalleiterInnen	35	15	10
Mitgliedern des Betriebsrats	30	12	10
Gesamt	78	40	29

Räumlich lag ein deutlicher Schwerpunkt der Erhebungen in Thüringen; es waren jedoch auch Sachsen sowie (v.a. für die Chemieindustrie) Sachsen-Anhalt als Untersuchungsregionen einbezogen (vgl. genauere Angaben in der Betriebsübersicht im Anhang).

Die Interviews dauerten in der Regel etwa zwei Stunden und wurden meist auf Tonband aufgenommen. Anschließend wurden ausführliche, thematisch gegliederte Protokolle angefertigt. Teilweise erfolgte auch eine Volltranskription der Interviews, etwa bei besonders interessanten Betriebsfällen, oder wenn die subjektiven Deutungsmuster des/der Interviewpartners/in besonders prägnant oder 'typisch' erschienen. Auf eine detailliertere Beschreibung des methodischen Vorgehens, der Interviewfragestellungen sowie der Methoden der Primärauswertung der drei Forschungsprojekte soll an dieser Stelle verzichtet werden, da dies im einzelnen in den oben genannten Projektberichten sowie -veröffentlichungen nachzulesen ist.

2.2 Beschreibung des Betriebssamples

Das Betriebssample besteht aus insgesamt 44 Betrieben, darunter 19 Metallbetriebe, 15 Baubetriebe, 5 Betriebe der Chemischen Industrie und 5 Betriebe aus chemieverwandten Branchen (Glas-, Keramik-, Kunststoffindustrie). Vier der 19 Metallbetriebe wurden nur in eingeschränktem Maße in die Analyse einbezogen, da das verfügbare Datenmaterial ausschließlich aus den Jahren 1993/94 stammt (M1, M3, M10, M14).

Bezüglich der *Betriebsgröße* ist eine breite Streuung der Unternehmen festzustellen, wie die nachfolgende Tabelle zeigt:

Tabelle 6:   Untersuchungsbetriebe nach Branchenzugehörigkeit und Betriebs-
                  größenklassen

Untersuchungs-betriebe	Metall- und Elektroindustrie	Bauindustrie	Chemieindustrie und verwandte Branchen
über 500 Beschäftigte	6	2	6
300-499 Beschäftigte	3	2	1
100-299 Beschäftigte	7	3	2
unter 100 Beschäftigte	3	8	1
Gesamt	19	15	10

Die starke Streuung der Betriebe nach Belegschaftszahl stellt sicher, dass das Merkmal der Betriebsgröße, welches die Tarifpraxis sowie die innerbetrieblichen Austauschbeziehungen wesentlich beeinflusst (vgl. Kap.II.5.1), einer kontrollierten
qualitativen Analyse unterzogen werden kann. Über die Hälfte der untersuchten
Betriebe (insgesamt 24) hat weniger als 300 Beschäftigte, was impliziert, dass hier in
der Regel kein freigestellter Betriebsrat existiert. Mit dieser starken Berücksichtigung kleinerer Betriebe trägt die Studie der fortschreitenden ostdeutschen 'Verkleinbetrieblichung' Rechnung. Einschränkend ist jedoch darauf hinzuweisen, dass ein
Großteil der untersuchten kleineren Betriebe im Bereich des Bauhauptgewerbes tätig
waren. Gemessen an der ostdeutschen Realität ist daher v.a. für die Bereiche der
Metall- sowie der Chemischen Industrie ein 'Großbetriebsbias' des Betriebssamples
zu diagnostizieren. Dieser scheint jedoch angesichts einer auf qualitative Aspekte
zentrierten Betriebsauswahl sowie einer im Rahmen qualitativer Methoden notwendig beschränkten Fallzahl nahezu unumgänglich. Für aussagefähige Daten über die
ostdeutsche Tarifsituation bleibt die Untersuchung einer ausreichenden Zahl größerer Betriebe eine 'conditio sine qua non', da den besonders wenigen größeren Unternehmen in Ostdeutschland eine umso ausgeprägtere strategische Bedeutung für die
tarifliche Gesamtentwicklung und häufig eine regionale Vorbildfunktion zukommt.
    Auch bezüglich der *Eigentümerstruktur* wird das Betriebssample der diesbezüg-
lich erheblichen Heterogenität in Ostdeutschland (vgl. Kap.III.1.2) durchaus gerecht,
wie die folgende Tabelle zeigt:

Tabelle 7:   Untersuchungsbetriebe nach Branchenzugehörigkeit und Eigentümerstruktur

Untersuchungs- betriebe	Metall- und Elektroin- dustrie	Bauindustrie	Chemieindustrie u. verwandte Branchen	Gesamt
Konzernbetrieb	9	4	7	20
Westdeutscher Mittelstand	4	5	3	12
Ostdeutscher Mittelstand	6	6	-	12
Gesamt	19	15	10	44

Etwa die Hälfte der Untersuchungsbetriebe (nämlich 20 Unternehmen) waren zum Untersuchungszeitpunkt konzerngebunden. Mit nur wenigen Ausnahmen[183] handelte es sich dabei um westdeutsche oder westeuropäische Konzerne. Die übrigen Untersuchungsbetriebe waren zu gleichen Teilen im Besitz westdeutschen und ostdeutschen Mittelstands. Von den ostdeutschen Mittelstandsbetrieben ist etwa die Hälfte (nämlich fünf Betriebe) durch Management-Buy-Out entstanden. Bei sieben Betrieben (M9, B12, B14, B15, C3, GK3, GK4) handelte es sich um Neugründungen nach der Wende, wobei sich hinter diesem häufig benutzten Label stark unterschiedliche Betriebsgeschichten verbergen: 'Echte Neugründungen auf der grünen Wiese' sind lediglich die beiden Betriebe aus dem Bereich der Chemischen Industrie C3 und GK4. Die beiden anderen Neugründungen aus dem Bereich des verarbeitenden Gewerbes, M9 und GK3, sind hingegen als 'formale Neugründungen' einzustufen, durch die v.a. die Wahrung der Besitzstände der Belegschaft nach § 613a BGB umgangen werden sollte. Bei den Betrieben B14 und B15 handelte es sich um Kleinstbetriebe, die von Handwerksmeistern nach der Wende neu gegründet wurden. Die betrieblichen Bedingungen solcher neu gegründeter Unternehmen haben jedoch mit denen milliardenschwerer Neuinvestitionsprojekte, etwa in der Chemischen Industrie, allerdings kaum etwas gemein.

Bemerkenswert ist, dass sich bezüglich der Eigentumsform der Untersuchungsbetriebe eine gewisse Branchentypik feststellen lässt, die in dieser prägnanten Form nicht Kriterium, sondern Ergebnis des oben geschilderten Betriebsauswahlverfahrens war: Während sich die Metallbetriebe etwa zu gleichen Teilen in Konzern- sowie mittelständischem Besitz befanden, waren die Untersuchungsbetriebe der Bauindustrie eher mittelständisch geprägt. Im Bereich der Chemischen Industrie zeigte sich eine starke Dominanz westdeutschen Konzerneigentums. Der ostdeutsche Mittelstand fehlte hier völlig. Wenngleich auch hier das Betriebssample sicherlich nicht streng repräsentativ in quantitativer Hinsicht ist, so ist es in dieser Spezifik doch ein recht wirklichkeitsgetreues Abbild der betrieblichen Realitäten, wie sie uns z.B. auch

---

[183] Zwei Betriebe haben eine amerikanische Mutterfirma, je ein Unternehmen befindet sich in japanischem sowie osteuropäischem Besitz.

von den VerbandsexpertInnen in den Interviews geschildert wurden.[184]

Schließlich ist noch darauf hinzuweisen, dass sich bei den Untersuchungsbetrieben ein ausgesprochen enger Zusammenhang zwischen Betriebsgröße und Eigentümerstruktur findet, wie dies in der folgenden Tabelle veranschaulicht wird:

Tabelle 8:   Untersuchungsbetriebe nach Betriebsgrößenklassen und Eigentümerstruktur

Untersuchungsbetriebe	unter 100 Beschäftigte	100 bis 299 Beschäftigte	300 bis 499 Beschäftigte	über 500 Beschäftigte	Gesamt
Konzernbetrieb	3	-	5	12	20
Westdt. Mittelstand	2	8	1	1	12
Ostdt. Mittelstand	7	4	-	1	12

Die Tabelle 8 zeigt sehr deutlich, dass das Untersuchungssample nach Betriebsgröße und Eigentümerstruktur im wesentlichen in zwei große Gruppen zerfällt: Konzerngebundene Unternehmen mit über 300 Beschäftigten und mittelständisch geprägte Unternehmen mit unter 300 Beschäftigten. Lediglich 6 der insgesamt 44 Untersuchungsbetriebe weichen von diesem Muster ab[185]. Bei den mittelständischen Betrieben lässt sich noch eine weitere 'Aufspaltung' in eher kleinere Betriebe (unter 100 Beschäftigten) mit ostdeutschen Eigentümern und etwas größere Betriebe (zwischen 100 und 299 Beschäftigten) beobachten, die sich häufiger im Besitz westdeutschen Mittelstands befinden. Für die weitere Analyse zum Thema innerbetriebliche Austauschbeziehungen sowie Anbindung an die Tarifparteien lässt sich jedoch festhalten: Die für die betriebliche Interaktionskultur gewöhnlich wesentliche betriebsverfassungsrechtliche Freistellungsgrenze für Betriebsräte von 300 Beschäftigten überschreiten in der 'verkleinbetrieblichten' ostdeutschen Betriebslandschaft typischerweise nur noch Unternehmen in Konzernbesitz.

---

[184] Das völlige Fehlen ostdeutscher Eigentümerbetriebe im Bereich der Chemischen sowie chemiverwandten Industrie entspricht allerdings nicht der ostdeutschen Betriebslandschaft. Dies ergab sich dadurch, dass sich der Betriebszugang gerade bei diesen Betrieben im Zuge des Projekts über die 'Betriebliche Tarifgestaltungspraxis' als ausgesprochen schwierig erwies.
[185] Im einzelnen handelt es sich um die drei konzerngebundenen Unternehmen mit unter 100 Beschäftigten M18, B10 und C5 sowie um die drei mittelständischen Unternehmen mit über 300 Beschäftigten M6, B2 und GK3.

3. Die betriebliche Verankerung der Arbeitgeberverbände

Eine grundlegende These der vorliegenden Arbeit besteht darin, dass das deutsche Tarifvertragsystem in seiner Funktionsfähigkeit zentral von der Kooperationspraxis zwischen tariflichen und betrieblichen Akteuren abhängig ist. Im ersten Teil der Arbeit wurde diese These vor allem auf Basis der einschlägigen Literatur dargestellt und der besondere Stellenwert der in Westdeutschland traditionell etablierten engen arbeitsteiligen Verschränkung von Betriebsrats- und Gewerkschaftsarbeit betont. Im folgenden soll die These am Fallbeispiel Ostdeutschland einer empirischen Überprüfung unterzogen werden, wobei die kollektiven Kooperationsstrukturen auf beiden Seiten des Kapitalverhältnisses gleichermaßen berücksichtigt werden sollen, - also zwischen Arbeitgeberverbänden und Geschäftsleitungen ebenso wie zwischen Gewerkschaften und Betriebsräten bzw. Beschäftigten. Focus der empirischen Analyse ist die Frage, wie die ostdeutschen Akteure innerhalb eines für sie (zumindest mehrheitlich) ungewohnten Institutionensystems agieren und welche Kooperationsbeziehungen zwischen tariflichen und betrieblichen Akteuren sich hier etablieren, - angesichts signifikant anderer Vorerfahrungen der Akteure sowie der heiklen Rahmenbedingung einer radikalen wirtschaftlichen Transformationssituation.

Nachdem der Institutionalisierungsprozess der Arbeitgeberverbände in den ersten Jahren nach der Wende ausgesprochen erfolgreich verlaufen war, verkehrte sich dieser Trend insbesondere mit dem Einsetzen der massiven wirtschaftlichen Transformationskrise ins Gegenteil. Etwa ab 1992 vermehrten sich die Anzeichen für eine ernsthafte Krise der ostdeutschen Arbeitgeberverbände. Nachdem in der unmittelbaren Nachwendezeit die Treuhand noch alle in ihrem Besitz befindlichen Betriebe zur verbandlichen Organisierung angehalten hatte, wurden die Organisationsbedingungen der Arbeitgeberverbände mit fortschreitender Privatisierung sowie Deindustrialisierung im Bereich der ostdeutschen Bundesländer deutlich schwieriger. In einem ersten Abschnitt wird noch einmal summarisch auf die besonderen Problemlagen der ostdeutschen Betriebslandschaft als Organisationsterrain der Arbeitgeberverbände hingewiesen (Kap.3.1), bevor im Kapitel 3.2 die zentralen Krisensymptome normativer Verbandsintegration im Bereich der ostdeutschen Arbeitgeberverbände dargestellt werden: Die Mitgliederzahlen der Verbände gingen deutlich zurück (Kap.3.2.1) und die Bereitschaft der Mitgliedsbetriebe, arbeitgeberverbandlich ausgehandelte Tarifkonditionen innerbetrieblich umzusetzen, nahm stark ab (Kap.3.2.2). Die Existenz eines ungleichen Tarifniveaus in Ost- und Westdeutschland und damit die permanente Debatte um 'faire' Standortvorteile für die ostdeutsche Industrie bei einer zugleich gering ausgeprägten Partizipationsbereitschaft der ostdeutschen Mitglieder an den Prozessen innerverbandlicher Willensbildung (Kap.3.3.3) erschwerte die Herstellung eines glaubwürdigen normativen Konsenses unter den ostdeutschen Verbandsmitgliedern. Nach diesem allgemeinen Überblick über die - branchenspezifisch differierenden - Krisensymptome im Bereich der Arbeitgeberverbände, geht es im zweiten Schritt um die branchenübergreifende Darstellung typischer Beziehungsmuster zwischen dem Verband und dem Einzelbetrieb als

Mitglied (Kap.3.3). Damit wechselt die Analyseperspektive von der Sicht des Verbandes auf das Mitgliederverhalten zur Perspektive der Mitglieder auf den Verband. Nach einer Darstellung der typkonstituierenden Dimensionen (Kap.3.3.1) werden vier typische Muster der Verbandsbindung ostdeutscher Unternehmer beschrieben: Der stabil-aktive Verbandsbezug (Kap.3.3.2), der stabil-passive Verbandsbezug (Kap.3.3.3), 'Austritte als Protest' gegen die Interessenvertretungspraxis der Verbände (Kap.3.3.4) sowie passiv-fragile Muster der Verbandsbindung (Kap.3.3.5). Abschließend wird erläutert, warum der Begriff der 'defizitären Intermediarität' den aktuellen Zustand ostdeutscher Arbeitgeberverbände pointiert zu beschreiben vermag (Kap.3.4).

3.1 Die ostdeutsche Betriebslandschaft als Organisationsterrain

Bevor die Organisationsprobleme der Arbeitgeberverbände als prekäre und teils gescheiterte Prozesse der Interessenvermittlung zwischen Verband und Mitgliedern beschrieben werden, muss zumindest ein kurzer Hinweis auf die strukturellen Ursachen der ostdeutschen 'Verbandskrise' gegeben werden. Die Arbeitgeberverbände sind nämlich in Ostdeutschland mit einer Betriebslandschaft als Organisationsdomäne konfrontiert, die den Prozess kollektiver Organisierung und der Bündelung von Unternehmerinteressen - verglichen mit Westdeutschland - besonders schwierig erscheinen lässt. Zu nennen sind hier insbesondere vier Aspekte:

Die Betriebslandschaft stellt sich wesentlich *dynamischer* dar als in Westdeutschland. Im Zuge der langanhaltenden wirtschaftlichen Krise kam und kommt es in Ostdeutschland noch immer zu vergleichsweise vielen Konkursverfahren und Betriebsstillegungen; zugleich gibt es auch relativ viele betriebliche Neu- sowie Ausgründungen. Während in den ersten Jahren nach der Wende die Liquidationen vielfach (Alt-)Betriebe betrafen, die noch zu Treuhandzeiten in den Arbeitgeberband eingetreten waren, erweisen sich (nicht nur in Ostdeutschland) neu gegründete Betriebe als relativ schwierig verbandlich organisierbar (vgl. Kap.II.5.1.3). Die hohe Dynamik der betrieblichen Landschaft wirkt sich somit eindeutig nachteilig für die Arbeitgeberverbände aus, die sich - anders als manche westdeutschen Regionalverbände - kaum auf einem stabilen Mitgliederstamm 'ausruhen' können.

Eine weitere Facette der betrieblichen Instabilität in Ostdeutschland ist die Tatsache, dass viele Unternehmen einen ausgesprochen *langen und wechselvollen Privatisierungsprozess* durchliefen, der in manchen Fällen sogar zum Zeitpunkt der Interviews 1997 noch nicht endgültig abgeschlossen war.[186] Im Zuge teils mehrmali-

---

[186] Insbesondere in der Metallindustrie, aber auch in einigen Untersuchungsbetrieben chemienaher Branchen hatte zum Interviewzeitpunkt lediglich eine Art formaler Privatisierung stattgefunden. So waren einige Unternehmen (oft nach gescheiterten Privatisierungsversuchen in der Vergangenheit) zu formal selbständigen Unternehmen umgewandelt worden, befanden sich jedoch, teils vermittelt über eine weitere zwischengeschaltete Institution oder Stiftung, überwiegend oder sogar ausschließlich noch immer in Besitz des Landes. Die Leitung der Betriebe war oft angestellten Managern übertragen worden, die weitgehend unabhängig agieren konnten. Sie hatten den Auftrag, die Unternehmen rentabel zu machen und geeignete Investoren bzw. Privatiseure zu finden.

ger Unternehmensverkäufe, betrieblicher Ausgründungen oder mehr oder weniger formaler Neugründungen existierten für ostdeutsche Unternehmer kontinuierlich mehr günstige 'Austrittsgelegenheiten' als vergleichsweise in Westdeutschland (vgl. Schroeder/Ruppert 1996a, 1996b sowie Kap. II.5.1.3).

Auch *die radikale Abnahme der Betriebsgrößen* und regelrechte 'Verklein-betrieblichung', die in weiten Bereichen der ostdeutschen Industrie inzwischen stattgefunden hat[187], ist für die Arbeitgeberverbände in mehrfacher Hinsicht problematisch. Diese zeigt sich inzwischen deutlich in der Mitgliederstruktur der Arbeitgeberverbände. Etwa 70% der im Thüringer Arbeitgeberverband der Metall- und Elektroindustrie organisierten Firmen hatten 1996 nur eine Belegschaftsgröße bis zu 50 Beschäftigten. Selbst in der traditionell großbetrieblich strukturierten Chemieindustrie lässt sich „inzwischen eine ausgeprägte mittelständische Struktur" ausmachen, d.h. die 'normale' Betriebsgröße liegt zwischen 100 und 500 Beschäftigten (AGV-C 2). Die 'Verkleinbetrieblichung' im Bereich ihrer Mitgliederklientel ist für die ostdeutschen Arbeitgeberverbände insofern heikel als die Organisationsneigung in Klein- und Mittelbetrieben, wie bereits mehrfach erwähnt, generell geringer als in Großbetrieben. Des weiteren problematisiert die hohe Zahl von Kleinbetrieben die verbandliche Mitgliederbetreuung enorm. Sie multipliziert den Beratungsaufwand und prekarisiert zugleich die Prozesse innerverbandlicher Willensbildung. Die mit weniger eigenen Ressourcen ausgestatteten Kleinbetriebe sind besonders stark auf die Beratungsleistungen der Verbände angewiesen und verfügen andererseits über geringere Kapazitäten für die Teilnahme am innerverbandlichen Diskussionsprozess. Ihr Verbandsbezug ist daher überdurchschnittlich häufig und stark rezeptiv geprägt. Und schließlich schlägt sich die kleinbetriebliche Mitgliederstruktur empfindlich auf das finanzielle Budget der Verbände nieder, da sich die Mitgliedsbeiträge in der Regel nach der Lohn- und Gehaltssumme der Betriebe berechnen. Insbesondere solche regionalen Arbeitgeberverbände, die nicht mit einem westdeutschen Regionalverband zusammengeschlossen sind und/oder unterstützende Finanztransfers vom Bundesverband erhalten, bezeichneten daher ihre Finanzsituation inzwischen als schwierig bis „katastrophal" (AGV-M 4).

Die *starke Heterogenität der ostdeutschen Betriebslandschaft* resultierte in der unmittelbaren Nach-Wende-Zeit vor allem aus dem unterschiedlichen Privatisierungsstand der Unternehmen. So koexistierten in den Verbänden staatlich unterstützte Treuhandbetriebe mit prekär finanzierten kleinen ostdeutschen Mittelständlern und von westdeutschen Konzernen neu gegründeten Unternehmen, die sich noch in der unmittelbaren Aufbauphase befanden (vgl. Ettl 1995:45f. sowie Kap. III.1.2.1). Inzwischen ist im Gefolge der unterschiedlichen Privatisierungslösungen eine Betriebslandschaft entstanden, die durch das Nebeneinander extrem divergierender betrieblicher Verwertungsbedingungen gekennzeichnet ist. Betriebe, die noch immer mit den „Phantomschmerzen" ihres ehemaligen Großbetriebsdaseins kämpfen (Ar-

---

[187] In den ostdeutschen Betrieben aller Branchen lag die Beschäftigtenzahl Mitte 1999 bei 14 Personen, in Westdeutschland dagegen bei 17 Personen. 63 % aller Beschäftigten waren in Betrieben mit einer Belegschaftsgröße von weniger als 100 Personen tätig, in Westdeutschland betrug dieser Anteil nur 54 % (Schäfer/Wahse 2000:15f.). Im durchschnittlichen ostdeutschen Metallbetrieb waren 1998 etwa 87 Beschäftigte tätig, im durchschnittlichen Westbetrieb dagegen etwa 175 Beschäftigte (Schroeder 2000a:361).

beitsgruppe Universität Jena 1997), deren Belegschaftsstruktur durch die möglichst sozialverträglich gestalteten Massenentlassungen massiv verzerrt ist und die aufgrund fehlenden Marktzugangs, mangelhafter Arbeitsorganisation und/oder nicht konkurrenzfähiger Produktionskosten nach wie vor nicht profitabel wirtschaften, existieren neben europaweit einzigartigen Produktivitätsinseln, die nach der Wende auf der grünen Wiese mit erheblichem Kostenaufwand, neuester Technik und ausgesuchtem Personal neu aufgebaut wurden. Unter diesen Bedingungen ist die Vereinheitlichung der Mitgliederinteressen und die Definition eines 'allgemeinverträglichen' tarifpolitischen Zieles ein ausgesprochen schwieriger Prozess.

3.2 Defizite normativer Verbandsintegration

3.2.1 Sinkender Organisationsgrad und Mitgliederschwund: Die äußere Erosion des Flächentarifvertrags

Die in einschlägigen Publikationen des IAB-Betriebspanels veröffentlichen Daten über die Verbandsbindung ostdeutscher Betriebe belegen klar den Trend zur Abnahme des Organisationsgrads von Arbeitgeberverbänden in Ostdeutschland (Kap.II.5.1.3) und damit zur äußeren Erosion des Flächentarifvertrags. Leider geben die IAB-Daten keine genaue Auskunft über den Organisationsgrad in einzelnen Branchen des ostdeutschen verarbeitenden Gewerbes. Auch unsere GesprächspartnerInnen in den Verbänden konnten uns kaum detaillierte Angaben bezüglich des eigenen verbandlichen Organisationsgrads machen. In der Regel fehlten ihnen als Berechnungsgrundlage Daten über die Zahl der existierenden Betriebe in ihrer Organisationsdomäne. Die VerbandsexpertInnen begnügten sich daher gewöhnlich damit, den (Beschäftigten)-Organisationsgrad grob auf etwa 50 % zu schätzen. Diese häufig genannte '50 %-Marge' muss aber wohl auch als symbolischer Wert begriffen werden, der nach außen hin eine noch immer intakte verbandliche Repräsentativität demonstrieren sollte.[188] Besondere Relevanz besitzt diese Marge zudem im Bereich der Bauwirtschaft, da die Organisierung von 50% der Beschäftigten die legale Voraussetzung für die (dort bei vielen manteltariflichen Regelungsgegenständen übliche sowie für die Umsetzung der europäischen Mindestlohnverordnung nötige) Allgemeinverbindlichkeitserklärung von Tarifverträgen ist. Obwohl man auch hier „nicht genau weiß", wie hoch der Organisationsgrad tatsächlich ist[189], und das

---

[188] Zum Vergleich seien hier die Daten von Schroeder (2000b:232) zum Beschäftigtenorganisationsgrad im Bereich der besonders stark vom Mitgliederrückgang betroffenen ostdeutschen Metallarbeitgeberverbände angegeben. Zum Zeitpunkt der empirischen Erhebungen für die vorliegende Studie betrug dieser nach den Berechnungen von Schroeder 43,6 % (1996) bzw. 41,4 % (1997) und sank 1998 erneut auf nur noch 32,0 %.

[189] In den Untersuchungen des IAB wird der betriebliche Organisationsgrad des ostdeutschen Baugewerbes relativ konstant mit etwa 40 % angegeben (1996:38,9 %; 1997: 40,6 %; 1998:39,5 %; Kohaut/Schnabel 1998, 1999). Damit liegt er eklatant niedriger als im Westen (ca. 70 %). Der Organisationsgrad bezieht sich jedoch auf Bauhandwerk und Bauindustrie gemeinsam. Im hier untersuchten Bereich der Bauindustrie dürfte

„eine Frage wäre, die uns brennend interessiert, (...) geht man davon aus, dass man gemeinsam mit dem Bauhandwerk mehr als 50% der Arbeitnehmer in den Mitgliedsfirmen beschäftigt hat" (AGV-B 4).

Etwas exaktere Angaben konnten die GesprächspartnerInnen hingegen i.d.R. zur *Mitgliederentwicklung* der Verbände geben. Laut diesen war seit 1991 ein deutlicher Mitgliederrückgang im Bereich aller drei befragten ostdeutschen Branchenarbeitgeberverbände zu verzeichnen. Die Situation in den einzelnen Branchen stellt sich jedoch durchaus differenziert dar. Besonders deutlich und anhaltend fiel der Mitgliederrückgang im Bereich der *Metall- und Elektroindustrie* aus (vgl. Tabelle 9). In den von uns untersuchten Ländern Thüringen und Sachsen sanken die Mitgliederzahlen zwischen 1991 und 1996 um rund 40%. Der Mitgliederschwund hielt zudem zum Zeitpunkt der Interviews Ende 1996 weiterhin an.

Tabelle 9:   Mitgliedsbetriebe von Gesamtmetall in den neuen Bundesländern (1990 bis 1998)

Regional-verband	1990	1991	1992	1993	1994	1995	1996	1997	1998
Mecklenburg-Vorpommern	75	86	80	76	69	64	61	41	41
Ostberlin/Brandenburg	270	315	287	269	220	169	153	120	112
Sachsen-Anhalt	221	245	223	208	210	171	130	130	108
Sachsen	364	435	421	334	315	249	205	184	172
Thüringen	272	284	267	224	169	139	106	89	70
Gesamt	1202	1365	1278	1111	983	792	655	564	503

Quellen: Gesamtmetall (1993, 1995) sowie Schroeder (2000:234)

Betrachtet man die Verbandsbindung der von uns untersuchten 19 ostdeutschen Metall- und Elektrobetriebe, so zeigt sich auch hier deutlich die Austrittsbewegung aus dem Arbeitgeberverband. Zwar waren immerhin 10 der 19 Untersuchungsbetriebe zum Interviewzeitpunkt reguläres Mitglied im regionalen Arbeitgeberverband der Metall- und Elektroindustrie; ein weiteres Unternehmen genoss einen Status als 'Gastmitglied' zu Sonderkonditionen; von den übrigen acht Unternehmen waren jedoch zwei in den letzten Jahren von Gesamtmetall zum (tariflich 'billigeren') Arbeitgeberverband der Chemischen Industrie übergewechselt (M3, M7). Sechs

---

der Organisationsgrad tendenziell höher liegen als im Handwerk. Aufgrund der besseren Organisierung größerer Unternehmen lag zudem der Beschäftigtenorganisationsgrad im ostdeutschen Baugewerbe 1998 immerhin noch bei 50,3% (Kohaut/Schnabel 1999). Die Daten müssen aber trotzdem als ernstzunehmendes Warnsignal für die als Tarifpartner agierenden Spitzenverbände von Bauhandwerk und -industrie interpretiert werden, dass das für die Allgemeinverbindlichkeitserklärung von Tarifverträgen notwendige Quorum von 50 % in Ostdeutschland aktuell bedroht ist.

Unternehmen waren nicht (mehr) tarifgebundenes Mitglied eines Branchenarbeitge-
berverbandes. Davon waren immerhin vier (M2, M13, M18, M19) ehemals Mitglied
bei Gesamtmetall gewesen, bevor sie ihre Mitgliedschaft kündigten. Bei allen vier
Betrieben erfolgte der Austritt erst nach dem Tarifkonflikt und der Tarifwende im
Jahr 1993; bei der Mehrzahl sogar erst etwa Mitte der 90er Jahre.

Verhältnismäßig stabiler stellt sich die verbandliche Situation im Bereich der
Bauindustrie dar. Auch hier verzeichneten die Verbände zwar insbesondere im
Gefolge der einsetzenden Baukrise ab 1995 vermehrte Austritte, die besonders hohe
Regulierungsbedürftigkeit des Bauarbeitsmarktes und die Existenz branchenweit
verbindlicher Regulierungssysteme, wie etwa das Sozialkassensystem sowie viele
allgemeinverbindliche Tarifverträge scheint jedoch die Verbandsbindung in der
Bauwirtschaft zu stabilisieren (vgl. Bosch/Zühlke-Robinet 1999). Zudem ist der
Hauptverband der deutschen Bauindustrie zugleich Arbeitgeber- als auch Wirtschaftsverband und seine wirtschaftspolitische Lobbytätigkeit stellt einen erheblichen zusätzlichen Organisationsanreiz dar. Von unseren 15 Untersuchungsbetrieben
waren jedenfalls nur drei nicht (mehr) Mitglied in einem Arbeitgeberverband (B2,
B6, B13). Davon hatten zwei ihren Austritt erst nach 1995 erklärt.

Auch im Bereich der *Chemischen Industrie* war der Mitgliederschwund - angesichts
eines bereits 1992 recht niedrigen Mitgliederstands - in den folgenden Jahren nicht
in gleichem Maße ausgeprägt wie etwa im Bereich der Metall- und Elektroindustrie.
Mit dem Ende der Privatisierungs- sowie grundlegenden Restrukturierungsphase im
Bereich der Chemischen Industrie verlor die Austrittsbewegung etwa seit Mitte der
90er Jahre deutlich an Dynamik (vgl. Artus 1996a), wie sich auch an der folgenden
Tabelle zeigt:

Tabelle 10:   Anzahl der Mitgliedsbetriebe des Arbeitgeberverbandes Chemie
                    und verwandte Industrien Ost e.V. (AVCO) 1992-1996

	1992	1993	1994	1996*
Brandenburg	31	28	27	k.A.
Mecklenburg- Vorpommern	11	9	6	k.A.
Sachsen	79	63	52	55
Sachsen-Anhalt	68	64	72	Sachs.A./Thü
Thüringen	24	21	21	zus.: 96
Gesamt	213	185	178	172

* Angaben im Interview

Quellen: Jahres- bzw. Tätigkeitsberichte des AVCO 1992, 1993, 1994, eigene Erhebungen

Obgleich der Rückgang der Mitgliederzahlen im Bereich der Chemieindustrie also
verhaltener war als in anderen Branchen, tat man sich auch hier zunehmend schwer
damit, neue Mitglieder zu gewinnen, wie eine Funktionärin des AVCO Ende 1996
im Interview betonte:

„Ich meine, in den letzten zwei Jahren hat sich ja doch die öffentliche Diskussion in 'ne ganz andere Richtung entwickelt. Ich meine, es ist ja heute noch sehr viel unattraktiver Mitglied eines Arbeitgeberverbandes zu werden als noch vor zwei Jahren." (AGV-C 2)

Deutlicher als in den beiden anderen Branchen zeigt sich bei den Untersuchungsbetrieben im Bereich der Chemieindustrie der - generell nachweisbare - Zusammenhang zwischen *Betriebsgröße und Verbandsbindung.* Während alle sechs Untersuchungsbetriebe mit mehr als 500 Beschäftigten Mitglied des einschlägigen Branchenarbeitgeberverbands waren, waren die vier übrigen kleineren Unternehmen nicht (mehr) tarifgebunden. Letztere waren zudem mehrheitlich nicht in Kernsektoren der Chemischen Industrie tätig, sondern in chemieverwandten Branchen mit i.d.R. wesentlich prekäreren Verwertungsbedingungen und geringeren Profitmargen (vgl. hierzu auch Artus u.a. 2000:147ff.).

In allen drei Branchen wiesen die GesprächspartnerInnen in den Verbänden darauf hin, dass neben der Betriebsgröße auch die *Konzernanbindung* eine wichtige Rolle für die Verbandsbindung spiele. Generell wurde betont, dass in der Regel „die ganz Großen schon im Verband sind" (AGV-C 2), - ebenso wie die Filialbetriebe westdeutscher Konzerne. Diese Aussage wird bestätigt durch einen Blick auf die Untersuchungsbetriebe, bei denen ebenfalls ein klarer Zusammenhang zwischen Verbandsbindung und Betriebsgröße sowie Unternehmensform besteht: Nur drei der insgesamt 13 nicht-verbandsgebundenen Betriebe haben mehr als 300 Beschäftigte (M2, B2, GK3). Und ebenfalls nur drei der nicht-verbandsgebundenen Betriebe sind konzerngebunden, d.h. also nicht mittelständisch geprägt (M2, M18, C5). Für unsere Untersuchungsbetriebe kann man daher die Feststellung treffen, dass Betriebe mit über 300 Beschäftigten sowie konzerngebundene Betriebe in der Regel verbandsgebunden sind, - während dies nur für jeweils etwa die Hälfte der kleineren sowie der mittelständischen Betriebe zutrifft. Das angestammte Verbandsklientel der größeren Konzernbetriebe ist also auch im Osten relativ stabil tarifgebunden, während die kleineren Mittelstandsbetriebe eine umkämpfte und keineswegs eroberte Organisationsdomäne darstellen. Interessant scheint allerdings die Beobachtung, dass die wenigen 'Ausnahmebetriebe' in unserem Untersuchungssample, die diesem Schema nicht entsprechen, also nicht-verbandsgebundene größere sowie konzern-gebundene Betriebe, sämtlich ehemals einem Arbeitgeberverband angehörten und erst Mitte der 90er Jahre austraten. Der Trend zum Verbandsaustritt macht sich also offenbar zunehmend auch in verbandlichen Kernbereichen bemerkbar. Dennoch betonten fast alle unsere GesprächspartnerInnen in den Verbänden, dass zwar die Mitgliederzahlen zurückgingen, eine regelrechte „Verbandsflucht" gebe es jedoch nicht:

„Es sind also weder Unmengen dazugekommen, noch sind Unmengen rausgegangen und, ich meine, da gab's ganz unterschiedliche Gründe, warum man also ausgetreten ist. Aber dass wir jetzt nach Tarifabschlüssen irgendwelche Massenaustritte gehabt hätten, das kann man überhaupt nicht behaupten." (AGV-C 2)

3.2.2 Mangelnde Verpflichtungsfähigkeit der Arbeitgeberverbände: die innere Erosion des Flächentarifvertrags

Während die Zunahme von Verbandsaustritten zumindest nicht so stark ist, dass der schiere Bestand der Arbeitgeberverbände bedroht wäre, scheint jedoch die Verpflichtungsfähigkeit der Verbände gegenüber ihren Verbandsmitgliedern in vergleichsweise dramatischerer Form abzunehmen. Viele Betriebe wollen zwar auf die verbandlichen Serviceleistungen nicht verzichten und bleiben daher Verbandsmitglied; die mit der Verbandsbindung verknüpfte Tarifbindung wird oder würde jedoch gerne negiert.[190] So kann man etwa im Bereich der Metall- und Elektroindustrie zwar kaum von einer 'Verbandsflucht', wohl jedoch von einer stark abnehmenden Bereitschaft zur Einhaltung flächentariflicher Standards sprechen:

> „Wir sind da immer sehr vorsichtig wenn solche Veröffentlichungen kommen von wegen Verbandsflucht. Was man eindeutig sagen muss, ist, dass die Bereitschaft, sich in den Flächentarif einzuklinken, die hat nachgelassen, ist eindeutig." (AGV-M 4)

Ein weiterer Gesprächspartner berichtete, dass man aktuell in erster Linie mit dem umfassenden Beratungsangebot zu allen Bereichen der Personalpolitik Werbung für die Mitgliedschaft mache. Unter anderem informiere man die Betriebe auch darüber, wie man die Einhaltung der Tarifbestimmungen umgehen könne. Das eigentliche „Produkt des Verbandes", die Tarifbindung, sei gegenwärtig hingegen kaum gefragt (AGV-M 3).

Besonders mangelhaft scheint die *Verpflichtungsfähigkeit der Arbeitgeberverbände im Bereich der Metall/Elektro- sowie der Bauindustrie* zu sein.[191] Nach einhelliger Einschätzung der VerbandsfunktionärInnen hielt zum Interviewzeitpunkt die Mehrheit der Mitgliedsfirmen die flächentariflichen Standards nicht mehr ein. Allenfalls „die großen, namhaften Firmen" gestalteten die Arbeits- und Entlohnungsbedingungen noch nach Tarif, aber „je kleiner und je komplizierter und je weniger durchschaubar die Situation ist, desto größer wird die Flexibilität" (AGV-M 4). In vielen (vor allem kleineren) Untersuchungsbetrieben wurde diese Darstellung bestätigt. So rechtfertigte etwa der Geschäftsführer des Baubetriebs B11 die betriebliche Praxis des Tarifdumpings mit dem Hinweis:

> „Der Arbeitgeberverband weiß, dass 90% [der Mitgliedsbetriebe] keinen Tarif zahlen und der toleriert das." (B11-GL-97)

Sowohl für die Thüringer als auch für die sächsische Metallindustrie konstatierten die InterviewpartnerInnen grob eine Art Dreiteilung der Verbandsbetriebe: Etwa ein Drittel zahle ganz normal nach Tarif, ein Drittel habe von der Möglichkeit tariflich

---

[190] In organisationssoziologischer Terminologie würde man dieses Phänomen als Auseinanderfallen von Teilnahme- und Leistungsmotivation bezeichnen (Traxler 1986:18), - ein Grundproblem nicht nur von Tarifverbänden, sondern aller Organisationen, die Leistungserwartungen an ihre Mitglieder stellen (Mayntz 1963:125ff.).

[191] Zu den branchenspezifischen Flexibilisierungsmustern des Flächentarifs, d.h. den branchenspezifischen Formen sowie Bereichen betrieblicher Abweichung von tariflichen Normen vgl. genauer Artus/Sterkel 1998 sowie Artus/Schmidt/Sterkel 2000.

regulierter Flexibilisierung im Rahmen eines Härtefalltarifvertrags Gebrauch gemacht und ein Drittel „macht selber was" (AGV-M 4), - was wohl andeuten soll, dass es sich um Formen der Tarifabweichung ohne Einbeziehung der Tarifparteien handelt. Und auch im Baubereich betonte man, dass „eher über die Hälfte als unter die Hälfte der Betriebe in dieser oder jener Weise von tariflichen Regelungen abweichen" (AGV-B 3). Dass man sich innerhalb der Arbeitgeberverbände der Bauindustrie ungeregelter Tarifabweichungen in erheblichem Ausmaß bewusst war, zeigte sich auch daran, dass man schon einigermaßen froh darüber war, wenn der Tarif für die Verbandsmitglieder noch eine gewisse Orientierungsfunktion zu haben schien. Angesichts weitgehend deregulierter Bedingungen auf dem Bauarbeitsmarkt bewertete man es bereits positiv, dass die im Verband organisierten Betriebe „wenigstens annähernd Tarif zahlen, also eine Mark drunter, zwei Mark drunter, drei Mark drunter, so in dem Bereich" (AGV-B 4). Bei auf dem Arbeitsmarkt besonders gefragten Beschäftigtengruppen, etwa den Polieren, komme der Tarif zudem „als höchstmögliche Bezahlung schon noch vor" (AGV-B 4).

Einzig im Bereich der Chemischen Industrie schien die Verpflichtungsfähigkeit der Verbände auf die ausgehandelten Tarifergebnisse noch einigermaßen intakt.

> „Also, ich hab' eher den Eindruck, dass viel mehr den Tarif zahlen als man denkt. Das ist eigentlich mein Eindruck, weil 'nen Chemiefacharbeiter, 'nen Fachmann, in vielen Bereichen können Sie dort eben wirklich keinen von der Straße einstellen. Das ist der Punkt." (AGV-C 2)

Während die tariflichen Arbeits- und Entgeltbedingungen weitgehend betrieblich umgesetzt würden, werde jedoch gegen eine andere Chemie-Branchennorm im Osten klar verstoßen: Die im Westen übliche zweite betriebliche Lohn- und Gehaltsrunde, bei der in der Vergangenheit in den meisten westdeutschen Chemiekonzernen erhebliche übertarifliche Leistungen vereinbart wurden, gebe es im Osten so gut wie nicht:

> „Ich meine schon, die überwiegende Zahl [der Betriebe] zahlt nur Tarif. Aber es gibt schon auch Firmen, die übertarifliche Zahlungen machen. (...) Die meisten zahlen wirklich nur den nackten Tarif." (AGV-C 2)

Diese Wahrnehmung und Darstellung der betrieblichen Realität durch die VerbandsexpertInnen der verschiedenen Branchen deckt sich im Großen und Ganzen auch mit den Daten aus unseren Untersuchungsbetrieben, wobei sich hier die Branchenspezifik sogar noch deutlicher konturiert. Während alle verbandsgebundenen Unternehmen der Chemischen Industrie die Tarife weitgehend einhielten, wich die Mehrheit der Metall- sowie Bauunternehmen trotz Verbandsbindung in wesentlichen Punkten vom Flächentarif ab. In der Metallindustrie erfolgten die Tarifabweichungen in der Mehrzahl der Fälle in Form einer regulierten Flexibilisierung, d.h. durch Inanspruchnahme der tariflichen Härtefall-, bzw. ab Frühjahr 1997 der Beschäftigungssicherungsklausel. In den Bauindustriebetrieben hingegen wurden die untertariflichen Konditionen in der Regel einfach innerbetrieblich von der Geschäftsleitung dekretiert und allenfalls mit dem Betriebsrat abgestimmt.

Insgesamt ist also im Bereich der ostdeutschen Arbeitgeberverbände eine generelle Krise normativer Verbandsintegration zu beobachten, wobei die Situation in einzelnen Branchen jedoch unterschiedlich ausgeprägt ist: Die Arbeitgeberverbände der Metall- und Elektroindustrie litten in der Vergangenheit unter einem besonders massiven Mitgliederschwund sowie deutlich schwindender innerverbandlicher Verpflichtungsfähigkeit. Die verschiedenen Instrumente regulierter Flexibilisierung scheinen zwar wenigstens partiell dazu geeignet zu sein, eine gewisse Einflussmacht der Tarifverbände auf die verbandlich gebundenen Betriebe aufrechtzuerhalten, insgesamt muss die Situation dennoch als ausgesprochen prekäres Krisenmanagement beschrieben werden. Die Tendenzen sowohl zu einer äußeren wie zu einer inneren Erosion des Flächentarifvertrags sind ausgeprägt. Die Situation im Bereich der ostdeutschen Bauindustrie ist zugleich weniger dramatisch und dennoch deutlich bedenklicher: Weniger ausgeprägt scheint hier der Mitgliederschwund und die äußere Erosion des Flächentarifvertrags; deutlicher hingegen ist die ausgesprochen geringe Verpflichtungsfähigkeit der Verbände gegenüber den Betrieben, was die Einhaltung tariflicher Standards angeht. Die innere Erosion des Flächentarifvertrags ist hier eine bedrohliche Entwicklung. Instrumente einer regulierten Flexibilisierung fehlten zum Untersuchungszeitpunkt noch völlig.[192] Das Paradoxon relativ stabiler Verbandsbindung bei gleichzeitig massiven Tendenzen zur Unterschreitung der Tarifverträge in der Bauindustrie erklärt sich wenigsten teilweise durch einige verbandliche Besonderheiten im Bereich der Bauindustrie: Erstens wird der Organisationsgrad durch vergleichsweise viele allgemeinverbindliche Tarifverträge (u.a. im Zusammenhang mit dem Sozialkassensystem der Bauwirtschaft) stabilisiert; zweitens ist der Verband der deutschen Bauindustrie - anders als die Arbeitgeberverbände der Metall- und der Chemieindustrie - zugleich Arbeitgeber- und Wirtschaftsverband. Die wirtschaftspolitische Interessenvertretung und Lobbyarbeit des Bauindustrieverbandes stellt sowohl einen Schwerpunkt der Verbandstätigkeit als auch einen zentralen Organisationsanreiz für die Mitgliedsbetriebe dar. Die im Baubereich wahrnehmbare tendenzielle Entkopplung von Verbands- und Tarifbindung ist also wohl damit zu erklären, dass erstens die Geltung vieler - allgemeinverbindlicher - Tarifbestimmungen für die Betriebe nicht direkt von einer Verbandsmitgliedschaft abhängig ist[193] und zweitens die Tariffunktion nicht die einzige zentrale Funktion des Unternehmerverbandes als Arbeitgeber- *und* Wirtschaftsverband darstellt. Im Bereich der ostdeutschen Chemieindustrie schließlich scheint die verbandliche Welt beinahe noch in Ordnung. Zwar leidet der Verband auch hier unter dem generellen Trend abnehmender Popularität einer Verbandsmitgliedschaft, betriebliche exit- sowie voice-Optionen der Mitglieder halten sich jedoch in Grenzen. Es existieren einige Anzeichen dafür, dass die relativ intakte Verbandsintegration nicht zuletzt dadurch erreicht wird, dass eine vergleichsweise homogenere Gruppe von Betrieben organisiert wird, - nämlich insbesondere größere Unternehmen mit westlicher Konzernanbindung, die in zentralen Bereichen der Großchemie sowie der Pharmazeutischen Industrie tätig sind.

---

[192] Auch nach Einführung der sogenannten Beschäftigungssicherungsklausel 1997 in der ostdeutschen Bauindustrie scheint jedoch die Situation nicht wesentlich verbessert zu haben (vgl. Kap.III.1.3.2.2).

[193] Die positive Wirkung von Allgemeinverbindlichkeitserklärungen auf die Organisationsfähigkeit von Arbeitgeberverbänden zeigt sich sehr deutlich auch im Rahmen einer Studie, die den Zustand der Tarifvertragssysteme in den OECD-Staaten anhand statistischer Daten vergleicht. „Die Institution der Allgemeinverbindlichkeit wirkt als eine Art 'Rute im Fenster', die die Arbeitgeber zur Mitgliedschaft solange veranlasst, als ihnen die Möglichkeit ihrer Anwendung glaubhaft erscheint" (vgl. Traxler 1997:112).

3.2.3 Probleme verbandsinterner Willensbildung

Organisationssoziologisch gesehen lässt sich eine Krise normativer Verbandsintegration gewöhnlich mit unzureichenden verbandsinternen Interessenaggregations- und – vermittlungsprozessen erklären. Dieser Erklärungs-ansatz besitzt auch für den Bereich ostdeutscher Arbeitgeberverbände einige Plausibilität. Der innerverbandliche Willensbildungsprozess zeichnet sich erstens durch eine relativ starke Interessenheterogenität aus und zweitens durch besonders restringierte Bedingungen ihrer diskursiven Vermittlung.

Die stark heterogene ostdeutsche Betriebslandschaft als (Hinter)-Grund erheblicher Interessenheterogenität der verbandlichen Mitgliederklientel wurde bereits mehrfach erwähnt. Eine besondere Sprengkraft besitzt diese jedoch dadurch, dass im Bereich der ostdeutschen Verbände das Thema der tariflichen Angleichung an Westdeutschland als verbandspolitisches Dauerthema die Interessenpositionen der Mitgliederklientel in erheblichem Maße polarisiert. Unter normalen Verhältnissen besteht eine zentrale Aufgabe der Arbeitgeberverbände sowie ein zentrales Interesse deren Mitgliedsbetriebe in der Herstellung fairer Konkurrenzbedingungen, d.h. vor allem in der Sicherung *einheitlicher* Standards im Lohnbereich. Diese Konstante arbeitgeberverbandlicher Zielorientierung wurde im Zuge der ostdeutschen Transformationskrise jedoch zunehmend in Frage gestellt und es kam (und kommt) zu heftigen verbandsinternen Auseinandersetzungen darüber, was 'faire' Konkurrenzbedingungen zwischen ost- und westdeutschen Betrieben sein können. Oder anders: Wieviel Standortvorteil Ost muss den ostdeutschen Betrieben aus der Sicht kollektiver Unternehmerinteressen eingeräumt werden? Die Nicht-Existenz eines normativen Konsenses in dieser verbandspolitisch zentralen Frage prekarisiert erstens die Herstellung von Glaubwürdigkeit im Prozess der Interessenvermittlung innerhalb der ostdeutschen Arbeitsgeberverbände sowie zweitens im Verhältnis zwischen den ostdeutschen Verbänden und dem Bundesverband.

Im Binnenverhältnis zwischen den ostdeutschen Verbänden und ihren Mitgliedern ist das Thema der Tarifangleichung an westdeutsche Verhältnisse deshalb ein schwieriges, da zwar die Mehrheit der Mitgliedsbetriebe für die Aufrechterhaltung eines niedrigeren Tarifniveaus-Ost votieren dürfte, die verbandlich aktivsten Mitgliedsbetriebe sind jedoch im Regelfall größere Konzernbetriebe mit westdeutscher Mutter. In diesen Betrieben findet sich typischerweise eine Mixtur teils widersprüchlicher Motivlagen. Obwohl auch für die ostdeutschen Konzernfilialen niedrigere Löhne zweifelsfrei einen positiven Mitnahmeeffekt besitzen und die Konkurrenzsituation der Filiale innerhalb des Konzerns verbessern, so favorisieren doch viele Konzernleitungen (z.B. großer Baukonzerne) aus ordnungs- sowie konkurrenzpolitischen Gründen mittelfristig eine Angleichung der Ost- und Westtarife, - wodurch kapitalschwächere ostdeutsche Unternehmen aus dem Markt gedrängt würden. Im Rahmen unserer empirischen Erhebungen fanden wir jedenfalls einige Beispiele dafür, dass der Ruf nach billigen Löhnen als Wettbewerbsvorteil für die ostdeutsche Wirtschaft zumindest nicht von allen Mitgliedsbetrieben der Verbände mit gleichem Nachdruck erhoben wird, - und dass eine glaubwürdige sowie repräsentative tarifpolitische Strategiefindung beim Thema der Ost-West-Tarifangleichung angesichts kontrårer Interessenlagen der Mitgliedsbetriebe im Marktwettbewerb für die Verbände durchaus problematisch ist (vgl. u.a. die nachfolgenden Kapitel III.3.3.4 und III.3.3.5).

Noch deutlicher zeigt sich die Sprengkraft des ungleichen Tarifniveaus für eine kollektive unternehmerische Interessenvertretung, wenn man die Einbindung der ostdeutschen Verbandsgliederungen in die bundesweite Politik der Arbeitgeberverbände betrachtet. Sowohl aus Sicht vieler Geschäftsleitungen als auch aus Sicht der ostdeutschen VerbandsfunktionärInnen werden die westdeutschen Arbeitgeberverbände zumindest partiell als Interessengegner wahrgenommen. Dass die Marktkonkurrenz zwischen west- und ostdeutschen Betrieben angesichts des Fehlens einer beiderseits geteilten Norm bezüglich der Frage, was 'gerechte' Konkurrenzbedingungen zwischen ost- und westdeutschen Betrieben sind, sich auch in einem grundlegenden Misstrauen zwischen west- und ostdeutschen Verbandsgliederungen niederschlägt, zeigt sich sehr deutlich in den folgenden Statements ostdeutscher ArbeitgeberverbandsfunktionärInnen:

> „Uns braucht man hier doch nicht. Wir sind doch überflüssige Konkurrenten. Das, was hier produziert wird, das kann man in den alten Bundesländern doch locker mitmachen." (AGV-M 3)

> „Also zu Anfang, in den ersten Jahren war es so die Tendenz, ich kann sie nie mit Händen greifen, dass man sagt, die Westbetriebe wollen, dass wir so schnell wie möglich im Osten angeglichen werden, damit die reihenweise kaputtgehen, ja? So in der Art." (AGV-B 3)

> „Natürlich sind unsere Mitglieder auch Konkurrenten untereinander. Das darf man ja auch nicht vergessen. (...) Ich will 'mal so sagen, für einige Firmen, nur 'mal so am Rande bemerkt, irgendwo hab ich 'mal gelesen, dass das, was hier in der Chemie produziert wird, da gibt's sicherlich Ausnahmen, aber dass man das von dem, was an Kapazität im Westen da ist, möglicherweise ganz locker mitmachen könnte. Hab' ich mal irgendwo gelesen. Also, das ist jetzt nicht unbedingt für's Protokoll bestimmt, aber, ich meine, das spricht schon Bände, würd ich 'mal so sagen."(AGV-C 2)

Das Misstrauen nicht nur der ostdeutschen Betriebe, sondern auch der ostdeutschen ArbeitgeberverbandsfunktionärInnen, was eine 'gerechte' Interessenwahrung der ostdeutschen Betriebe innerhalb der bundesweiten Verbandsstrukturen betrifft, wird noch dadurch verstärkt, dass man sich innerhalb des Bundesverbandes als kaum durchsetzungsfähig und politisch vom Westen abhängig erlebt:

> „Wenn der VSME [der Verband der Sächsischen Metall- und Elektroindustrie] kommt mit seinen 270 Mitgliedsfirmen und seinen so und soviel Tausend Beschäftigten, da lacht sich Nordrhein-Westfalen kaputt." (AGV-M 4)

> „Ich denke schon, dass wir [der ostdeutsche Arbeitgeberverband der Chemischen Industrie] eben nur ein kleiner Verband von 15 anderen Westverbänden in 'nem Bundesverband sind und dass wir nicht allzu großes Gewicht haben. Das würd' ich schon 'mal behaupten. Also, es ist schon relativ uninteressant, was hier passiert, würd' ich 'mal denken. (...) Ja gut, das ist auch immer 'ne Frage, was repräsentiert man für 'ne Mitgliederzahl."(AGV-C 2)

> „Im Sozialpolitischen Ausschuss, der [in der Bauindustrie] die bundesweite Tarifpolitik bestimmt, hat jeder Landesverband eine Stimme. Jetzt können Sie sich ausrechnen, was die neuen Bundesländer da für einen Stimmenanteil haben. (...) Aber es war natürlich, das unterstelle ich 'mal so boshaft, bei den alten Bundesländern nie ein Interesse dran, das Lohnniveau hier sehr niedrig zu halten. Das heißt also, obwohl wir seit zwei drei Jahren dagegen [gegen die Angleichungspolitik]

schießen, werden wir regelmäßig überstimmt in diesem Gremium, und es kommt letztendlich doch zu dem Abschluss." (AGV-B 5)

Summa summarum scheint also die von vielen ostdeutschen Verbandsmitgliedern erhobene Forderung nach einer 'dezidierteren Vertretung ostdeutscher Interessen' durch die Arbeitgeberverbände leichter gesagt als getan: Die Strategie der Abkopplung ostdeutscher Tariflöhne vom Westen widerspricht jedenfalls tendenziell nicht nur den Interessen der - auf bundesweiter Verbandsebene wesentlich einflussreicheren - westdeutschen Betriebe sowie Mitgliedsverbände, nicht einmal 'im eigenen Lager' der ostdeutschen Regionalverbände darf den Mitgliedsbetrieben pauschal eine diesbezüglich einheitliche Interessenlage unterstellt werden.[194] Solange jedenfalls das ungleiche Tarifniveau zwischen West- und Ostdeutschland weiterhin eine innerverbandliche Diskussion über 'faire Standortvorteile' nötig macht, solange bleibt die Vermittlung der diesbezüglich konträren Interessenpositionen für die ostdeutschen Arbeitgeberverbände ein Problem, welches sowohl auf regionaler Ebene als auch auf bundesweiter Ebene eine permanente innerverbandliche Zerreißprobe darstellt. Diese schwierige Situation der ostdeutschen Verbände kommentierte ein Interviewpartner der Bauindustrie mit den Worten:

> „Der Verband versucht das Unmögliche, nämlich die Interessen unter einen Hut zu bringen. Dieser Versuch ist gegenwärtig eine Art Quadratur des Kreises." (B4-GL-97)

Ist also einerseits der innerverbandliche interessenpolitische Sprengstoff besonders umfangreich, so sind andererseits die Prozesse der innerverbandlichen Interessenvermittlung in ihren Möglichkeiten besonders beschränkt. Fast alle VerbandsfunktionärInnen klagten über eine mangelnde Bereitschaft der Unternehmen, sich am innerverbandlichen Willensbildungsprozess zu beteiligen:

> AGV: „Das ist wirklich ganz ganz kompliziert. Da noch jemanden zu motivieren, dann dort auch noch 'ne Funktion zu übernehmen neben den großen Problemen, die häufig in der eigenen Firma zu bewältigen sind." (AGV-C 2)

> AGV: „Also, es ist 'ne relativ breite demokratische Basis, wobei, nicht immer, finde ich, die Firmen auch verstehen, dass sie sich da [in der Verbandsarbeit] engagieren müssen."

> I: „Also sie drängeln nicht, dass sie da mitmachen?"

> AGV: „Wir haben Schwierigkeiten, wenn Leute ausscheiden, da entsprechend frei werdende Stellen neu zu besetzen. Es ist eben auch bei Tarifverhandlungen zum Teil erschreckend, dass 'ne große Anzahl nicht kommt. Und das ist eigentlich für uns 'ne Sache, wo wir sagen, also, sich letztlich an der verbandlichen Willensbildung nicht zu beteiligen und über n' Tarifabschluss im Nachhinein meckern und vielleicht dann sogar austreten, das ist eigentlich irgendwo 'ne Sache, die nicht ganz zusammenpasst." (AGV-C 3)

Sind die Probleme bei der Rekrutierung ehrenamtlicher VerbandsaktivistInnen

---

[194]Zwar dürften die seit 1996/97 erfolgten tarifpolitischen Abkopplungsschritte den Vorwurf einer inadäquaten Interessenpolitik der ostdeutschen Arbeitgeberverbände inzwischen ein Stück weit entschärft haben, dieser 'Erfolg' der ostdeutschen Verbandsgliederungen ist jedoch möglicherweise auch darauf zurückzuführen, dass die westdeutschen Verbandsgliederungen es zunehmend als irrelevant empfinden, was im weitgehend deindustrialisierten Osten tarifpolitisch passiert.

teilweise noch damit zu erklären, dass in den ostdeutschen mehrheitlich kleinen Betrieben „nicht das Potential da ist" (AGV-M 3) an hochqualifizierten Angestellten wie im Westen, so leiden die Arbeitgeberverbände jedoch auch unter einer vergleichsweise geringeren Attraktivität. Es fehlt offenbar ein gewisser affektiver Bezug gegenüber den Verbänden als kollektiver Interessenvertretung, wie er im Westen als Resultat einer jahrzehntelangen Organisationstradition vorhanden ist:

> „Im Westen wird es noch immer als eine Auszeichnung angesehen, wenn man Mitglied in einem Gremium des Arbeitgeberverbandes ist. Das ist hier im Osten nicht so." (AGV-M 3)

> „In vielen ostdeutschen Baubetrieben, die haben auch das traditionelle Verhältnis zu den Verbänden nicht so. Das ist n' Zweckbündnis erst 'mal gewesen. Es ist keine Tradition so stark nicht." (AGV-B 2)

> „Also ich, ich denke dass die Solidarität, die es in dem Alt-Bundesgebiet gibt und diese Selbstverständlichkeit, dass eben 'ne gestandene Firma auch Mitglied des Arbeitgeberverbandes ist, das gibt's hier einfach nicht." (AGV-C 2)

Besonders prekär allerdings erscheint die Einschätzung mehrerer VerbandsfunktionärInnen, wonach selbst diejenigen VertreterInnen der 'Basis', die sich in den Verbandsgremien engagieren, dort nur unzureichend ihre Interessen vertreten, - geschweige denn von ihren eigenen Interessen abstrahieren, um bei der Definition einer geeigneten kollektiven Interessenvertretungsstrategie mitzuwirken. In manchen Fällen scheint es sich eher um eine Art formaler Gremienpräsenz zu handeln, denn um den Versuch einer aktiven Mitbestimmung und Mitverantwortung:

> „Also, ich mein', was nützt mir's, wenn in der Tarifverhandlung 'ne Tarifkommission sitzt, wo nur zwei Leute ihre Meinung sagen. Der Rest schweigt. Und, ich meine, das andere Problem ist aus meiner Sicht (...) man stellt doch häufig dann auch fest, dass die Firmen, die dann in der Tarifkommission sitzen auch ihre persönliche Meinung äußern zu 'ner bestimmten Sache. So in der Diskussion, ne. Und manche Dinge werden ja doch auch im Laufe der Tarifverhandlung noch, die ergeben sich dann. Und dann muss das Gremium, dann darüber beraten und beschließen, ne. Und dann stellt man immer wieder fest, dass dort eben auch subjektive Gründe in den Vordergrund treten, also dass die Leute, die dann dort drinsitzen immer nur das allgemeine Ganze im Auge haben, das wage ich zu bezweifeln. Das merkt man dann auch aus den Meinungsäußerungen. Und das halt ich eben dann für gefährlich, wenn dann sich wenige beteiligen und dann eben ihre subjektive Meinung äußern, die dann zu 'nem Ergebnis führt, das nicht allen entspricht, ne."(AGV-C 2)

> „Das ist ein Problem, dass die Betriebe in der Tarifkommission sitzen, ohne das Maul aufzumachen und danach kritisieren sie alles." (AGV-C 3)

Als Ursache für dieses Phänomen kann sicherlich einerseits mangelhafte Erfahrung bezüglich der Funktionsweise intermediärer Verbände sowie der Mechanismen der Willensbildung kollektiver Interessenorganisationen angeführt werden; andererseits liegt jedoch auch die Vermutung nahe, wonach die ostdeutschen Verbandsmitglieder ein geringeres Bewusstsein von der Wichtigkeit arbeitgeberverbandlicher Politik und also der Einflussnahme auf dessen politische Strategiebestimmung haben als dies in Westdeutschland gewöhnlich vorauszusetzen ist. Die vergleichsweise geringe Bereitschaft der ostdeutschen Mitgliedsbetriebe, sich am innerverbandlichen Interessenaggregations- und vermittlungsprozess zu beteiligen, scheint jedenfalls durchaus die

Gefahr einer nicht repräsentativen Verbandspolitik zu evozieren, d.h. einer Politik, die nicht oder nur unzureichend auf einem glaubhaften Prozess verbandsinterner Interessenvermittlung basiert. Defizite normativer Verbandsintegration sind die logische Folge einer solchen unzureichenden verbandlichen Partizipation.

3.3 Eine Typologie der Beziehungen zwischen ostdeutschen Arbeitgeberverbänden und ihren Mitgliedern

Wenn bisher die Organisationskrise der Arbeitgeberverbände primär aus der Perspektive der Verbände geschildert wurde, so geht es im folgenden um die Sicht der Mitglieder auf das verbandliche Handeln. Die (sehr unterschiedlichen) Erwartungen sowie die Kritik ostdeutscher Mitglieder an den Verbänden als Instanzen der kollektiven Interessenvertretung und als Serviceleister wird im Rahmen einer Typologie des Verbandsbezugs ostdeutscher Unternehmer dargestellt. Bevor insgesamt vier typische Muster des Verbandsbezugs beschrieben werden, die anhand des empirischen Materials aus 44 Betrieben der Metall-, Bau- und Chemieindustrie erarbeitet wurde, soll vorab etwas zu den theoretischen Grundlagen der Typkonstruktion gesagt werden.

3.3.1 Zur Konstruktion der Typologie

Bereits in Kapitel I.1 wurde ausführlich erörtert, dass die Nicht-Identität von Einzel- und Kollektivinteresse ein Grundproblem kollektiven Handelns und kollektiver Interessenorganisation darstellt. Für die Wahrung bzw. Durchsetzung eines Kollektivinteresses im Rahmen organisierten kollektiven Handelns bedarf es im Regelfall eines glaubwürdigen organisationsinternen Interessenaggregations- und vermittlungsprozesses, im Rahmen dessen von den unmittelbaren Einzelinteressen der Mitglieder abstrahiert wird und diese auf ein gemeinsames, kollektiv definiertes Ziel bezogen werden. Diese kollektive Ziel- und Strategiedefinition impliziert die Bereitschaft der Mitglieder, eigene Interessen und Bedürfnisse zur Disposition und möglicherweise zugunsten einer übergreifenden Zielstellung zurückzustellen. Sie impliziert weiterhin die Bereitschaft zur Aufwendung von Kosten und Leistungen für ein kollektives Ziel, dessen individueller Nutzen oft nicht kurzfristig und unmittelbar erfahrbar ist. Sowohl in historischer wie in theoretischer Perspektive bestand die zentrale kollektive Zielstellung der Arbeitgeberverbände in der wirksamen Interessenvertretung der Unternehmer gegenüber den Organisationen der abhängig Beschäftigten sowie in der Sicherung stabiler Kalkulations- und Konkurrenzbedingungen auf dem Arbeitsmarkt. Ein spezielles Organisationsproblem der Arbeitgeberverbände liegt darin begründet, dass die Einzelunternehmer bereits über ein relativ hohes individuelles Machtpotential auf dem Arbeitsmarkt verfügen und insofern das Organisationsbedürfnis vergleichsweise niedriger ist als z.B. das abhängig Beschäftigter; die Verpflichtung auf kollektive Strategien ist daher für die Arbeitgeberverbände schwieriger als für die Gewerkschaften (vgl. z.B. Offe/Wiesenthal 1980, Traxler 1993b). Um den Organisationsanreiz zu erhöhen,

Traxler 1993b). Um den Organisationsanreiz zu erhöhen, bieten die Arbeitgeberverbände daher - neben dem 'Service' der Tarifverhandlung - zusätzlich umfangreiche
selektive Leistungen an, in erster Linie Beratungs- und Dienstleistungen in den
Bereichen Personalpolitik, Tarifgestaltung und arbeitsgerichtliche Prozessvertretung.

Das Organisationsdilemma kollektiven Handelns, d.h. die Nicht-Identität von
einzelbetrieblicher und kollektiver Rationalität unternehmerischer Interessenvertretung zeigt sich auch deutlich im hier verwendeten empirischen Material. So war der
von den ArbeitgeberverbandsfunktionärInnen genannte zentrale Organisationszweck
der Tarifaushandlung durchaus nicht identisch mit den mehrheitlich von den Mitgliedsbetrieben genannten Organisationsanreizen. Die interviewten FunktionärInnen
der Arbeitgeberverbände betonten in der Regel, dass die tarifpolitische Interessenvertretung die primäre Verbandsaufgabe sei:

> „Der Arbeitgeberverband ist ein Kampfverband, das muss man ja so deutlich sagen. Es ist ja ein
> Zusammenschluss von interessierten Firmen gewesen, die sich zur Frage der Entlohnungsprobleme
> zusammenschließen und nicht auseinander dividieren lassen wollen. Und die natürlich dann auch
> als geschlossene Front auftreten wollen, wenn es kollektiv zu nicht lösbaren Konflikten kommt."
> (AGV-M 4)

Die in den Betrieben befragten GeschäftsführerInnen sowie PersonalleiterInnen
hingegen reflektierten den Verband häufig kaum oder zumindest nicht in erster Linie
als kollektive Vertretungsinstanz der Unternehmer und damit als Teil eines Gesamtsystems industrieller Beziehungen mit spezifischen Organisationsnotwendigkeiten
sowie -möglichkeiten, sondern sie definierten den Sinn einer Verbandsmitgliedschaft
oft unmittelbar einzelbetrieblich. Im Vordergrund standen die Serviceleistungen des
Arbeitgeberverbandes für den Einzelbetrieb: Rechtsvertretung, Bereitstellung des
nötigen Know-Hows zur Gestaltung der Arbeits- und Entgeltbedingungen sowie
allgemein personalpolitische Beratung. Der Bezug der meisten Betriebe zum Arbeitgeberverband hatte insofern primär passiven Dienstleistungscharakter. Wesentlich
seltener hingegen waren die Fälle, in denen die betrieblichen AkteurInnen den
Verband primär als kollektive Vertretungsinstanz, d.h. als Mittel zur aktiven Interessenartikulation und Interessendurchsetzung werteten.

Die im folgenden entwickelte Typologie des Verbandsbezugs ostdeutscher Geschäftsleitungen ist entlang zweier Unterscheidungskriterien konstruiert:

Ein erste typkonstituierende Dimension bildet die Unterscheidung zwischen Betrieben, in denen der Arbeitgeberverband primär als *Instanz kollektiver Interessenvertretung* gesehen wird und solchen, in denen der Wert einer Verbandsmitgliedschaft vor allem daran gemessen wird, inwiefern dieser in der Lage ist, *einzelbetriebliche Interessen und Serviceanforderungen zu erfüllen*. Es geht somit um die Unterscheidung zwischen der Dominanz kollektiver oder einzelbetrieblicher Rationalitätskriterien im betrieblichen Mitgliedschaftskonzept. Mit diesem Kriterium korreliert
zudem die Ausprägung des Verbandsbezugs als aktiver Prozess der Interessenvermittlung zwischen Organisation und Mitglied oder als primär passives Dienstleistungsverhältnis, das wenig mehr denn einen Tausch von Mitgliedsbeitrag gegen
Serviceleistungen beinhaltete.

Ein zweites Unterscheidungskriterium ergibt sich daraus, inwiefern die Betriebe
ihre jeweils spezifischen, an den Verband gestellten Erwartungen erfüllt sehen und

es sich daher um eine *stabile Verbandsbindung* handelt, oder ob diese vielmehr als *brüchig* einzuschätzen ist, in dem Sinne, dass ein Austritt aus dem Verband nicht ausgeschlossen wird.

Gemäß der Kriterien des 'dominanten Rationalitätsmusters' sowie der 'Stabilität des Verbandbezugs' ergeben sich vier typische Muster betrieblicher Mitgliedschaftskonzepte[195]:

- eine stabile Mitgliedschaft im Verband, mit der eine aktive Teilnahme am interessen- und tarifpolitischen Aushandlungsprozess verknüpft wird; den zentralen Organisationsanreiz für die Mitgliedsbetriebe bildet die kollektive Interessenvertretung des Verbandes (Kap.3.3.2);
- eine stabile passive Mitgliedschaft im Verband bei allgemeiner Zufriedenheit mit den verbandlich bereitgestellten selektiven Leistungen, welche in diesen Fällen den zentralen Organisationsanreiz darstellen (Kap.3.3.3);
- eine brüchige oder abgebrochene Verbandsmitgliedschaft als bewusster Protest gegen die Verbandspolitik als kollektive unternehmerische Interessenvertretung (Kap.3.3.4);
- brüchige oder abgebrochene passive Verbandsmitgliedschaft auf der Basis eines Kosten-Nutzen-Kalküls im Rahmen des Einzelbetriebs (Kap.3.3.5).

Die empirisch vorfindbaren betrieblichen Orientierungsmuster lassen sich - zumindest grob - auch im Rahmen der folgenden Matrix darstellen:

Schaubild 1:   Typische Beziehungsmuster zwischen ostdeutschen Arbeitgeberverbänden und Geschäftsleitungen

Stabilität des Verbandsbezugs

aktiv-stabiler Verbandsbezug   passiv-stabiler Verbandsbezug

Dominanz kollektiver Rationalitätskriterien   *Dominanz einzelbetrieblicher Rationalität*

,Austritt als Protest'   passiv-fragiler Verbandsbezug

Instabilität des Verbandsbezugs

---

[195]Neben diesen vier Mustern betrieblicher Verbandsbindung existiert grundsätzlich noch ein weiteres, nämlich das von Betrieben 'jenseits der Verbände', die noch nie Verbandsmitglied waren und dies auch nicht werden wollen. Da es sich hierbei jedoch nicht um ein 'Mitgliedschaftskonzept' im engeren Sinn handelt, soll auf eine detaillierte Beschreibung verzichtet werden.

3.3.2 Der stabil-aktive Verbandsbezug: Kollektive Interessendurchsetzung und erfolgreiche innerverbandliche Einflussnahme als Organisationsanreiz

Der stabil-aktive Verbandsbezug bildet gleichsam den 'Idealfall' einer gelungenen normativen Verbandsintegration, in denen die Erwartungen der Mitglieder an den Verband weitgehend identisch sind mit der verbandlichen Eigendefinition. Der Arbeitgeberverband wird primär aufgrund seiner Funktion als kollektive Interessenvertretung der Unternehmer gegenüber den Gewerkschaften wahrgenommen und geschätzt. Die verbandlichen Dienstleistungs- und Beratungsangebote spielen demgegenüber eine untergeordnete Rolle für die Verbandsmitgliedschaft. Die Verbandsmitgliedschaft wird zudem gleichgesetzt mit einer aktiven Einflussnahme auf das Verbandshandeln und die Tarifpolitik in Ostdeutschland. Der kontinuierlichen, aktiven Teilnahme am innerverbandlichen Willensbildungsprozess entspricht eine relativ starke Identifikation mit dessen Ergebnissen. Die vom Verband ausgehandelten tariflichen Normen werden innerbetrieblich weitgehend umgesetzt.

Empirisch fand sich ein aktiv-stabiler Verbandsbezug jedoch nur in einer kleinen Minderheit der Untersuchungsbetriebe. Vergleichsweise 'typisch' war er für größere Konzernbetriebe der Chemischen Industrie mit westdeutscher Mutter. Hier war die Tradition 'selbstverständlicher Tarifpartnerschaft' in der Regel auf die ostdeutschen Tochterbetriebe übertragen worden. Lediglich vereinzelt fand sich ein ähnliches Muster auch in größeren Betrieben der Bau- und der Metallindustrie.

In den Betrieben mit einem aktiv-stabilen Verbandsbezug deckt sich das Selbstbild des Verbandes als „Kampfverband interessierter Firmen" (AGV-M 4) (oder sozialpartnerschaftlicher als Solidargemeinschaft bei der tarifpolitischen Kompromissfindung) mit seiner Funktionsbestimmung durch die betrieblichen Akteure. Die „Interessenvertretung gegenüber der Gewerkschaft" (C3-GL-97) wurde als zentrale Verbandsaufgabe genannt. Ziel der Verbandsmitgliedschaft sei es, „Interessen zu bündeln" und ein „divide et impera gegenüber der Gewerkschaft" zu vermeiden (C3-GL-97). Es wurde vor allem die Solidarisierungsfunktion der Arbeitgeberverbände beschworen, welche zu mehr Stärke gegenüber dem Interessengegner Gewerkschaft führe. Die Arbeitgeberverbände hätten vor allem dafür zu sorgen, dass

„im Verband die Unternehmen der Branche nach einheitlichen Maßstäben handeln und auch ihre Kraft gegenüber dem anderen Tarifpartner, das ist ja dann die Gewerkschaft, einheitlich zum Ausdruck bringen." (C2-GL-97)

„Die wichtigste Funktion des Arbeitgeberverbandes ist der Zusammenschluss von Interessen eines Produktionszweiges in Bezug auf Gestaltungsspielräume im Tarifrecht und als Gegenpol zu den Gewerkschaften. (...) Solange es Gewerkschaften gibt, sollte es auch Arbeitgeberverbände geben." (GK1-GL-97)

Jenseits dieser Solidarisierungsfunktion wurde zugunsten einer Verbandsmitgliedschaft häufig auch ins Feld geführt, dass nur durch die einheitliche tarifpolitische Normsetzung eine gewisse Organisierung des Wirtschaftslebens und damit eine partielle Aufhebung oder zumindest Regulierung der Konkurrenz möglich sei. Es brauche ein „Ordnungsprinzip", um „Wildwuchs" und „Kraut und Rüben" zu vermeiden (C3-GL-97), - so etwa der (westdeutsche) Personalleiter in der ostdeutschen

Niederlassung eines westdeutschen Chemiekonzerns. Als negativer Gegenhorizont unkoordinierter wirtschaftlicher Prozesse diente dem Personalleiter eines großen pharmazeutischen Betriebs die unmittelbare Nach-Wende-Situation:

> „Nach der Wende haben wir die Gründung vorbereitet des Arbeitgeberverbandes, um Flächentarife zu schaffen und um Möglichkeiten zu finden, abgestimmtes Vorgehen in der Tarifpolitik zu organisieren, weil, sonst zerfällt das. Nach der Wende ist alles zerfallen. Jeder marschierte in eine andere Richtung, die Bedingungen sind so unterschiedlich in den Unternehmen gewesen, weil der Markt sich ja auch anders dargestellt hat. So dass man eigentlich auch sich zu vernünftigen Regelungen bekennen muss: Wie soll Personal abgebaut werden? So ein Arbeitgeberverband legt ja nicht nur Entgeltsätze fest, sondern es werden Partnerschaften gesucht, Gewerkschaft, Arbeitgeberverband, Lösungen zu finden, wie man Probleme löst. Und ein Arbeitgeber alleine, ohne Gewerkschaft, löst in einer solchen schwierigen Zeit nicht die Probleme. Das können sie vielleicht in so 'nem Kleinunternehmen mit 20, 30 Beschäftigten, aber in Großunternehmen ist es absolut schwierig. Und da ist das schon vernünftig, in einem Verband gemeinsame Strategien zu besprechen." (C1-GL/BR-97)

Dieses Zitat scheint auf den ersten Blick in geradezu klassischer Weise vom Branchenkorporatismus der Chemieindustrie geprägt. Es stammt jedoch vom Personalverantwortlichen unseres größten Untersuchungsbetriebs aus dem Bereich der Chemischen sowie Pharmazeutischen Industrie, der in der DDR Ökonomie studiert hat und vor der Wende im Untersuchungsbetrieb als Direktor der Ökonomie tätig war. Wenn daher im obigen Zitat die „vernünftige Kompromisssuche zwischen Arbeitgebern und Gewerkschaften" als ordnungspolitischer Königsweg in schwierigen Zeiten propagiert wird, so scheint dieser branchenkorporatistische Problemlösungsansatz durchaus anschlussfähig an traditionelle realsozialistische Vorstellungen, die vom Primat eines harmonistischen Kollektivinteresses ausgingen, welches durch die wechselseitige Abstimmung funktional verschiedener Instanzen zu verwirklichen sei. Es scheint, als ob die Vorstellung, welche von vielen Betriebsleitungen nach der Wende an die Wirtschaftsverbände herangetragen wurde, nämlich dass die Verbände weggefallene Steuerungs- und Koordinierungsleistungen des Staates in gewisser Weise ersetzen könnten (vgl. Kap.III.1.2.1), zumindest in wirtschaftlichen Teilbereichen wie etwa der Großchemie und der Pharmazeutischen Industrie zumindest nicht grundlegend enttäuscht wurde.

Wurden die Arbeitgeberverbände also vor allem wegen ihrer Solidarisierungssowie wirtschaftspolitischen Ordnungsfunktion als wichtige Akteure anerkannt, so wollte man in den einschlägigen Unternehmen die als wichtig wahrgenommenen kollektiven Normsetzungsstrategien aktiv mitbeeinflussen. In der Regel war daher wenigstens ein Geschäftsführungsmitglied regelmäßig im Verband engagiert und/oder übte eine offizielle Funktion darin aus. In vielen Fällen erfolgte das Engagement sogar hierarchisch gestaffelt auf mehreren Ebenen. Beispielsweise waren Vorstandsmitglieder im Vorstand des Arbeitgeberverbandes vertreten, leitende Angestellte in der Tarifkommission und MitarbeiterInnen der Personalabteilung besuchten die Personalleiterkreise. Die schiere Existenz ausreichender personeller Kapazitäten für ein solcherart intensives verbandliches Engagement impliziert jedoch fast notwendig, dass Betriebe mit einem aktiven Verbandsbezug eine gewisse Mindestgröße haben müssen.

Als Folge dieses intensiven verbandlichen Engagements betonte man in den einschlägigen Betrieben in der Regel, dass man als Einzelbetrieb durchaus Einfluss auf den Gesamtverband besitze. Man hatte das Gefühl, „gehört zu werden" (C2-GL-97) bei der Definition der Tarifpolitik, glaubte sich sogar „stilbildend" (C3-GL-97), als „Motor" (B1-GL-97) einer bestimmten Tarifpolitik oder fühlte sich gar als „Tarifpionier" (C1-GL/BR-97), in dem Sinne, dass man zunächst im eigenen Betrieb austestete, was zukünftig branchenweit verwirklicht werden sollte. Angesichts der eigenen betrieblichen Größe und der geringen Zahl ähnlicher Unternehmen im Verband, wurden die Einflussmöglichkeiten sogar manchmal als vergleichsweise größer empfunden, als dies in einem ähnlichen Betrieb in Westdeutschland der Fall sein könnte.[196] Zugleich ergänzten die InterviewpartnerInnen diese Einschätzung jedoch dahingehend, dass der innerverbandliche Einfluss vor allem im ostdeutschen Maßstab groß sei. Die bundesweite Verbandspolitik sei hingegen stark westdeutsch dominiert, was die Relevanz der Mitbestimmung eines ostdeutschen Betriebes innerhalb der ostdeutschen Verbandsstrukturen deutlich relativiere. Die Priorität westdeutscher Einflusspotentiale zeigte sich auch daran, dass die eigene Stellung im ostdeutschen Verband teilweise als abgeleitet vom Einfluss des (westdeutschen) Gesamtkonzerns innerhalb der bundesweiten Verbandsstrukturen wahrgenommen wurde:

> I: „Haben Sie oder hat Ihr Unternehmen Einfluss auf die Politik des Arbeitgeberverbandes? Also, können Sie die Politik des Verbandes ein Stückweit mitgestalten?"

> GL: „Also, ja und nein, denke ich. Es spielen ja in diesem Arbeitgeberverband sehr viele Einflüsse eine Rolle, die auch unterschiedliche Entwicklungen erfahren haben, von Anfang an sehr stark ostbetont bis zunehmend westdominiert [gemeint ist die Tätigkeit des Arbeitgeberverbandes, Anm.d.Verf.]. Ich sage das jetzt einfach 'mal so. Auch mit wachsender Konkurrenzgeschichte. Insofern gibt es da, ist diese Beeinflussbarkeit relativiert. Es gibt [bundesweit] sehr viel Kapitalkräftigere, die dort Meinungen und Stimmung sagen können. Aber was im Rahmen Ost zu bewegen ist, da spielt natürlich [der Betrieb GK2] schon eine Rolle, auch natürlich mit dem [westdeutschen] GK2-Konzern im Hintergrund. Das Wort der [ostdeutschen] GK2-Geschäftsführung wird auf jeden Fall mit berücksichtigt." (GK2-GL-97)

Insgesamt repräsentieren die Unternehmen mit aktiv-stabilem Verbandsbezug also gleichsam den verbandlichen Idealtypus eines betrieblichen Mitgliedschaftskonzepts, bei dem die Mitgliedschaft im Arbeitgeberverband sowohl als Aufforderung als auch als Berechtigung zur Einflussnahme auf die Definition kollektiven Unternehmerhandelns aufgefasst wird. Die Verbandsmitgliedschaft ist Ausdruck davon, dass dem Funktionieren intermediärer Prozesse auf kollektiver Ebene eine erhebliche Wichtigkeit zugemessen wird, nicht nur für die Erhaltung des sozialen Friedens, sondern auch als Instrument der Wettbewerbsregulierung. Die unmittelbare Partizipation an den Prozessen intermediärer Willensbildung und kollektiver unternehmerischer Strategiedefinition ist die Grundlage für eine relativ starke Identifikation mit den

---

[196] Dies gilt insbesondere für den Bereich der Chemieindustrie und verwandter Industrien, was u.a. auf den Fakt zurückzuführen ist, dass hier neben dem Arbeitgeberverband der Chemischen Industrie vergleichsweise zahlreiche Branchenarbeitgeberverbände (z.B. der Glasindustrie oder der Kunststoffindustrie) existieren, die eigenständig Tarifverhandlungen führen. Durch die differenzierte Verbändelandschaft haben die verhältnismäßig wenigen größeren ostdeutschen Mitgliedsunternehmen in ihrer Branche einen oft stark prägenden, unmittelbaren Einfluss auf die Verbandstätigkeit.

letztlich ausgehandelten Tarifnormen. Die Einhaltung der tariflichen Standards stellte in den einschlägigen Untersuchungsbetrieben eine kaum in Frage gestellte Selbstverständlichkeit dar. Dieser Typus aktiv-stabiler Verbandsmitgliedschaft, bei dem die verbandliche Bindungs- und Verpflichtungsfähigkeit und die Anbindung an das flächendeckend normierende Tarifsystem als intakt beurteilt werden kann, fand sich allerdings nur in einem sehr kleinen Teil der Untersuchungsbetriebe.

3.3.3 Der stabil-passive Verbandsbezug: Verbandsbindung als Dienstleistungsverhältnis und kaum politisierte Traditionspflege

Betriebe mit einem stabil-passiven Verbandsbezug beteiligen sich zwar kaum am Verbandsleben, fühlen sich aber dennoch alles in allem „gut aufgehoben" (M4-GL5-97) im Arbeitgeberverband. Die intakte Verbandsbindung basiert jedoch nicht oder kaum auf normativen Kriterien, d.h. auf einer Identifikation mit dem Verbandsziel kollektiver Interessenvertretung, sondern zentral auf der Zufriedenheit mit dem Angebot an selektiven Leistungen. Der gleichermaßen unproblematische sowie unpolitische Verbandsbezug geht häufig einher mit einem Moment der Verbandsbindung aus Tradition und/oder damit, dass die Entscheidung bezüglich der Verbandsmitgliedschaft von übergeordneten (oft westdeutschen) Instanzen getroffen wird. Die Frage der Verbandsbindung wird auch dadurch entpolitisiert, dass damit nicht unbedingt auch eine Folgebereitschaft gegenüber dem Verband in der Form der Tarifeinhaltung verknüpft wird. Die betrieblichen Arbeits- und Entlohnungsbedingungen weichen insofern trotz formaler Verbandsbindung teilweise erheblich von den einschlägigen Tarifbestimmungen ab. Der Tarif wird als unverbindliche Orientierungsgröße begriffen.

Empirisch fand sich ein passiv-stabiler Verbandsbezug besonders häufig in kleineren bis mittelgroßen ostdeutschen Baubetrieben. Hier sorgten entweder die Vorgaben der west-deutschen Konzernmutter und/oder die besonders ausgeprägten personalpolitischen Problemlagen (Sozialkassensystem, umfangreiche Kündigungsschutzklagen etc.) für eine stabile Verbandsanbindung. Zudem ist im Bereich der ostdeutschen Bauindustrie der formal strikte Zusammenhang zwischen Verbands- und Tarifbindung faktisch bereits weitgehend aufgeweicht. Auch einige wenige Betriebe der Metall-, sowie Chemieindustrie waren diesem Typus zuzurechnen. Verantwortlich für die stabile Verbandsbindung war hier weniger die Möglichkeit einer umstandslosen Tarifabweichung, sondern die Gleichzeitigkeit einer äußeren Instanz, welche eine Verbandsbindung zur verbindlichen Norm erklärte, und einer relativ durchsetzungsfähigen, eng mit der Gewerkschaft kooperierenden Interessenvertretung. Diese beiden Vorgaben machten eine Verbands- und Tarifbindung zu einer kaum hinterfragten und zudem von den Serviceinteressen der Geschäftsführung 'abgesicherten' betrieblichen Selbstverständlichkeit. Angesichts dieser zwei empirischen Varianten des 'stabil-passiven' Verbandsbezugs differiert das Ausmaß betrieblicher Folgebereitschaft gegenüber den verbandlich definierten Tarifnormen.

In Betrieben mit passiv-stabiler Verbandsbindung wird der Arbeitgeberverband nicht in erster Linie in seiner tarifsetzenden Funktion wahrgenommen, sondern primär als eine Instanz, „die uns hilft und uns berät" (M16-GL-97). Das Verhältnis zum Verband wird vor allem als Dienstleistungsverhältnis definiert, wobei man im Großen und Ganzen zufrieden ist mit den verbandlichen Leistungen.

Die Serviceerwartung als zentraler Anspruch an den Verband spiegelte sich beispielsweise in der Aussage einer Geschäftsleiterin, die beteuerte, nicht aus dem Verband austreten zu wollen, da „ich ja noch immer das bekommen habe, was ich wollte". (B9-GL-97)

Eine besonders starke Bindungswirkung an den Verband entfaltet in den einschlägigen Betrieben die arbeitsgerichtliche Prozessvertretung sowie die verbandliche Rechtsberatung, also generell die juristische Kompetenz, die man von ihm bezieht. Diese explizite Wertschätzung gerade der arbeitsrechtlichen Tätigkeit der Arbeitgeberverbände ist teilweise als spezifisch ostdeutsches Phänomen zu werten, da sich erstens viele ostdeutsche PersonalleiterInnen nach der Wende mit dem neuen Rechtssystem erst grundlegend vertraut machen mussten und zweitens in vielen Unternehmen bis zum heutigen Datum besonders zahlreiche Arbeitsgerichtsprozesse bewältigt werden müssen. In erster Linie handelt es sich dabei um Kündigungsschutzklagen, im Baubereich häufig auch um Leistungsklagen. Auch die diversen Seminar- und Beratungsangebote der Verbände werden meist sehr positiv als Möglichkeiten bewertet, sich zu schulen und Erfahrungen auszutauschen, - Möglichkeiten, die man angesichts des eigenen restringierten Zeitbudgets allerdings leider nicht immer ausreichend wahrnehmen könne.

Der gleichermaßen unproblematische wie unpolitische Mitgliedsbezug rührt häufig auch daher, dass die Entscheidung über die Verbandsmitgliedschaft nicht direkt vor Ort im Unternehmen, sondern von übergeordneten Instanzen getroffen wird. So stellt sich für die betrieblichen Akteure teilweise gar nicht erst die Frage, ob man Mitglied im Verband sein will oder nicht, und welche Vor- und Nachteile eine Verbandsmitgliedschaft hat. Die Verbands- und damit Tarifbindung ist vielmehr eine stabile Determinante des eigenen betrieblichen Handelns, mit der man zu rechnen, über die man jedoch nicht zu entscheiden hat. Die Frage, ob man sich einen Austritt aus dem Verband vorstellen könne, wird dementsprechend nicht nur deshalb klar verneint, weil es „dazu keinen Anlass gibt", sondern auch deshalb, weil diese Frage nicht in den eigenen Entscheidungsbereich fällt (B10-GL1-97).

Darüber hinaus spielt in vielen Argumentationen für eine stabile Verbandsmitgliedschaft auch ein Moment der Tradition eine relativ große Rolle. Man sei in den Verband eingetreten, „weil man es so gewohnt war" (B8-GL1-97) und „ein Mitgrund dafür ist die Tradition" (B5-GL1-97).

Die Personalleiterin des Betriebs M16 beteuerte etwa, sie wisse eigentlich gar nicht so recht, warum der Betrieb Verbandsmitglied sei. Das habe sich „aus der Geschichte so entwickelt". Aktuell sei diesbezüglich der Einfluss der Managementgesellschaft, in dessen Besitz das Unternehmen sich derzeit befinde, „stilbildend". (M16-GL1-97)

Angesichts der noch recht kurzen Dauer arbeitgeberverbandlicher Organisation in Ostdeutschland bezog sich das häufig erwähnte Moment der Tradition in vielen Fällen nicht direkt auf den ostdeutschen Untersuchungsbetrieb, sondern auf den westdeutschen Gesamtkonzern, von dem man als Filialbetrieb abhängig war. Dies galt insbesondere für die Baubetriebe, in denen die traditionelle Metierkultur der kollektiven Organisation in Branchenvereinigungen von den westdeutschen Müttern auf die ostdeutschen Töchter übertragen wurde. Die Verbandsbindung wurde insofern teilweise passiv als von außen bzw. von oben gesetztes Faktum erfahren, das man wohlwollend bis gleichgültig zur Kenntnis nahm. Insofern kann man zumindest in manchen Fällen auch davon sprechen, dass vordergründig zwar das einzelbetriebliche Interesse an Beratung und Serviceleistungen für die Verbandsmitgliedschaft zentral war; stabilisiert wurde die Verbandsbindung jedoch durch den prägenden Einfluss außerbetrieblicher Instanzen, etwa westdeutscher Konzernleitungen oder Entscheidungsträgern von Bund und Land. Es handelt sich also zumindest teilweise auch um eine von übergeordneten Instanzen durchgesetzte 'Dependenzkultur'[197] kollektiver Organisierung, die durch die Erfüllung einzelbetrieblicher Serviceinteressen 'von unten' stabilisiert wird.

Betriebe mit passiv-stabiler Verbandsbindung sind typischerweise kleiner als jene mit aktiv-stabilem Verbandsbezug, was als Mitgrund dafür gelten kann, dass kaum Bereitschaft der Geschäfts- und PersonalleiterInnen für ein Engagement innerhalb der Arbeitgeberverbände vorhanden ist.

Die Geschäftsführerin des Unternehmens B9 fand die Frage nach ihrer persönlichen Beteiligung an der Tätigkeit des Arbeitgeberverbandes geradezu erstaunlich und meinte, darüber habe sie sich bisher noch keine Gedanken gemacht. (B9-GL-97)

Ähnlich äußerte sich auch der Niederlassungsleiter des Betriebs B10, der noch hinzufügte: „Verbandsarbeit macht man, wenn man ein bisschen älter ist." (B10-GL-97)

Dem geringen Partizipationsgrad entsprechend wird auch die Frage danach, ob man Einfluss auf die Tätigkeit des Arbeitgeberverbandes besitze, meist klar verneint. Die Erkenntnis, wonach man selbst kaum 'eine Stimme' als Verbandsmitglied innerhalb des Arbeitgeberverbandes besitze, stellt jedoch im Regelfall keinen Anlass zur Kritik dar. Man vertraut im Gegenteil darauf, dass man eine solche haben könnte, wenn man nur wollte, und unterstellt dem Verband im Großen und Ganzen zumindest den Versuch einer fairen Berücksichtigung der Interessen aller Mitgliedsbetriebe. Dabei zeigt man gewöhnlich durchaus auch Verständnis dafür, dass größere Konzerne sowie westdeutsche Betriebe über privilegierte innerverbandliche Einflussmöglichkeiten verfügen - im Sinne einer Art unabänderlicher Logik des Stärkeren.

„Dass sich die Konzerne da vorschieben, das ist zwar so, aber es wird auch Druck gemacht, dass der Mittelstand berücksichtigt wird". (B8-GL-97)

---

[197] Der Begriff der „Dependenzkultur" wurde aus der Studie von Artus/Schmidt/Sterkel 2000 übernommen, wo er für das „Praxismuster umfassender Tarifeinhaltung" im Bereich der ostdeutschen Niederlassungen großer westdeutscher Baukonzerne reserviert ist. Dort wird nicht die Verbandsbindung als solche, wohl aber die Tariftreue der Unternehmen „mit 'Tradition' und 'Firmenkultur' des Mutterunternehmens" begründet. „Für die konkrete Umsetzung dieser Entscheidung sorgte ein dichtes Netz von Gesamtbetriebsvereinbarungen und institutionellen Einbindungen von Betriebsräten und Management, das abweichende autonome Entscheidungen kaum zuließ. In den ostdeutschen Niederlassungen wurde diese übertragene Kultur [der Tariftreue] lediglich verwaltet. Handlungs- und Entscheidungsdruck waren ihnen weitgehend abgenommen" (ebd.:140).

I: „Warum haben Sie selten Kontakt mit Verbandsfunktionären?"

GL: „Wir sind klein und bescheiden. (...) Grundsätzlich werde ich genauso behandelt wie Max Bögl oder Hoch-Tief. Ich hab' die gleiche Stimme. Das hat sich halt historisch so entwickelt, dass die Großen die Marschrichtung angeben, aber insgesamt fühlen wir uns schon ordentlich vertreten." (B11-GL-97)

„Dass ostdeutsche Interessen da tendenziell weniger berücksichtigt werden, ist doch selbstverständlich. Die Wessis denken halt, 'was gehen mich die im Osten an?'" (B10-GL-97)

Jenseits der (wenigen) Betrieb mit aktiv-stabilem Verbandsbezug existiert in Ost-deutschland also eine vergleichsweise größere Zahl von Unternehmen, die sich zwar kaum aktiv am Verbandsgeschehen beteiligen, jedoch aufgrund der verbandlichen Serviceleistungen sowie zum Teil auf Weisung 'von oben' durchaus als stabil ver-bandsgebunden zu betrachten sind. Dies gilt insbesondere im Bereich der Bauindust-rie. Dieser auf den ersten Blick relativ stabile Verbandsbezug erweist sich bei nähe-rem Hinsehen jedoch als nicht unproblematisch, da er kaum auf einer normativen Verbandsintegration, sondern in erster Linie auf den angebotenen selektiven Leis-tungen sowie einer von außen gesetzten 'Dependenzkultur' verbandlicher Organisa-tion beruht. Während durch die stabile Mitgliedschaft dieser Betriebe zwar der äußeren Erosion des Flächentarifvertrags gewisse Schranken gesetzt werden, gilt dies für die innere Erosion des Flächentarifvertrags keineswegs. In den einschlägigen Unternehmen kommt es vielmehr teilweise zu einem eklatanten Auseinanderfallen von verbandlicher Mitgliedschaft und Folgebereitschaft gegenüber dem Verband. Insbesondere in den Baubetrieben, in denen eine geringe gewerkschaftliche Veranke-rung mit einer inzwischen geradezu als 'Branchennorm' anzusehenden Kultur der Tarifabweichung zusammentrifft, ist die Neigung zur innerbetrieblichen Aufwei-chung der Tarifnormen oder zum offenen Tarifbruch ausgeprägt. Dabei existiert ein innerer Zusammenhang zwischen der defizitären Partizipation der einschlägigen Betriebe am verbandlichen Willensbildungsprozess und der geringen Verpflichtung auf die ausgehandelten Normen. Da die Aushandlung tariflicher Standards gleichsam 'von außen' verfolgt und als Prozess jenseits des 'eigenen' Betriebs wahrgenommen wird, scheint es logisch, dass diese nur dann eingehalten werden, wenn die Ge-schäftsleitungen sich durch äußere Faktoren dazu gezwungen sehen, - etwa durch den Eigner des Betriebs und/oder einen vergleichsweise starken gewerkschaftlichen Einfluss im Betrieb. Eine normative Bindung der Geschäftsleitungen an die Arbeit-geberverbände sowie eine authentische Überzeugung vom 'Sinn' tariflicher Regulie-rung existiert hingegen nicht.

3.3.4 Austritt als Protest: Kritik am Arbeitgeberverband als kollektiver Interessen-vertretung

Im folgenden geht es um Unternehmen, die den Arbeitgeberverband - genau wie die Unternehmen mit stabil-aktivem Verbandsbezug - primär als Instanz kollektiver Interessenvertretung sehen, deren Verhältnis zum Arbeitgeberverband jedoch als instabil zu gelten hat, oder die bereits ausgetreten sind. Um diese Betriebe zudem sinnvoll von solchen mit 'fragil-passivem' Verbandsbezug (vgl. das folgende Kapitel 3.3.5) unterscheiden zu können, dient das Kriterium, dass die Kritik am bzw. der Austritt aus dem Arbeitgeberverband nicht in erster Linie vom Motiv einzelbetrieblicher Kostenreduktion getragen ist, sondern zentral als Versuch der Einflussnahme auf kollektive Interessenvertretungsstrategien zu gelten hat.

Empirisch fand sich ein gleichermassen aktiver wie brüchiger Verbandsbezug nur in einigen wenigen Fällen. Dies besitzt eine innere Logik, da Partizipation in der Regel ein wichtiges Moment für die Identifikation mit einer Organisation darstellt und gewöhnlich gewichtige Gründe existieren müssen, damit ein verbandlich engagierter Betrieb das Feld seines oft langjährigen Wirkens verlässt. Bei den 'aktiven Protestbetrieben' handelt es sich beinahe notwendig um größere Betriebe, die sowohl qualitativ als auch quantitativ die nötigen Ressourcen besitzen, um sich einerseits für kollektive Interessenvertretungsstrategien zu engagieren und andererseits den Wegfall der verbandlichen Serviceleistungen im Fall eines Verbandsaustritts relativ unproblematisch verkraften können. Falls die Unternehmen ihrer Kritik tatsächlich durch einen Austritt aus dem Arbeitgeberverband Nachdruck verleihen, - wie dies in zweien unserer Untersuchungsbetriebe der Fall war (M2, B2)[198], - so hat dieser Schritt auch nur dann spürbare Auswirkungen auf den Verband, wenn die Betriebe eine relevante Zahl von Beschäftigten und damit auch eine gewisse regionalpolitische Bedeutung besitzen. Nur in diesem Fall ist sowohl ein symbolischer als auch ein materieller Effekt des Verbandsaustritts sicher, - d.h. ein entsprechender Widerhall in den regionalen und eventuell überregionalen Medien sowie eine spürbare Reduktion des Beitragsaufkommens für den betroffenen Verband. Dass es sich bei den einschlägigen Untersuchungsbetrieben ausschließlich um Unternehmen der Metall- sowie Bauindustrie handelte, dürfte durchaus zutreffend den Fakt widerspiegeln, dass innerhalb der Verbands der Chemischen Industrie ein vergleichsweise höheres Maß an normativer Integration der Mitgliedsbetriebe (zumindest im Bereich der Großunternehmen) existiert.

In Betrieben mit zugleich aktivem und brüchigem Verbandsbezug ist die verbandliche Partizipation insofern gescheitert, als man enttäuscht ist über deren mangelnden Effekt, über zu geringe Einflussmöglichkeiten im Verband oder ganz einfach über eine verbandliche Interessenvertretungsstrategie, die der eigenen Position zuwiderläuft, wie sich das etwa im folgenden Zitat aus dem Betrieb M2 widerspiegelt:

> „Wir sind dem Arbeitgeberverband beigetreten in einem positiven Akt, um zu gestalten. Wenn Sie aber nichts gestalten können? Sollen wir dann frustriert drin bleiben? Da ist es doch besser, wenn wir sagen: Macht euren Kram alleine. Das ist doch auch positiv gemeint.(...) Sie haben nur eine Stimme - auch im Vorstand. Das sind nun 'mal die Spielregeln der Demokratie. Da kann man nur noch mit den Füßen abstimmen." (M2-GL-97)

---

[198] Die empirische Basis für den Typ 'aktiv-brüchiger Verbandsbindung' bildeten zwar in erster Linie, aber nicht ausschließlich diese beiden Betriebsfälle. Zusätzlich wurden die Interviews von drei weiteren Betrieben (der Metall- sowie Bauindustrie) herangezogen, die sich aktiv an der Verbandsarbeit beteiligten, dem Arbeitgeberverband aber dennoch relativ kritisch gegenüberstanden. Ihre Kritik hatte jedoch (noch) nicht das Ausmaß erreicht, das ein Verlassen des Verbandes gerechtfertigt hätte.

Typisch war für die einschlägigen Unternehmen ferner, dass sie sich zwar vom Verband aufgrund seiner aktuellen Politik distanzierten, den Anspruch auf die Teilnahme am politischen Prozess kollektiver unternehmerischer Interessenvertretung jedoch aufrechterhielten. Im Rahmen dieser eminent politischen Orientierung war man auch der Ansicht, dass die Institution Arbeitgeberverband als kollektive Interessenvertretung - trotz der eigenen Distanzierung - grundsätzlich weiterhin wichtig sei. So betonte man etwa im Unternehmen M2 auch noch nach dem Verbandsaustritt, dass der Arbeitgeberverband „eine sinnvolle Form der Solidarität" sei. „Wir haben keine Scheidung durchgeführt" und man sei daher z.b. auch weiterhin in der verbandlichen Bildungsarbeit tätig (M2-GL-97). Auch im Betrieb B2 konnte man sich vorstellen, „in den Verband zurückzukehren", wenn dieser seine Politik ändern sollte (B2-GL-97).

Der konkrete Anlass für die Unzufriedenheit der Betriebe mit dem Verband kann freilich stark variieren, - je nach Interessenorientierung und politischer Ausrichtung des jeweiligen Unternehmers und der aktuell gültigen Verbandslinie. In unseren Untersuchungsbetrieben existierten nicht nur differente, sondern geradezu konträre Motivationen für die Distanzierung vom Arbeitgeberverband. In den beiden einschlägigen Metall- bzw. Elektrobetrieben M1 und M12 wurde primär „die Zersplitterung" (M1-GL-97) des Arbeitgeberverbandes kritisiert; dieser sei „nicht stark genug, um die Gewerkschaft zu bekämpfen" (M12-GL-97), die daher „Katz und Maus" (M1-GL-97) mit ihm spiele. Der große mittelständische Baubetrieb B2 hingegen trat aus dem Hauptverband der deutschen Bauindustrie aus, nachdem dieser den Tarifvertrag über die Angleichung der Ostentgelte an das Westniveau im Herbst 1996 außerordentlich gekündigt hatte. Die harsche Reaktion des Betriebs auf die verstärkt interessenbetonte Politik des Bauindustrieverbandes wurde im Interview offiziell damit begründet, die Kündung des Tarifvertrags entspreche nicht der Unternehmensphilosophie von B2, welche durch ein „gewisses soziales Engagement" und der Devise geprägt sei, „den Gewinn haben unsere Leute verdient" (B2-GL-97).

Was auf den ersten Blick als inhaltlich nicht nur divergente, sondern sogar konträre Motivation zum Verbandsaustritt erscheint, lässt sich dennoch auf einen gemeinsamen Nenner bringen: Alle ausgetretenen Unternehmen kritisierten nämlich die Unfähigkeit des Verbandes, divergierende innerverbandliche Interessen in glaubhaft fairer Weise auszutarieren und unterstellten einen verbandlichen Interessenvermittlungsprozess, bei dem bestimmte Unternehmen - darunter auch sie selbst - benachteiligt würden. Gern wurde dabei das gängige Kritikschema vom konzernhörigen Arbeitgeberverband bemüht, der die Interessen der mittelständischen Betriebe vernachlässige:

> „Es entspricht doch nicht der Basis, wenn nur die Konzerne [im Arbeitgeberverband] übrigbleiben. Dann ist der Mittelstand, der die größte Zahl der Arbeitsplätze bietet, nicht mehr repräsentiert." (M2-GL-97)

> „Die außerordentliche Kündigung der Tarifverträge ist im Sinne der Aktiengesellschaften beschlossen worden, nicht im Sinne des Mittelstands, der sehr viel eigenes Personal hat. Der Beschluss ist nur unter dem Deckblatt Mittelstand verabschiedet worden. Letztlich ist er nur für die großen AGs sinnvoll, die immer weniger eigenes Personal beschäftigen. Der Mittelstand ist darauf angewiesen, für gleiche Leistung gleichen Lohn in Ost und West zu zahlen, um die Leistung zu

fördern und die Qualität zu erhalten. Es sind nur die Konzerne, die ein Interesse an Niedrigstlöhnen und der Durchsetzung von Mindestlöhnen haben nach dem Motto: Wir öffnen den Markt komplett. Der deutsche Bauunternehmer ist uns egal. Die Mehrheit im Arbeitgeberverband besteht aus Aktiengesellschaften." (B2-GL-97)

Obwohl beide ausgetretenen Unternehmen sich hier mit der Position des 'vernachlässigten Mittelstands' identifizieren, so haben beide doch einige Mühe, sich als Benachteiligte dieser Kategorie darzustellen. Der Personalleiter des Unternehmens M2 gab beispielsweise selbst im Interview zu, man sei „sowohl Mittelstand als auch Konzern". Die Größe des Unternehmens, seine westdeutschen sowie ausländischen Tochtergesellschaften sowie sein Gang an die Börse vor einigen Jahren lässt die Einordnung in die Kategorie 'Mittelständler' jedoch äußert fragwürdig erscheinen. Insofern mag zwar die vertretene Interessenposition typisch mittelständisch erscheinen, das Unternehmen selbst ist jedoch keineswegs ein typischer Vertreter desselben. Genau umgekehrt ist das Unternehmen B2 zwar ein originär mittelständisches Bauunternehmen aus Westdeutschland, das nach der Wende einen großen Baubetrieb in Ostdeutschland als Filiale erwarb, die Darstellung der eigenen Interessenposition (schnelle Lohnangleichung in West- und Ostdeutschland) als 'typisch mittelständisch' kostet den Geschäftsführer der ostdeutschen Filiale jedoch merklich einige Verrenkungen. Wenngleich der Interessenwiderspruch zwischen Mittelstand und Großkonzernen verbandsweit durchaus ein ernstzunehmendes Problem darstellen mag, so trifft er doch in den hier zitierten Fällen offenbar nicht das Kernproblem des verbandlichen Desintegrationsprozesses.

In ihrem realen Gehalt hingegen ernster zu nehmen ist die Kritik der ausgetretenen Unternehmen an einem inadäquaten Vermittlungsprozess zwischen ostdeutschen und westdeutschen Unternehmerinteressen innerhalb des Arbeitgeberverbandes. Während für das Unternehmen B2 die Abkehr vom Ziel der tarifpolitischen Angleichung in West- und Ostdeutschland Grund für den Verbandsaustritt war, forderte man im Unternehmen M2 gerade eine eigenständigere 'Tarifpolitik Ost', eine stärkere Berücksichtigung ostdeutscher Interessen innerhalb von Gesamtmetall und eine deutlichere Abkehr vom tarifpolitischen Angleichungskurs zwischen Ost- und Westdeutschland:

Um die mangelhafte Berücksichtigung der ostdeutschen Unternehmerinteressen innerhalb von Gesamtmetall zu illustrieren, schilderte der (aus Westdeutschland stammende) Personalleiter des Unternehmens M2 die erste gemeinsame Sitzung von west- und ostdeutschen VerbandsfunktionärInnen, bei der er selbst anwesend war: Damals seien 'Ossis' und 'Wessis' getrennt gesessen. Während der Erörterung westdeutscher Interessen habe Ruhe im Saal geherrscht; als es um die ostdeutschen Interessen ging, sei hingegen Unruhe ausgebrochen, die der damalige Gesamtmetall-Vorsitzende Gottscholl auch nicht beendete, indem er etwa zur Ruhe gerufen hätte. Obwohl er die aktuelle Situation nicht mehr „aus erster Hand" kenne, beharrt der Interviewpartner auf der Ungleichheit zwischen west- und ostdeutschen Verbänden, die sich auch in einem eklatanten verbandlichen Reichtumsgefälle äußere:

> „Die westdeutschen Verbände sind doch finanziell saturiert, ganz anders als hier im Osten. Gesamtmetall besitzt Türme aus Geld. Da sind sogar die Pinkelbecken aus Edelstahl. Aber der Westen interessiert sich einfach nicht für den Osten." (M2-GL-97)

Die jeweiligen Interessenpositionen der Unternehmen M2 sowie B2 (pro und contra Ost-West-Angleichung) lassen sich letztlich unschwer auf die Konkurrenzsituation der beiden Unternehmen zurückführen. Das Unternehmen M2 ist ein originär ostdeutsches Unternehmen, das versucht, sich vom 'Standort Ostdeutschland' aus auf einem international strukturierten Markt zu etablieren. Relativ niedrigere sowie möglichst flexible tarifliche Entgelt- und Arbeitsbedingungen sind in dieser Situation ein potentieller ostdeutscher Wettbewerbsvorteil, der den Markteintritt erleichtern kann. Das Unternehmen B2 hingegen hat seine zentrale Operationsbasis in Süddeutschland und hat sich lediglich nach Osten hin ausgedehnt. Für ein erfolgreiches Agieren auf den aneinander angrenzenden regionalen Baumärkten in Nordbayern und Thüringen ist ein flexibler Zugriff auf die ostdeutschen sowie westdeutschen Beschäftigten notwendig, die grundsätzlich in ihrem Einsatz auf verschiedenen Baustellen austauschbar sein sollten. „Überall gleich hohe Löhne" (B2-GL-97) verhindern dabei nicht nur Spannungen zwischen unterschiedlich bezahlten ost- und westdeutschen Beschäftigten, sie schützen auch davor, dass womöglich eine ostdeutsche Niedriglohnkonkurrenz auf dem angestammten westdeutschen Baumarkt wildert.

Insgesamt kann also das Verhältnis zwischen Arbeitgeberverbänden und Betrieben mit explizit aktivem Verbandsbezug sowie ausgeprägter normativer Verbandsintegration brüchig werden, wenn letztere ihre Interessen nicht ausreichend in der Verbandspolitik berücksichtigt sehen. Die hier diskutierten Betriebsfälle verweisen auf die diesbezüglich besonders heiklen Bedingungen innerverbandlicher Interessenvermittlung im Bereich der ostdeutschen Arbeitgeberverbände (vgl. hierzu auch das vorangegangenen Kapitel 3.2.3). Die nach wie vor existierende Spaltung der Tariflandschaft und die Aufrechterhaltung ungleicher Tarife in Ost und West scheint geeignet, die Marktkonkurrenz der Mitgliedsbetriebe der Arbeitgeberverbände zu aktualisieren und zu verschärfen. Eine glaubwürdige Vermittlung der widersprüchlichen Interessenlagen ist unter diesen Bedingungen problematisch, - zumal dieser Interessengegensatz nicht selten im Rahmen traditioneller innerverbandlicher Konfliktfronten zwischen Mittelstand und Großkonzernen reformuliert und dadurch politisch aufgeladen wird.

3.3.5 Der fragil-passive Verbandsbezug: Das Abwägen von Kosten und Nutzen der Verbandsbindung für den Einzelbetrieb

Ein fragil-passiver Verbandsbezug ist ein im wesentlichen passives Dienstleistungsverhältnis, wobei der Wunsch nach der Versorgung mit selektiven Verbandsleistungen eine zentrale Rolle spielt, wie dies bereits im Kapitel 3.3.3 beschrieben wurde. Anders als in den dort zitierten Fällen ist der Verbandsbezug jedoch nicht stabil, sondern brüchig in dem Sinne, dass sich die Geschäftsleitungen einen Austritt zukünftig vorstellen können, in der Vergangenheit bereits einmal aus- und dann wieder eingetreten sind oder zum Interviewzeitpunkt nicht mehr Verbandsmitglied waren. Die Betriebe mit passivem Verbandsbezug, - egal ob stabil oder brüchig - gleichen sich grundlegend darin, dass hier der Arbeitgeberverband kaum als kollektive strategische Interessenvertretung der Unternehmer reflektiert, sondern vorwiegend oder sogar ausschließlich an seinen unmittelbaren Leistungen für den Einzelbetrieb gemessen wird. Ausschlaggebend für den fragileren Verbandsbezug der im folgenden diskutierten Betriebe war die Abwesenheit zweier Faktoren: Zum einen existierte in der Regel keine äußere normsetzende Instanz, die eine selbstverständliche Anbindung an den Arbeitgeberverband im Betrieb wirkungsmächtig hätte implementieren können. Zum anderen existierte die Option einer Verbandsmitgliedschaft bei reduzierter oder negierter Folgebereitschaft gegenüber den verbandlichen (d.h. in erster Linie tariflichen) Normen zumindest nicht so umstandslos wie dies teilweise in den zuvor zitierten Betriebsfällen der Fall war.

Wenn das Mitgliedschaftskonzept des fragil-passiven Verbandsbezugs an vierter und letzter Stelle diskutiert wird, so sagt dies nichts über seine empirische Relevanz, - im Gegenteil: Die Mehrheit der Untersuchungsbetriebe und sogar nahezu drei Viertel der untersuchten Unternehmen der Metall- und Elektroindustrie waren diesem Muster zuzurechnen.

Im Rahmen der folgenden empirischen Analyse interessiert weniger die grundsätzliche Feststellung, dass die einschlägigen Betriebe ihre Verbandsmitgliedschaft in der Tradition betriebswirtschaftlichen Kostendenkens von einer einzelbetrieblich orientierten Kosten-Nutzen-Kalkulation abhängig machten, sondern vielmehr die Frage, welche Parameter in diese Kalkulation eingingen. Einige für viele Geschäftsleitungen zentrale Nutzenaspekte der Verbandsmitgliedschaft wurden bereits im Kapitel 3.3.3 aufgezählt: Rechtsvertretung, Seminarangebote, Beratungsleistungen in arbeitsrechtlichen, tariflichen sowie personalpolitischen Fragen. Diese stellten auch für die Mehrheit der Unternehmen mit fragil-passivem Verbandsbezug den zentralen Organisationsanreiz dar. Überwiegend zeigte man sich auch hier sowohl mit dem Umfang als auch mit der Qualität der verbandlichen Dienstleistungen weitgehend zufrieden, wobei der Blick auf den verbandlichen Service dennoch insgesamt kritischer schien als in Betrieben mit stabilem Verbandsbezug. Es wurden häufiger dezidiert Punkte angesprochen, an denen man etwas auszusetzen hatte, etwa die personelle Unterbesetzung der Rechtsabteilung oder die mangelnde betriebliche Praxiserfahrung einzelner VerbandsfunktionärInnen. Dennoch überwog der Nutzen der verbandlichen Dienstleistungen aus der Sicht der Mehrheit der Unternehmen die Kosten der Mitgliedsbeiträge. Nur für sehr wenige Unternehmen waren daher etwa zu hohe Beiträge ein relevanter Austrittsgrund, zumal einige Betriebe auch von einer erheblichen Flexibilität der Verbände in puncto Beitragszahlungen berichteten.[199]

Während der Nutzen der verbandlichen Dienstleistungen also die Beitragszahlungen aus Sicht der Betriebe mit fragil-passivem Verbandsbezug durchaus aufwog, war der kritische Punkt für sie fraglos die mit der Verbandsbindung verknüpfte Tarifbindung. Diese wurde mehrheitlich keineswegs als Service im Sinne einer stellvertretenden Aushandlung gegenüber der Gewerkschaft und anschließender

---

[199]Die ostdeutschen Arbeitgeberverbände sind offenbar gewöhnlich dazu bereit, die Beiträge in Einzelfällen zu reduzieren, wenn das Unternehmen unter akuten Liquiditätsschwierigkeiten leidet. In einem Fall trafen wir jedoch auch auf ein Unternehmen, dessen Antrag auf Beitragsreduzierung vom Bauindustrieverband abgelehnt worden war, woraufhin der Betrieb B6 prompt verärgert seine Mitgliedschaft kündigte.

kostengünstiger Lieferung kompromissfähiger, legitimer sowie professionell gestalteter Normen empfunden; sie wurde also nicht unter der Rubrik 'Nutzen' verbucht (wie das etwa häufig in der theoretischen Fachliteratur zum Thema geschieht), sondern vielmehr ganz klar als Kostenpunkt interpretiert. Dabei lassen sich aus einzelbetrieblicher Sicht zwei zentrale Kostenaspekte der Tarifbindung unterscheiden:

- die betrieblichen Kosten bei der (verbandlichen) Erstellung tariflicher Normen, also in erster Linie Kosten, die dem Betrieb im Zuge konflikthafter Tarifauseinandersetzungen entstehen (Kap.3.3.5.1);

- die innerbetrieblichen Kosten bei der Einhaltung der tariflichen Normen (Kap.3.3.5.2).

3.3.5.1 Verbandsferne zwecks Vermeidung innerbetrieblicher Konflikte

Eine Distanzierung vom Arbeitgeberverband als Strategie der innerbetrieblichen Konfliktreduktion fand sich überwiegend im Bereich der Metall- und Elektroindustrie, was sich einerseits durch den relativ interessenbetonten Politikstil von Gesamtmetall und IG Metall erklärt, andererseits durch die Absenz größerer tarifpolitischer Mobilisierungsprozesse in den beiden anderen Untersuchungsbranchen. Dieses Ergebnis erhöhter Verbandsdistanz im Fall verstärkter Konflikttätigkeit ist durchaus bemerkenswert vor dem Hintergrund, dass historisch gesehen gerade konflikthafte tarifliche Auseinandersetzungen den Hauptanreiz zur unter-nehmerischen Organisation in kollektiven Interessenverbänden darstellten. Unter den ostdeutschen Kontextbedingungen finden sich zwei argumentative Varianten von Geschäftsleitungen, warum sie eine relative Distanz zum Arbeitgeberverband als konfliktreduzierend betrachten:

Im ersten Fall steht hinter dieser Einschätzung ein durchaus mangelhaftes Verständnis dafür, dass Verhandlungsbeziehungen zwischen der Kapitalseite und den abhängig Beschäftigten überhaupt konflikthaft strukturiert sein müssten. Mit Verweis auf weitgehend kooperative bis harmonistische Austauschbeziehungen im eigenen Betrieb sowie auf die Notwendigkeit einer 'Ein-Boot-Mentalität' für die Rettung der ostdeutschen Wirtschaft bewerten viele Geschäftsleitungen Tarifkonflikte als sachlich nicht notwendige, überflüssige Streiterei, und nicht als Ausdruck real verschiedener Interessenlagen. Tarifauseinandersetzungen werden als professionelle Unfähigkeit der verbandlichen FunktionärInnen interpretiert, sich zu einigen. Insbesondere der Tarifkonflikt in der Metallindustrie 1993 stellte daher für einige Untersuchungsbetriebe ihre Verbandsbindung vorübergehend grundlegend in Frage, da sie sich vermeintlich unnötigerweise in einen Konflikt verwickelt sahen, der den innerbetrieblichen Frieden bedrohte. Das häufig stark unterentwickelte Bewusstsein über die prinzipielle Konflikthaltigkeit der Beziehungen zwischen Unternehmern und abhängig Beschäftigten kann generell als wesentliche Komponente des in Ostdeutschland häufig vorfindbaren, ausgesprochen unpolitischen Verbandsbezugs gelten. Während den Arbeitgeberverbänden (und analog dazu teilweise auch den Gewerkschaften) primär die Rolle von Dienstleistern und allenfalls wirtschaftspolitischen Ordnungsinstanzen zugewiesen wird, herrscht bisweilen ein extremes Unverständnis dafür, wenn diese eher technisch-administrativ gedachten Regelungsinstanzen im Zuge eines Tarifkonflikts die innerbetriebliche Ordnung durcheinander zu bringen drohen. Die Tarifverbände erscheinen dann gleichsam als externe, 'betriebsfremde sowie betriebsferne Störenfriede', die die innerbetriebliche Zusammenarbeit gefährden und unnötig Chaos stiften:

> „Die Zusammenarbeit [mit dem Arbeitgeberverband] war bisher eigentlich nicht so schlecht, (...) aber wenn wegen der Unfähigkeit, einen Konsens zu finden, der Ärger in die Betriebe getragen wird, dann überlegen wir uns schon, ob wir im Verband drin bleiben. Es kommt darauf an, wie die ihrer Verantwortung gerecht werden. Wenn der Werker 18 Mark für Gewerkschaftsbeitrag zahlt und wir Geld für den Arbeitgeberverband, dann haben die den Tarifstreit zu klären, nicht wir in den Betrieben. Wenn die ihrer Aufgabe nicht gerecht werden und diese Sache klären, dann brauchen wir auch nicht im Arbeitgeberverband zu bleiben." (M6-GL1-93)

Obwohl die hier zitierte ostdeutsche Geschäftsleitung eines Management-Buy-Out-Betriebs im Interview die Forderung nach einer Verlangsamung des Angleichungstempos vertrat, hatte man doch wenig Verständnis für den konflikthaften Prozeß der Durchsetzung dieser Forderung. So interpretiert der Geschäftsführer den Arbeitgeberverband im obigen Zitat ganz klar nicht als 'seinen' Kampfverband zur Durchsetzung kollektiver Unternehmerinteressen, sondern setzt gewissermaßen Gewerkschaft und Arbeitgeberverband gleich. Diese erscheinen als eine Art funktional-technischer Regelungsinstanzen, die auf überbetrieblicher Ebene „ihrer Verantwortung" und ihrer „Aufgabe gerecht" werden sollten, indem sie den Service reibungs-loser Kompromißfindung gewährleisten. Das Interesse aller betrieblichen Akteure, egal ob Beschäftigte oder Unternehmer wird dabei als weitgehend identisches gesehen, da sie in der aktuellen Situation des Tarifkonflikts gleichermaßen als Betrogene erscheinen. Man selber sowie die abhängig Beschäftigten habe(n) doch schließlich die Verpflichtungen gegenüber dem Verband durch die Beitragszahlung erfüllt. Nun hätten „die" auch die entsprechende Leistung dafür zu erbringen, nämlich die konsensuale Festlegung einheitlicher tariflicher Regelungen. Die Mitgliedschaft im Verband wird damit auf den Tausch von Beitrag gegen verbandliche Leistungen reduziert und jegliche Solidarisierungsverpflichtung zum Zwecke der kollektiven Interessendurchsetzung negiert, - eine Sichtweise, die auf der impliziten Annahme basiert, dass das Verhältnis zwischen Arbeitgeberverbänden und Gewerkschaften kein im wesentlichen machtpolitisches Verhältnis sei. Die Tarifverbände erscheinen weiterhin als Organisationen, die weitgehend unabhängig von ihrer betrieblichen Basis agieren (können) und nicht als kollektive Interessenvertretungsorganisationen, die in ihren Durchsetzungspotentialen zentral auf die Folgebereitschaft ihrer Mitglieder angewiesen sind.

Eine solches Orientierungsmuster, bei dem der Arbeitgeberverband - in der Tradition realsozialistischer Bedingungen - als weitgehend unpolitische sowie von den betrieblichen Mitgliedern abgekoppelte Regelungsinstanz zur Wahrung eines harmonisch gedachten Kollektivinteresses aufgefaßt wird und von der man sich im Fall eines Tarifkonflikts daher explizit distanziert, ist relativ typisch für originär ostdeutsche Unternehmen(sleitungen), die die Tradition enger betriebsgemeinschaftlicher Kooperation im Rahmen des sog. 'Planerfüllungspaktes' (vgl. Kap.III.1.1) nach der

Wende im Rahmen von 'Überlebenspakten' fortführten. Bestandteil dieses Musters ist häufig sowohl eine enge, kooperative bis harmonistische Zusammenarbeit mit dem Betriebsrat als auch eine betriebspartikularistische Abkopplung von überbetrieblichen Regelungsinstanzen, - zumal in solchen Fällen, in denen letztere das harmonische betriebliche Miteinander zu bedrohen scheinen.[200] Implizite Grundlage dieses Musters ist die Negation einer grundlegenden Konflikthaltigkeit in den Beziehungen zwischen Kapital und Arbeit oder zumindest die mangelhafte Erfahrung mit den Prozessen intermediärer Interessenregulierung als adäquate Regelungsform von Interessenkonflikten.

Neben dieser Sichtweise vom Arbeitgeberverband als 'unprofessionellem Störenfried' existiert ein zweites Argumentationsmuster, das eine konflikthafte Arbeitgeberverbandspolitik als 'Ansteckungsgefahr' für den eigenen Betrieb interpretiert und demgemäss daher zu viel Kontakt mit den Tarifverbänden zu vermeiden sei. Die Distanzierung vom Arbeitgeberverband ist nicht dem Ärger über vermeintlich unnötige Streitereien geschuldet, sondern eher vom Bewusstsein getragen, dass auf tariflicher Ebene Konflikte ausgetragen werden, die latent auch inner-betrieblich vorhanden sind und also bei zu viel Kontakt mit den Tarifverbänden auch hier aufbrechen könnten. Während der eigene Betrieb als weitgehend befriedete Zone wahrgenommen wird, erscheinen die Tarifparteien und vor allem die Gewerkschaft als Unruheherde, von denen eine Art Ansteckungsgefahr für den Betrieb ausgeht. Es scheint, als ob die Geschäftsleitungen der Infizierung des Betriebsklimas vom Gedanken eines Interessengegensatzes zwischen Unternehmern und Beschäftigten entgehen möchten, welcher bereits der alltäglichen intermediären Praxis der Tarifparteien innewohnt, aber besonders im Fall konflikthafter Auseinandersetzungen augenfällig sowie handlungsrelevant wird. Anders als im oben zitierten (betont partnerschaftlich-betriebsgemeinschaftlichen) Betrieb M6 wird dabei oft in erster Linie die Gewerkschaft als Unruhestifterin identifiziert. Um nicht zur Operationsbasis derselben zu werden, vermeidet man aber lieber auch eine Anbindung an deren tariflichen Konterpart, den Arbeitgeberverband. Das Unternehmen M13 etwa reagierte mit seinem Verbandsaustritt 1994 auf wiederholte Warnstreikaktionen, die die IG Metall im Zuge der Tarifauseinandersetzungen organisiert hatte; und der Geschäftsleiter des Unternehmens GK4 versucht, die eigene Verbandsferne als Fairness gegenüber dem Betriebsrat darzustellen. Solange dieser sich keine externe Unterstützung von der tariflichen Interessenvertretung hole, tue er selbst dies auch nicht:

> „Solange ich nicht gezwungen werde von der Gewerkschaft, einen Tarifvertrag abzuschließen, werde ich auch nicht in den Arbeitgeberverband eintreten, weil ich einfach da auch wieder als

---

[200]Das frühe Ende der tariflichen Mobilisierungsaktivitäten in Thüringen ersparte den betrieblichen Akteuren des hier zitierten Unternehmens M6 letztendlich die schwierige Entscheidung zwischen der Aufrechterhaltung eines harmonischen innerbetrieblichen Miteinander und der Folgebereitschaft gegenüber 'ihren' jeweiligen Verbänden. Vier Jahre später war der Betrieb nach wie vor Mitglied im Arbeitgeberverband, - die Tendenz zur betrieblichen Abkopplung von diesem zwecks reibungsloser innerbetrieblicher Zusammenarbeit existierte jedoch ebenfalls nach wie vor in nahezu unveränderter Form. 1997 war es der Konflikt zum Thema Lohnfortzahlung, der dem Personalleiter erneut Anlass zur Klage gab, dass „die Verantwortung in die Betriebe getragen wird. Die Bewältigung dieser Problematik gehört jedoch in das Aufgabenfeld der Arbeitgeberverbände. Dies ist der falsche Weg" (M6-GL2-97).

Fairplay meine, wenn der Betriebsrat sich nicht über die Gewerkschaft andauernd absichert und hinrennt und sagt, was soll ich denn jetzt tun und da im Grunde genommen sich die Weisheit holt (...) Aber solange ich mit denen [den Gewerkschaftsmitgliedern] nicht diskutieren muss, brauch' ich auch nicht den Arbeitgeberverband." (GK4-GL/BR-97).

In beiden der dargestellten Varianten ist die Grundlage der empirisch beobachtbaren Tendenz ostdeutscher Unternehmer, Distanz zum Arbeitgeberverband zu halten, um innerbetriebliche Konflikte zu minimieren, jedoch eine doppelte Annahme der Geschäftsleitungen: erstens, dass sich die innerbetrieblichen Austauschbeziehungen unter Umgehung einer Anbindung an die Tarifparteien harmonischer gestalten als unter Einbeziehung derselben; und zweitens, dass ein Umgehen oder eine Beendigung der Verbands- und damit der Tarifbindung keine unkalkulierbaren Folgekonflikte, insbesondere mit den Gewerkschaften, auslösen werde. Nur unter der Voraussetzung dieser beiden Annahmen kann eine Distanzierung vom Arbeitgeberverband als Strategie gesehen werden, die insgesamt die Kosten in Form innerbetrieblicher Konflikte minimiert. Impliziter Bestandteil dieser Perspektive ist die Tatsache, dass weder die Betriebsräte noch die Gewerkschaften und schon gar nicht die Beschäftigten selbst von den Geschäftsführungen als ausreichend durchsetzungsfähige bzw. -willige Akteure wahrgenommen werden, welche eine Verbandsbindung der Unternehmen - notfalls konflikthaft - einfordern würden. Das Phänomen, dass in Ostdeutschland Tarifkonflikte eher als Quelle betrieblicher Distanzierung vom Verband gelten müssen denn als Anreiz zur kollektiven Organisierung ist also auch die Folge spezifisch ostdeutscher Kontextbedingungen: die partielle Persistenz realsozialistischer Orientierungsmuster, aber vor allem die geringe Ausprägung des Interessengegensatzes zwischen Kapital und Arbeit und die defizitäre gewerkschaftliche Verankerung in vielen ostdeutschen Betrieben.

3.3.5.2 Absolut und relativ (zu) hohe Tarifkonditionen

Das mit Sicherheit gängigste und häufigste Argument von Geschäftsleitungen gegen eine Verbandsbindung ist schließlich die damit einhergehende legale Verpflichtung, die tariflichen Normen innerbetrieblich einzuhalten. In der Regel trifft man bei den einschlägigen Unternehmensleitungen auf eine kombinierte Kritik sowohl an der Höhe als auch an der Starrheit der Tarifkonditionen. Da sich die Kritik am 'zu starren Tarifsystem' zumeist auf das Fehlen von Ausnahmeregelungen für wirtschaftlich schwächere Betrieben bezieht[201], kann man jedoch generalisierend davon spre-

---

[201] In einigen Betrieben waren auch 'zu starre tarifliche Arbeitszeitregelungen' Gegenstand der Kritik und der Distanz zu den Arbeitgeberverbänden. Dies galt insbesondere für den Bereich der Metall- und Elektroindustrie, da in der Chemieindustrie ausgesprochen flexible tarifliche Arbeitszeitmodelle möglich sind und sich die Baubetriebe meist ohnehin nicht an die tariflichen Arbeitszeitregelungen hielten. Für zwei Metallbetriebe (M5 sowie M7) waren die tariflichen Arbeitszeitregelungen ein wesentlicher Grund dafür, einen Haustarifvertrag abzuschließen (M5) bzw. in den Arbeitgeberverband der Chemieindustrie überzutreten (M7). Beide Unternehmen waren jedoch Ausnahmen im Bereich der Metall- und Elektroindustrie, da die Produktionsweise stark von prozessabhängigen Verfahren bestimmt wird. Die in solchen Bereichen häufig praktizierten vollkontinuierlichen Schichtmodelle zur Auslastung der Produktionsanlagen sind im Rahmen der Arbeitszeitvorgaben des Metalltarifvertrags nur schwer bzw. ausgesprochen teuer umsetzbar.

chen, dass die Kritik an 'zu hohen Tarifkonditionen' und vor allem an 'zu hohen Löhnen' im Zentrum der betrieblichen Distanzierungsprozesse steht. Eine Tarifbindung sei 'zu teuer'. Diese Problemwahrnehmung wurde auch durchgängig von den befragten ArbeitgeberverbandsfunktionärInnen geteilt. „Die Tarifverträge überfordern die Firmen" (AGV-M 3); es habe „etliche Kündigungen" gegeben wegen „der hohen Tarife" (AGV-C 3) und der „überzogenen Tarifabschlüsse" (AGV-B 4); es seien Austritte erfolgt, „nicht wegen mir oder der Kollegen, sondern wegen der Tarifpolitik" (AGV-B 3), - so lauteten unisono die Erklärungen der InterviewpartnerInnen in den Verbänden für die verbandlichen Organisationsprobleme.

Während sowohl Geschäftsleitungen als auch ArbeitgeberverbandsfunktionärInnen als interessierte Akteure naheliegenderweise pauschal von „zu hohen" Tarifnormen sprechen, ist empirisch - so schwierig dies im Einzelfall sein mag - ein Unterschied zu machen zwischen dem Verbandsbezug solcher Betriebe, in denen eine Tarifbindung 'absolut zu teuer', da existenzbedrohend erscheint, und solchen, in denen eine Tarifbindung 'relativ teuer' erscheint, gemessen an der noch immer beschränkten Produktivität und Profitabilität des Betriebs, gemessen an den den Arbeitgeberverbänden unterstellten potentiellen Aushandlungsspielräumen, gemessen an den innerbetrieblichen Standards, die ohne Tarifbindung durchgesetzt werden könn(t)en, oder einfach gemessen an den regional üblichen Löhnen.

Als 'absolut zu hoch' und 'nicht bezahlbar' wurden die Tarifnormen nur in vergleichsweise wenigen Unternehmen eingeschätzt. Bei den Betrieben, die beteuerten „wir können mit den Tarifkonditionen nicht leben" (M14-GL2-94), handelte es sich nahezu ausnahmslos um Unternehmen, deren prekäre Verwertungssituation in erster Linie durch einen kaum konkurrenzfähigen Produktivitätsstandard verursacht wurde: Im Bauunternehmen B12 fehlte es an der nötigen Maschinenausrüstung und die Arbeitsorganisation schien katastrophal; das Chemieunternehmen C5 produzierte mit einer ehemals auf Großchargenproduktion ausgelegten Anlage ein Sammelsurium von 'Kleinchemie', welches selbst bei der Existenz geeigneter Anlagen ein kaum rentables Produktspektrum dargestellt hätte; das Elektrounternehmen M13 versuchte als kleiner, ausgegliederter Produktionsbetrieb in ein stark umkämpftes Marktsegment standardisierter Massenproduktion einzudringen, - mit zweifelhaftem Erfolg. Die Zukunft aller drei Betriebe schien zum Zeitpunkt des letzten Interviews stark gefährdet. Zudem war in diesen Betrieben der Lohnkostenanteil an den Produktionskosten relativ hoch, so dass das Durchsetzen von untertariflichen Löhnen eine mögliche Strategie schien, um die mangelnde Produktivität im Wettbewerb zu kompensieren:

> „Wir können Aufträge bekommen, indem wir mit weniger Lohn kalkulieren. Sonst bekommen wir keine Aufträge. Und da unsere Aufträge in der Regel heute aus Lohnarbeiten, aus Kooperation zusammengesetzt sind,(...) bestimmt der Lohn das Gefüge und unter dem Aspekt der Produktivität, wie viele Stunden wir heute brauchen mit dem Maschineneinsatz, dann ist das automatisch so, dass wir dann nicht konkurrenzfähig wären mit mehr Lohn, weil wir mehr Zeit brauchen." (M13-GL2-93)

Typisch für diese Unternehmen war das Einfordern einer wesentlich härteren Interessenposition des Arbeitgeberverbandes gegenüber den Gewerkschaften. Vor dem Hintergrund der eigenen betrieblichen Situation wurde dem Arbeitgeberverband nicht die Rolle zugewiesen, durchschnittliche, d.h. für eine große Mehrheit der Betriebe verkraftbare Tarifkonditionen auszuhandeln, sondern man wünschte sich einen Arbeitgeberverband, der eine Politik der Stärke für die Schwachen betreiben sollte:

> „Wir sind ausgetreten aus dem Arbeitgeberverband, weil er nicht fähig ist, Bremsen ins System zu bringen. (...) Eine hundertprozentige Orientierung am Tarif ist in Ostdeutschland tödlich (...) Der Arbeitgeberverband müsste die geistige Speerspitze der Tarifpolitik der Unternehmer sein. Aber das sind sie nicht. Der AVCO ist vor diesem Hintergrund indiskutabel." (C5-GL1-97)

> „In meinen Augen war der Arbeitgeberverband immer zu schwach, um die Interessen der Unternehmer durchzusetzen." (M14-GL2-94)

Obwohl in diesen Zitaten eine durchsetzungsfähige Tarifpolitik für „die Unternehmer" gefordert wird, so legt der betriebliche Kontext nahe, dass es den Unternehmen nicht in erster Linie um generell niedrigere Löhne für alle Unternehmen geht, sondern vielmehr darum, dass der Arbeitgeberverband Wettbewerbsvorteile im Lohnbereich für produktivitätsschwächere Betriebe aushandelt. Da produktivitätsschwächere Betriebe zudem (teils durchaus berechtigterweise) als deckungsgleich mit kleineren mittelständischen, sowie allgemein ostdeutschen Betrieben gesehen wurden, fand sich in diesen Unternehmen erneut die Kritik, wonach die Politik der Arbeitgeberverbände den Interessen mittelständischer sowie generell ostdeutscher Betriebe nicht gerecht werde. Typisch war ferner der Ruf nach umfassenderen betrieblichen Öffnungsklauseln und „mehr Toleranz" der Tarifverträge.

> „Wenn der Arbeitgeberverband die Interessen der ostdeutschen Betriebe vertreten würde, dann hätte es die vielen Pleiten in Ostdeutschland nicht gegeben. (...) Kein ostdeutsches Unternehmen hat im Westen Fuß gefasst. (...) Der Bauindustrieverband hätte, wenn er gewollt hätte, auch mehr Marktvertretung für ostdeutsche Betriebe im Westen machen können. (...) Hochtief kann das [die Tariflöhne] bezahlen, aber der Mittelstand kann das nicht. Es fehlen Öffnungsklauseln. Der Bauindustrieverband tut auch hier nichts für die Schwachen." (B6-GL-97)

Nicht nur in den Betrieben, für die die Tarifnormen 'absolut zu hoch' waren, wurde jedoch Kritik an der materiellen Höhe der Tarifnormen geäußert. Auch in vielen Betrieben mit durchaus konkurrenzfähiger Produktion oder zumindest finanzieller Absicherung der Verluste wurden die Tarifkonditionen als 'relativ hoch' bzw. an der oberen Grenze des Leistbaren empfunden, so dass „der Verband zur Zeit gerade noch das richtige für uns" ist (GK2-GL-97). Die bisherige Tarifpolitik des Arbeitgeberverbandes wurde „gerade noch" akzeptiert, allerdings teils mit einer Geste deutlichen Unwillens und dem expliziten Verweis, dass man die weitere Entwicklung beobachte:

> „Unter den jetzigen Bedingungen würde ich erst 'mal beim Arbeitgeberverband bleiben. Es kommt auf die weitere Entwicklung drauf an. Ich will's nicht ausschließen, dass wir 'mal rausgehen. Es ist 'ne Entwicklungsfrage." (M8-GL2-94)

Hintergrund dieser latenten bis manifesten Unzufriedenheit ist die Einschätzung, dass die Arbeitgeberverbandsmitgliedschaft in etwa so viele Vorteile wie Nachteile mit sich bringe. Besonders die Einhaltung der tariflichen Normen erscheint den Betrieben als relativ kostspielig, wobei der Bewertungshorizont ein dreifacher ist:
1.) Vor dem Hintergrund als unfair oder besonders hart wahrgenommener Wettbe-

werbsbedingungen wünscht sich manche Geschäftsleitung zumindest vorübergehend einen erhöhten betrieblichen Dispositionsspielraum bei der Gestaltung der Löhne, um vermeintlich aktuell besonders extreme Wettbewerbsrisiken besser abfedern zu können. Vor allem in der Metall- und in der Bauindustrie wurden die Konkurrenzbedingungen zum Zeitpunkt der Interviews 1997 als „Erpressung und Straßenräuberei" beschrieben:

> „Das ist kein sauberes Geschäftsgebaren mehr. Da läuft viel unter der Gürtellinie."(M18-GL-97)

Während in der Metallindustrie vor allem der Druck der Großkunden die kleineren Zulieferbetriebe zu einer beinahe ruinösen Preisgestaltung zwang, versuchten viele Unternehmen der Bauindustrie die 1995 einsetzende Baukrise zu überleben, indem sie Angebote zu Niedrigstpreise abgaben, welche kaum auf einer profitablen Kalkulation beruhen konnten. Vor diesem Hintergrund wurden die 'relativ hohen' Tariflöhne unmittelbar als Reduktion betrieblicher Dispositionsfreiheit erlebt. Ein Austritt aus dem Arbeitgeberverband erschien als potentielles Mittel, die erhöhten Konkurrenzrisiken innerbetrieblich abzufedern bzw. in Form niedrigerer Löhne an die Beschäftigten weiterzugeben. Einzig der Fakt der Tarifnachwirkung reduzierte den Anreiz einer solchen Konkurrenzstrategie. Teilweise stellte jedoch bereits die Aussicht, durch eine Verbandskündigung die künftigen Tariferhöhungen zu umgehen, einen ausreichenden Handlungsanreiz dar. So kommentierte etwa der Geschäftsführer des (profitabel wirtschaftenden) Unternehmens M18 den Verbandsaustritt und die Einführung untertariflicher Entgelte mit den Worten:

> „Es ist nicht meine Zielstellung, den Gesellschaftern die Tasche voll zu schaufeln, aber ich will eine Manövriermasse haben für den Fall eines Umsatzeinbruches." (M18-GL-97)

2.) Häufig fand sich auch die Ansicht, wonach die Arbeitgeberverbände ihre tarifpolitischen Verhandlungsspielräume bislang nur ungenügend im Sinne der ostdeutschen Unternehmen ausgeschöpft hätten. Als Grund dafür wurde im besten Fall Unfähigkeit oder eine gewisse Bequemlichkeit der Verbände vermutet sowie auch mangelnde Durchsetzungsfähigkeit gegenüber westdeutschen Unternehmerinteressen:

> „Der Arbeitgeberverband hat sich's einfach gemacht in der Vergangenheit. Die Tarifabschlüsse sind kaum mehr bezahlbar. Die Tarifpolitik war in der Vergangenheit zu optimistisch, zu euphorisch. Man hat zu viel zugestanden." (B4-GL-97)

Nicht nur in einem Betrieb begegneten wir jedoch auch der Auffassung (sowohl west- wie ostdeutscher ManagerInnen), wonach hinter der mangelhaften Durchsetzungsfähigkeit des Arbeitgeberverbandes ein gezieltes Komplott westdeutscher Kapitalinteressen zu vermuten sei:

> „Der Tarifvertrag hier in Thüringen läuft demnächst aus, aber auch dann sind wir nicht frei, weil wir hängen ja am Tarifvertrag von Hessen dran. Wir müssen von Hessen weg. Der Arbeitgeberverband Hessen, das sind Gegner. Die lassen die neuen Bundesländer nicht raus. (...) Dann [bei der Abkopplung der Ostlöhne vom Westen] wären wir eine tierische Konkurrenz. (...) Damals [nach der Wende] hat ein Kartell von westdeutschen Unternehmen zu Stufenverträgen gezielt dem Osten Schaden zugefügt. Anders hätten wir die Auswüchse der letzten zwanzig Jahre [in der westdeutschen Tarifpolitik] hier verhindert." (M9-GL3-97)

3.) Verbreitet war schließlich die Einschätzung, wonach man auf der Ebene des Einzelbetriebs im Alleingang potentiell niedrigere Arbeits- und Entgeltstandards festlegen zu können meinte, als sie aktuell vom Arbeitgeberverband mit der Gewerkschaft vereinbart wurden. Hintergrund dieser Einschätzung waren entweder bereits innerbetrieblich durchgesetzte Abstriche an den Tarifnormen, die man im übrigen gerne auch formal legitimiert gewusst hätte, oder aber generell der Verweis auf eine niedrige Konflikt- und Mobilisierungsbereitschaft der Beschäftigten, die schließlich - trotz partieller Abstriche am Tarif - „hier im Umfeld die weitaus höchsten Bezüge haben" (M18-GL-97).

In der Kritik an der Tätigkeit des Arbeitgeberverbandes äußerte sich nicht selten auch Unzufriedenheit mit der institutionellen Verfasstheit des Tarifsystems als solchem. Zwar wurde typischerweise die Notwendigkeit einer gewissen kollektiven wirtschaftspolitischen Regulierung bejaht, das nach Ostdeutschland transplantierte bundesdeutsche System der Tarifautonomie schien jedoch manchem/r GesprächspartnerIn angesichts seiner zweifelhaften Ergebnisse nicht als der Weisheit letzter Schluss. Fallweise wurde mehr oder weniger Verbindlichkeit für die ausgehandelten Tarifnormen gefordert, mehr oder weniger zentrale Regulierung. Bei der Kritik am aktuellen Institutionensystem wurden die vergangenen realsozialistischen Bedingungen häufig als - mal positiv mal negativ bewerteter - Vergleichshorizont herangezogen:

> „Es ist schon nützlich, sich zu organisieren und gemeinsam Lösungen festzulegen, um schwarze Schafe zu vermeiden. (...) Was ich an der Tarifpolitik nicht richtig finde, das ist, dass irgendeine übergeordnete Instanz entscheidet, wo's langgeht. Man muss dem einzelnen genügend Spielraum lassen. Ich hasse das Rasenmäherprinzip. Man darf sich nicht von einer Organisation vergewaltigen lassen. Das ist wieder Zentralismus." (M12-GL-97)

Während sich der Personalleiter des Unternehmens M12 hier kritisch auf die Bedingungen der DDR-Vergangenheit bezieht und die Tarifverbände in die Tradition 'betriebsfern' sowie 'undemokratisch' agierender wirtschaftsleitender Instanzen der DDR stellt, gab die Situation akuter Niedriglohnkonkurrenz in der Bauindustrie so manchem ostdeutschen Geschäftsführer Anlass zu einer Kritik am Tarifsystem, welche sich aus einer impliziten positiven Bezugnahme auf das Modell der staatsregulierten Wirtschaft zu speisen schien. Angesichts der Anarchie des Marktes und der Unfähigkeit der Tarifverbände, die ausgehandelten Normen für alle verbindlich zu gestalten, wird der Ruf nach dem Staat als starker Autorität laut:

> „Wenn sich alle an die bestehenden Tarife halten würden, wäre das eine ganz andere Voraussetzung. (...) Das, was beschlossen wird, muss durchgängig in der Praxis angewandt werden, ohne Ausnahme. Sonst muss der Staat eingreifen, anders geht das nicht." (B7-GL-97)

Insgesamt trifft man in Betrieben mit fragil-passivem Verbandsbezug also auf erhebliche Unzufriedenheit mit den Arbeitgeberverbänden. Diese werden kaum als 'die eigenen' Vertretungsorganisationen wahrgenommen, mit deren Interessenhandeln man sich identifiziert; vielmehr zeugen viele Statements von einer erheblichen kritischen Distanz zu den Verbänden oder gar dem Tarifvertragssystem als solchem. Der Eindruck, dass die einschlägigen Betriebe jenseits der Inanspruchnahme von Serviceleistungen kaum etwas mit dem Arbeitgeberverband als Tarifverband zu tun haben (wollen), wird dadurch bestätigt, dass sie ihre Unzufriedenheit kaum innerhalb

der einschlägigen Verbandsgremien zum Ausdruck bringen. Einige GesprächspartnerInnen berichteten, dass sie zwar zu einer aktiven Beteiligung an der Verbandsarbeit oder der Übernahme eines ehrenamtlichen Postens aufgefordert worden seien,
dies jedoch aus „Zeitmangel" ablehnten (B12-GL-97), oder generell, weil man eine
solche Arbeit als zweitrangig empfand. Selbst diejenigen, die „in einem Beirat oder
so was" (M9-GL3-97) engagiert waren, schienen dies eher aus Pflichtgefühl zu tun,
denn aus Überzeugung von der Wichtigkeit einer innerverbandlichen Partizipation.
Ursache der Kritik am Verband war also nicht die Tatsache, dass man unzufrieden
war mit den eigenen innerverbandlichen Einflusspotentialen.

„Wenn wir die Möglichkeiten nicht nutzen, sind wir selber schuld" (B11-GL-97)
- gab ein Interviewpartner ganz offen zu, und schien zugleich nicht die Absicht zu
hegen, diesen Zustand zu ändern. Während also einerseits vom Arbeitgeberverband
eine dezidiertere Interessenvertretung und insbesondere eine stärkere Berücksichtigung
der 'schwächeren Betriebe' in der Tarifpolitik gefordert wurde, so war man andererseits weit davon entfernt, diese Position über eine Teilnahme am verbandlichen Willensbildungsprozess aktiv zu propagieren und durchzusetzen. Wenn also im vorherigen
Kapitel von 'Verbandsaustritten als Protest' in Folge gescheiterter innerverbandlicher
Partizipation die Rede war, so ist ein fragiler Verbandsbezug bei der großen Mehrheit
der Betriebe eher gepaart mit einer verweigerten Partizipation. Eine normative Integration in den Verband kann insofern schon deshalb kaum stattfinden, da die einschlägigen
Betriebe eine Partizipation am innerverbandlichen Diskussionsprozess weitgehend
ablehnen. Die Auswirkungen dieses - empirisch mit Abstand am häufigsten vorfindbaren - verbandlichen Mitgliedschaftskonzepts auf den Zustand der ostdeutschen Arbeitgeberverbände beschreibt der (nicht im Arbeitgeberverband, wohl aber in der IHK
engagierte) Personalleiter des Unternehmens M6 mit den Worten:

> „Dort [im Arbeitgeberverband] existiert null Solidarität. (...) Ich fände einen eigenständigen
> Tarifbereich Ostdeutschland sinnvoll. Aber das wird wohl nie verwirklicht werden. Da tut sich
> schon deshalb nichts, weil kaum einer von den Mitgliedern für die Umsetzung seiner Interessen
> kämpft. Die lassen das, 'lieber austreten', 'hat eh keinen Zweck'." (M6-GL2-97)

Die Klage der VerbandsexpertInnen über eine geringe Bereitschaft der Mitglieder
zur Beteiligung am innerverbandlichen Willensbildungsprozess (vgl. Kap.III.3.2.3)
bestätigt sich also in der Analyse der Mitgliedersicht auf die Verbände. In einem
Großteil der untersuchten Unternehmen wird die Mitwirkung an der kollektiven
tarifpolitischen Strategiedefinition trotz erheblicher Kritik an deren Ergebnissen als
kaum erfolgversprechend angesehen. Effektiver erscheint ein Beobachten der weiteren Verbandspolitik 'aus der Distanz', d.h. als nicht-aktives Noch-Mitglied, und
gegebenenfalls ein betrieblicher Alleingang, wenn diese von der eigenen Interessenposition zu sehr abzuweichen scheint. Unter diesen Bedingungen kann kaum von
einem effektiven innerverbandlichen Interessenaggregations- und vermittlungsprozess ausgegangen werden und die Verbandspolitik kann kaum etwas anderes sein als
eine mehr oder weniger geglückte Stellvertreterpolitik.

3.4 Die defizitäre Intermediarität der ostdeutschen Arbeitgeberverbände

Prägend für den Zustand der ostdeutschen Arbeitgeberverbände ist ein gravierendes Defizit normativer Verbandsintegration. Dies zeigt sich nicht nur an den öffentlich stark diskutierten Phänomenen abnehmender Verbandsbindung sowie sinkender Folgebereitschaft der Mitgliedsbetriebe in Bezug auf die ausgehandelten Tarifkonditionen, sondern auch bei der Analyse der Mitgliedschaftskonzepte (noch) verbandsgebundener Betriebe. Nur in Bezug auf einen recht kleinen Kern der Mitgliedsbetriebe kann man von einer intakten normativen Integration in die Arbeitgeberverbände sprechen, insofern als sie diese in erster Linie als kollektive Interessenvertretung der Unternehmer interpretieren und schätzen, deren interessen- sowie ordnungspolitische Funktion als wichtig bewerten, sich aktiv am innerverbandlichen Prozess der Willens- und Strategiebildung beteiligen und sich (zumindest überwiegend) mit dessen Ergebnissen identifizieren. Dabei handelt es sich (im Rahmen der hier untersuchten Branchen) insbesondere um größere, (west)-konzernabhängige Betriebe der Chemieindustrie, teilweise auch der Bauindustrie.

In einem weiteren Teil der Mitgliedsbetriebe ist man zwar durchaus zufrieden mit der Verbandsmitgliedschaft, das hier als 'stabil-passiv' bezeichnete Mitgliedschaftskonzept basiert jedoch kaum auf einem gelungenen Prozess normativer Verbandintegration. Die Stabilität der Verbandsbindung ist vielmehr teilweise auf die prägende Einflussnahme äußerer Instanzen zurückzuführen, oder aber auf die Tendenz der Betriebe, zwar die Beitragszahlung als legitime Verpflichtung gegenüber dem Verband zu akzeptieren, weitere Anforderungen bezüglich einer betrieblichen Folge- sowie Solidarisierungsbereitschaft gegenüber dem Verband jedoch weitgehend zu negieren. Ein solches stabil-passives Mitgliedschaftskonzept findet sich überproportional häufig (aber nicht ausschließlich) im Bereich der Bauindustrie, - erstens deshalb, weil die großen westdeutschen Baukonzerne die Verbandsmitgliedschaft als integralen Bestandteil der Metierkultur auch in ihren ostdeutschen Filialen weitgehend verpflichtend durchsetzen; zweitens jedoch auch deshalb, weil die Existenz vieler allgemeinverbindlicher Tarifverträge sowie die ausgesprochen geringe gewerkschaftliche Kontrollmacht in der ostdeutschen Bauwirtschaft eine Verbandsmitgliedschaft verhältnismäßig folgenloser erscheinen lässt als dies etwa in der Metallindustrie der Fall ist.[202] Die Verbandsmitgliedschaft reduziert sich daher in der Perspektive der Geschäftsleitungen weitgehend auf den Austausch von Serviceleistungen gegen Mitgliedsbeiträge, - ein Tausch, mit dem man durchaus zufrieden ist.

Während nur für sehr wenige Unternehmen mit einem aktiven Verbandsbezug mangelnde Einflussmöglichkeiten auf die Politik des Arbeitgeberverbandes einen relevanten Austrittsgrund darstellen, geht der mehrheitlich alles andere als stabile Verbandsbezug vor allem darauf zurück, dass eine Verbandsbindung als konfliktverursachend empfunden wird und zudem zur Zahlung 'absolut zu hoher' oder zumin-

---

[202] Aus diesem Sachverhalt kann man durchaus die Schlussfolgerung zielen, wonach paradoxerweise eine besonders ausgeprägte innere Erosion der Flächentarifvertrags den Effekt haben kann, dessen äußere Erosion zu beschränken, da sich in diesem Fall die Funktion der Arbeitgeberverbände in der Sicht der Geschäftsleitungen tendenziell auf die Bereitstellung von Dienstleistungen beschränkt und deren Tariffunktion weitgehend ausgeblendet wird.

dest 'relativ hoher' Löhne verpflichte. Diese Einschätzung ist letztlich nur vor dem Hintergrund der tarifpolitischen Landschaft in Ostdeutschland zu verstehen, für die insbesondere drei Aspekte spezifisch sind:

Erstens kann in Ostdeutschland nicht davon ausgegangen werden, dass die Gewährung tariflicher Entgelt- und Arbeitsbedingungen die Regel bzw. die Norm darstellt (vgl. Artus u.a. 2000). Das Empfinden vieler Geschäftsleitungen, wonach die Tariflöhne 'hohe Löhne' darstellen, reflektiert also letztlich die realen Bedingungen, in denen die Einhaltung der tariflichen Norm zugleich das Abweichen von einer faktisch in den Betrieben verbreiteten Norm (der Tarifunterschreitung) darstellt. Die reale betriebliche Norm liegt unter dem Tarif, - die Tariflöhne sind also 'relativ höher' als normal, eine Verbandsbindung 'relativ teuer' (vgl. hierzu auch Schmidt 2000:15).

Zweitens wird die Norm der Verbands- sowie Tarifbindung auch dadurch geschwächt, dass Betriebe, welche diese nicht einhalten, nicht unbedingt mit negativen Sanktionen zu rechnen haben. Wenn die zentrale Funktion der Arbeitgeberverbände als kollektive Interessenvertretung der Unternehmer gegenüber den Organisationen der abhängig Beschäftigten von vielen Unternehmern kaum geschätzt wird, so hat dies damit zu tun, dass die Notwendigkeit einer kollektiven Organisierung der Unternehmer als Gegengewicht zu den Gewerkschaften bislang in Ostdeutschland kaum erfahrbar war, - oder noch genereller: den Beziehungen zwischen Unternehmern und abhängig Beschäftigten wird von einer großen Mehrheit ostdeutscher Geschäftsleitungen aktuell nicht das Ausmaß an potentieller Konflikthaltigkeit unterstellt, das eine Abstraktion vom konkreten einzelbetrieblichen Interesse im Rahmen kollektiver unternehmerischer Strategien nötig machen würde. Infolgedessen wird auch die tarifpolitische Funktion der Arbeitgeberverbände, nämlich die stellvertretende Aushandlung tariflicher Normen als Kompromisse potentiell konflikthafter Interessenlagen von ostdeutschen Geschäftsführungen, aktuell eher gering geschätzt. Dies geht so weit, dass man sich teilweise sogar des Kompromisscharakters tariflicher Normen gar nicht recht bewusst zu sein scheint. Besonders signifikant ist in diesem Zusammenhang die Äußerung des Geschäftsführers eines mittelständischen Bauunternehmens, der offenbar gerne Tarifverträge als administrativen Akt der Arbeitgeberverbände ohne den störenden Einfluss von Verhandlungen mit den Gewerkschaften konzipieren würde, wenn er meint:

> „Wenn sich der Arbeitgeberverband nicht mit den Gewerkschaften auseinandersetzen müsste, wäre mehr möglich." (B7-GL-97)

Wesentlich dafür, dass die Tarife nur unzureichend als Interessenkompromisse zwischen Kapital und Arbeit wahrgenommen werden und auch die Schutzfunktion des Arbeitgeberverbandes gegenüber den Gewerkschaften von seinen Mitgliedsbetrieben kaum empfunden wird, ist das weitgehende Fehlen konflikthafter Interessenauseinandersetzungen in vielen ostdeutschen Branchen sowie Betrieben. Explizit reflektiert wird dieser Sachverhalt im folgenden Zitat aus dem Bereich des ostdeutschen Chemiearbeitgeberverbandes, der dem industriepartnerschaftlichen Politikstil der IG Chemie nicht nur positive Seiten abgewinnen kann:

„Außerdem ist es dann hier mitnichten so, dass die Firmen sich [im Zuge von Haustarifverhandlungen] irgendwie 'ner harten Verhandlungsführung ausgesetzt sehen, der sie nicht gewachsen sind. Ich meine, das kommt in der Tat auf die Größe der Firmen an. Das muss man wirklich sagen. (...) Und also ich hab grad 'ne Firma, die bei uns auch ausgetreten ist. Die ist nun auch da von der Gewerkschaft zu Haustarifverhandlungen aufgefordert worden und die waren sehr angenehm überrascht, in welch' freundschaftlicher Atmosphäre das ablief. Punkt, ne. Und das ist auch 'ne Sache, die uns als Verband auch irgendwo stört."

I: „Also Sie hätten gerne 'ne härtere IG Chemie?"

K: „Ja, das ist ja auch ganz logisch." (AGV-C 2)

Drittens ist die Sichtweise mancher ostdeutscher Geschäftsleitung auf die historisch gesehen relativ neu implementierten Arbeitgeberverbände sowie das übernommene Tarifsystem implizit (notwendigerweise) noch immer vom Vergleichs- und Deutungshorizont der DDR gefärbt. Zwar hat man sich inzwischen formal durchaus das Wissen um die Funktionsprinzipien der bundesdeutschen Tarifautonomie angeeignet, nach wie vor wirkt jedoch die individuell teilweise jahrzehntelange geschichtliche Erfahrung mit Prozessen der Interessenregulierung nach, die unter realsozialistische Bedingungen deutlich anders aussahen. Explizit thematisiert dies etwa ein ostdeutscher Personalleiter:

„Diese Frage, das hängt auch mit der geschichtlichen Erfahrung zusammen. Früher war der Tarif das höchste, was zu zahlen war. Wer darüber hinaus zahlte, kriegte irgendwann eins übergebraten."

I: „In der DDR?"

PL: „DDR-Zeiten. Und den Tarif als Mindestentlohnung zu verstehen, war schon erst mal eine Strecke, die irgendwo schwierig war. Sie ist auch heute noch schwierig, stelle ich fest. (...) Die Frage, man hatte sich vorgenommen, 1991 für alles Tarifverträge einzuführen. Und wie soll man das machen? Und man muss sicher davon ausgehen, dass natürlich aufgrund der staatlichen Lohnpolitik Ostdeutschland, DDR, dass sie [die ostdeutschen Betriebe] alle ein relativ einheitliches Niveau hatten, so dass sich das [gemeint ist der einheitliche Flächentarif, Anm.d.Verf.] ja erst mal angeboten hat. Und diese Privatisierung und sie waren alle unter der Treuhand noch als man anfing, so dass sie eigentlich unter einem Großverband Arbeitgeber, sage ich jetzt mal, und letztendlich auch gesteuert, eben auch ein relativ einheitliches Ausgangsniveau hatten. (...) Das war ja auch am Anfang eine der Hauptschwierigkeiten, dass die alten Betriebsvertreter, ob das nun der ehemalige Betriebsdirektor oder sonst was war, die ambivalent zwischen Gewerkschaft und Arbeitgeber herumtaumelten, weil sie eigentlich gar nicht wussten, welche Position sie haben. Und irgendwo so ein Ausspruch von diesem Arbeitgeberverband, einem Geschäftsführer, der dann sagt: Ich weiß gar nicht, was ich nun eigentlich machen soll. (...) Ich denke auch, dass diese Generation drüber absterben wird. Und erst wenn die neue Generation kommt, wenn es dann noch so was [wie Flächentarife] gibt." (GK4-GL1-97)

In diesem Zitat spiegelt sich sehr deutlich die Wahrnehmung, wonach die Einführung des westdeutschen Tarifsystems unter den spezifischen ostdeutschen Transformationsbedingungen eher als Verlängerung des Prinzips zentral gelenkter Wirtschaftssteuerung erlebt wurde, denn als grundsätzlicher Bruch mit diesem. Durchaus typisch scheint zudem der Fakt, dass die Gewerkschaften als prägende Akteure in dieser Beschreibung weitgehend fehlen, - und wenn sie auftauchen, dann nicht als Interessengegner, sondern eher als eine Instanz, von der man sich selbst als Betriebsdirektor nur unter Schwierigkeiten abgrenzt.

Zusammenfassend kann man davon sprechen, dass die Intermediarität der Arbeitgeberverbände, ihre Fähigkeit zu einer effektiven und glaubwürdigen Interessenvermittlung auf kollektiver Ebene, in Ostdeutschland in mehrfacher Hinsicht als defizitär eingeschätzt werden muss: *Das Verhältnis zwischen Verband und Mitgliedern ist prekär*, da die Prozesse verbandsinterner Willensbildung nicht ausreichen, um die besonders heterogenen Interessenlagen ostdeutscher Unternehmer glaubwürdig zu vermitteln. Den besonders schwierigen strukturellen Bedingungen innerverbandlicher Interessenvereinheitlichung stehen besonders defizitäre Formen der Mitgliederpartizipation gegenüber. Die Verbandspolitik kann daher kaum etwas anderes sein, als eine von nur wenigen aktiven Mitgliedern sowie dem Funktionärskörper gestaltete Stellvertreterpolitik. In der Sicht eines erheblichen Teils der Verbandsmitglieder sind *die Ergebnisse tariflicher Aushandlung daher nicht das Resultat eines glaubwürdigen intermediären Prozesses*, sondern eher eine von den Betrieben weitgehend abgekoppelte Festlegung 'von oben'. Dabei wird sowohl die Professionalität der tariflichen Akteure teilweise angezweifelt als auch der schiere Wille der Arbeitgeberverbände, die Interessen der ostdeutschen Betriebe im bundesweiten sowie internationalen Konkurrenzkampf ausreichend zu vertreten. Diese kritische Mitgliedersicht auf die intermediäre Tätigkeit der Verbände wird dadurch bekräftigt, dass die Tarifnormen über den in vielen ostdeutschen Betrieben faktisch geltenden Normen liegen. Und schließlich wird *die intermediäre Tätigkeit der Arbeitgeberverbände gegenüber den Gewerkschaften* von vielen Geschäftsleitungen nur in geringem Maße geschätzt, ja teilweise noch nicht einmal wahrgenommen, da das Verhältnis von Arbeit und Kapital kaum als besonders konfliktträchtige Beziehung erlebt wird, zumindest nicht in dem Ausmaß, dass es eines 'kollektiven Schutzes' und einer Interessenvermittlung jenseits des eigenen Betriebs bedürfte. Die Organisationsprobleme der Arbeitgeberverbände sind damit auch ein Reflex auf die Schwäche der Gewerkschaften und das damit verknüpfte Fehlen authentisch ostdeutscher Erfahrungen, wonach Tarifverträge eine friedenstiftende Funktion besitzen.

4. Die betriebliche Verankerung der Gewerkschaften

Gewerkschaften und Arbeitgeberverbände gleichen sich in ihrem zentralen Verbandsziel kollektiver Interessenvertretung auf dem Arbeitsmarkt. Auf organisationssoziologischer Ebene stellen sich für sie daher teilweise ähnliche Grundsatzprobleme kollektiver Organisierung, etwa die Transformation individueller sowie einzelbetrieblicher Interessen in ein 'kollektives Gesamtinteresse' sowie der Widerspruch zwischen den Erfordernissen verbandlicher Effektivität (nach außen) und verbandlicher Repräsentativität (im Binnenverhältnis der Organisation). Zugleich existieren aber auch gravierende Unterschiede in den Organisationsbedingungen und der Logik kollektiven Handelns von Arbeitgeberverbänden und Gewerkschaften, die aus der differenten Stellung ihrer Mitgliederbasis zu den Produktionsmitteln, d.h. aus dem Klassencharakter der Verbände resultieren (vgl. Kap.I).[203] Diese Differenz wird in Ostdeutschland teils überlagert, teils verstärkt durch Momente der spezifischen historischen Entwicklung. Die Etablierung eines autonomen intermediären Regulierungssystems unter wirtschaftlichen Krisenbedingungen konfrontierte die Vertretungsorganisationen von 'Kapital' und 'Arbeit' teilweise mit unterschiedlichen Problemen (vgl. Kap.III.1).

Im folgenden geht es um eine empirische Analyse der Beziehungen zwischen den ostdeutschen Gewerkschaften und ihrer betrieblichen Mitgliederbasis etwa sieben Jahre nach Einführung der kapitalistischen Marktwirtschaft sowie des bundesdeutschen Systems der Tarifautonomie. Besondere Aufmerksamkeit wird dabei den Kooperationsbeziehungen zwischen Betriebsräten und Gewerkschaften eingeräumt, da die wechselseitige, arbeitsteilige Verschränkung von Gewerkschafts- und Betriebsratshandeln eine zentrale Rolle für das Funktionieren des dualen Systems industrieller Beziehungen spielt (vgl. Kap.II.2 und II.3). In diesem Zusammenhang erweist es sich als vorteilhaft, dass über die Prozesse kollektiver Interessenvertretung abhängig Beschäftigter in Ostdeutschland in der Vergangenheit deutlich mehr empirische Studien durchgeführt wurden als vergleichsweise zum Thema Arbeitgeberverbände.[204] Durch das ergänzende Heranziehen einschlägiger Veröffentlichungen zum Thema (Dathe/Schreiber 1993, Strohwald 1994, Behrens 1995, Förster/Röbenack 1996, Mickler u.a. 1996, Boll 1997, Kädtler u.a 1997, Hinz 1998, Kotthoff/Matthäi 1999, Artus u.a. 2001) konnten daher die eigenen Ergebnisse 'gegengecheckt' und ergänzt werden.

Parallel zum Aufbau des vorangehenden Kapitels wird zunächst auf die besonders heiklen gewerkschaftlichen Organisationsbedingungen in Ostdeutschland eingegangen (Kap.4.1). Anschließend wird die Situation in den beiden zentralen Problembereichen gewerkschaftlicher Organisationssicherung beschrieben: die Mitgliederrekrutierung sowie die Fähigkeit zur normativen Mitgliederbindung. Dabei findet sich das Paradoxon einer relativ intakten gewerkschaftlichen Organisationsfähigkeit, was die formale Mitgliederbindung betrifft (Kap.4.2.1), bei gleichzeitig defizitärer

---

[203] Vgl. Offe/Wiesenthal (1980:76) „Our main argument (...) is that differences in the position of a group in the class structure (...) not only lead to differences in power that the organizations can acquire, but also lead to differences in the associational practices or logics of collective action."

[204] Ähnlich wie in anderen Studien können auch in der vorliegenden Arbeit für die Einschätzung der Stimmungen und Meinungen der Belegschaften lediglich Aussagen 'aus zweiter Hand' von GewerkschafterInnen und Betriebsräten herangezogen werden. Mit diesem Mangel liegt die vorliegende Arbeit jedoch im 'mainstream' der Forschungspraxis der letzten zwei Jahrzehnte. Nur sehr wenige Studien befassen sich explizit mit der Sichtweise der Beschäftigten auf gewerkschaftliche Interessenvertretung bzw. in Ostdeutschland auf das neue System industrieller Beziehungen. Dies hat nicht zuletzt auch mit methodologischen sowie forschungsökonomischen Ursachen zu tun. Wenn man sich nicht mit vergleichsweise wenig aussagekräftigen allgemeinen Einschätzungsfragen im Rahmen quantitativer Befragungen zufrieden geben will, erfordert die Erfassung individueller Interpretationsweisen und Deutungsmuster ein vergleichsweise aufwendiges qualitatives Vorgehen. Aus forschungspragmatischen Gründen tendierte man daher dazu, sich mit den Einschätzungen problembewusster ExpertInnen zu begnügen. Wenngleich ein solches empirisches Design für viele Fragestellungen durchaus sinnvoll erscheint, ist inzwischen ein expliziter Mangel an Beschäftigteninterviews zu konstatieren. Geradezu im Gegensatz zur professionellen Tradition der Industriesoziologie wird die 'shop floor'-Ebene der Betriebe dadurch nachgerade zu einer 'black box' für die Forschung.

Mobilisierungs- und Verpflichtungsfähigkeit (Kap.4.2.2). In einem weiteren Kapitel werden typische Beziehungsmuster zwischen ostdeutschen Betriebsräten und Gewerkschaften beschrieben (Kap.4.3) und deren Folgewirkungen für den Zustand des Tarifvertragssystems in Ostdeutschland diskutiert (Kap.4.4).

4.1 Die gewerkschaftlichen Arbeits- und Organisationsbedingungen

Die Organisationstätigkeit der Gewerkschaften in Ostdeutschland erfolgt bis zum heutigen Zeitpunkt unter Rahmenbedingungen, die (aus westdeutscher Sicht) Ausnahmecharakter besitzen. Vor allem die weithin 'verkleinbetrieblichte' und noch immer hochdynamische ostdeutsche Unternehmenslandschaft sowie die chronisch hohe Arbeitslosenquote erschwert die Arbeit ostdeutscher Verwaltungsstellen und Bezirksverbände enorm.

Die Situation in allen befragten regionalen Gewerkschaftsgliederungen glich sich darin, dass es in den vergangenen Jahren sukzessiv zu einer *Zunahme der Betriebe bei gleichzeitiger Abnahme der Beschäftigtenzahlen* kam. Hierzu ein Zitat aus dem Bereich der Chemischen Industrie, wo dieser - in allen Untersuchungsbranchen homologe - Prozess besonders ausgeprägt war:

In der einstmals von Großbetrieben wie Buna, Leuna oder Agfa-Wolfen bestimmten Chemieindustrie Sachsen-Anhalts

> „gab's 1992 52 Betriebe mit über 40.000 Beschäftigten, 1995 waren es 133 Betriebe mit nur noch etwa 18.500 Beschäftigten. In Sachsen-Anhalt gibt es nur noch zwei echte Großbetriebe mit über 2000 Beschäftigten. Alles andere, was da drunter kommt, kann man froh sein, wenn man sagen kann, dort gibt es also Betriebe, wo noch vielleicht mal dreihundert sind, aber dann geht es schon runter auf 150, ist aber auch noch hoch. Und alles andere, was da noch so ist, ja, sind alles Betriebe, ja, sagen wir mal, 50 Leute." (GEW-C 4)

Betriebe mit über 1000 Beschäftigten besitzen in Ostdeutschland inzwischen generell Seltenheitswert. In der gesamten ostdeutschen Metallindustrie gab es 1998 nur noch 53 Betriebe mit über 500 Beschäftigten (Schroeder 2000:361). Die mit der 'Verkleinbetrieblichung' der ostdeutschen Industrie verbundene Aufsplitterung der gewerkschaftlichen Basis auf viele kleine, versprengte, regional oft weit auseinanderliegende Einheiten erschwert nicht nur die Mitgliederbetreuung immens, sie prekarisiert auch den Prozess innergewerkschaftlicher Interessenaggregation. Während im Fall der Konzentration einer Mehrheit von Gewerkschaftsmitgliedern in größeren Betrieben primäre Prozesse der Aggregation und Vermittlung von Mitgliederinteressen durch (oft freigestellte) betriebliche FunktionärInnen geleistet werden kann, ist dies bei einer Dominanz mittlerer bis kleiner Betriebe wesentlich schwieriger. Relativ dramatische Folgen für die regionale Gewerkschaftsarbeit hat auch die Tatsache, dass selbst Unternehmen über der Freistellungsgrenze von 300 Beschäftigten inzwischen nicht mehr allzu häufig sind. Infolgedessen sind in manchen regionalen Gewerkschaftsgliederungen nicht einmal mehr ein Dutzend freigestellter Betriebsräte aktiv. Diese Reduktion von Ressourcen für die betriebliche Interessenvertretungsarbeit schlägt sich direkt auf die Gewerkschaftsarbeit nieder: Die Bereitschaft von nicht-freigestellten Betriebsräten zu einer Partizipation an außerbetrieblichen, gewerkschaftlichen Aktivitäten und zur Übernahme ehrenamtlicher Funktionen ist typischerweise geringer. Der Mangel hauptamtlicher 'professioneller' Betriebsräte erhöht zudem die Notwendigkeit kompensatorischer gewerkschaftlicher Beratung und Betreuung, wie etwa ein Gewerkschaftsfunktionär der IG Chemie betont:

> „Viele Betriebsräte in mittelständischen und Kleinbetrieben wissen sich selbst nicht zu helfen. Sie rufen uns ständig an, auch in der Nacht, dann müssen wir auf der Matte stehen." (GEW-C 2)

Auch die nach wie vor *hohe Dynamik der betrieblichen Landschaft*, d.h. der anhaltende Prozess betrieblicher Umstrukturierungen, Ausgründungen, Betriebsschließungen, Neugründungen, Firmenspaltungen und -verkäufe problematisiert die gewerkschaftliche Betriebs- und damit Mitgliederbetreuung. Die GewerkschaftsfunktionärInnen haben bereits alle Hände voll zu tun, um nur einen ungefähren Überblick über die betriebliche 'Betreuungslandschaft' zu behalten:

> „Wie viele [Betriebe] es gibt weiß ich nicht. Das ist nicht möglich zu wissen, weil sich das täglich ändert." (GEW-M 3)

> „Jeden Tag verschwinden welche [Unternehmen] und jeden Tag entstehen neue." (GEW-B 2).

Der Prozess permanenter betrieblicher Umstrukturierung stellt zudem besondere Anforderungen an die gewerkschaftliche Betreuungsarbeit, die sowohl in ihren qualitativen als auch in ihren zeitlich-quantitativen Dimensionen deutlich über normale Beratungs- und Hilfstätigkeiten hinausgehen. 'Feuerwehreinsätze' der GewerkschaftsfunktionärInnen im Fall drohender Betriebsschließungen sind in Ostdeutschland ebenso die Regel wie die intensive Betreuung von Betriebsübergängen und Firmenaufspaltungen oder die Sorge um die Installation einer betrieblichen Interessenvertretung in neu gegründeten Unternehmen. Angesichts permanenter Neuzusammensetzungen der Belegschaften und eines hohen Anteils arbeitsloser Gewerkschaftsmitglieder ist die traditionelle gewerkschaftliche Betreuung der Mitglieder über die Betriebe oft nur noch rudimentär gewährleistet. Die Brüchigkeit der betrieblichen Strukturen produziert somit Friktionen im Verhältnis zwischen Gewerkschaft und Mitgliedern und schafft systematisch 'Austrittsgelegenheiten' für letztere. Bezogen auf die Problematik eines Wechsels des Tarifbereichs im Zuge der Ausgründung von Betrieben berichtet ein Gewerkschaftsfunktionär:

> „Es ist in den meisten Fällen halt so, wo dann mehrere Gewerkschaften sind, man immer wieder feststellt, dass dann ja die Beschäftigten sagen: 'Ja, das ist der richtige Zeitpunkt, wo wir jetzt aus den Gewerkschaften austreten können'." (GEW-C 4)

Bedeutet Gewerkschaftsarbeit in Ostdeutschland daher einerseits ein permanentes Reagieren auf betriebliche Wandlungsprozesse, so bleibt - neben der alltäglichen Betreuungsroutine - kaum mehr Zeit für gezielte Schwerpunktaktionen zur Mitgliederwerbung und verbesserten Anbindung solcher Betriebe, in denen sich der Kontakt mit der betrieblichen Basis tendenziell problematisch gestaltet. Dies erscheint besonders prekär vor dem Hintergrund, dass die DGB-Gewerkschaften in Ostdeutschland vor 10 Jahre quasi 'Neuland' betreten haben und insofern kaum traditionell gewachsene gewerkschaftliche Strukturen existieren. Das Dilemma zwischen der Notwendigkeit einer systematischen Aufbau- und Durchdringungsarbeit und deren begrenzter Machbarkeit beschreibt ein Gewerkschaftssekretär aus dem Bereich der

Metallindustrie:

> „Ein Drittel der Betriebe werden intensiv betreut, zwei Drittel weniger, aber nicht vernachlässigt, aber es gibt einen ganzen Bereich, die weniger kommen, also, die müsste man eigentlich viel mehr beackern, weil da auch das eine und andere passiert, was gar nicht in diese Zeit hineinpasst. (...) Es gibt eine statistische Größe und eine machbare Größe. (...) Machbar, das hat nicht nur mit dem Nicht-Können, personalmäßig, zu tun, sondern auch, dass wir in einige Betriebe nicht so reinkommen. Das hat Gründe, das muss hier auch ein Stück wachsen, sag' ich das mal, kann man nicht so vergleichen mit den alten Bundesländern." (GEW-M 4)

Aus der Verkleinbetrieblichung, der hohen betrieblichen Dynamik sowie dem Fehlen einer traditionell gewachsenen gewerkschaftlichen Verankerung in den Betrieben resultiert also eine hohe Arbeits- und Problemfülle für die regionalen GewerkschafterInnen - sowohl in quantitativer als auch in qualitativer Hinsicht. Angesichts der niedrigen Zahl freigestellter InteressenvertreterInnen in den Betrieben werden sie zudem in relativ geringem Maße durch ehrenamtliche Aktive in ihrer Arbeit unterstützt. Hinzukommt, dass das materielle Budget der ostdeutschen regionalen Gewerkschaftsgliederungen aufgrund eines vergleichsweise niedrigen Beitragsaufkommens ziemlich restringiert ist. Zwar ist der gewerkschaftliche Organisationsgrad in Ostdeutschland kaum niedriger als im Westen, die Tarifeinkommen liegen jedoch noch immer niedriger und ein wesentlich größerer Teil der Gewerkschaftsmitglieder zahlt als Arbeitslose/r oder RentnerIn lediglich einen reduzierten Beitrag. 1996/97 arbeitete kaum eine der befragten regionalen Gewerkschaftsgliederungen kostendeckend. Sie waren meist auf Transferleistungen aus dem Westen angewiesen oder machten systematisch beim Bundesverband Schulden. Sie ostdeutschen Verwaltungsstellen der IG Metall waren daher zum Interviewzeitpunkt zur Einsparung von Stellen gezwungen, obwohl bereits der vorhandene Personalbesatz nicht ausreichte für eine zufriedenstellende Organisationsarbeit:

> I: „Sie sind zwei Hauptamtliche hier?"

> GEW-M3: „Zur Zeit noch vier. Wir müssen zwei kündigen, weil die Verwaltungsstelle die höchstverschuldetste IG Metall- Verwaltungsstelle der BRD ist. Wir haben 2,7 Millionen Schulden und wir müssen dem Vorstand ja irgendwann 'mal was zurückbezahlen. Unsere Einnahmen decken nur zu 70% die Ausgaben und das machen die anderen Verwaltungsstellen natürlich nicht ewig mit. Ist ja klar. Die Reichen machen es erst recht nicht mit. Das sind die, die darauf drängen, dass wir dort personell Regelungen treffen. Das akzeptieren andere, die ebenfalls die schwierige Situation haben und unter oder an der Null-Linie sind, die verstehen das eher und akzeptieren das auch. Aber die Reichen genau nicht."(GEW-M 3)

> „Es gibt noch vier Beschäftigte. Früher hatten wir mehr Schreibkräfte, aber wie das ist, weniger Betriebe, weniger Mitglieder, weniger Geld. Arbeit gäbe es für sechs bis sieben Vollzeitbeschäftigte." (GEW-M 4)

Wenngleich die Finanzsituation der Regionalgliederungen (Bezirke) in der IG Chemie vergleichsweise etwas weniger problematisch schien als die der hier zitierten Verwaltungsstellen der IG Metall[205] hatte der ostdeutsche Deindustrialisierungspro-

---

[205] Ein grundlegender Unterschied im Organisationsaufbau der IG Metall und der IG Chemie besteht darin, dass die Regionalgliederungen der IG Chemie keine Finanzhoheit besitzen und sich also auch nicht direkt aus eigenen Mitgliedsbeiträgen finanzieren müssen. Die ostdeutschen Regionalgliederungen werden

zess auch im Bereich der IG Chemie prekäre Konsequenzen. So „rechnet sich" im industriell schwachen Mecklenburg-Vorpommern angesichts einer Mitgliederzahl von etwa 2000 Beschäftigten „noch nicht 'mal eine Verwaltungsstelle" der IG BCE (GEW-C 1). Das Bundesland wurde daher in der Vergangenheit zuerst vom Bezirk Nordmark (Hamburg/Schleswig-Holstein) mitbetreut, bevor es schließlich größtenteils dem ostdeutschen Bezirk Sachsen/Berlin/Brandenburg zugeschlagen wurde. Die typische Folge solcher Regelungen für mitgliederschwache Regionen sind flächenmäßig riesige Betreuungsgebiete, extrem lange Anfahrtszeiten zu den Betrieben für die gewerkschaftlichen FunktionärInnen sowie weite Wege für Beschäftigte, die persönlich Kontakt mit der Gewerkschaft aufnehmen wollen. In allen drei der in die Untersuchung einbezogenen Branchengewerkschaften haben angesichts der hohen betrieblichen Dynamik sowie abnehmender Mitglieds- und Beitragszahlungen in Ostdeutschland inzwischen (teilweise mehrfach) Organisationsreformen[206] stattgefunden, u.a. mit dem Ziel materielle Aufwendungen (für Personal sowie den Unterhalt regionaler Gewerkschaftsgliederungen) einzusparen. Die hohe Dynamik der betrieblichen sowie wirtschaftlichen Strukturen in Ostdeutschland schlägt sich also auch nieder in einer erhebliche Dynamik der gewerkschaftlichen Organisationsstrukturen, - die organisationsintern nicht immer konfliktfrei bewältigt werden kann.

Insgesamt findet Gewerkschaftsarbeit in Ostdeutschland also unter deutlich prekäreren Bedingungen statt als in Westdeutschland. Die gewerkschaftlichen Kapazitäten für die Betriebsbetreuung scheinen restringiert bezogen auf die schiere Zahl der Betriebe und die Fülle drängender Probleme. Die Prioritätensetzung bei der gewerkschaftlichen Betriebsbetreuung und -beratung impliziert daher tendenziell die Vernachlässigung von Betrieben, deren Betreuung zumindest kurzfristig weniger dringlich scheint. Dies sind in erster Linie kleinere Betriebe. In verschiedenen Studien wird daher darauf verwiesen, dass die starke Konzentration der Gewerkschaften auf besonders problematische Großbetriebe „gerade bei vielen kleineren Betrieben zu

---

nach Aussage eines hochrangigen Funktionärs der IG Chemie grundsätzlich gleich behandelt wie die westdeutschen „und erhalten Geld, unabhängig davon, ob sie nun wirtschaftlich sind oder nicht". Die ostdeutschen Gliederungen seien zwar „mit Sicherheit" ein Zuschussgeschäft, aber dieser Zustand sei innerorganisatorisch unumstritten (GEW-C 6).

[206] Hier nur eine kurze und keineswegs komplette Aufzählung verschiedener Maßnahmen organisatorischer Neugliederung im Bereich der in die Untersuchung einbezogenen ostdeutschen Gewerkschaften: Die IG Metall-Bezirke Sachsen und Berlin-Brandenburg wurden zusammengelegt. Viele IG Metall-Verwaltungsstellen wurden 1996/97 zur Einsparung von Personal verpflichtet. Parallel findet kontinuierlich ein Prozess der Zusammenlegung und Schließung von Verwaltungsstellen statt. So wurde in Thüringen etwa bereits Mitte der 90er Jahre die Verwaltungsstelle Saalfeld geschlossen und der Verwaltungsstelle Jena zugeschlagen. Demnächst soll die Verwaltungsstelle Jena nun mit Gera vereinigt werden. Auch im Bereich der ostdeutschen IG BCE wurde erheblich Personal abgebaut und die regionalen Strukturen wurden gestrafft. Nachdem die Zahl der Bezirke in Thüringen zunächst auf zwei (Jena und Erfurt) reduziert worden war, existiert inzwischen in Thüringen nur noch ein einziger Bezirksverband mit Sitz in Gera. Die Bezirke Erfurt und Jena wurden aufgelöst. Auch die Bezirke Halle und Merseburg wurden zusammengelegt. Die IG Bau hat 1999/2000 im Zuge einer bundesweiten Organisationsreform nicht nur die Zahl ihrer Bezirksverbände (in Ost- wie Westdeutschland) deutlich verringert, sondern auch die Ebene der Landesverbände komplett abgeschafft. Thüringen wurde dabei mit Hessen zu einer Region zusammengelegt, und auch Mecklenburg-Vorpommern sowie Sachsen-Anhalt werden mit westdeutschen Regionen verkoppelt werden. Insofern verbleibt lediglich Sachsen-Brandenburg als eigenständige ostdeutsche Region (GEW-B 9).

Enttäuschung und Distanzierung geführt" (Förster/Röbenack 1996:171f.) habe und sich nicht selten die Auffassung findet, wonach die Gewerkschaften „für die kleinen Buden im großen und ganzen wenig" tun (Hinz 1998:187). Bestätigt wurde dieser Eindruck auch von ArbeitgeberverbandsvertreterInnen, die daraus explizite Schluss-folgerungen für ihre Verbandspraxis ableiten:

> AGV-M 4: „Das eine ist die Rechtslage, die im Prinzip für alle diese [nicht tarifgebundenen] Firmen einen Firmentarifvertrag erforderlich macht. Das ist die Rechtslage. Und das andere ist, was in der Praxis wirklich läuft. Und es gibt für uns eine Aufmerksamkeitsschwelle, die wir festgestellt haben. Eine Aufmerksamkeitsschwelle der IG Metall gegenüber einer Firma. Die liegt etwa bei 100, 120 Mitarbeitern. Firmen, die darunter sind, gibt es wie Sand am Meer. Da kommt der Tarifpartner, die IG Metall gar nicht nach, diese Firmen aufzusuchen." (AGV-M 4)

Es scheint daher nicht übertrieben, von einer gewerkschaftlichen Vertretungslücke in (den ausgesprochen zahlreichen) kleineren ostdeutschen Betrieben zu sprechen.

4.2 Defizite normativer Gewerkschaftsintegration: Das Auseinanderfallen von Beitritts- und Folgebereitschaft

Im folgenden geht es um eine allgemeine Analyse gewerkschaftlicher Organisations-fähigkeit sowie gewerkschaftlicher Repräsentativität in Ostdeutschland. Hierbei sind - wie auch im vorangegangenen Kapitel - zwei Ebenen zu unterscheiden:
- die Fähigkeit zur Mitgliederrekrutierung als Grundlage formaler gewerkschaft-licher Repräsentativität;
- die Fähigkeit zur Loyalitätssicherung der Mitglieder als Voraussetzung durch-setzungsfähiger gewerkschaftlicher Interessenpolitik, die in der Regel auf funktionie-renden innerverbandlichen Diskussions- und Interessenvermittlungsprozessen beruht.
In der Theorie kollektiven Handelns findet sich vielfach die Annahme, wonach für die Gewerkschaften das primäre Problem ihrer Organisationsfähigkeit in der Mitgliederrekrutierung besteht, während für die Arbeitgeberverbände vor allem die Loyalitätssicherung der Mitglieder problematisch sei (Traxler 1993:159).[207] Diese Annahme lässt sich für die ostdeutschen Gewerkschaften nicht bestätigen: Eine inzwischen relativ stabilisierte Fähigkeit zur formalen Mitgliederrekrutierung (Kap.4.2.1) geht in Ostdeutschland vielmehr einher mit eklatanten Defiziten gewerk-schaftlicher Mobilisierungs- und Verpflichtungsfähigkeit (Kap.4.2.2).

---

[207] Diese Annahme basiert vor allem darauf, dass die Einzelunternehmen über ein deutlich höheres Maß an individuellen Ressourcen verfügen als der/die einzelne Beschäftigte. Für die Unternehmen fällt daher erstens die Zahlung der Mitgliedsbeiträge weniger ins Gewicht, zweitens sind sie auch im Fall einer Verbandsmitgliedschaft grundsätzlich fähig, ihre Interessen auch 'im Alleingang' durchzusetzen. Diese Option wird insbesondere dann relevant, wenn ihre Interessendefinition vom verbandlich definierten Organisationsziel abweichen sollte. Hinzukommt, dass die Verpflichtungsfähigkeit der Arbeitgeberverbände darunter leidet, dass Unternehmer im Regelfall „ihre Eigeninteressen genauer kennen und, bedingt durch ihre größere Kompetitivität sich stärker an ihnen orientieren" (Traxler 1993:158).

4.2.1 Stabilisierung des gewerkschaftlichen Organisationsgrads

Zum Zeitpunkt der empirischen Erhebungen 1996/97 war der gewerkschaftliche Organisationsgrad in Ostdeutschland dabei, sich allmählich zu stabilisieren. Zwar war noch immer eine kontinuierliche Abnahme der Mitgliederzahlen zu konstatieren, diese erreichte jedoch längst nicht mehr das Ausmaß der ersten 'Krisenjahre' nach der Wende. Aktuell hat sich der Organisationsgrad in West- und Ostdeutschland weitgehend angeglichen (DGB Bundesvorstand/Abteilung Organisation 2000). Zum Zeitpunkt der empirischen Erhebungen lag der gewerkschaftliche Organisationsgrad in den ostdeutschen Betrieben aber noch deutlich über westdeutschem Niveau. In den Interviews 1996/97 schätzten die befragten GewerkschaftsfunktionärInnen den Organisationsgrad in den von ihnen betreuten Betrieben immerhin noch auf beachtliche 50% bis 60%.[208] Und selbst in den ostdeutschen Kleinbetrieben lag (zum Zeitpunkt der empirischen Erhebungen 1995/96 von Kotthoff/Matthäi) „im Gegensatz zu westdeutschen Klein- und Mittelbetrieben (...) der gewerkschaftliche Organisationsgrad (...) mit Ausnahme der Kleinstbetriebe unter 20 Beschäftigten noch sehr hoch und liegt im Schnitt zwischen 50 und 70 Prozent" (ebd.:239). Mit diesen Angaben deckt sich auch das Bild in unseren Untersuchungsbetrieben:

Tabelle 11:   Gewerkschaftlicher Organisationsgrad der Belegschaft in den Untersuchungsbetrieben nach Branchenzugehörigkeit

	unter 30%	31-50%	51-70%	über 70%	Gesamt
Metallindustrie	1	3	3	7	14
Bauindustrie	4	4	4	2	14
Chem. Industrie	-	3	2	4	9
Gesamt	5	10	9	13	37*

*Es konnten lediglich 37 der 44 Untersuchungsbetriebe in der Statistik berücksichtigt werden, da in den übrigen Unternehmen die Angaben der InterviewpartnerInnen über den gewerkschaftlichen Organisationsgrad widersprüchlich oder zu ungenau waren.

---

[208] Es ist allerdings davon auszugehen, dass der gewerkschaftliche Organisationsgrad in den 1997 untersuchten Betrieben weiter abgenommen hat. So äußerte ein im Frühjahr 2000 interviewter Gewerkschaftssekretär der IG Metall, dass inzwischen Unternehmen mit über 50 % Organisationsgrad auch in Ostdeutschland bereits als „sehr gut organisiert" gelten müssen (GEW-M 8).

Tabelle 12:   Gewerkschaftlicher Organisationsgrad der Betriebsräte in den
                   Untersuchungsbetrieben nach Branchenzugehörigkeit

	unter 50%	50-80%	80-99%	100%	gesamt
Metallindustrie	1	2	2	10	15
Bauindustrie	4	3	5	1	13
Chem. Industrie	1	-	3	3	7
Gesamt	6	5	10	14	35*

*Es konnten lediglich 35 der 42 Untersuchungsbetriebe mit Betriebsrat in der Statistik berücksichtigt
werden, da in den übrigen Fällen die entsprechenden Angaben fehlen oder zu ungenau waren. Die beiden
kleinsten Baubetriebe verfügten zudem über keinen Betriebsrat.

Bemerkenswert an den obigen Tabellen ist jedoch nicht nur die insgesamt gute
gewerkschaftliche Organisation in den Untersuchungsbetrieben, sondern auch eine
relativ deutliche Branchendifferenz zwischen der Metall- sowie Chemieindustrie
einerseits und der Bauindustrie andererseits. Während in zwei Dritteln der Untersuchungsbetriebe des verarbeitenden Gewerbes die Belegschaft zu mindestens 50 %, in
der Metall- und Elektroindustrie sogar zu über 70 % gewerkschaftlich organisiert
war, lag in einer Mehrheit der Baubetriebe der gewerkschaftliche Organisationsgrad
unter 50 %, in über einem Viertel der Betriebe sogar unter 30 % (vgl. Tabelle 11).
Beinahe noch deutlicher zeigen sich die branchenspezifischen Differenzen bei der
gewerkschaftlichen Organisierung der Betriebsräte (vgl. Tabelle 12). Während in der
Metallindustrie die Gewerkschaftsmitgliedschaft im Betriebsrat als (weitgehend
eingehaltene) Norm gelten kann, ist die Situation in der Bauindustrie deutlich ambivalenter: In mehr als der Hälfte der Untersuchungsbetriebe ist ein relevanter Teil des
Betriebsrats nicht gewerkschaftlich organisiert, in etwa einem Viertel der Untersuchungsbetriebe sind Gewerkschaftsmitglieder im Betriebsrat sogar in der Minderheit.
    Der Eindruck einer vergleichsweise geringeren betrieblichen Verankerung der
Gewerkschaften in der Bauindustrie wurde auch dadurch bestätigt, dass die Betriebsräte oft nur ungenaue Informationen über die gewerkschaftliche Organisation im
Unternehmen besaßen. Diesen Informationen wurde zudem kein wichtiger Stellenwert für die eigene Interessenvertretungsarbeit zuerkannt. Während in den Interviews
mit Betriebsräten der Metall- sowie der Chemieindustrie die Frage nach dem gewerkschaftlichen Organisationsgrad in der Regel als legitime Frage nach der Macht-
basis kollektiver Interessenvertretung interpretiert und beantwortet wurde, reagierten
die befragten Bau-Betriebsräte nicht selten mit Unverständnis und teilweise geradezu
Verärgerung. Sie empfanden die Frage als eine Art unsachliche Vermischung verschiedener Themenkomplexe und betonten ihre Nicht-Zuständigkeit für gewerkschaftliche Fragen.
    Bemerkenswert erscheint weiterhin, dass inzwischen nicht mehr von einer „rela-
tiv ausgeglichenen Organisationsbereitschaft von Arbeitern und Angestellten" ausgegangen werden kann, wie sie etwa noch Kädtler u.a. (1997:183; vgl. ähnlich
Dathe/Schreiber 1993:23) in den ersten Jahren nach der Wende in ostdeutschen

Betrieben vorfanden. Die Mehrzahl der befragten Betriebsräte verwies 1997 vielmehr darauf, dass die gewerkschaftliche Organisationsbereitschaft im Angestelltenbereich erheblich niedriger sei als im gewerblichen Bereich.[209] In einigen Unternehmen trafen wir zudem auch auf deutliche interessenpolitische Polarisierungen zwischen Angestellten und ArbeiterInnen. Deren Quelle war erstens die Unzufriedenheit gewerblicher Beschäftigter angesichts ihrer Deklassierung im Vergleich zu realsozialistischen Verhältnissen sowie zweitens eine unterschiedlich hohe Mobilisierungsbereitschaft von gewerblichen und angestellten Beschäftigten im Zuge betrieblicher Konflikte:

Im Unternehmen M1 kam es geradezu zu einer Spaltung der Belegschaft nach Statuskategorien im Zuge der Tarifauseinandersetzung 1993. Insbesondere die Angestellten wollten sich dort nicht an den Streikaktionen beteiligen, woraufhin es „zu wüsten Pöbeleien" mit den Streikposten kam. Diese nahezu handgreiflichen Szenen führten nach Aussage der Personalleitung dazu, „dass die Angestellten sagen: na, das kann doch nicht unsere Interessenvertretung sein." Auch der Betriebsratsvorsitzende bewertete das Verhältnis zwischen Angestellten und Gewerblichen im Unternehmen nach dem Streik als „gespannt". (M1-GL1-93, M1-BR1-93)

Der Eindruck, wonach sich das Interessenhandeln ostdeutscher ArbeiterInnen und Angestellter allmählich den westdeutschen Mustern annähert, wird auch dadurch bestätigt, dass inzwischen von einer deutlichen Dominanz gewerblicher Beschäftigter beim Betriebsratsvorsitz ausgegangen werden kann (in den Untersuchungsbetrieben war das Verhältnis etwa 2:1). Zwar hatten in einigen Betrieben (z.B. M5, M8, C1) noch Betriebsratsvorsitzende aus dem hochqualifizierten Angestelltenbereich, die sich in der unmittelbaren Wendezeit als InteressenvertreterInnen engagierten, den betrieblichen Wandel überdauert,[210] es gab jedoch kaum Nachfolger solcher typischen 'Wende-Biographien'.

Weiterhin scheint erwähnenswert, dass der 'klassische' positive Zusammenhang zwischen Betriebsgröße und gewerkschaftlicher Verankerung (vgl. z.B. Müller-Jentsch 1986:88) in den von uns untersuchten ostdeutschen Betrieben wesentlich geringer ausgeprägt ist, als man dies in Westdeutschland gewöhnt ist.[211] Signifikant erschien dieser Zusammenhang lediglich im Fall der Unternehmen mit weniger als 100 Beschäftigten, was den bereits vorne zitierten Eindruck einer 'Aufmerksamkeits-

---

[209] Zu einem ähnlichen Ergebnis kommt auch die Studie von Kotthoff/Matthäi (1999). In den von ihnen untersuchten Kleinbetrieben „rekrutieren sich" die Gewerkschaftsmitglieder „fast nur noch aus der Gruppe der gewerblichen Arbeitnehmer" und „der gewerkschaftliche Organisationsgrad bei den Angestellten" ist „stark rückläufig und nähert sich westdeutschen Verteilungen an" (ebd.:240f.).

[210] Ein verglichen mit Westdeutschland deutlich höherer Anteil von Angestellten als Betriebsratsvorsitzende in Ostdeutschland wurde in nahezu allen einschlägigen empirischen Studien der frühen Nach-Wende-Zeit konstatiert, vgl. etwa Kädtler/Kottwitz 1990, Lippold u.a. 1992, Aderhold u.a. 1994, Förster/Röbenack 1996, Artus u.a. 2001.

[211] Bestätigt wird dieser Befund tendenziell durch die Auswertung quantitativer Umfragedaten bei Boll (1997:206f.). Er stellt fest, dass die Belegschaftsgröße kaum einen relevanten Einfluss auf den Grad der Identifikation von Mitgliedern sowie FunktionärInnen mit der IG Metall hat. Ein statistisch positiver (wenngleich nicht sehr starker) Zusammenhang existiert lediglich für die betrieblichen FunktionärInnen sowie für die Gewerkschaftsmitglieder in Unternehmen mit über 1000 Beschäftigten.

schwelle' der Gewerkschaften erhärtet. Jenseits dieser Aufmerksamkeitsschwelle war die Belegschaftszahl des Unternehmens jedoch kaum ein aussagekräftiger Indikator für die Verankerung der Gewerkschaften, wie auch aus den folgenden Tabellen ersichtlich ist:

Tabelle 13:   Gewerkschaftlicher Organisationsgrad der Belegschaft in den Untersuchungsbetrieben nach Betriebsgrößenklassen

	unter 30 %	31-50 %	51-70 %	über 70 %	gesamt
über 500 Beschäftigte	1	4	3	5	13
300-499 Beschäftigte	1	2	1	1	5
100-299 Beschäftigte	-	-	3	6	9
unter 100 Beschäftigte	3	4	2	1	10
Gesamt	5	10	9	13	37*

*Es konnten lediglich 37 der 44 Untersuchungsbetriebe in der Statistik berücksichtigt werden, da in den übrigen Unternehmen die Angaben der InterviewpartnerInnen über den gewerkschaftlichen Organisationsgrad widersprüchlich oder zu ungenau waren.

Tabelle 14:   Gewerkschaftlicher Organisationsgrad der Betriebsräte in den Untersuchungsbetrieben nach Betriebsgrößenklassen

	unter 50	50-80 %	80-99 %	100 %	gesamt
über 500 Beschäftigte	-	2	4	5	11
300-499 Beschäftigte	-	1	1		5
100-299 Beschäftigte	1	-	3	5	9
unter 100 Beschäftigte	5	2	2	1	10
Gesamt	6	5	10	14	35*

*Es konnten lediglich 35 der 42 Untersuchungsbetriebe mit Betriebsrat in der Statistik berücksichtigt werden, da in den übrigen Fällen die entsprechenden Angaben fehlen oder zu ungenau waren. Die beiden kleinsten Baubetriebe verfügten zudem über keinen Betriebsrat.

Der prägendste Faktor für eine (zumindest nach Mitgliedszahlen) intakte betriebliche Verankerung der Gewerkschaften war nicht die Belegschaftsgröße, sondern vielmehr die spezifische Betriebsgeschichte und insbesondere die Frage der Kontinuität oder Diskontinuität betrieblicher Bedingungen. Grundsätzlich konnte den ostdeutschen Beschäftigten zur Wende bei aller Unzufriedenheit mit dem FDGB als konkreter gewerkschaftlicher Vertretungsinstitution weithin eine diffuse Grundhaltung unterstellt werden, wonach eine solidarische sowie einheitliche Organisierung der abhängig Beschäftigten notwendig und sinnvoll sei.[212] In Betrieben, in denen solche traditionellen Denk- und Verhaltensmuster aufgrund des Fehlens größerer betrieblicher Brüche kontinuisiert und/oder im Rahmen positiver Erfahrungen mit der 'neuen' gewerkschaftlichen Interessenvertretung stabilisiert werden konnten, fanden sich zum Interviewzeitpunkt im Regelfall ausgesprochen hohe gewerkschaftliche Organisationsgrade zwischen 50% und 70%:

Betriebe mit einer *überlieferten Gewerkschaftstradition* waren beispielsweise einige ostdeutsche Bauunternehmen, die als relativ intakte Einheiten privatisiert worden waren (B2, B3, B8). Angesichts der (bis etwa 1995) guten Baukonjunktur war es hier zum Interviewzeitpunkt noch kaum zu schmerzhaften Umstrukturierungsprozessen gekommen. Die ehemalige DDR-Kernbelegschaft war weitgehend konstant geblieben und der wirtschaftliche Transformationsprozess als vergleichsweise weniger einschneidende Erfahrung erlebt worden als in vielen anderen Betrieben. Der hohe gewerkschaftliche Organisationsgrad konnte insofern vor allem als 'Verlängerung' realsozialistischer Orientierungsmuster gelten.

Betriebe mit einer *stabilisierten Gewerkschaftstradition* waren dagegen einige Unternehmen, die relativ lange Zeit im Besitz der Treuhand verblieben oder auch danach noch im Rahmen von ManagementKGs verwaltet worden waren (z.B. M4, M8, M16, C5). Mitverantwortlich für die relativ lange Dauer dieses nicht- oder halbprivatisierten Status war meist eine ausgesprochen durchsetzungsfähige Interessenvertretung, die im Rahmen eines solidarischen Vorgehens von Betriebsräten, Beschäftigten und regionalen GewerkschafterInnen mit politischen Mitteln die Sanierung des Unternehmens erzwungen hatte, selbst wenn die wirtschaftlichen Voraussetzungen dafür nicht allzu günstig waren. In diesen Fällen waren es explizit positive Erfahrungen der Beschäftigten sowie Betriebsräte bezüglich der Effektivität gewerkschaftlicher Interessenvertretung, welche die Kontinuisierung gewerkschaftlicher Organisation ermöglichte. In einigen anderen Fällen (M9, M17, GK5) gelang dies auch im Rahmen gelungener Mobilisierungsaktionen mit Hilfe der Gewerkschaft, die sich gegen den Abbau von Besitzständen richteten oder auf das Erkämpfen besserer Lohn- und Arbeitsbedingungen zielten.

War also einerseits die Konstanz der betrieblichen Verhältnisse sowie erfolgreiche gewerkschaftliche Aktionen im Zuge betrieblicher Umstrukturierungen einer Kontinuisierung hoher gewerkschaftlicher Organisationsgrade förderlich, so kam es zu massiven Gewerkschaftsaustritten überall dort, wo betriebliche Umstrukturierungen und Entlassungen ohne für die Beschäftigten spürbare sowie durchsetzungsfähige gewerkschaftliche Gegenwehr erfolgten. Die vermeintliche Schutzinstanz Gewerkschaft wurde als untätig oder machtlos erlebt, eine Gewerkschaftsmitgliedschaft insofern als nutzlos eingeschätzt, wenn nicht sogar als potentiell schädlich. Spätestens in der Arbeitslosigkeit traten viele Beschäftigte aus den Gewerkschaften aus, um die Beiträge zu sparen oder auch mit der formellen Begründung einer unzureichenden gewerkschaftlichen Interessenvertretung beim Erhalt des eigenen Arbeitsplatzes.

---

[212] Auf ein solches weithin geteiltes Grundverständnis verweisen auch Kädtler u.a. (1997:185) und machen es dafür verantwortlich, dass es trotz teilweise großer Anstrengungen konkurrierender Gewerkschaften (v.a. der DAG) in Ostdeutschland nicht zu einem Gewerkschaftspluralismus kam.

Besonders schlecht organisiert sind daher gewöhnlich die Beschäftigten in neu gegründeten Unternehmen (z.B. C3, GK4), in denen die Belegschaft weitgehend aus ehemaligen Arbeitssuchenden neu zusammengesetzt wurde. Weiterhin wirkten sich in einigen Unternehmen Brüche in der betrieblichen Tarifgeschichte massiv auf die gewerkschaftlichen Mitgliedszahlen aus, - vor allem dann, wenn es nicht zu einem solidarischen Handeln von Betriebsräten und Gewerkschaften kam, oder gar zu einer (aus Belegschaftssicht) gescheiterten Konfliktgeschichte, für die die Verantwortung der Gewerkschaft zugeschrieben und somit externalisiert wurde:

Ein Unternehmen mit *gebrochener Gewerkschaftstradition* ist etwa der Betrieb M7. Er entstand durch die formale Neugründung eines Unternehmens, das ehemals im Arbeitgeberverband Metall organisiert war. Nach der Neugründung 1992 trat der Betrieb Gesamtmetall nicht mehr bei und prompt wurden anstehende Tariferhöhungen innerbetrieblich nicht umgesetzt. Wenig später trat der Betrieb dem Arbeitgeberverband der Chemischen Industrie bei. Der Betriebsrat gab im Interview der IG Metall die Schuld an dieser Entwicklung. Diese habe sich in den Verhandlungen, die dem Verbandswechsel vorangingen, zu kompromisslos gezeigt. Zudem hatte der zuständige IG Metall-Sekretär ohne vorherige Abstimmung mit dem Betriebsrat die Beschäftigten im Rahmen einer Betriebsversammlung aufgefordert, Leistungsklagen gegen die Geschäftsleitung einzureichen, was etwa 50 Beschäftigte auch taten. Vor Gericht wurde jedoch entschieden, dass die ehemalige Tarifbindung des Unternehmens durch den Betriebsübergang erloschen sei. Den Leistungsklagen wurde daher nicht stattgegeben. Obwohl die IG Metall den Vertretungsanspruch im Unternehmen bislang nicht aufgeben hat, sind inzwischen „eine Menge" Beschäftigte, darunter auch die Mehrheit des Betriebsrates, in die IG Chemie übergetreten. Der Organisationsgrad ist infolgedessen von 60 % auf 20 % gesunken.

Auch im Unternehmen M15 existiert seit der Privatisierung 1993 keine Tarifbindung mehr. Insofern profitierten die Beschäftigten in der Folgezeit nicht mehr von den gewerkschaftlich erkämpften bzw. vereinbarten Tariferhöhungen. Als im Zusammenhang mit Massenentlassungen im Jahr 1995 diverse, von der Gewerkschaft angeregte Kündigungsschutz- sowie Leistungsklagen scheiterten und die IG Metall zudem im Zuge von Tariferhöhungen die Beiträge der im Unternehmen M15 Beschäftigten automatisch erhöhte, kam es zu vielen Austritten. Der Organisationsgrad war zum Interviewzeitpunkt bereits von ehemals 80 % auf etwa 50 % gesunken - mit weiter abnehmender Tendenz.

Insgesamt scheint die betriebliche Verankerung der Gewerkschaften in Ostdeutschland also trotz weiterhin abnehmender Mitgliedszahlen in formaler Hinsicht kaum akut gefährdet, - zumindest nicht stärker, als sie dies auch im Westen ist. Dies kann durch ein 'Mischungsverhältnis' unterschiedlicher Faktoren erklärt werden: Eine grundlegende 'Ostspezifik' besteht zunächst darin, dass gewerkschaftliche Organisierung in den neuen Bundesländern bis zur Wende die gesellschaftliche Norm darstellte. Insofern bedeutet nicht die Gewerkschaftsmitgliedschaft, sondern der Austritt aus der Gewerkschaft einen Bruch mit traditionellen Orientierungsmustern. Ob es zu einem solchen Bruch kam, hing insbesondere davon ab, ob die Beschäftigten erstens einschneidende Krisenerfahrungen im Bereich der Erwerbsarbeit machten und zweitens welche Rolle dabei die Gewerkschaften spielten. Angesichts der ausgesprochen einschneidenden wirtschaftlichen Transformation, mit der 'massenhafte Brüche' individueller Erwerbsbiographien verbunden waren, kann das Einpendeln des formalen gewerkschaftlichen Organisationsgrads auf westdeutschem Niveau jedoch eher als Nachweis relativ erfolgreicher gewerkschaftlicher Organisationsarbeit unter Krisenbedingungen gelten. Den Gewerkschaften gelang es zumindest in Teilbereichen, als einigermaßen wirkungskräftige Schutz- sowie Dienstleistungsinstitutionen wahrgenommen zu werden. Bereits zum Zeitpunkt der Interviews im Frühjahr 1997 war die formal noch relativ gute Verankerung der Gewerkschaften in den Untersuchungsbetrieben sicher nicht mehr nur die Folge traditioneller und sich langsam auflösender Verhaltensmuster, sondern auch Gradmesser der Effektivität gewerkschaftlicher Politik in Zeiten existentieller Unsicherheit, - sowie wohl auch Ausdruck eines in wirtschaftlichen Krisenzeiten besonders ausgeprägten Schutzbedürfnisses der ostdeutschen Beschäftigten.

4.2.2 Mangelnde Mobilisierungs- und Verpflichtungsfähigkeit der Gewerkschaften: Die ostdeutschen Betriebsräte zwischen starker Betriebsorientierung und relativer Vertretungsschwäche

Es existieren viele Indizien dafür, dass der virulenten Fähigkeit zur Mitgliederrekrutierung der Gewerkschaften keine ähnlich ausgeprägte Kapazität gegenübersteht, die eigenen Mitglieder auf kollektive Organisationsziele zu verpflichten. Dies gilt insbesondere für die aus gewerkschaftlicher Sicht besonders wichtige Mitgliedergruppe der Betriebsräte, die - auch angesichts der weitgehenden Nicht-Existenz bzw. Irrelevanz von Vertrauenskörpern in ostdeutschen Betrieben - zwar nicht formal, aber faktisch als zentrale Institutionen gewerkschaftlicher Organisationssicherung gelten können. Es gelang den ostdeutschen Gewerkschaften zwar, die Betriebsräte in großem Umfang zu organisieren,

> „weil sie also auch begreifen, sie werden ja teilweise auch von uns geschult, um wirklich also auch als Betriebsrat arbeiten zu können. Ob sich, ich sag' es mal so, ob sich denn alle Betriebsräte auch gleichzeitig als Gewerkschafter oder als Funktionsträger begreifen, das ist eine ganz andere Frage. Also, dann taucht da auch schon mal dieser Begriff auf: Na ja, also mit Werbung und so, da haben wir ja nichts damit zu tun. Dafür habt ihr ja eure Vertrauensleute. Das sollen die machen. Ich bin hier nur Betriebsrat." (GEW-C 4)

Während die pure Gewerkschaftsmitgliedschaft also zwar zum professionellen Selbstverständnis der Betriebsräte gehört, ist die aktive Unterstützung der Gewerkschaft als kollektiver Interessenvertretungsinstitution nicht automatisch Teil desselben. Dieser Anspruch wird vielmehr von vielen Betriebsräten sogar explizit negiert. Bereits im ersten Teil dieser Arbeit wurde ausführlich darauf eingegangen, dass das Phänomen zunehmender Distanz im Verhältnis zwischen Betriebsräten und Gewerkschaften in Zeiten interessenpolitischer Defensive und infolgedessen vielfach segmentärer betriebspartikularistischer Vertretungsstrategien der Betriebsräte keine Ostspezifik, sondern eine allgemeine Tendenz darstellt (vgl. Kap.II.4). Dennoch war für die von uns befragten GewerkschaftsfunktionärInnen die westdeutsche Organisationsrealität meist der positive Vergleichshorizont, an dem die als (noch wesentlich) defizitär(er) empfundene ostdeutsche Situation gemessen wurde:

> „Ich sag' mal, im Wessiland gibt's geordnete, geregelte Strukturen mit sehr viel freigestellten Betriebsräten, die auch ein bestimmtes Bewusstsein haben, die auch in Kommissionen bei uns mitarbeiten, das heisst, die auch sehr viel außerhalb ihres Betriebes erleben. Und hier zum Beispiel hat man nicht- freigestellte Betriebsräte, für die es oft ein Problem ist, aus dem Betrieb rauszukommen, aus welchen Gründen auch immer, weil sie sich nicht durchsetzen können oder wollen, weil der Chef sagt, es geht jetzt nicht, und die dann auch nicht dieses übergeordnete Gesichtsfeld haben. Das erschwert die Arbeit. Ich habe auch im Westen gearbeitet als Gewerkschaftssekretär und dort ist die Arbeit viel einfacher. Musterbetriebe im westlichen Vergleich, wo ich herkomme, wie zum Beispiel X in Düsseldorf, so was gibt's hier nicht. Wir sind froh, wenn wir dort, wo es Potentiale gibt, die Organisationsverhältnisse verbessern." (GEW-C 2)

> „Ich habe in Thüringen nicht einen [Betriebsrat], nicht einen irgendwo, wo man sagen kann, da funktioniert betriebsbezogene Gewerkschaftsarbeit. Das sind Ausnahmen." (GEW-B 4)

Der geringen Bereitschaft der Betriebsräte zur Übernahme gewerkschaftlicher Organisationsaufgaben *im* Betrieb entspricht eine geringe Bereitschaft zur Beteiligung an gewerkschaftlichen Veranstaltung *außerhalb* des Betriebs. Nach Aussage der GewerkschaftsfunktionärInnen ist die Schulungsbereitschaft „schlecht" und häufig auf unmittelbar praktische Handlungsanleitungen beschränkt[213]: „Was ein Betriebsrat darf und was er nicht darf" (GEW-M3).

> „Wenn es im Westen eine Schulung gibt, dann beschließt der Betriebsrat, dass drei Mann hinfahren. Punkt aus. Wenn ich das hier mache, dann muss ich oft die Diskussionen führen mit den Betriebsräten. (Nachahmend:) 'Das können wir doch nicht, viel zu teuer. Wer soll das bezahlen.' Im Westen ist das völlig klar, der Betriebsrat beschließt, der Arbeitgeber hat nicht reinzureden. Und hier (wieder nachahmend:) 'Meinem Betrieb geht's schlecht, weil er muss die Schulung bezahlen, weil es kostet 500 Mark die Woche, dann Mensch, fahrt doch nicht zu zweit, fahr' doch lieber alleine.' Da fangen schon die Probleme an." (GEW-C 2)

Auch die Mitarbeit in gewerkschaftlichen Arbeitskreisen, Gremien und Kommissionen ist nicht nur quantitativ gering, sondern zudem in ihrer Qualität teilweise kaum als echter Prozess innerverbandlicher Diskussion und Partizipation zu begreifen. Die Teilnahme an der innergewerkschaftlichen Willensbildung beschränkt sich oft auf eine relativ formale basisdemokratische 'Absegnung' gewerkschaftlicher Maßnahmen. In vielen Fällen scheint kaum eine echte Vermittlung zwischen betrieblichen und gewerkschaftlichen Interessenlagen stattzufinden. Die Folge ist eine geringe normative Verpflichtung der Mitglieder auf die gewerkschaftliche Beschlusslage:

Ein IG-Metall-Sekretär beklagte die „kümmerliche Diskussionsfreude" in der Verwaltungsstelle. Von den Mitgliedern der Vertreterversammlung gingen kaum Impulse auf die regionale Gewerkschaftsarbeit aus. Stattdessen müssten die hauptamtlichen FunktionärInnen der Verwaltungsstelle oft Anträge in die Versammlung „hineinlancieren". Selbst wenn diese dann positiv abgestimmt würden, sei dies noch

---

[213] Kädtler u.a. (1997:191) verweisen darauf, dass die Betriebsräte vor allem auf „Sachlichkeit als zentrales Kriterium der Bildungsarbeit abstellen." Eine ähnliche Tendenz der Ablehnung 'politischer' Bildungsinhalte durch die ostdeutschen Betriebsräte ist auch auf der Basis des Befundes von Strohwald (1994:87) zu konstatieren, wonach manche ostdeutschen Betriebsräte außergewerkschaftliche Bildungsangebote vorziehen, da sie diese als 'objektiver' einstufen.

keine Garantie dafür, dass die Anwesenden die Beschlüsse in den einzelnen Betrieben umsetzen:

> „Und wissen Sie, mit wem ich am meisten Diskussionen kriege? Mit den drei Vertretern, die in der Versammlung die Hand gehoben [und dem Beschluss zugestimmt] haben. 'Aber Peter [Name geändert, Anm.d.Verf.], das musst du aber bei uns ganz anders sehen. Das ist die globale Entscheidung. Das müssen wir schon so machen, aber bei uns geht das nicht.' Und da fängt sie dann schon an, die Eierei." (GEW-M 4)

Nicht nur in den obigen Zitaten werden mehr oder weniger explizit zwei Begründungen für die relative Distanz der Betriebsräte zur Gewerkschaft genannt. Diese beiden Erklärungen erscheinen in gewissem Sinne als zwei Seiten ein und derselben Medaille, wobei jedoch im einen Fall das Handeln der Betriebsräte als primär aktives, selbstbestimmtes Verhalten aufgefasst, im anderen Fall ein primär reaktives, fremdbestimmtes Verhalten unterstellt wird:

1.) Viele ostdeutsche Betriebsräte zeichnen sich durch ein ungewöhnlich hohes Maß der Orientierung am 'Betriebswohl' aus. In der einschlägigen Literatur wird immer wieder auf ein spezifisches Funktionsverständnis ostdeutscher Betriebsräte hingewiesen, das eine geringe Funktionsdifferenzierung zwischen Betriebsrat und Geschäftsleitung beinhalte (vgl. Liebold 1996, Schmidt 1998, Artus u.a. 2001). Diese Beziehung werde primär als „funktionales Ergänzungsverhältnis" gedacht (Kädtler/Kottwitz 1994, Kädtler u.a. 1997). Die Orientierung an den betrieb(swirtschaft)lichen Sachzwängen stelle die Grundlage eines verhältnismäßig einvernehmlich-kooperativen Handelns dar, welches sich lediglich graduell in einzelnen Sachfragen, aber nicht prinzipiell auf der Basis differenter Interessenlagen unterscheidet.[214]

2.) Viele Betriebsräte seien kaum fähig, eine von der Geschäftsleitung unabhängige Interessenposition zu beziehen. Vor allem in kleineren Berieben sei dies Ausdruck einer „geringen Intensität der betrieblichen Interessenvertretung" (Schmidt 1998:27ff.), des Unvermögens „auch mal nein zu sagen" (GEW-C 4), davon, dass „die Betriebsräte zu schwach sind, um sich zu wehren" (GEW-B 8). Gerade in kleineren Betrieben ließe sich „nachweisen, dass die betrieblichen Interessenvertretungen angesichts der dominanten ökonomischen Sachzwänge (...) zu Vollstreckern und Erfüllungsgehilfen der Geschäftsleitungen wurden" (Kotthoff/Matthäi 1999:227). „Ihre Durchsetzungsmacht ist in Anbetracht von Unterbeschäftigung, Lohndifferenz zu den alten Bundesländern und der schlechten wirtschaftlichen Lage

---

[214] Über die Ursachen dieser starken Betriebsorientierung ostdeutscher Betriebräte sowie Beschäftigter existiert eine breite Diskussion in der Fachliteratur, deren zentrale Argumente hier nur sehr verkürzt genannt werden sollen: Die krisenhaften Transformationsbedingungen sorgen für ein besonders ausgeprägtes Interesse der Beschäftigten am Arbeitsplatzerhalt sowie für die Herausbildung von 'Überlebenspakten' von Management und Betriebsräten nicht nur im Zuge der Privatisierung, sondern auch noch danach. Daneben werden vielfach sozialisationsbedingte Faktoren genannt, die auf die Wichtigkeit des Betriebs in der DDR als prägenden sozialen Raum abstellen. Zudem haben die (angestammt ostdeutschen) betrieblichen Führungskräfte und die (teils aus dem qualifizierten Angestelltenbereich stammenden) Betriebsratsvorsitzenden auch oft eine relativ große soziale Nähe, was relativ ähnliche Denk- sowie Verhaltensmuster nahe lege und was sich z.B. auch an der noch immer verbreiteten Duz-Kultur zeige (vgl. hierzu auch Kap.III.1. sowie Aderhold u.a. 1994, Alt u.a. 1994, Schmidt, W. 1995, 1996, Schmidt, R. 1998, Hinz 1998, Artus u.a. 2001).

in vielen Betrieben äußerst beschränkt" (ebd.:217).

Das gemeinsame Moment aller soeben zitierten Klagen von Gewerkschaftsfunk-tionärInnen, die eine mangelhafte 'Vergewerkschaftlichung' des Betriebsratshan-delns betreffen, besteht darin, dass den Betriebsräten entweder mangelnder Wille oder Unfähigkeit unterstellt wird, eine Position jenseits oder gar im Widerspruch zu den einzelbetrieblichen Interessen zu beziehen. Es fehle ein 'übergeordnetes Ge-sichtsfeld' und die Betriebsräte nähmen - bei aller bekundeten abstrakten Solidarität mit der Organisation Gewerkschaft - im konkreten Fall zu viel Rücksicht auf inner-betriebliche Belange. Wenn der Betriebsrat in seiner institutionellen Verfasstheit grundsätzlich immer als „Grenzinstitution" im Spannungsverhältnis zwischen Beleg-schaft, Geschäftsleitung und Gewerkschaft aufgefasst werden kann (Fürstenberg 1958), so tendieren ostdeutsche Betriebsräte offenbar in besonderem Maße dazu, diesen Rollenkonflikt zu lösen, indem sie die Anforderungen der Gewerkschaft von sich weisen, - und zuweilen auch jene der Belegschaft. Egal, ob die ausgeprägte Betriebsorientierung die Folge eines Unvermögens eigenständiger Interessenpolitik ist oder Ausdruck authentischer Definition von Interessenpolitik als betriebs- und effizienzorientiertes Interessenmanagement (vgl. Kädtler u.a. 1997), - gewerkschaft-liche Anforderungen an die Betriebsräte, die eine aktive Solidarisierung und Mobili-sierung für kollektive (überbetriebliche) Interessenvertretungspolitik zum Inhalt haben, sind jedenfalls nur schwer im Rahmen dieses spezifischen Funktionsver-ständnisses integrierbar. Dies zeigt sich konkret immer in solchen Fällen, in denen gewerkschaftliche Solidarisierungsanforderungen ein betriebsrätliches Handeln notwendig machen würden, durch das 'als gemeinsame definierte, betriebliche Interessen' verletzt (z.B. die Aufrechterhaltung des Betriebsfriedens oder auch niedrigerer Produktionskosten als Konkurrenzvorteil) oder ganz allgemein der Konsens mit der Geschäftsleitung gefährdet würde. Klassischerweise ist dies der Fall, wenn es um die (innerbetriebliche oder kollektive) Durchsetzung von Tariffor-derungen geht. Die relativ hohe Bereitschaft zur Preisgabe tariflicher Standards im Rahmen innerbetrieblicher Absprachen mit dem Management (vgl. Artus u.a. 2000) ist insofern nur die Kehrseite einer defizitären normativen Verpflichtungsfähigkeit der Gewerkschaften gegenüber den Betriebsräten.

4.3 Eine Typologie der Beziehungen zwischen ostdeutschen Gewerkschaften und Betriebsräten

Wenn bisher die Organisationsprobleme der Gewerkschaften primär aus der Perspektive der gewerkschaftlichen FunktionärInnen geschildert wurde, so wird die Beziehung zwischen Gewerkschaften und Betriebsräten im folgenden primär aus der Perspektive der betrieblichen FunktionärInnen analysiert. Empirisch finden sich vier verschiedene Beziehungsmuster zwischen Betriebsräten und Gewerkschaften, die im folgenden detailliert beschrieben werden. Diese sind insofern relevant für das Funk-tionieren des Tarifsystems in Ostdeutschland, als die Kooperation zwischen Be-triebsräten und Gewerkschaften eine zentrale Scharnierfunktion im deutschen dualen Systems industrieller Beziehungen besitzt. Den im folgenden beschriebenen 'typischen Beziehungsmustern' können insofern wesentliche Konsequenzen für die betriebliche Tarifgestaltungspraxis und die Geltungskraft flächentariflicher Normen unterstellt werden.

4.3.1 Zur Konstruktion der Typologie

Das Unterfangen, typische Beziehungsstrukturen zwischen Gewerkschaften und Betriebsräten zu skizzieren, hat einige Vorläufer in der westdeutschen Gewerkschaftssoziologie:

- *Kotthoff* (1979) führte im Jahr 1974 eine empirische Erhebung in gemischt strukturierten Wirtschaftsräumen Baden-Württembergs durch, in die Betriebe verschiedener Branchen sowie aller Größenklassen ab 70 Beschäftigte einbezogen waren. Auf Basis der erhobenen Daten unterschied er zwischen Betriebsräten mit „enger Gewerkschaftsbindung" und dominant „betriebsorientierten" Interessenvertretungen. Unter den „betriebsorientierten" Interessenvertretern beobachtete er nochmals zwei „grundsätzlich verschiedene Formen" (ebd.: 313), nämlich Betriebsräte die aus einer Position innerbetrieblicher Stärke auf Distanz zur Gewerkschaft gehen und solche, die dies mehr oder weniger als Reflex auf die Gewerkschaftsfeindlichkeit der Geschäftsleitung tun. Generell wird betont, dass das Verhältnis zwischen Betriebsrat und Gewerkschaften zentral „von den Beziehungsstrukturen" beeinflusst wird, „die den Betriebsrat mit der Geschäftsleitung verbinden" (ebd.:310). Auch das jeweilige Selbstverständnis der Einzelgewerkschaft (Kotthoff unterschied hier „bedingt kooperative" versus „intentional kooperative" Gewerkschaften) spiele eine prägende Rolle (ebd.:306, 312). Der Betriebsgröße wurde hingegen nur ein geringer Einfluss auf die Gewerkschaftsbindung zuerkannt, wobei er eine gewisse 'Schallgrenze' bei 600 Beschäftigten ansetzte, jenseits der tendenziell eine engere Gewerkschaftsanbindung der Betriebsräte wahrscheinlich sei (ebd:312f.).

- Die Befunde von *Schmidt/Trinczek* (1991) stützen sich auf eine empirische Erhebung, die Ende der 80er/Anfang der 90er Jahre (also noch vor der einschneidenden Krise von 1992/93) in Nordbayern durchgeführt wurde. Einbezogen waren ausschließlich Betriebe im Organisationsbereich der IG Metall mit mehr als 300 Beschäftigten und also mindestens einem freigestellten Betriebsrat. Schmidt/Trinczek unterscheiden die drei typischen Formen der „Verschmelzung", „Verschränkung" und „Entkoppelung" von Betriebsrats- und Gewerkschaftsarbeit. Typkonstituierend ist für sie insbesondere die Frage, inwiefern die Orientierung an „kollektiven 'Klasseninteressen'" oder „partikularen betrieblichen Interessen" handlungsleitend sind für die Betriebsratspraxis. Im abschließenden Bericht des Forschungsprojekts (Bosch u.a. 1999) findet sich zudem eine Darstellung verschiedener Ausprägungen des Gewerkschaftsbezugs von Betriebsräten, die jedoch in erster Linie der Beschreibung typischer innerbetrieblicher Interaktionsmuster von Betriebsräten und Geschäftsleitung dient. Im Einklang mit Kotthoffs Darstellung wird also ein Zusammenhang zwischen den innerbetrieblichen Austauschbeziehungen zwischen Betriebsrat und Geschäftsleitung und dem Gewerkschaftsbezug der Betriebsräte gesehen. In der

Typologie von Bosch u.a. nimmt der Grad der Gewerkschaftsanbindung mit der Bedeutung divergierender Interessenlagen im innerbetrieblichen Interessenhandeln zu.

- Auch im Rahmen der *ostdeutschen 'Nachfolgestudie'* der bayerischen Untersuchung, die 1993/94 in Metall- und Elektrobetrieben (mit über 300 Beschäftigten) in Thüringen, Sachsen und Berlin/Brandenburg durchgeführt wurde (Artus u.a. 2001), wird auf „typische Konstellationen im Verhältnis von Gewerkschaft und Betriebsrat" verwiesen. Anders als bei Bosch u.a. wird der Gewerkschaftsbezug des Betriebsrats hier nicht nur als abhängige Variable der innerbetrieblichen Interessenkonstellation thematisiert, sondern zumindest partiell auch als eigenständige Dimension untersucht (vgl. auch Strohwald 1994). Es werden fünf typische Konstellationen zwischen Betriebsrat und Gewerkschaft beschrieben, wobei erneut deren Einbettung in die innerbetrieblichen Austauschbeziehungen betont wird. Im einzelnen handelt es sich um die folgenden Kategorien: enger Gewerkschaftsbezug als wichtiges Element der Betriebsratsstrategie; relativ enge Bindung an die Gewerkschaft bei Dominanz eines betriebsspezifischen Interaktionsmusters; Gewerkschaftsbezug als Instrument zur Kompensation betrieblicher Vertretungsschwäche; distanziertes Verhältnis zur Gewerkschaft als Folge einer 'Zerrissenheit' zwischen Betriebsorientierung und Organisationsloyalität sowie Distanz zur Gewerkschaft bei eklatanter innerbetrieblicher Vertretungsschwäche.

Allen drei der hier referierten Typologisierungsansätzen ist zunächst gemeinsam, dass sie einen engen Zusammenhang zwischen den innerbetrieblichen Verhandlungsbeziehungen von Betriebsräten und Geschäftsleitung einerseits und der Gewerkschaftsorientierung der Betriebsräte andererseits sehen. Tatsächlich kann unterstellt werden, dass die Betriebsräte bei der Gestaltung der Beziehungen zu 'ihrer' überbetrieblichen kollektiven Interessenvertretungsorganisation tendenziell über eine geringere Autonomie verfügen als ihr Gegenüber, die Geschäftsleitung, was als Ausdruck struktureller Machtasymmetrie im kapitalistischen Industriebetrieb gelten kann. Während die Anbindung an den Arbeitgeberverband in den meisten (wenngleich nicht allen) Betrieben ein Thema ist, das ausschließlich der Definitionsmacht der Geschäftsleitung untersteht, hat die Anbindung der Betriebsräte an die Gewerkschaft teilweise den Charakter einer 'Dreiecksbeziehung', - in dem Sinne, dass die Haltung der Geschäftsleitung zumindest als Einflussfaktor vorhanden ist, dem von den Betriebsräten mehr oder weniger starke Prägekraft eingeräumt wird. Dieser Einschränkung gewerkschaftlicher Organisationsfähigkeit steht jedoch gegenüber, dass den Betriebsräten eben aufgrund ihrer machtpolitisch abhängigen Situation und relativen innerbetrieblichen Schwäche auch ein größeres Organisationsbedürfnis unterstellt werden kann (vgl. Kap.I).

In allen drei referierten Typologisierungsansätzen wird auf zwei zentrale Dimensionen verwiesen, entlang derer das Verhältnis von Gewerkschaften und Betriebsräten 'typischerweise' differiert:

1.) *Betriebsorientierung versus gewerkschaftlicher Orientierung*: Die Orientierung an einzelbetrieblichen Interessenlagen wird als (zumindest potentiell) widersprüchlich zur Orientierung an kollektiven, überbetrieblichen Interessenlagen interpretiert. Mit dem Stellenwert, den kollektive, überbetriebliche Interessen im Rahmen des innerbetrieblichen Interessenhandelns von Betriebsräten besitzen, korreliert daher etwa nach Schmidt/Trinczek auch der Grad der Funktionsdifferenzierung oder -verschränkung zwischen Gewerkschaft und Betriebsrat.

2.) *Die innerbetrieblichen Austauschbeziehungen* werden bei Kotthoff (in diesem frühen Aufsatz) eher grob nach dem Merkmal innerbetrieblicher Stärke unterschieden; in der Typologie von Bosch u.a. sowie Artus variieren sie v.a. nach der Interessendefinition der Akteure, d.h. danach, inwiefern konfligierende oder gemeinsame Interessen das Interaktionsverhältnis prägen.

An beide Dimensionen wird in der folgenden Typologie angeschlossen; sie werden jedoch im Sinne der primären Zielstellung der Analyse konkretisiert. Die im folgenden beschriebenen typischen Beziehungsmuster von Betriebsräten und Gewerkschaften in Ostdeutschland sollen in erster Linie Aufschluss geben über die Funktionsfähigkeit des dualen Systems industrieller Beziehungen in Ostdeutschland. Insofern wird die (eher aus der subjektiven Interessenperspektive gedachte) Dimension 'Betriebsorientierung versus gewerkschaftliche Orientierung' gleichsam 'operationalisiert' in die Frage nach der faktischen *Verkopplung bzw. der Abgrenzung zwischen Betriebsrats- und Gewerkschaftshandeln.* Der Zusammenhang zwischen den innerbetrieblichen Austauschbeziehungen und der gewerkschaftlichen Verankerung des Betriebsrats soll ebenfalls thematisiert werden, allerdings würde eine ausführliche Analyse derselben erstens den Rahmen der vorliegenden Untersuchung sprengen; zweitens wäre sie angesichts der in vielen Untersuchungsbetrieben auf nur zwei Interviews beschränkten Erhebungstiefe auch kaum methodisch kontrolliert leistbar. Von Interesse und zugleich empirisch einlösbar scheint jedoch insbesondere die Frage, inwiefern die Gewerkschaftsanbindung des Betriebsrats als 'authentische', d.h. nicht in erster Linie vom Geschäftsleitungswillen abgeleitete Interessenhaltung gelten kann, ob sie aus einer Position relativer 'Stärke' oder ‚Schwäche' heraus eingenommen wird. Insofern wird die komplexe Frage nach den innerbetrieblichen Austauschbeziehungen reduziert auf die Frage danach, ob der Betriebsrat über ausreichende *Autonomie vom Geschäftsleitungswillen* verfügt, um seine Haltung zur Gewerkschaft und den Grad der Verkopplung zwischen Gewerkschafts- und Betriebsratsarbeit selbständig zu bestimmen. Die Einschätzung dieses Sachverhalts scheint selbst auf Basis der beschränkten empirischen Erhebungstiefe möglich, da hierüber bereits die Analyse faktischer betrieblicher Handlungsabläufe einige Auskunft geben kann. Durch ein in nahezu allen Untersuchungsbetrieben mögliches Cross-Checking der Angaben von Betriebsrat und Geschäftsleitung zu diesem Thema konnten diese (an jeweils einigen Fallbeispielen) ziemlich zuverlässig rekonstruiert werden.

Werfen wir noch einmal einen kurzen Blick auf die in der Literatur existierenden Typologisierungsansätze, um zu sehen, ob und inwiefern diese Aussagen darüber machen, wie der Grad der Verkopplung von Betriebsrats- und Gewerkschaftshandeln mit dem 'Autonomie-grad' des Betriebsrats zusammenhängen könnte: Bei Kotthoff (1979) findet sich die Dimension der 'Autonomie des Betriebsrats vom Geschäftsleitungswillen' mehr oder weniger explizit, wenn er zwei Formen der Gewerkschaftsdistanz unterscheidet, - nämlich Distanzierung aus einer Position innerbetrieblicher Stärke oder als Reflex auf den Willen der Geschäftsleitung. Bei Bosch u.a. (1999) (deren Erkenntnisinteresse sich primär auf die innerbetrieblichen Interaktionsformen richtete) findet sich der Zusammenhang zwischen der machtpolitischen Autonomie bzw. Abhängigkeit des Betriebsrats und seiner Gewerkschaftsanbindung implizit in der Korrelation zwischen der Bedeutung divergierender Interessen innerhalb der Austauschbeziehungen zwischen Betriebsrat und Geschäftsleitung und der Gewerkschaftsnähe des Betriebsrats. Die Gewerkschaftsanbindung der Betriebsräte wird in der Typologie von Bosch u.a. (1999:54) zudem schwächer, eine je geringere Rolle Machtmitteln in den Verhandlungsbeziehungen spielen und je mehr es der Geschäftsleitung gelingt, als 'Pace-Setter' den Interaktionsstil zu prägen. Beide Typologisierungsansätze decken sich also in der Annahme, dass eine enge Anbindung an die Gewerkschaft im Regelfall eine relativ autonome interessenpolitische Position der Betriebsräte voraussetzt und bei 'schwachen', stark von der Geschäftsleitung abhängigen Betriebsräten eher Distanz zur Gewerkschaft anzunehmen ist. Während eine relative Gewerkschaftsdistanz auch bei 'starken Betriebsräten' (etwa sogenannten 'Betriebsratsfürsten') noch denkbar ist und in der Typologie von Kotthoff ja auch explizit auftaucht, findet sich weder bei Kotthoff noch bei Bosch u.a. ein Hinweis darauf, dass sich auch im Fall einer starken Machtasymmetrie zwischen Geschäftsleitung und Betriebsrat eine enge Gewerkschaftsanbindung des Betriebsrats finden kann. In dieser Hinsicht unterscheidet sich die folgende Typologie der Beziehungen zwischen ostdeutschen Betriebsräten und der Gewerkschaft von ihren Vorgängerinnen: Bei der Analyse des empirischen Datenmaterials fand sich nämlich insbesondere in kleineren Betrieben unter der Freistellungsgrenze von 300 Beschäftigten das Phänomen einer ausgesprochen engen Anbindung des Betriebsrats an die Gewerkschaft, - in dem Bestreben, die eklatante machtpolitische Unterlegenheit gegenüber der Geschäftsführung durch den Bezug auf die 'starke externe Organisation' ein Stückweit zu reduzieren. Obwohl diese Konstellation als enge Verknüpfung von Gewerkschafts- und Betriebsratsarbeit charakterisiert werden kann, geschieht dies weder aus einer Position relativer Stärke oder gar der Autonomie des Betriebsrats, noch vor dem Hintergrund, dass der kollektiven Interessenvertretung der abhängig Beschäftigten - in Absetzung von den betrieblichen Interessen - eine besondere Wichtigkeit eingeräumt würde. Vielmehr findet sich ein besonders ausgeprägtes und weitgehend einseitiges Dienstleistungsverhältnis zwischen Gewerkschaft und Betriebsrat, das so weit gehen kann, dass GewerkschaftsfunktionärInnen die Aufgaben des Betriebsrats bezüglich der innerbetrieblichen Interessenvertretung der Belegschaft zeitlich begrenzt mit übernehmen. Die Frage danach, ob ein enger Gewerkschaftsbezug des Betriebsrats den Charakter eines 'politischen' Bezugs im Sinne überbetrieblicher Interessenvertretung besitzt oder als Dienstleistungsbezug zur Kompensation innerbetrieblicher Schwäche eingeschätzt werden muss, erscheint damit als weiteres wichtiges Kriterium zur Abgrenzung verschiedener Beziehungsmuster.

    Im folgenden werden insgesamt vier typische Beziehungskonstellationen zwischen ostdeutschen Betriebsräten und Gewerkschaften beschrieben, die sich logisch ergeben, wenn die beiden oben genannten typkonstituierenden Dimensionen als grundsätzlich voneinander unabhängige Kategorien verstanden werden, und die empirisch alle relevanten empirischen Konstellationen abzubilden beanspruchen:

1.) eine enge Kooperation von Betriebsrat und Gewerkschaft, die im Rahmen einer relativ autonom definierten Betriebsratsstrategie als beiderseitiges Nutzenverhältnis interpretiert wird ('Verschränkung'; Kap.4.3.2);

2.) ein enger, stark dienstleistungsorientierter Gewerkschaftsbezug der Betriebsräte zur Kompensation innerbetrieblicher, machtpolitischer Unterlegenheit bei lediglich partieller sowie stark ungleichgewichtiger Verkopplung der Aufgabenbereiche von Betriebsrat und Gewerkschaft ('Abhängigkeit'; Kap.4.3.2);

3.) Betriebsräte als in doppeltem Sinne 'autonome Vertretungsinstanzen': die starke Betonung betrieblicher Interessen durch relativ 'autonom' agierende, vertretungsstarke Betriebsräte ist verantwortlich für ihre Abgrenzung von den Imperativen kollektiver Interessenvertretung. Betriebsrats- und Gewerkschaftshandeln werden als entkoppelte Funktionsbereiche interpretiert ('Entkopplung'; Kap.4.3.4);

4.) *Distanz zur Gewerkschaft als Reflex stark asymmetrischer innerbetrieblicher Herrschaftsverhältnisse ('Distanz' Kap.4.4.5)*

Bezogen auf den vorne angesprochenen Charakter des Gewerkschaftsbezugs der Betriebsräte als ‚Dreiecksbeziehung' könnte man idealtypisch davon sprechen, dass im Fall eines ‚verschränkten' Beziehungsmusters die Nähe des Betriebsrats zur Gewerkschaft eher größer ist als die zur Geschäftsleitung, während dies im Fall einer ‚distanzierten' Beziehung umgekehrt ist. Das Beziehungsmuster der ‚Abhängigkeit' ist letztlich von einer doppelten Abhängigkeit der Betriebsräte gekennzeichnet, - nämlich sowohl von der Geschäftsleitung, der man interessenpolitisch kaum eigenständig etwas entgegenzusetzen hat, als auch von der Gewerkschaft, auf die man angewiesen ist, um sich zumindest in Teilbereichen dennoch von der Geschäftsleitung abzugrenzen. Im Beziehungsmuster der ‚Entkopplung' hingegen agiert und sieht sich der Betriebsrat in doppelter Weise als ‚autonome' Vertretungsinstanz: er besitzt ein von der Geschäftsleitung relativ unabhängiges ‚standing' im Betrieb und grenzt sich zudem in seiner Funktion als betriebliche Interessenvertretung explizit von gewerkschaftlichen Zuständigkeiten ab.

Die verschiedenen Beziehungsmuster zwischen Betriebräten und Gewerkschaft lassen sich idealtypisch auch im Rahmen der folgenden Matrix darstellen:

Schaubild 2:   Typische Beziehungsmuster zwischen ostdeutschen Gewerkschaften und Betriebsräten

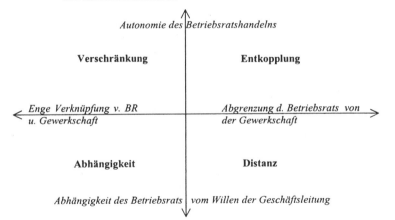

4.3.2 Kooperative Verschränkung von Betriebsrats- und Gewerkschaftshandeln

Bei dem im folgenden beschriebenen Beziehungsmuster zwischen ostdeutschen Betriebsräten und Gewerkschaften handelt es sich um ein Verhältnis enger Kooperation. Dieser Begriff impliziert eine relative Nähe der Betriebsräte zur Gewerkschaft. Es handelt sich um - in ostdeutschem Maßstab - gewerkschaftliche 'Vorbildbetriebe', mit deren Betriebsräten man nach Auffassung der regionalen GewerkschaftsfunktionärInnen „gut arbeiten kann" (GEW-M 3). Zugleich impliziert der Begriff der Kooperation jedoch auch ein Gegenüber zweier getrennter Instanzen, welche in ein Austauschverhältnis treten, das von einem Mindestmaß an Egalität gekennzeichnet ist, und von dem sich gewöhnlich beide Seiten Vorteile versprechen. Obwohl die Gewerkschaft eindeutig als getrennte Organisation mit partiell anderen und sogar konträren Interessenlagen wahrgenommen wird, ist die Verschränkung von Betriebsrats- und Gewerkschaftshandeln Teil einer professionellen Orientierung der Betriebsräte, von der sie sich eine Stärkung der eigenen innerbetrieblichen Position versprechen. Als spezifisch ostdeutsches Phänomen erscheint, dass der Bezug zur Gewerkschaft dennoch eine starke Dienstleistungskomponente aufweist. Die vergleichsweise enge Gewerkschaftsanbindung wird vor allem von innerbetrieblichen Notwendigkeiten und nicht aus einer übergreifenden gesellschafts- oder gewerkschaftspolitischen Perspektive abgeleitet. Vor dem Hintergrund langjähriger Kontinuität der Organisationsanbindung und einer (wenngleich in ihrem Ausmaß stark beschränkten) gemeinsamen 'Kampfgeschichte' ist das zentral dienstleistungsorientierte Kooperationsverhältnis jedoch bereits durch einige affektive Komponenten angereichert.

Insgesamt funktionierte in den einschlägigen Betrieben zweifellos das Modell einer arbeitsteiligen Verschränkung von Betriebsrats- und Gewerkschaftshandeln im Rahmen des dualen Systems industrieller Beziehungen. Die Beziehungen zur Gewerkschaft wurden in klassischer Weise als eine Form des 'do ut des', als wechselseitiges Nutzenverhältnis interpretiert:

> „Unser Verhältnis zur Gewerkschaft würde ich so bezeichnen, dass beide Seiten, das heißt Betriebsräte und Gewerkschaft, wissen, was sie denn voneinander wollen und was sie voneinander haben. Aber auch ihre Grenzen akzeptieren und sagen, gut, hier arbeiten wir auch 'mal, wie sagt man so schön, getrennt kämpfen und dann vereint schlagen." (C2-BR-97)

Betriebsräte, die alltäglich eng mit der Gewerkschaft kooperierten, fanden sich im Organisationsbereich der IG Metall und der IG Chemie deutlich zahlreicher als im Bereich der IG Bau. Während für ein Drittel bis ein Viertel der Untersuchungsbetriebe des verarbeitenden Gewerbes diese Einschätzung zutraf, galt dies nur für zwei bis drei (von insgesamt 15) Baubetrieben.[215] Zugleich war ein leichter positiver

---

[215] Wenn an dieser Stelle sowie auch für die folgenden Beziehungsmuster Angaben über den Verbreitungsgrad der einschlägigen Konstellationen gemacht werden, so sind diese freilich in keiner Weise repräsentativ für die Gesamtheit der ostdeutschen Betriebe. Dies gilt nicht nur wegen der in quantitativer Hinsicht mangelnden Repräsentativität des Betriebssamples. Bei den nachfolgenden Beziehungsmustern handelt es sich zudem um idealtypische Beschreibungen, denen empirische Betriebsfälle meist nur näherungsweise zugeordnet werden können. Die beschriebenen betrieblichen Konstellationen finden sich empirisch nur in Ausnahmefällen sozusagen 'komplett' in allen Facetten; es existieren vielfach

Zusammenhang zwischen der Größe der Untersuchungsbetriebe und der Nähe zur Gewerkschaft festzustellen, was wohl auch auf eine besonders hohe gewerkschaftliche Betreuungsintensität in den größeren, regionalpolitisch bedeutenden Betrieben zurückgeht. Der Zusammenhang zwischen Betriebsgröße und gewerkschaftlicher Verankerung war jedoch nicht allzu ausgeprägt und es gab auch gegenläufige Tendenzen: Beispielsweise existierte in verschiedenen Firmen mit einer Belegschaft unter 300 Beschäftigten eine ausgesprochen stabile Gewerkschaftskultur bei Betriebsrat und Belegschaft (z.B. M16, C5). Für die hochintegrierte Stammbelegschaft dieser Unternehmen war die gewerkschaftliche Organisation eine tradierte Selbstverständlichkeit, die auch durch die Ereignisse und Erfahrungen der Wendezeit eher bestätigt, denn in Frage gestellt worden war.[216] Alles in allem konnten die einschlägigen Betriebe als Unternehmen mit 'stabilisierter Gewerkschaftstradition' gelten, wie dies bereits im Kap.III.4.2.1 beschrieben wurde: Positive Erfahrungen mit der Gewerkschaft als durchsetzungsmächtiger Interessenvertretung im Zuge der turbulenten Nach-Wende-Zeit bildeten oft die Basis grundlegender Akzeptanz der Gewerkschaften bei Betriebsräten und Belegschaft. Wo die Gewerkschaft in den konfliktreichen Auseinandersetzungen um Standorterhalt und Privatisierungskonzept eine wichtige Rolle spielte, haben die Betriebsräte den engen Bezug zur Gewerkschaft oft auch später beibehalten, vor allem dann, wenn im Betriebsrat starke personelle Kontinuitäten existierten:

> „Wir wissen ganz genau und dafür sind beide Seiten und beide Betriebsräte [an den zwei Standorten des Unternehmens] dankbar, dass die Gewerkschaft mit Sicherheit einen ganz gewichtigen Part überhaupt dabei gespielt hat, dass wir heute sagen können, den XXX [Verbund der zwei regional ansässigen Konzernunternehmen] gibt es. Und es gibt auch am Ende langfristig gesicherte Arbeitsplätze. Ich denke, das wissen wir." (C2-BR-97)

In den einschlägigen Betrieben ist auch der Organisationsgrad von Belegschaft und Betriebsrat typischerweise hoch: Gewöhnlich[217] waren wenigstens 80 % der gewerb-

---

'Mischformen', die Elemente verschiedener Beziehungsmuster in sich vereinen. Die quantitativen Angaben sind also vor allem als grobe Indizien für die ungefähre Häufigkeit der verschiedenen Konstellationen zu werten sowie als Hinweise auf eine durchaus vorhandene Branchentypik.

[216]In diesen Fällen hatte ein - wenngleich zusammengeschmolzener bzw. ausgegründeter - Belegschafts'kern' die vielfachen Umstrukturierungen als einigermaßen intaktes Kollektiv überdauern können. Nicht nur die relativ stabilen betrieblichen Bedingungen, sondern auch die geringere Zahl der Belegschaftsangehörigen schien dafür verantwortlich zu sein, dass die noch zu DDR-Zeiten gewachsene Gewerkschaftskultur stabilisiert werden konnte. Die übersichtliche Zahl an KollegInnen und die gewachsenen persönlichen Beziehungen untereinander dürften in solchen Fällen ein anonymes Abweichen von der Norm kollektiver Organisierung verhindert haben, - eine Annahme, die auch im Einklang steht mit der 'Theorie des kollektiven Handelns kleiner Gruppen', wie sie etwa von Olson (1992:21ff.) formuliert wurde.

[217] Eine Ausnahme von dieser Regel war im Rahmen unserer Erhebung der Betrieb C3. In dem neu gegründeten Unternehmen zwar nur ein geringer Teil der Beschäftigten gewerkschaftlich organisiert, der frisch gewählte Betriebsratsvorsitzende war jedoch zuvor bereits in einem Metallbetrieb mit relativ interessenbetonten innerbetrieblichen Verhandlungsbeziehungen Betriebsrat gewesen. Zum Interviewzeitpunkt schien sein Anliegen, die Norm einer engen Kooperation mit der Gewerkschaft auch in dem neu gegründeten Betrieb ohne einschlägige Tradition zu verankern, durchaus erfolgversprechend, auch deshalb, weil er in diesem Bemühen durch die westdeutschen Konzernbetriebsräte unterstützt und durch eine konzernweit etablierte Mitbestimmungskultur zumindest nicht behindert wurde.

lich Beschäftigten gewerkschaftlich organisiert. Für Mitglieder des Betriebsrat war die Gewerkschaftsmitgliedschaft 'ein Muss', wie das etwa der Betriebsratsvorsitzende des Unternehmens M16 nahezu diktatorisch formulierte:

> „Wer bei mir nicht in der Gewerkschaft ist, wird kein Betriebsrat" (M16-BR-97)

Keine Frage, dass auch die 'üblichen' alltäglichen Kontakte zwischen Betriebsräten und Gewerkschaft funktionierten: Neben regelmäßigen (oft telephonischen) Informations- und Beratungsgesprächen wurde die Einladung von GewerkschaftsvertreterInnen zu den drei- bis viermal pro Jahr stattfindenden Betriebsversammlungen als „Pflicht" (M13-BR1-93) betrachtet.

Jenseits solcher - auch für weniger gewerkschaftsnahe Betriebsräte noch 'normalen' - Beratungs- und Informationskontakte basiert das Muster einer funktionierenden kooperativen Verschränkung von Betriebsrats- und Gewerkschaftshandeln auf einer vergleichsweise intensiven Partizipation der Betriebsräte am Gewerkschaftsleben jenseits der Betriebstore. Der/die Betriebsratsvorsitzende und freigestellten Betriebsratsmitglieder waren oft in vergleichsweise einflussreichen gewerkschaftlichen Gremien aktiv, etwa im Vorstand der Ortsverwaltung/des Bezirksverbands sowie in landes- oder bundesweiten Kommissionen oder Arbeitskreisen. Der Kreis der Aktiven beschränkte sich zudem in der Regel nicht auf die hauptamtlichen InteressenvertreterInnen. Das ehrenamtliche Engagement im Rahmen der Gewerkschaft war auch unter den nicht-freigestellten Betriebsratsmitglieder üblich (z.B. in gewerkschaftlichen Basisgremien oder Arbeitskreisen, im Rahmen der genossenschaftlichen Selbstverwaltung oder als LaienrichterInnen am Arbeitsgericht). Man kann also davon sprechen, dass sich die 'aktive Basis' der ostdeutschen Gewerkschaften zu einem großen Teil aus den betrieblichen InteressenvertreterInnen dieser Betriebe rekrutiert.

Allerdings überschritt der Kreis der aktiven GewerkschafterInnen den Rahmen der gewählten FunktionärInnen in der Regel nicht. Eine vom Betriebsrat einigermaßen unabhängige Vertrauensleutekörperarbeit existierte selbst in Großbetrieben gewöhnlich nicht (vgl. ebenso Kädtler u.a. 1997:203).

Die einzige Ausnahme war das Unternehmen M1, wo bereits zum Zeitpunkt des letzten Interviews 1994 ernstzunehmende Ansätze für den Aufbau eines funktionierenden Vertrauensleutekörpers existierten. Dies erklärt sich jedoch erstens über die Sondersituation der Zugehörigkeit zu einem Konzern mit traditionell sehr ausgeprägter Vertrauenskörperarbeit; zweitens auch über den Sonderfall eines Betriebsratsvorsitzenden, der aus Westdeutschland kam und zudem ehemals an einem anderen Standort als Vertrauenskörperleiter tätig war. Sogar hier war jedoch 1993 die 'Konzernnorm' einer strikten Trennung von VK- und Betriebsratsarbeit durchbrochen worden, indem der Vertrauensleutekörperleiter in den Betriebsrat gewählt worden war. Seine „Erfahrungen" und „aufgebauten Verbindungen" schienen unverzichtbar in dem - offenbar als wichtiger eingeschätzten - Gremium Betriebsrat (M1-BR1-93, M1-BR2-94).

Viele Betriebsräte empfanden das Fehlen eines gewerkschaftlichen Vertrauensleutekörpers nur bedingt als Mangel. Zwar wünschte man sich mehr Unterstützung durch und Diskussion mit der Basis, oft wurde das Instrument eines Vertrauensleutekörpers jedoch als ungeeignet für diesen Zweck empfunden, da dessen rechtliche Absicherung (Freistellung, Kündigungsschutz) ungenügend sei.[218]

Trotz des Fehlens aktiver gewerkschaftlicher Vertrauensleute funktionierte in den einschlägigen Betrieben jedoch insgesamt die gewerkschaftliche Organisationssicherung an der Basis: Im Rahmen einer meist ausgesprochen kompetenten und vergleichsweise durchsetzungsfähigen Betriebsratsarbeit vertraten die Betriebsräte die betriebsspezifischen Interessen der Beschäftigten[219]; sie kümmerten sich intensiv um die Einhaltung rechtlicher sowie tariflicher Bestimmungen im Unternehmen und wirkten zugleich als betriebsnahe Instanzen der Interessenaggregation und -vermittlung innerhalb der Gewerkschaft. Als GewerkschafterInnen (wenngleich nicht als Betriebsrat) fühlten sie sich meist auch zuständig für die gewerkschaftliche Mitgliederwerbung sowie 'im Ernstfall' für die Mobilisierung der Beschäftigten. Dennoch handelte es sich bei diesem Beziehungsmuster eindeutig NICHT um ein Verhältnis, wie Schmidt/Trinczek 1991 bzw. Bosch u.a. 1999 es idealtypisch für stark interessenbewusste westdeutsche Betriebsräte (in größeren Unternehmen der Metallindustrie) beschrieben haben. Trotz enger Kooperation kam es nicht zu einer 'Verschmelzung' der Aufgabenbereiche von Betriebsräten und Gewerkschaften. Die Betriebsräte definierten sich in ihrer Rolle als Belegschaftsvertretung keineswegs als gewerkschaftliche Instanzen, als „verlängerten Arm der Gewerkschaft" im Betrieb oder gar als „Avantgarde der Gewerkschaft" (Bosch u.a. 1999:54). Beispiele für solche Konstellationen, wie man sie etwa in westdeutschen 'gewerkschaftlichen Traditionsbetrieben' vorfindet, fehlten in Ostdeutschland zumindest unter unseren empirischen Fällen komplett. Bestätigt wird der Eindruck der Nicht-Existenz dieses Beziehungsmusters in Ostdeutschland auch durch die Aussagen mehrerer GewerkschaftsfunktionärInnen, wonach „gewerkschaftliche Vorzeigebetriebe im westdeutschen Sinn" in Ostdeutschland fehlen, d.h. Unternehmen, in denen von einer weit verbreiteten sowie starken Identifikation der Beschäftigten sowie Betriebsräte mit der Gewerkschaft ausgegangen werden kann, deren stark affektive Komponente sich durch eine Tradition betrieblicher Kämpfe unter gewerkschaftlicher Führung erklärt und auf einer kontinuierlichen sowie entwickelten Vertrauensleutekörperarbeit basiert. Nicht in einem einzigen Fall fand sich in den ostdeutschen Unternehmen ein Betriebsrat, der sein Vertretungshandeln in diesem Sinne primär an gewerkschaftlichen bzw. kollektiven Vertretungszielen ausrichtete und sich sozusagen als 'Vor-

---

[218] Hier zeigt sich nicht nur ein angesichts der ostdeutschen Arbeitsmarktlage besonders ausgeprägtes Schutzbedürfnis ostdeutscher Beschäftigter, sondern auch eine in der einschlägigen Literatur immer wieder genannte Tendenz, wonach ostdeutsche Betriebsräte zu einer legalistischen Funktionsauffassung neigen. Die Orientierung an den legalen Normen ist ausgesprochen stark. Diese werden zudem kaum als Instrumente betrachtet, mit denen man letztlich auch machtpolitisch agieren kann, sondern als Vorgaben bzw. Vorschriften, die den eigenen Handlungsrahmen sowohl positiv wie negativ beschränken. Diese Haltung lag v.a. in den ersten Jahren nach der Wende freilich in der Neuheit der übernommenen gesetzlichen Regelungen begründet, mit denen man erst agieren lernen musste. Die vergleichsweise starke Fixierung auf die sekundäre Machtressource des Rechts lässt sich aber auch durch den Mangel an Primärmacht, d.h. an Mobilisierbarkeit der Beschäftigten erklären.

[219] Im Rahmen der Typologie von Bosch u.a. 1999 bzw. Artus u.a. 2001 ließen sich die in den einschlägigen Betrieben herrschenden Austauschbeziehungen durchweg als interessenbetonte oder auch sachrational geprägte Kooperationen beschreiben.

kämpfer der Interessen der Arbeiterklasse' begriff.

Grundlage einer engen Kooperation zwischen ostdeutschen Betriebsräten und der Gewerkschaft war vielmehr eine klare Abgrenzung der Aufgabenbereiche. Die Betriebsräte beharrten darauf, dass sie in ihrer Funktion als Betriebsrat (wenngleich nicht unbedingt als Person sowie Gewerkschaftsmitglied) primär bis ausschließlich für betriebliche Belange zuständig seien. Dabei wurde nicht selten das Betriebsverfassungsgesetz als gleichsam objektive und nicht transzendierbare Grundlage dieser Funktionsbestimmung zitiert. Es wurde eine sehr explizite Differenz gesehen zwischen den Aufgaben der innerbetrieblichen Institution Betriebsrat und der überbetrieblichen Institution Gewerkschaft, woraus notwendig verschiedene Sichtweisen, wenn nicht gar unterschiedliche Interessenlagen resultierten:

Der mit Abstand gewerkschaftlich aktivste Betriebsrat aller untersuchten Baubetriebe beharrte darauf:

> „Betriebsrat ist Betriebsrat und Gewerkschaft ist Gewerkschaft. Ich habe was dagegen, dass man das vermischt. Im Betriebsverfassungsgesetz steht, dass der Betriebsrat der Vertreter der gesamten Belegschaft ist. Wenn der Betriebsrat Verbindungen zur Gewerkschaft hat, dann ist das rein zufällig. Die Leute verwechseln das oft." (B6-BR-97)

Auch der stellvertretende Betriebsratsvorsitzende eines Stahlbetriebs mit ausgeprägter Mitbestimmungskultur, einer Häufung ehrenamtlicher Gewerkschaftsfunktionen im Betriebsrat sowie mehrfach erwiesener Streikfähigkeit schilderte die Anbindung an die IG Metall einerseits als eng, andererseits betonte er jedoch: „Wir haben unsere Probleme mit der IG Metall". Ohne näher beschreiben zu wollen, warum es zuweilen zu „Konflikten" komme, verwies er darauf: „Die (Gewerkschaftsfunktionäre) müssen das Ganze sehen und wir sehen unseres hier". In relativierender Absicht setzte er noch hinzu: „Ich reg' mich auf bei der Geschäftsleitung und bei der IG Metall. Das kommt halt vor." (M5-BR2-97)

Eine solche Gleichsetzung der Beziehungen zur Geschäftsleitung mit denen zur Gewerkschaft - selbst von gewerkschaftlich relativ aktiven Betriebsräten - als prinzipiell konflikthaltige und von unterschiedlichen Interessen geprägte Beziehungen war kein Einzelfall. Der Betriebsrat eines großen, hochorganisierten Maschinenbauunternehmens mit intensiver, gewerkschaftlich unterstützter Kampfgeschichte in der Nach-Wendezeit meinte:

> „Es ist schon manchmal zu Reibereien gekommen zwischen uns und der Verwaltungsstelle. Aber auch hier gilt [wie kurz zuvor im Zusammenhang mit den Konflikten mit der Personalleitung ausgeführt] eben der Grundsatz, dass Kompromisse notwendig sind. Auch hier müssen unterschiedliche Interessen austariert werden." (M4-BR1-93)

Die Betriebsräte definierten ihr - enges - Verhältnis zur Gewerkschaft also eindeutig als Zusammenarbeit zweier klar voneinander abgegrenzter Instanzen, deren Vertretungslogiken nicht immer reibungslos vereinbar sind. Dabei sah man die Grenzen der Zusammenarbeit mit der Gewerkschaft nicht selten ebenso klar ausgeprägt wie jene gegenüber der Geschäftsleitung. Wenn die Kooperationsbeziehungen mit der Gewerkschaft dennoch insgesamt eng und solidarisch waren, so deshalb, weil bei den Betriebsräten typischerweise ein klares Bewusstsein darüber existierte, dass sie ihre eigene Aufgabe als betriebliche Interessenvertretung nur in enger Zusammenarbeit mit der Gewerkschaft wirksam erfüllen können. Ein koordiniertes Vorgehen von einzelbetrieblichen und kollektiven Interessenvertretungsinstanzen wurde als unverzichtbar angesehen sowohl für die eigene Professionalität als auch zur mittel- bis langfristigen Sicherung zentraler Beschäftigteninteressen.

Wichtig für diese Einschätzung waren für die meisten Betriebsräte vor allem die Dienstleistungs- und Servicefunktionen der Gewerkschaft, welche einen unmittelbaren Nutzen im Rahmen ihrer innerbetrieblichen Interessenvertretungsarbeit besaßen. Die Gewerkschaft wurde gleichgesetzt mit der Möglichkeit des Bezugs professionellen Sachverstands sowie schneller Hilfe, „wenn's brennt" (M16-BR-97).

> „Wir werden beraten und bekommen Hilfestellung, wenn wir sie benötigen." (M4-BR1-93)

Die Allianz zwischen der Institution Betriebsrat und der Gewerkschaft wurde also typischerweise nicht in erster Linie normativ-interessenpolitisch, sondern gleichsam 'sachlich-objektiv' mit den professionellen Anforderungen der Betriebsratsarbeit erklärt. Da man großen Wert auf Sachkompetenz legte, wurde beispielsweise der Teilnahme an gewerkschaftlichen Qualifizierungsmaßnahmen ein hoher Stellenwert zugemessen und zur Not auch konfliktiv für alle Betriebsratsmitglieder gegenüber der Geschäftsleitung als gesetzlich verbrieftes Recht durchgesetzt. Aus dieser Haltung 'verpflichtender Schulung'[220] erklärte sich auch zu einem guten Teil die relativ strikt durchgehaltene Norm, wonach alle Betriebsräte Gewerkschaftsmitglied zu sein haben. Diese wurde als 'Berechtigung zur Schulungsteilnahme' interpretiert.

Die Betonung der Dienstleistungsfunktion der Gewerkschaften war jedoch nicht unbedingt Ausdruck davon, dass die Betriebsräte die kollektive Interessenvertretungsfunktion der Gewerkschaften als vernachlässigenswert oder gar negativ einschätzten (wie dies etwa viele dienstleistungsorientierte Mitglieder der Arbeitgeberverbände gegenüber 'ihrer' kollektiven Vertretungsorganisation tun). Es ist vielmehr Ausdruck davon, dass der Blick der Betriebsräte auf die Gewerkschaft sehr stark von den unmittelbaren Handlungsanforderungen ihrer Rolle als betrieblicher Interessenvertretung geprägt wird. Man ist nicht Betriebsrat auf der Basis eines ausgeprägten Gewerkschaftsbewusstseins, sondern umgekehrt: Man ist gewerkschaftlich aktiv als Betriebsrat.[221] Die gewerkschaftspolitischen Argumentationen der Betriebsräte setzten daher typischerweise an der eigenen betrieblichen Situation an. Dabei ist bemerkenswert, dass selbst die Betriebsräte dieses Typus, die im ostdeutschen Kontext als relativ vertretungsstark gelten können, ihre innerbetriebliche Position als schwach und der Geschäftsleitung machtpolitisch klar unterlegen empfanden. Die

---

[220] Eine intensive Teilnahme an Qualifizierungsmaßnahmen, die zudem „grundsätzlich" auf gewerkschaftliche Schulungen beschränkt sind, stellt angesichts einer insgesamt relativ geringeren Schulungsbereitschaft ostdeutscher Betriebsräte einen ausgesprochen verlässlichen Indikator für eine funktionierende kooperativen Anbindung ostdeutscher Betriebsräte an die Gewerkschaft dar.

[221] Kädtler u.a. (1997:205) kommen auf Basis ihrer empirischen Erhebungen zu einem nahezu identischen Ergebnis: „Nicht die gewerkschaftspolitische Orientierung der Betriebsräte, sondern der Nutzen gewerkschaftlich erbrachter Dienstleistungen für dem Betrieb verpflichtete Betriebsräte bildet die Grundlage der Verbindung [zwischen Betriebsräten und Gewerkschaft]. Diese Konstellation ist aus unserer Sicht grundlegend und keine Übergangserscheinung, die mit der ökonomischen Stabilisierung der Betriebe vergehen wird. Ein grundlegendes gewerkschaftliches Selbstverständnis der Betriebsräte ist nicht durch widrige Umstände verschüttet worden; es ist vielmehr, von individuellen Ausnahmen abgesehen, nicht vorhanden."

Anbindung an die Gewerkschaft erfolgt also nicht unter der Perspektive eines Bünd-
nisses zwischen RepräsentantInnen einer potentiell machtvollen vereinten Arbeiter-
Innenschaft, sondern man suchte die Liaison mit der 'starken Kollektivorganisation'
zur Stabilisierung und Stärkung der eigenen innerbetrieblichen Vertretungsposition:

> „Ein Betriebsrat ohne Gewerkschaft ist wie ein Blatt im Wind." (M16-BR1-97)

Obwohl das Verhältnis zwischen Betriebsräten und Gewerkschaften in seinem Kern
als wechselseitiges Dienstleistungsverhältnis interpretiert wurde, so ist dieses Verhältnis nach sechs oder sieben Jahren enger Zusammenarbeit doch in vielen Fällen
nicht mehr rein instrumentell, sondern es fanden sich vielfach affektive Komponenten. Dies zeigte sich etwa, wenn man halb ironisch, halb liebevoll von den „Brüdern"
(M16-BR-97) in der Verwaltungsstelle sprach, deren persönlichen Einsatz man - bei
aller Kritik - doch in hohem Maße zu schätzen wusste. Und wenn der/die Gewerk-
schaftsfunktionärIn auf der Betriebsversammlung eine schlechte Figur machte oder
etwa nicht die Zeit fand, um dort präsent zu sein, schienen die Betriebsräte vom
damit verbundenen Ansehensverlust der Gewerkschaft im Betrieb durchaus auch
persönlich betroffen. Die direkte Frage danach, ob man sich mit der Gewerkschaft
als Organisation sowie mit deren Politik identifiziere, wurde gewöhnlich mit einem
klaren Ja beantwortet. Selbiges galt im Großen und Ganzen auch für die gewerkschaftliche Tarifpolitik, die als „richtig" (M4-BR4-97) und „in Ordnung" (B6-BR-
97) bezeichnet wurde. Diese Zustimmung fand sich gleichermaßen bei den Betriebsräten aller Branchen, die eng mit der jeweils für sie zuständigen Gewerkschaft
kooperierten, - unabhängig vom Stil sowie Inhalt der jeweils spezifischen gewerkschaftlichen Interessenpolitik. So verteidigten etwa die Mitglieder der IG Chemie
explizit deren vergleichsweise maßvolle und kooperative Politik, während die Betriebsräte der Metall- und Bauindustrie wiederum die verhältnismäßig schnellere
tarifliche Angleichungspolitik lobten:

> „Grundsätzlich denken wir schon, dass die Art und Weise, wie das gerade in der IG Chemie
> gemacht wird, doch eher den heutigen Gegebenheiten entspricht, als dass man hier Riesenkrawall
> schlägt und Riesenarbeitskämpfe verursacht und durchzieht.(...) Dieses über'n Tellerrand schielen
> auf die 100% zum Beispiel von Metall, das bringt nichts. Was auf keinen Fall was bringt, ist 'ne
> einfache Diskussion über Prozentzahlen. Das ist ja für den Kollegen uninteressant. Der will ja
> wissen, was er in der Lohntüte hat." (C2-BR-97)

> „Der langsameren Politik der Angleichung, die die IG Chemie vertritt, ist zuzustimmen. Die
> Tarifpolitik ist von den Politikern mit falschen Versprechungen betrieben worden. (...)
> Arbeitgeberverband und Gewerkschaft müssen einen Konsens in der Tarifpolitik finden. Vertrag
> kommt von vertragen." (C5-BR-97)

Im Bereich der IG Metall und der IG Bau wurde hingegen die Politik der schnellen
tarifpolitischen Angleichung an das Westniveau auf breiter Front verteidigt und
weiterhin eingefordert. Wenn die Tarifpolitik in einem Fall als „miserabel" (M5-
BR2-97) bezeichnet wurde, dann nur deshalb, weil im Endergebnis die Angleichungsschritte zu langsam erfolgt seien, wofür jedoch vor allem die Blockadehaltung
der Arbeitgeberverbände verantwortlich gemacht wurde. Eine starke Unterstützung
für den gewerkschaftlichen Angleichungskurs fand sich im übrigen auch bei Betriebsräten, die - meist aufgrund der prekären wirtschaftlichen Lage des Betriebs -

keine 100%ige Umsetzung der Tarifbestimmungen im Unternehmen hatten durchsetzen können. In ausnahmslos allen Fällen hatten die Betriebsräte jedoch in enger Kooperation mit der Gewerkschaft eine tarifliche Anbindung auf Basis regulierter Flexibilisierungsformen[222] durchsetzen können, so dass für sie „trotzdem wichtig ist, was im Tarifvertrag steht" (B6-BR-97).

Während also die gewerkschaftliche Interessenvertretung 'nach außen' weithin Zustimmung fand, betrafen die Hauptkritikpunkte der Betriebsräte das innerverbandliche Verhältnis zwischen Organisation und Mitgliedern. Mehr als einmal wurde die Schwerfälligkeit des bürokratischen Gewerkschaftsapparates moniert, gegen den man sich „als Interessengruppe durchsetzen" müsse (C5-BR-97). Auch eine gewisse 'West-Lastigkeit' der Gewerkschaften wurde teils spontan angesprochen, teils auf explizite Nachfrage hin zugegeben. In keinem Fall war dies jedoch ein ernsthafter Distanzierungsgrund. Vielmehr herrschte ein solidarischer Impetus vor, wonach zwar Unterschiede der jeweiligen Situation anerkannt werden müssten, man sich jedoch keinesfalls in ost- und westdeutsche GewerkschafterInnen spalten lassen dürfe.

Insgesamt kann man bei den Betriebsräten dieses Beziehungsmusters also - trotz ihrer ausgeprägten Dienstleistungserwartung - zweifellos von einer gewissen normativen Integration in die Gewerkschaften als Solidarverband sprechen. Angesichts ihrer Identifikation mit den kollektiven Ziel- sowie Strategiedefinitionen und den durchaus vorhandenen affektiven Komponenten ihres Gewerkschaftsbezugs kann man in den einschlägigen Betriebes auch von einer gewissen gewerkschaftlichen Mobilisierungsfähigkeit und Folgebereitschaft ausgehen. Die meisten Betriebsräte beurteilten die Mobilisierung der Beschäftigten als eine reale Möglichkeit. Die Mehrzahl konnte zudem auf erfolgreiche Mobilisierungsprozesse in der Vergangenheit verweisen, sowohl im Rahmen innerbetrieblicher Aktionen als auch im expliziten Zusammenhang mit tariflichen oder sonstigen gewerkschaftlichen Mobilisierungskampagnen. Dennoch erschien eine Mobilisierung der Belegschaft selbst in diesen hochorganisierten Betrieben mit guter gewerkschaftlicher Verankerung in keinem Fall als Selbstverständlichkeit, sondern als durchaus prekärer Prozess, der durch gezieltes, strategisches Handeln organisiert werden müsse, - und auch dann nicht zu jedem Thema[223], zu jedem Zeitpunkt und nicht für alle Teile der Belegschaft erfolgversprechend schien. Auch an diesem Punkt zeigte sich einmal mehr die Spezifik der Beziehungen zwischen Gewerkschaften und betrieblicher Basis in Ostdeutschland: Als nicht traditionell gewachsenes, sondern historisch relativ junges Kooperationsverhältnis, musste dieses seinen Nutzen für beide Seiten grundsätzlich noch täglich neu in der Praxis erweisen, - insbesondere in Anbetracht einer relativ geringen Prägekraft der Vorstellung gegensätzlicher Interessen von Arbeit und Kapital. Die affektiven Komponenten des Gewerkschaftsbezugs der Betriebsräte waren - selbst im besten Fall - (noch) nicht allzu stark und die gewerkschaftliche Mitgliederbindung deutlich prekärer als vergleichsweise in Westdeutschland. Den-

---

[222] In den Unternehmen M4 und M16 wurde ein Härtefalltarifvertrag, im Betrieb B6 sowie C5 ein Haustarifvertrag unter dem Niveau des Flächentarifvertrags abgeschlossen.

[223] Infragegestellt wurde beispielsweise zuweilen die Mobilisierungsfähigkeit der Belegschaft zum Thema 100 % Lohnfortzahlung sowie Arbeitszeitverkürzung.

noch hat die intensive dienstleistungsorientierte Betriebsbetreuung der Gewerkschaften inzwischen nachweisbar positive Effekte in der Form funktionierender gewerkschaftlicher Verankerung und einer Verschränkung von Betriebsrats- und Gewerkschaftshandeln in wenigstens einem Teil der ostdeutschen Industriebetriebe. In diesen Betrieben ist im Regelfall auch die Verpflichtung auf kollektive tarifliche Normen relativ intakt: Wo die Tarifnormen nicht unmittelbar angewandt werden, kommt es normalerweise zu Formen tariflich regulierter Flexibilisierung, etwa in der Form von Härtefallvereinbarungen oder Haustarifverträgen. Betrieblich regulierte Flexibilisierungsformen kommen zwar ebenfalls vor, solche Abmachungen zwischen Geschäftsleitung und Betriebsrat beschränken sich jedoch auf vergleichsweise weniger zentrale Regulierungsbereiche und geschehen i.d.R. mit dem Wissen und der mehr oder weniger erfreuten Zustimmung der regionalen Gewerkschaften. Eklatante Formen des Tarifbruchs oder der Tarifvermeidung sind nahezu ausgeschlossen.

4.3.3 Enger Gewerkschaftsbezug zum Ausgleich innerbetrieblicher Schwäche (‚Abhängigkeit')

Dieses Beziehungsmuster ist - ebenso wie das vorangehende - von einer engen Zusammenarbeit zwischen Gewerkschaften und Betriebsräten gekennzeichnet. Es handelt sich jedoch um eine wesentlich ungleichgewichtigere Beziehung. Die Betriebsräte 'suchen Rat und Zuflucht' bei der Gewerkschaft, da ihre Position im Unternehmen relativ schwach ist und/oder sie mit besonders rigiden Repressionsmaßnahmen der Geschäftsleitung konfrontiert sind. Der zentrale Unterschied zum zuvor dargestellten Typus besteht darin, dass zwar eine enge Gewerkschaftsanbindung in der Form der Inanspruchnahme von Dienst- und Unterstützungsleistungen existiert, umgekehrt sind die Betriebsräte jedoch kaum in der Lage, Aufgaben gewerkschaftlicher Organisationssicherung an der Basis zu übernehmen. Die gewerkschaftliche Verankerung an der betrieblichen Basis ist daher trotz intensiver gewerkschaftlicher Betreuung in der Regel dürftig. Es handelt sich um eine lediglich partielle sowie stark ungleichgewichtige Verkopplung der Aufgabenbereiche von Betriebsrat und Gewerkschaft. Man könnte auch von symbiotischen Dienstleistungs-Konstellationen sprechen, bei denen die Gewerkschaften innerbetriebliche Aufgaben der Betriebsräte gleichsam übernehmen. Obwohl dadurch freilich die gewerkschaftlichen Betreuungskapazitäten in hohem Maße belastet werden, dürfte die massive innerbetriebliche 'Einmischung' der Gewerkschaften geeignet sein, mittelfristig die gewerkschaftliche Verankerung und damit die Funktionsfähigkeit des dualen Systems industrieller Beziehungen zu stabilisieren. Die vergleichsweise aufwendige Betriebsbetreuung dient der Etablierung einer sukzessive autonomer agierenden betrieblichen Interessenvertretung und stärkt meist unmittelbar die Tarifbindung der Unternehmen. Zudem bildet die intensive Inanspruchnahme gewerkschaftlicher Dienstleistungen eine Art normatives Fundament dafür, dass die Betriebsräte sich reziprok für gewisse Aufgaben der gewerkschaftlichen Organisationssicherung (z.B. Mitgliederwerbung) zuständig fühlen.

Dieses Beziehungsmuster, bei dem die Betriebsräte aufgrund ihrer innerbetrieblichen Schwäche massiv auf gewerkschaftliche Unterstützung rekurrieren, fand sich typischerweise in Unternehmen, in denen die Ressourcen der Belegschaftsvertretung bezüglich Zeit, Personal, materieller Ausstattung sowie Qualifikation beschränkt waren. Dies waren im Regelfall kleinere Betriebe unter der Freistellungsgrenze von 300 Beschäftigten. Bemerkenswert ist zudem, dass kein einziger Betrieb der Bauindustrie und lediglich ein einziger einer chemienahen Branche diesem Muster zuzurechnen war, - hingegen über ein Viertel der Betriebe der Metallindustrie. Dieser Umstand ist wohl in erster Linie mit einer branchenspezifisch differenten Gewerkschafts- sowie Mitbestimmungskultur zu erklären: Eine insgesamt interessenbetontere Verhandlungskultur im Bereich der Metall- und Elektroindustrie fördert offenbar eine engere Zusammenarbeit zwischen inner- sowie überbetrieblichen Vertretungsinstanzen der Beschäftigten, - selbst in Fällen relativer Vertretungsschwäche der Betriebsräte.

Die Bedingungen der Betriebsratsarbeit waren in den einschlägigen Betrieben ausgesprochen prekär: Angesichts eines hohen betrieblichen Leistungsdrucks sahen sich die BelegschaftsvertreterInnen oft außerstande, während ihrer normalen Arbeitszeit freigestellt als InteressenvertreterInnen zu agieren. Da sie „einen Fulltime-Job" hatten, musste „der Betriebsrat nebenbei laufen" (M15-BR-97). Materielle Aufwendungen für die betriebliche Interessenvertretungsarbeit mussten meist mühsam bei der Geschäftsleitung eingefordert oder sogar konflikthaft durchgesetzt werden. Die Teilnahme an Schulungen mussten sich die nicht-freigestellten Betriebsräte in der Regel „erkämpfen".

Die Betriebsräte waren materiell häufig extrem schlecht ausgestattet. Wenn überhaupt ein Betriebsratsbüro existierte, so war das darin stehende Mobiliar oft von den Betriebsräten selbst irgendwo im Unternehmen „organisiert" worden. Da die Geschäftsleitung Ausgaben für Fachliteratur scheute, bestand ein Großteil der Unterlagen aus mehr oder weniger kostenlos erhältlichen Gewerkschaftsmaterialien. Der Betriebsratsvorsitzende des Unternehmens M15 beschrieb den Kampf um die Teilnahme an Schulungen als „Spießrutenlaufen". Die Geschäftsleitung mache in solchen Fällen bei der Belegschaft gegen den Betriebsrat Stimmung nach dem Motto: 'Der fährt in Urlaub und ihr müsst für ihn mitarbeiten'." (M15-BR-97)

Infolge mangelhafter Qualifizierung und Schulung gaben die Betriebsräte in der Regel offen zu, dass „Wissenslücken" im Gremium beständen, v.a. in Bezug auf den Umgang mit den einschlägigen Gesetzestexten. Dies sei eindeutig eine „Hemmschuh" bei Verhandlungen mit der Geschäftsleitung (M9-BR-94). Infolgedessen wandte man sich ausgesprochen häufig an die Gewerkschaft, um rechtliche Auskünfte zu erhalten: „Die beraten mich dann nachher schon richtig" (M14-BR1-93).

Die deutlichen Qualifikations- und Kompetenzunterschiede zwischen Betriebsrat und Geschäftsleitung sowie die geringen zeitlichen und personellen Ressourcen der Interessenvertretung waren ein wichtiger Grund für ein deutliches Machtgefälle zwischen den Betriebsparteien. Die einschlägigen Betriebsräte hatten oft Schwierigkeiten, wirksam Einfluss auf innerbetriebliche Entscheidungsabläufe zu nehmen. Insbesondere dann, wenn ihr Gegenüber in einem relativ autokratisch und teilweise repressiv agierenden Management bestand, fand sich ein ausgeprägtes Bewusstsein von der eigenen Unterlegenheit.[224] Die Geschäftsleitung wurde als „die Herren" (M15-BR-97) bezeichnet, bei denen man gelegentlich als Betriebsrat „antanzen müsse" (M14-BR-93). Man hatte Schwierigkeiten, selbst elementare Informations- und Mitbestimmungsrechte durchzusetzen, etwa die Mitteilung von Kündigungen oder Überstunden. Teilweise wurden die Geschäftsführer geradezu dämonisiert. Ihnen wurde eine betriebliche Allgewalt unterstellt. Man müsse permanent aufpassen, da man nie wisse, was diese „hinterfotzigen Taktiker" (M15-BR-97) wieder für „Schweinereien aushecken" (M14-BR-93). Hintergrund solcher Ängste waren teilweise Repressionsmaßnahmen der Geschäftsleitung in der Vergangenheit.

Im Unternehmen GK5 wurde der Belegschaft „Herr X als Geschäftsführer vor die Nase gesetzt, der mit eisernem Besen auskehren wollte. Ein dummes Wort konnte zur fristlosen Entlassung führen." (GK5-BR-9)

Im Unternehmen M15 waren laut Betriebsrat in der Vergangenheit diverse unliebsame Mitarbeiter durch „gezieltes Mobbing" aus dem Unternehmen entfernt worden: Einige Beschäftigte, darunter auch ein ehemaliger leitender Angestellter, seien in die Putzerei des Unternehmens „strafversetzt" worden. Laut Betriebsrat habe „der Leiter dort regulär die Anweisung gekriegt: Fertigmachen." Die strafversetzten Beschäftigten seien „vorgeführt" worden. Ihnen seien „unbeliebte" Arbeitsgänge zugewiesen worden, bei denen man „keine Chance hat, die Norm zu schaffen." Es sei daher „eine Frage der Zeit" gewesen, bis die Leute freiwillig den Betrieb verlassen hätten. Der Betriebsrat hat gegen dieses Vorgehen „Einspruch erhoben", was jedoch kaum Wirkung zeigte. (M15-BR-97)

Vielen Statements war zu entnehmen, dass die Betriebsratsmitglieder sich nicht nur in ihrer Funktion als InteressenvertreterInnen, sondern häufig auch als Person und abhängig BeschäftigeR des Unternehmens von der eklatanten Machtasymmetrie unmittelbar bedroht fühlten, - obwohl sie gewöhnlich betonten, dass sie sich von den Einschüchterungsversuchen der Geschäftsleitung nicht beeindrucken ließen:

Der Betriebsrat im Unternehmen M14 war von der Geschäftsleitung abgemahnt worden, da er angeblich in seiner Funktion als Betriebsrat zur Teilnahme an Warnstreiks aufgefordert habe. Er kommentiert den Vorgang:

> „Mich, also mich selber, wirft nicht so schnell was aus der Bahn. Also, ich hab meine Meinung und die versuch' ich eben doch durchzusetzen, egal, ob das nun für mich Nachteile bringt oder nicht. So sehr häng' ich nicht an meinem Arbeitsplatz, dass ich jetzt sagen könnte, dass ich jetzt zitter', na, wenn du jetzt nicht machst, was der sagt, na dann fliegste dann noch raus. Da kann er [der Geschäftsführer] mich nicht schocken." (...)
>
> I: „Was ist denn Ihrer Ansicht nach das stärkste Druckmittel der Geschäftsleitung?"
>
> BR: „Na, machen können sie [die Geschäftsleiter] erst mal alles. Die können auch das Geld sperren, die können jeden abgruppieren, die können alles machen. Ob's dann rechtmäßig ist, sei dann erstmal dahingestellt." (M14-BR-93)

---

[224] In der Typologie innerbetrieblicher Interaktionsmuster von Bosch u.a. 1999 bzw. Artus u.a. 2001 entsprächen die einschlägigen Betriebsfälle bezüglich zentraler Ausgangsbedingungen den Kriterien ‚autoritär-hegemonialer Regimes'. Durch die vertretungswirksame Einmischung der Gewerkschaften in die innerbetrieblichen Verhandlungsbeziehungen wandelten sich diese jedoch teilweise nach einer Phase konfliktorischer Interaktion zu kooperativen Austauschbeziehungen.

Ähnlich äußerte sich auch der Betriebsratsvorsitzende des Unternehmens M15:

> „Jeder, der die Geschäftsleitung geärgert hat, ist inzwischen schon draußen. Ohne Kündigungsschutz wäre ich auch schon draußen." (M15-BR-93)

Das Gefühl der Bedrohung, das die betrieblichen InteressenvertreterInnen in solchen Unternehmen empfanden, hatte seine Ursache auch darin, dass sie sich nur unzureichend von der Belegschaft unterstützt und ‚gedeckt' fühlten. Man sah sich mehr oder weniger als Einzelkämpfer ‚für' die noch machtloseren anderen Beschäftigten, die ja „im Prinzip Freiwild für die Geschäftsleitung" seien (M15-BR-97). Die Geschäftsleitung verfügte häufig über eine hegemoniale Deutungsmacht im Unternehmen, die auf einem deutlichen Informations- und Kompetenzvorsprung sowie überlegenen rhetorischen Qualitäten beruhte. Jeder Versuch der Einmischung der Betriebsräte in die Direktionsgewalt der Geschäftsleitung lief Gefahr, in der Betriebsöffentlichkeit als illegitim attackiert und als Verstoß gegen die gemeinsamen Interessen des Betriebserhalts dargestellt zu werden. In unserer Empirie fehlen leider Beschäftigteninterviews, um einschätzen zu können, wie weit die Interpretationsmacht der Geschäftsleitungen in diesen Betrieben reichte. Sicher ist, dass die Belegschaften sich bei den Scharmützeln zwischen Betriebsrat und Management weitgehend passiv verhielten, - vermutlich aufgrund einer Mischung aus Überzeugung von den Argumenten der Geschäftsleitung einerseits und Angst sowie Resignation andererseits. Angesichts der relativ deutlichen machtpolitischen Unterlegenheit der Betriebsräte beinhaltete eine Solidarisierung mit ihm für die - nicht vor Kündigung geschützten - abhängig Beschäftigten freilich auch ein vergleichsweise hohes Risiko. Im Endeffekt kam es in einigen Betrieben geradezu zu einer Konkurrenz von Betriebsrat und Geschäftsleitung um die Unterstützung der Belegschaft und deren primäre Solidarität stand nicht eindeutig fest.

> „Es gibt Leute, die ab und zu nicht mit dem Betriebsrat reden, weil die Geschäftsleitung den Betriebsrat diverser Dinge beschuldigt. Diese Beschuldigungen müssen wir dann immer wieder richtigstellen. (...) Alle haben Angst um das bisschen Arbeitsplatz, was se noch haben und um das bisschen Geld, was se verdienen." (M15-BR-97)

> „Die Leute legen teilweise eine Verzichtsmentalität an den Tag, da explodier' ich. Manche wollen sogar freiwillig auf ihr Weihnachtsgeld verzichten." (GK5-BR-97)

Prägendstes Moment der Sozialbeziehungen in diesen Betrieben ist ‚die Angst': die Angst davor, dass der Betrieb vielleicht doch noch schließen muss, die Angst negativ aufzufallen, die Angst, den Arbeitsplatz zu verlieren. Diese Angst hat meist reale Ursachen: die Privatisierungsgeschichte des Unternehmens, die teilweise noch immer unzureichende betriebliche Verwertungssituation, die leichte individuelle Ersetzbarkeit der/des Einzelnen, die hohe regionale Arbeitslosigkeit:

In den Unternehmen M14, M15 und M17 zerbröselte die kollektive Handlungsfähigkeit der Belegschaft im Zuge der Privatisierungsgeschichte, die als Kette von Enttäuschungen und Ohnmachtserfahrungen erlebt wurde: Bei den Betrieben handelt es sich um separat privatisierte Ausgliederungen aus ehemals sehr großen Betriebseinheiten. Während sich die Belegschaft als Teil des größeren Kombinatszusammenhangs in der Vergangenheit (teilweise in erheblichem Maße) konfliktbereit gezeigt hatte, hatte diese Mobilisierungsbereitschaft massiv abgenommen, seit man sich

„nicht mehr in der Masse verstecken" konnte (M15-BR-97). Die ehemals „wendebe-geisterten Massen" (M14-BR1-93) waren durch mehrfache Entlassungswellen, von denen - zufällig oder nicht - vor allem die „kampfstärksten" Beschäftigten betroffen waren, sukzessiv ernüchtert und individualisiert worden. Die betriebliche Existenz und damit der eigene Arbeitsplatz schienen meist nach wie vor nicht langfristig gesichert. In den Unternehmen M14 und M15 war zudem der Versuch, einen aggres-siven Abbau von Besitzständen durch die Geschäftsleitung auf juristischem Weg zu verhindern, in der Vergangenheit gescheitert: Im Betrieb M14 war im Rahmen eines Schlichtungsverfahrens die Abwicklung von Massenentlassungen als rechtens erklärt worden; im Unternehmen M15 scheiterten kollektiv eingereichte Kündigungsschutz-sowie Leistungsklagen, was den Betriebsratsvorsitzenden zu der resignierten Fest-stellung veranlasste: „Sie können sich zwar wehren, aber ob sie recht kriegen, wenn sie recht haben, ist 'ne andere Frage." (M15-BR-97)

In den Unternehmen M9 und GK5 waren hingegen die spezifische Produktionsstruktur mit einem hohen Anteil von 'Jedermensch'-Tätigkeiten bei zugleich hoher regionaler Arbeitslosigkeit ausschlaggebend dafür, dass - nach der Einschätzung des Geschäftsführers - „die Leute mit ihrem Schicksal zufrieden sind" (M9-GL2-94). In beiden Fällen handelte es sich um Produktionsbetriebe, in denen vor allem niedrig qualifizierte, stark repetitive Teilarbeiten erledigt wurden und die Beschäftigten angesichts der großen Zahl von Arbeitssuchenden im Umfeld objektiv 'leicht austauschbar' waren. Im Betrieb GK5 arbeiteten überwiegend Frauen, wobei die Belegschaft in doppelter Hinsicht in Stamm- und Randbelegschaft gespalten war: rund 30 % der (ausnahmslos weiblichen) gewerblichen Beschäftigten hatte nur einen Teilzeitarbeitsvertrag über 20 Stunden; lediglich etwa 80 % der Beschäftigten hatte einen festen Arbeitsvertrag, während die übrigen befristet eingestellt waren. Der Betrieb M9 war (zumindest formal) eine Neugründung, was einen besonders rigiden Selektionsprozess der Belegschaft erlaubt hatte. Die Mehrheit der Beschäftigten stammte zwar aus demselben Betrieb(steil) eines großen Kombinates, alle Beschäftigten hatten sich jedoch neu bewerben müssen. Laut Geschäftsführer war dann die Belegschaft „nach und nach" aus „zuverlässigen" Leuten neu zusammengestellt worden (M9-GL1-93).

Obwohl die machtpolitischen Durchsetzungsbedingungen für die Betriebsräte sich also ausgesprochen restringiert darstellten, unternahmen sie den Versuch, „kein Bückling zu sein" (M17-BR-97). Wenigstens partiell beharrten sie auf Positionen, die der Geschäftsleitungslinie widersprachen. Ihr Bemühen um Autonomie war dabei auch eine Konsequenz daraus, dass sie nicht nur gemeinsame, sondern auch in erheblichem Maße divergierende Interessen von Beschäftigten und Geschäftsleitung sahen:

> „Ich muss nicht unbedingt auf seiner [des Geschäftsführers] Linie schwimmen, um das beste für die Leute rauszuholen. Er sieht bloß die Interessen des Unternehmens, dass kein Schaden entsteht und dass so kostengünstig wie möglich produziert wird. Na gut, dafür ist er Geschäftsführer. Dass ich aber 'ne andere Meinung hab', da muss er sich damit abfinden." (M14-BR-93)

Die Existenz differenter Interessenlagen war in den einschlägigen Betrieben jedoch meist auch nur schwer zu übersehen. Das Management verfolgte häufig ausgesprochen rigide Verwertungsstrategien, die teils auch klar illegale Maßnahmen implizierten und mit relativ autoritärem Gestus verfügt wurden. Selbst wenn also den Betriebsräten in der Regel einiger guter Wille zur innerbetrieblichen Kooperation und Zusammenarbeit unterstellt werden konnte, so ließen ihnen Stil sowie Inhalt der Geschäftsleitungspolitik häufig nur die Möglichkeit, zwischen der schieren Unterwerfung bzw. der Preisgabe jeden unabhängigen Standpunkts einerseits und dem riskanten Versuch des Protests oder gar des Widerstands zu wählen. Hier nur einige Beispiele:

Das (profitabel wirtschaftende) Unternehmen M9 hatte durch die formale Neugründung die Geltung des §613a und damit die Übernahme von Besitzständen der Belegschaft umgangen. Die Mehrzahl der FacharbeiterInnen waren dementsprechend nicht nur unterqualifiziert eingesetzt, sondern auch bezogen auf die von ihnen tatsächlich geleistete Arbeit tendenziell noch untertariflich eingruppiert. Zudem wurde der massive Flexibilitäts- und Preisdruck auf dem einschlägigen Markt in starkem Maße an die Belegschaft weitergegeben: Teils von Woche zu Woche wechselte man zwischen Kurzarbeit und Überstunden hin und her. Arbeitszeiten zwischen 10 und 12 Stunden im Angestelltenbereich und bis zu 80 Überstunden monatlich im gewerblichen Bereich sowie Wochenendarbeit ohne adäquate Zusatzgratifikationen waren normal. Arbeit nach Akkordbedingungen wurde nach Zeitlohn bezahlt. Als besonders ärgerlich empfand die Belegschaft dort die Praxis der Geschäftsleitung, viermal jährlich Inventurtage anzusetzen, durch welche über die Hälfte des Tarifurlaubs nach betrieblichen Vorgaben abgegolten wurde. Der nach längerer Zeit des 'Vakuums' schließlich gegründete Betriebsrat engagierte sich zunächst 'nur' für eine wenigstens partielle Änderung der Urlaubsregelung.

Das Unternehmen GK5 wirtschaftet ebenfalls relativ profitabel in einer Marktnische. Dort waren die (fast ausschließlich weiblichen) gewerblichen Beschäftigten in die Lohngruppen III, II oder sogar I eingestuft, also laut Betriebsrat „relativ sehr niedrig, aber wir haben nichts anderes durchkämpfen können." Nicht einmal die Vorarbeiterinnen erhielten eine höhere Lohngruppe als die normalen gewerblich Beschäftigten, da „Höhergruppierungen mit dem Herrn X [dem Unternehmenseigner] nicht zu machen sind." Der Betrieb ist nicht Mitglied im Arbeitgeberverband. Nach langen Querelen konnte der Betriebsrat einen Haustarifvertrag durchsetzen. Die Geschäftsleitung hielt diesen jedoch Ende 1996 nicht ein, als sie („vorläufig") nur 40% des Weihnachtsgelds auszahlte. Die Betriebsratsvorsitzende sprach daher davon, dass „die Tarifeinhaltung permanent erkämpft werden" müsse und es „um jeden Pfennig große Auseinandersetzungen" gebe. (GK5-BR-97).

Konfrontiert mit dem Anspruch der Geschäftsleitung auf Unterordnung sowie Übernahme einer Perspektive, in der die Geschäftsleitungsinteressen als gemeinsame Interessen deklariert werden, und von der Belegschaft im Streben nach Autonomie nur in ungewissem Ausmaß unterstützt, wandten sich die Betriebsräte an die Gewerkschaft in der Suche nach Hilfestellung und nach Anlehnung an die starke außerbetriebliche Organisation. Obwohl durch die Einbeziehung der Gewerkschaft nicht selten sogar neue, zusätzliche Konfliktfelder geschaffen wurden, nahmen die Betriebsräte dies in Kauf, da sie sich von diesem Schritt insgesamt eine Stabilisierung der eigenen Position erwarteten oder in der Vergangenheit bereits konkret erfahren hatten. Da die Anbindung an die Gewerkschaft einem 'Zusammenstehen in der Not' glich und zudem unter erschwerten Bedingungen innerbetrieblich durchgesetzt werden musste, waren die Solidaritätsbekundungen der Betriebsräte oft vergleichsweise emphatisch:

> „Bei mir beißt er [der Geschäftsführer] auf Granit, wenn er mir die Gewerkschaft schlecht machen will oder sonst was." (M14-BR-93)

Maßgeblich für die enge Gewerkschaftsanbindung der Betriebsräte waren also die gewerkschaftlichen Dienstleistungen sowie die mehr oder weniger direkte Schutzfunktion, die sie im Unternehmen ausübten. Jene Betriebsräte, bei denen sich eine enge, solidarische Anbindung an die Gewerkschaft mit einer relativen 'Hilfsbedürftigkeit' verband, wurden von den einschlägigen Branchengewerkschaften oft ausgesprochen intensiv betreut.   Die GewerkschaftsfunktionärInnen zeigten eine hohe Präsenz im Betrieb, die über regelmäßige Auftritte auf den Betriebsversammlungen und alltägliche Beratungskontakte hinausgingen. Teilweise gingen die Serviceleistungen der GewerkschaftsfunktionärInnen sogar soweit, dass sie Aufgaben übernahmen, welche in den originären Zuständigkeitsbereich der Betriebsräte fielen, von diesen mangels Kompetenz sowie Durchsetzungsfähigkeit jedoch kaum geleistet werden konnten:

Die Betriebsratsvorsitzende des Unternehmens GK5 hatte „engen tagtäglichen Kontakt" mit der regionalen IG Chemie-Sekretärin. Sie bezeichnete das Unternehmen als „den vermutlich am besten betreuten Betrieb der Verwaltungsstelle. Zusätzlich habe man fallweise auch direkten Kontakt mit dem Bundesverband in Hannover. Ein Mitglied des IG Chemie-Bundesvorstands war nach langjähriger Betriebsbetreuung inzwischen sogar zu einer „Vertrauensperson" und „Respektsperson" des Unternehmensinhabers avanciert. Er wurde immer dann geholt, „wenn's absolut nicht klappt". Die Betriebsratsvorsitzende kommentierte die Betreuungsleistungen der Gewerkschaft: „Ich kann mich nicht beschweren. Die Gewerkschaft ist immer da, wenn ich sie brauche und ich hol' sie mir, wenn's nötig ist." Vor diesem Hintergrund „identifiziert" sie sich explizit mit der IG Chemie, die für sie eine Art „Sicherheitspolizei" darstellt, da sonst „jeder Freiwild wäre." (GK5-BR-97)

Im Unternehmen M14 sah der Geschäftsleiter den örtlichen IG Metall-Vorsitzenden als den verhältnismäßig wichtigeren Verhandlungspartner, dessen Zustimmung zu einer Maßnahme letztlich auch den Betriebsrat überzeugen werde. Er äußerte sogar die Einschätzung, wonach der Gewerkschafter der für ihn bessere Verhandlungspartner sei, da er „auffassungsfähiger, gewandter und auch routinierter" sei als der (in seinen Positionen sehr standfeste) Betriebsratsvorsitzende. In einigen Fällen hatte er sich daher bereits direkt in einem 4-Augen-Gespräch an den Gewerkschafter gewandt, bevor er den Betriebsrat kontaktierte.

Im Unternehmen M17 schließlich kam es im Zuge eines versuchten Tarifbruchs des Betriebs geradezu zu einer Übernahme der innerbetrieblichen Interessenvertretung durch einen regionalen Gewerkschaftssekretär. Das Unternehmen wurde 1996 ausgegründet und privatisiert, wobei der Betriebsübergang und die Geltung der bisherigen tariflichen Bestimmungen nach §613a abgesichert wurde. Die neue Geschäftsleitung trat dem Arbeitgeberverband nicht bei und übte bereits im Zuge der Ausgründung massiven Druck auf die Beschäftigten aus, neue Arbeitsverträge zu unterschreiben, in denen sie auf die tariflichen Ansprüche verzichten sollten. Anstehende Tariferhöhungen wurden nicht gezahlt und die Geschäftsleitung kündigte gar an, die Löhne zukünftig um 20% senken zu wollen. Der Betriebsrat, der im Zuge der Ausgründung neu gewählt worden war, war noch relativ unerfahren und wandte sich mit der Bitte um Unterstützung an die IG Metall. Ein großer Teil der Beschäftigten erteilte der IG Metall im Zuge des Konflikts schriftlich eine Vollmacht, in ihrem Namen mit der Geschäftsleitung zu verhandeln. Die IG Metall schickte dem neuen Unternehmenseigner daraufhin ein Schreiben mit der Aufforderung, ab sofort über das Thema 'neue Arbeitsverträge' mit ihr statt mit dem Betriebsrat zu verhandeln. Der Konflikt eskalierte auf einer Betriebsversammlung, auf der die Belegschaft sich - aus Sicht von Betriebsrat und IG Metall „überraschend" - konfliktbereit zeigte. Die Geschäftsleitung wollte daraufhin gar den Kauf des Unternehmens rückgängig machen, lenkte jedoch schließlich ein: Sie trat dem Arbeitgeberverband wieder bei und beantragte die Anwendung der Härtefallklausel.

Während es also teilweise zu einer regelrechten Übernahme der innerbetrieblichen Amtsgeschäfte des Betriebsrats durch gewerkschaftliche FunktionärInnen kam, beteiligten sich die Betriebsratsmitglieder umgekehrt nur mäßig an der gewerkschaftlichen Arbeit außerhalb des Betriebs. Zwar waren die Betriebsratsvorsitzenden meist als betriebliche RepräsentantInnen in Basisgremien der regionalen Gewerkschaftsgliederungen präsent, darüber hinaus wollte man jedoch kaum ehrenamtliche Ämter übernehmen, da man bereits mit der Betriebsratsarbeit mehr als ausgelastet war. Von einer reziproken 'Verschränkung' oder wechselseitigen 'Verkopplung' der Aufgabenbereiche von Betriebsräten und Gewerkschaften konnte also in diesen Betrieben kaum die Rede sein. Das Beziehungsmuster war vielmehr deutlich ungleichgewichtig und durch einseitige gewerkschaftliche Hilfeleistungen und Unterstützung für die Betriebsräte gekennzeichnet. Immerhin eröffnete diese Beziehung den Gewerkschaften jedoch prinzipiell einen Zugang zur betrieblichen Basis und im besten Fall gelang in solidarischer Kooperation zwischen Betriebsräten und Gewerkschaft der Nachweis, dass auch unter ungünstigen strukturellen Bedingungen und stark asymmetrischen Machtverhältnissen erfolgreiches kollektives Interessenhandeln stattfinden kann. Wo die massive gewerkschaftliche Präsenz die Verteidigung von Besitzständen der Belegschaft ermöglichte und insbesondere die Tarifbindung der Unternehmen stabilisierte (z.B. in M9, M17 sowie GK5), kam es auch zu einer Stabilisierung des gewerkschaftlichen Organisationsgrads. Die Gewerkschaft wurde unmittelbar als aktive sowie vertretungswirksame Schutzinstitution im Unternehmen erfahren; die Tarifbindung sicherte mittelfristig die Partizipation der Beschäftigten an kollektiv ausgehandelten Standards und zudem engagierten sich auch die Betriebsräte meist dafür, „dass die Leute wieder der Gewerkschaft beitreten" (GK5-BR-97).

Wenngleich die Fähigkeit zur gewerkschaftlichen Mitgliederrekrutierung in den einschlägigen Betrieben also stabilisiert werden konnte, so muss die Fähigkeit zur Mitgliederbindung und Mobilisierung der Beschäftigten im Konfliktfall als erheblich eingeschränkt bezeichnet werden. Obwohl die Betriebsräte sich in den meisten Fällen durchaus 'als Gewerkschafter' mit den tarifpolitischen Strategien 'ihrer' Gewerkschaft identifizierten, machte die starke innerbetriebliche Machtasymmetrie, das weitgehende Fehlen gewerkschaftlicher Basisstrukturen und die verbreitete Angst der Belegschaft die einschlägigen Betriebe zu unsicheren Kandidaten im Falle eines Tarifkonflikts.

Die Tarifauseinandersetzung 1993 stellte für den relativ frisch gewählten Betriebsrat im Unternehmen M9 eine schwierige Entscheidungssituation dar:

> „Mein Gott, kaum waren wir im Amt, da ging das los mit der Urabstimmung." Den Warnstreik im Metallwerk gegenüber beobachtete man mit sehr gemischten Gefühlen:„Sie müssen sich vorstellen, die laufen da unten vorbei mit ihren Plakaten und was sie alles gesprochen haben, ja, und die sprachen auch noch X [das Unternehmen M9] an, und die Kollegen standen alle am Fenster (...) also, wir wussten selber nicht, wie wir uns verhalten sollten." Die Devise des Betriebsrats war letztlich, sich „rauszuhalten" aus den Auseinandersetzungen, obwohl der Betriebsratsvorsitzende betont: „Mir hat das nicht geschmeckt, da die Interessen, die ja unsere waren, also unsere Interessen liefen unten auf der Straße vorbei. (...) Aus meiner Sicht sehe ich die Notwendigkeit [eines Streiks] vielleicht ein, ich würd' auch für die Kollegen ins Feuer gehen, nur - und das ist hier eben die Frage - ich muss auch abschätzen können, wie viele laufen denn hinter mir her". Mehrere Betriebsräte, die am Interview teilnahmen waren sich einig: Die M9-Beschäftigten „sind nicht soweit, dass sie ihre Rechte einklagen". (M9-BR-93)

Bezeichnend im obigen Zitat ist die implizite Annahme, wonach die Mobilisierungsfähigkeit der Belegschaft für ihre Rechte und Interessen einen Prozess voraussetzt, bei dem der Betriebsrat offenbar durchaus gewillt ist, voranzugehen. Dementsprechend ist im Fall einer kontinuierlichen, engen, 'kompensatorischen' Anbindung der einschlägigen Betriebe an die Gewerkschaften im Idealfall von einer sukzessiven Stärkung sowohl der innerbetrieblichen Interessenvertretungen als auch der gewerkschaftlichen Verankerung im Betrieb auszugehen. Eine allmähliche Transition dieser Beziehungskonstellation in Richtung 'enger Kooperation' sowie einer 'Verschränkung' zwischen Betriebsrats- und Gewerkschaftshandeln läge damit nahe. Dies gilt jedoch nur für die Fälle, in denen die Einmischung der Gewerkschaften in die innerbetrieblichen Austauschbeziehungen erfolgreich ist. Wenn die Unterstützung der Gewerkschaft für den Betriebsrat hingegen nicht ausreicht, um die Interessen der Belegschaft zu verteidigen, kann dies prekäre Konsequenzen haben. Ein solcher Fall war etwa das Unternehmen M15, wo nicht nur gewerkschaftlich initiierte Leistungs- und Kündigungsschutzklagen scheiterten, sondern auch erhebliche Bemühungen um eine Tarifanbindung des Unternehmen fruchtlos blieben. Angesichts der mangelhaften Wirksamkeit gewerkschaftlicher Schutz- und Vertretungstätigkeit sank der gewerkschaftliche Organisationsgrad erheblich und es wird wohl insbesondere von der personellen Entwicklung im Betriebsrat abhängen, ob eine Transition des bislang engen Beziehungsmusters in Richtung von mehr 'Distanz' stattfindet. Das Risiko des Scheiterns rechtfertigt aus Sicht der Gewerkschaften jedoch sicher nicht den Verzicht auf den Versuch, durch eine intensive, dienstleistungsorientierte Unterstützung der Betriebsräte die gewerkschaftliche Verankerung in den ostdeutschen Betrieben zu stabilisieren. Eine systematische gewerkschaftliche Betriebspolitik in diesem Sinne muss vielmehr als ein zentraler Ansatz gesehen werden, um den defizitären gewerkschaftlichen Durchdringungsgrad gerade in kleineren ostdeutschen Betrieben zu verbessern, eine arbeitsteilige Kooperation und Funktionsverschränkung von

Betriebsräten und Gewerkschaften zu etablieren und damit auch allmählich eine stabile(re) Tariflandschaft aufzubauen.

4.3.4 Entkopplung von Betriebsrats- und Gewerkschaftshandeln: Der Betriebsrat als autonome betriebliche Vertretungsinstanz

Das Beziehungsmuster der 'Entkopplung' von Betriebsrats- und Gewerkschaftshandeln kann gleichsam als empirische Verkörperung der im Kapitel 4.2.2 ausgeführten These gelten, wonach die mangelnde Verpflichtungsfähigkeit der ostdeutschen Gewerkschaften eine Folge der ausgesprochen starken Orientierung der Betriebsräte am 'Betriebswohl' ist. Wie im Muster der 'Verschränkung' von Betriebsrats- und Gewerkschaftshandeln geht es hier um professionell agierende und innerbetrieblich akzeptierte Betriebsräte, die ihre Beziehung zur Gewerkschaft als ein relativ egalitäres Gegenüber zweier prinzipiell voneinander unabhängiger Instanzen definieren. Anders als im Muster der 'Verschränkung' interpretieren die Betriebsräte die Imperative kollektiver Vertretungslogik aber als Bedrohung des eigenen innerbetrieblichen Vertretungshandelns, bei dem die Sicherung der Arbeitsplätze und der Wettbewerbsfähigkeit des Unternehmens ein zentrales Vertretungsanliegen darstellen. Nicht eine solidarische Allianz zwischen betrieblicher und kollektiver Interessenvertretung wird daher als beste Strategie gesehen, sondern tendenziell die betriebspartikularistische Abschottung gegenüber kollektiven Vertretungsansprüchen. Gegenüber der Gewerkschaft pochen die Betriebsräte in starkem Maße auf ihre Unabhängigkeit sowie Alleinzuständigkeit für betriebliche Belange, - auch um die enge innerbetriebliche Zusammenarbeit mit der Geschäftsleitung nicht durch potentiell konfliktträchtige Loyalitätspflichten gegenüber der Gewerkschaft zu gefährden. Letztere werden auf ein auch für die Geschäftsleitung akzeptables Minimum beschränkt. Der Bezug zur Gewerkschaft ist ein stark entpolitisiertes Dienstleistungsverhältnis. Zwar erfüllt man in der Regel die branchenüblichen rudimentären Aufgaben der Organisationsanbindung, jedoch eher, um Auseinandersetzungen mit der Gewerkschaft aus dem Weg zu gehen, denn aus eigener Überzeugung. Die normative Integration in den gewerkschaftlichen Solidarverband ist schwach. Im Fall konfliktverursachender Loyalitätsanforderungen ist die Folgebereitschaft gegenüber der Gewerkschaft höchst ungewiss. Insgesamt beinhaltet die Kooperation zwischen Gewerkschaften und Betriebsräten quasi die Restgröße dessen, was den Betriebsräten ohne die Verletzung betrieblicher Interessen möglich scheint.

Dieses Beziehungsmuster war mit Abstand das empirisch häufigste. Über ein Drittel aller Untersuchungsbetriebe war diesem Muster der 'Entschränkung' von Betriebsrats- und Gewerkschaftshandeln zuzurechnen, - und zwar nahezu gleichgewichtig verteilt über alle drei Untersuchungsbranchen. Typischerweise handelte es sich um größere Betriebe, was die relative Distanz der Betriebsräte zu kollektiven gewerkschaftlichen Interessenvertretungsstrategien für die Gewerkschaften besonders schmerzhaft macht.

Das Beziehungsmuster der 'Entkopplung' von Betriebsrats- und Gewerkschaftshandeln leitet sich aus der unbedingten Priorität innerbetrieblicher Verhaltensparameter ab. Die starke Betonung der gemeinsamen Interessen von Belegschaft und Geschäftsführung in der Vertretungstätigkeit der Betriebsräte war dabei in den meisten Fällen nicht (mehr) einer unmittelbar bedrohten Existenz der Betriebe geschuldet, sondern es handelte sich meist um Pakte zur Verbesserung der Wettbewerbsposition des Unternehmens. Die Basis für die relative Freiwilligkeit sowie Stabilität des kohäsiven innerbetrieblichen Arrangements zwischen Belegschaften, Betriebsräten und Geschäftsleitung muss aber in den nach wie vor prekären Bedingungen auf dem ostdeutschen Arbeitsmarkt gesehen werden; zugleich wurzelten diese jedoch auch in einer ausgeprägten Identifikation der Betriebsräte (und wohl auch der Beschäftigten) mit 'ihrem' Unternehmen sowie teilweise in noch aus Vor-Wendezeiten stammenden und durch personelle Kontinuitäten tradierten engen, vertrauensvollen Beziehungsstrukturen. Die Eigendefinition der Betriebsräte als Vertretung von Belegschaftsinteressen sowie verantwortliche Mit-Organisatoren der Betriebsabläufe erinnerte in ihrer Widersprüchlichkeit nicht selten an die 'Doppelfunktion' realsozialistischer Gewerkschaftsvertretung, - mit dem Unterschied, dass man die eigene Rolle mitnichten als 'Transmissionsriemen' definierte, sondern sich als autonome und selbstbewusst agierende betriebliche Gestaltungsinstanz fühlte.[225]

Die Betriebsräte, um die es hier geht, waren keine 'schwachen' Betriebsräte. Insbesondere die freigestellten Betriebsratsmitglieder verfügten oft über erhebliche Kompetenzen und ein relativ hohes Qualifikationsniveau, - nicht nur im engeren Sinne für ihre Tätigkeit als Betriebsrat, sondern oft auch darüber hinaus. Dies befähigte sie zur fachkompetenten Mitwirkung nicht nur bei mitbestimmungsrelevanten, sondern auch bei produktionsspezifischen Fragen und bildete die Basis für ihre Akzeptanz als 'professionelles Gegenüber' durch das Management.

Die ostdeutschen „Angestelltenbetriebsräte" der ersten Stunde, die sich in der unmittelbaren Nachwendezeit für die betriebliche Interessenvertretung engagierten, fielen typischerweise in diese Kategorie (z.B. M3, M8). Ein großer Teil der einschlägigen Betriebsratsvorsitzenden verfügte über einen Studienabschluss und/oder war vor dem Wechsel in den Betriebsrat Teil der Leitungshierarchie im Unternehmen gewesen, z.B. als Bereichsleiter (B4), Baustellenleiter (B9) oder gar Leiter der Abteilung Forschung und Entwicklung (M8).

Stark war die Position der Betriebsräte aber auch deshalb, da sie (soweit wir das im Rahmen unserer beschränkten Empirie feststellen konnten) offenbar auch das Vertrauen der Belegschaft genossen oder zumindest innerbetrieblich problemlos als Repräsentant derselben akzeptiert wurden. Diese Position beruhte häufig auf vergangenen, erfolgreichen Mobilisierungsprozessen für den Betriebserhalt, bei denen der Betriebsrat eine wichtige Rolle gespielt hatte. Die Zuständigkeit des Betriebsrats für Belegschaftsinteressen war auch von der Geschäftsleitung im Regelfall unbestritten und sogar explizit gewollt, da der Betriebsrat als Garant für die vergleichsweise sozial friedliche Kanalisierung von Unzufriedenheit in der Belegschaft gelten konnte.

---

[225] Klassische Akteure eines Musters der 'Entkopplung' von Betriebsrats- und Gewerkschaftshandeln finden sich in Betrieben mit innerbetrieblichen Austauschbeziehungen, die nach Artus u.a. 2001 als 'Co-Management' zu bezeichnen wären. Auch im Rahmen 'integrationsorientierter Kooperationen' sowie 'harmonistischer Betriebspakte' neigen die Betriebsräte jedoch zu einer Abkopplung von gewerkschaftlichem Handeln.

Die Akzeptanz und explizite Wertschätzung der Betriebsräte durch das Management dokumentierte sich in meist überdurchschnittlich guten materiellen Arbeitsbedingungen. Die Büroräume glichen in ihrer Ausstattung oft denen der Personalabteilung. Die personellen Freistellungskapazitäten lagen häufig über den legalen Normen (z.B. durch die Gewährung einer SekretärInnenstelle). Der Betriebsrat wurde selbstverständlich in Informations- und Entscheidungsabläufe einbezogen. In Einzelfällen ging dies so weit, dass der Betriebsrat als 'Co-Manager' gleichsam in die Gruppe der leitenden Angestellten eingereiht schien. So war etwa der Betriebsrat im Unternehmen M6 offiziell Mitglied im 'obersten Führungskreis'. Er duzte sich noch aus alten Zeiten mit der Geschäftsleitung. Auch der Betriebsrat im Unternehmen M8 war regelmäßig bei Geschäftsführungssitzungen anwesend und bezeichnete sich selbst als „Spitzenkraft" des Unternehmens (M8-GL3-97).

Die Betriebsräte definierten ihre Rolle im Unternehmen als eine Mischung aus rechtlicher Kontrollinstanz und funktional spezifischer Managementabteilung, die „im Sinne der Belegschaft unternehmerisch denkt" (M2-BR-97). So achtete man zwar relativ strikt auf die Einhaltung rechtlicher Normen; der Handlungsspielraum, der jenseits oder innerhalb dieser Normen verblieb, wurde jedoch im Regelfall 'im Sinne des Betriebs' genutzt. Dies geschah in der Überzeugung, dass damit auch den Interessen der Belegschaft am besten gedient sei, denn es gelte vor allem:

> „alles dranzusetzen, dass das Unternehmen vorwärts kommt, um Arbeitsplätze zu schaffen." (M6-BR-97)

> „Die Erhaltung der Arbeitsplätze. Das hat oberste Priorität. Dem wird alles untergeordnet." (B9-BR-97)

Im Endeffekt gestalteten sich die Prozesse innerbetrieblicher Interessenvermittlung vergleichsweise harmonisch. Zwar kamen Meinungsverschiedenheiten zwischen dem Betriebsrat und der Geschäftsführung durchaus vor, etwa über die adäquate Interpretation des gemeinsamen betrieblichen Interesses oder das Ausmaß, in dem rechtliche Bestimmungen tatsächlich umgesetzt werden müssten, diese wurden jedoch typischerweise im Rahmen diskursiver Prozesse letztlich kompromisshaft vermittelt. Auf Machtmittel, die kostenintensiv für den Betrieb gewesen wären, etwa die Einleitung juristischer Schritte oder gar die Mobilisierung der Belegschaft, verzichteten die Betriebsräte gewöhnlich explizit und intentional. Dies wurde auch deshalb als unnötig angesehen, da den Geschäftsleitungen vom Betriebsrat prinzipiell ein gewisses Verständnis für die Interessen der Belegschaft unterstellt wurde:

> Man kann „den X [den Geschäftsleiter] schon an seiner sozialen Ader kitzeln." (M2-BR-97)

Obwohl der starke sowie einvernehmliche Bezug von Betriebsräten und Geschäftsleitungen auf die gemeinsamen Interessen von Kapital und Arbeit also insgesamt stark konfliktreduzierend wirkte, empfanden die Betriebsräte den Prozess innerbetrieblicher Interessenvermittlung dennoch in der Regel als schwierig, da man stets zwischen „zwei Stühlen" (B4-BR-97) sitze, - den Interessen der Belegschaft und denen der Geschäftsleitung. Die zusätzliche Berücksichtigung innerbetrieblicher Loyalitätsanforderungen der Gewerkschaft wurde vor diesem Hintergrund schlicht negiert bzw. nur bis zu dem Ausmaß anerkannt, wie dies ohne größere Konflikte mit der Geschäftsleitung möglich war:

> „Es gibt kein Spannungsverhältnis zwischen der Geschäftsleitung und der Gewerkschaft. Das ist eine ganz wichtige Sache, denn nichts ist schlimmer, als dass man über seine Arbeit auch noch zu Konfrontationen käme, zu einem unnötigen Spannungsfeld, was mir letztendlich zusätzlich Mühe schafft, (...) auch noch auf das Spannungsfeld zu achten. Das kann ich mir bei der Fülle meiner Aufgaben absolut nicht leisten." (B9-BR-97)

Zwar bejahten die Betriebsräte in der Regel die Notwendigkeit der Gewerkschaft als 'Schutz für die Schwachen', diese Überzeugung blieb jedoch typischerweise relativ folgenlos für ihre eigene Tätigkeit als Betriebsrat. Während die Sorge um das gemeinsame betriebliche Interesse als zentrales professionelles Anliegen der Betriebsräte gelten konnte, gefolgt von der Wahrung spezifischer Belegschaftsinteressen, wurde überbetrieblichen, gewerkschaftlichen Fragestellungen kaum ein wesentliche Bedeutung zugemessen. Dabei war meist durchaus eine rudimentäre Anbindung an die Gewerkschaften vorhanden, und man erfüllte zumindest auf formaler Ebene die je nach Betriebsgröße und Branchenkultur üblichen Normen: Ein großer Teil des Betriebsratsgremiums war meist Gewerkschaftsmitglied; man entsandte ein Betriebsratsmitglieds in die regionale gewerkschaftliche Vertreterversammlung, nahm an den regelmäßigen Treffen der regionalen Gewerkschaft für Betriebsräte teil; man gab gewerkschaftliches Informationsmaterial an die Belegschaft weiter und lud zur Betriebsversammlung auch einE VertreterIn der Gewerkschaft ein. Diese funktionierende rudimentäre Anbindung der Betriebsräte an die Gewerkschaft schien seine Ursache jedoch erstens darin zu haben, dass die Erfüllung gewisser Informations- und Vermittlungsaufgaben als weitgehend unpolitische, gleichsam neutrale Tätigkeit interpretiert wurde und auch vom Management nicht als problematisch empfunden wurde; in gewisser Weise kann man zudem davon sprechen, dass die Bereitschaft zur Wahrnehmung solcher branchenüblichen Vermittlungsaufgaben die Beziehungen zwischen Betriebsräten und Gewerkschaft 'depolitisierte', - in dem Sinne, dass den Anforderungen der Gewerkschaft an die Betriebsräte größerer Betriebe Genüge getan wurde. Man erfüllte seine Pflichten, - verbat sich jedoch explizit jegliche Einmischung in innerbetriebliche Angelegenheiten:

> „Die Gewerkschaft ist für mich als beratendes Mitglied da. (...) Hier im Betrieb entscheiden wir alleine. Das Recht der Gewerkschaft hört vor der Tür auf." (B1-BR-97)

Das Verhältnis der Betriebsräte zur Gewerkschaft lässt sich daher im Großen und Ganzen - trotz rudimentärer Anbindung - als weitgehend entpolitisiertes sowie instrumentelles Dienstleistungsverhältnis bezeichnen. Die reale Verankerung gewerkschaftlicher Strukturen und Inhalte war dürftig. Dies zeigte sich bereits daran, dass auf die gewerkschaftliche Organisierung der Betriebsratsmitglieder kaum Wert gelegt, geschweige denn Mitgliederwerbung in der Belegschaft betrieben wurde. Eine Gewerkschaftsmitgliedschaft wurde vielmehr prinzipiell als 'Privatsache eines jeden einzelnen' interpretiert. Die rudimentäre Kooperation mit der Gewerkschaft wurde zudem gewöhnlich von einem Gestus der Unparteilichkeit begleitet. Die Belegschaft solle zwar über die Politik und Aktionen der Gewerkschaft in Kenntnis gesetzt werden, man sah die eigene Rolle jedoch nicht in der aktiven Einflussnahme auf die Meinungsbildung der Belegschaft:

> „Ich bin absolut nicht derjenige, der Druck auf jemanden ausübt. Ich gebe es [gewerkschaftliche Veranstaltungen] allen bekannt und wünsche auch, dass möglichst viele daran teilnehmen, aber ich zwinge niemand zu irgendwas." (B9-BR-97)

Mit einer ähnlich neutralen Haltung wurden gewöhnlich auch die Schulungen der Gewerkschaft besucht. Die Entscheidung für gewerkschaftliche Schulungen beruhte i.d.R. auf einer Kalkulation des schieren Preis-Leistungsverhältnisses und nicht auf prioritären interessenpolitischen Erwägungen. Die Erwartung, wonach Gewerkschaftsschulungen vor allem (relativ kostengünstig) fachadäquates Wissen liefern (sollten), unterschied sich dabei nicht prinzipiell von der Attitüde professioneller Sachlichkeit, mit der auch Betriebsräte mit 'enger Kooperationsbeziehung zur Gewerkschaft' gewöhnlich deren Schulungen besuchen. Deutliche Unterschiede gab es jedoch dahingehend, inwiefern das gewerkschaftlich vermittelte Wissen als 'neutral' und 'sachlich' eingestuft wurde. Die Betriebsräte, welche zu einer Abkopplung von der Gewerkschaft neigten, klagten vergleichsweise häufiger über zu politisch-normative Schulungsinhalte:

> „Diese Rotlichtbestrahlung muss ich mir nicht antun." (M1-BR-97)

Dementsprechend wurde der Besuch auch nicht-gewerkschaftlicher Schulungen i.d.R. nicht ausgeschlossen.

Wenn das Verhältnis zur Gewerkschaft also eindeutig als Dienstleistungsverhältnis definiert wurde, so wurde dieses auf den Austausch von Gewerkschaftsbeitrag gegen Schulung und Beratung reduziert. Mit der Zahlung des Mitgliedsbeitrags sah man die eigenen Loyalitätspflichten bereits erfüllt. Zwar wurde auch der Umsetzung tariflicher Vorschriften im Betrieb gewöhnlich eine erhebliche Wichtigkeit zugemessen, - allerdings kaum aufgrund gewerkschafts- oder interessenpolitischer Erwägungen, sondern da diesen als gleichsam 'rechtlichen Bestimmungen' eine objektive Gültigkeit zuerkannt wurde. Deren innerbetriebliche Interpretation sah man jedoch als originären eigenen Gestaltungsbereich. Die Gewerkschaften wurden nicht nur als 'nicht zuständig' für innerbetriebliche Angelegenheiten erklärt, sondern auch als in dieser Hinsicht 'nicht kompetent'. Häufigster Kritikpunkt an der gewerkschaftlichen Vertretungspolitik war insofern deren Betriebs- und Praxisferne. Angesichts der eigenen, eher moderaten und vor allem an den gemeinsamen Interessen von Geschäftsleitung und Belegschaft ansetzenden Interessenhaltung, wurden die gewerkschaftlichen Positionen oft als 'übertriebene' und zu starre Forderungshaltung interpretiert, die den Bedingungen in den Betrieben nur bedingt gerecht würden:

> „Die Gewerkschaft hat häufig extreme Standpunkte (...) und keine Flexibilität. Zum Beispiel bei der Arbeitszeitflexibilisierung. Da ist die Gewerkschaft ganz stur. Oder auch bei der Rechtsberatung. Da sollte die Gewerkschaft manchmal pragmatischer sein und nicht den Kollegen auf jeden Fall zur Klage raten." (B4-BR-97)

> „Das Hauptmanko der Gewerkschaften ist die Entfernung von der Basis. Die denken nicht mehr über die tatsächlichen Bedingungen nach." (M1-BR-97)

> I: „Welche Erwartung hätten sie für die Zukunft, für die Tarifpolitik der IG Bau?"

> BR: „Dass se endlich begreifen, wie's in der Praxis läuft und nicht auf der 7. Wolke schweben. Die glauben noch, sie könnten die Welt verändern, ohne die Praxis zu beachten." (B1-BR-97)

Die Einschätzung der gewerkschaftlich ausgehandelten Tarifnormen als teilweise 'praxisfremd' sowie die eigene Rollendefinition als autonome sowie sachkompetente Regulierungsinstanz war die Basis für betriebliche Vereinbarungen, bei denen die Betriebsräte ihre innerbetriebliche Gestaltungsmacht häufig sehr extensiv auslegten. Wenn es aus ihrer Sicht 'dem Unternehmen diente', waren die Betriebsräte häufig zu internen Absprachen oder sogar offiziellen Vereinbarungen mit dem Management bereit, bei denen nicht nur vorhandene tarifliche Flexibilisierungsspielräume intensiv genutzt, sondern teilweise auch tarifliche sowie rechtliche Normen kontraintentional ausgelegt und im Extremfall explizit gebrochen wurden. Die Einführung oder Ausweitung der Möglichkeiten tariflich sowie betrieblich regulierter Flexibilisierung wurde dementsprechend häufig begrüßt, da die Betriebsräte dadurch ihrer doppelten Rollendefinition als 'rechtliche Kontrollinstanz' sowie 'Wahrer der gemeinsamen betrieblichen Interessen' leichter gerecht werden konnten. Vor dem Hintergrund einer realistischen Einschätzung der eigenen Stärke wurde dennoch eine allzu extensive 'Verbetrieblichung' der Tarifpolitik und ein „Abladen der Gestaltungsmacht auf die Betriebsräte" (M6-BR-97) gewöhnlich als „gefährlich" (B1-BR-97) abgelehnt.

Aufgrund der starken Priorität, die die Wahrung einzelbetrieblicher Interessen im Rahmen der Vertretungsstrategien dieser Betriebräte genoss, war ihr Verhalten im Fall kollektiver gewerkschaftlicher Mobilisierungsprozesse äußerst ungewiss. Angesichts ihrer rudimentären Anbindung an die Gewerkschaften und einer in solchen Fällen meist politisch aufgeladenen gesamtgesellschaftlichen Stimmung konnten sie sich einer gewissen normativen Verpflichtung auf kollektive Vertretungsziele in der Regel nicht völlig entziehen. Da ein potentiell betriebsschädigendes Engagement der Betriebsräte für kollektive Mobilisierungsprozesse das kohäsive Interessenarrangement jedoch empfindlich bedrohte, versuchten die Betriebsräte ein solches in der Regel möglichst lange zu vermeiden, ohne es jedoch prinzipiell zu negieren. Dies geschah beispielsweise, indem man auf die mangelhafte Konfliktbereitschaft der Belegschaft verwies, an der man leider nichts ändern könne und für die man auch Verständnis haben müsse. Teilweise wurde auch auf 'besondere' betriebliche Bedingungen im eigenen Unternehmen verwiesen, die eine Solidarisierung mit gewerkschaftlichen Aktionen unmöglich oder überflüssig mache.

Der Tarifkonflikt in der Metall- und Elektroindustrie im Jahr 1993 stürzte einige dieser Betriebsräte in massive Gewissenskonflikte,

> „weil das halt 'ne schwierige Situation war, wo man immer auch, na, seelisch ist verkehrt, innerlich hin und her gerissen ist, ja bei der Meinungsbildung jetzt in einem selber." Der hier zitierte Betriebsrat des Unternehmens M6 setzte zwar schließlich durch sein Engagement für die Teilnahme an einem Warnstreik das gute Einvernehmen mit der Geschäftsleitung einer massiven Belastungsprobe aus, er betonte jedoch zugleich, dass er „alles dafür getan hätte, zu verhindern, dass hier gestreikt wird." (M6-BR-93)

Weniger gespalten zeigten sich in den Interviews hingegen gewöhnlich die Betriebsräte der Bauindustrie, die die schiere Möglichkeit der Belegschaftsmobilisierung in der Regel negierten. Der Betriebsratsvorsitzende im Unternehmen B1 lehnte es zudem explizit ab,

> „auf Kommando Leute zu mobilisieren. Solche Aktionen sollen die Arbeitslosen machen, nicht die, die unter Termindruck stehen." (B1-BR-97)

Insgesamt kann in den einschlägigen Betrieben also zwar von einer rudimentären gewerkschaftlichen Verankerung gesprochen werden, die normative Integration der Betriebsräte in die Gewerkschaft ist jedoch schwach, die Folgebereitschaft zumindest reduziert. Die Vertretungsstrategien der Betriebsräte sind sehr stark an betriebspartikularistischen Zielstellungen ausgerichtet. Typisch ist ihr Pochen auf Autonomie und Abgrenzung, - von der Geschäftsleitung einerseits, aber noch deutlicher von der außerbetrieblichen Institution der Gewerkschaft. Die Betriebsräte interpretieren das Betriebsverfassungsgesetz gleichsam buchstabengetreu und Insistieren auf der formalen Trennung von betrieblicher und gewerkschaftlicher Interessenvertretung. Unter diesen Bedingungen kommt es nicht zu einer funktionierenden Verschränkung der Funktionsbereiche von Betriebsräten und Gewerkschaft, sondern tendenziell zu einer betrieblichen Abkopplung von kollektiv definierten Normen und Vertretungszielen. Ausdruck davon sind deutliche Erosionstendenzen tariflicher Normierungskraft, zumindest in jenen einschlägigen Betriebsfällen, wo die Geschäftsleitung nicht 'aus eigenem Antrieb' oder aufgrund konzernweiter Direktiven die Tarifnormen einhält. Dabei verhindern die vergleichsweise vertretungsstarken sowie rechtstreuen Betriebsräte meist einseitig von der Geschäftsleitung verfügte sowie besonders eklatante Formen des Tarifbruchs. Sie nutzen jedoch häufig 'gemeinsam mit der Geschäftsleitung' tarifliche Flexibilisierungsmöglichkeiten und machen sich gegenüber der Gewerkschaft für den Abschluss von Härtefall-, Beschäftigungssicherungs- oder Haustarifverträgen stark. Nicht selten kommt es in solchen Fällen zu einem aktiven, wettbewerbsorientierten Bündnis der betrieblichen Akteure gegen die Tarifverbände und die Betriebsräte nutzen ihre rudimentäre Anbindung an die Gewerkschaft im Sinne einer Lobbytätigkeit für betriebliche Interessen. Falls die tariflich eingeräumten Flexibilisierungsmöglichkeiten nicht ausreichend erscheinen, so finden sich die Betriebsräte gewöhnlich auch zu mehr oder weniger formalisierten betrieblichen Absprachen bereit, im Rahmen derer tarifliche Bestimmungen unterlaufen oder sogar gebrochen werden. Der ausgesprochen hohe Verbreitungsgrad des Beziehungsmusters der 'Entkopplung' von Gewerkschaften und Betriebsräten, bei dem die in Westdeutschland lange Jahre typische faktische Verschränkung der Aufgabenbereiche bislang nur rudimentär etabliert werden konnte, ist ein wesentlicher Grund für die mangelhafte Funktionsfähigkeit des dualen Systems industrieller Beziehungen und die Erosion tariflicher Normen in ostdeutschen Betrieben.

4.3.5 Distanz zwischen Betriebsräten und Gewerkschaften

Dieses Beziehungsmuster gleicht zunächst in einigen Facetten dem vorangegangenen: Die Betriebsräte sehen ihre Hauptaufgabe in der Förderung des Betriebswohls und dem Erhalt der Arbeitsplätze, was mit der Vertretung zentraler Belegschaftsinteressen gleichgesetzt wird. Die explizite Distanzierung von kollektiven Vertretungsinhalten erfolgt vor dem Hintergrund einer engen, harmonistisch geprägten Zusammenarbeit mit der Geschäftsleitung. In anderer Hinsicht unterscheidet es sich jedoch deutlich vom Muster 'autonom agierender Betriebsräte' und hat eher Ähnlichkeit mit der bereits geschilderten Konstellation einseitiger 'Abhängigkeit von der Gewerkschaft': Die Betriebsräte sind kaum eigenständig agierende Instanzen. Sie werden von der Geschäftsleitung zwar akzeptiert, aber nicht als gleichwertige Verhandlungspartner, sondern eher als untergeordnete Vermittlungsinstanzen zwischen Management und der Belegschaft. Sie verfügen kaum über eigene machtpolitische Ressourcen und Durchsetzungspotentiale im Unternehmen. Ähnlich wie auch im vorangehenden Fall ist das distanzierte Verhältnis zur Gewerkschaft daher im wesentlichen von den innerbetrieblichen Austauschbeziehungen abgeleitet: Diese sind von einer starken Machtasymmetrie und der weitgehenden Beschränkung der Belegschaftsinteressen auf die gemeinsamen Interessen von Kapital und Arbeit gekennzeichnet. Es handelt sich um Betriebsfälle, in denen die Schwäche der betrieblichen Interessenvertretungen und die Angst der Belegschaften und ihrer RepräsentantInnen eine große Rolle für die Gewerkschaftsdistanz spielt. Die Abgrenzung der Betriebsräte von der Gewerkschaft ist vor diesem Hintergrund vergleichsweise massiver als im vorangegangenen Muster der 'Entkopplung'. In vielen Fällen existiert nicht einmal eine rudimentäre Verschränkung der Aufgabenbereiche. Das Verhältnis zur Gewerkschaft ist ein nur sporadisches sowie sehr lockeres Dienstleistungsverhältnis, wobei den gewerkschaflichen Serviceleistungen wie Beratung und Schulung nur eine beschränkte Nützlichkeit zuerkannt wird: 'Unnötig' erscheinen diese im Hinblick auf die konfliktarmen innerbetrieblichen Sozialbeziehungen, 'praxisfern' im Hinblick auf die oft irregulären innerbetrieblichen Arbeitsbedingungen. Gewerkschaftliche Anforderungen an die innerbetriebliche Vertretungsarbeit werden typischerweise als illegitime Zumutung erlebt und unter Hinweis auf das betriebliche Wohl klar negiert. Da die Betriebsräte sich 'im eigenen Betrieb' nolens volens zu massiven Konzessionen für das 'gemeinsame Wohl' gezwungen sehen, wird die gewerkschaftliche Vertretungspolitik tendenziell als unrealistisch, betriebsfern sowie westdeutsch dominiert kritisiert. Der expliziten Distanz zur Gewerkschaft entsprechen gravierende Abweichungen von kollektiven Tarif- sowie Vertretungsstandards.

Eine ausgeprägte Distanz zwischen Betriebsräten und Gewerkschaft fand sich nicht ausschließlich, aber besonders häufig im Bereich der Bauindustrie. Überproportional häufig handelte es sich um Unternehmen in stark ländlich geprägten Regionen sowie um kleinere Unternehmen ohne freigestellte InteressenvertreterInnen. Die Betriebe hatten jedoch teilweise eine für ostdeutsche Verhältnisse nicht irrelevante Größe. Mit einer Belegschaft von über 200 Beschäftigten (M10, B5, GK4) waren es teilweise sogar die regional größten Unternehmen, in denen die Gewerkschaft kaum über ein betriebliches Standbein verfügte. Da diese Unternehmen also nicht unterhalb der 'gewerkschaftlichen Aufmerksamkeitsschwelle' von etwa 100 Beschäftigten lagen, war die desolate gewerkschaftliche Verankerung i.d.R. nicht die Folge unterlassener gewerkschaftlicher Betreuungsarbeit. Vielmehr war der Versuch gewerkschaftlicher Einflussnahme in den Betrieben bislang gescheitert, - nicht zuletzt auch an der abwehrenden Haltung der Betriebsräte.

Auffallend in den einschlägigen Betrieben war zunächst die geringe Professionalität der prägenden Akteure in den Betriebsratsgremien. Mit diesem Begriff ist weniger ihr (teilweise durchaus mangelhafter) Kenntnisstand in rechtlichen Fragen der Betriebsverfassung gemeint, sondern der Umstand, dass ihre Tätigkeit als Betriebsratsmitglied oder gar -vorsitzendeR kaum eine zentrale Rolle im Rahmen ihrer

Berufstätigkeit im Unternehmen spielte. Die Wahrnehmung ihres Amtes schien ausgesprochen nachrangig gegenüber der hauptberuflichen Tätigkeit, bei der die Akteure häufig im mittleren oder unteren Bereich der betrieblichen Leitungshierarchie angesiedelt waren (z.B. als Polier oder verantwortlicheR GruppenleiterIn). Insofern schien die Betriebsratstätigkeit teilweise nur ein Spezialbereich ihrer alltäglichen Aufgabe der Vermittlung widersprüchlicher Interessenlagen zwischen 'unten' und 'oben'. In anderen Fällen wurde die Tätigkeit als InteressenvertreterIn auch als eine Art Sozialbetreuung interpretiert, die man bzw. frau aus Menschenfreundlichkeit weitgehend ehrenamtlich und neben der eigentlichen beruflichen Aufgabe noch zusätzlich erfüllte. Es fehlten in der Regel 'dominante Persönlichkeiten' in den einschlägigen Gremien: An den Interviews nahmen überdurchschnittlich häufig mehrere Betriebsratsmitglieder teil, - Ausdruck sowohl demonstrativer Demokratie als auch teilweise der Unsicherheit angesichts der Anforderung als Betriebsrat professionelle Auskunft geben zu sollen. In den Gruppendiskussionen wurde zudem häufig deutlich, dass der Betriebsrat als Gremium kaum kollektiv geteilte Deutungsmuster besaß.

Als 'Nebenjob' besaß die Tätigkeit im Betriebsrat kaum Relevanz für die berufliche oder gar persönliche Identität der Befragten. Nahezu ausnahmslos wurde die Wahl zum/r InteressenvertreterIn als Reaktion auf die Anforderung 'von außen' und eines Mangels an KandidatInnen sowie als vergleichsweise passives Gewähltwerden geschildert - und kaum als aktive Entscheidung, die auf persönlichen normativen Überzeugungen beruhte:

Im Unternehmen B5 stellte sich der Betriebsratsvorsitzende zur Wahl, weil „die Leute haben mich gefragt und die Gewerkschaft hat gedrängelt." Ganz ähnlich äußert sich seine Kollegin: „Ich bin gefragt und vorgeschlagen worden. Und weil ich immer schon meine Meinung gesagt habe, hab' ich mir gedacht, warum nicht?" (B5-BR-97)

Der Betriebsratsvorsitzende des Unternehmens M18 „weiß nicht mehr", wie es kam, dass er 1992 in den Betriebsrat gewählt wurde. „Das hat sich so ergeben." (M18-BR-97)

> „Also, mit den Vorstellungen und, sagen wir, mit der Unbekümmertheit, wo ich mich da auf die Liste hab' setzen lassen, ist es jetzt eigentlich schon vorbei. Also jetzt wo man eben so, doch schon 'ne Zeit in dem Geschäft drin ist, also wenn sie mich jetzt fragen würden, ob ich mich nochmal wählen lassen würde, würde ich ihnen jetzt n'glattes Nein sagen." (M10-BR-93)

Insgesamt schien der Konstitutionsprozess der Betriebsratsgremien in den einschlägigen Betrieben von einem relativ hohen Maß an Zufälligkeit geprägt. Selektionskriterien waren ein gewisses soziales Engagement, oft eine beruflichen Position, die zumindest eine Stufe über der 'shop floor-Ebene' des Betriebs lag, sowie die schiere Bereitschaft zur Kandidatur. 'Bunt gemischt' waren infolgedessen auch die Einstellungen der gewählten KandidatInnen gegenüber der Gewerkschaft, die vor allem die Folge subjektiv zufälliger Berufswege der Befragten als abhängig Beschäftigte schienen und kaum mit ihrer Tätigkeit als Betriebsratsmitglied in Zusammenhang standen. Im großen und ganzen fanden sich unter den Betriebsräten zwei Formen der gewerkschaftlichen Orientierung:

- Betriebsräte mit einer aus FDGB-Zeiten tradierten Gewerkschaftsanbindung, die jedoch zunehmend brüchig zu werden schien. Sie begründeten die Tatsache, dass sie „noch" Gewerkschaftsmitglied seien, damit, dass „wir alle drin waren" (M19-BR-97); da man in der Nachwendezeit die Gewerkschaft kaum benötigt habe, habe man auch kaum die Gelegenheit dazu gehabt, negative Erfahrungen zu machen, die einen Gewerkschaftsaustritt hätten begründen können. Obwohl man die Gewerkschaft als politische Kraft abstrakt durchaus sinnvoll fand, hatte man deren Nützlichkeit typischerweise in der Nach-Wendezeit kaum authentisch erlebt.

- Betriebsräte mit einer gebrochenen Gewerkschaftsmitgliedschaft begründeten die Tatsache, dass sie „nicht mehr" Gewerkschaftsmitglied seien, hingegen im Regelfall mit konkreten negativen Erfahrungen. Die im Schnitt wesentlich umfangreicheren Argumentationen der „Nicht mehr"-Mitglieder für ihren Gewerkschaftsaustritt legten nahe, dass selbst in vergleichsweise 'gewerkschaftsfernen' Betrieben die Gewerkschaftsmitgliedschaft noch immer eine gewisse moralische Norm darstellte, deren Nicht-Einhaltung begründungspflichtig war. Ein typisches Begründungsmuster war die Kritik der Gewerkschaften als tendenziell autoritär-repressive Instanzen, was den Gewerkschaftsaustritt als widerständigen Akt erscheinen ließ:

Der Betriebsratsvorsitzende des Unternehmens GK4 trat 1992 aus der Gewerkschaft aus „nach über 25 Jahren." Er arbeitete damals in einem Unternehmen in den alten Bundesländern und die IG Metall erhöhte dort seinen Beitrag ohne Rücksprache mit ihm entsprechend der gültigen Tarifnormen.

> „Und da war ich dann dort und hab mich bedankt für die vielen Jahre der Zusammenarbeit und hab'
> meine Karte abgegeben." Seine Erbitterung wuchs noch dadurch, dass „die bayerischen Kollegen,
> die warn so charmant, der knallte mir dann so in der Frühstückspause einen Aufnahmeantrag für die
> IG Chemie hin. Hätte damals eigentlich schon fast mein Sohn sein können. Hat er gesagt, 'du hast
> wohl einen Hammer oder was, ja'. Sag ich, 'ich hab' meine fünfundzwanzig Jahre schon voll. Da
> kannste mir doch hier nicht mit so was kommen'. Nee, war ich dann eigentlich ein bisschen
> enttäuscht, ehrlich gesagt." (GK4-GL/BR-97)

Der Betriebsratsvorsitzende des Unternehmens M18 trat aus der Gewerkschaft aus, nachdem er „zwei Pleiten" mit der IG Metall erlebt hatte, - gemeint sind tatsächlich zwei Konkurse von Betrieben, in denen er arbeitete. Das erste Mal trat er bereits unmittelbar nach der Wende aus der Gewerkschaft aus. In dem Betrieb, in dem er anschließend angestellt wurde, herrschte jedoch eine Art „Zwang" der IG Metall beizutreten, also trat er wieder ein. Als diese Firma ebenfalls in Konkurs ging, trat er wieder aus. Er weiß, „dass es ihnen [der IG Metall] im Magen liegt", dass er nicht Gewerkschaftsmitglied ist. Er hält den Anspruch, als Betriebsrat in der IG Metall sein zu müssen jedoch für falsch: „Meine Meinung ändert sich nicht, egal, ob ich in der IG Metall bin oder nicht." Massiv geärgert hat ihn dann das Verhalten der regionalen IGM-Verwaltungsstelle, die seinen Wiedereintritt in die Gewerkschaft zur Bedingung für eine Schulungsteilnahme machte. Seitdem ist der Kontakt zur Gewerkschaft endgültig gestört und der Betriebsratsvorsitzende will zukünftig auch in Rechtsfragen lieber einen privaten Anwalt zu Rate ziehen als vom Rechtsschutz der IG Metall Gebrauch zu machen. Man höre „sowieso nur Klagen" über die juristische Vertretung durch die Gewerkschaft. (M18-BR-97)

Typisch nicht nur in den obigen beiden Schilderungen des Gewerkschaftsaustritts ist ein Element des Trotzes: Man nahm gewisse Maßnahmen der Gewerkschaften oder Handlungen von Gewerkschaftsmitgliedern als repressiv wahr und reagierte darauf - nach teils jahrzehntelanger (F)DGB-Gewerkschaftsmitgliedschaft - mit der Kündigung der Mitgliedschaft. Nur schwer (und auf Basis des beschränkten empirischen Materials schon gleich gar nicht) zu beurteilen ist, inwiefern die angegebenen Begründungen wirklich ausschlaggebend für den Gewerkschaftsaustritt waren, inwiefern es sich um gleichsam verspätete 'Ersatzhandlungen' des Widerstands gegen ein ehemaliges repressives System handelte und welche Rolle ganz banal das finanzielle Motiv des Sparens von Mitgliedsbeiträgen spielte. In der Entscheidung für den Gewerkschaftsaustritt sah man sich im Regelfall jedenfalls auch durch darauffolgende negative Erfahrungen mit den Gewerkschaften bestätigt (z.B. durch deren 'betriebsferne Tarifpolitik' sowie mangelhafte Dienstleistungen für den Betriebsrat). Verallgemeinernd ist den Schilderungen nicht nur zu entnehmen, dass die DGB-Gewerkschaften in Ostdeutschland noch immer mit dem problematischen Erbe des FDGBs konfrontiert sind, sondern auch, dass es ihnen teilweise (noch?) nicht gelungen ist, ihre 'Nützlichkeit' als politische Vertretungsorganisation sowie als Dienstleistungs- und Beratungsinstanz für Betriebsräte und Beschäftigte authentisch erfahrbar zu machen. In den einschlägigen Betrieben wurde die Gewerkschaftsmitgliedschaft meist als leicht antiquierter, aus der DDR übernommener Traditionsbestand interpretiert, - was sich auch in der Formulierung widerspiegelte, man sei „noch" Gewerkschaftsmitglied, so als ob sich das in Zukunft vermutlich ändern würde. In allen Betrieben hatte der gewerkschaftliche Organisationsgrad bereits deutlich abgenommen und die Austrittsbewegung war 1996/97 noch nicht zum Stillstand gekommen. Besonders prekär für die DGB-Gewerkschaften ist aber vielleicht der Befund, dass aufgrund des Fehlens authentischer positiver Nach-Wende-Erfahrungen mit den Gewerkschaften der Austritt aus der Gewerkschaft teilweise auch eine moralische Legitimation als besonders integre individuelle Verhaltensweise besaß:

Im Betrieb B5 sind alle Betriebsratsmitglieder außer einer weiblichen Angestellten Gewerkschaftsmitglied. Der Betriebsratsvorsitzende, der selbst Mitglied der IG Bau ist, kommentierte die Haltung seiner Kollegin mit den Worten: „Sie ist von uns die einzig Standhafte. Sie ist tapfer geblieben", - und hat sich dem Beitrittsdrängen der Gewerkschaft erfolgreich widersetzt. (B5-BR-97)

Hintergrund der ausgeprägten Distanz der hier zitierten Betriebsräte zur Gewerkschaft war ein Muster innerbetrieblicher Austauschbeziehungen, in dem der Betriebsrat erstens die gemeinsamen Interessen von Geschäftsleitung und Belegschaft in starkem Maße betonte und zweitens eine ausgeprägte Machtasymmetrie zwischen den Betriebsparteien existierte.[226] Man definierte die eigene Rolle als die einer mehr oder weniger neutralen (und im Zweifelsfall 'betriebsnahen') Kontrollinstanz, die „darauf achtet, dass die Gesetzlichkeiten eingehalten werden" (B13-BR-97). Die Interessenvertretung der Belegschaft wurde weitgehend mit der Wahrung der Betriebsinteressen identifiziert und vor allem als Vermittlungsaufgabe begriffen. Hauptziel des eigenen Handelns war die Wahrung des Betriebsfriedens und eines guten Betriebsklimas.

---

[226] Es handelt sich demnach um innerbetriebliche Austauschbeziehungen, die innerhalb der Typologie Bosch u.a. 1999 bzw. Artus u.a. 2001 entweder dem Muster des 'autoritär-hegemonialen Regime' oder dem 'harmonistischen Betriebspakt' zugerechnet werden können.

„Die wichtigsten Aufgaben des Betriebsrats sind, die Tarife einzuhalten, sich für die Leute einzusetzen und dabei ein gutes Verhältnis zum Arbeitgeber zu pflegen." (B11-BR-97)

„Die wichtigste Aufgabe des Betriebsrats ist die Interessenvertretung der Arbeitnehmer unter Berücksichtigung eines guten Betriebsklimas. Das beizubehalten, das Betriebsklima nicht wegen Kleinigkeiten, die von der Belegschaft herangetragen werden, zu zerstören. Das Betriebsklima ist sehr wichtig." (M10-BR-93)

„Der Betriebsrat hat eine Schlichterrolle. Er kämpft nicht nur in eine Richtung. Viele denken, man ist nur für die Leute da, bloß für sie da, aber man kann das ja nicht. Es geht auch darum, ein Einvernehmen mit der Geschäftsleitung zu erzielen." (B5-BR-97)

Nach der Hauptaufgabe des Betriebsrats gefragt, wurde „die Mithilfe bei der Durchsetzung der Interessen der Arbeiter und die Realisierung der Zusammenarbeit zwischen Betriebsrat und Geschäftsleitung" in der Regel in einem Atemzug genannt (M18-BR-97). Angesichts der Prämisse 'guter Zusammenarbeit' mit der Geschäftsleitung hatten die Betriebsräte nicht selten durchaus Schwierigkeiten, sich in ihrer Interessenposition von der Geschäftsleitung abzugrenzen. Wenn überhaupt, so taten sie dies gewöhnlich nicht unter Bezugnahme auf spezifische Interessen der abhängig Beschäftigten, sondern unter Hinweis darauf, dass 'die gemeinsamen betrieblichen Interessen' nicht in allen Fällen mit denen der Geschäftsleitung identisch seien:

Bei der Tätigkeit des Betriebsrats „steht nicht die Geschäftsleitung an erster Stelle, sondern das Unternehmen. Die Arbeitsplätze sind wichtig, die Bude ist wichtig." (M18-BR-97)

Im Großen und Ganzen wurde die Geschäftsleitung jedoch als glaubwürdige Wahrerin der gemeinsamen betrieblichen Interessen akzeptiert. Das Deutungsmonopol der Unternehmensleitung bezüglich der Frage, was 'betrieblich notwendig' und für die Sicherung der Arbeitsplätze angemessen sei, war nahezu unumstritten. Angesichts der expliziten Akzeptanz der Direktionsgewalt der Geschäftsleitung war die Forderungshaltung der Betriebsräte gewöhnlich sehr moderat, die innerbetriebliche Interaktionskultur ausgesprochen konfliktarm. Der Einsatz von Macht- und Druckmitteln im Rahmen des Betriebsratshandelns schien nahezu ausgeschlossen. Man betonte zudem, dass man solche ja kaum besitze, - wenn man von der Drohung der Amtsaufgabe einmal absehe.

BR: „Man sollte nicht auf sein Recht pochen, sondern das [Verhältnis zur Geschäftsleitung] ist ein Geben und Nehmen. (...)"

I: „Welche Machtmittel hat der Betriebsrat denn Ihrer Ansicht nach, um seine Meinung durchzusetzen?"

BRV: „Eigentlich gar keine." (Die Anwesenden lachen.)

BR: „Die Geschäftsleitung hat Schiss, dass wir's hinschmeißen. Das wollen die nicht."

I: „Heißt das, dass sie schon 'mal damit gedroht haben?"

BR: „Wir drohen nicht" - aber als die Geschäftsleitung einmal auf eine Anfrage des Betriebsrats nicht reagierte, habe man das in Erwägung gezogen, woraufhin sich der Geschäftsleiter für sein Verhalten entschuldigte. (B5-BR-97)

In ihrer bescheidenen und weitgehend affirmativen Haltung gegenüber der Geschäftsleitung sahen sich die Betriebsräte im übrigen durchaus im Einklang mit der

Belegschaft. Diese sei froh über die „superpünktliche" Bezahlung deutlich untertariflicher Löhne (B5-BR-97); und selbst wenn der Betrieb explizit tarifbrüchig sei, so erhalte man doch regional überdurchschnittliche Entgelte. Zumindest nach Aussagen der Betriebsräte fühlten sich die Beschäftigten angesichts der desolaten ostdeutschen Arbeitsmarktsituation in den einschlägigen Betrieben noch als 'relative Gewinner': Der Betrieb sei im Umkreis der größte Arbeit(splatz)geber, das Entgeltniveau sei gemessen an regionalen Standards relativ hoch, der Arbeitsplatz sei relativ sicher und die Geschäftsleitung negiere zumindest nicht offensiv die Interessen der Beschäftigten. - Im Gegenteil wurden der Betriebsrat und damit die Interessen der Belegschaft häufig sogar auf symbolischer Ebene relativ ernst genommen; die Geschäftsleitung ließ dem Betriebsrat periodisch Informationen zukommen und erfüllte zuweilen auch einige bescheidene Forderungen. Diese Konstellation, bei der 'Arbeitsplatzsicherheit' gegen 'Bescheidenheit' getauscht und die Interessen der Belegschaft zugleich symbolisch anerkannt wurden, kann als die klassische Basis vergleichsweise einvernehmlich durchgesetzter Unterschreitungen tariflicher Normen sowie eklatanter Rechtsbrüche gelten. Diese wurden von den Betriebsräten teilweise explizit inhaltlich gerechtfertigt, teilweise schickte man sich mit relativer Gelassenheit in das als unvermeidliche Empfundene. Angesichts der wirtschaftlichen Zwänge und der eigenen Macht- sowie Rechtlosigkeit verzichtete man von vorneherein darauf, den sinnlosen Versuch des Widerstands gegen den schier ausweglosen 'Gang der Dinge' zu unternehmen.

In den beiden Baubetrieben B11 und B13 lag das Entgeltniveau zum Interviewzeitpunkt etwa 25% unter der geltenden Tarifnorm. Im Unternehmen B13 waren die Entgelte nach der Kündigung eines Haustarifvertrags 1993 im Rahmen einer Betriebsvereinbarung auf dem damaligen Niveau festgeschrieben und seitdem nicht mehr erhöht worden. Das Unternehmen B11 war formal tarifgebundenes Mitglied im Arbeitgeberverband. Der Betriebsrat behauptete jedoch, es gelte in der Firma „ein Haustarif, nicht der Bautarif". Er bezog sich damit auf die betriebsinterne Praxis, bei der vom Tarifvertrag abweichende Absprachen über das Thema Entgelte getroffen wurden. Auch hier waren die Entgelte 1993 'eingefroren' worden. Lohnerhöhungen hatte es in der Zwischenzeit nur für besondere Leistungsträger gegeben, etwa die Meister und Poliere, die immerhin den Tariflohn von 1995 erhielten, sowie für einzelne Beschäftigte, die von den Polieren vorgeschlagen worden waren. (Die Betriebsratsmitglieder bestanden - neben einer weiblichen Angestellten - ausschließlich aus Polieren.) Dennoch wurden die Löhne als „gerecht" bewertet im Sinne einer relativen Leistungsgerechtigkeit: „Wer gut ist, soll auch gut bezahlt werden." Zudem vertrat man in Bezug auf die Lohngestaltung die Devise: „Lieber weniger, aber konstant." In beiden Unternehmen war man der Auffassung, dass es Entgelterhöhungen geben werde, wenn es dem Unternehmen einmal besser gehe. „Was da ist, wird gegeben.(...) Wir fordern Rechenschaft, aber wenn er [der Geschäftsführer] sagt, die wirtschaftliche Situation ist nicht so gut...." Bei der Belegschaft herrsche „Einsicht in die Notwendigkeit, weil wir im Moment nichts ändern können." (B13-BR-97, B11-BR-97)

Der Betrieb M18 war nach Aussage des Betriebsrats „der einzige noch funktionierende Betrieb" in der Region, in der die faktische Arbeitslosigkeit auf etwa 50 % geschätzt werden müsse. Das Unternehmen kündigte 1994 seine Mitgliedschaft im

Arbeitgeberverband, kam jedoch bis zum Sommer 1996 seiner sich aus der Tarifnachwirkung ergebenden Pflicht zur stufenweisen Tariferhöhung nach. Die letzten Tariferhöhungen auf 100 % Westniveau bei den Grundentgelten wurden jedoch nur noch für
die gewerblichen Beschäftigten umgesetzt. Alle Angestellten unterschrieben im Sommer 1996 Einzelarbeitsverträge, in denen die Gehälter individuell auf dem zuvor
erreichten Niveau festgeschrieben wurden. Die tariflichen Lohnerhöhungen im Frühjahr
1997 wurden innerbetrieblich (legalerweise) nicht mehr an die Beschäftigten weitergegeben. Zudem forderte die Geschäftsleitung - trotz positiver Geschäftsbilanz - Abstriche am Weihnachts- und Urlaubsgeld.

Der Betriebsrat kommentierte das Verlassen der Tarifbindung durch das Unternehmen mit dem Hinweis, dass es „damals 'ne Information" an den Betriebsrat
gegeben habe und dieser schließlich nichts gegen diesen Schritt unternehmen konnte.
Es sei „das Recht des Arbeitgebers" die Tarifbindung zu verlassen. Die relative
Schlechterstellung der Angestellten, die scheinbar zudem oft untertariflich eingruppiert waren, fand man nicht besonders tragisch, denn diese erhielten immer noch „n'
Haufen Geld, für das was sie leisten". Insgesamt seien „die Löhne in Ordnung. Da
können wir uns nicht beklagen.(...) Letztendlich sind alle mit'm Geld zufrieden." Die
geplanten Reduktionen bei den Sonderzahlungen findet man zwar „nicht gerechtfertigt", man bezweifelt jedoch, ob man sich dagegen sperren kann: „Das ist 'ne Frage
der Zeit, dann gibt's das eh nicht mehr, nicht nur bei uns." In Anbetracht der Tatsache, dass man den Abbau der Leistungen ohnehin nicht verhindern könne, wenn „der
Chef" dies plane, hatte man sich im Prinzip bereits mit der Reduktion der Leistungen
abgefunden und würde es bereits als Erfolg betrachten, wenn man (vorläufig) „nur"
das Urlaubsgeld hergeben müsste. In der Vergangenheit hat der Betriebsrat mit der
Geschäftsleitung immer wieder Entscheidungen getroffen, „die an die Situation
angepasst waren". Diese „waren manchmal vielleicht nicht so rechtens, aber dem
gesunden Menschenverstand angemessen." (M18-BR-97)

Das Fehlen traditionell gewachsener bzw. in der Nach-Wendezeit stabilisierter
Beziehungen zur Gewerkschaft einerseits und die rigiden machtpolitischen sowie
teilweise (aber nicht immer) auch schwierigen wirtschaftlichen Bedingungen in den
Betrieben waren letztlich verantwortlich für eine ausgeprägte Distanz der Betriebsräte zur Gewerkschaft. Dass die Gewerkschaftsferne dabei im wesentlichen ein Reflex
der Nähe der Betriebsräte zur Geschäftsleitung war, formulierte der
Betriebsratsvorsitzende des Unternehmens M18 ganz ungeniert:

> „Wir haben die Gewerkschaft nicht gebraucht bisher. Wir haben alles mit der Geschäftsleitung
> gelöst." (M18-BR-97)

Der Kontakt dieser Betriebsräte zur Gewerkschaft war - je nach Persönlichkeit
des/der Betriebsratsvorsitzenden und 'politischer Linie' der regionalen Gewerkschaftsvertretung - sporadisch, brüchig oder auch nachhaltig gestört. Im Regelfall
war wenigstens ein Betriebsratsmitglied „noch" Gewerkschaftsmitglied, das dann
meist auch den gelegentlichen Kontakt zum örtlichen Gewerkschaftsbüro übernahm.
Sporadisch nahm man an Informationsveranstaltungen teil. Den gewerkschaftlichen
Dienstleistungen wurde jedoch kaum ein wichtiger Stellenwert für die Betriebsratsarbeit zuerkannt, - sei es, weil diese als defizitär, sei es, weil sie als überflüssig

angesehen wurden. Die 'Berechtigung zur Schulungsteilnahme' besaß nur eine geringen Anreiz für eine Gewerkschaftsmitgliedschaft, da die Betriebsräte nur geringe Anstrengungen einschlägig professioneller Weiterqualifikation machten. Der Besuch von Schulungen wurde als persönlich zu zeitaufwendig oder für den Betrieb zu teuer eingeschätzt. Wo die Betriebsratsmitglieder dennoch in der Vergangenheit an Gewerkschaftsschulungen teilgenommen hatten, weil „die Geschäftsführung das nicht verboten hat" (B11-BR-97), entsprachen die vermittelten Inhalte teilweise nicht den Erwartungen der Betriebsräte. Sie wurden als 'nicht passfähig' auf die eigenen betrieblichen Bedingungen erlebt:

> „Das macht mich innerlich böse. Die [Gewerkschaften] leben auf ihrem Türmchen und sehen nicht, was die Wirklichkeit ist." (B5-BR-97)

Auch auf den gewerkschaftlichen Service der Beratung und Hilfestellung im Fall innerbetrieblicher Problemlagen meinte man durchaus verzichten zu können. Zum einen gebe es ja kaum größere Probleme und Konflikte, zum anderen dauere das Einholen externen Sachverstands meist zu lange, da im Sinne des Betriebs die Dinge „schnell geregelt" werden müssten (M18-BR-97). Zudem waren die Beratungskontakte zwischen Gewerkschaft und den einschlägigen Betriebsräten in der Vergangenheit häufig nicht zur Zufriedenheit der letzteren verlaufen. Die oft irregulären betrieblichen Verwertungsbedingungen in den Betrieben waren nämlich in doppelter Hinsicht geeignet, Irritationen in der Kommunikation zwischen Betriebsräten und Gewerkschaft zu provozieren: Erstens empfanden die Betriebsräte die gewerkschaftlichen Ratschläge häufig als nicht anwendbar, da diese von einer intakten Geltungskraft tariflicher und gesetzlicher Normen im Betrieb ausgingen. Umgekehrt fanden die Gewerkschaften die Absegnung der oft massiven innerbetrieblichen Verstöße gegen tarifliche und gesetzliche Normen durch die Betriebsräte als kritikwürdig, was den Beziehungen häufig ein erhebliches Spannungsmoment verlieh:

Der Betriebsrat des nicht tarifgebundenen Unternehmens GK4, der sich mit der Geschäftsleitung auf Entgeltbedingungen einigte, die nicht nur erheblich unter dem Tarifniveau lagen, sondern auch mit den lohnrahmentariflichen Bedingungen nichts mehr zu tun hatten, beschwerte sich:

> „Bei diesen Einstufungsgruppen, die wir vor zwei Jahren gemacht haben, wenn dort einer [von der Gewerkschaft] kommen würde, würde sagen, ich nehm' jetzt 'mal deinen Arbeitsplatz und guck' mir den 'mal an, was da für Anforderungen sind, was du für 'ne Verantwortung trägst, was du für 'ne Qualifikation haben müsstest und dann sag' ich dir 'mal, das ist die Lohngruppe bei der Gewerkschaft oder bei der IG Chemie im Tarif, dann wär' das 'ne echte Hilfe. (...) Aber mir hier im Betriebsrat fünf Blätter zu schicken mit lauter Excel-Tabellen und Einstufungspunkten und hinten halb und vorne Viertelpunkte, das ist keine Hilfe. (...) Wir haben damals nur gehört, eure Betriebsvereinbarung ist Quatsch. Was ihr gemacht habt, ist falsch. Wir haben's ihnen hingeschickt. Ich sage, nun sagt mir doch 'mal, was ist denn eigentlich falsch. Na, ich hab's noch, die Faxseiten [,die von der Gewerkschaft zurückkamen]. Ich glaube, es sind vier oder fünf Seiten. Das eine sind drei Grundsatzurteile von Karlsruhe und vorne das halbe Betriebsverfassungsgesetz. Das hätt' ich auch abschreiben können." (GK4-BR-97)

Angesichts der aus ihrer Sicht zwiespältigen Erfahrungen mit den Serviceangeboten der Gewerkschaft zeichnet sich die Haltung der Betriebsräte gegenüber den gewerkschaftlichen Dienstleistungsangeboten durch eine Mischung aus Hilfesuche und Misstrauen aus:

„Manchmal können sie [die Gewerkschafter] einem helfen und manchmal haben sie Ansichten, die
nicht realistisch sind." (B5-BR-97)

Ist man also bereits bei der Akzeptanz einer Hilfestellung durch die Gewerkschaft
eher zögerlich, so negiert man grundlegend reziproke Loyalitätsanforderungen der
Gewerkschaft im Rahmen der Betriebsratsarbeit. Gewerkschaftliche Ämter hat
gewöhnlich niemand. Man fühlt sich schlicht nicht zuständig für gewerkschaftliche
Fragen, - selbst wenn es nur um die Vermittlung von gewerkschaftlichen Informationen an die 'Basis' geht. Diese Aufgabe wird „den Gewerkschaftsmitgliedern" in der
Belegschaft zugewiesen, denen es ja freistehe, für 'ihre' Organisation zu mobilisieren.

I: „Ist das so ein ständiger Konflikt im Betriebsrat, also die Gewerkschaftsmitglieder und die
Nichtgewerkschaftsmitglieder?"

BR: „Eigentlich nicht. Eigentlich kein Konflikt. Wie gesagt, es ist ja den Gewerkschaftsmitgliedern
freigestellt, ihre gewerkschaftliche Tätigkeit auch hier im Haus zu machen. Wenn jetzt irgendwelche
Aufrufe kommen oder irgendwelche, was weiß ich, Informationen an Belegschaften von den Firmen
hier im Haus, kann jeder dort seine andern Gewerkschaftsmitglieder informieren oder wie auch
immer." (GK4-BR-97)

Auf den ersten Blick etwas überraschend mag der Fakt sein, dass trotz expliziter
Gewerkschaftsdistanz der Betriebsräte die Einladung eines/r Gewerkschaftsvertre-
ters/in auf die Betriebsversammlung (soweit diese stattfindet) relativ üblich ist. Dies
ist jedoch nicht als Versuch der aktiven Unterstützung der Gewerkschaft zu werten,
sondern entspringt im Gegenteil gerade dem Gestus des 'Sich-Heraushaltens' aus
gewerkschaftlichen Fragen. Indem man der Gewerkschaft ein „Podium" oder eine
„Bühne" zur Verfügung stelle (GK4-BR/GL-97), von der aus die Gewerkschaft
direkt mit ihren Mitgliedern im Betrieb kommunizieren könne, verabschiedete man
sich aus der Rolle eines Vermittlers zwischen Gewerkschaft und deren betrieblicher
Basis.

Angesichts der starken Betonung des Betriebsfriedens durch die Betriebsräte und
der ohnehin geringen Geltungsmacht tariflicher Normen in den einschlägigen Betrieben
verwundert es schließlich kaum, dass die Beteiligung an gewerkschaftlichen Mobilisierungsaktionen von den Betriebsräten schlichtweg abgelehnt und im übrigen auch als
unmöglich ausgeschlossen wurde:

„Streik? Nee, da könnten wir zumachen. Wir müssen alle an einem Strang ziehen. Wir sind ein
kleiner Betrieb. Wir können uns so was nicht leisten.(...) Wir sind der letzte noch funktionierende
Betrieb in der Region. Das wissen alle. Da würde keiner streiken." (M18-BR-97)

Arbeitskämpfe wurden jedoch nicht nur im 'eigenen' Betrieb als schädlich bzw.
unmöglich abgelehnt, in manchen Fällen wurde - zumindest für Ostdeutschland - ihre
Legitimität als Machtmittel zur Interessendurchsetzung abhängig Beschäftigter
generell in Frage gestellt. Die unbedingte Priorität, die dem Betriebserhalt und den
Arbeitsplatzinteressen der Beschäftigten eingeräumt wurde, rückte Streikaktionen in
die Nähe wirtschaftsschädigender Arbeitsverweigerung. Mehrfach äußerten Betriebsräte die Auffassung, wonach die Gewerkschaften aktuell nur unter den Arbeitslosen
ein mobilisierungsfähiges Potential fänden. In dieser Perspektive erschienen Streiks
als weitgehend sinnloses Unruhestiften einer tendenziell randständigen Bevölke-

rungsgruppe, - deren Anführerin die Gewerkschaften seien.

> „Wer Arbeit hat, würde nicht streiken. (...) Aber die [Gewerkschaften] werden immer welche finden. Die Arbeitslosen werden streiken. Das ist doch eine Abwechslung für die." (B11-BR-97)

Der Betriebsratsvorsitzende des Unternehmens M18 schilderte die Gewerkschaft als eine Organisation, die „viel Rummel verursacht", „Seifenblasen in die Welt setzt" und dadurch letztlich daran Schuld sei, wenn Betriebe schließen müssten. (M18-BR-97)

Eine Betriebsrätin des Unternehmens B5 war der Auffassung, dass die IG Bau „nur ihr Geld verdienen" will und die Betriebe

> „nur im Eigeninteresse versucht zu unterstützen. (...) Die [GewerkschaftsfunktionärInnen] kriegen Kohle ohne Ende. (...) Die Blödesten sagen: ja, streiken. In der heutigen Zeit macht das keiner aus Überzeugung." (B5-BR-97)

Auch wenn nicht alle gewerkschaftlich distanzierten Betriebsräte zu solch aggressiven Auffassungen gegenüber gewerkschaftlichen Mobilisierungsaktionen sowie gewerkschaftlicher Tarifpolitik im allgemeinen neigten, waren die Stellungnahmen doch durchweg kritisch. Dabei schien die Kritik oft einem Gefühl der Benachteiligung zu entspringen, dem Eindruck, 'im kleinen ostdeutschen Betrieb' von den 'großen, westdeutsch geprägten Interessengruppen' vergessen zu werden. Die eigenen Interessen sah man jedenfalls kaum im Rahmen der gewerkschaftlichen Tarifpolitik vertreten, bei der doch „nur die großen Betriebe" berücksichtigt würden (M18-BR-97). Man plädierte dafür, „dass alle ein bisschen zurückschrauben, nicht nur einige" (B13-BR-97). Durchweg wurde der zu dominante westdeutsche Einfluss innerhalb der Gewerkschaften kritisiert: Die bundesdeutschen Gewerkschaften kümmerten sich zu wenig um die ostdeutschen Problemlagen. „Der Osten wird ausgegliedert" (B11-BR-97). Die westdeutschen GewerkschaftsfunktionärInnen, die „selbst ein gutes Gehalt kriegen", hätten zu wenig Verständnis für „die Angst der Leute" (M11-BR-97). Und selbst den ostdeutschen FunktionärInnen wurde unterstellt, dass sie „doch nicht ihre eigenen Interessen vertreten", sondern primär die der westdeutsch geprägten Organisation.

Insgesamt war die Haltung der Betriebsräte gegenüber der Gewerkschaft von einem erheblichen Maß an Schizophrenie geprägt: Man griff die Gewerkschaft an, weil diese sich „schon lange nicht mehr im Unternehmen hat blicken lassen", und wollte Verhandlungen zwischen Gewerkschaft und Geschäftsleitung doch lieber vermeiden, „weil das nicht gut gehen würde" (M18-BR-97). Man kritisierte einerseits die mangelnde Durchsetzungskraft der Gewerkschaften, machte sie jedoch andererseits für die Verwerfungen der Tarifpolitik verantwortlich und verweigerte ihnen zudem des Recht auf Einflussnahme im Unternehmen. Man forderte einheitliche und verbindliche Flächentarifverträge, denn „'ne Orientierung muss man schon haben, sonst machen se was se wollen" (B13-BR-97) und fand sich innerbetrieblich relativ umstandslos dazu bereit, die geltenden Tarifnormen aufzuweichen. All diese Facetten eines gespaltenen Bewusstseins, bei dem die Beurteilung von Fragen kollektiver Interessenvertretung weitgehend unverbunden bleibt mit dem eigenen konkreten Handeln 'vor Ort', kann jedoch letztlich als ausgesprochen exaktes Abbild der realen Verhältnisse gewertet werden: Es existierte eine tiefe Spaltung zwischen betrieblicher und kollektiver Vertretungslogik, wobei den unmittelbaren betrieblichen Imperativen sowie den gemeinsamen Interessen von Arbeit und Kapital - sei es aus Überzeugung oder aus Angst - unbedingte Priorität eingeräumt wurde. Diese explizite Abkopplung und Distanz betrieblichen Vertretungshandelns von den Gewerkschaften hat für die Funktionsfähigkeit des dualen Systems, für die ostdeutsche Tariflandschaft und für die Gewerkschaften als Mitgliederorganisationen verheerende Konsequenzen: Tarifbrüche waren in den einschlägigen Betrieben häufig, eklatant und erfolgten in der Regel ohne für die Beschäftigten wahrnehmbare Gegenwehr. Die Tarifparteien hatten dabei kaum Einfluss auf die Prozesse innerbetrieblicher Normsetzung. Das Ausmaß sowohl der Tarifunterschreitung als auch der Mitwirkungsgrad der Betriebsräte an den betrieblich definierten Normen wurden dabei vor allem von der Geschäftsleitung bestimmt, von deren Interpretation wirtschaftlicher Notwendigkeiten sowie legitimer Partizipationsrechte der Beschäftigten. Angesichts einer fehlenden Verknüpfung von betrieblicher und gewerkschaftlicher Interessenpolitik blieben die Gewerkschaften - trotz noch vorhandener Mitgliederbasis - aus den einschlägigen Betrieben weitgehend ausgeschlossen. Die brüchige Tarifbindung der Betriebe ließ zudem auch die überbetriebliche gewerkschaftliche Tarifpolitik für die Beschäftigten tendenziell irrelevant und folgenlos erscheinen. Die Mitgliederzahlen waren dementsprechend in allen einschlägigen Betrieben in den letzten Jahren stark zurückgegangen und die Austrittsbewegung hielt an.

4.4 Die eingeschränkte Intermediarität der ostdeutschen Gewerkschaften

Eine Besonderheit Ostdeutschlands als gewerkschaftlicher Organisationsdomäne besteht darin, dass die Mitgliedschaft in einer einheitlichen Gewerkschaftsorganisation bis 1989 eine gesellschaftliche Norm darstellte. Diese brach auch mit der politischen Wende zunächst keineswegs zusammen. Die große Mehrheit derjenigen Beschäftigten, die 1991 noch Mitglied einer FDGB-Gewerkschaft waren, stimmten vielmehr durch ihre Unterschrift explizit dem Übertritt bzw. Neueintritt in eine DGB-Gewerkschaft zu. Trotz teilweise erheblicher Organisationsbemühungen konkurrierender Gewerkschaften, etwa der DAG oder der Christlichen Gewerkschaften, konnten diese kaum größere Organisationserfolge verbuchen. Die Ablehnung gewerkschaftspolitischer Rivalitäten und die Zustimmung zum Prinzip der Einheitsgewerkschaft erwies sich als weitgehend 'wenderesistent'.[227]

Es zeigte sich jedoch relativ schnell, dass der anfänglich sehr hohe ostdeutsche Organisationsgrad von rund 50 % ein Erbe der Vergangenheit war, das unter den neuen Bedingungen nur teilweise stabilisiert werden konnte. Vergleichsweise mode-

---

[227] In der zweiten Hälfte der 90er Jahre machte die Christliche Gewerkschaft Metall zunehmend von sich reden, da sie mehrere Tarifverträge mit ostdeutschen Arbeitgeberverbänden und größeren Firmen abschloss. Dies ist jedoch nicht die Folge einer wachsenden Bedeutung der CGM unter den ostdeutschen Beschäftigten, sondern Ausdruck strategischen Handelns der Arbeitgeberseite, mit dem Ziel, das Tarifmonopol der IG Metall in Frage zu stellen (vgl. auch die Darstellung bei Schroeder 2000:358).

raten Mitgliederverlusten des DGB in Westdeutschland standen in den 90er Jahren regelmäßig deutlich höhere im Osten gegenüber, - insbesondere in den ersten Krisenjahren nach der Wende. Der Negativtrend im Osten schwächte sich allerdings nach und nach ab, so dass sich der Organisationsgrad mit etwa 30 % inzwischen weitgehend den westdeutschen Verhältnissen angeglichen hat (DGB Bundesvorstand/Abteilung Organisation 2000).

Wenn Anfang der 90er Jahre die Mitgliedschaft in 'der' (Einheits-) Gewerkschaft noch als gesellschaftliche Norm gelten konnte, so hängt die Auflösung dieser Norm in Ostdeutschland mit einschneidenden Krisenerfahrungen im Bereich der Erwerbsarbeit zusammen und damit, welche Rolle dabei die Gewerkschaften spielten. Ein Katalysator der Entwicklung waren die massenhaften Arbeitslosigkeitserfahrungen ostdeutscher Erwerbsabhängiger. Nach wie vor hohe Organisationsgrade finden sich typischerweise erstens in Betrieben, in denen die Belegschaften vergleichsweise weniger von Entlassungen sowie Reduktionen des Besitzstands betroffen waren, sowie zweitens in Betrieben, in denen die Gewerkschaften eine wichtige und erfolgreiche Rolle bei der Krisenbewältigung spielten. Zu massiven Gewerkschaftsaustritten kam es hingegen typischerweise dort, wo betriebliche Umstrukturierungen und Entlassungen ohne für die Beschäftigten spürbare gewerkschaftliche Gegenwehr erfolgten. Angesichts der massiven Verletzung von Beschäftigteninteressen wurde die Gewerkschaft als Schutzinstitution als mangelhaft vertretungsmächtig, -fähig oder auch -willig erlebt, - mit der Folge, dass eine weitere Mitgliedschaft als nutzlos, oder sogar potentiell schädlich eingestuft wurde. Eine derart 'gebrochene Gewerkschaftstradition' findet sich insbesondere auch bei den Beschäftigten neu gegründeter Unternehmen, die nahezu alle die Erfahrung von Arbeitslosigkeit gemacht haben. Die Neugründung der Unternehmen gab zudem Gelegenheit zu einem besonders rigiden Selektionsprozess, bei dem die Beschäftigten unter den aus Geschäftsleitungssicht 'zuverlässigen' Kräften geschlossener Standorte ausgewählt wurden. Daraus ergibt sich für die Gewerkschaften die schwierige Situation, dass ihre Verankerung gerade dort eher zweifelhaft ist, wo die wirtschaftliche Situation ein interessenbetontes Handeln ermöglichen würde: nämlich in den komplett neu aufgebauten, hochproduktiven 'Leuchtturmbetrieben' großer Konzerne z.B. der Automobil- und Chemieindustrie. Ein weiteres Problem stellt zudem die mangelhafte gewerkschaftliche Verankerung in kleineren Betrieben unter 100 Beschäftigten dar, die zwar nicht nur für Ostdeutschland typisch ist, hier aber aufgrund der 'Verkleinbetrieblichung' der Betriebslandschaft eine besondere Bedeutung besitzt. Die Aufsplitterung der Gewerkschaftsmitglieder auf eine Vielzahl kleiner Betriebe kompliziert zudem den Kontakt zwischen Gewerkschaft und Mitgliedern. Die ostdeutschen Gewerkschaften verfügen im Regelfall kaum über ausreichende Ressourcen für eine systematische gewerkschaftliche Betreuung der vielen kleineren Unternehmen. Die Folge ist eine Vertretungslücke im Bereich ostdeutscher Kleinbetriebe.

Wichtig für eine Beurteilung der gewerkschaftlichen Verankerung in den Betrieben ist jedoch nicht nur die quantitative Entwicklung der gewerkschaftlichen Mitgliedszahlen, sondern auch die Frage nach der Qualität der Beziehungen zwischen Organisation und Mitgliedern. Diese allgemeine Feststellung gilt für Ostdeutschland womöglich in besonderem Maße. Es ist zu bedenken, dass hier mit der deutsch-

deutschen Vereinigung ein grundlegender Wechsel im 'Typus' gewerkschaftlicher Organisation stattfand: Die Mitgliedschaft im FDGB beinhaltete kaum mehr als die Teilnahmeberechtigung an bestimmten sozialen Leistungen. Der FDGB als staatstragende Massenorganisation war vor allem durch staatliche Organisationshilfen abgesichert und kaum auf eine aktive Beteiligung der Mitglieder, einen funktionierenden innergewerkschaftlichen Meinungsbildungsprozess oder gar die Mobilisierungsfähigkeit der Mitglieder angewiesen, - anders als die DGB-Gewerkschaften, deren Bestand sowie Handlungsmacht zentral von der normativen Integration der Mitglieder abhängig ist. Obwohl sich in zehn Jahren freilich inzwischen „ein Wandel der Beitrittsmotivation zur Gewerkschaft vollzogen" hat (Boll 1997), gibt es viele Indizien dafür, dass die Beziehung zwischen Gewerkschaft und Mitgliedern in Ostdeutschland noch immer vor allem ein instrumentelles, weitgehend passives Dienstleistungs- und Schutzverhältnis ist und kaum ein 'echtes' Repräsentationsverhältnis, das auf aktiven innergewerkschaftlichen Diskussions- sowie Interessenvermittlungsprozessen beruht. So wurde beispielsweise in einer Umfrage unter ostdeutschen Mitgliedern der IG Metall[228] festgestellt, dass zwar „ein grundsätzliches Einverständnis mit der Art und auch mit den Bedingungen gewerkschaftlicher Willensbildung vorherrscht, dies aber auf den Fundamenten eines nur gering ausgeprägten Interesses an einem aktiven Engagement ruht" (Boll 1997:293). Vergleicht man die Umfrageergebnisse aus Ostdeutschland mit einschlägigen Daten aus Westdeutschland wird zudem deutlich, „dass sächsische IGM-Mitglieder bisher ein distanzierteres Verhältnis zur Gewerkschaft entwickelt haben als Mitglieder in den alten Bundesländern". 51% der männlichen und 71,8% der weiblichen IG Metall-Mitglieder in Sachsen gaben an, sich grundsätzlich „nie" öffentlich mit der IG Metall zu identifizieren (ebd.:202f.). Diesen Umfrageergebnissen entsprechen die verbreiteten Klagen hauptamtlicher GewerkschaftsfunktionärInnen über eine ausgesprochen geringe Bereitschaft zu ehrenamtlichem Engagement. Die Teilnahme an gewerkschaftlichen Schulungen oder Veranstaltungen ist dürftig. Mickler u.a. (1996:165f.) kommen auf der Basis qualitativer Interviews in der Automobilindustrie zu dem Schluss, dass „die Arbeiter die Aufgaben der Gewerkschaft zumeist auf eine defensive Schutzrolle eingrenzen". Zentraler Grund der Gewerkschaftsmitgliedschaft ist die materielle Absicherung sowie der Schutz im Konfliktfall. Gesellschaftspolitischen Zielen der Gewerkschaft bringt man hingegen viel Skepsis entgegen. Selbst in Bereichen gewerkschaftlicher 'Kern'klientel (z.B. männlicher Facharbeiter der Automobilindustrie) existiert in ostdeutschen Betrieben also kaum ein Bewusstsein, das die Gewerkschaften als Organisation zur aktiven Interessendurchsetzung interpretiert.[229]
Ähnliches lässt sich für das Verhältnis zwischen Betriebsräten und Gewerkschaf-

---

[228] Es handelt sich dabei um eine 1994 nach einem Stichprobenverfahren durchgeführte schriftliche Befragung, deren Grundgesamtheit alle Mitglieder des IG Metall-Bezirks Dresden zum Stichtag 31. Januar 1993 waren.

[229] Zu ganz ähnlichen Ergebnissen kommt auch Hinz (1998) auf der Basis qualitativer Interviews in einem ostdeutschen Werkzeugmaschinenbaubetrieb. Die Beschäftigten sähen sich „in der Position eines weitgehend passiven Empfängers dessen, was die Gewerkschaften für sie „oben" herausholen.(...) Die Vorstellungen über gewerkschaftliche Handlungsmöglichkeiten und ihre Position im gesellschaftlichen Gefüge sind meist vage" (ebd.:188).

ten feststellen, - eine Beziehung, der im deutschen dualen System industrieller Beziehungen eine besonders wichtige Scharnierfunktion zukommt. Auf formaler Ebene erscheint die Verknüpfung von Betriebs- und Gewerkschaftshandeln zunächst insofern gesichert, als die Gewerkschaftsmitgliedschaft für die große Mehrheit der ostdeutschen Betriebsräte zum professionellen Selbstverständnis gehört. Zentral für die Anbindung der ostdeutschen Betriebsräte an die Gewerkschaft sind jedoch weniger normativ-solidarische Beweggründe, sondern der Nutzen gewerkschaftlicher Beratung, Schulung und Hilfestellung. „Ihre Bindung an die Organisation ist nicht politisch-affektiv, sondern instrumentell" (Kädtler u.a. 1997:205). Selbst jene Betriebsräte, die alltäglich eng mit der Gewerkschaft kooperieren und in denen sich inzwischen auch affektive Komponenten des Gewerkschaftsbezugs finden, bestehen typischerweise auf eine klare Funktionstrennung zwischen Betriebsrats- und Gewerkschaftsarbeit, wobei die Trennungslinie tendenziell schärfer ausfällt als in Westdeutschland und die Betriebsräte stärker auf ihre Alleinzuständigkeit für betriebliche Belange pochen. Diese Tendenz hat vielerlei Ursachen: Sie steht einerseits in der Tradition realsozialistischer 'Planerfüllungspakte', in der die Einmischung betriebsferner Instanzen als praxisfremd erlebt und in enger innerbetrieblicher Kooperation teilweise unterlaufen wurde. Sie kann teilweise als Reaktion auf die 'Überpolitisierung' von Gewerkschaftsarbeit in der DDR interpretiert werden, angesichts der man eine strikte Beschränkung und 'Versachlichung' der Interessenvertretung der Beschäftigten fordert. Ein wichtiger Grund ist sicher auch das Fehlen lebensgeschichtlich gewachsener Bindungen der ostdeutschen Betriebsräte an die Gewerkschaftsorganisationen: Während westdeutsche Betriebsräte i.d.R. eine längere gewerkschaftliche Sozialisation durchlaufen haben, bevor sie in verantwortliche betriebliche Ämter gewählt werden, fehlen den ostdeutschen Betriebsräten logischerweise solche Vorerfahrungen. Die ausgesprochen weit verbreiteten Beziehungsmuster der 'Entkopplung' sowie 'Distanz' zwischen Betriebsräten und Gewerkschaften scheinen jedoch insgesamt vor allem eine Folge spezifischer innerbetrieblicher Austauschbeziehungen, in denen den gemeinsamen Interessen von Kapital und Arbeit ein hoher Stellenwert eingeräumt wird. Es sind Beziehungsmuster, bei dem die Kooperation zwischen Gewerkschaften und Betriebsräten quasi die Restgröße dessen darstellt, was den Betriebsräten ohne Verletzung betrieblicher Interessen möglich scheint, - was im Fall relativ autonom agierender, co-managerial orientierter Betriebsräte nur eine relativ beschränkte Kooperationsbeziehung ist, und im Fall stark von der Geschäftsleitung abhängiger, kaum über eigene Machtressourcen verfügender Betriebsräte 'gegen Null gehen' kann. Die relative Distanz zur Gewerkschaft impliziert im Regelfall auch einer relativ hohe Bereitschaft zur Preisgabe gewerkschaftlich ausgehandelter kollektiver (Tarif-) normen, - sei es als freiwillige Einsicht in die Notwendigkeit des Verzichts zum Wohle des Betriebs oder nolensvolens als unwidersprochene Hinnahme weitgehend einseitig verfügter Geschäftsleitungsdekrete. Zwar wird auch von solchen, relativ 'gewerkschaftsfernen' Betriebsräten die Notwendigkeit einer starken kollektiven Interessenvertretung typischerweise bejaht, bezogen auf den eigenen Betrieb wird die gewerkschaftliche Politik jedoch als nicht angemessen, praxisfern oder unrealistisch erlebt.

Die ausgeprägte Betriebsorientierung sowie relative Schwäche vieler ostdeutscher Betriebsräte ist jedoch nicht nur Quelle vergleichsweise begrenzter, sondern auch vergleichsweise stabiler Kooperationsstrukturen zwischen Betriebsräten und Gewerkschaften. Gerade weil die Betriebsräte ihre Aufgabe zentral bis ausschließlich als innerbetriebliche Interessenvertretung der Belegschaft interpretieren, sehen sie zugleich auch die Notwendigkeit einer überbetrieblichen Interessenvertretung, die einer anderen, kollektiven Logik folgt. Und angesichts der eigenen relativen Schwäche werden die Gewerkschaften als machtvolle Hilfs- sowie Schutzinstanzen durchaus geschätzt. So kann das Dienstleistungs- und Beratungsbedürfnis der Betriebsräte durchaus die Grundlage einer engen Kooperationsbeziehung bilden, die im Fall langjähriger Kontinuität fast zwangsläufig einiges von ihrem instrumentellen Charakter verlieren wird. Gerade im Fall relativ schwacher Betriebsräte v.a. kleinerer Unternehmen, die bei einem Beharren auf divergierenden Positionen im Betrieb von gewerkschaftlicher Hilfe oft nahezu 'existentiell' abhängig sind, ist eine enge, dienstleistungsorientierte Zusammenarbeit geeignet, um gewerkschaftliche und tarifliche Strukturen im Betrieb zu stabilisieren. So bildet eine kontinuierliche gewerkschaftliche Beratung und Dienstleistung für die Betriebräte vermutlich den entscheidenden 'Hebel' zum allmählichen Aufbau arbeitsteilig verschränkter Kooperationsstrukturen, wie sie für ein Funktionieren des deutschen dualen Systems industrieller Beziehungen notwendig scheinen.

Aktuell muss der Prozess der Interessenvermittlung zwischen den Gewerkschaften und ihren Mitgliedern jedoch als prekär gelten: Angesichts der relativ geringen Partizipation am innergewerkschaftlichen Willensbildungsprozess scheint auch die Identifikation der Mitglieder mit den kollektiven Zielstellungen und Strategien schwach und die demokratische Legitimation der gewerkschaftlichen Politik bleibt ungewiss. Die weite Verbreitung eines passiven Mitgliedschaftskonzeptes und das Fehlen affektiver Komponenten des Gewerkschaftsbezugs ist jedoch inzwischen sicherlich nicht mehr nur als Überbleibsel aus FDGB-Zeiten zu interpretieren. Dies ist auch die Folge der ostdeutschen Nach-Wende-Geschichte, innerhalb der kaum Gelegenheiten existierten, bei der die ostdeutschen Beschäftigten den Zusammenhang zwischen erfolgreicher gewerkschaftlicher Politik und aktivem Mitgliederhandeln hätten authentisch erleben können: Der Einstieg in die tarifliche Angleichungspolitik Anfang der 90er Jahre musste von den Beschäftigten nicht aktiv erstritten werden, sondern wurde ihnen weitgehend einvernehmlich von Politik sowie Tarifverbänden konzediert. Als wenig später jedoch der ostdeutsche Arbeitsmarkt faktisch zusammenbrach und die ostdeutschen 'Gleichberechtigungsansprüche' auf ungewisse Zeit vertagt wurden, blieb der Streik in der Metall- und Elektroindustrie 1993 der einzige ernstzunehmende Versuch kollektiver, gewerkschaftlicher Gegenwehr. Angesichts weitgehend passiv erlittener, massiver Krisenerfahrungen machte sich an der ostdeutschen Gewerkschaftsbasis vielfach ein Gefühl der Machtlosigkeit und Individualisierung breit. So sind die Gewerkschaften in Ostdeutschland aktuell zwar weithin akzeptierte Vertretungsinstanzen kollektiver Interessen, es mangelt ihnen jedoch massiv an Durchsetzungsmacht und der Status vertretungswirksamer sowie repräsentativer intermediärer Organisationen kann ihnen nur eingeschränkt zu erkannt werden. Es existiert für die ostdeutschen Gewerkschaften die in gewisser

Weise paradoxe Situation, dass sie zwar eine bislang zumindest ausreichende Fähigkeit zur Mitgliederrekrutierung besitzen, ihre Kapazität zur Sicherung der Organisationsloyalität und Folgebereitschaft der Mitglieder jedoch ausgesprochen schwach scheint. Diesen Zustand könnte man in gewisser Weise der Situation im Nachkriegsdeutschland gleichsetzen, wo die DGB-Gewerkschaften als ein „Riese auf tönernen Füßen" zwar über eine große Zahl an Mitgliedern verfügten, jedoch kaum fähig waren zur effektiven Ausübung von Organisationsmacht. In beiden Fällen handelt(e) es sich um Situationen defizitärer normativer Verbandsintegration und unsicherer Folgebereitschaft der Mitglieder, die nicht zuletzt auch auf den Umstand zurückgingen, dass die verhältnismäßig 'neuen' Gewerkschaftsorganisationen noch kaum über traditionell gewachsene und durch kollektive Aktionen gestärkte affektive Bindungen zu ihren Mitgliedern verfüg(t)en. Der Vergleich hinkt jedoch in (mindestens) einem Punkt: Ende der 40er und auch noch Anfang der 50er Jahre bestand für den Fall einer Mitgliedermobilisierung die reale Gefahr defizitärer gewerkschaftlicher Disziplinierungsfähigkeit. Die mangelnde normative Integration der Gewerkschaften gefährdete also tendenziell ihre Rolle als wirtschaftlicher und gesellschaftlicher Ordnungsfaktor. In Ostdeutschland hingegen steht aktuell die gewerkschaftliche Fähigkeit zur Mitgliedermobilisierung und damit ihre Rolle als gesellschaftliche Gegenmacht in Frage.

IV. Resümee

Die vorliegende Arbeit fasst die Krise des deutschen Tarifsystems und die Erosion des Flächentarifvertrags im wesentlichen als Folge einer Tendenz zur Entkopplung von betrieblichen und tariflichen Handlungsstrategien auf. Angesichts einer fehlenden formalen Verknüpfung von betrieblicher und tariflicher Regelungsebene im deutschen dualen System industrieller Beziehungen hat eine veränderte 'Akteurspraxis' (v.a. der Betriebsräte) im Umgang mit dem Institutionensystem destabilisierende Effekte für das Tarifsystem.

Diese These wurde erstens auf Basis einer historisch angelegten Analyse der Funktionsprinzipien und Bestandsbedingungen des deutschen Tarifsystems als Teil des dualen Systems industrieller Beziehungen entwickelt. Zweitens wurde sie anhand empirischen Materials über die Tarifgestaltungspraxis in ostdeutschen Betrieben belegt. Zwar sind die ostdeutschen Kontextbedingungen tariflichen Handelns als besondere Bedingungen zu betrachten, nichtsdestoweniger handelt es sich um einen Fall 'gültiger Institutionenpraxis'. Da die speziellen ostdeutschen Rahmenbedingungen zudem besonders mangelhafte Kooperationsbeziehungen von betrieblichen und tariflichen Akteuren evozierten, zeigt sich exemplarisch deren verheerende Wirkung auf die Geltungskraft des Flächentarifs. Die impliziten Bestandsbedingungen des deutschen Tarifsystems werden besonders deutlich, wo sie kaum oder nur noch unzureichend vorhanden sind.

Das Tarifvertragswesen entwickelte sich in Deutschland in der zweiten Hälfte des 19. Jahrhunderts. Erst nach der Jahrhundertwende und insbesondere nach dem 1. Weltkrieg kann jedoch von einer Institutionalisierung des Tarifvertragswesens gesprochen werden. Die Akzeptanz von Tarifverträgen hängt eng zusammen mit der Geschichte der Etablierung der Gewerkschaften als kollektive Vertretungsorganisationen der Lohnarbeitenden. Nur in wenigen Branchen, insbesondere in solchen mit guter gewerkschaftlicher Organisation und einer eher geringen sozialen Distanz zwischen den Unternehmern und den hoch qualifizierten abhängig Beschäftigten (wie z.B. das Buchdruckergewerbe), wurden Tarifverträge relativ früh als probates Mittel verlässlicher kollektiver Regulierung der Arbeits- und Entlohnungsbedingungen sowie aufgrund ihrer konkurrenzregulierenden Funktion akzeptiert. In einem Großteil der Wirtschaft mussten Tarifverträge hingegen von den Gewerkschaften durch Streiks hart erkämpft und gegen einen 'Herr-im-Hause-Standpunkt' der Unternehmerseite durchgesetzt werden. Im Stinnes-Legien-Abkommen vom November 1918 wurden die Gewerkschaften erstmals offiziell als Vertretung der Lohnarbeitenden anerkannt und das Prinzip der tarifvertraglichen Vereinbarung wurde als neue Leitlinie der Beziehungen zwischen Kapital und Arbeit festgeschrieben. Ergänzt wurde das neue Arbeitsrecht durch das 1920 erlassene Betriebsrätegesetz, das das deutsche System industrieller Beziehungen als duales System implementierte. Die

institutionelle Trennung zwischen den v.a. für die überbetriebliche, tarifliche Ebene
zuständigen Gewerkschaften (mit legalem Streikmonopol) und wirtschaftsfriedlichen, formal gewerkschaftsunabhängigen Betriebsräten bezweckte zu diesem Zeitpunkt auch eine Zähmung der radikalen Betriebsrätebewegung.

Die Tarifgeschichte der Weimarer Republik ist stark von der krisenhaften Wirtschaftsentwicklung geprägt, was die Gewerkschaften zunehmend in die Defensive
geraten ließ. Angesichts der intransingenten Haltung der Unternehmer (v.a. in der
Schwerindustrie und im Bergbau), die die gewerkschaftlichen Errungenschaften der
Nachkriegszeit wieder rückgängig zu machen suchten, und ihrer zunehmenden Weigerung, überhaupt noch Tarifverträge abzuschließen, kam es zu einer 'Lähmung'
kollektiver tariflicher Regulierung. Die Zunahme staatlicher Eingriffe in das Tarifgeschehen in der Form von Zwangsschlichtungen bewirkte nur eine weitere Suspendierung des Einigungszwangs und die Delegitimierung der so zustande gekommenen
Vereinbarungen. Die Erosion der kollektiven Tarifautonomie mündete zum Ende der
Weimarer Republik in ihre komplette Demontage.

Das deutsche Tarifsystem in seiner heute gültigen Gestalt wurde im wesentlichen
nach dem 2. Weltkrieg implementiert. In vielen Bereichen entspricht es dem Tarifsystem der Weimarer Republik, - mit der wesentlichen Veränderung, dass die Einmischung des Staates in das Tarifgeschehen erschwert wurde. Die deutsche Spezifik
einer ausgesprochen starken und autonomen Position der Tarifverbände kann als
Lehre aus der Geschichte gelten. Hoffnungen der Gewerkschaften auf eine erweiterte
wirtschaftsdemokratische Mitbestimmung wurden jedoch enttäuscht. Die Position
der Gewerkschaften blieb im wesentlichen die gleiche, die sie (zumindest nach der
geltenden Arbeitsverfassung) auch bereits in der Weimarer Republik gewesen war.
Sie waren rechtlich anerkannte, überbetriebliche Vertretungsinstanzen der abhängig
Beschäftigten, die das Monopol bei der Gestaltung der Kollektivverträge sowie bei
der Ausübung des Streikrechts innehatten. Auch die duale Struktur der Interessenvertretung und damit der faktische Ausschluss der Gewerkschaften aus dem Betrieb
blieb erhalten.

In den ersten drei Nachkriegsjahrzehnten etablierte sich die spezifische tarifliche
Institutionenpraxis, die weithin unter dem Begriff des 'deutschen Modells' industrieller Beziehungen bekannt wurde. Die äußeren Rahmenbedingungen dieses Modells waren ein kontinuierliches Wirtschaftswachstum, das mit standardisierter Massenproduktion und -konsumtion einherging sowie der Wandel zum sozialstaatlichen
Kapitalismus. Die Tarifparteien, insbesondere die Gewerkschaften, entwickelten sich
vor diesem Hintergrund zu intermediären Institutionen, welche zwischen unmittelbaren Mitgliederinteressen einerseits und volkswirtschaftlichen Systemzwängen andererseits zu vermitteln suchten. In dieser Rolle wurde ihnen auch staatlicherseits eine
wichtige Bedeutung für die makroökonomische Gesamtsteuerung zuerkannt und es
kam zu Versuchen der Einbindung in die staatliche Wirtschaftspolitik.

Die Konzeption von Tarifpolitik als intermediäre Politik wurde sowohl möglich
als auch nötig, da die nunmehr als einheitliche Industriegewerkschaften konstituierten Gewerkschaften einen bislang nie da gewesenen hohen Organisationsgrad erreichten. Die gewerkschaftliche Konzentration wurde zudem von einer Zentralisierung der internen Organisationsstrukturen begleitet. Die Kehrseite dieser immensen

Steigerung gewerkschaftlicher Organisationsmacht und Strategiefähigkeit 'nach außen' waren jedoch neue innerorganisatorische Problemlagen bei der Vereinheitlichung der Interessenlagen ihrer Mitglieder. Dieses Problem lösten die Gewerkschaften v.a. dadurch, dass sie sich auf Tarifforderungen konzentrierten, die allgemein genug waren, um den Interessen aller Erwerbsabhängigen zu entsprechen: Höhere Entlohnung, kürzere Arbeitszeiten und eine Monetarisierung der Belastungen sowie Risiken von Erwerbsarbeit. Eine stärker qualitativ bestimmte Tarifpolitik im Sinne der Abmilderung von Belastungen und sozialverträglichen Arbeitsgestaltung sowie die Vertretung spezifischer (z.B. besonders benachteiligter) Beschäftigtengruppen musste dabei ebenso vernachlässigt werden, wie eine Vertretungspolitik, die die Interessen einzelner Betriebe oder Regionen besonders berücksichtigte. Solche betriebs- sowie mitgliedernahen Vertretungsaufgaben wurden weitgehend den Betriebsräten überlassen.

In der Praxis kam es somit zu einer Funktionsdifferenzierung zwischen Betriebsräten und Gewerkschaften, die als zentrales Moment für die erstaunliche Leistungsfähigkeit und Stabilität des deutschen dualen System industrieller Beziehungen gelten kann. Das arbeitsteilige System der Vertretung überbetrieblicher, tariflicher Interessen durch die Gewerkschaften und betriebs-spezifischer Interessen durch die Betriebsräte brachte sowohl wechselseitige Entlastungs- als auch Stabilisierungseffekte mit sich. Diese Feststellung gilt allerdings nur deshalb und solange die formale Trennung durch eine faktische Verschränkung von betrieblicher und gewerkschaftlicher Interessenvertretung ergänzt wird, - wie dies in der Praxis in Westdeutschland normalerweise der Fall war. So stellten etwa die Gewerkschaften Beratungs- und Informationsdienste für die Betriebsräte bereit, während letztere durch Mitgliederwerbung und die Vermittlung zwischen Gewerkschaft und Beschäftigten unmittelbar für die gewerkschaftliche Bestandssicherung an der betrieblichen Basis sorgten. Die Gewerkschaften handelten mit Hilfe der alleinigen Verfügungsgewalt über die scharfe Waffe des Arbeitskampfes die zentralen Richtlinien betrieblicher Entgelt- und Arbeitsbedingungen aus; die Betriebsräte setzten diese betriebsnah um und kontrollierten als 'Tarifpolizei' deren Einhaltung. Die personellen Überschneidungen zwischen den beiden 'Säulen' der Interessenvertretung waren erheblich, wodurch sowohl eine gelungene innergewerkschaftliche Interessenvermittlung als auch eine koordinierte Strategie von betrieblicher und überbetrieblicher Interessenvertretung gesichert wurde.

Die Stabilität und Leistungsfähigkeit des deutschen Systems industrieller Beziehungen basierte also nicht primär auf seiner institutionellen Verfasstheit als 'duales' System, sondern auf einer spezifischen Akteurspraxis im Umgang mit diesem Institutionensystem: auf der faktisch engen Kooperation zweier formal getrennter Instanzen. Betrachtet man die institutionelle Verfasstheit des Systems, so muss grundsätzlich dennoch der formale Ausschluss der Gewerkschaften aus den Betrieben als neuralgischer Punkt desselben gelten. Dieser wird nur dann kompensiert, wenn mit den betrieblichen InteressenvertreterInnen eine stabile Kooperation aufrechterhalten werden kann. Die normative Einbindung der Betriebsräte in den gewerkschaftlichen Solidarverband kann damit als 'conditio sine qua non' einer durchsetzungsfähigen Gewerkschaftspolitik gelten.

Etwa seit Mitte der 70er Jahre kam es (nicht nur) in der Bundesrepublik zu einem tiefgreifenden Strukturwandel von Wirtschaft und Gesellschaft, der das bundesdeutsche Tarifsystem unter massiven Anpassungsdruck setzte und in letzter Konsequenz auch für die aktuell wahrnehmbaren Krisentendenzen verantwortlich gemacht werden muss. Die Infragestellung rentabler Kapitalverwertung, der Einzug der Mikroelektronik in die Betriebe und damit neue Möglichkeiten der Rationalisierung und der Produktionsflexibilisierung, die Existenz struktureller Massenarbeitslosigkeit, der Wandel arbeitspolitischer Konzepte und damit von Beschäftigungs- und Qualifikationsstrukturen, die Hinwendung zu konservativ-neoliberalen Strategien staatlicher Sozial- und Wirtschaftspolitik sowie der gesellschaftliche Wertewandel in Richtung Individualisierung und Pluralisierung sind nur einige übergreifende Stichworte, die den Strukturwandel beschreiben. Für die gewerkschaftliche Tarifpolitik hatten diese Entwicklungen prekäre Folgen, erstens in der Form einer Verschiebung der Machtbalance in der betrieblichen sowie tariflichen Arena zuungunsten der abhängig Beschäftigten und zweitens in dem verstärkten Zwang zu einer flexibleren, stärker qualitativ orientierten sowie dezentralisierten Tarifpolitik.

Zentrale Reaktionsweisen auf die neue Defensivposition und verringerten Aushandlungsspielräume der Vertretungsorgane abhängig Beschäftigter waren Prozesse der sozialen Schließung. Auf gewerkschaftlicher Ebene fanden diese ihren Ausdruck in der segmentären Besitzstandssicherung für die organisatorische Kernklientel, welche zu Beginn der 80er Jahre allerdings noch durch das solidarische Konzept einer allgemeinen Arbeitszeitverkürzung kontrastiert wurde. Erhebliche Sprengkraft für das Tarifsystem implizierte jedoch die 'segmentäre Wendung' der Vertretungspolitik auf betrieblicher Ebene, die sich im Trend zum Abschluss von 'Produktivitätsbündnissen' äußerte. Nolens volens konzentrierten sich viele Betriebsräte auf die Wahrung der gemeinsamen betrieblichen Interessen von Kapital und Arbeit, - eine Strategie, die tendenziell eine Abkopplung von überbetrieblichen Interessenvertretungszielen beinhaltete.

Der Zwang zu einer dezentraleren, flexibleren, verstärkt 'qualitativen' Tarifpolitik widersprach insofern den etablierten Funktionsmechanismen des Tarifsystems, als dies erstens die gewerkschaftlichen Möglichkeiten innerverbandlicher Interessenaggregation und -verheitlichung zu überfordern droht(e) und zweitens die damit notwendig verknüpfte 'Verbetrieblichung' von Tarifpolitik die arbeitsteiligen Standards in der Zusammenarbeit von Betriebsräten und Gewerkschaften in Frage stellte. Bislang hatten die jeweiligen machtpolitischen Durchsetzungsmöglichkeiten dem Aufgabenzuschnitt der beiden 'Säulen' des Systems industrieller Beziehungen entsprochen: Zur Aushandlung wesentlicher Parameter im Austauschverhältnis von Lohn und Leistung war den Gewerkschaften das Streikmonopol vorbehalten. Die im Betriebsverfassungsgesetz vorgesehenen Rechte der Betriebsräte waren jedoch für eine bloße Umsetzung bzw. betriebsspezifische Anwendung der Tarifnormen im Großen und Ganzen ausreichend. Eine stärker betriebsspezifische, 'qualitative' Tarifpolitik droht(e) jedoch beide Säulen des dualen Systems industrieller Beziehungen zu überfordern - die Gewerkschaften in organisationspolitischer Hinsicht, die Betriebsräte in machtpolitischer Hinsicht. Bereits im Laufe der 80er Jahre mehrten sich unter diesen Bedingungen die Anzeichen für eine Aushöhlung der Kooperationsbeziehungen zwischen Betriebsräten und Gewerkschaften, - eine Tendenz, die am 'neuralgischen Punkt' des deutschen Systems industrieller Beziehungen ansetzte. Die aktuell wahrnehmbare Krise des Tarifsystems, deren augenfälligstes Merkmal die Erosion flächentariflicher Normierungskraft ist, kann im wesentlichen als Radikalisierung der skizzierten Tendenzen begriffen werden. Diese Radikalisierung erfolgte insbesondere unter dem Eindruck der tiefsten konjunkturellen Rezession der Nachkriegszeit 1992/93, explodierender Arbeitslosenzahlen im vereinigten Deutschland sowie teils realer, teils ideologisch-diskursiv übersteigerter Prozesse der Internationalisierung von Konkurrenz- und Unternehmensstrukturen. Die Gewerkschaften bezahlten die Aufrechterhaltung des kooperativen Modells intermediärer Tarifpolitik zunehmend damit, dass sie Tarifpolitik als Standortpolitik definierten. Die betrieblichen Interessenvertretungen sahen sich überwiegend in die Defensive gedrängt und in einer Situation 'zwischen Kooperation und Erpressung'. So erfolgte der Umbau des Tarifsystems in den 90er Jahren nur mehr teilweise durch explizite Gestaltungsentscheidungen der Tarifparteien, sondern häufig mehr oder weniger unkontrolliert und mit mehr oder weniger Zustimmung der Gewerkschaften auf betrieblicher Ebene im Rahmen sogenannter Standorterhaltungs- oder Beschäftigungssicherungspakte. Diese Entwicklung sorgte für erheblichen Sprengstoff zwischen Betriebsräten und Gewerkschaften. Die Abstimmungsprobleme zwischen den beiden 'Säulen' des dualen Vertretungssystems radikalisierten sich. Hinzukam die Ausbreitung mitbestimmungsfreier Zonen ohne Betriebsrat und im Verhältnis von Betriebsräten und Belegschaft zeigten sich neuartige Distanzierungsprozesse.

Die Krise tariflicher Regulierungs- und Normierungskraft zeigt sich aktuell an der zunehmenden äußeren Erosion des Flächentarifvertrags (d.h. der Abnahme des tariflichen Deckungsgrads), an der womöglich noch ausgeprägteren inneren Erosion des Flächentarifvertrags (d.h. der abnehmenden Bereitschaft von Geschäftsleitungen formal geltende Tarifregelungen tatsächlich anzuwenden) sowie dem Aufweichen tarifimmanenter Gestaltungsprinzipien. Als Ursachen der äußeren Erosion des Flächentarifvertrags analytisch zu unterscheiden sind einerseits explizite Verbandsaustritte, bzw. -Nicht-Eintritte und andererseits der strukturelle wirtschaftliche Wandel von Unternehmens- und Branchenstrukturen, in dessen Kontext tariflich gut geregelte Bereiche schrumpfen und es zu einem Wachstum von Branchen und Unternehmensformen kommt, in denen es kaum institutionalisierte Verhandlungsbeziehungen zwischen Kapital und Arbeit gibt. In der Praxis sind beide Phänomene häufig verknüpft, da intentionale Wahlhandlungen im Kontext von Gelegenheitsstrukturen erfolgen (wie dies z.B. im Fall von 'Tarifflucht per outsourcing' in tariflich weniger gut geregelte Bereiche der Fall ist). Wichtige Varianten der inneren Erosion des Flächentarifvertrags sind erstens die Negation der Tarifbindung durch einseitige Entscheidungen der Geschäftsleitung und zweitens eine regulierte Flexibilisierung der Tarifnormen, wenn die betriebliche Tarifabweichung zum Gegenstand von Aushandlungsprozessen mit Betriebsrat und/oder Gewerkschaft wird. Auch eine regulierte Flexibilisierung von Tarifnormen ist zwar als Aufweichung des Flächentarifs zu begreifen, da ehemals fixe tarifvertragliche Normen als verhandelbare Orientierungsgrößen begriffen werden, durch die Einbeziehung von Betriebsrat und/oder Gewerkschaft besteht jedoch die Möglichkeit einer Re-Regulierung tariflicher Normen sowie einer Politisierung der betrieblichen Tarifgestaltungspraxis.

In der organisationssoziologischen Literatur wird der abnehmende tarifvertragliche Deckungs-grad häufig zentral mit gescheiterten innerverbandlichen Interessenvermittlungsprozessen im Bereich der Arbeitgeberverbände erklärt. Eine solche Konzeptionalisierung der 'Krise des Flächentarifvertrags' als primär verbandspolitisches Problem berücksichtigt jedoch die als 'Gelegenheitsstrukturen' wirkenden (v.a. machtpolitischen) betrieblichen Rahmenbedingungen für die betriebliche Anwendung der Tarifnormen nur unzureichend. Eine adäquate Analyse tarifpolitischen Handelns muss daher neben verbandspolitischen bzw. organisationssoziologischen Aspekten auch eine interessenpolitische Analyse der Handlungsmuster auf betrieblicher Ebene einschließen. Dabei stellen einerseits die Austauschbeziehungen zwischen Betriebsräten und Geschäftsleitung eine wichtige Einflussgröße auf die betriebliche Tarifgestaltungspraxis dar, zum anderen die Anbindung der Betriebsparteien an ihre jeweilige kollektive Interessenvertretung. Die im zweiten Teil dieser Arbeit geleistete empirische Analyse tariflichen Handelns in Ostdeutschland schließt beide Aspekte ein.

Die ostdeutsche Tariflandschaft kann als 'Sonderfall' tariflicher Praxis im Rahmen des deutschen Systems industrieller Beziehungen sowie als 'Extremfall' erodierender flächen-tariflicher Normierungskraft gelten. Ostdeutschland ist insofern ein Sonderfall tariflicher Institutionenpraxis, als zwar das formale Gerüst rechtlicher und institutioneller Vorgaben 1:1 'von außen' übertragen wurde, diese formalen Regeln besitzen in Ostdeutschland jedoch keine historische gewachsene normative Fundierung sowie Legitimierung. Zudem wurden die neuen Institutionen in eine Umwelt implementiert, die nicht nur durch die wirtschaftlichen und gesellschaftlichen Sonderbedingungen einer ausgesprochen krisenhaften Wirtschafts- und Systemtransformation gekennzeichnet war, sondern auch von Akteuren, die ihre Handlungsmuster mehrheitlich unter wesentlich anderen institutionellen Voraussetzungen erlernt hatten. Angesichts dieser Sonderbedingungen entwickelte sich Ostdeutschland zum Extremfall krisenhafter Tendenzen tariflicher Regulierung. In Ostdeutschland ist das Ausmaß der äußeren sowie der inneren Erosion des Flächentarifvertrags erheblich größer als in Westdeutschland, die Abweichung von tariflichen Normen betrifft vergleichsweise zentralere Regulierungsgegenstände und sie erfolgt häufiger in unregulierter Form, d.h. ohne (bzw. unter lediglich formaler) Einbeziehung von Betriebrat und/oder Gewerkschaft. Zugleich scheinen ostdeutsche Betriebsräte eher dazu bereit, betriebliche Absprachen unter Aussparung der Gewerkschaft zu treffen. Insofern kann Ostdeutschland als Negativszenario der Institutionenpraxis im Rahmen des deutschen Systems industrieller Beziehungen gelten, dessen empirische Analyse besonders geeignet scheint, um die heiklen Punkte des institutionellen Systems näher zu untersuchen.

Die empirische Analyse tariflichen Handelns in Ostdeutschland basiert auf über 140 qualitativen Interviews mit tariflichen und betrieblichen ExpertInnen, die mehrheitlich in den Jahren 1996/97 durchgeführt wurden. Sie konzentriert sich auf jene Dimension, welche als institutionell vorgegebener 'neuralgischer Punkt' für die Normierungsfähigkeit des deutschen Tarifsystems bestimmt wurde: die Kooperationspraxis zwischen betrieblichen und tariflichen Akteuren, - oder anders: die betriebliche Verankerung von Gewerkschaften und Arbeitgeberverbänden.

Die organisationspolitische Analyse der Situation ostdeutscher Arbeitgeberverbände verweist darauf, dass Ostdeutschland ein ausgesprochen schwieriges Organisationsterrain darstellt. Eine verglichen mit Westdeutschland wesentlich dynamischere sowie heterogenere Betriebslandschaft, der langandauernde Privatisierungsprozess und die radikalen Abnahme der Betriebsgrößen machen die Vereinheitlichung der Mitgliederinteressen und die Definition eines 'allgemeinverträglichen' tarifpolitischen Zieles zu einem ausgesprochen schwierigen Prozess. Dies zeigt sich insbesondere in der anhaltenden Debatte um das tarifliche Angleichungstempo an Westdeutschland und die Frage, wieviel Standortvorteil im Lohnkostenbereich den ostdeutschen Betrieben 'fairerweise' eingeräumt werden müsse. Die Spaltung der Tariflandschaft in Ost- und Westdeutschland prekarisiert die innerverbandliche Interessenvermittlung und polarisiert die Betriebe nach unterschiedlichen Konkurrenzstrukturen und Verwertungsbedingungen. Ist damit einerseits der innerverbandliche interessenpolitische Sprengstoff besonders groß, so sind andererseits die Prozesse der innerverbandlichen Interessenvermittlung in ihren Möglichkeiten besonders beschränkt. Die geringe Bereitschaft der ostdeutschen Mitgliedsbetriebe, sich am innerverbandlichen Interessenaggregations- und vermittlungsprozess zu beteiligen, evoziert die Gefahr einer nicht repräsentativen Verbandspolitik. Die Ära einer 'Stellvertreterpolitik' ostdeutscher Arbeitgeberverbände scheint unter diesen Bedingungen noch längst nicht endgültig vorüber.

Eine differenzierte Analyse der (Hinter-)Gründe für die relative Verbandsdistanz und die häufige Abweichung ostdeutscher Betriebe von den tariflichen Normen erlaubt eine am empirischen Material entwickelte Typologie der Beziehungen zwischen Geschäftsleitungen und Arbeitgeberverbänden. Die Konstruktion der Typologie setzt an einem Grundproblem kollektiven Handelns an, nämlich der Nicht-Identität kollektiver Interessen mit der Summe einzelbetrieblicher Interessen. Ein zentrales Kriterium bei der Konstruktion 'typischer Muster der Verbandsbindung' ist die Frage, ob die Betriebe den Arbeitgeberverband primär als Instanz kollektiver Interessenvertretung reflektieren, oder den Wert einer Verbandsmitgliedschaft vor allem daran messen, inwiefern sie ihn als fähig eingeschätzten, einzelbetriebliche Interessen und Serviceanforderungen zu erfüllen. Mit dieser 'Grundausrichtung' unternehmerischen Verbandshandelns korreliert die Ausprägung des Verbandsbezugs als aktiver Prozess der Interessenvermittlung oder als primär passives Dienstleistungsverhältnis. Ein zweites Kriterium der Typologiekonstruktion ist die Frage, inwiefern die Betriebe ihre spezifischen Erwartungen an den Verband erfüllt sehen und es sich daher um eine stabile oder um eine brüchige Verbandsbindung handelt. Entlang dieser beiden Kriterien ergeben sich vier typische Muster betrieblicher Mitgliedschaftskonzepte:

Der stabil-aktive Verbandsbezug kann gleichsam als Idealtypus gelungener normativer Verbandsintegration gelten. Die Selbstdefinition des Verbandes als kollektive Interessenvertretung ist identisch mit der zentralen Mitgliedererwartung. Die einschlägigen Betriebe beteiligen sich aktiv an der kollektiven Strategiedefinition. Unter diesen Bedingungen kommt es zu einer relativ starken Identifikation mit den Ergebnissen innerverbandlicher Willensbildung, d.h. auch mit den vom Verband ausgehandelten tariflichen Normen. Diese werden innerbetrieblich weitgehend eingehalten.

Der stabil-passive Verbandsbezug zeichnet sich dadurch aus, dass die Verbandsintegration nicht oder kaum auf normativem Wege erfolgt, sondern zentral über das Angebot an selektiven Leistungen, mit denen man im Großen und Ganzen zufrieden ist. Man beteiligt sich kaum am Verbandsleben, sondern reduziert die eigene Mitgliedschaftsrolle weitgehend auf den Empfang von Dienstleistungen gegen die Zahlung von Beiträgen. Dieser gleichermaßen unproblematische sowie unpolitische Verbandsbezug geht häufig einher mit einem Moment der Verbandsbindung aus Tradition sowie der Tatsache, dass die Entscheidung bezüglich der Verbandsmitgliedschaft nicht direkt vor Ort im Unternehmen sondern von übergeordneten (oft west-deutschen) Instanzen getroffen wird. Insofern handelt es sich teilweise um eine 'Dependenzkultur' kollektiver Organisierung, die durch die Erfüllung einzelbetrieblicher Serviceinteressen vor Ort stabilisiert wird. Die Frage der Verbandsbindung wird auch dadurch entpolitisiert, dass damit teilweise nicht zwingend auch eine Folgebereitschaft gegenüber dem Verband in der Form der Tarifeinhaltung verknüpft wird.

Betriebe, deren Austritt(sdrohung) als strategischer Versuch der Einflussnahme auf kollektive Interessenvertretungsstrategien zu werten ist und nicht primär aus einzelbetrieblichen Kostengründen erfolgt (*'Austritt aus Protest'*) stellen zwar ein weiteres typisches Muster der Verbandsbindung dar, in Ostdeutschland ist dieses jedoch empirisch nicht sehr stark verbreitet. Dass zugleich die konkreten Gründe für die Unzufriedenheit mit der Verbandspolitik stark differieren, verweist erneut auf die heterogene, teilweise sogar gegensätzliche Interessenlage der Mitgliederklientel ostdeutscher Arbeitgeberverbände.

Der empirisch dominante Typus ist zweifellos ein *passiver sowie fragiler Verbandsbezug*. Dieser ist dadurch charakterisiert, dass das Verhältnis zum Verband vor allem als Dienstleistungsverhältnis definiert wird, mit dessen Kosten-Nutzen-Bilanz man unzufrieden ist. Typischerweise ist in diesen Fällen die Frage der Verbandsmitgliedschaft in erheblichem Maße politisiert. Insbesondere die mit der Verbandsbindung verknüpfte Tarifbindung wird als 'kostspielig' wahrgenommen, erstens, da sie Quelle innerbetrieblicher Konflikte sei, zweitens, da sie relativ hohe oder absolut zu hohe Lohnkosten zur Folge habe.

Die Klage über eine konfliktverursachende Wirkung der Tarifbindung sitzt auf zwei differenten unternehmerischen Deutungsmustern auf: Im ersten Fall scheinen realsozialistische Orientierungsmuster noch lebendig, da Tarifverbände nicht als intermediäre Organisationen, sondern primär als wirtschaftspolitische Ordnungsinstanzen aufgefasst und die Beziehungen zwischen Arbeit und Kapital nicht als grundlegend konflikthaft interpretiert werden. Tarifauseinandersetzungen werden daher gleichgesetzt mit einer unprofessionellen Regulation auf überbetrieblicher Ebene, deren Leidtragende die betrieblichen Akteure seien. Im zweiten Fall existiert ein klares Bewusstsein über die permanente latente Konflikthaltigkeit der Beziehungen zwischen Unternehmern und abhängig Beschäftigten, der eigene Betrieb wird jedoch als befriedete Zone wahrgenommen. Tarifkonflikte werden daher als potentiell ansteckende Handlungsmuster aufgefasst, zu deren Akteuren Distanz zu halten sei. Gemeinsam ist beiden Deutungsmustern die Annahme, dass sich die innerbe-

trieblichen Austauschbeziehungen unter Umgehung einer Anbindung an die Tarifparteien harmonischer gestalten (würden) als unter Einbeziehung derselben und dass
ein Umgehen oder eine Beendigung der Verbands- und damit der Tarifbindung keine
unkalkulierbaren Folgekonflikte auslöst.

Der erhebliche Distanzierungseffekt gegenüber den Verbänden, der von vermeintlich (zu) hohen Kosten einer betrieblichen Tarifbindung ausgeht, basiert zunächst generell darauf, dass die Tarifentgelte in Ostdeutschland faktisch Höchstlöhne
darstellen, deren Zahlung weder selbstverständlich ist, noch normal in dem Sinne,
dass in einer Mehrheit der Betriebe Tariflöhne gezahlt würden. Empirisch zu unterscheiden sind jedoch erstens Betriebe, in denen eine Tarifbindung als absolut zu
teuer, da existenzbedrohend erscheint. In solchen Betrieben mit einem häufig kaum
konkurrenzfähigen Produktivitätsstandard wird die 'Starrheit' der Tarife vor allem
als Behinderung einer auf Niedriglöhnen basierenden Überlebensstrategie im
Marktwettbewerb kritisiert. Von solchen Fällen zu unterscheiden sind zweitens Unternehmen, in denen die Tarifkonditionen als 'relativ hoch' bewertet werden, - gemessen an der noch immer beschränkten Produktivität und Profitabilität des Betriebs, gemessen an den Arbeitgeberverbänden unterstellten potentiellen Aushandlungsspielräumen, gemessen an den innerbetrieblichen Standards, die ohne Tarifbindung durchgesetzt werden könn(t)en oder einfach gemessen an den regional üblichen
Löhnen. Die Tendenz zur betrieblichen Abweichung von den Tarifnormen, auch in
der Form eklatanter Tarifbrüche, ist in diesen Fällen ausgeprägt, wobei es zuweilen
zu einer Politisierung und (gewerkschaftlich oder betriebsrätlich vereinbarten) Re-
Regulierung der Tarifabweichungen kommt.

Zusammenfassend kann von einer deutlich defizitären normativen Integration im
Bereich der ostdeutschen Arbeitgeberverbände gesprochen werden. Nur in einer
kleinen Minderheit der Betriebe sorgt ein aktiv-stabiler Verbandsbezug für gelungene Interaktionsprozesse zwischen Verband und Mitgliedern, sowohl im Sinne glaubwürdiger Interessenaggregation und -vermittlung 'von unten nach oben' als auch im
Sinne einer Folgebereitschaft der Mitglieder gegenüber dem Verband. Es handelt
sich dabei insbesondere um größere Konzernbetriebe des verarbeitenden Gewerbes,
v.a. der Chemieindustrie. In der überwältigenden Mehrheit der Betriebe findet sich
hingegen ein dominant passiver Verbandsbezug, der überdies leicht fragil werden
kann, wenn keine übergeordnete Instanz die Verbandsbindung zur bindenden Norm
erklärt und die Verbands- und Tarifbindung als konflikt- und (vermeintlich unnötige)
Kosten verursachend interpretiert wird. Die Arbeitgeberverbände werden kaum als
'die eigenen' Vertretungsorganisationen wahrgenommen, mit deren Interessenhandeln man sich identifiziert. Die Verbandsmitgliedschaft ist im wesentlichen ein primär formelles, dienstleistungsorientiertes Verhältnis, weitgehend bar jeglicher positiver affektiver Komponenten. Die andauernde erhebliche Distanz ostdeutscher Betriebe und selbst arbeitgeberverbandlich gebundener ostdeutscher Unternehmer gegenüber dem Verbandshandeln ist Ausdruck davon, dass viele ostdeutsche Geschäftsleitungen weder der wirtschaftspolitischen Ordnungsfunktion noch der interessenpolitischen Funktion der Arbeitgeberverbände aktuell eine besondere Wichtigkeit zumessen. Dies kann sicher nicht mehr nur mit dem Nachwirken realsozialistischer Orientierungsmuster oder der umstrittenen tariflichen Angleichungspolitik der

unmittelbaren Nach-Wende-Zeit erklären werden, sondern auch mit Erfahrungen, die in den folgenden Jahren mit den Leistungen des übernommenen Tarifsystems gemacht wurden. Die weithin 'brüchige Tarifrealität' macht aus der Sicht vieler Geschäftsleiter zwar eine Konkurrenzregulierung im Lohnkostenbereich durchaus notwendig, die Arbeitgeberverbände erscheinen jedoch als diesbezüglich kaum durchsetzungsfähige Akteure. Und auch deren interessenpolitische Vertretungsleistungen scheinen verzichtbar angesichts mangelhafter betrieblicher Verankerung der Gewerkschaften. So sind die Organisationsprobleme der Arbeitgeberverbände und damit die Erosion des Flächentarifvertrags in letzter Konsequenz auch ein Reflex auf die Schwäche der Gewerkschaften und das damit verknüpfte Fehlen authentisch ostdeutscher Erfahrungen, wonach Tarifverträge eine friedensstiftende Funktion besitzen.

In gewissem Sinne spiegelbildlich zu den Arbeitgeberverbänden haben auch die Gewerkschaften in Ostdeutschland erhebliche Probleme der Verankerung an der betrieblichen Basis. Auch für sie stellen die Verkleinbetrieblichung und v.a. die massive Arbeitslosigkeit schwierige strukturelle Rahmenbedingungen für die Organisationsarbeit dar. Während die formale Mitgliederbindung den Gewerkschaften leichter fällt als den Arbeitgeberverbänden, da die Gewerkschaften von der noch immer nachwirkenden gesellschaftlichen 'Norm der Gewerkschaftsmitgliedschaft' und dem hohen Schutzbedürfnis ostdeutscher Beschäftigter in existentiellen Krisenzeiten profitieren, so ist damit noch nichts über die Qualität des Mitgliedschaftsbezugs ausgesagt. Dieser ist - ähnlich wie auch im Bereich der Arbeitgeberverbände – von einer geringen Identifikation mit den Organisationszielen und einer starken Dienstleistungsorientierung geprägt. Besonders prekär scheint die mangelhafte Mobilisierungs- und Verpflichtungsfähigkeit der Gewerkschaften gegenüber den ostdeutschen Betriebsräten, die als 'betriebliche Säule' des dualen Vertretungssystems eine Schlüsselrolle für die Verankerung der Gewerkschaften an der Basis haben. Dies zeigt sich deutlich im Rahmen einer Typologie der Beziehungsmuster zwischen ostdeutschen Betriebsräten und Gewerkschaften.

Konstituierende Dimensionen für die Typologie sind erstens der Grad der Verkoppelung versus Abgrenzung zwischen Betriebsrats- und Gewerkschaftshandeln und zweitens der Autonomie-grad des Betriebsratshandelns vom Willen der Geschäftsleitung. Gemäß dieser Prämissen ergeben sich vier typische Beziehungskonstellationen zwischen Betriebsräten und Gewerkschaften:

Das Beziehungsmuster der 'Verschränkung' von Betriebsrats- und Gewerkschaftshandeln impliziert eine enge Kooperation, die im Rahmen einer relativ autonom definierten Betriebsratsstrategie als beiderseitiges Nutzenverhältnis interpretiert wird. Obwohl im Rahmen dieses Beziehungsmusters von einer gelungenen Ankopplung des Betriebsratshandelns an übergreifende gewerkschaftliche Strategien gesprochen werden kann, weist es dennoch auch Züge eines dienstleistungsorientierten Verhältnisses auf. Es existiert eine klare Trennung zwischen betriebsrätlicher und gewerkschaftlicher Aufgabenstellung und die Züge affektiver Bindung an die Gewerkschaft bleiben beschränkt. Das Ausmaß normativer Integration der Betriebsräte in den gewerkschaftlichen Solidarverband reicht zwar aus, um eine grundlegende Anbindung an das Tarifsystem zu sichern, diese ist jedoch wesentlich schwächer, als dies in westdeutschen 'gewerkschaftlichen Vorbildbetrieben' der Fall ist.

Das Beziehungsmuster der *'Abhängigkeit'* des Betriebsratshandelns von der Gewerkschaft impliziert einen engen, primär dienstleistungsorientierten Gewerkschaftsbezug der Betriebsräte, welcher im wesentlichen der Kompensation innerbetrieblicher, machtpolitischer Unterlegenheit dient. Die Position der Betriebsräte im Unternehmen ist typischerweise relativ schwach; sie wollen aber dennoch auf die Vertretung von der Geschäftsleitung abweichender Positionen nicht völlig verzichten. In dieser Situation nehmen die Betriebsräte Zuflucht zu 'Rat und Hilfe' der Gewerkschaft. Die Beziehung ist jedoch typischerweise relativ einseitig, in dem Sinne, dass die Gewerkschaften zwar die Betriebsräte unterstützen, letztere jedoch bereits mit ihren innerbetrieblichen Vertretungsaufgaben aus- bis überlastet sind und daher kaum 'zusätzliche' Aufgaben gewerkschaftlicher Organisationssicherung im Betrieb übernehmen können. Zwar werden in solchen Betriebsfällen die gewerkschaftlichen Betreuungskapazitäten in hohem Maße belastet und die kurzfristigen 'Nutzeffekte' scheinen zuweilen eher zweifelhaft, die massive innerbetriebliche Einmischung der Gewerkschaften hat jedoch mittelfristig stabilisierende Effekte sowohl für die gewerkschaftliche Verankerung als auch für die tarifliche Anbindung des Betriebs und damit für die Funktionsfähigkeit des dualen Systems industrieller Beziehungen.

Im Beziehungsmuster der *'Entkopplung'* des Betriebsratshandelns von einer übergreifenden gewerkschaftlichen Interessenvertretung begreifen sich die Betriebsräte in doppeltem Sinne als 'autonome Vertretungsinstanzen' - autonom von der Geschäftsleitung und autonom von der Gewerkschaft. Ihre oft vergleichsweise starke, d.h. sowohl von der Belegschaft als auch von der Geschäftsleitung anerkannte Stellung, nutzen sie typischerweise für eine Interessenvertretungsstrategie, die die gemeinsamen Interessen von Belegschaft und Geschäftsführung stark in den Vordergrund stellt. Da bereits die kompromisshafte und möglichst konfliktfreie Interessenvermittlung zwischen Belegschaft und Geschäftsleitung nicht immer einfach ist, wird die zusätzliche Berücksichtigung innerbetrieblicher Loyalitätsanforderungen der Gewerkschaft nur bis zu dem Ausmaß anerkannt, wie dies ohne größere Konflikte mit der Geschäftsleitung möglich ist. Zwar ist meist eine rudimentäre Anbindung an die Gewerkschaft vorhanden, man nimmt auch gewerkschaftliche Dienstleistungen in Anspruch, grundsätzlich sieht man sich jedoch als 'nicht zuständig' für gewerkschaftliche Aufgabenbereiche. Die Imperative kollektiver Vertretungslogik werden zudem tendenziell als Bedrohung des eigenen innerbetrieblichen Vertretungshandelns aufgefasst. Der Bezug zur Gewerkschaft ist als weitgehend entpolitisiertes und stark instrumentelles Dienstleistungsverhältnis zu betrachten. Die normative Integration in den gewerkschaftlichen Solidarverband ist schwach. Im Fall konfliktverursachender Loyalitätsanforderungen ist die Folgebereitschaft gegenüber der Gewerkschaft höchst ungewiss. Von einer funktionierenden kooperativen Verschränkung des Vertretungshandelns der Betriebsräte und der Gewerkschaft kann in diesen Fällen nicht gesprochen werden, eher von einer Entschränkung der beiden Säulen des Interessenvertretungssystems, die häufig mit einer teilweise von den Betriebsräten aktiv mitgetragenen oder kaum bekämpften Erosion innerbetrieblicher Geltungskraft der Tarifnormen begleitet ist.

Eine ausgeprägte '*Distanz*' zwischen Betriebsräten und Gewerkschaft als viertes typisches Beziehungsmuster geht gewöhnlich einher mit einem geringen Autonomiegrad der Betriebsräte vom Willen der Geschäftsleitung. Angst und Einschüchterung der Belegschaft und ihrer RepräsentantInnen spielen eine vergleichsweise große Rolle. Das Verhältnis zur Gewerkschaft ist ein nur sporadisches sowie sehr lockeres Dienstleistungsverhältnis, wobei den gewerkschaftlichen Serviceleistungen wie Beratung und Schulung nur eine beschränkte Nützlichkeit zuerkannt wird: 'Unnötig' erscheinen diese im Hinblick auf die konfliktarmen innerbetrieblichen Sozialbeziehungen, 'praxisfern' im Hinblick auf die oft irregulären innerbetrieblichen Arbeitsbedingungen. Gewerkschaftliche Anforderungen an die innerbetriebliche Vertretungsarbeit werden typischerweise als illegitime Zumutung erlebt und unter Hinweis auf das betriebliche Wohl und die beschränkten Handlungsmöglichkeiten klar negiert. Der expliziten Distanz zur Gewerkschaft entsprechen gravierende Abweichungen von kollektiven Tarif- sowie Vertretungsstandards. Tarifbrüche sind in den einschlägigen Betrieben häufig, eklatant und erfolgen in der Regel ohne für die Beschäftigten wahrnehmbare Gegenwehr. Weder die Tarifparteien noch die Betriebsräte haben dabei einen relevanten Einfluss auf die Prozesse innerbetrieblicher Normsetzung.

Ohne eine quantitative Repräsentativität des untersuchten Betriebssamples behaupten zu wollen, kann die empirische Verbreitung der vier 'typischen Beziehungsmuster' unter den Untersuchungsbetrieben doch als klarer Hinweis auf eklatante Defizite gewerkschaftlicher Verankerung in den ostdeutschen Betrieben gelten: Für die Betriebe des verarbeitenden Gewerbes (Metall- und Chemieindustrie) kann man grob von einer Dreiteilung des Samples sprechen. Nur in etwa einem Drittel der Betriebe fand sich eine mehr oder weniger funktionierende Anbindung der Betriebsräte an die Gewerkschaft bzw. der Betriebe an das Tarifsystem, d.h. es existierte entweder eine 'Verkopplung' oder eine 'Abhängigkeit' beider Säulen des dualen Vertretungssystems. Je ein weiteres Drittel entfiel hingegen auf die Muster defizitärer Gewerkschaftsanbindung (,Entkopplung' sowie 'Distanz'). Noch dramatischer war die Situation im Bereich der Bauindustrie: Betriebsfälle mit einer funktionierenden gewerkschaftlichen Anbindung stellten dort mit nur etwa einem Fünftel der Untersuchungsbetriebe regelrecht die Ausnahme dar.

Wenn also für Westdeutschland von fortschreitenden Distanzierungsprozessen zwischen Betriebsräten und Gewerkschaften gesprochen und eine zunehmende Abkopplung der betrieblichen Handlungslogiken von überbetrieblichen tariflichen Zielstellungen festgestellt wurde, so gilt dieses Szenario für Ostdeutschland offenbar noch in wesentlich stärkerer Weise. Sowohl das Verhältnis zwischen Arbeitgeberverbänden und Geschäftsleitungen als auch zwischen Gewerkschaften und Betriebsräten ist von gegenseitiger Distanz und Abgrenzung geprägt. Die normative Integration in die tariflichen Interessenverbände ist schwach, von einer Identifikation mit kollektiven Vertretungszielen kann kaum die Rede sein. Nur in einem sehr kleinen Segment (v.a. größerer konzernabhängiger Betriebe der verarbeitenden Gewerbes) kann der Prozess der Interessenaggregation und -vermittlung zwischen Mitgliederbasis und Tarifverbänden als funktionsfähig beschrieben werden, - weshalb umgekehrt auch die Tarifnormen innerbetriebliche Geltungskraft besitzen. In weiten Teilen könnte man den Zustand des ostdeutschen Systems industrieller Beziehungen jedoch pointiert als eine Art 'Doppelregulation' bezeichnen, bei der die tarifliche Regelungsebene nur lose mit der betrieblichen verknüpft ist.

Welchen Stellenwert hat die Analyse der ostdeutschen Realität industrieller Beziehungen für die Beurteilung der gesamtdeutschen Entwicklung? Zeigt das ostdeutsche Negativszenario das zukünftige Ende des 'deutschen Modells' industrieller Beziehungen an?

Insbesondere in der ersten Hälfte der 90er Jahre prognostizierten manche wissenschaftlichen BeobachterInnen, dass in Ostdeutschland angesichts weniger verfestigter struktureller Bedingungen und v.a. einer geringeren gewerkschaftlichen Organisationskraft Bedingungen verwirklicht würden, wie sie demnächst auch in Westdeutschland zu erwarten seien. Ostdeutschland sei lediglich das Pionierfeld für eine flexiblere und insgesamt weniger dichte tarifliche Regulierung, der sich die Gewerkschaften auch in Westdeutschland auf Dauer kaum verweigern könnten. Abweichenden tarifpolitischen Konditionen im Osten Deutschlands wurden zudem erhebliche Rückkopplungseffekte auf Westdeutschland und das Gesamtsystem industrieller Beziehungen unterstellt.

Diese These kann inzwischen wohl als empirisch widerlegt gelten. Obwohl die ostdeutsche Tariflandschaft sicher in einigen Fällen Deregulierungseffekte auf Westdeutschland hatte, etwa durch den Abschluss medienwirksamer Vorbildvereinbarungen oder im Rahmen konzerninterner Wettbewerbseffekte zwischen ost- und westdeutschen Standorten, blieben die Auswirkungen der 'ostdeutschen Doppelregulierung' auf das gesamtdeutsche Modell industrieller Beziehungen bisher begrenzt. Dies hat zunächst sicherlich mit der innerdeutschen Verteilung ökonomischer Potenz zu tun. Die ostdeutsche Wirtschaft kann nach wie vor als Dependenzökonomie, d.h. als in weiten Bereichen von Westdeutschland abhängig gelten. Den wirtschaftlichen Gegebenheiten entspricht auch die Verteilung der Einflusspotentiale im Bereich der kollektiven Interessenregulierung auf dem Arbeitsmarkt. Während die Möglichkeit unabhängigen Agierens für die ostdeutschen Tarifverbände angesichts ihrer geringen Bedeutung innerhalb der Gesamtverbände begrenzt ist, so ist zugleich ein partielles Abweichen von bundesweiten Regulierungsnormen in Ostdeutschland beinahe vernachlässigbar im bundesweiten interessenpolitischen Verhandlungsgeschehen. Das westdeutsche Tarifsystem scheint jedenfalls auch auf Dauer mit abweichenden Bedingungen im ostdeutschen 'Randbereich' durchaus überlebensfähig.

Jenseits dieses Arguments der 'relativen Größe' bzw. der nicht vorhandenen kritischen Masse für eine substantielle Beeinflussung des westdeutschen Tarifsystems vom Osten aus, weist die vorliegende Arbeit auch auf einige grundlegende Funktionsunterschiede im dualen Modell industrieller Beziehungen in Ost- und Westdeutschland hin, die der Annahme einer schlichten Übertragbarkeit ostdeutscher Standards auf Westdeutschland widersprechen. Auch in Westdeutschland sind zwar Entkopplungstendenzen zwischen Betriebsräten bzw. Belegschaften und der Gewerkschaft feststellbar, diese finden jedoch als allmählicher Erosionsprozess tradierter Kooperationsbeziehungen statt. Das Tarifsystem und mit ihm die Tarifverbände zehren von einer historisch erworbenen Legitimation als kollektive Vertretungsinstanzen und einer normativen Integration der Mitgliederbasis, die u.a. im Laufe jahrzehntelanger kollektiver Tarifverhandlungen und -auseinandersetzungen erworben wurde. Eine solche vergleichsweise solide Basis verbandlicher Fähigkeit zur Mitgliederbindung existiert in Ostdeutschland nicht. Die Tarifverbände können entweder an überhaupt keine (im Fall der Arbeitgeberverbände) oder an eine sehr zweifelhafte Geschichte von Vorläuferorganisationen anknüpfen. Die unter realsozialistischen Bedingungen geprägten Deutungs- und Orientierungsmuster der ostdeutschen Akteure sind nicht nur nicht umstandslos mit den Erfordernissen der Willensbildung intermediärer Verbände vermittelbar, in ihrer starken Betriebsbezogenheit und Abkopplung von außer- bzw. überbetrieblichen Instanzen widersprechen sie vielmehr den Handlungslogiken, die eine gelungene Interessenvermittlung zwischen betrieblicher und tariflicher Ebene erfordern würde. Die ostdeutsche tarifpolitische Nach-Wende-Geschichte ermöglichte zudem kaum das authentische Erleben des Zusammenhangs zwischen aktiver Mitgliederbeteiligung und erfolgreicher Verbandspolitik von intermediären Organisationen, die in ihrer kollektiven Dimension hätte identitätsstiftend wirken können. Anders als in Westdeutschland ist daher die ostdeutsche Tarifsituation im eigentlichen Sinne nicht Ausdruck einer 'Verbetrieblichung' der Verhandlungsbeziehungen, sondern vielmehr einer nicht oder kaum erfolgten Ankopplung der betriebliche Akteure an kollektive Mechanismen der Interessenregulierung.

Welche Schlussfolgerungen erlaubt die vorliegende Studie für die Theorie kollektiven Handelns von Tarifverbänden sowie die Kontextabhängigkeit von Institutionen?
Die empirische Analyse des Handelns der Mitglieder ostdeutscher Tarifverbände kann in einigen Facetten auch neue oder zusätzliche Argumente in der Diskussion um die klassenspezifische Logik kollektiven Handelns liefern. Sie macht insbesondere darauf aufmerksam, Organisationsbedingungen der Tarifverbände nicht nur durch allgemeine klassenspezifische Differenzen in der Organisationsfähigkeit und dem Organisationsbedarf von Unternehmern und abhängig Beschäftigten beeinflusst werden, sondern auch von kontextabhängigen, historisch erworbenen Erfahrungen und Verhaltensmustern der zu organisierenden Subjekte. Dies wird im Fall des ostdeutschen Tarifsystems besonders deutlich:
Die *Arbeitgeberverbände* befanden sich anfänglich in einer organisationspolitisch geradezu 'idealen' Ausnahmesituation. Durch die schlichte Ausdehnung existierender Organisationsstrukturen nach Osten konnten sie vergleichsweise preisgünstig und schnell hochprofessionelle Leistungen anbieten, die beim neuen Mitgliederklientel auf einen (von unrealistischen Erwartungen getragenen) hohen Organisationsbedarf trafen und auch staatlicherseits durch die Verbandsintegration aller Treuhandbetriebe gefördert wurde. Der Organisationsbedarf der ostdeutschen Betriebe nahm jedoch schon bald deutlich ab, - bedingt durch die Arbeitsmarktlage und die Schwäche der Gewerkschaften, aber auch durch die partielle Kontinuität historisch geprägter Verhaltensmuster (starke innerbetriebliche Kohäsion; gering ausgeprägte Interessengegensätze; 'Überlebenspakte' bei Abgrenzung von überbetrieblichen Regelungsinstanzen). Sowohl die objektiven wie die subjektiven Rahmenbedingungen machten den unternehmerischen Alleingang daher zu einer relativ unproblematisch möglichen Handlungsalternative, die angesichts als 'relativ hoch' eingeschätz-

ter Tarifkonditionen zudem erhebliche Effekte der Kostenreduktion versprach. Ein erhöhtes Angebot der Arbeitgeberverbände an 'selektiven Leistungen' bzw. eine Reduktion der Kosten der Mitgliedschaft zeitigten in dieser Situation nur sehr beschränkte Erfolge. Vielmehr bestätigt der ostdeutsche Fall einmal mehr die These, wonach der Effekt rein utilitaristischer Anreize zur Organisation in kollektiven Interessenverbänden beschränkt ist und die Mitgliederintergration auf normativem Wege eine notwendige, unverzichtbare Grundlage von handlungsfähigen Interessenverbänden" darstellt (Traxler 1986:21). Genau an dieser essentiellen 'Organisationsressource' herrscht in den ostdeutschen Arbeitgeberverbänden ein eklatanter Mangel.

Die *Gewerkschaften* profitieren in Ostdeutschland zunächst vom generell höheren Organisationsbedürfnis abhängig Beschäftigter. Anders als die Unternehmerverbände können sie zudem an eine Gewerkschaftskultur anschließen, die zwar nicht das Engagement für eine kollektive Interessenvertretung, wohl aber die Mitgliedschaft in derselben als Norm beinhaltet. Die Handlungsfähigkeit der Gewerkschaften als Mitgliederverbände basiert jedoch in hohem Maße nicht nur auf ihrer Fähigkeit zur Mitgliederrekrutierung, sondern auch zur Mobilisierung ihrer Basis. Als Vertretung der schwächeren Arbeitsmarktpartei sind die Gewerkschaften damit eher noch stärker als die Arbeitgeberverbände zu einer dialogischen Form kollektiven Handelns gezwungen, die nicht in erster Linie auf rein utilitaristische Handlungsmotive setzt und ihre Basis in einer normativen Identifikation der Mitglieder mit 'ihrer' Organisation hat. Diese Voraussetzung effektiven gewerkschaftlichen Handelns ist in Ostdeutschland jedoch ausgesprochen fragwürdig. Insofern ist für Ostdeutschland der These zu widersprechen, wonach „die Organisationsfähigkeit für Gewerkschaften (...) primär ein Problem der Mitgliederrekrutierung" sei, während sich „für die Arbeitgeberverbände vor allem das Problem der Loyalitätssicherung" stelle (Traxler 1992:159; vgl. auch Traxler 1995:32). Die Gewerkschaften in Ostdeutschland stehen vor dem akuten Problem der 'Abkopplung' von der eigenen Mitgliederbasis. Dies hat sicher nicht nur mit 'historischen Erblasten' zu tun, sondern auch damit, dass die neuen ostdeutschen Mitglieder bislang kaum Gelegenheit hatten, im Rahmen erfolgreicher kollektiver Aktionen loyalitätsstiftende Erfahrungen mit den 'neuen' Gewerkschaften zu machen.

Welche Lehren für die Zukunft des deutschen Tarifsystems lassen sich aus der vorliegenden Studie ziehen?

Zentral ist die Erkenntnis der Arbeit, wonach eine funktionierende Verschränkung der Aufgabenbereiche zwischen Betriebsräten und Gewerkschaft eine 'conditio sine qua non' für das Funktionieren des deutschen Systems industrieller Beziehungen darstellt. Die fehlende formelle Verankerung der Gewerkschaften in den Betrieben als neuralgischer Punkt des Institutionensystems wird nur solange nicht zum Problem für eine einheitliche sowie verbindliche überbetriebliche Regulierung, wie diese durch die 'freiwillige' Akteurspraxis einer engen Kooperation zwischen betrieblichen und tariflichen Akteuren kompensiert wird. Im Fall einer zunehmenden Erosion dieser Kooperationsbeziehung (wie in Westdeutschland) bzw. ihres weitgehenden Fehlens (wie in Ostdeutschland) bieten sich grundsätzlich zwei mögliche Handlungsstrategien an:

Eine verbesserte Zusammenarbeit zwischen betrieblicher Basis und gewerk-

schaftlichem Apparat durch die Intensivierung gewerkschaftlicher Betriebsbetreuung
zählt seit Jahrzehnten gleichermaßen zu den guten Ratschlägen gewerkschaftsnaher
WissenschaftlerInnen wie zum Standardkatalog wiederholt rezitierter gewerkschaftlicher Vorhaben. Auch in der Diskussion um die Reform des Flächentarifvertrags
versuchen beispielsweise Teile der IG Metall aktuell wieder, der Debatte eine offensive Wendung zu geben, indem sie die Einrichtung betrieblicher Tarifkommissionen
favorisieren. Die Verbetrieblichung kollektiver Regulierung soll abgesichert werden
durch eine erhöhte Kontrolldichte 'von unten' und damit zugleich genutzt werden für
eine verstärkte Einbeziehung der Gewerkschaftsmitglieder in tarifpolitische Ent-
scheidungs- und Gestaltungsprozesse, für eine verbesserte Verankerung der Gewerkschaft in den Betrieben. Obwohl diese Strategie in bestechender Weise mehrere
Probleme kombiniert zu lösen verspräche, müssen die Aussichten für ihre einigermaßen flächendeckende Verwirklichung als mehr als zweifelhaft beurteilt werden.
Historisch scheiterten solche Ansätze vor allem am Widerstand der Betriebsräte, die
keine Einmischung einer potentiell konkurenziellen sowie kritischen gewerkschaftlichen Instanz in 'ihrer' betrieblichen Arena dulden wollten. Aktuell dürften es aber
wohl vor allem die beschränkten personellen Kapazitäten der Gewerkschaften sein,
welche die Einrichtung betrieblicher Tarifkommissionen sowie deren kontinuierliche
Betreuung zu einem in quantitativer Hinsicht nur in sehr beschränktem Ausmaß
verwirklichbaren Ansatz machen dürfte.

Der zweite Handlungsansatz zielt nicht auf die Stärkung der informellen Ankopplung zwischen betrieblicher und gewerkschaftlicher Ebene, sondern auf die
Stärkung deren formalen Verkopplung im Institutionensystem selbst. Dies ist bereits,
bzw. wird demnächst tatsächlich in zweierlei Hinsicht geschehen: Erstens hat das
Bundesarbeitsgericht in einer Grundsatzentscheidung im Frühjahr 1999 einen gewerkschaftlichen Unterlassungsanspruch gegen tarifwidrige betriebliche Regelungen
gewährt. Diese Entscheidung kommt der wiederholt von Gewerkschaftsseite gefor-
derten Möglichkeit eines 'Verbandsklagerechts' nahe, welches es den Gewerkschaften erlauben würde, gegen betriebliche Tarifabweichungen rechtlich vorzugehen,
ohne dass einzelne Beschäftigte individuell Klage einreichen müssen. Auf den Umgang der Gewerkschaften mit der neuen Rechtslage darf man durchaus gespannt sein.
Zweitens hat der Bundestag inzwischen nach heftigen Diskussionen und gegen den
Widerstand von Industrie und Arbeitgebern die Novellierung des Betriebsverfassungsgesetzes verabschiedet. Obwohl das neue Gesetz auch innerhalb der Gewerkschaften umstritten ist, da es diesen in vielen Punkten nicht weit genug geht, sind
darin doch einige wichtige Neuregelungen enthalten, welche v.a. die Einrichtung von
Betriebsräten in bislang 'mitbestimmungsfreien Zonen' erleichtern dürften. Insbesondere die erleichterte Etablierung verfasster Instanzen betrieblicher Interessenvertretung in kleineren Unternehmen durch die Vereinfachung der Wahlprozeduren und
verbesserte   Freistellungsmöglichkeiten   für   Betriebsräte   könnte   die
Regulierungsdichte   der   Arbeitsbeziehungen   generell   erhöhen   und   damit
möglicherweise auch den Zugang der Gewerkschaften zu den Betrieben wieder ein
Stückweit erleichtern. Ob und inwiefern sich die veränderten formalen Regelungen
letztlich auf das System industrieller Beziehungen als gesamtes auswirken werden,
bleibt jedoch ein spannendes Thema zukünftiger Forschung.

Literaturverzeichnis

Abelshauser, W. 1975: Wirtschaft in Westdeutschland 1945-1948, Stuttgart

Abromeit, H./Blanke, B. (Hg.) 1987: Arbeitsmarkt, Arbeitsbeziehungen und Politik in den 80er Jahren, Leviathan-Sonderheft 8, Opladen

Abromeit, H./Jürgens, U. (Hg.) 1992: Die politische Logik wirtschaftlichen Handelns, Berlin

Aderhold, J./Brüss, J./Finke, M./Hanke, J./Heidenreich, M./Kirchhof, F./Schölzel, T./Schrott, M./Schwingeler, S./Sievers, M. 1994: Von der Betriebs- zur Zweckgemeinschaft. Ostdeutsche Arbeits- und Managementkulturen im Transformationsprozeß, Berlin

Agartz, V. 1973: Die enge Arbeitsgemeinschaft von Staat und Gewerkschaft, in: ders.; Gewerkschaft und Arbeiterklasse. Die ideologischen und soziologischen Wandlungen in der westdeutschen Arbeiterbewegung, Schriften zum Klassenkampf Nr.25, 2.Auflage, München, S.41-55

Alt, R./Althaus, H.-J./Schmidt, W./Deutschmann, C./Warneken, B.J. 1994: Vom Werktätigen zum Arbeitnehmer. Der Umbruch von Arbeitsbeziehungen und Sozialpolitik in ostdeutschen Betrieben, Tübingen

Altmann, N./Deiß, M./Döhl, V./Sauer, D. 1986: Ein „neuer Rationalisierungstyp". Neue Anforderungen an die Industriesoziologie, in: Soziale Welt, 37.Jg., H.2/3, S.189-207

Altmann, N./Düll, K. 1987: Rationalisierung und neue Verhandlungsprobleme im Betrieb, in: WSI Mitteilungen, 40.Jg., H.5, S.261-269

Altvater, E. 1983: Der Kapitalismus in einer Formkrise. Zum Krisenbegriff in der politischen Ökonomie und ihrer Kritik, in: Aktualisierung Marx', Argument-Sonderband 100, Berlin

Altvater, E. /Hoffmann, J./Semmler, W. 1979: Vom Wirtschaftswunder zur Wirtschaftskrise. Ökonomie und Politik in der Bundesrepublik, Berlin (West)

Altvater, E./Mahnkopf, B. 1993: Gewerkschaften vor der europäischen Herausforderung. Tarifpolitik nach Mauer und Maastricht, Münster

Altvater, E./Mahnkopf, B. 1996a: Grenzen der Globalisierung. Ökonomie, Ökologie und Politik in der Weltgesellschaft, Münster

Altvater, E./Mahnkopf, B. 1996b: Die globale Ökonomie am Ende des 20.Jahrhunderts, in: Widerspruch, H.31, S.19-31

Arbeitgeberverband Gesamtmetall (Hg.) 1991: Geschäftsbericht 1989-1991, Köln

Arbeitgeberverband Gesamtmetall (Hg.) 1993: Die Metall- und Elektro-Industrie der Bundesrepublik Deutschland in Zahlen, Köln

Arbeitgeberverband Gesamtmetall (Hg.) 1995: Die Metall- und Elektro-Industrie der Bundesrepublik Deutschland in Zahlen, Köln

Arbeitgeberverband Gesamtmetall (Hg.) 1997: Geschäftsbericht 1995-1997, Köln

Arbeitsgruppe am Institut für Soziologie der Universität Jena 1997: Viele ostdeutsche Betriebe leiden noch heute unter Phantomschmerzen, in: Frankfurter Rundschau v. 11.4.97, S.18

Arbeitsgruppe Alternative Wirtschaftspolitik 1998: Memorandum 98. Bewegung in Europa, Blockade in Deutschland - Kurswechsel für Beschäftigung, Köln

Arlt, H.-J. 1996: Auf der Flucht? Verliert das „Modell Deutschland" seine ökonomischen, technischen und sozialen Voraussetzungen? in: Mitbestimmung, H.11, S.31-33

Artus, I. 1993: Weibliche Angestellte und Gewerkschaft. Eine theoretische Analyse und empirische Studie in der fränkischen Elektroindustrie. Schriftenreihe zur Angestelltenforschung des Instituts für praxisorientierte Sozialforschung und Beratung (IPRAS), H.5, Erlangen

Artus, I. 1996a: Die Herausbildung der Unternehmerverbände in den neuen Bundesländern und eine Analyse ihrer Verbandspraxis. Forschungsbericht im Auftrag der Kommission zur Untersuchung des sozialen und politischen Wandels in den neuen Bundesländern (KSPW), Jena

Artus, I. 1996b: Die Etablierung der Gewerkschaften, in: Bergmann/Schmidt (Hg.), S.21-47

Artus, I. 1996c: Tarifpolitik in den neuen Bundesländern: Akteure, Strategien, Problemlagen, in: Bergmann/Schmidt (Hg.), S.71-99

Artus, I./Liebold, R./Lohr, K./Schmidt, E./Schmidt, R./Strohwald, U. 2001: Betriebliches Interessenhandeln, Bd.2, Zur politischen Kultur der Austauschbeziehungen zwischen Management und Betriebsrat in der ostdeutschen Industrie, Opladen (im Erscheinen)

Artus, I./Schmidt, R./Sterkel, G. 2000: Brüchige Tarifrealität. Der schleichende Bedeutungsverlust tariflicher Normen in der ostdeutschen Industrie, Berlin

Artus, I./Sterkel, G. 1998: Brüchige Tarifrealität. Ergebnisse einer empirischen Studie zur Tarifgestaltungspraxis in Betrieben der ostdeutschen Metall-, Bau- und Chemieindustrie, in: WSI Mitteilungen, 51.Jg., H.7, S.431-441

Aubin, H./Zorn, W. (Hg.) 1976: Handbuch der deutschen Wirtschafts- und Sozialgeschichte, Bd.2, Stuttgart

AVCO (Arbeitgeberverband Chemie und verwandte Industrien Ost) 1992 (Hg.): Zwei Jahre sozialpolitische Interessenvertretung ostdeutscher Chemieunternehmen, Berlin

AVCO (Arbeitgeberverband Chemie und verwandte Industrien Ost) 1993 (Hg.): Jahresbericht 1992 für die ordentliche Mitgliederversammlung am 31. März 1993, o.O.

AVCO (Arbeitgeberverband Chemie und verwandte Industrien Ost) 1994 (Hg.): Tätigkeitsbericht 1993 für die ordentliche Mitgliederversammlung am 23. März 1994, Dresden

AVCO (Arbeitgeberverband Chemie und verwandte Industrien Ost) 1995 (Hg.): Tätigkeitsbericht 1994 für die Mitgliederversammlung am 29. März 1995, Bernburg

Bahnmüller, R. 1985: Der Streik. Tarifkonflikt um Arbeitszeitverkürzung in der Metallindustrie 1984, Hamburg

Bahnmüller, R. 1996: Konsens perdu? Gruppenarbeit zwischen Euphorie und Ernüchterung, in: Bahnmüller/Salm (Hg.)

Bahnmüller, R./Bispinck, R. 1997: Vom Vorzeige- zum Auslaufmodell? In: Bispinck (Hg.), S.137-172

Bahnmüller, R./Salm, R. (Hg.) 1996: Intelligenter, nicht härter arbeiten? Gruppenarbeit und betriebliche Gestaltungspolitik, Hamburg

Bahro, R. 1977: Die Alternative. Zur Kritik des real existierenden Sozialismus, Köln/Frankfurt a.M.

Baethge, M. 1991: Arbeit, Vergesellschaftung, Identität - Zur zunehmenden normativen Subjektivierung der Arbeit, in: Soziale Welt, 42.Jg., S.6-19

Baethge, M./Oberbeck, H. 1986: Die Zukunft der Angestellten. Neue Technologien und berufliche Perspektiven in Büro und Verwaltung. Frankfurt a.M./New York

Barthel, A./Eisold, H./Göbel, J./Neifer-Dichmann, E./Wagner, B. 1990: Vom Lohndiktat zur Tarifautonomie. Arbeitsbedingungen im deutsch-deutschen Vergleich, Arbeitgeber Sonderheft DDR II, Köln

Barthel, A. 1994: Arbeitgeberverbände vor neuen Herausforderungen, in: Arbeitgeber, 46.Jg., H.10, S.354-356

BDA (Bundesvereinigung der Deutschen Arbeitgeberverbände) 1990: Kurzprotokoll des Erfahrungsaustauschs über verbandliche DDR-Aktivitäten am 14.3.1990 in Berlin, Köln

BDA (Bundesvereinigung der Deutschen Arbeitgeberverbände) (Hg.) 1991: Jahresbericht 1991, Köln

Bechtle, G. 1994: Systemische Rationalisierung als neues Paradigma industriesoziologischer Forschung? In: Beckenbach/Treeck, S. 45-64

Beck, U. 1986: Risikogesellschaft. Auf dem Weg in eine andere Moderne, Frankfurt a.M.

Beck, U. 1997a: Was ist Globalisierung? Frankfurt a.M.

Beck, U. 1997b: Die neue Macht der multinationalen Unternehmen, in: Frankfurter Rundschau v. 6.1.97, S.12

Beck, U./Beck-Gernsheim, E. 1993: Nicht Autonomie, sondern Bastelbiogrraphie, in: Zeitschrift f. Soziologie, 22.Jg., S.178-187

Beck, U./Beck-Gernsheim, E. (Hg.) 1994: Riskante Freiheiten. Individualisierung in modernen Gesellschaften, Frankfurt a.M.

Beckenbach, N./Treeck, W.v. (Hg.) 1994: Umbrüche gesellschaftlicher Arbeit, Soziale Welt Sonderband 9, Göttingen

Behrens, M. 1995: Die Gewerkschaften in den neuen Bundesländern am Beispiel der IG Metall: Tarif- und Industriepolitik, Manuskripte der Hans-Böckler-Stiftung 176, Düsseldorf

Bellmann, L. 1997: Das Betriebspanel des IAB, in: Hujer, R./Rendtel, U./Wagner, G. (Hg); Wirtschafts- und sozialwissenschaftliche Panel-Studien, Sonderhefte zum Allgemeinen Statistischen Archiv Heft 30, Göttingen, S.169-182

Bellmann, L./Kohaut, S./Schnabel, C: Beitrag zum IAB/ZEW-Workshop „Lohnstruktur, Qualifikation und Beschäftigungsdynamik" am 25.-27.11.1998 in Iphofen

Belwe, K. 1979: Mitwirkung im Industriebetrieb der DDR. Planung - Einzelleitung - Beteiligung der Werktätigen an Entscheidungsprozessen des VEB, Opladen

Berger, S. (ed.) 1983: Organizing interests in Western Europe. Pluralism, corporatism and the transformation of politics, Cambridge/London/New York/New Rochelle/Melbourne/Sidney

Berger, U. 1995: Engagement und Interessen der Wirtschaftsverbände in der Transformation der ostdeutschen Wirtschaft: Industrieverbände im Spannungsfeld von Mitgliederinteressen und Gemeinwohl, in: Wiesenthal (Hg.), S.95-125

Berger, P.L./Hradil, S. (Hg.) 1990: Lebenslagen. Lebensläufe. Lebensstile, Soziale Welt Sonderband 7, Göttingen

Berger, P.L./Luckmann, T. 1980: Die gesellschaftliche Konstruktion der Wirklichkeit. Eine Theorie der Wissensoziologie, (1.Auflage 1969), Frankfurt a.M.

Bergmann, J. 1973: Organisationsinterne Prozesse in kooperativen Gewerkschaften, in: Leviathan, 1.Jg., S.242-253

Bergmann, J. 1979: Organisationsstruktur und innergewerkschaftliche Demokratie, in: ders. (Hg.), S.210-239

Bergmann, J. (Hg.) 1979: Beiträge zur Soziologie der Gewerkschaften, Frankfurt a.M.

Bergmann, J. 1986: Technik und Arbeit, in: Lutz (Hg.); S.114-133

Bergmann, J. 1996: Industrielle Beziehungen in Ostdeutschland: Transferierte Institutionen im Deindustrialisierungsprozeß, in: Lutz u.a. (Hg.), S.257-294

Bergmann, J./Jacobi, O./Müller-Jentsch, W. 1979: Gewerkschaften in der Bundesrepublik. Band 1: Gewerkschaftliche Lohnpolitik zwischen Mitglieder-interessen und ökonomischen Systemzwängen, 3.Auflage, Frankfurt a.M./New York

Bergmann, J./Jacobi, O./Müller-Jentsch, W. 1981: Gewerkschaften in der Bundesrepublik. Gewerkschaftliche Lohnpolitik zwischen Mitgliederinteressen und ökonomischen Systemzwängen (1975/1979), in: Teichmann (Hg.), S.153-220

Bergmann, J./Bürckmann, E./Dabrowski, H. 1998: „Reform des Flächentarifvertrags"? Betriebliche Realitäten - Verhandlungssysteme - gewerkschaftliche Politik, Supplement der Zeitschrift Sozialismus, H.1, Hamburg

Bergmann, J./Schmidt, R. (Hg.) 1996: Industrielle Beziehungen. Institutionalisierung und Praxis unter Krisenbedingungen, Opladen

Bergstermann, J./Brandherm-Böhmker, R. (Hg.) 1990: Systemische Rationalisierung als sozialer Prozeß. Zu Rahmenbedingungen und Verlauf eines neuen betriebsübergreifenden Rationalisierungstyps, Bonn

Bialas, C. 1994: Gewerkschaftlicher Organisationsaufbau und Transformation der Lohnpolitik im Prozeß der deutschen Einheit: Die IG Metall in den neuen Bundesländern 1990-1993, Forschungsberichte AG TRAP, H.1, Berlin

Billerbeck, U./Erd, R./Jacobi, O./Schudlich, E. 1982: Korporatismus und gewerkschaftliche Interessenvertretung, Frankfurt a.M./New York

Bischoff, J. 1994: Das Shareholder Value-Konzept, Wiesbaden

Bispinck, R. (Hg.) 1995a: Tarifpolitik der Zukunft, Hamburg

Bispinck, R. 1995b: Tarifpolitik in der ersten Hälfte der 90er Jahre, in: ders. (Hg.), S.9-27

Bispinck, R. 1997a: WSI-Denkwerkstatt „Zukunft der Tarifpolitik". Ein Problemaufriß, unveröff. Manuskript, Düsseldorf, April 1997

Bispinck, R. 1997b: Deregulierung, Differenzierung und Dezentralisierung des Flächentarifvertrags. Eine Bestandsaufnahme neuerer Entwicklungstendenzen der Tarifpolitik, in: WSI Mitteilungen, 50.Jg., H.8, S.551-561

Bispinck, R. 1998a: Der schleichende Umbau des Tarifsystems. Eine empirische Bestandsaufnahme, in: König/Stamm/Wendl (Hg.), S.53-78

Bispinck, R. 1998b: Der schleichende Umbau des Tarifsystems. Eine empirische Bestandsaufnahme, in: Keller/Seifert (Hg.), S.185-214

Bispinck, R./Schulten, T. 1998: Globalisierung und das deutsche Kollektivvertragssystem, in: WSI Mitteilungen, 51.Jg., H.4, S.241-248

Bispinck, R./Trautwein-Kalms, G. 1997: Gewerkschaftliche Tarifpolitik im Sektor Informationstechnik, in: WSI Mitteilungen, 50.Jg, H.4, S.228-241

Bispinck, R./WSI-Tarifarchiv 1991: Auf dem Weg zur Tarifunion - Tarifpolitik in den neuen Bundesländern im Jahr 1990, in: WSI Mitteilungen, 44.Jg., H.3, S.145ff.

Bispinck, R./WSI-Tarifarchiv 1992: Tarifpolitik in der Transformationskrise. Eine Bilanz der Tarifbewegungen in den neuen Ländern im Jahr 1991, in: WSI Mitteilungen, 45.Jg, H.3, S.121-135

Bispinck, R./WSI-Tarifarchiv 1993a: Der Tarifkonflikt um den Stufenplan in der ostdeutschen Metallindustrie. Anlaß, Entwicklung, Ergebnis, in: WSI Mitteilungen, 46.Jg., H.3, S.469-481

Bispinck, R./WSI-Tarifarchiv 1993b: Sind die Löhne schuld? Die Tarifpolitik in den neuen Ländern im Jahr 1992, in: WSI Mitteilungen, 46.Jg, H.3, S.141-153

Bispinck, R./WSI-Tarifarchiv 1999: Das Tarifjahr 1998. Moderate Lohnabschlüsse - Sozialpolitische Regelungen - Reform des Flächentarifvertrags - Europäische Koordinieren, in: WSI Mitteilungen, 52.Jg, H.2, S.73-86

Borchardt, K. 1976: Wirtschaftliches Wachstum und Wechsellagen 1800-1914, in: Aubin/Zorn, S.198ff.

Blanke, T./Schmidt, E. (Hg.) 1995: Tarifpolitik im Umbruch, München/Mering

Bluhm, K. 1996: Regionale Strategien unter Handlungsdruck - ostdeutsche Arbeitgeberverbände im Dezentralisierungsprozeß der industriellen Beziehungen, in: Bergmann/Schmidt (Hg.), S.135-158

Bluhm, K. 1999: Zwischen Markt und Politik. Probleme und Praxis von Unternehmenskooperation in der Transitionsökonomie, Opladen

Boll, B. 1997: Organisation und Akzeptanz. Eine empirische Analyse der IG Metall im Transformationsprozeß Ostdeutschlands. Opladen

Bosch, A. 1997: Vom Interessenkonflikt zur Kultur der Rationalität. Neue Verhandlungsbeziehungen zwischen Management und Belegschaft, München/Mering

Bosch, A./Ellguth, P./Schmidt, R./Trinczek, R. 1999: Betriebliches Interessenhandeln, Bd.1, Zur politischen Kultur der Austauschbeziehungen zwischen Management und Betriebsrat in der westdeutschen Industrie, Opladen

Bosch, G. 1986: Hat das Normalarbeitsverhältnis eine Zukunft? In: WSI Mitteilungen, 39.Jg., H.3, S.163-176

Bosch, G./Zühlke-Robinet, K. 1999: Der Bauarbeitsmarkt in Deutschland. Zum Zusammenhang von Produktionsstrukturen, Arbeitsmarkt und Regulierungssystem, in: Industrielle Beziehungen, 6.Jg., H.3, S.239-267

Boyer, R. 1990: The Regulation School: A Critical Introduction, New York

Bracher, K.D./Funke, M./Jacobsen, H.-A. 1993: Deutschland 1933-1945. Neue Studien zur nationalsozialistischen Herrschaft, Studien zur Geschichte und Politik Schriftenreihe Bd.314, 2. ergänzte Auflage, Bonn

Brandt, G./Jacobi, O./Müller-Jentsch, W. 1982: Anpassung an die Krise: Gewerkschaften in den siebziger Jahren, Frankfurt a.M./New York

Braverman, H. 1977: Die Arbeit im modernen Produktionsprozeß, Frankfurt a.M./New York

Briefs, G. 1952: Zwischen Kapitalismus und Syndikalismus. Die Gewerkschaften am Scheideweg, Bern

Brumlop, E. 1986: Arbeitsbewertung bei flexiblem Personaleinsatz, Frankfurt a.M./New York

Brunner, D. (Hg.) 1996: Der Wandel des FDGB zur kommunistischen Massenorganisation. Das Protokoll der Bitterfelder Konferenz des FDGB am 25./26.11.1948, Koblenz

Brussig, M./Lohr, K./Semlinger, K./Sorge, A./Strohwald, U. (Hg.) 1996: Kleinbetriebe in den neuen Bundesländern. Bestandsbedingungen und Entwicklungspotentiale, Opladen

Buchner, H. 1994: Mitgliedschaft in Arbeitgeberverbänden ohne Tarifbindung, in: Neue Zeitschrift für Arbeitrecht, 11.Jg., H.1, S.2-12

Buchner, H. 1995: Verbandsmitgliedschaft ohne Tarifgebundenheit, in: Neue Zeitschrift für Arbeitsrecht, 12.Jg, H.16, S.761-808

Busch, K. 1994: Europäische Integration und Tarifpolitik. Lohnpolitische Konsequenzen der Wirtschafts- und Währungsunion, HBS Forschung Bd. 21, Köln

Child, J./Loveridge, R./Warner, M. 1973: Towards an Organizational Study of Trade Unions, in: Sociology 7, S.71-91

Crouch, C./Streeck, W. (ed.) 1995: Political Economy of Modern Capitalism, London

Crouch, C./Traxler, F. (ed.) 1995: Organized Industrial Relations in Europe: What Future? Aldershot/Brookfield USA/Hongkong/Singapore/Sydney

Dabrowski, H. 1989: Rahmentarifpolitik im Strukturwandel. Zusammenfassende Darstellung des Forschungsvorhabens, in: Dabrowski u.a. (Hg.), Bd.2, S.173-190

Dabrowski, H./Jacobi, O./Schudlich, E./Teschner, E. (Hg.) 1989: Forschungsprojekt Rahmentarifpolitik im Strukturwandel, 3 Bde, Düsseldorf

Däubler, W. 1994: Tarifflucht - eine aussichtsreiche Strategie zur Reduzierung von Lohnkosten? In: ZTR, H.11, S.448-455

Dathe, D./Schreiber, T. 1993: Gewerkschaftliche Betriebspolitik und soziale Identitätsbildung der abhängig Beschäftigten in den neuen Bundesländern. Sozialwissenschaftliches Forschungszentrum Berlin-Brandenburg e.V. (Projekt-Nr. 93-4462-2, Hans-Böckler-Stiftung), Berlin

Deppe, F. 1968: Gewerkschaften, in: Sowjetsystem und demokratische Gesellschaft, Bd.2, Freiburg/Basel/Wien

Deppe, F./Freyberg, J.v./Kievenheim, C./Meyer, R./Werkmeister, F. 1973: Kritik der Mitbestimmung, Frankfurt a.m.

Deppe, F./Fülberth, G./Harrer, J. (Hg.) 1989: Geschichte der deutschen Gewerkschaftsbewegung, 4.Auflage, Köln

Deppe, R./Hoß, D. 1989: Arbeitspolitik im Staatssozialismus. Zwei Varianten: DDR und Ungarn, Frankfurt a.m./New York

DGB Bundesvorstand/Abteilung Organisation 2000: Materialien zur Mitgliederentwicklung der DGB-Gewerkschaften 1997-1998, zusammengestellt und kommentiert von Klaus Löhrlein, Berlin

Dimaggio, P. 1998: The New Institutionalism: Avenues of Collaboration, in: Journal of Institutional and Theoretical Economics (JITE), Vol. 154, pp.696-705

DIW 1995: Gesamtwirtschaftliche und unternehmerische Anpassungsfortschritte in Ostdeutschland, Wochenbericht 27-28, 62.Jg., Berlin, S.464-493

DIW 1997: Gesamtwirtschaftliche und unternehmerische Anpassungsfortschritte in Ostdeutschland, Wochenbericht 3, 64.Jg., S.10-25

Döhl, V./Kratzer, N./Sauer, D. 2000: Krise der NormalArbeit(s)Politik. Entgrenzung von Arbeit - neue Anforderungen an Arbeitspolitik, in: WSI Mitteilungen, 53.Jg., H.1, S.5-17

Dörre, K. 1997: Globalisierung - eine strategische Option. Internationalisierung von Unternehmen und industrielle Beziehungen in der Bundesrepublik, in: Industrielle Beziehungen, 4.Jg., H.4, S.265-290

Dohse, K. 1987: Taylorismus, Technik, Hierarchie - Kontroversen der „amerikanischen und britischen Labour-Process-Debate", in: Abromeit/Blanke (Hg.), S.213-230

Dorsch, M. 1996: Statistisches Material zur Mitgliederentwicklung der acht größten Einzelgewerkschaften und des DGB, in: Bergmann/Schmidt (Hg.), S.237-253

Düvel, H. 1993: Tarifverträge haben nicht nur für Arbeitnehmer Schutzfunktion. Gespräch über die Lehren aus dem Metallerstreik in Ostdeutschland, in: Gewerkschaftliche Monatshefte, 44.Jg

Ebbinghaus, B./Visser, J. 1996: Trade Unions in Western Europe. A Data Handbook: 1945-1995, Frankfurt a.M.

Edeling, T. 1992: Zwischen bürokratischer Organisation und Gemeinschaftskultur: der Januskopf des DDR-Betriebe, in: Meyer (Hg.), S.981-987

Edwards, P.K./Hyman, R. 1994: Strikes and Industrial Conflict: Peace in Europe, in: Hyman/Ferner (ed.), pp. 250-280

Edwards, R. 1979: Herrschaft im modernen Produktionsprozeß, Frankfurt a.M./New York

Ellguth, P./Promberger, M./Trinczek, R. 1995: Neue Branchen und Unternehmensstrukturen. Eine Herausforderung an die gewerkschaftliche Tarifpolitik, in: Bispinck (Hg.), S. 173-193

Englberger, J. 1995: Tarifautonomie im Deutschen Reich. Entwicklung des Tarifvertragswesens in Deutschland von 1870/71 bis 1945, Schriften zur Wirtschafts- und Sozialgeschichte Bd.45, Berlin

Elster, J. 1985: Drei Kritiken am Klassenbegriff, in: Prokla, 15.Jg., H.58, S.63-82

Elster, J. 1987: Subversion der Rationalität, Frankfurt a.M./New York

Erd, R. 1978: Verrechtlichung industrieller Konflikte. Normative Rahmenbedingungen des dualen Systems der Interessenvertretung, Frankfurt a.m.

Esser, J. 1982: Gewerkschaften in der Krise. Die Anpassung der deutschen Gewerkschaften an neue Weltmarktbedingungen, Frankfurt a.M.

Ettl, W. 1995: Arbeitgeberverbände als Transformationsakteure: Organisationsentwicklung und Tarifpolitik im Dilemma von Funktionalität und Repräsentativität, in: Wiesenthal (Hg.), S.34-94

Ettl, W./Heikenroth, A. 1995: Strukturwandel, Verbandsabstinenz, Tarifflucht: Zur Lage der Unternehmen und Arbeitgeberverbände, Arbeitspapiere AG TRAP 95/3, Berlin

Ettl, W./Heikenroth, A. 1996: Strukturwandel, Verbandsabstinenz, Tarifflucht: Zur Lage der Unternehmen und Arbeitgeberverbände im ostdeutschen verarbeitenden Gewerbe, in: Industrielle Beziehungen, 3.Jg., H.2, S.134-153

Ettl, W./Wiesenthal, H. 1994: Tarifautonomie in de-industrialisiertem Gelände: Report und Analyse eines Institutionentransfers im Prozeß der deutschen Einheit, Arbeitspapiere AG TRAP 94/2, Berlin

FDGB Bundesvorstand (Hg.) 1982: Geschichte des Freien Deutschen Gewerkschaftsbundes, Berlin

Faust, M./Jauch, P./Brünnecke, K./Deutschmann, C. 1994: Dezentralisierung von Unternehmen. Bürokratie- und Hierarchieabbau und die Rolle betrieblicher Arbeitspolitik, München/Mering

Feldhoff, J. 1988: Struktur und Wandel des deutschen Systems industrieller Beziehungen, in: ders. u.a. (Hg.); Regulierung - Deregulierung, Beitr.AB 119, Nürnberg

Feldman, G.D. 1970: German Business between War and Revolution: The Origins of the Stinnes-Legien Agreement, in: Ritter (Hg.), S.312-341

Feldman, G.D. 1983: German interest group alliances in war and inflation 1914-1923, in: Berger (ed.), pp. 159-184

Feldman, G.D./Steinisch, I. 1985: Industrie und Gewerkschaften 1918-1924: die überforderte Zentralarbeitsgemeinschaft, Stuttgart

Ferner, A./Hyman, R. (ed.) 1998a: Changing industrial relations in Europe, 2nd ed., Oxford/Malden

Ferner, A./Hyman, R. 1998b: Towards European Industrial Relations? In: dies. (ed.), pp. XI-XXVI

Fichter, M./Kurbjuhn, M. 1993: Spurensicherung. Der DGB und seine Gewerkschaften in den neuen Bundesländern 1989-1991, Manuskripte der Hans-Böckler-Stiftung Bd. 120, Berlin/Düsseldorf

Fischer, S./Weitbrecht, H. 1995: Individualism and Collectivism: Two Dimensions of Human Resource Managment and Industrial Relations, in: Industrielle Beziehungen, 2.Jg., H.2, S.367-394

Fiedler, W./Hoffmann, R./Kost, I. (Hg.) 1987: Gewerkschaften auf neuen Wegen. Auf der Suche nach Alternativen innerhalb der Gewerkschaften, Marburg

Fischer, W. 1976: Bergbau, Industrie und Handwerk 1914-1970, in: Aubin/Zorn (Hg.), S.796-843

Fischer, W./Czada, P. 1970: Wandlungen in der deutschen Industriestruktur im 20.Jahrhundert. Ein statistisch-deskriptiver Ansatz, in: Ritter (Hg.), S.116-165

Fischer, J./Weißbach, H.J. 1995: Von der Transformationskrise zur regionalen Strukturkrise? Restrukturierungsprozesse am Beispiel der Textil- und Bekleidungsindustrie sowie der Chemischen Industrie, in: Schmidt/Lutz (Hg.), S.43-65

Förster, H./Röbenack, S. 1996: Wandel betrieblicher Interessenvertretungen in Ostdeutschland, Graue Reihe der KSPW 96-03, Berlin

Fuchs, W./Klima, R./Lautmann, R./Rammstedt, O./Winold, H. 1988: Lexikon zur Soziologie, Opladen

Fürstenberg, F. 1958: Der Betriebsrat - Strukturanalyse einer Grenzinstitution, in: KZfSS, Bd.10, S.418-429

Gatzmaga, D./Voß, T./Westermann, K. (Hg.) 1991: Auferstehen aus Ruinen. Arbeitswelt und Gewerkschaften in der früheren DDR, Marburg

Gensior, S. 1992: Die Bedeutung von Gruppenstrukturen und sozialer Bindung - Frauenerwerbstätigkeit in ostdeutschen Betrieben, in: Heidenreich (Hg.), S.273-282

Giesen, B./Leggewie, C. (Hg.) 1991: Experiment Vereinigung: Ein sozialer Großversuch, Berlin

Gilles, F.O./Hertle, H.H. 1993: Industrielle Beziehungen in der Großchemie Sachsen-Anhalts: Aufbau - Struktur - Politik, Berlin

Gilles, F.O./Hertle, H.H./Kädtler, J. 1994: „Wie Phoenix aus der Asche?" Zur Restrukturierung der industriellen Beziehungen in der chemischen Industrie auf dem Gebiet der ehemaligen DDR, in: Beckenbach/van Treeck (Hg.), S.585-604

Giraud, O./Lallement, M. 1998: Construction et épuisement du modèle néo-corporatiste allemand, in: revue francaise de sociologie, janvier-mars 1998 XXXIX-1, pg.39-69

Goldthorpe, J.H.(ed.) 1984: Order and conflict in contemporary capitalism, Oxford

Hall, P.A. 1986: Governing the Economy: The Politics of State Intervention in Britain and France, Cambridge

Handelsblatt v. 24.2.99: Firmentarife nehmen drastisch zu

Handelsblatt v. 2.3.99a: Diskussion über Arbeitgeberverbände ohne Tarifbindung neu entfacht

Handelsblatt v. 2.3.99b: Umstrittener Vorstoß des Koblenzer Metallverbandes

Hartwich, H.H. 1967: Arbeitsmarkt, Verbände und Staat 1918-1933: Die öffentliche Bindung unternehmerischer Funktionen in der Weimarer Republik, Berlin

Hartwich, H.H. 1970: Sozialstaatspostulat und gesellschaftlicher Status Quo, Köln/Opladen

Hassel, A. 1998: Soziale Pakte in Europa, in: Gewerkschaftliche Monatshefte, 49.Jg., H.10, S.626-637

Hassel, A. 1999: The Erosion of the German System of Industrial Relations, in: British Journal of Industrial Relations, Sept.99, pp. 483-505

Hassel, A./Kluge, N. 1999: Die quantitative Entwicklung der Mitbestimmung in Deutschland, in: Gewerkschaftliche Monatshefte, 50.Jg., H.3, S.167-176

Hege, A. 1999: Collective Bargaining in Germany in the Age of the Euro, in: Pochet (ed.), pp. 41-84

Heidenreich, M. 1991: Zur Doppelstruktur planwirtschaftlichen Handelns in der DDR, in: Zeitschrift f. Soziologie, 20.Jg., H.6, S.411-429

Heidenreich, M. (Hg.) 1992: Krisen, Kader, Kombinate - Kontinuität und Wandel in ostdeutschen Betrieben, Berlin

Heinrich, M. 1988: Was ist die Werttheorie noch wert? Zur neueren Debatte um das Transformationsproblem und die marxistische Werttheorie, in: Prokla, 18.Jg., H.72, S.15-38

Heise, A. 1996: Arbeit für Alle - Vision oder Illusion, Marburg

Henning, F.-W. 1993: Die Industrialisierung in Deutschland 1800 bis 1914, 8. durchges. u. erg. Auflage, Paderborn/München/Wien/Zürich

Henneberger, F. 1993: Transferstart: Organisationsdynamik und Strukturkonservatismus westdeutscher Unternehmerverbände - Aktuelle Entwicklungen unter besonderer Berücksichtigung des Aufbauprozesses in Sachsen und Thüringen, in: Politische Vierteljahresschrift, 34.Jg., H.4, S.640-673

Henneberger, F. 1995: Tarifpolitik in Ostdeutschland: Ende ohne Wende? In: Schweizerische Zeitschrift für Soziologie, Vol.21, H.2, S.255-280

Hentschel, V. 1983: Geschichte der deutschen Sozialpolitik 1880-1980. Soziale Sicherung und kollektives Arbeitsrecht, Frankfurt a.M.

Hertle, H.-H./Kädtler, J. 1990: Die industriepolitische Wende der industriellen Beziehungen. Gewerkschaftspolitik unter dem Primat der Industriepolitik am Beispiel der IG Chemie, Papier, Keramik, in: Soziale Welt, 41.Jg., H.2, S.183-205

Hickel, R./Kurtzke, W. 1997: Tarifliche Lohnpolitik unter Nutzung der Härtefallregelung: Ergebnisse einer Untersuchung zur Praxis der ostdeutschen Metall- und Elektroindustrie. Zusammenfassung der Studie, Februar 1997, Bremen

Hildebrandt, E. 1989: Normsetzung und kooperative Gestaltung - für eine tarifvertraglich flankierte Betriebspolitik, in: Dabrowski (Hg.), S.13-39

Hildebrandt, E./Schmidt, E./Sperling, H.J.(Hg.) 1988: Zweidrittelgesellschaft - Eindrittelgesellschaft. Kritisches Gewerkschaftsjahrbuch 1988/89, Berlin

Hinke, R. 1999: 'Soft facts' are 'hard factors'. Innerbetriebliche Sozialbeziehungen im Prozeß der sozio-ökonomischen Transformation Ostdeutschlands - eine Betriebsfallstudie, in: Jenaer Beträge zur Soziologie, Jena

Hinz, A. 1998: Arbeitswelt im Umbruch. Über den Orientierungswandel von Facharbeitern im ostdeutschen Werkzeugmaschinenbau. Jenaer Beträge zur Soziologie, H.4, Jena

Hirsch, J. 1995: Der nationale Wettbewerbsstaat. Staat, Demokratie und Politik im globalen Kapitalismus, Berlin/Amsterdam

Hirsch, J. 1998: Vom Sicherheitsstaat zum nationalen Wettbewerbsstaat, Berlin

Hirsch, J./Roth, R. 1986: Das neue Gesicht des Kapitalismus. Vom Fordismus zum Post-Fordismus, Hamburg

Hirsch-Kreinsen, H. 1997: Globalisierung der Industrie: ihre Grenzen und Folgen, in: WSI Mitteilungen, 50.Jg., H.7, S.487-491

Hirsch-Kreinsen, H. 1999: Shareholder Value. Zum Wandel von Unternehmensstrukturen und Kapitalmarktbedingungen, in: WSI Mitteilungen, 52.Jg., H.5, S.322-330

Hirschman, A.O. 1974: Abwanderung und Widerspruch. Reaktionen auf Leistungsabfall bei Unternehmungen, Organisationen und Staat, Tübingen

Hirschman, A.O. 1987: Leidenschaften und Interessen. Politische Begründungen des Kapitalismus vor seinem Sieg, Frankfurt a.M./New York

Hirst, P./Thompson, G. 1996: Globalisation in Question. The International Economy and the Possibilities of Governance, Cambridge

Hobsbawm, E.J. 1995: Das imperiale Zeitalter 1975-1914, Frankfurt a.M.

Höland, A./Reim, U./Brecht, H. 2000a: Flächentarifvertrag und Günstigkeitsprinzip. Empirische Beobachtungen und rechtliche Betrachtungen der Anwendung von Flächentarifverträgen in den Betrieben, Baden-Baden

Höland, A./Reim, U./Brecht, H. 2000b: Flächentarifverträge und betriebliche Bündnisse für Arbeit - Forschungserkenntnisse und ihre Lehren, in: WSI Mitteilungen, 53.Jg., H.10, S.639-646

Hoffmann, J./Hoffmann, R./Mückenberger, U./Lange, D. (Hg.) 1990: Jenseits der Beschlußlage. Gewerkschaft als Zukunftswerkstatt, Köln

Hoffmann, J. 1986: Zersetzungsprodukt oder strukturierender Faktor in der Restrukturierungskrise? Gewerkschaftspolitik in der Bundesrepublik in den 80er Jahren: ein Szenario, in: Prokla, 16.Jg., H.64, S.8-30

Hohn, H.-W. 1988: Von der Einheitsgewerkschaft zum Betriebssyndikalismus. Soziale Schließung im dualen System der Interessenvertretung, Berlin

Huber, B./Lang, K. 1993: Tarifreform 2000. Forderungskonzepte und Verhandlungsgegenstände im Bereich der Metallindustrie, in: WSI Mitteilungen, 46.Jg., H.12, S.789-797

Hübner, K. 1988: Die Krisentheorien der Regulationisten, in: Mahnkopf 1988b, S.29-73

Hübner, K. 1990: Theorie der Regulation. Eine kritische Rekonstruktion eines neuen Ansatzes der Politischen Ökonomie, 2.Auflage, Berlin

Hübner, K./Bley, A. 1996: Lohnstückkosten und internationale Wettbewerbsfähigkeit. Eine ökonomietheoretische Analyse, Marburg

Hyman, R. 1996: Institutional Transfer: Industrial Relations in Eastern Germany, WZB discussion paper FS I 96-305, Berlin

Hyman, R./Ferner, E. (ed.) 1994: New Frontiers in European Industrial Relations, Oxford

IG Metall (Hg.) 1988: Tarifpolitik im Strukturwandel. Arbeitsverfassung und industrielle Demokratie, Köln

IG Metall Vorstand (Hg.) 1993: Zum Konflikt in der Metall- und Elektroindustrie Ostdeutschlands - eine Zwischenbilanz, 9.März 1993, Frankfurt a.m.

IWD (Informationsdienst der deutschen Wirtschaft) 1999: Der Flächentarif verliert an Boden, Nr. 19, 13.Mai 1999, S.4

Jacoby, O. 1982: Industrielle Beziehungen und Korporatismus in der Bundesrepublik Deutschland, in: Billerbeck u.a., S.89-126

Jacoby, O./Pochet, P. 1996 (Hg.): Gemeinsamer Währungsraum - Fragmentierter Lohnraum? HBS-Stiftung Graue Reihe - Neue Folge 118, Düsseldorf

Jander, M./Kädtler, J./Kottwitz, G./Lutz, S. 1992: Betriebsräterebellion im Osten, in: links, H.11, S.16/17

Jander, M./Lutz, S. 1993: „Die Gründung des Betriebsrates war eigentlich ein Mißverständnis". Von der gescheiterten Idee der Betriebsgewerkschaft „Reform" zur Gründung eines ohnmächtigen Betriebsrates im GRW-Teltow. Berliner Arbeitshefte und Berichte zur sozialwissenschaftlichen Forschung Nr.77, Berlin

Jessop, B. 1986: Der Wohlfahrtsstaat im Übergang vom Fordismus zum Postfordismus, in: Prokla, 16.Jg., H.65, S.4-33

Joas, H./Kohli, M. (Hg.) 1993: Der Zusammenbruch der DDR, Frankfurt a.M.

Jürgens, U. 1980: Selbstregulierung des Kapitals. Erfahrungen aus der Kartellbewegung in Deutschland um die Jahrhundertwende: Zum Verhältnis von Politik und Ökonomie, Frankfurt a.M./New York

Jürgens, U. 1984: Die Entwicklung von Macht, Herrschaft und Kontrolle im Betrieb als politischer Prozeß. Eine Problemskizze tur Arbeitspolitik. In: Jürgens, U./Naschold, F. (Hg.); Arbeitspolitik, Leviathan Sonderheft Nr.5, Opladen, S.58-91

Kädtler, J. 1998: Globalisierung und Arbeitnehmerinteressen - oder: wie aus einfachen Antworten komplizierte Fragen entstehen, in: SOFI-Mitteilungen Nr.26/98, S.69-80

Kädtler, J./Kottwitz, G. 1990: Betriebsräte zwischen Wende und Ende der DDR, Berlin

Kädtler, J./Kottwitz, G. 1994: Industrielle Beziehungen in Ostdeutschland: Durch Kooperation zum Gegensatz von Kapital und Arbeit? In: Industrielle Beziehungen, 1.Jg., H.1, S.13-38

Kädtler, J./Kottwitz, G./Weinert, R. 1997: Betriebsräte in Ostdeutschland, Opladen

Keller, B. 1988: Olsons „Logik des kollektiven Handelns". Entwicklung, Kritik - und eine Alternative, in: Politische Vierteljahresschrift, 29.Jg., H.3, S.388-406

Keller, B. 1991: Einführung in die Arbeitspolitik, München/Wien

Keller, B./Seifert, H. (Hg.) 1998: Deregulierung am Arbeitsmarkt. Eine empirische Zwischenbilanz, Hamburg

Kern, H./Schumann, M. 1984: Das Ende der Arbeitsteilung? Rationalisierung in der industriellen Produktion, München

Kittner, M. (Hg.) 1992: Gewerkschaftsjahrbuch 1992, Köln

Kittner, M. (Hg.) 1993: Gewerkschaftsjahrbuch 1993, Köln

Kittner, M. (Hg.) 1995: Gewerkschaftsjahrbuch 1995, Köln

Kocka, J. 1983: Lohnarbeit und Klassenbildung. Arbeiter und Arbeiterbewegung in Deutschland 1800-1875, Berlin/Bonn

Koch, M. 1994: Vom Strukturwandel einer Klassengesellschaft. Theoretische Diskussion und empirische Analyse, Münster

König, O./Stamm, S./Wendl, M. (Hg.) 1998: Erosion oder Erneuerung? Krise und Reform des Flächentarifvertrags, Hamburg

Kohaut, S./Bellmann, L. 1997: Betriebliche Determinanten der Tarifbindung: Eine empirische Analyse auf der Basis des IAB-Betriebspanels 1995, in: Industrielle Beziehungen, 4.Jg., H. 4, S.317-335

Kohaut, S./Schnabel, C. 1998: Flächentarifvertrag im Westen sehr viel weiter verbreitet als im Osten. Ergebnisse aus dem IAB-Betriebspanel, IAB kurzbericht Nr.19 v. 23.12.1998

Kohaut, S./Schnabel, C. 1999: Tarifbindung im Wandel, in: IW-Trends, Quartalshefte zur empirischen Wirtschaftsforschung des Instituts der deutschen Wirtschaft Köln, 26.Jg., H.2, S.63-80

Kohli, M./Robert, G. (Hg.) 1984: Biographie und soziale Wirklichkeit, Stuttgart

Koopmann, K. 1981: Vertrauensleute. Arbeitervertretung im Betrieb, Hamburg

Korger, D. 1996: Einigungsprozeß, in: Weidenfeld/Korte (Hg.), S.234-246

Kotthoff, H. 1979: Zum Verhältnis von Betriebsrat und Gewerkschaft. Ergebnisse einer empirischen Untersuchung, in: Bergmann (Hg.), S.298-325

Kotthoff, H. 1994: Betriebsräte und Bürgerstatus. Wandel und Kontinuität betrieblicher Mitbestimmung, München/Mering

Kotthoff, H. 1998: Mitbestimmung in Zeiten interessenpolitischer Rückschritte. Betriebsräte zwischen Beteiligungsofferten und „gnadenlosem Kostensenkungsdiktat", in: Industrielle Beziehungen, 5.Jg., H.5, S.76-100

Kotthoff, H./Matthäi, I. 1999: Vom Kombinat zum Kleinbetrieb. Die Entstehung einer mittelständischen Industrie. Ein deutsch-tschechischer Vergleich, Berlin

Kranig, A. 1993: Arbeitnehmer, Arbeitsbeziehungen und Sozialpolitik unter dem Nationalsozialismus, in: Bracher u.a. (Hg.), S.135-152

Krätke, M.R. 1997: Standortkonkurrenz - Realität und Rhetorik, hektogr.Manuskript

Kreutz, P. 1977: Tarifverträge I: Tarifvertragsrecht, in: HdWW, Bd.7, Stuttgart/New York/Tübingen/Göttingen/Zürich, S.534-540

Külp, B. 1972: Der Einfluß von Schlichtungsformen auf Verlauf und Ergebnis von Tarif- und Schlichtungsverhandlungen, Berlin

Kurz, R. 1991: Der Kollaps der Modernisierung. Vom Zusammenbruch des Kasernensozialismus zur Krise der Weltökonomie, Frankfurt a.M.

Kurz-Scherf, I. 1987: Zeit(t)räume per Tarifvertrag. Oder: Die Renaissance der betriebsnahen Tarifpolitik, in: WSI Mitteilungen, 40.Jg., H.8, S.492-502

Lane, C. 1989: Management and Labour in Europe. The Industrial Enterprise in Germany, Britain and France, Aldershot

Lang, K./Meine, H. 1991: Tarifreform 2000: Gestaltungsrahmen und Entgeltstrukturen zukünftiger Industriearbeit. Eine tarifpolitische Konzeption für die Metallindustrie, in: WSI Mitteilungen, 44.Jg., H.3, S.156-163

Langer, A. 1994: Arbeitgeberverbandsaustritte - Motive, Abläufe und Konsequenzen, in: Industrielle Beziehungen, 1.Jg., H.2, S. 132-154

Lappe, L. 1987: Schwindende Terrains der Arbeiterkontrolle im historischen Prozeß - ein Beitrag zur Labour-Process Debatte, in: Abromeit/Blanke (Hg.), S.231-242

Lash, S./Urry, J. 1987: The end of organized capitalism, Cambridge

Lehmbruch, G. 1984: Concertation and the Structure of corporatist networks; in: Goldthorpe (ed.), pp. 60-80

Lehmbruch, G. 1993: Der Staat des vereinigten Deutschland und die Transformationsdynamik der Schnittstellen von Staat und Wirtschaft in der ehemaligen DDR, in: BISS Public, H.10, S.21-41

Liebold, R. 1996: Innerbetriebliche Beziehungen in ostdeutschen Industriebetrieben: Die (ost)deutsche Einheit zwischen Management und Betriebsrat, in: Bergmann/Schmidt (Hg.), S.213-235

Lipietz, A. 1985: Akkumulation, Krisen und Auswege aus der Krise. Einige methodologische Anmerkungen zum Begriff der 'Regulation', in: Prokla, 15.Jg., H.58, S.109-137

Lippold, S./Lohr, K./Neudel, J./Schmidt, E. 1992: Anpassung oder Modifikation industrieller Beziehungen im Transformationsprozeß, KSPW-Studie 102, Halle/Berlin

Löbler, F./Schmid, J./Tiemann, H. (Hg.) 1991: Wiedervereinigung als Organisationsproblem. Gesamtdeutsche Zusammenschlüsse von Parteien und Verbänden, Beiträge zur Deutschlandforschung, Bd.8, Bochum

Löhrlein, K. 1995: Mitgliederentwicklung, in: Kittner (Hg.), S.85-95

Lutz, B. 1984: Der kurze Traum immerwährender Prosperität. Eine Neuinterpretation der industriell-kapitalistischen Entwicklung im Europa des 20.Jahrhunderts, Frankfurt a.M./New York

Lutz, B. (Hg.) 1986: Technik und sozialer Wandel. Verhandlungen des 23. Deutschen Soziologentages in Hamburg 1986, Frankfurt a.M.

Lutz, B. 1993: Es bleibt nicht mehr viel Zeit für den Umbau. Deutsch-deutsche Herausforderungen an die Gewerkschaften, in: Gewerkschaftliche Monatshefte, 44. Jg, H. 2, S.25-30

Lutz, B./Nickel, H./Schmidt, R./Sorge, A. (Hg.) 1996: Arbeit, Arbeitsmarkt und Betrieb, Berichte zum sozialen und politischen Wandel in Ostdeutschland, Bericht 1, Opladen

Mahnkopf, B. (Hg.) 1988a: Soziale Grenzen „fordistischer Regulation". Eine soziologische Kritik der „école de la régulation", WZB discussion paper FSI88-12, Berlin

Mahnkopf, B. (Hg.) 1988b: Der gewendete Kapitalismus. Kritische Beiträge zur Theorie der Regulation, Münster

Mahnkopf, B. 1992: Die Gewerkschaften im West-Ost-Spagat, in: Forschungsjournal NSB, H.3, S.33-42

March, J.G./Simon, H.A. 1967: Organizations, New York

Marx, K. 1984: Das Kapital. Kritik der politischen Ökonomie, Bd.1, MEW 23, nach der 4. von F.Engels durchgesehenen und 1890 herausgegebenen Auflage, Berlin

Marx, K. 1986: Lohn, Preis und Profit, erstmalig veröffentlicht 1898 in London, in: Marx, K./Engels, F.; Ausgewählte Werke, Moskau, S.191-237

Marxistische Gruppe/Theoriefraktion 1973: Zur Oberfläche des Kapitals, in: Cirkular Nr.3, S.1-26, Erlangen

Mason, T.W. 1975: Arbeiterklasse und Volksgemeinschaft, Opladen

Malsch, T./Seltz, R. (Hg.) 1987: Die neuen Produktionskonzepte auf dem Prüfstand. Beiträge zur Entwicklung der Industriearbeit, Berlin

Mattick, P. 1974: Marx und Keynes. Die Grenzen des gemischten Wirtschaftssystems, Frankfurt a.M.

Mauke, M. 1971: Die Klassentheorie von Marx und Engels, Frankfurt a.M.

Mayntz, R. 1963: Soziologie der Organisation, Reinbek b. Hamburg

Mayntz, R./Scharpf, F.W. (Hg.) 1995a: Gesellschaftliche Selbstregelung und politische Steuerung, Frankfurt a.M./New York

Mayntz, R./Scharpf, F.W. 1995b: Der Ansatz des akteurszentrierten Institutionalismus, in: dies. (Hg.), S.39-72

Meier-Krenz, U. 1989: Der Tarifvertrag, Heidelberg

Meyer, H. (Hg.) 1991: Soziologen-Tag Leipzig 1991, Berlin

Meine, H./Ohl, K. 1990: Lohn- und leistungspolitische Konsequenzen veränderter Produktionskonzepte in der Metallindustrie, in: WSI Mitteilungen, 43.Jg., H.4, S.197-205

Meinerz, K.-P. 1997: Kognitive und normative Voraussetzungen der Rekonstruktion betrieblicher Sozialbeziehungen, in: Industrielle Beziehungen, 4.Jg., H.4, S.291-316

Mense-Petermann, U. 1996: Die Verbetrieblichung der industriellen Beziehungen in Ostdeutschland als Herausforderung für das duale System, in: Industrielle Beziehungen, 3.Jg., H.1, S.65-79

Meuschel, S. 1991: Revolution in der DDR. Versuch einer sozialwissenschaftlichen Interpretation, in: Zapf (Hg.), S.558-562

Meuschel, S. 1992: Legitimation und Herrschaft. Zum Paradox von Stabilität und Revolution in der DDR 1954-1989, Frankfurt a.M.

Mickler, O./Engelhard, N./Lungwitz, R./Walker, B. 1996: Nach der Trabi-Ära: Arbeiten in schlanken Fabriken. Modernisierung der ostdeutschen Autoindustrie, Berlin

Miller, M. 1994: Ellbogenmentalität und ihre theoretische Apotheose - Einige kritische Anmerkungen zur Rational Choice Theorie, in: Soziale Welt, 45.Jg., H.1, S.5-15

Moldaschl, M. 1996: Kooperative Netzwerke und Demokratisierung. Lösungsperspektiven für Probleme der Gruppenarbeit, in: Schwerer, E./Schönsleben, P./Ulich, E. (Hg.); Werkstattmanagement - Organisation und Informatik im Spannungsfeld zentraler und dezentraler Strukturen, Zürich, S.131-156

Mommsen, H. 1977: Klassenkampf oder Mitbestimmung. Zum Problem der Kontrolle wirtschaftlicher Macht in der Weimarer Republik, Schriftenreihe der Otto Brenner Stiftung Bd.9, Frankfurt a.M.

Mooser, J. 1984: Arbeiterleben in Deutschland 1900-1970, Frankfurt a.M.

Mückenberger, U. 1985: Die Krise des Normalarbeitsverhältnisses, in: Zeitschrift für Sozialreform, H. 31, S. 415-434

Mückenberger, U. 1986: Zur Rolle des Normalarbeitsverhältnisses bei der sozialstaatlichen Umverteilung von Risiken, in: Prokla, 16.Jg., H.64, S.31-45

Mückenberger, U. 1989: Der Wandel des Normalarbeitsverhältnisses unter Bedingungen einer „Krise der Normalität", in: Gewerkschaftliche Monatshefte, 40.Jg., H.4, S.211-223

Müller, H.-P. 1995: Energiepolitische Grundsätze der IG Bergbau und Energie im deutschen Vereinigungsprozeß. Eine exemplarische Fallstudie über das Forschungsfeld 'industrielle Beziehungen' und gewerkschaftliche Industriepolitik, Endbericht, Berlin

Müller-Jentsch, W. 1973: Bedingungen kooperativer und konfliktorischer Gewerkschaftspolitik, in: Leviathan, 1.Jg., H.1, S.223-239

Müller-Jentsch, W. 1982: Gewerkschaften als intermediäre Organisationeen, in: Materialien zur Industriesoziologie, Sonderheft 24 der KZfSS, S.406-432

Müller-Jentsch, W. 1983: Versuch über die Tarifautonomie. Entstehung und Funktionen kollektiver Verhandlungssysteme in Großbritannien und Deutschland, in: Leviathan, 11.Jg., H.1, S.118-150

Müller-Jentsch, W. 1986: Soziologie der industriellen Beziehungen. Eine Einführung, Frankfurt a.M./New York

Müller-Jentsch, W. (Hg.) 1993: Konfliktpartnerschaft: Akteure und Institutionen der industriellen Beziehungen, Studienausgabe, 2. Auflage (1.Auflage 1991), München/Mering

Müller-Jentsch, W. 1995a: Auf dem Prüfstand: Das deutsche Modell der industriellen Beziehungen, in: Industrielle Beziehungen, 2.Jg., H.1, S.11-33

Müller-Jentsch, W. 1995b: Germany: From Collective Voice to Co-management, in: Rogers/Streeck (ed.), pp. 53-78

Müller-Jentsch, W./Seitz, B. 1998: Betriebsräte gewinnen Konturen. Ergebnisse einer Betriebsräte-Befragung im Maschinenbau, in: Industrielle Beziehungen, 5.Jg., H.4, S.361-387

Mundorf, H. 1992: Das ist noch keine Deregulierung. Gesetzliche Öffnungsklauseln für Tarifverträge in den neuen Bundesländern, in: Handelsblatt v. 26./27.6.92, S.2

Negt, O. 1997: Staat und Kapital, in: FAZ vom 15.1.97

Neifer-Dichmann, E. 1991: Unternehmerverbände im Prozeß der deutsch-deutschen Vereinigung, in: Löbler u.a. (Hg.), S.125-129

Nörr, K. 1986: Grundlinien des Arbeitsrechts der Weimarer Republik, in: Zeitschrift für Arbeitsrecht, 17.Jg, S.403ff.

Nordostchemie (Hg.) 1998: Jahresbericht 1998, Berlin

North, D.C. 1990: Institutions, Institutional Change and Economic Performance, Cambridge

Offe, C. 1972: Strukturprobleme des kapitalistischen Staates, Aufsätze zur Politischen Soziologie, Frankfurt a.m.

Offe, C. 1991: Die deutsche Vereinigung als natürliches Experiment, in: Giesen/Leggewie (Hg.), S.71-76

Offe, C. 1993: Die Integration nachkommunistischer Gesellschaften: die ehemalige DDR im Vergleich zu ihren osteuropäischen Nachbarn, in: Schäfers (Hg.), S.806-817

Offe, C. 1998: Der deutsche Wohlfahrtsstaat: Prinzipien, Leistungen, Zukunftsaussichten, in: Berliner Journal f. Soziologie, H.3, Bd.10, S.359-380

Offe, C./Wiesenthal, H. 1980: Two logics of Collective Action. Theoretical Notes on Social Class and Organizational Form, in: Political Power and Social Theory, Vol.1, pp. 67-115

Olson, M. 1992: Die Logik des kollektiven Handelns: Kollektivgüter und die Theorie der Gruppen, 3. Auflage, Tübingen

Petzina, D./Abelshauser, W./Faust, A. 1978: Sozialgeschichtliches Arbeitsbuch, Bd. III, Materialien zur Statistik des Deutschen Reiches 1914-1945, München

Pirker, T./Hertle, H.-H./Kädtler, J./Weinert, R. 1990: FDGB - Wende zum Ende. Auf dem Weg zu unabhängigen Gewerkschaften, Köln

Pochet, P. (ed.) 1999: Monetary Union and Collective Bargaining in Europe, Series Work&Society No.22, Bruxelles/Bern/Berlin/Frankfurt a.M./New York/Wien

Pohlmann, M./Meinerz,K.-P./Gergs, H. 1996: Manager im Sozialismus, in: Pohlmann/Schmidt (Hg.), S.23-60

Pohlmann, M./Schmidt, R. (Hg.) 1996: Management in der ostdeutschen Industrie, Beiträge zu den Berichten zum sozialen und politischen Wandel in Ostdeutschland Bd. 1.5, Opladen

Potthoff, H. 1987: Freie Gewerkschaften 1918-1933. Der Allgemeine Deutsche Gewerkschaftsbund in der Weimarer Republik, Düsseldorf

Poulantzas, N. 1974: Politische Macht und gesellschaftliche Klassen, Frankfurt a.M.

Preller, L. 1978: Sozialpolitik in der Weimarer Republik, Nachdruck d. Erstauflage v. 1949, Düsseldorf

Prigge, W.U. 1987: Metallindustrielle Arbeitgeberverbände in Großbritannien und in der Bundesrepublik Deutschland, Opladen

Pries, L./Schmidt, R./Trinczek, R. (Hg.) 1989: Trends betrieblicher Produktionsmodernisierung: Chancen und Risiken für Industriearbeit, Opladen

Pries, L/Schmidt, R./Trinczek, R. 1990: Zukunftspfade von Industriearbeit. Die Chancen und Risiken betrieblicher Produktionsmodernisierung, Opladen

Priore, M./Sabel, J. 1985: Das Ende der Massenproduktion, Berlin

Promberger, M./Rosdücher, J./Seifert, H./Trinczek, R. 1995: Arbeitszeitverkürzung und Beschäftigungssicherung am Beispiel der Volkswagen AG und des rheinischwestfälischen Steinkohlenbergbaus, Projektbericht, Düsseldorf/Erlangen

Pumberger, K. 1989: Mobilisierung in der Krise? Die Auseinandersetzungen um die Arbeitszeitverkürzungen 1984 und 1987, Hamburg

Raumer, H. v. 1954: Unternehmer und Gewerkschaften in der Weimarer Zeit, in: Deutsche Rundschau, H.5

Ritter, G.A. (Hg.) 1970: Entstehung und Wandel der modernen Gesellschaft, Festschrift für Hans Rosenberg zum 65.Geburtstag, Berlin

Röbenack, S. 1996: Betriebe und Belegschaftsvertretungen, in: Bergmann/Schmidt (Hg.), S.161-212

Rogers, J./Streeck, W. (ed.) 1995: Works Councils. Consultation, Representation and Cooperation in Industrial Relations, Chicago/London

Roth, D. 1996: Wahlen, in: Weidenfeld/Korte (Hg.), S.723-740

Rottenburg 1991: „Der Sozialismus braucht den ganzen Menschen". Zum Verhältnis vertraglicher und nichtvertraglicher Beziehungen in einem VEB, in: Zeitschrift f. Soziologie, 20.Jg., H.20, S.305-322

Ruck, M. 1990: Gewerkschaften Staat Unternehmer. Die Gewerkschaften im sozialen und politischen Kräftefeld 1914 bis 1933, Köln

Rudolph, W./Wassermann, W. 1996: Betriebsräte im Wandel. Aktuelle Entwicklungsprobleme gewerkschaftlicher Betriebspolitik im Spiegel der Betriebsratswahlen, Münster

Rytlewski, R. 1983: Deutsche Demokratische Republik (DDR), in: Mielke, S. (Hg.); Internationales Gewerkschaftshandbuch, Opladen, S.385-398

Salm, F. 1958: Mündlicher Geschäftsbericht, in: Protokoll des 5. ordentlichen Gewerkschaftstages der IG Metall 1958

Sarel, B. 1975: Arbeiter gegen den „Kommunismus". Zur Geschichte des proletarischen Widerstandes in der DDR (1945-1958), München

Schäfer, R./Wahse, J. 2000: Konsolidierung der Wirtschaft bei weiterhin angespanntem Arbeitsmarkt, Ergebnisse der vierten Welle des IAB-Betriebspanels Ost 1999, IAB Werkstattbericht Nr.6 v. 5.5.2000, Nürnberg

Schäfers, B. (Hg.) 1993: Lebensverhältnisse und soziale Konflikte im neuen Europa, Verhandlungen des 26. deutschen Soziologentages in Düsseldorf 1992, Frankfurt a.M./New York

Scharpf, F.W. o.J.: Autonome Gewerkschaften und staatliche Wirtschaftspolitik: Probleme einer Verbändegesetzgebung, Schriftenreihe d. Otto-Brenner-Stiftung Bd. 12, Frankfurt a.M.

Schaub, G. 1995: Aktuelle Fragen des Tarifvertragsrechts, in: Betriebs-Berater (BB), H.39, S.2003-2006

Schauer, H. 1993: „Was ist das noch für ein Tarifvertrag, den sie uns bieten" - Zum politischen Konflikt in der ostdeutschen Metallwirtschaft und zur Geschichte der Tarifverträge, in: Frankfurter Rundschau v. 3.5.1993

Schauer, H. 1998: Annäherungen. Gewerkschaften im Shareholder-Kapitalismus, in: Sozialismus, H.5, S.20-25

Schauer, H./Dabrowski, H./Neumann, U./Sperling, H.J. 1984: Tarifvertrag zur Verbesserung industrieller Arbeitsbedingungen. Arbeitspolitik am Beispiel des Lohnrahmentarifvertrags II, Schriftenreihe 'Humanisierung des Arbeitslebens' Bd.52, Frankfurt a.M./New York

Schmidt, E. 1975: Ordnungsfaktor oder Gegenmacht. Die politische Rolle der Gewerkschaften, Frankfurt a.M.

Schmidt, G./Trinczek, R. (Hg.) 1997: DFG Schwerpunkt Regulierung und Restrukturierung der Arbeit in den Spannungsfeldern von Globalisierung und Dezentralisierung, Arbeitspapiere I, Kolloquium am 27./28.Juni 1996 in Erlangen

Schmidt, J./Seichter, W. 1989: Die deutsche Gewerkschaftsbewegung von der Mitte der neuziger Jahre des 19.Jahrhunderts bis zum Ersten Weltkrieg, in: Deppe u.a. (Hg.), S.77-114

Schmidt, R. 1989: Die Zukunft der gewerkschaftlichen Betriebspolitik, in: Dabrowski u.a. (Hg.), Bd.2, S.133-155

Schmidt, R. 1995a: Der Streik in der bayerischen Metallindustrie von 1954. Lehrstück eines sozialen Konflikts, Schriftenreihe der Otto Brenner Stiftung Bd.58, Köln

Schmidt, R. 1995b: Die Bedeutung der sozialen Beziehungen für die ostdeutsche Produktionsmodernisierung, in: Berliner Journal f. Soziologie, H.4, S.455-462

Schmidt, R. 1996: Restrukturierung und Modernisierung der industriellen Produktion, in: Lutz u.a. (Hg.), S.227-256

Schmidt, R. (Hg.) 1996: Reorganisierung und Modernisierung der industriellen Produktion, Beiträge zu den Berichten zum sozialen und politischen Wandel in Ostdeutschland, Bd.1.4, Opladen

Schmidt, R.; unter Mitarbeit von Artus, I. 1998: Mitbestimmung in Ostdeutschland. Expertise für das Projekt 'Mitbestimmung und neue Unternehmenskulturen' der Bertelsmann Stiftung und der Hans-Böckler-Stiftung, Gütersloh

Schmidt, R. 2000: Erosion der Tarifsetzungsmacht, Manuskript eines Beitrags zur Festschrift von Walther Müller-Jentsch, Jena

Schmidt, R./Trinczek, R. 1986a: Erfahrungen und Perspektiven gewerkschaftlicher Arbeitszeitpolitik, in: Prokla, 16.Jg., H.64, S.85-105

Schmidt, R./Trinczek, R. 1986b: Die betriebliche Gestaltung tariflicher Arbeitszeitnormen in der Metallindustrie, in: WSI Mitteilungen, 39.Jg., H.10, S.641-652

Schmidt, R./Trinzek, R. 1988a: Verbetrieblichung - viele Risiken, wenig Chancen. Erfahrungen aus der Umsetzung der 38,5-Stunden-Woche, in: Hildebrandt u.a. (Hg.), S.54-62

Schmidt, R./Trinczek, R. 1988b: „Verbetrieblichung" und innerbetriebliche Austauschbeziehungen, in: Aichholzer, G./Schienstock, G. (Hg.): Arbeitsbeziehungen im technischen Wandel. Neue Konfliktlinien und Konsensstrukturen. Berlin, S.135-146

Schmidt, R./Trinczek, R. 1993: Duales System: Tarifliche und betriebliche Interessenvertretung, in: Müller-Jentsch (Hg.), S.169-201

Schmidt, R./Trinczek, R. 1998: Der Betriebsrat als Akteur der Industriellen Beziehungen, hekt.Manuskript, erschienen in der Neuauflage von: Müller-Jentsch, W. (Hg.); Konfliktpartnerschaft, München/Mering

Schmidt, R./Trinczek, R. 1999: Der interessentheoretische Ansatz, in: Theorieansätze für die Analyse Industrieller Beziehungen, discussion-papers für die Jahrestagung der Deutschen Sektion der International Relations Association (GIRA) in Trier am 7./8.Oktober 1999, S.185-222

Schmidt, W. 1995: Metamorphosen des Betriebskollektivs. Zur Transformation der Sozialordnung in ostdeutschen Betrieben, in: Soziale Welt, 46.Jg., H.3, S.305-323

Schmidt, W. 1996: Betriebliche Sozialordnung und ostdeutsches Arbeitnehmerbewußtsein im Prozeß der Transformation, München/Mering

Schmidt, U./Fichter, T. 1971: Der erzwungene Kapitalismus. Klassenkämpfe in den Westzonen 1945-48, Berlin

Schmiede, R./Schudlich, E. 1976: Die Entwicklung der Leistungsentlohnung in Deutschland. Eine historisch-theoretische Untersuchung zum Verhältnis von Lohn und Leistung unter kapitalistischen Produktionsbedingungen, Frankfurt a.M.

Schmitter, P.C./Streeck, W. 1981: The Organization of Business Interest. A Research Design to Study the Assoviative Action of Business in the Advanced Industrial Societies of Western Europe, IIM/LMP 81-13, Wissenschaftszentrum Berlin

Schmitz, K.T./Tiemann, H. 1992: Gewerkschaftseinheit und Gewerkschaftsaufbau in Deutschland, in: Kittner (Hg.), S.70-89

Schnabel, C. 1996: Lohnpolitik und die Europäische Währungsunion: Erfahrungen und Erwartungen in Deutschland, in: Jacoby/Pochet (Hg.), S.99-111

Schnabel, C./Wagner, J. 1996: Ausmaß und Bestimmungsgründe der Mitgliedschaft in Arbeitgeberverbänden: Eine empirische Untersuchung mit Firmendaten, Diskussionspapier Nr.3 der Universität Hannover, Forschungsstelle Firmenpanel, Hannover

Schönhoven, K. 1987: Die deutschen Gewerkschaften, Frankfurt a.M.

Schroeder, W. 1993: Politik und Programmatik der Unternehmerverbände, in: Kittner (Hg.), S.695-720

Schroeder, W. 1995: Arbeitgeberverbände in der Klemme, in: Bispinck (Hg.), S.44-63

Schroeder, W. 1996a: Industrielle Beziehungen in Ostdeutschland: Zwischen Transformation und Standortdebatte, in: Aus Politik und Zeitgeschichte, B40/96, 27.Sept.96, S.25-34

Schroeder, W. 1996b: Westdeutsche Prägung - ostdeutsche Bewährungsproben: Industrielle Beziehungen in der Metall- und Elektroindustrie, in: Bergmann/Schmidt (Hg.), S.101-133

Schroeder, W. 2000a: Tarifbilanz Ost, in: Gewerkschaftliche Monatshefte, 51.Jg, H.6, S.352-363

Schroeder, W. 2000b: Das Modell Deutschland auf dem Prüfstand. Zur Entwicklung der industriellen Beziehungen in Ostdeutschland (1990-2000), Wiesbaden

Schroeder, W./Ruppert, B. 1996a: Austritte aus Arbeitgeberverbänden. Motive - Ursachen – Ausmaß, in: WSI Mitteilungen, 49.Jg., H.5, S.316-328

Schroeder, W./Ruppert, B. 1996b: Austritte aus Arbeitgeberverbänden: Eine Gefahr für das deutsche Modell? Betriebsaustritte aus regionalen Arbeitgeberverbänden der Metall- und Elektroindustrie (1990-1995), Marburg

Schudlich, E. 1990: Anreiz oder Kompromiß? Leistungspolitische Folgen neuer Techniken, in: WSI Mitteilungen, 43. Jg., H.2, S.205-212

Schulten, T. 1999: Auf dem Weg in die Abwärtsspirale? Tarifpolitik unter den Bedingungen der Europäischen Währungsunion, in: Schulten/Bispinck (Hg.), S.16-37

Schulten, T./Bispinck, R. (Hg.) 1999: Tarifpolitik unter dem EURO. Perspektiven einer europäischen Koordinierung: das Beispiel Metallindustrie, Hamburg

Schulz, G. 1974: Über Entstehung und Formen von Interessengruppen in Deutschland seit Beginn der Industrialisierung, in: Varain (Hg.), S.25-54

Schulze, G. 1992: Die Erlebnisgesellschaft. Kultursoziologie der Gegenwart, Frankfurt a.M./New York

Schumann, M. 1997: Frißt die Shareholder-Value-Ökonomie die moderne Arbeit? Von der menschengerechten Arbeitsgestaltung zurück zum Einminutentakt am Band, in: Frankfurter Rundschau v. 18.11.1997, S.14

Schumann, M./Baethge-Kinsky, V./Kuhlmann, M./Kurz, C./Neumann, U. 1994: Der Wandel der Produktionsarbeit im Zugriff neuer Produktionskonzepte, in: Beckenbach u.a. (Hg.), S.11-43

Schuster, D. 1973: Die deutsche Gewerkschaftsbewegung - DGB, Berlin

Seifert, H. 1989: Beschäftigungswirkungen und Perspektiven der Arbeitszeitpolitik, in: WSI Mitteilungen, 42.Jg., S.146-163

Senghaas-Knobloch, E. 1992: Notgemeinschaft und Improvisationsgeschick: Zwei Tugenden im Transformationsprozeß, in: Heidenreich (Hg.), S.295-309

Siegel, T. 1989: Leistung und Lohn in der nationalsozialistischen „Ordnung der Arbeit", Opladen

Simon, W. 1976: Macht und Herrschaft der Unternehmerverbände. BDI, BDA und DIHT im ökonomischen und politischen System der BRD, Köln

Sorge, A./Warner, M. 1986: Comparative Factory Organization. An Anglo-German Comparison of Management and Manpower in Manufacturin, WZB Publications, Gower

Sterkel, G. 1997: Beteiligungseuphorie und Emanzipationsbarrieren. Probleme mit betrieblicher Partizipation, Münster

Streeck, W. 1979a: Gewerkschaftsorganisation und industrielle Beziehungen. Einige Stabilitätsprobleme industriegewerkschaftlicher Interessenvertretung und ihre Lösung im westdeutschen System der industriellen Beziehungen, in: Politische Vierteljahresschrift, H.3, S.241-257

Streeck, W. 1979b: Gewerkschaften als Mitgliederverbände. Probleme gewerkschaftlicher Mitgliederrekrutierung, in: Bergmann (Hg.), S.72-110

Streeck, W. 1992: Social Institutions and Economic Performance, London

Streeck, W. 1994: Staat und Verbände: Neue Fragen. Neue Antworten?, in: ders. (Hg.), S.7-36

Streeck, W. (Hg.) 1994: Staat und Verbände, Opladen

Streeck, W. 1996: Anmerkungen zum Flächentarif und seiner Krise, in: Gewerkschaftliche Monatshefte, 47.Jg., H.2, S.86-97

Streeck, W. 1998: Das Zukunftsmodell - der Flächentarifvertrag, in: Gewerkschaftliche Monatshefte, 49.Jg., H.1, S.6-25

Streeck, W. 1999: Interest Heterogeneity and Organizing Capacity, in: ders.; Korporatismus in Deutschland: zwischen Nationalstaat und Europäischer Union, Frankfurt a.M./New York

Strohwald, U. 1994: Ostdeutsche Betriebsräte zwischen Betriebsorientierung und Gewerkschaftsloyalität - Empirische Befunde zur Funktionalität des dualen Systems der Interessenvertretung in der Bundesrepublik, Diplomarbeit, FU Berlin

Stützel, W. (Hg.) 1994a: Streik im Strukturwandel. Die europäischen Gewerkschaften auf der Suche nach neuen Wegen, Münster

Stützel, W. 1994b: Streik im Strukturwandel - Mobilisierungsmöglichkeiten der Gewerkschaften in Europa. Ein Vergleich der Länder Italien, Großbritannien, Spanien, Frankreich, Schweden und der Bundesrepublik Deutschland, in: ders. (Hg.), S.9-64

Talosz, E. (Hg.) 1993: Sozialpartnerschaft. Kontinuität und Wandel eines Modells, Wien

Thelen, K. 1991: Union of Parts: Labor Politics in Postwar Germany, Ithaca/New York

Teichmann, U. (Hg.) 1981: Gewerkschaften: Analysen, Theorie und Politik, Darmstadt

Teschner, E. 1977: Lohnpolitik im Betrieb. Eine empirische Untersuchung in der Metall-, Chemie-, Textil- und Tabakindustrie, Frankfurt a.M.

Traxler, F. 1986: Interessenverbände der Unternehmer. Konstitutionsbedingungen und Steuerungskapazitäten, analysiert am Beispiel Österreichs, Frankfurt a.M./New York

Traxler, F. 1993a: Vom Nachfrage- zum Angebotskorporatismus? in: Talosz (Hg.), S.103-116

Traxler, F. 1993b: Gewerkschaften und Arbeitgeberverbände. Probleme der Verbandsbildung und Interessenvereinheitlichung, in: Müller-Jentsch (Hg.), S.141-167

Traxler, F. 1995: Two logics of collective action in industrial relations?, in: Crouch/Traxler (ed.), pp. 23-44

Traxler, F. 1997: Der Flächentarifvertrag in der OECD. In: Industrielle Beziehungen, 4. Jg., H.2, S.101-124

Traxler, F. 1998: Nationale Tarifsysteme und wirtschaftliche Internationalisierung. Zur Positionierung des „Modell Deutschland" im internationalen Vergleich, in: WSI Mitteilungen, 51.Jg., H.4, S.249-257

Trinczek, R. 1989: Betriebliche Mitbestimmung als Interaktion, in: Zeitschrift f. Soziologie, 18.Jg., S.444-456

Trinczek, R. 1997: Globalisierung der Ökonomie - Idealtyp und Wirklichkeit, in: Schmidt/Trinczek (Hg.), S.68-81

Türk, K. 1989: Neuere Entwicklungen in der Organisationsforschung. Ein Trend-Report, Stuttgart

Ullmann, P. 1977: Tarifverträge und Tarifpolitik in Deutschland bis 1914. Entstehung und Entwicklung, interessenpolitische Bedingungen und Bedeutung des Tarifvertragswesens für die sozialistischen Gewerkschaften, Frankfurt a.M./Bern/Las Vegas

Varain, H.J. (Hg.) 1974: Interessenverbände in Deutschland, Gütersloh

VdB (Verband der Bauindustrie der DDR e.V.) (Hg.) 1990: Chronik, Berlin

Vieregge, H. v. 1993: Mitglieder-Sichten. Ergebnisse einer Infratest-Umfrage 1993 bei Hessen-Metall, Frankfurt a.M.

Visser, J./Van Ruysseveldt, J. 1996: Robust corporatism, still? Industrial relations in Germany, in: dies. (ed.); Industrial Relations in Europe. Traditions an Transitions, London/Thousand Oaks/New Delhi, pp.124-174

Völkl, M. 1997: Die Auswirkungen der Krise des Flächentarifvertrages auf die Integrationsfähigkeit von Arbeitgeberverbänden. Eine empirische Branchenuntersuchung am Beispiel der baden-württembergischen Steine&Erden- und Säge&Holzindustrie, Diplomarbeit an der Universität Konstanz, Fakultät für Verwaltungswissenschaft, Konstanz

Völkl, M. 1998: Krise des Flächentarifvertrages und Integrationsfähigkeit von Arbeitgeberverbänden. Empirische Untersuchungen am Beispiel zweier mittelständischer baden-württembergischer Branchen, in: Industrielle Beziehungen, 5.Jg, H.2, S.165-192

Voskamp, U./Wittke, V. 1990: Aus Modernisierungsblockaden werden Abwärtsspiralen - zur Reorganisation von Betrieben und Kombinaten der ehemaligen DDR, in: Sofi-Mitteilungen, 17.Jg., H.18, S.12-30

Wagner, H./Schild, A. 1999: Auf dem Weg zur Tarifbindung im Informations- und Kommunikationssektor. Ein Beispiel der Tarifpolitik der IG Metall im Bereich industrieller Dienstleistungen, in: WSI Mitteilungen, 52.Jg, H.2, S.87-98

Weber, H. 1989: Arbeitgeberkonzepte einer „offensiven" Tarifpolitik. Zum Wandel der Tarifpolitik, in: Dabrowski u.a. (Hg.), Bd.3, S.13-43

Wegner, M. 1996: Die deutsche Einigung oder das Ausbleiben des Wunders, in: Aus Politik und Zeitgeschichte, B40/96, 27.9.96, S.13-23

Weidenfeld, W./Korte, K.-R. (Hg.) 1996: Handbuch zur deutschen Einheit, aktualisierte Neuausgabe, Frankfurt a.M.

Weitbrecht, H. 1969: Effektivität und Legitimität der Tarifautonomie. Eine soziologische Untersuchung am Beispiel der deutschen Metallindustrie, Berlin

Wendl, M. 1997: Die „angebotspolitische" Wende in der Tarifpolitik. Kritik der aktuellen Lohnpolitik der Gewerkschaften, in: Prokla, 27.Jg., H.106, S.97-111

Werner, K.-G. 1974: Der Kampf der Gewerkschaften um Anerkennung durch Staat und Arbeitgeber 1868-1899, in: Varain (Hg.), S.187-196

Westermann, K. 1991: Vertane Chancen? Der Zusammenbruch der DDR und die Gewerkschaften oder: Warum Tanker nicht springen, in: Gatzmaga u.a. (Hg.), S.105-124

Wiesenthal, H. 1987a: Strategie und Illusion. Rationalitätsgrenzen kollektiver Akteure am Beispiel der Arbeitszeitpolitik 1980-1985, Frankfurt a.M./New York

Wiesenthal, H. 1987b: Die Ratlosigkeit des homo oeconomicus, in: Elster, S.7-19

Wiesenthal, H. 1992: Kapitalinteressen und Verbandsmacht. „Two Logics of Collective Action" Revisited, in: Abromeit/Jürgens (Hg.), S.38-61

Wiesenthal, H. 1995: Einleitung: Grundlinien der Transformation Ostdeutschlands und die Rolle korporativer Akteure, in: ders. (Hg.), S.8-33

Wiesenthal, H. (Hg.) 1995: Einheit als Interessenpolitik: Studien zur sektoralen Transformation Ostdeutschlands, Frankfurt a.M./New York

Wiesenthal, H./Ettl, W./Bialas, C. 1992: Interessenverbände im Transformations-
    prozeß. Zur Repräsentations- und Steuerungsfähigkeit des Verbändesystems der
    neuen Bundesländer, Arbeitspapiere AG TRAP 92/3, Berlin

Wilke, M./Müller, H.-P. 1991: Zwischen Solidarität und Eigennutz. Die
    Gewerkschaften des DGB im deutschen Vereinigungsprozeß, Melle

Winkler, H.A. (Hg.) 1974: Organisierter Kapitalismus. Voraussetzungen und Anfänge,
    Göttingen

Wirtschafts- und Sozialwissenschaftliches Institut in der Hans-Böckler-Stiftung (WSI)
    (Hg.) 1998: WSI-Tarifhandbuch 1998, Köln

Wittke, V. 1990: Systemische Rationalisierung - zur Analyse aktueller
    Umbruchprozesse in der industriellen Produktion, in: Bergstermann/Brandherm-
    Böhmker (Hg.), S.23-41

Wright, E.O. 1985: Classes, London/New York

WSI-Projektgruppe 1998: Ausgewählte Ergebnisse der WSI-Befragung von Betriebs-
    und Personalräten 1997/98, in: WSI Mitteilungen, 51.Jg., H.10, S.653-667

Zachert, U. 1993a: Gutachten zur Möglichkeit der fristlosen Kündigung von
    Tarifverträgen in den neuen Bundesländern, tarifpolitische Informationen, hg. v.
    DGB-Bundesvorstand Abt. Tarifpolitik und Arbeiter 2/93, Düsseldorf

Zachert, U. 1993b: Kündigung der Ost-Tarifverträge: Ein klarer Rechtsbruch.
    Argumente zur Verteidigung der Tarifautonomie, tarifpolitische Informationen, hg.
    v. DGB-Bundesvorstand Abt. Tarifpolitik und Arbeiter 3/93, Düsseldorf

Zachert, U. 1993c: Tarifautonomie zwischen Wirtschaftsliberalismus und
    Wiederentdeckung des Individuums, in: WSI Mitteilungen, 46.Jg., H.8, S.481-488

Zahlen zur industriellen Entwicklung in den neuen Bundesländern 1996:
    zusammengestellt von Velez, A./Burchert, H., in: Schmidt (Hg.), S.207-240

Zapf, W. (Hg.) 1991: Die Modernisierung moderner Gesellschaften: Verhandlungen
    des 25. Deutschen Soziologentages in Frankfurt am Main 1990, Frankfurt
    a.M./New York

Zimmermann, W. 1928: Tarifvertrag, in: Handwörterbuch der Staatswissenschaften,
    3.Aufl., Bd.7, Jena, S.1094ff.

Zoll, R. 1976: Der Doppelcharakter der Gewerkschaften. Zur Aktualität der Marxschen
    Gewerkschaftstheorie, Frankfurt a.M.

Zeuner, B. 1988: Einheit und Vielfalt. Die Schwierigkeiten der Konstruktion einer IG
    Medien, in: Hildebrandt u.a. (Hg.), S.93-102

Verzeichnis der Interviews und Untersuchungsbetriebe

Verbandsinterviews Metallindustrie

AGV-M 1   Arbeitgeberverband Thüringen Winter 1995/96
AGV-M 2   Arbeitgeberverband Thüringen Frühjahr 1996
AGV-M 3   Arbeitgeberverband Thüringen Herbst 1996
AGV-M 4   Arbeitgeberverband Sachsen Herbst 1996

GEW-M 1   IG Metall Bezirk Thüringen Anfang 1996
GEW-M 2   IG Metall Bezirk Sachsen/Berlin/Brandenburg Frühjahr 1996
GEW-M 3   IG Metall Verwaltungsstelle (Thüringen) Herbst 1996
GEW-M 4   IG Metall Verwaltungsstelle (Thüringen) Herbst 1996
GEW-M 5   IG Metall Verwaltungsstelle (Thüringen) Herbst 1996
GEW-M 6   IG Metall Bezirk Thüringen Herbst 1996
GEW-M 7   IG Metall Bezirk Sachsen/Berlin/Brandenburg Herbst 1996
GEW-M 8   IG Metall Verwaltungsstelle (Thüringen) Sommer 2000

GEW-CGM   Christliche Gewerkschaft Metall (Thüringen) Herbst 1997

Verbandsinterviews Bauindustrie

AGV-B 1   Hauptverband der dt. Bauindustrie 1996
AGV-B 2   Hauptverband der dt. Bauindustrie 1996
AGV-B 3   Bauindustrieverband Hessen-Thüringen Herbst 1996
AGV-B 4   Sächsischer Bauindustrieverband Herbst 1996

GEW-B 1   IG BAU Bundesvorstand Frühjahr 1996
GEW-B 2   IG BAU Bezirksverband (Thüringen) Herbst 1996
GEW-B 3   IG BAU Bezirksverband (Thüringen) Herbst 1996
GEW-B 4   IG BAU Landesverband Thüringen Herbst 1996
GEW-B 5   IG BAU Landesverband Sachsen Herbst 1996
GEW-B 6   IG BAU Bundesvorstand Herbst 1996
GEW-B 7   IG BAU Bezirksverband (Thüringen) Frühjahr 1997
GEW-B 8   IG BAU Bezirksverband (Thüringen) Sommer 1997
GEW-B 9   IG BAU Bezirksverband (Thüringen) Winter 1999/2000

Verbandsinterviews Chemieindustrie

AGV-C 1   AVCO Gesamtverband Ostdeutschland Berlin 1996
AGV-C 2   AVCO Regionalgruppe Herbst 1996
AGV-C 3   AVCO Regionalgruppe Herbst 1996

GEW-C 1   IG Chemie Bundesvorstand Frühjahr 1996
GEW-C 2   IG Chemie Verwaltungsstelle (Thüringen) Herbst 1996
GEW-C 3   IG Chemie Verwaltungsstelle (Thüringen) Herbst 1996
GEW-C 4   IG Chemie Landesverband Sachsen-Anhalt Herbst 1996
GEW-C 5   IG Chemie Landesverband Brandenburg/Sachsen Herbst 1996
GEW-C 6   IG Chemie Bundesvorstand Winter 1999/2000

Sonstige Verbandsinterviews

AGV-UVS   Unternehmerverband Sachsen 1996

Untersuchungsbetriebe und Interviews mit Betrieblichen ExpertInnen

Metallindustrie

M1
1700 Beschäftigte (im Jahr 1993); westdeutscher Konzern; Automobilindustrie;
städtisch geprägter Betrieb in Sachsen; Tarifbindung über Haustarifvertrag
Interviews:
M1-GL1-93   M1-BR1-93
M1-GL2-93   M1-BR2-94
M1-GL3-94

M2
über 1000 Beschäftigte; ostdeutscher Konzern; Elektronikindustrie; städtisch
geprägter Betrieb in Thüringen; Tarifbindung über Haustarifvertrag
Interviews:
M2-GL-97   M2-BR-97

M3
1280 Beschäftigte (im Jahr 1993); westdeutscher Konzern; Elektrokeramik;
Landbetrieb in Thüringen; Tarifwechsel von der Metallindustrie zur Chemieindustrie
Interviews:
M3-GL-93   M3-BR-93

M4
945 Beschäftigte; osteuropäischer Konzern; Großmaschinenbau; städtisch geprägter Betrieb in Thüringen; tarifgebunden als Härtefallbetrieb
Interviews:

M4-GL1-93	M4-BR1-93
M4-GL2-93	M4-BR2-93
M4-GL3-93	M4-BR3-94
M4-GL4-94	M4-BR4-97
M4-GL5-97	

M5
630 Beschäftigte; westeuropäischer Konzern; Stahlindustrie; ländlich geprägter Betrieb in Thüringen; tarifgebunden über Anerkennungstarifvertrag
Interviews:

M5-GL1-93	M5-BR1-93
M5-GL2-93	M5-BR2-97
M5-GL3-97	

M6
500 Beschäftigte; MBO/ostdeutscher Mittelstand; Elektroindustrie; städtisch geprägter Betrieb in Thüringen; tarifgebunden als Härtefallbetrieb
Interviews:

M6-GL1-93	M6-BR1-93
M6-GL2-97	M6-BR2-97

M7
420 Beschäftigte; westeuropäischer Konzern; Mikroelektronik; städtisch geprägter Betrieb in Thüringen; Tarifwechsel von der Metallindustrie zur Chemieindustrie
Interviews:

M7-GL-97	M7-BR-97

M8
340 Beschäftigte; westdeutscher Konzern; Gießerei; Landbetrieb in Thüringen; tarifgebunden als Härtefallbetrieb
Interviews:

M8-GL1-93	M8-BR1-93
M8-GL2-93	M8-BR2-97
M8-GL3-97	

M9

320 Beschäftigte; japanischer Konzern; (formale) Neugründung; Elektronik; ansässig in Thüringer Kleinstadt; tarifgebunden als Härtefallbetrieb

Interviews:

M9-GL1-93	M9-BR1-93
M9-GL2-94	M9-BR2-94
M9-GL3-97	M9-BR3-97

M10

290 Beschäftigte; MBO/ostdeutscher Mittelstand; Elektroindustrie; Landbetrieb in Thüringen; formal tarifgebunden

Interviews:

M10-GL-93	M10-BR-93

M11

280 Beschäftigte; westdeutscher Mittelstand; Maschinenbau; Landbetrieb in Thüringen; formal tarifgebunden/tarifbrüchig

Interviews:

M11-GL-97	M11-BR-97

M12

230 Beschäftigte; MBO/ostdeutscher Mittelstand; Automobilindustrie; kleinstädtisch geprägter Betrieb in Thüringen; tarifgebunden

Interviews:

M12-GL-97	M12-BR-97

M13

250 Beschäftigte; westdeutscher Mittelstand; Maschinenbau; ansässig in Thüringer Kleinstadt; nicht mehr tarifgebunden

Interviews:

M13-GL1-93	M13-BR1-93
M13-GL2-93	M13-BR2-94
M13-GL3-94	

M14

ehemals 225 Beschäftigte; nach wechselvoller Treuhand- sowie Privatisierungsgeschichte inzwischen in Konkurs gegangen; Elektroindustrie; städtisch geprägter Betrieb in Thüringen; nicht tarifgebunden

Interviews:

M14-GL1-93	M14-BR1-93
M14-GL2-94	M14-BR2-94

M15
170 Beschäftigte; westdeutscher Mittelstand; Maschinenbau; städtisch geprägter Betrieb in Thüringen; nicht tarifgebunden
Interviews:
M15-GL-97 M15-BR-97

M16
160 Beschäftigte; westeuropäischer Mittelstand; Maschinenbau; städtisch geprägter Betrieb in Thüringen; tarifgebunden als Härtefallbetrieb
Interviews:
M16-GL-97 M16-BR-97

M17
80 Beschäftigte; ostdeutscher Mittelstand; Apparate- und Anlagenbau; Landbetrieb in Thüringen; tarifgebunden als Härtefallbetrieb
Interviews:
M17-GL-97 M17-BR-97

M18
77 Beschäftigte; amerikanisch-deutscher Konzern; Spezialmetallbau; Landbetrieb in Thüringen; Tarifnachwirkung/tarifbrüchig
Interviews:
M18-GL-97 M18-BR-97

M19
57 Beschäftigte; MBO/ostdeutscher Mittelstand; Automobilzulieferbetrieb; städtisch geprägter Betrieb in Thüringen; Tarifnachwirkung/tarifbrüchig
Interviews:
M19-GL-97 M19-BR-97

Bauindustrie

(alle Baubetriebe haben ihren Unternehmenssitz in kleineren oder größeren Städten Thüringens)

B1
1600 Beschäftigte; westdeutscher Konzern; Hoch-/Tiefbau; tarifgebunden
Interviews:
B1-GL-97 B1-BR-97

B2
790 Beschäftigte; westdeutscher Mittelstand; Hoch/Tiefbau/Betonfertigteilbau;
Tarifeinhaltung ohne formale Tarifbindung
Interviews:
B2-GL-97   B2-BR-97

B3
450 Beschäftigte; westdeutscher Konzern; Hoch-/Tiefbau; tarifgebunden
Interviews:
B3-GL-97   B3-BR-97

B4
335 Beschäftigte; westdeutscher Konzern; Hoch-/Tiefbau; tarifgebunden
Interviews:
B4-GL-97   B4-BR-97

B5
220 Beschäftigte; westdeutscher Mittelstand; Tiefbau; tarifgebunden/tarifbrüchig
Interviews:
B5-GL-97   B5-BR-97

B6
165 Beschäftigte; westdeutscher Mittelstand; Tiefbau; Tarifbindung über
Haustarifvertrag
Interviews:
B6-GL-97   B6-BR-97

B7
165 Beschäftigte; ostdeutscher Mittelstand; Hoch-/Tiefbau;
tarifgebunden/tarifbrüchig; inzwischen Beschäftigungssicherungsvertrag
Interviews:
B7-GL-97   B7-BR-97

B8
80 Beschäftigte; ostdeutscher Mittelstand; Hochbau u.a.; tarifgebunden/tarifbrüchig;
inzwischen Beschäftigungssicherungsvertrag
Interviews:
B8-GL-97   B8-BR-97

B9
80 Beschäftigte; ostdeutscher Mittelstand; Hoch-/Tiefbau; tarifgebunden/tarifbrüchig
Interview:
B9-GL-97

B10
56 Beschäftigte; westdeutscher Konzern; Tiefbau; tarifgebunden
Interviews:
B10-GL-97   B10-BR-97

B11
47 Beschäftigte; ostdeutscher Mittelstand; Hoch-/Tiefbau; tarifgebunden/tarifbrüchig
Interviews:
B11-GL-97   B11-BR-97

B12
30 Beschäftigte; westdeutscher Mittelstand; Neugründung; Tiefbau; tarifgebunden/tarifbrüchig
Interviews:
B12-GL-97   B12-BL-97

B13
28 Beschäftigte; westdeutscher Mittelstand; Konstruktion/Projektierung; nicht tarifgebunden
Interviews:
B13-GL-97   B13-BR-97

B14
9 Beschäftigte; ostdeutscher Handwerksmeisterbetrieb; Neugründung; Bauhauptgewerbe; Innungsmitglied/tarifbrüchig
Interview:
B14-GL-97

B15
7 Beschäftigte; ostdeutscher Handwerksmeisterbetrieb; Neugründung; Bauhauptgewerbe; Innungsmitglied/tarifbrüchig
Interview:
B15-GL-97

Chemische Industrie und verwandte Industrien

C1
1380 Beschäftigte; westeuropäischer Konzern; pharmazeutische Industrie; städtisch geprägter Betrieb in Sachsen; pharmazeutische Industrie; tarifgebunden
Interview:
C1-GL/BR-97

C2
900 Beschäftigte; amerikanischer Konzern; Großchemie; städtisch geprägter Betrieb
in Sachsen-Anhalt; tarifgebunden
Interviews:
C2-GL-97   C2-BR-97

C3
600   Beschäftigte;   westdeutscher/-europäischer   Konzern;   Neugründung;
pharmazeutische   Industrie;   städtisch   geprägter   Betrieb   in   Sachsen-Anhalt;
tarifgebunden
Interviews:
C3-GL-97   C3-BR-97

C4
550 Beschäftigte; westdeutscher Konzern; pharmazeutische Industrie; städtisch
geprägter Betrieb in Thüringen; tarifgebunden
Interviews:
C4-GL-97   C4-BR-97

C5
66 Beschäftigte; westdeutscher Konzern; Sonder- und Spezialchemie; kleinstädtisch
geprägter Betrieb in Sachsen-Anhalt; Tarifbindung über Haustarifvertrag
Interviews:
C5-GL-97   C5-BR-97

GK1
845 Beschäftigte; westdeutscher Konzern; Kautschukindustrie; kleinstädtisch
geprägter Betrieb in Thüringen; tarifgebunden; inzwischen Abschluss eines
Tarifvertrags mit einer Nicht-DGB-Gewerkschaft
Interviews:
GK1-GL-97   GK1-BR-97

GK2
645 Beschäftigte; westdeutscher Konzern; Glasindustrie; städtisch geprägter Betrieb
in Thüringen; tarifgebunden
Interviews:
GK2-GL-97   GK2-BR-97

GK3
300   Beschäftigte;   westdeutscher   Mittelstand;   (formale)   Neugründung;
feinkeramische   Industrie;   Landbetrieb   in   Thüringen;   Tarifbindung   über
Haustarifvertrag
Interviews:
GK3-GL-97   GK3-BR-97

GK4

220 Beschäftigte; westdeutscher Mittelstand; Kunststoffindustrie; Neugründung; Landbetrieb in Thüringen; nicht tarifgebunden
Interview:
GK4-GL/BR-97

GK5

140 Beschäftigte; westdeutscher Mittelstand; sonstige chem. Industrie; städtisch geprägter Betrieb in Thüringen; Tarifbindung über Haustarifvertrag
Interviews:
GK5-GL-97   GK5-BR-97

Gerhard Bäcker, Reinhard Bispinck, Klaus Hofemann, Gerhard Naegele

Sozialpolitik und soziale Lage in Deutschland

*Band 1: Ökonomische Grundlagen, Einkommen, Arbeit und Arbeitsmarkt,
Arbeit und Gesundheitsschutz*
3., grundl. überarb. und erw. Aufl. 2000. 476 S. Geb. DM 52,00 / € 26,00
ISBN 3-531-13333-0

Band 2: Gesundheit und Gesundheitssystem, Familie, Alter, Soziale Dienste
3., grundl. überarb. und erw. Auf. 2000. 410 S. Geb. DM 52,00 / € 26,00
ISBN 3-531-13334-9

Das völlig überarbeitete und erweiterte Hand- und Lehrbuch bietet in zwei
Bänden einen breiten empirischen Überblick über die Arbeits- und Lebensverhältnisse in Deutschland und die zentralen sozialen Problemlagen. Im Mit-
telpunkt der Darstellung stehen Einkommensverteilung und Armut, Arbeitsmarkt, Arbeitslosigkeit und Arbeitsbedingungen, Krankheit und Pflegebe-
dürftigkeit sowie die Lebenslagen von Familien und von älteren Menschen.

Jürgen Mackert, Hans-Peter Müller (Hrsg.)

Citizenship – Soziologie der Staatsbürgerschaft
2000. 275 S. Br. DM 46,00 / € 23,00
ISBN 3-531-13369-1

Der Band vereinigt klassische und zeitgenössische Beiträge, die eine
sozialwissenschaftliche Perspektive eröffnen, und wendet sich an die Sozi-
al-, Politik-, Wirtschafts- und Geschichtswissenschaften ebenso wie an Philosophie und Pädagogik.

Günter Albrecht, Axel Groenemeyer, Friedrich W. Stallberg (Hrsg.)

Handbuch soziale Probleme
1999. 1035 S. Geb. DM 98,00 / € 49,00
ISBN 3-531-12117-0

*„(...) Auf gut tausend Seiten tragen 37 AutorInnen eine so beeindruckende
Informationsfülle zusammen, dass der Band für SozialpolitikerInnen ein
Muss ist. Abgerundet wird das von Günter Albrecht und anderen herausge-
gebene Handbuch mit Beiträgen über methodische Probleme der Erforschung sozialer Probleme, über soziale Kontrolle und die Politik, die
umgangssprachlich unter Sozialpolitik zusammengefasst wird. Ein umfangreiches Sach- und Namensregister erhöhen den Gebrauchswert dieser ver-
dienstvollen Arbeit."*
schrägstrich – Zeitschrift für bündnisgrüne Politik, Sept./Okt. 1999

Sozialpolitik

www.westdeutschervlg.de

Erhältlich im Buchhandel oder beim Verlag.
Änderungen vorbehalten. Stand: Juli 2001.
Die genannten Euro-Preise gelten ab 1.1.2002.

Abraham-Lincoln-Str. 46
65189 Wiesbaden
Tel. 06 11. 78 78 - 285
Fax. 06 11. 78 78 - 400

West-
deutscher
Verlag